민주화·탈냉전
시대,
평화와 통일의
사건사

편자

정태헌 鄭泰憲, Jung, Tae-Hern _ 고려대학교 한국사학과 교수
이수훈 李洙勳, Lee, Su-Hoon _ 경남대학교 극동문제연구소 소장

필자

김갑식 金甲植, Kim, Kap-Sik _ 국회입법조사처 조사관
김근식 金根植, Kim, Keun-Sik _ 경남대학교 정치외교학과 교수
김진환 金鎭煥, Kim, Jin-Hwan _ 건국대학교 통일인문학연구단 HK연구교수
박유희 朴有禧, Park, Yu-Hee _ 고려대학교 민족문화연구원 HK연구교수
신종대 辛鐘大, Shin, Jong-Dae _ 북한대학원대학교 교수
양무진 梁茂進, Yang, Moo-Jin _ 북한대학원대학교 교수
양문수 梁文秀, Yang, Moon-Soo _ 북한대학원대학교 교수
예대열 芮大烈, Yea, Dae-Yeol _ 고려대학교 한국사학과 박사수료
이수정 李水晶, Lee, Soo-Jung _ 북한대학원대학교 교수
정병욱 鄭昞旭, Jung, Byung-Wook _ 고려대학교 민족문화연구원 HK교수
정태헌 鄭泰憲, Jung, Tae-Hern _ 고려대학교 한국사학과 교수
조대엽 趙大燁, Cho, Dae-Yop _ 고려대학교 사회학과 교수
홍성태 洪性泰, Hong, Sung-Tai _ 고려대학교 사회학과 박사과정 수료
홍종선 洪宗善, Hong, Jong-Seon _ 고려대학교 국어국문학과 교수

문화동역학라이브러리 15

민주화·탈냉전 시대, 평화와 통일의 사건사

초판인쇄 2014년 1월 20일 **초판발행** 2014년 1월 25일
엮은이 정태헌·이수훈 **펴낸이** 박성모
펴낸곳 소명출판 **출판등록** 제13-522호
주소 서울시 서초구 서초동 1621-18 란빌딩 1층
전화 02-585-7840 **팩스** 02-585-7848 **전자우편** somyong@korea.com **홈페이지** www.somyong.co.kr

값 38,000원 ⓒ 김갑식 외 13인, 2014

ISBN 978-89-5626-963-4 94900
ISBN 978-89-5626-851-4 (세트)

이 책은 2007년 정부(교육과학기술부)의 재원으로 한국연구재단의 지원을 받아 수행된 연구임(NRF-2007-361-AL0013).

고려대학교 민족문화연구원
문화동역학 라이브러리 15

민주화·탈냉전 시대,
평화와 통일의 사건사

History of Peace and National Reunification :

Important Events from the Post-Cold War and Democratization Era in Korea

정태헌·이수훈 편

공동기획 **경남대학교 극동문제연구소
고려대학교 민족문화연구원**

문화동역학 라이브러리 문화는 복합적이고 역동적인 구성물이다. 한국 문화는 안팎의 다양한 갈래와 요소가 상호작용하는 과정을 통해 끊임없이 변화해왔고, 변화해 갈 것이다. 고려대학교 민족문화연구원이 주관하는 이 총서는 한국과 그 주변 문화의 복합적이고 역동적인 양상을 추적하고, 이를 통해 한국 문화는 물론 인류 문화에 대한 새로운 통찰과 그 다양성의 증진에 기여하고자 한다. 문화동역학(Cultural Dynamics)이란 이러한 도정을 이끌어 가는 우리의 방법론적인 표어이다.

소명출판

책머리에

　고려대학교 민족문화연구원과 경남대학교 극동문제연구소가 손을
맞잡고 통일문제에 대한 공동연구를 시작한 지 4년, 2012년 『한반도
통일론의 재구상』에 이어 두 번째 성과로서 『민주화·탈냉전 시대, 평
화와 통일의 사건사』를 출간합니다.

　고려대학교 민족문화연구원과 경남대학교 극동문제연구소는 각각
인문학과 사회과학을 대표하는 연구기관으로서 그간 알찬 성과를 학
계와 시민사회에 제공해왔다고 자부합니다. 그럼에도 이 두 기관이 머
리를 맞대고 함께 통일문제와 씨름하려 했던 데에는, 나름 절박한 고민
이 있었습니다. 세계 차원에서 냉전 질서가 해체되어 가는데 왜 한반도
는 그렇지 못하냐는 것입니다. 어떻게 하면 한반도에 평화를 정착시킬
수 있을까? 한반도의 지체는 우리 학계의 지체와도 무관하지 않습니다.
이러한 자기반성 끝에 분과학문의 폐쇄성을 넘어서 새로운 성찰과 전
망을 위해 인문학과 사회과학의 두 연구기관이 만난 것입니다.

　첫 번째 성과인 『한반도 통일론의 재구상』이 기존의 국가주의, 정치
주의, 그리고 폐쇄적 민족담론을 비판하고 지구적 가치, 시민사회적
가치, 인문주의에 기반한 새로운 통일론을 모색하는 책이라면, 이번에
출간하는 『민주화·탈냉전 시대, 평화와 통일의 사건사』는 그러한 통

일론 모색을 바탕으로 탈냉전 시대 남북한에서 발생한 주요 사건들을 재해석하고 통일론적 함의를 파악하는 책입니다.

　말하자면 이번 책에서는 탈냉전 시대 남북관계와 통일과정에 영향을 미친 국내적, 한반도적, 국제적 사건을 선별하여, 이러한 사건들에 내재된 갈등과 위기, 긴장과 견제, 화해와 소통 등의 구조적 맥락을 드러내고자 하였습니다. 탈냉전시대에 집중한 이유는 무엇보다도 당면한 평화와 통일의 과제가 복잡성이 크게 증대된 탈냉전적 국면과 밀접한 관련을 맺고 있기 때문입니다. 또한 '사건'에 초점을 맞춘 것은 구체적 현실과 사람들로부터 파악하고 전망하는, '이야기' 있는 평화와 통일론이 필요하다고 판단했기 때문입니다.

　이 책은 크게 2부로 구성되어 있습니다. 제1부는 '위기와 견제'라는 제목 아래 김일성 사망(김진환), 서울올림픽(신종대), 북핵문제(양무진), 대기근(정병욱), 7·1경제관리 개선조치(양문수), 3대 세습(김갑식)을, 제2부는 '소통과 화해'라는 제목으로 남북경제협력과 북방경제권 구상(정태헌), 소떼 방북(예대열), 남북정상 회담(김근식), 대북지원(조대엽·홍성태), 남북이산가족 상봉(이수정), 한국전쟁 영화(박유희), 『겨레말큰사전』 편찬(홍종선)을 다루었습니다. 물론 '위기와 견제'의 사건이라 하더라도 화해와 평화의 관점에서 분석했으며, '소통과 화해'의 사건이라도 비판과 성찰의 끈을 놓지 않았습니다.

　13편의 글에 편차가 없는 것은 아니지만, 전체적으로 이번 책은 인문학의 상상력과 사회과학의 통찰을 결합해서 평화와 통일의 역사를 재구성하는 새로운 시도라고 할 수 있습니다. 이러한 시도는 역사적 사건의 성찰을 통해 현재의 남북관계를 조망하는 데 도움이 될 뿐만 아니라 새로운 통일정책의 선택과 향후 남북관계를 전망하는 데도 기여할 것입니다. 몇 차례 워크숍과 학술회의를 통해 문제의식을 다듬고 원고를 완성해주신 필자 여러분께 진심으로 감사드립니다.

이 책은 2012년 11월 동명의 학술회의를 토대로 만들어졌습니다. 당시 사회를 맡아주신 북한대학원대학교 최완규 총장, 고려대학교 조성택 교수, 동국대학교 박순성 교수, 토론해주신 성신여자대학교 홍석률 교수, 서강대학교 정영철 교수, 고려대학교 박현선 교수, 한국개발연구원 이석 연구위원, 통일연구원 김수암 통일학술정보센터 소장, 남북역사학자협의회 신준영 사무국장, 민족화해협력범국민위원회 정형곤 사무처장께 깊이 감사드립니다. 또한 기획에서 책 간행까지 양 기관에서 실무를 맡아 진행한 여러 선생님께도 감사의 마음을 전합니다.

앞으로도 우리 두 기관은 인문학과 사회과학이 결합된 분과통섭적인 통일담론과 통일정책을 만들어가기 위해 힘을 모을 것입니다. 많은 성원 바랍니다.

2013년 12월

경남대학교 극동문제연구소 소장 이수훈
고려대학교 민족문화연구원 원장 최용철

차례

2부 소통과 화해

—1부—
위기와 견제

반동의 추억

김일성 사망과 조문정국

김진환

1. 들어가며

2013년 봄 한반도의 남과 북은 적대적 기운에 휩싸여 있었다. 북한은 미국의 대북 적대정책에 전면적으로 맞서겠다며 정전협정 백지화를 선언했고,[1] 우발적 무력충돌이 대규모 전쟁으로 비화되는 걸 막아줄 남북 간 군통신선도 완전히 단절됐었다.[2] 국민들이 정말 대결과 전쟁을 원하는지는 아랑곳없다는 듯, 남과 북의 권력자들은 입에 담지 못할 험구를 늘어놓으며 국민들의 불안감과 적대감을 함께 키웠었다.

돌이켜보면 남한 정권은 1945년 8월 분단 이후 지금까지 십몇 년 동

---

[1] 김귀근 · 이준삼, 「北 "정전협정 백지화 …… 판문점대표부 활동 중단" 위협」, 『연합뉴스』, 2013.3.5.

[2] 북한은 2013년 3월 27일 서해지구 남북관리구역의 군통신선 4개를 차단하겠다고 통보했다. 이로써 남북을 연결하는 군 통신선 8회선이 모두 단절됐다.(김귀근, 「남북 연결 軍 통신선 8회선 모두 차단」, 『연합뉴스』, 2013.3.27) 이 중 서해 군 통신선은 개성공단 재가동을 위해 2013년 9월 6일부터 다시 가동됐다.

안을 빼고는[3] 항상 국민들에게 대북·대남 적대감을 가지라고 부추겨 왔다. 남한 국민들의 대북 적대감은 물론 한국전쟁, 1960년대 후반 청와대 인근과 울진·삼척 등지에서 일어났던 무력충돌, 1976년 판문점 미루나무 사태, 1983년 버마 아웅산 폭탄테러 같은 몇 가지 사건들을 겪으며 자의적으로 형성·내면화된 측면이 크다. 북한이 험한 말로 위협하거나 실제로 군사력을 시위할 때마다 거리 곳곳에서 '김정은 타도', '조선노동당 타도'를 외치는 이들의 분노에는 다 그럴만한 이유가 있다는 얘기다.

하지만 이 못지않게 역대 남한 정권이 자신의 정치적 이해를 위해 오랜 기간 체계적으로 국민들에게 반공·반북이데올로기를 주입해 온 측면도 간과할 수 없다.[4] 1987년 항쟁 결과 대통령 직선제로 상징되는 민주화를 쟁취하면서 이러한 경향이 약화되기는 했지만, 남북 대치 상황을 정권 안정화 기반으로 삼는 행태는 사라지지 않았다.[5] 특히 김대중·노무현 정권 10년 동안 절치부심하다가 2008년에 한국 사회의 정치권력을 되찾은 전통적 지배집단은 2010년에 발생한 천안함 사건, 연평도 포격전을 계기로 기존 통치 행태를 빠르게 부활시키고 있다.

---

3 박정희 정권은 남북적십자회담을 하던 1971~1972년, 전두환 정권은 이산가족 고향방문단과 예술공연단이 교환 방문한 1985년, 노태우 정권은 남북고위급회담을 하던 1989~1991년, 김영삼 정권은 남북정상회담을 추진하던 1994년 6~7월, 김대중 정권·노무현 정권은 집권 10년 동안 이러한 행태에서 벗어났었다.

4 이승만 정권부터 전두환 정권까지 역대 정권이 반공·반북이데올로기를 어떻게 국민에게 주입해갔는지에 대한 개괄적 서술은 다음 글 참고. 윤충로, 「남한 지배이데올로기의 형성과 내면화」, 강정구 외, 『시련과 발돋움의 남북현대사』, 선인, 2009, 295~309면.

5 14대 대선을 두 달 앞둔 1992년 10월에 국가안전기획부가 야당 대선 후보 김대중의 측근이 대규모 간첩단인 '조선노동당 중부지역당'과 관련되어 있다고 발표한 사례가 대표적이다. 이후 김대중은 또다시 '색깔시비'에 휘말렸다.

이러한 남북분단사의 맥락에서 볼 때, 사상 첫 남북정상회담이 추진되다가 좌절된 1994년 여름은 매우 흥미로운 역사적 국면이었다. 한국 사회의 전통적 지배집단 입장에서 보면 남북정상회담 추진은 1990년 1월 민정·민주·공화 '3당 합당'으로 비로소 지배블록의 일원이 된 김영삼의 정치적 도발에 가까웠다. 이전까지 남북 사이를 대결로 끌고 가든, 화해로 끌고 가든 남북관계를 주도해왔던 건 친일, 한국전쟁, 군사독재 등에 뿌리를 둔 전통적 지배집단이었다.[6] 수십 년간 야당 지도자로 살다 민주자유당에 합류한 김영삼은 이들에게는 '굴러온 돌'이었고, 따라서 김영삼을 앞세워 재집권에 성공한 이후에도 전통적 지배집단은 김영삼이 끌고 온 세력(민주계)과 격렬한 권력투쟁을 벌이고 있었다.[7] 이 와중에 김영삼이 사상 첫 남북정상회담의 주인공이 된다면, 그리고 남북정상회담을 통해 전통적 지배집단이 그동안 기대어 왔던 남북 대결구조를 흔들어놓는다면 김영삼 세력과의 권력투쟁에서 밀리는 건 불가피했다.

따라서 1994년 여름은 첫째, 진정한 남북화해와 통일을 열망하지 않는 한국 사회의 전통적 지배집단이 탈냉전 시대, 민주화 시대에도 얼마나 힘을 가지고 있는지, 둘째, 대북정책을 추진하는 과정에서 대통

---

6 전통적 지배집단의 주류인 박정희, 전두환, 노태우가 어떠한 배경 속에서 어떠한 의도를 가지고 짧은 기간이나마 대북 화해정책을 펼쳤는지에 대해서는 다음 책들을 참고. 홍석률, 『분단의 히스테리—공개문서로 보는 미중관계와 한반도』, 창작과비평사, 2012; 김지형, 『데탕트와 남북관계』, 선인, 2008; 김연철, 『냉전의 추억—선을 넘어 길을 만들다』, 후마니타스, 2009; 김진환, 『동북아시아 열국지 1—북·미 핵공방의 기원과 전개』, 선인, 2012.
7 정태환, 「김영삼 정권의 등장배경과 주요 정치세력의 역학」, 『한국학연구』 22집, 고려대 한국학연구소, 2005.

령의 '상대적 자율성'은 어느 정도인지를 알아볼 수 있는 '역사의 실험장'이었다. 이미 결과가 나와 있듯이 남북정상회담 개최는 좌절됐다. 비록 한쪽 당사자였던 김일성 주석의 갑작스런 사망으로 정상회담 추진 동력이 크게 약화되기는 했지만, 아직 불씨만큼은 살아 있던 상황에서 전통적 지배집단은 어떻게 이 회담을 좌절시켜나갔을까? 이 국면에서 정상회담의 다른 한쪽 당사자였던 김영삼 대통령은 과연 무엇을 하고 있었을까?

이 글의 목적은 일차적으로 위의 질문들에 대답하는 것이다. 그리고 이러한 과정에서 우리는 남북분단사를 구성하는 수많은 사건들이 벌써 60년 넘게 장기 지속되고 있는 분단구조의 속성, 곧 남북 간 적대적 대치가 심화될수록 전통적 지배집단의 권력이 강화되고, 남북화해·협력이 진전될수록 전통적 지배집단의 권력이 흔들리는 성향과 불가분의 관계를 맺고 있다는 점을 확인할 수 있을 것이다.

요컨대 추상적 구조의 속성은 오직 구체적 사건을 통해 드러난다. 따라서 사건을 인식하는 것은 구조를 인식하는 지름길이자 필수적 작업이라고 말할 수 있다. 사건에 대한 인식 없는 '구조 찾기'는 모래 위에 집을 짓는 것처럼 허망한 일이 될 것이다. 더불어 사건에 영향을 끼치는 구조에 대한 이해가 깊어질수록, 그 결과물인 사건에 대한 이해도 깊어질 수 있다. 바로 이렇기 때문에 그동안 잘 알려지지 않았거나, 세인들의 관심 밖에 놓여 있었거나, 그릇되게 알려진 현상(사건)을 충실하고 정확하게 서술하는 데 집중해 온 '역사학'과 현상의 이면에서 작용하는 구조의 속성을 개념, 이론의 형태로 드러내는 데 집중해 온 '사회과학'의 '만남'이 가능하고 또 중요한 것이다.

하지만 안타깝게도 아직까지 이러한 '만남'의 사례는 많지 않다.[8] 남북관계의 구조적 속성 탓에 비밀도 많고, 왜곡된 내용도 많아서 사건 자체에 대한 이해 수준이 매우 낮기 때문이다. 평화, 통일 같은 주제에 관심을 가지고 있는 한국의 역사학자들은 남북 권력이 감춰놓은 정보에 목말라 하고, 정보 부족은 자연스럽게 사실을 찾아내려는 열정을 감소시킨다. 빈약한 사실을 가지고 설득력 있는 개념, 이론을 고안·정립하려는 사회과학자들의 처지도 곤혹스럽기는 마찬가지다. 결국 사회과학자들의 시선은 많은 역사학자들이 훌륭한 연구결과를 이미 충분히 마련해 놓았거나, 자신이 직접 사실을 찾아 나서려 할 때 그래도 사실 확인이 조금은 수월한 영역으로 향하게 된다.

현실이 이러하다면 좋지 못한 순환을 끊는 출발점도 분명하다. 힘들더라도 '다시 사실을 찾아나서는 것'이다. 그렇게 하고 나서 엄정한 논리에 따라 반反사실적 가정도 해보고, 비교연구도 해보면서 여러 특수한 현상들을 묶어서 설명하는 개념, 이론을 마련하는 길로 나아가야 한다. 이 글에서 1994년 여름 한반도에서 일어난 일들을 복기하는 데 좀 더 집중하고 있는 것은, 구조 찾기, 구조적 속성을 드러내는 작업의 중요성을 결코 경시하거나 간과해서가 아니라, 1994년 여름 한반도에서 도대체 어떤 일이 있어났는지를 충실히 서술하는 것이 좀 더 시급한 과제라고 생각했기 때문이다.

---

8 김연철이 쓴 『냉전의 추억』은 남북관계 주요 사건을 통해 남북관계의 구조적 측면을 보여주고 있는 선구적 업적으로 평가할 수 있다. 김연철, 앞의 책.

2. 진전 — 남북정상회담 개최 합의와 준비

> 김일성 주석에게 말합니다. (…중략…) 김 주석이 참으로 민족을 더 중요
> 하게 생각한다면, 그리고 남북한 동포의 진정한 화해와 통일을 원한다면,
> 이를 논의하기 위해 우리는 언제 어디서라도 만날 수 있습니다. 따뜻한 봄
> 날 한라산 기슭에서도 좋고, 여름날 백두산 천지 못가에서도 좋습니다. 거
> 기서 가슴을 터놓고 민족의 장래를 의논해 봅시다.[9]

2008년에 이명박 대통령이 등장하기 전까지는 1987년 민주화 이후
최악의 남북관계를 만든 장본인이라는 오명을 쓰고 있던 탓에 사람들
에게 주목받지 못했지만, 본래 김영삼은 야당 시절 누구보다 적극적으
로 남북정상회담의 필요성을 주장하던 정치인이었다.

그가 남북정상회담에 공개적으로 관심을 드러낸 건 1972년 7·4남
북공동성명 발표 직후다. 김종필 총리는 7월 5일 국회본회의에서 위
성명 채택 경과를 보고했는데, 이날 신민당 의원 김영삼은 "앞으로 박
대통령과 김일성 간의 회담까지 가리라고 보는데 이 회담이 언제쯤 이
뤄지리라고 보는지" 질문했다.[10] 또한 김영삼은 신민당 총재이던 1975
년 8월 23일 내외신 기자회견에서 박정희 정부에 중공과의 관계 개선
을 촉구하면서 "필요하면 북경도 방문 하겠다"고 밝히고, 더불어 남북
당국에 대화 재개, 상호비방 중지까지 촉구하면서[11] 그동안 '맞수' 김

---

9 김영삼, 「우리 다 함께 신한국으로 — 제14대 대통령 취임사(1993.2.25)」, 공보처·정부간
　행물제작소 편, 『김영삼 대통령 연설문집』 제1권, 대통령비서실, 1994, 59~60면.
10 『동아일보』, 1972.7.5.
11 『경향신문』, 1975.8.23.

대중에 비해 취약하다고 평가받던 외교·통일 분야에서도 존재감을 확실히 보여줬다.

그리고 마침내 김영삼은 미국 대통령 카터 방한을 앞둔 1979년 6월 11일 외신기자클럽 연설에서 "야당총재로서 통일을 위해서는 장소와 시기를 가리지 않고 책임 있는 사람과 만날 용의가 있다"고 선언했다.[12] 박정희가 그해 1월 19일 "어떠한 장소나 어떠한 시기나 어떠한 수준에서든지" 남북 당국이 만나자며 사실상 남북정상회담도 할 수 있다는 의사를 밝히는 바람에[13] 빛이 바래기는 했지만, 야당 정치인으로서는 처음으로 김일성과 만나겠다는 의지를 표출한 것이다.[14]

김영삼은 1980년대에도 남북정상회담의 필요성을 일관되게 강조했다. 1987년 12월 대선을 치를 때는 집권하면 "통일논의의 개방, 민족동질성 회복, 냉전이데올로기의 극복, 남북교류를 확대하고, 남북한 군축과 경제협력, 상호불가침협정 체결을 위한 남북최고정상회담 실현을 주창 하겠다"고 약속했고,[15] 김일성이 1988년 9월 8일 공화국 창건 40돌 기념 연설에서 만약 연방제 문제를 협의하겠다면 노태우의 방북을 환영한다고 밝히자[16] 야당 총재로서 정부에 "이를 진취적으로 받아들여" 실무회담을 검토하라고 요구하기도 했다.[17] 또한 1989년 6월 소련 방문

---

12 『동아일보』, 1979.6.11.

13 『동아일보』, 1979.1.19.

14 북한은 6월 18일 김일 부주석 명의의 담화를 발표해, 김영삼이 통일을 위해 김일성과도 만나고 싶다는 의지를 표명했다고 높이 평가하고, "조선노동당과 신민당의 책임 있는 대표들 사이에 접촉을 실현하기 위하여" 판문점 또는 제3국에서 조선노동당과 신민당 연락대표들의 예비접촉을 갖자고 제안했다. 『동아일보』, 1979.6.19.

15 『경향신문』, 1987.10.8.

16 김일성, 「주체의 혁명적 기치를 높이 들고 사회주의, 공산주의 위업을 끝까지 완성하자 (1988.9.8)」, 『김일성 저작집』 41, 조선로동당출판사, 1995, 241면.

중에는 모스크바에서 북한의 허담 조국평화통일위원회 위원장을 만나 "실제로 통일문제와 민족의 장래를 논의할 수 있는 가장 확실하고 효과적인 방법은 노태우 대통령과 김일성 주석이 직접 만나는 것"이라는 발언까지 했고,[18] 1990년 '3당 합당'으로 여당의 대표최고위원이 된 이후에는 더욱 적극적으로 노태우–김일성 정상회담 성사를 지지했다.[19]

하지만 '대선의 해'인 1992년에 들어서면서 안팎 정세 악화의 영향 때문인지 김영삼의 입장은 '남북정상회담 신중론' 또는 '조건부 남북정상회담 추진론'으로 달라졌다.[20] 먼저 밖에서는 북·미 핵공방이 북한의 국제원자력기구(IAEA) 특별사찰 거부를 계기로 조금씩 격렬해지고 있었다.[21] 다음으로 안에서는 대북 강경세력의 움직임이 본격화됐다. 노태우의 대북 유화정책에 불만을 품고 있던 보수언론, 국가안전기획부, 군부 등의 대북 강경세력이 1992년 8·15이산가족 상봉사업 무산, 9월 8차 남북고위급회담 당시 이동복 안기부장 특보의 이른바 '훈령조작' 사건, 10월 대규모 간첩단사건 발표 등으로 저항하고 있었던 것이다.[22] 이러한 상황에서 민주자유당 대선 후보로서, 전통적 지배집단의

---

17 『한겨레』, 1988.9.10.
18 『동아일보』, 1989.6.14.
19 『한겨레』, 1990.9.9; 『동아일보』, 1990.10.20.
20 "남북한의 동시 유엔가입, 고위급 회담을 통한 '남북합의서'와 '한반도 비핵화 공동선언' 결실 등 바야흐로 통일에의 접근이 현실화되고 있습니다. 이러한 남북관계의 진전은 남북 정상회담을 통해서 궁극적인 결실을 맺어야 합니다. 내가 집권하면 자연스레 남북 정상회담이 이뤄진다고 확실히 전망할 수 있습니다. 그러나 북한이 한편으로는 대화를 하면서 다른 한편으로 대남 적화노선을 포기하지 않는 등 이중성을 보이고 있어, 안보를 공고히 하면서 신중하게 남북문제를 다뤄가야 한다는 게 나의 기본 노선입니다. 남북관계는 신뢰의 회복이 우선돼야 합니다. 북한이 이중노선을 수정하고 핵개발 정책을 포기하는 등 전향적인 자세로 나온다면 남북문제는 쉽게 풀릴 수 있을 것이지만, 현재와 같이 경직된 상태에서는 새로운 정책을 제시하기 어려울 것입니다." 『한겨레』, 1992.11.25.
21 김진환, 앞의 책, 242~251면.

지지를 이끌어내야 했던 김영삼으로서는 적극적인 남북정상회담 추진 의사를 밝히기 어려웠을 것이다.

이처럼 1992년 이후 한반도 안팎의 정세악화, 그리고 전통적 지배집단에 기대 대통령에 당선된 김영삼의 취약한 정치적 입지[23] 등을 놓고 판단해볼 때, 맨 앞에 인용한 취임 연설에서 비록 감동적이고 적극적으로 남북정상회담을 제안하고 있기는 하지만, 당시 김영삼의 남북정상회담 성사 의지나 기대감은 실제 그다지 높지는 않았을 것이다. 김영삼도 훗날 회고록에서 대통령에 당선된 후 자신이 이끌어 갈 '문민정부의 역사적 과제'를 두 가지, 곧 민주주의의 제도적 기틀을 확고하게 다지는 것, 경제 활력 회복과 국가 경쟁력의 강화를 통해 21세기 세계 중심국가로 도약하는 것으로 압축했다고 적고 있다.[24] 김영삼 정부 첫 외교안보수석비서관이었던 정종욱도 김영삼이 남북정상회담 성사에 그리 집착하지 않았다고 증언한다.[25]

또한 대통령 취임사에 남북정상회담 제안을 담은 '당사자'인 한완상 통일부총리의 최근 증언에 따르면 김영삼 정부 초기 전향적 대북정책의 상징처럼 평가받고 있는[26] '비전향장기수 이인모 북송' 역시 김영삼

---

22 1992년부터 '냉기류를 만난 남북관계'에 대한 자세한 서술은 다음 책 참고. 임동원,『피스메이커―남북관계와 북핵문제 20년』, 중앙북스, 2008, 256~303면.
23 정태환, 앞의 글, 249~250면.
24 김영삼,『김영삼 대통령 회고록』상, 조선일보사, 2001, 23~25면.
25 "김영삼 대통령이 취임사에서 정상회담에 대해 적극적 의지를 표명하긴 했지만 그것은 어디까지나 원칙론의 차원이었다. (…중략…) 핵 문제로 국제 사회가 숨 가쁘게 돌아가는 상황에서 우리가 먼저 막후에서 정상회담을 제의할 입장도 아니었고 그럴 의도도 없었다. 정상회담을 개최하기 위한 막후 접촉도 없었다. 적어도 내가 아는 한 김영삼 대통령도 그런 생각이 없었다." 정종욱,「1994년, 남북정상회담이 성사됐다면」, 박관용·이충길 외,『공직에는 마침표가 없다―장·차관들이 남기고 싶은 이야기』, 명솔출판, 2001, 46면.
26 김선진,「김영삼 정부 대북정책과 국내정치의 상관성 연구―대통령 기록물을 중심으로」,

의 뚜렷한 대북 철학을 기반으로 했다기보다는, 국내정치적 효과를 고려한 김영삼의 즉흥적 결정이었던 것 같다.

한완상은 청와대에서 김영삼을 처음 독대한 1993년 3월 2일에 이인모 송환을 새 정부 대북정책 변화의 강력한 신호로 활용하자고 진언했다. 그러자 김영삼은 "조용히 듣기만 했다"고 한다. 그런데 3월 9일 청와대 중앙 일간지 편집국장들과의 만찬 자리에서 편집국장들이 대통령 지지도가 90%가 넘을 정도라며 김영삼의 기분을 돋우자 김영삼이 아직 정부 회의에서 공식적으로 결정되지도 않은 이인모 북송을 '깜짝 발표'했다는 게 한완상의 증언이다.[27]

그러다가 북한이 3월 12일 핵무기비확산조약(NPT) 탈퇴를 선언하면서 여론이 급속도로 악화되자 김영삼의 대북 인식 역시 불신과 경계 쪽으로 빠르게 고착되어갔다. 김영삼은 3월 15일 한완상에게 남북 사이에 얘기되어 온 경제 교류나 경제인 방문 등은 북한의 NPT 탈퇴 철회와 사찰문제가 해결돼야 허용될 수 있다는 지시를 내렸고,[28] 남북정상회담 역시 착실히 통일을 준비하는 과정에서 자연스럽게 이뤄져야 한다며 신중한 태도를 보였다.[29] 또한 5월 12일부터는 북한의 행동에 대한 "실망과 우려"를 마침내 공개적으로 밝히기 시작했다.[30]

북한대학원대 박사논문, 2012, 116~117면.

27 「한완상 비망록―햇볕 따라 평화 따라 10―'이인모씨 송환' 깜짝 발표에 수습 북새통」, 『한겨레』, 2012.5.28.

28 김영삼, 앞의 책, 2001, 102면.

29 「한완상 비망록―햇볕 따라 평화 따라 12―북 NPT 탈퇴 선언에 해빙 꿈 깨지고」, 『한겨레』, 2012.5.30.

30 "저는 취임사에서 분단의 고통을 마감하고자 김일성 주석에게 '남북한 동포의 진정한 화해와 통일을 원한다면 언제 어디서라도 만날 수 있다'고 말한 바 있습니다. 그러나 요즘 북한의 핵확산금지조약 탈퇴 등의 행동을 볼 때 실망과 우려를 금할 수 없습니다." 김영삼, 「통

그렇다면 상대방인 김일성의 김영삼에 대한 평가 또는 남북정상회담에 대한 의지는 어땠을까? '1994년'에 김일성이 김영삼, 남북정상회담 등에 대한 갖고 있던 생각은 『김일성 저작집』이나 카터의 회고록을 통해 어느 정도 확인할 수 있는 데 비해, '1993년' 김일성의 생각을 알 수 있는 자료는 흔치 않다. 이와 관련해 최근 한완상이 주목할 만한 증언을 남겼기에 아래에 옮겨 본다.

재미 조동진 목사는 92년 5월에 이어 93년 3월 31일부터 4월 12일까지 다시 평양을 방문했다. 그는 4월 10일 오전 10시 20분부터 12시 30분까지 2시간 10분 동안 김일성 주석과 만나 오찬을 함께 했다. 방북을 마치고 미국을 거쳐 5월 말께 서울로 온 조 목사는 다시 나를 찾아왔다. 김 주석과 오찬을 나눈 사진과 식단을 보여준 그는 깨알같이 적은 노트를 보면서 대화 내용을 자세히 들려주었다. 인상적인 몇 부분만 살펴보도록 하자. "김일성 주석은 먼저 김영삼 대통령에 대한 경애심을 각별히 표현했다. 그날 대화가 모두 김 대통령에게 전달될 거라고 생각하고 말한 것 같았다. 전두환 대통령을 지칭할 때는 '빈대머리' 같은 점잖지 못한 표현을 쓰면서도 반드시 '김영삼 대통령께서'라는 경어를 썼다. 김 대통령의 훌륭한 취임사를 몇 번씩 읽었다며 기대가 크다고 말했는데, 그 순간 배석했던 북한 고위층 인사들이 놀라는 표정이었다. 또 김 주석은 김 대통령이 이끄는 새 정부는 종전 정부와 다르다고 말했다."[31]

<hr />

일조국은 금세기 안으로─해외 한민족 대표 접견 연설(1993.5.12)」, 앞의 책, 1994, 183면.
31 「한완상 비망록─햇볕 따라 평화 따라 17─김일성, 전두환엔 "빈대머리" YS엔 경외심」, 『한겨레』, 2012.6.6.

한완상은 이러한 김일성의 '기대감'을 "곧바로 청와대로 들어가" 보고했지만, 김영삼은 "믿을 수 있는가?"라는 대답으로 불신을 드러냈다고 한다.[32] 그리고 바로 며칠 뒤인 6월 3일 김영삼과 김일성은 둘 다 당분간 돌아오기 힘든 강을 건넜다. 김영삼은 이날 가진 취임 100일 기자회견에서 "핵무기를 갖고 있는 상대와는 결코 악수할 수 없다는 점을 분명히 밝혀 두고자 합니다"[33]라며 북한을 자극했고, 북한이 이를 계기로 김영삼 취임 이후 자제해왔던 실명비난을 재개한 것이다.

한편 김영삼은 1994년 2월 25일 취임 1주년 기자회견에서 김일성에게 남북정상회담을 다시 한 번 제안했다. 그런데 "핵개발 저지에 도움이 된다고 판단될 경우"라는 조건을 달아둠으로써[34] 오히려 북한의 반발을 불러왔다.[35] 김영삼이 진실로 회담을 원한다면 "속에 품은 칼"을 내놓아야 한다는 게, 달리 말하면 조건 없는 남북정상회담을 해야 한다는 게 바로 1994년 봄까지 김일성의 명백한 입장이었다.[36]

이처럼 평행선을 달리던 김영삼과 김일성이 남북정상회담에 전격적으로 합의하는 데는 잘 알려진 것처럼 카터의 중재가 '결정적으로'

32 「한완상 비망록─햇볕 따라 평화 따라 18─김일성 뜻 보고받은 YS "믿을 수 있나?"」, 『한겨레』, 2012.6.7.

33 김영삼, 「신한국을 향한 제2의 건국─취임 100일 기자회견문(1993.6.3)」, 앞의 책, 1994, 250면.

34 『한국일보』, 1994.2.26.

35 북한 관영 『조선중앙통신』은 바로 다음 날 "핵문제를 거론하면서 북남관계를 해결하려는 것 자체가 성급하고 방향성도 없는 잘못된 사고방식"이라고 반박했다. 『한겨레』, 1994.2.28.

36 "남조선의 현 당국자도 집권초기에 우리와 만나자고 하였으나 실지에 있어서는 외세에 추종하면서 계속 대결소동을 벌리고 있으며 최근에는 북남최고위급의 특사교환을 위한 회담도 결렬상태에 몰아넣었습니다. 남조선당국자들이 진실로 우리와의 회담을 할 의사가 있다면 속에 품은 칼을 내놓고 민족자주의 립장에 서서 화해와 통일의 길로 나와야 합니다." 김일성, 「미국 씨엔엔텔레비죤방송회사 기자단이 제기한 질문에 대한 대답(1994.4.17)」, 『김일성 저작집』 44, 조선로동당출판사, 1996, 386～387면.

기여했다. 북·미 간 군사적 충돌을 막기 위해 1994년 6월 15일 판문점을 거쳐 평양을 찾은 카터는 6월 17일 오전 대동강 '선상船上 회담'에서 김일성에게 남북정상회담을 즉시 개최해 한반도 통일방안, 군비감축, 비무장지대 부대의 후방 이동 등을 논의하라고 촉구했다.[37] 이에 대해 김일성은 "그(김영삼)가 핵무기를 내놓지 않으면 우리와 악수도 하지 않겠다는 따위의 허튼소리를 하였지만 다 용서해주겠으니 우리를 찾아오게 하라"고 대답했고,[38] 평양에서 돌아온 카터가 김일성의 이 제안을 6월 18일 청와대 오찬장에서 김영삼에게 전달하면서 사상 첫 남북정상회담 개최는 급물살을 타게 된다.

흥미로운 점은 당시 김영삼이 카터에게 '직접' 정상회담 중재를 부탁했는지에 대해 김일성과 '김영삼 정부'의 증언이 지금까지도 엇갈린다는 사실이다. 주돈식 청와대 대변인은 6월 18일 기자들에게 김영삼 대통령이 카터 전 대통령과 6월 14일 청와대에서 만났을 때 김일성 주석과의 정상회담 중재를 요청한 사실은 없다고 밝혔다.[39] 김영삼 역시 이와 관련해서는 아직까지 아무런 언급이 없다. 오히려 카터에게 대북

---

37 지미 카터, 이종훈 역, 『진정한 리더는 떠난 후에 아름답다』, 중앙북스, 2008, 69~70면.
38 김일성, 「벨지끄로동당 중앙위원회 위원장과 한 담화(1994.6.30)」, 앞의 책, 1996, 469면. 김일성이 카터와의 대화를 외부에 처음 공개한 건 6월 30일이다. 그런데 흥미롭게도 김일성은 며칠 뒤인 7월 6일 경제 부문 책임일군협의회에서 "카터에게 나는 김영삼을 만나주지 않겠다고 한 적이 없다, 우리가 '특별사찰'을 받지 않으면 그가 나를 만나지 않겠다고 하기 때문에 나도 그를 만나려 하지 않았다, 핵무기를 내놓지 않으면 악수도 하지 않겠다는 사람과 무엇 때문에 만나겠는가, 그러나 그가 자기가 한 말을 취소하고 오겠다고 하면 만나겠다고 하였습니다"라며 30일과 다르게 말하고 있다.(김일성, 「사회주의 경제건설에서 새로운 혁명적 전환을 일으킬 데 대하여(1994.7.6)」, 같은 책, 487~488면) '진실'은 아마도 카터만 알고 있겠지만, 김영삼이 이후 '문제의 발언'을 취소하지 않았는데도 남북정상회담 준비접촉이 이루어진 걸 보면 김일성의 이날 발언은 '내부용'에 가깝고, 30일에 공개한 발언, 곧 조건 없는 정상회담 제안이 좀 더 진실에 가까울 것 같다. 김진환, 앞의 책, 355면.
39 『한겨레』, 1994.6.19.

압박을 요청했다는 김영삼의 회고를[40] 보면 그가 카터에게 남북정상 회담 중재를 부탁하지 않았을 가능성이 더 높다고 판단된다.

요컨대 김영삼은 카터 방북을 카터의 의도와는 달리 대북 압박 '수단' 또는 '기회'로 활용하려 했다. 그런데 김일성은 17일 '선상 회담'에 대해 "카터가 우리나라에 와서 나에게 김영삼이 나를 만나고 싶어 한다"고 하면서 자신의 의사를 물었다고 6월 30일 밝혔고, 7월 6일에도 "이번에 카터가 나를 만나 김영삼이 김일성 주석을 만나보았으면 좋겠다는 의향을 표시하였다고 하면서 그를 만나주지 않겠는가고 하였습니다"라고 말했다.[41] 김영삼이 카터에게 직접 남북정상회담 중재를 부탁했다는 뉘앙스로 이야기한 것이다.

이와 관련해 한승주 당시 외무장관은 카터가 판문점으로 입북하기 전에 카터에게 남북정상회담 중재를 부탁했고, 평양에서 돌아온 카터를 김영삼보다 먼저 만난 뒤 남북정상회담에 상당한 진전이 있다고 김영삼에게 보고했다고 증언했다.[42] 한편 김영삼이 김일성의 정상회담

---

40 "6월 14일 저녁 나는 서울에 온 카터 미국 대통령을 청와대로 초청, 부부 동반으로 만찬을 함께 하며 2시간 25분간 북한 핵 문제 등에 관해 의견을 나눴다. (…중략…) 만찬 도중 카터 대통령은 자신의 방북에 대해 기대가 큰 표정이었지만 나는 오히려 걱정스러운 편이었다. 북한이 IAEA 탈퇴 성명을 발표한 것이 바로 전날 밤 11시였고, 그것은 워싱턴의 오전 시간대를 겨냥해 엄포를 놓은 셈이었다. 이러한 긴박한 상황에서 나는 '개인 자격'이라는 카터 대통령의 방북이 성과를 거둘 것이라고는 생각하지 않았다. 나는 카터 대통령에게 북한의 핵개발에 대한 한국과 미국, 그리고 국제 사회의 반대와 우려를 분명히 북한 측에 전달해줄 것을 당부하였다." 김영삼, 앞의 책, 2001, 313~314면.
41 김일성, 「벨지끄로동당 중앙위원회 위원장과 한 담화(1994.6.30)」, 앞의 책, 1996, 469면; 김일성, 「사회주의경제건설에서 새로운 혁명적 전환을 일으킬 데 대하여(1994.7.6)」, 같은 책, 487면.
42 "카터 전 대통령이 6월 15일 판문점을 통해 입북하기 전에 찾아가 만났습니다. 그가 '북한에 가면 무슨 얘기를 했으면 좋겠느냐'고 묻기에 '김 대통령이 취임사에서 제안한 남북정상회담이 아직도 실효성이 있는 제안이란 점을 설명하고 김일성에게 정상회담에 응할 뜻이 있는지를 타진해 달라'고 부탁했습니다." 『동아일보』, 1998.7.24.

제안을 '뜻밖의 제안', '갑작스런 제안'이었다고 일관되게 증언하는[43] 걸 보면 김영삼은 한승주가 카터에게 남북정상회담 중재를 부탁한 사실을 몰랐던 것 같다. 어쨌든 한승주의 증언이 사실이라면 결론적으로 김영삼에게 김일성의 남북정상회담 제안은 자신은 기대하지 않았던, 하지만 정부 내 대북 협상파가 카터에게 부탁해 어렵사리 성사시킨, 버리기 아까운 호재였을 것이다.[44]

'감의 정치인'[45] 김영삼은 곧바로 김일성의 남북정상회담 제안 사실을 언론에 공표하도록 지시했다.[46] 김영삼은 반년여 전인 1993년 12월 우루과이라운드(UR) 협상 타결로 심각한 국내정치적 타격을 입었고, 1994년 4월에는 이회창 총리를 임명 4개월 만에 경질하면서 국정운영의 난맥상을 드러내고 있었다. 이랬던 김영삼으로서는 사상 첫 남북정상회담 개최, 그리고 이 회담을 통해 북핵 문제 해결의 주연이 됨으로써[47] 정국을 자신에게 유리한 방향으로 이끌 수 있다고 생각했을 가능성이 높다. 당시 한 기자의 '취재수첩'에도 김영삼 정부가 남북정상회담을 국내정치적 목적에 복속시키려 할 것이라는 판단이 잘 담겨 있다.[48]

---

43 김영삼, 「'특별인터뷰' 김영삼 전 대통령, 남북회담─국내정치 본격발언」, 『신동아』, 동아일보사, 2000, 82면; 김영삼, 앞의 책, 2001, 318~319면.

44 김진환, 앞의 책, 353~359면.

45 이는 김영삼의 자평이기도 하다. "나를 두고 정치적인 감이 뛰어나다고 하는 사람들이 있습니다. 이는 오랜 정치생활을 통한 경험과 끊임없는 사색에서 나오는 것으로 육감과는 사뭇 다릅니다." 『한겨레』, 1992.11.25.

46 정종욱, 앞의 책, 50~51면.

47 1994년 일자 미상의 대통령비서실(공보) 생산 문서는 향후 남북정상회담 개최 시 예상의 제1순위로 북핵 문제 해결을 꼽고 있다.(김선진, 앞의 글, 126면) 김영삼 역시 남북정상회담을 북핵 문제 해결의 마당으로 삼을 계획이었다고 회고한다. "이산가족 문제와 함께 내가 정상회담에서 다루려 했던 가장 큰 의제는 북한의 핵 개발 및 전쟁 포기를 촉구하는 것이었다." 김영삼, 앞의 책, 2001, 330면.

48 "정부는 20일 남북 정상회담 추진에 본격 시동을 걸었다. 지난 18일 북한 김일성 주석과

이처럼 대통령 김영삼이 적극적으로 정상회담 성사 의지를 밝히자 김영삼 정부의 대북정책은 눈에 띄게 전향적으로 변해 갔다. 이홍구 통일부총리가 북핵 문제의 과거를 캐는 게 당장 급한 일은 아니며, 북한의 과거 핵투명성 문제의 경우 '기술적 접근'에 집착하지 말고 '정치적 결단'을 통해 풀어나가자는 입장을 밝힌 것이 출발점이자 상징적인 조치였다. 이 부총리의 이러한 입장이 알려지면서[49] 정상회담에 임하는 북한의 진의파악이나 핵투명성 보장 같은 일들이 급선무로 이루어져야 한다는 '신중론'이 본격적으로 대두됐다.[50] 하지만 김영삼을 포함해 그의 의도에 충실한 관료들은 강력한 의지를 가지고, 무엇보다 북한과의 협상에서도 유연한 태도를 취하면서 아래처럼 남북정상회담 개최를 밀어 붙였다.

김영삼의 지시를 받은 이영덕 국무총리는 6월 20일 북측 강성산 정무원 총리 앞으로 서신을 보내 정상회담 개최 절차 문제를 협의하기 위해 부총리급을 수석대표로 하는 '예비접촉'을 6월 28일 판문점에서 갖자고 제안했다. 북측이 6월 22일 강성산 총리 명의 전화통지문으로

김영삼 대통령간의 정상회담 전격합의에 따른 것이다. 그러나 현 국면의 남북 정상회담 추진 환경은 우리 정부의 주도적 구상에 의해 조성된 게 아니다. 북한과 미국 간 핵협상의 연장선에 자리 잡고 있다. (…중략…) 따라서 김 대통령의 정상회담 즉각 수락은 '주어진 환경'의 수용을 의미한다. 김 대통령은 방북에 앞서 청와대를 찾은 카터 전 대통령에게 '정상회담 중재'를 요청하지 않았음이 확인되고 있는 터다. (…중략…) 김 대통령의 정상회담 수락은 자연스러운 현상이다. 남북관계 개선의 돌파구 마련이라는 민족적 대명제 외에 정권업적, 현 국내정치의 국면전환 등을 위해서도 정상회담 추진은 더없이 좋은 아이템이다. 더욱이 향후 핵문제 해결과정에서 한국의 역할을 높이는 계기로 활용할 수도 있다." 김재목, 『북핵협상 드라마―남 · 북 · 미 삼각게임』, 경당, 1995, 321~323면.

49 이홍구 부총리의 발언은 1994년 6월 20일 국회 외무통일위원회 의원 비공개 간담회에서 나왔고, 간담회에 참석한 의원들을 통해 언론에 알려졌다.

50 『한국일보』, 1994.6.22.

이에 동의함으로써 부총리급 예비접촉이 6월 28일 판문점 평화의 집에서 비공개로 진행됐다. 남측에서는 이홍구 부총리 겸 통일원장관, 정종욱 대통령 외교안보수석비서관, 윤여준 국무총리 특별보좌관이, 북측에서는 김용순 최고인민회의 통일정책위원회 위원장, 안병수 조국평화통일위원회 부위원장, 백남준 정무원 책임참사가 참가했다.

이날 회담은 「남북정상회담 개최를 위한 합의서」를 채택하기까지 남북회담 사상 가장 긴 13시간 동안이나 진행됐는데 크게 두 가지 쟁점이 부각됐다. 첫째 쟁점은 회담 시기로, 남측은 7월 중 정상회담 조기개최를 주장했고, 북측은 8월 15일 개최를 주장했다. 둘째 쟁점은 횟수 문제로 남측은 서울·평양에서 번갈아 개최한다는 상호주의 원칙을 강조했고, 북측은 교환방문이라는 상호주의 원칙 적용이 불필요하다는 입장을 제시했다. 결국 북측이 회담 시기를 양보하고, 남측이 횟수 문제를 양보해 "쌍방은 남북정상회담을 1994년 7월 25일부터 7월 27일까지 평양에서 개최하기로 한다. 체류일정은 필요에 따라 더 연장할 수 있다. 다음 회담은 쌍방 정상의 뜻에 따라 정하기로 한다"고 합의했다.[51]

주목할 점은 이 과정에서 보여준 김영삼의 유연성이다. 김영삼은 회담에 나서는 이홍구에게 김일성에 대한 남한 국민들의 반감, 김일성의 건강 상태 등을 고려해 1차 회담 장소로 일단 서울을 주장하되 북측이 평양을 요구할 경우 수용하라고 지시했다고 한다. 또한 폐쇄회로 TV 화면을 보며 이 회담을 진두지휘했는데, 이홍구가 자신의 사전 지시대로 김일성의 서울 답방을 강력히 주장하면서 회담이 교착상태에 빠지

---

51 통일부, 『통일부 30년사−평화, 화해, 협력의 발자취』, 통일부, 1999, 195∼198면.

자 이홍구에게 전화를 걸어 정상회담에서 결정하는 것으로 하라고 지시했다고 증언했다.[52] 앞에서 소개한 "다음 회담은 쌍방 정상의 뜻에 따라 정하기로 한다"는 문구는 이렇게 만들어졌던 것이다.

이날 합의에 따라 남북은 정상회담 실무절차 협의를 위한 실무대표 접촉을 7월 1일과 2일 2차례 판문점 통일각과 평화의 집에서 비공개로 개최해 「남북정상회담 개최를 위한 실무절차 합의서」를 채택했고, 이후 7일 통신문제 관련 실무접촉(판문점 평화의 집), 8일 경호문제 관련 실무접촉(판문점 통일각)을 이어가며 정상회담 준비를 순조롭게 해나갔다.[53] 이때까지만 해도 7월 25일 남북정상회담 개최를 의심하는 이는 아무도 없었다.

3. 반동—'대결 담론'의 재부상과 남북정상회담 개최 좌절

1994년 7월 9일 오전 10시. 북한 〈조선중앙방송〉은 이날 정오에 '특별방송'을 한다고 예고했다. 같은 시각 서울 삼청동 남북대화사무국에서는 박관용 대통령 비서실장, 김덕 국가안전기획부장, 이병태 국방장관, 한승주 외무장관, 이홍구 통일부총리, 정종욱 통일외교안보수석비서관이 참석한 통일안보정책조정회의가 막 시작되고 있었다. 정종욱의 증언에 따르면 김덕 안기부장을 포함해 이 자리에 있던 어느 누구도 김일성의 갑작스런 사망을 예상조차 하지 못하고 있었다.[54]

---

52 김영삼, 앞의 책, 2001, 321~324면.
53 김진환, 앞의 책, 359~362면.

마침내 정오. 〈조선중앙방송〉은 김일성이 7월 8일 새벽 2시 사망했다는 충격적인 소식을 내외에 알렸고, 이 순간부터 남한에서는 사상 첫 남북정상회담 성사 분위기에 움츠려있던 언론과 정치권의 대북 강경파들이 다시 활개를 펴기 시작했다. 김일성 사후 정국 초기에 이러한 '반동'에 호조건을 마련해준 이는 아이러니하게도 "김일성 주석에게 할 이야기를 자구字句 하나하나까지 꼼꼼히 메모해놓고 외우다시피" 정상회담을 열심히 준비했다는[55] 김영삼이었다.

김영삼은 7월 9일 정오를 갓 넘긴 시각, 청와대에서 여성정책심의위원들과 칼국수로 오찬을 하던 도중 김석우 의전비서관으로부터 김일성 사망 소식을 들었다. 그는 곧바로 옆방으로 옮겨 이병태 국방장관에게 전화를 걸어 전군 비상경계령을 내리고 북한군 동태를 감시하라고 지시한 뒤, 곧이어 오후 2시 긴급 국가안전보장회의, 오후 5시 긴급 국무회의를 잇달아 진행했다.[56] 숨 가쁘게 돌아갔던 그날 오후, 김영삼은 김일성 사망에 대해 "보름 뒤면 남북한 정상이 만나 한반도의 평화와 민족의 장래를 허심탄회하게 논의할 계획이었는데 아쉽게 됐다"고 소감을 밝힌 것 말고는 아무 말도 하지 않았다.[57]

---

54 "회의를 시작하려는데, 안기부장이 혼잣말처럼 "오늘 북한이 중대 발표를 한다는데 이 놈들이 무슨 발표를 할지 모르겠는데, 장난치는 건지 모르겠는데" 이렇게 했습니다. 모두들 중대 발표를 하면 정상회담 취소를 의미하지 않는가 그렇게 생각했습니다." 신욱희·조동준 편, 『고위관료들, '북핵위기'를 말하다.(구술: 김삼훈, 김종휘, 박철언, 이시영, 임동원, 장재룡, 정종욱, 한완상)』, 국사편찬위원회, 2009, 233면.

55 김영삼, 앞의 책, 2001, 330면.

56 국무회의에서 김영삼은 '비상'이라는 단어를 중복적으로 사용함으로써 위급한 상황임을 은연중 강조했다.(김청원, 「국가 위기상황 보도의 담론 분석－KBS 9시 뉴스의 김일성 사망 보도를 중심으로」, 서강대 석사논문, 1999, 46면) 애초부터 톤을 낮출 생각은 없었던 셈이다.

57 김영삼, 앞의 책, 2001, 331~333면.

이 같은 김영삼의 유보적·관망적 태도[58]는 당시 그가 남북관계 개선을 위한 일관된 전략을 가지고 있지 않았다는 사실을 증명해준다.[59] 또한 사후적으로 평가해보면 김영삼의 태도는 대북 강경파들이 본격적으로 남북관계를 후퇴시킬 언동을 하는 데 빌미를 제공했다고 말할 수 있다. 당시 이들은 남북정상회담에 임하는 김일성의 진의를 의심하고, 정상회담이 북핵 문제 해결에 난관을 조성할 수도 있다는 우려를 공공연하게 밝히고 있었다.[60] 만약 김영삼이 김일성 사망에 조의를 표하고, 좀 더 단호하게 남북정상회담 계속 추진 의사를 밝혔다면 어땠을까? 그렇게 했더라도 남북정상회담 개최가 실제 역사 행로처럼 좌절됐을까?[61]

아래에서는 김일성 사망이 알려진 7월 10일부터 보름 정도를 관찰 기간으로 삼아 보수언론, 국회 내 대북 강경파 등이 어떻게 남북정상

---

58 정종욱은 김영삼이 "이 문제에 대해 반응하지 말라는 지시를 내렸습니다"라고 증언했다. 당시 김영삼이 "일체 이 문제에 대하여 정부 대변인이든, 청와대 대변인이든 논평하지 말라고 지시"했다는 것이다. 신욱희·조동준 편, 앞의 책, 233면.

59 김영삼의 이러한 태도는 '조문외교'를 통해 향후 북한과의 협상을 유리하게 이끌어가려던 클린턴의 전략적 행보와 대비된다. G-7 정상회담에 참석하느라 이탈리아 나폴리에 머물던 미국 대통령 클린턴은 현지 시각 새벽 5시 30분에 김일성 사망 발표를 듣고, 2시간도 채 지나지 않은 오전 7시경 "미국 국민을 대신해 북한 인민들에게 심심한 애도condolence를 전한다"고 발표했다. 곧이어 북·미 협상의 미국 대표였던 갈루치가 스위스 제네바 북한대표부 공관에 마련된 분향소를 찾아 정식 조문했다. 김진환, 앞의 책, 322면.

60 국회에서는 주로 국가안전기획부와 군대 출신 민자당 의원들이 이러한 의심과 우려를 표출했고, 김종필을 중심으로 한 공화계도 신중론에 서 있었다. 오직 김영삼의 민주계만이 적극적 추진을 주장했다. 이병광, 「'정상회담' 기대와 우려 / 20일 외무통일위」, 『경향신문』, 1994.6.21; 백영철, 「남북정상회담 / 민자 '세 목소리'」, 『세계일보』, 1994.6.22; 오태규, 「'정상회담' 우려-기대 엇갈려」, 『한겨레』, 1994.7.6.

61 이러한 반反사실적 가정을 검증하기 위해서는 김영삼의 '실패'를 김대중의 '성공'과 비교해 볼 필요가 있다. 집권 당시 김대중의 정치적 입지 역시 김영삼 못지않게 열악한 상황이었다. 물론 정상회담 상대방의 갑작스러운 사망에 비견할 수는 없지만, 김대중도 동해 잠수정 침투사건, 금강산관광객 민영미 씨 억류사건, 1차 서해교전 같은 악재들 때문에 고전했다. 그럼에도 불구하고 왜 김영삼은 실패했고 김대중은 성공했을까?

회담 개최를 좌절시켰는지 분석해보겠다. 이른바 '조문 파동'은 바로 이 국면의 상징적 사건이다.

첫째, 보수언론은 먼저 김일성에 대한 '호칭'을 사회적 시빗거리로 부각시켰다. 이전까지 대다수 언론사들은 북한 최고통치자를 별도 직위 없이 그냥 '김일성'으로 통칭하다가, 남북실무접촉이 성과적으로 진행돼 정상회담이 가시권에 들어오자 정식 국가직위를 포함한 '김일성 주석' 또는 '김일성 북한주석'으로 빠르게 바꿔 부르고 있었다. 그런데 김일성 사망 직후 『조선일보』, 『서울신문』 같은 보수신문이 아래처럼 호칭에 시비를 걸고 나서면서 대다수 언론사들의 호칭 역시 다시 빠르게 이전으로 돌아간다.[62]

김일성의 사망에 대한 반응이 상당부분 우리를 의아케한다. 사망소식이 전해진 후 끊임없이 진행된 텔레비전 放送 보도에서는 '김일성 북한주석'이라는 호칭이 귀에 거슬릴 정도로 너무 많이 나왔다. 어떤 때는 '김주석'이라고 하기도 했다. (…중략…) 우리는 어쩌다 분단의 장본인이며 동족상잔의 犯罪에 대해 이처럼 관대한 평가를 내리게 되었는지 모르겠다. 그가 남북 정상회담을 해주겠다니까 그것만이 감지덕지하여 과거 그가 저지른 죄

---

62 『한국일보』의 변화를 예로 살펴보자. 이 신문은 1994년 6월 13일 · 16일 · 19일 · 21일 · 23일 · 28일 · 29일 · 30일 · 7월 4일자 관련 사설에서 '김일성'이라는 호칭을 썼다. 예외적으로 6월 18일자 사설에 '김일성 주석'이라는 표현이 딱 한 번 등장했을 뿐이다. 그러다 7월 5일 · 6일 · 7일자 사설에 위 표현이 본격적으로 나타나기 시작했고, 심지어 김일성 사망이 알려진 직후 나온 10일자 사설에서도 '김일성 주석' 또는 '김주석'이라는 표현을 일관되게 쓰고 있다. 그러다 7월 11일자 사설에서부터 '김일성'이라는 표현이 다시 등장했고 이후로 이 호칭이 점차 늘어 갔다. 공보처, 『金日成死亡관련 各界 意見 —사설 · 칼럼 · 특집기사 등』, 공보처, 1994.

과를 모두 망각해버렸단 말인가. (…중략…) 남북 정상회담이 결정되자 우리의 매스컴에서는 일거 김일성에게 '주석'이라는 호칭을 붙이기 시작했지만, 북한의 보도들은 우리의 대통령에 대해 겨우 '역도'만을 빼고 성명 3字만 부르는 '호의'를 보였을 뿐이다.[63]

이번 김일성의 죽음을 놓고 분별없이 홍분한 것은 언론이었고 언론 중에서도 '그림'을 위주로 하는 전파매체였다. 꼬박꼬박 '주석'이란 칭호를 생략하지 않은 것은 북을 자극하지 않기 위한 것이라는 핑계라도 있겠으나 어느 시기부터인가는 아예 '김주석'이라고 호칭했다. 주석이란 북의 직함이다. 그것도 독재권력의 권위를 높이기 위하여 떠받드는 직함이었다. 그것을 마치 우리의 것이라기도 한 것처럼 '북한'을 생략한 채 예사롭게 '김주석'을 반복한 것은 무신경한 처사였다.[64]

한편 위에 인용한 사설들은 "'그림'을 위주로 하는" 방송에서 '김일성주석'이라는 호칭이 "귀에 거슬릴 정도로 너무 많이 나왔다"고 말하고 있지만 실제 당시 방송보도를 살펴본 한 연구에 따르면 KBS는 7월 9일 저녁 8시 특집 뉴스부터 기자들의 리포트에서 대부분 '주석'이라는 호칭을 빼기 시작했고, 10일부터는 앵커도 이 호칭을 쓰지 않았다고 한다.[65] 방송사도 이미 과거로 회귀하고 있었던 셈이다. 당시 언론사 중에는 『한겨레』 정도만이 보수언론의 호칭 시비에 정면으로 대응하며

---

63 「왜 '김주석'인가」, 『조선일보』, 1994.7.11 사설.
64 「北에 대한 일부 錯視 우려한다」, 『서울신문』, 1994.7.12 사설.
65 김청원, 앞의 글, 28면.

'김일성 주석'이라는 호칭을 일관되게 사용했다.[66]

이처럼 보수언론이 앞장서서 호칭 문제를 사회적 시빗거리로 부각시키자, 민주자유당 내 대북 강경파들은 이를 남북정상회담 개최에 미련을 가지고 있던 야당과 정부를 공격하는 소재로 사용했다. 예를 들면 7월 14일 국회에서 김일성 조문사절단 파견 문제로 여야가 한창 공방을 벌이고 있을 때, 국가안전기획부 간부 출신인 민주자유당 김영광 의원은 "조문사절단 파견발언에 다리 잘린 상이군인은 훈장을 반납하겠다고 하고 남편을 여읜 미망인은 묘비를 붙들고 울고 있다", "저간의 여러 정황을 보면 과연 여기가 서울인지 평양인지 혼란스럽고 어지럼병이 날 지경" 같은 원색적 발언들로 야당을 비판한 뒤, "엊그제 국무총리도 김일성에 대해 주석이라는 호칭을 7번이나 사용했다"며 정부에까지 각을 세웠다.[67]

둘째, 호칭 시비라는 덫을 쳐놓은 보수언론은 곧이어 '부정적 김일성관'의 확고한 정립을 촉구해나갔다. 남북정상회담 추진 과정에서 여러 언론사들은 김일성 관련 기획, 특집 등을 마련해 보도했고 이 과정에서 김일성의 '긍정적 면모'들이 국민들에게 알려지기도 했다. 당연히 이는 국민들이 지니고 있던 부정일변도의 김일성관에 혼란을 가져오기도 했는데,[68] 보수언론은 7월 11일 몇몇 야당 의원의 발언을 계기

---

66 "여기서 우리는 이미 바뀌고 있는 국민의식의 성숙도를 '북진통일' 식의 낡은 틀로 끌어들이려고 하는 일부 언론의 헛된 노력을 우려하지 않을 수 없다. 그들은 사람들이 '주석'이라는 북한의 직책명을 그대로 불렀다고 해서, 그리고 조의를 표해야 한다고 말했다고 해서 시비를 걸어 시대의 변화에 스스로 뒤처져 있음을 스스로 고백하고 있다." 「시대흐름 못 잡는 '냉전'의식」, 『한겨레』, 1994.7.13 사설.
67 윤영찬, 「'조문발언' 원색공방 / 여야 국회본회의장 설전」, 『동아일보』, 1994.7.15.
68 당시 김일성에 대한 인식의 혼란이 어느 정도였는지는 아래 글에 잘 나타나 있다. "특히

로 바로 이 혼란을 집중적으로 문제 삼기 시작했다. 먼저 그날 국회에서 어떤 일이 있었는지 알아보자.

7월 11일 국회 외무통일위원회에서는 통일원을 상대로 김일성 사후 대책에 대한 집중 질의가 이루어졌다. 이 과정에서 야당인 민주당 이부영 의원은 이홍구 통일부총리에게 "북한체제를 협상과 협의의 상대로 본다면 북한의 권력층을 상대해서가 아니라 북한 주민의 심리적 상태를 고려해 같은 민족으로서 조문단 파견의사를 표명할 뜻은 없는가?"라고 물었다. 이 의원은 "우리 국민이 양해를 한다면"이라는 전제조건을 다는 것도 빼놓지 않았다. 이에 대해 이 부총리가 "그 문제는 국민적 합의가 안 돼 있다. 정부로서는 전혀 고려하고 있지 않다"며 일축하자 이번에는 같은 당 임채정 의원이 "중국과 대만도 장제스 총통과 마오쩌둥 주석 사망 때 서로 조문단을 파견한 것으로 안다"면서 다시 한 번 조문단 파견의사를 질의했고, 이 부총리는 "김영삼 대통령이 최근 두 정상이 만나 남북현안에 대해 허심탄회하게 논의할 예정이었으

남북정상회담을 10여 일 앞둔 이 시점에까지 김주석에 대한 평가를 놓고 우리 국민들은 '혼란'을 경험하고 있지 않은가. 김주석의 과거 항일투쟁 경력은 물론 성격, 통치술, 정상회담에 임하는 전략까지 엇갈린 견해들이 봇물처럼 쏟아져 나오고 있기 때문이다. 더욱이 김주석을 만나본 사람들의 인물평이 너무나 차이가 나 누구 말을 믿어야 할지 모를 지경이다. 어떤 사람은 "전형적인 공산주의 독재자"라고 혹평하는가 하면 심지어 "낙천적인 평화주의자"라고 하는 외국인사도 있다. 그와 직접 주석궁에서 식사를 한 어느 사람은 "밥을 먹고 있는 김일성을 보면서 느낀 것은 거대한 파충류 같았다"고 회고했다. 그러나 다른 사람은 "식사를 하면서도 유연한 화술로 좌중을 잘 이끌었으며 정중한 느낌을 줄 정도였다"고 기억한다. 김주석의 건강문제를 두고도 견해가 엇갈린다. 왼쪽귀가 잘 들리지 않는 것이 사실이며 얼굴에 검은 반점이 많고 고혈압과 당뇨병 등 노인병에 시달리고 있는 것이 확실하다고 진단하는 사람이 많다. 이와는 달리 김주석은 정력적이고 농담도 곧잘 했으며 제스처도 힘 있게 구사했고 악수를 하면서 젊은 이들을 끌어당길 만큼 튼튼한 체력을 유지하고 있었다는 얘기도 한다." 이수언, 「김일성을 평가하는 우리의 '혼란'」, 『국민일보』, 1994.7.7.

나 이뤄지지 못해 아쉽게 생각한다고 밝혔는데 이것이 정부의 기본입
장"이라는 답변으로 피해 나갔다.[69]

이처럼 야당 의원들은 조문단을 '반드시' 파견해야 한다고 요구한 것
이 아니라 그러한 의사가 있는지 정부에 물어본 정도였다. 그럼에도
불구하고 다음 날부터 보수언론은 이 질의를 빌미 삼아 '김일성의 죄행
을 잊지 말자', '정체성을 확립하자'는 식의 주장을 일제히 펼쳐 나갔다.
이들은 "金日成이 죽기 얼마 전 남북頂上회담과 美國과의 核협상재개
의 길을 열어 놓았고, 그것이 우리와 美國에 호의적으로 받아들여진
것은 사실"이지만 "그러나 그것이 그가 평생에 걸쳐 저지른 전쟁·숙
청·테러·탄압과 수많은 인간유린을 덮거나 변화시키는 것은 아니"
라면서,[70] "金日成과 北이 싫어서 우리는 이 나라를 세웠고, 그는 6·25
의 戰犯이며, 우리는 그로 인해 고통을 받았고, 따라서 우리는 이 역사
적-가치론적 正體性의 줏대를 절대로 잃지 않으면서 北을 대하고, 협
상을 해도 해야 한다",[71] "이땅의 解放後史는 金日成의 전쟁도발 분단
고착화 1인독재 숙청 인권탄압 對南국가테러로 점철돼왔음은 누구도
부인할 수 없다. 앞으로 세상이 어떻게 달라진다 해도 그의 그런 역사
적 책임은 면할 길이 없다"[72]는 등의 주장으로 국민들에게 '적대감의
재무장'을 요구했다.

한편 7월 12일에는 정부 공보처 산하 정부간행물제작소 박갑천 전문
위원이 민주자유당 내 대북 강경파의 희생양이 되고 말았다. 박 위원은

69 『국민일보』, 1994.7.12; 『한겨레』, 1994.7.12.
70 「金日成 弔問이 웬말인가」, 『중앙일보』, 1994.7.12 사설.
71 「'正體性의 위기'인가」, 『조선일보』, 1994.7.13 사설.
72 「金日成 弔問이라니」, 『동아일보』, 1994.7.13 사설.

11일자 『국정신문』에 「생과 사」라는 제목의 칼럼을 쓰면서 남북정상회담 무산에 대한 아쉬움을 표한 뒤 "이승의 영욕은 이제 끝났나니 평안히 눈감으시라"는 표현으로 끝을 맺었다. 그러자 12일 민주자유당 주요 당직자들은 이 마지막 구절이 김일성 애도표현이라며 민주당 의원들의 '조문단 파견 용의' 질문과 싸잡아 매도하고 나섰고, 민주자유당의 서슬에 놀란 공보처가 서둘러 박 위원에게 사표를 받고 오충수 정부간행물제작소장을 징계위원회에 회부하면서 사건은 마무리됐다.[73]

셋째, 보수언론과 민주자유당 내 대북 강경파는 김일성 사망 직후부터 정부의 생각과 달리 '새로운' 남북정상회담, 곧 김영삼과 김정일의 만남을 애초부터 가로 막기 위해 노력했다. 이는 구체적으로 남북정상회담 개최 합의가 여전히 유효하고 이를 위해 김정일 체제의 연착륙이 필요하다고 주장하는 정부를 비판하는 행위로 나타났다. 물론 언론의 주장이나 국민 여론에 지나치게 민감한 김영삼이었기에[74] 이들은 충분히 승산 있다고 판단했을 것이다.

사실 김일성 사망 직후 국민 여론이나 청와대 기류는 김일성 사망에

---

73 『국민일보』, 1994.7.13; 『한겨레』, 1994.7.14.
74 김영삼이 여론에 민감한 정치인이었다는 데 이의를 제기하는 이는 거의 없다. 심지어 "YS는 신문 사설 보고 정치한다"는 말이 나올 정도였다. 강준만, 『김영삼 이데올로기』, 개마고원, 1995, 90면. 한완상도 이와 관련해 다음과 같은 일화를 증언한다. "1994년 9월 4일 일요일 아침 김영삼 대통령의 전화를 받았다. (…중략…) 하지만 휴일 아침 김 대통령이 직접 전화까지 한 진짜 이유는 딴 데 있었다. 내가 이사장을 맡고 있는 한국사회연구소에서 이틀 뒤 차세대 지도자를 주제로 한 세미나를 열 예정이었다. 물론 차세대 지도자에는 김 대통령도 포함되어 있었다. 다만 그는 사전 여론조사에서 여섯 번째 지도자로 뽑혔다. 현직 대통령은 으레 차기 지도자로서 높은 평가를 받기 어렵다. 그런데도 그는 이 여론조사 결과에 신경을 쓰는 것 같았다. 그는 정말 여론에 너무 민감하다. 특히 보수적인 여론에 민감하다." 「한완상 비망록-햇볕 따라 평화 따라 84-YS, 역사평가보다 보수여론에만 신경」, 『한겨레』, 2012.9.6.

대한 아쉬움과 더불어 김일성의 후계자와도 정상회담을 지속적으로 추진해야 한다는 쪽이 우세했다. 7월 10일 『중앙일보』 여론조사 결과 응답자의 68.3%가 김일성 사망소식을 듣고 '정상회담을 앞두고 아쉬웠다'고 대답했고, '불안했다'는 대답은 22.1%에 그쳤다.[75] 무엇보다 정부 공보처가 7월 10일 한국갤럽연구소에 의뢰해 전국 20세 이상 성인 남녀 1천 명을 상대로 조사한 전화여론조사 결과를 보면 북한의 후계자 결정 뒤 남북정상회담 추진방법에 대해 45.8%가 '적극적으로 계속 추진해야 한다', 43.4%가 '사정을 봐가며 점진적으로 추진해야 한다'고 답해 거의 대부분의 사람들이 지속적 추진을 원했다. '상당기간 늦춰야 한다'는 의견은 7.5%에 불과했다.[76]

7월 11일 국회에서 이영덕 국무총리가 "김 주석의 사망에도 불구하고 남북관계를 대화를 통해 평화적으로 진전시킨다는 정부의 입장은 일관되게 유지될 것"이라면서 "따라서 남북이 이미 합의한 정상회담의 원칙은 유효하다"고 밝힌 것도[77] 바로 이러한 여론조사 결과를 기반으로 했을 것이다. 나아가 정부는 7월 12일 청와대에서 대통령이 주재한 통일안보정책조정회의를 열고 김정일 후계체제 구축이 확실하므로 대화를 통한 남북문제 해결을 위해 김정일 체제의 조기안정에 대북정책의 초점을 맞춰나가기로 결정했다.[78]

이처럼 정부가 남북정상회담 지속 추진, 김정일 체제 조기 인정 움직임을 보여주자 보수언론의 문제제기도 본격화됐다. 문제제기의 요

---

75 『중앙일보』, 1994.7.12.
76 『동아일보』, 1994.7.11.
77 『한겨레』, 1994.7.12.
78 『한국일보』, 1994.7.13.

지는 이렇다. 김정일이 남북정상회담 추진으로 상징되는 김일성의 대남 대화노선을 일단 승계할 가능성이 있지만,[79] 김정일 체제의 불안정성도 현존하는 상황에서 정부의 남북정상회담 추진은 좀 더 신중해져야 한다는 것이다.

金日成의 사망에도 불구하고 남북 정상회담을 하기로 한 合意는 유효하다는 정부의 원칙천명에 반대할 생각은 없다. (…중략…) 그러나 김일성의 사망에 따라 남북 정상회담 추진에 있어서도 다시 고려해야 할 사항이 많아졌다는 것을 바로 인식해야 한다. (…중략…) 김일성以後의 남북 정상회담에서 우리가 특히 고려해야 할 것은 상대의 權能이다. (…중략…) 그런데 지금 김일성의 권력을 승계할 것이 확실한 金正日에 대해서는 오래 갈 것이라고 말하는 사람이 거의 없다. (…중략…) 김일성以後 북한 권력체제의 정비에 수년이 걸린다고 하면 金泳三 대통령의 재임 중에는 남북 정상회담이 어려울지도 모르는 상황까지 고려해야 한다.[80]

우리는 金泳三대통령과 金正日의 정상회담을 원칙적으로 반대하지 않는다. 그러나 金日成과 합의한 사항이 金正日과의 회담에서 그대로 적용되어서는 안 된다. (…중략…) 그리고 정상회담을 우리가 서둘 필요는 없다고 본다. 金正日체제의 정착 및 정책방향을 당분간은 지켜볼 필요가 있기 때문이다.[81]

---

79 「남북 '合理的 통일 논의' 가능성」, 『한국일보』, 1994.7.10; 「北 '對話'로 體制 굳힐 듯」, 『동아일보』, 1994.7.14; 「'강경' 숨긴 채 일단 平和공세」, 『조선일보』, 1994.7.15.
80 「金正日과의 정상회담은 ……」, 『조선일보』, 1994.7.14 사설.
81 「金正日체제와 南北정상회담」, 『서울신문』, 1994.7.14 사설.

이러한 사설 외에도 7월 10일부터 각 언론사가 며칠에 걸쳐 연재한 '김일성 사후' 관련 기획기사들은 거의 한 목소리로 김정일 체제의 불안정, 북한 붕괴 등을 예견하고 있다. 「권력체제 안정성 "예측불허" "안팎 딜레마" 예상밖 短命할수도」, 「승계냐 …… 붕괴냐 …… 안개속의 앞날」, 「北 開放바람 앞당겨질 가능성 높아, 權力투쟁땐 '급작스런 붕괴'우려도」, 「"統一 최대장애 해소" 異見없어, 「後繼」붕괴 땐 급격상황 올수도」, 「金正日승계땐 "길어야 3年" 예상, 경제失政 거듭 …… 人民신뢰 못 받아」, 「'초췌한 지도자' …… 뭔가 "異常", 간질병 · 우울증 · 협심증 등 소문증폭」 등이 당시 신문에 등장했던 기사 제목들이다.

이상 살펴본 것처럼 김일성 사망 직후 전통적 지배집단이 여러 갈래로 다시 남북대결을 부추기자 김영삼 정부는 마침내 한 걸음 물러섰다. 7월 14일 오전 열린 통일안보정책조정회의에서 김정일과의 남북정상회담을 서두르지 않겠다는 입장을 명확히 한 것이다.[82] 같은 시각 북한 조국평화통일위원회가 남한 조문단을 환영한다는 대변인 담화를 발표한 것도[83] 남북정상담 성사 의지를 버리지 않고 있던 정부에 악재로 작용했다. 이 담화가 조문 반대 여론, 대북 강경 여론에 불을 붙이는 불쏘시개가 되었기 때문이다.[84] 그리고 바로 다음 날인 7월 15일에 북한이 김영삼을 비방하는 대남방송을 재개하고, 민주자유당이 이부영 의원을 신설된 국회 정보위원회에서 제외시키라고 민주당에 요

---

82 『세계일보』, 1994.7.15.
83 『한겨레』, 1994.7.15.
84 김성진, 「남 '조문 갈등'에 북 손뼉장단 / "입북환영" 역공세 …… 노림수 있었다」, 『국민일보』, 1994.7.15; 구본영, 「남한 국론분열 노린 심리전 / 북의 "남조문단 환영" 발표 저의」, 『서울신문』, 1994.7.15.

구하는 등 국회 내 이념 대결을 극단으로 밀고 나가자[85] 김영삼 정부의 정책 기조도 마침내 사실상 남북정상회담 '포기'로 기울게 된다.

분기점은 7월 18일이었다. 김영삼은 7월 15일 클린턴과 전화회담을 할 때까지도 "남북정상회담을 열기로 한 합의가 계속 유효하다는 원칙 아래 대북정책을 추진하고 있다"고 말했을 정도로[86] 남북정상회담 성사 의지를 갖고 있었다. 하지만 보수언론이 7월 17일에도 "정부는 구경꾼인가",[87] "國家紀綱 바로 세우라"[88] 같은 질책과 주문을 계속해나가자 마침내 정부는 무릎을 꿇었다. 7월 18일 국무회의에서 이영덕 국무총리가 "김일성은 민족분단의 고착과 동족상잔의 전쟁을 비롯한 불행한 사건들의 책임자라는 역사적 평가가 이미 내려져 있다"면서 조의 표명이나 조문단 파견 같은 행위는 "엄연한 역사적 사실을 외면한 무분별한 행동으로서 매우 유감스러운 일이 아닐 수 없으며, 이런 일들이 더 이상 지속돼서는 안 될 것"이라고 경고한 것이다.[89]

비록 이날 이영덕 국무총리가 "정부는 남북관계를 평화적으로 대화

---

85 『동아일보』, 1994.7.16.
86 『동아일보』, 1994.7.16.
87 『조선일보』, 1994.7.17 사설 제목.
88 『동아일보』, 1994.7.17 사설 제목.
89 이에 대해 『동아일보』, 『중앙일보』 등은 대체로 만시지탄이라는 논조로 사설을 쓴 데 비해, 당시 보수언론 논조를 선두에서 이끌고 있던 『조선일보』는 이러한 입장 표명에 대해 서조차 노골적으로 불만을 제기했다. "金日成 사망 10일 만에 나온 정부의 평가는 내용과 형식에서 모두 실망스럽기만 하다. (…중략…) 김일성의 죄과를 주체적으로 적시하지 않았을 뿐만 아니라 이미 다른 사람들이 내린 것으로 충분하고 現정부로서는 새삼 평가하지 않겠다는 뜻도 풍기고 있기 때문이다. 그나마의 평가를 최고 책임자의 담화나 정부 대변인의 성명을 통해 당당하게 발표하지 않고, 평소 외교안보정책에서는 상당히 소외되어 있는 것으로 알려진 국무총리가 국무회의 석상의 발언 형식을 빌린 것은 초라하기 짝이 없다. 그처럼 숨을 죽이며 마지못해 한마디 하는 것이라면 차라리 안하는 것만 못하다." 「마지못한 '金평가'」, 『조선일보』, 1994.7.19 사설.

를 통해 진전시켜 나간다는 정책기조는 일관성 있게 견지할 것이며, 남북정상회담 개최의 원칙은 유효하다는 자세에 변함이 없다"고 덧붙였지만[90] 후계자 김정일이 자신의 아버지를 '불행의 책임자'로 규정한 정부 수장과 대화하리라고 생각한 사람이 그 시절 과연 있었을까? 이날 이 총리 발언으로 사실상 김영삼-김정일 정상회담은 물 건너갔다.[91]

한편 이 총리가 국무회의를 주재하던 시각에 대통령 김영삼은 14개 대학 총장들과 오찬간담회를 갖고 있었는데, 이 자리에서 서강대학교 박홍 총장이 저 유명한 '김정일 주사파 배후설'을 주장했다.[92] 그러자 보수언론은 일제히 주사파와 북한을 비판하고, 박홍의 용기를 칭찬하는 사설들을 내놓았다.[93] 특히 『서울신문』은 '주사파 파동'을 야당 비판의 계기로도 활용하는 기민함을 보여줬다. 이 신문은 민주당 대변인이 성명을 통해 "朴총장에게 증거를 대라는 요구부터" 했다고 지적하

---

90 『국민일보』, 1994.7.18; 『한겨레』, 1994.7.19.
91 김진환, 앞의 책, 365~366면.
92 발언 전문은 이렇다. "일부 학생들은 남조선 해방을 위해 가을에 또 이슈를 만들어 나올 것이다. 병자를 사랑하지만 병균은 바로 알아야 한다. 제한된 학생들이긴 하지만 주사파와 '우리식 사회주의'가 생각보다 깊이 침투해있다. 주사파 뒤에는 사노맹이, 사노맹 뒤에는 사로청이, 사로청 뒤에는 김정일이 있다. 북한은 학원 안에 테러조직 등 무서운 조직을 만들어놓고 있어 한두 사람이 섣불리 앞서 나가다가는 이런 조직에 부딪쳐 상처를 받는다. 중국 베이징대학에서 김일성대학 학생회장을 만난 일이 있는데, 그는 남한 학생들의 공산화는 시간문제라고 호언했다. 문제는 이런 학생들이 잘못 가고 있는데도 잘못 간다고 말하는 사람이 없는 것이다. 다음 학기가 되면 학생들은 다시 나오도록 돼 있으며, 북에서 이미 다 지시를 내려놓았다. 우루과이라운드 비준 반대와 미군기지 반납 서명운동을 벌이도록 북에서 지시를 내려놓았다. 그 증거를 가지고 있다. 문민정부의 정통성으로 맞설 수 있는 것이 그나마 다행이다. 북의 눈치를 보는 학생들은 팩스를 통해 지시를 직접 받고 있다." 『한겨레』, 1994.7.19.
93 「病菌은 색출해야 한다」, 『중앙일보』, 1994.7.19 사설; 「김정일의 '직접지도'」, 『조선일보』, 1994.7.20 사설; 「主思派뿌리 뽑아야한다」, 『세계일보』, 1994.7.20 사설; 「용기 있는 지식인의 할 일」, 『조선일보』, 1994.7.21 사설; 「主思派를 비호하는가」, 『서울신문』, 1994.7.21 사설.

며, "과거의 민주화투쟁 때 같으면 몰라도 문민시대에 들어와 친북세력의 발본색원을 요구하는 국민적 합의를 거슬러 가면서까지 역성을 드는 사정을 알 수가 없다"고 비난했다.[94] 요즘 유행어를 빌리면, 제1야당 민주당에게 '종북 혐의'를 씌우려 했던 것이다.

곧이어 7월 19일에는 남북정상회담 추진 국면에서 숨죽여 있던 국가안전기획부가 김일성종합대학 교수인 조명철 귀순을 공식 발표했고,[95] 20일에는 김일성이 1950년 6월 25일 한반도에서 전면전을 일으켰다는 사실을 뒷받침하는 각종 자료와 정황증거들이 포함된 소련 정부 공식문서를 한국 외무부가 공개하면서[96] 남북정상회담은 추진 동력을 완전히 잃어버렸다. 개인적으로 김영삼은 그 뒤에도 남북정상회담에 미련을 두고 있었지만[97] 이미 남북정상회담은 그의 손을 떠난 과제가 되고 말았다.

4. 나가며

1994년 여름의 승자는 보수언론과 국회 내 대북 강경파였다. 이들은 화해로 급진전하던 남북관계를 김일성 사망을 계기로 대결 상태로 되

---

94 「「主思派」를 비호하는가」, 『서울신문』, 1994.7.21 사설.
95 『한겨레』, 1994.7.20.
96 『한겨레』, 1994.7.21.
97 김영삼은 7월 23일 방한한 무라야마 도미이치 일본 총리와 정상회담을 마친 뒤 가진 공동기자회견에서 "어디까지나 대화를 통해 한반도의 평화를 유지한다는 것이 한국 정부의 일관된 입장"이라면서 "남북한의 책임 있는 사람들끼리의 대화가 가장 중요하다고 생각한다"는 말로 정상회담의 필요성을 거듭 강조했다. 『한겨레』, 1994.7.25.

돌려놓는 데 성공했다. 사실 1994년 여름에 역사적 '반동'을 먼저 시도한 건 김영삼-김일성이었다. 남북정상회담 개최 합의와 추진은 남북대결 상태에 의존해 온 한국 사회의 전통적 지배집단 입장에서 보면, 자신들이 만들어왔고 앞으로도 만들어 가고 싶은 역사의 흐름에 역행하는 행위였다.

밖에서는 카터 방북으로 북·미 핵공방이 일단락되면서 한반도 정세가 안정되고, 안에서는 김영삼이 정치적 위기 타개책으로 남북정상회담을 빠르게 밀어 붙이면서 전통적 지배집단은 노골적·조직적으로 남북정상회담을 막아서지 못하고 있었다. 그러다 김일성이 갑작스레 사망하자, 이들은 '호칭' 시비로 시작해 국회에서의 '조문 파동'을 거치며 국민들에게 부정일변도의 김일성관, 북한관 정립을 다시 강조하고, 나아가 김정일 체제의 불안정성을 부각시켜 김영삼과 김정일의 장래 만남까지 가로막음으로써 남북정상회담을 끝내 좌절시켰다. '굴러온 돌' 김영삼의 반동에 맞선 '박힌 돌' 전통적 지배집단의 반동이 승리한 것이다.

의회의 규제를 강하게 받는 미국 대통령과 달리 한국 대통령은 대외정책을 추진하는 과정에서 매우 강력한 권한을 가지고 있다. 게다가 당시 100석 가까운 의석을 가지고 있던 제1야당 민주당의 적극적인 남북정상회담 지지 등을 떠올려보면, 1994년 여름 김영삼의 반동이 실제역사 행로가 됐을 가능성도 낮은 편은 아니었다. 한국 사회에서 '동족상잔의 비극을 초래한 민족의 원수'로 인식돼 왔던 김일성의 죽음은 한국전쟁을 고통스럽게 겪어냈던 세대들, 군사독재정권 시절 반反김일성 교육을 받은 세대들에게는 일종의 '심리적 정화 효과'를 줄 수 있었

다. 따라서 1994년 여름은 이러한 효과를 토대로 이제 남북화해 · 협력
의 새로운 시대로 나가자는 주장이 지지받을 수도 있는 국면이었다.
남한 주민들이 갖고 있던 대북 적대감 완화를 통해 '마음의 분단'을 해
소해가는 출발점으로 삼을 수도 있었던 것이다. 하지만 당시에 남북관
계 개선을 위한 일관된 전략을 가지고 있지 않았던 김영삼은 "아쉽게
됐다"는 언급 외에는 김일성 사후 정국 초기에 직접 개입하지 않았고,
이는 결과적으로 전통적 지배집단의 반동에 빌미를 제공했다. 민주당
역시 '조문 파동'부터 '주사파 파동'까지 보수언론, 민주자유당 내 대북
강경파와의 담론 싸움에서 철저히 밀리고 말았다.

그렇다면 한국 사회에서 남북관계 진전을 막으려는 전통적 지배집
단의 힘은 과연 어느 정도라고 평가할 수 있을까? 남북관계와 관련해
냉전적 대결 세력과 대결 담론, 대결적인 법 · 제도 등이 엄존하는 남
한에서 대통령이 가진 '상대적 자율성'은 과연 어느 정도 수준일까? 일
단 1994년 여름만 놓고 보면 대통령의 자율적 공간은 협소하고, 이 공
간을 좁히는 전통적 지배집단의 힘은 강하다고 판단할 수 있다. 하지
만 만약 김영삼의 실패기를 김대중의 성공기와 대비해 본다면 다른 판
단도 가능할 것이다. 공적 여론장과 정치권에 퍼져 있는 전통적 지배
집단의 힘이 크게 약화되지 않은 상황에서도 남북관계 개선에 대한 대
통령의 확고한 철학과 일관된 전략, 정부와 민간의 협력체계, 적극적
인 대미 설득외교 등이 접목된다면 대통령의 자율적 공간은 넓혀질까?
변함이 없을까?

이러한 질문들에 대답하는 것은 곧 남북관계와 관련된 행위자들이
만들어내고, 역으로 그들의 행위를 규제하기도 하는 구조들을 찾아나

가는 과정이기도 하다. 다시 말해 남북관계와 관련된 좀 더 엄밀한 개념, 이론 등을 만들어 가는 과정이다. 그런데 이러한 이론적 작업에는 반드시 선행되어야 할 일이 있다. 그때 실제로 사람들이 무슨 일을 했는지, 실제로 무슨 일이 왜, 어떻게 일어났는지를 충분히 이해하지 못한 채 만들어진 개념, 이론은 공허함을 피할 수 없다. 따라서 평화, 통일에 관심 있는 학자라면 무엇보다 먼저 남북의 적대적 대치 탓에 가려져서 알기 힘들고, 그래서 더욱 관심 밖으로 밀려나 있던 국면, 사건에 주목해 적은 사실이라도 밝혀내야만 한다. 이 글 역시 그러한 작업의 일환으로 작성했다.

참고문헌

김선진, 「김영삼 정부 대북정책과 국내정치의 상관성 연구－대통령 기록물을 중심으로」, 북한대학원대 박사논문, 2012.

김영삼, 「우리 다 함께 신한국으로－제14대 대통령 취임사(1993.2.25)」, 공보처·정부간행물제작소 편, 『김영삼 대통령 연설문집』 제1권, 대통령비서실, 1994.

_____, 「신한국을 향한 제2의 건국－취임 100일 기자회견문(1993.6.3)」, 공보처·정부간행물제작소 편, 『김영삼 대통령 연설문집』 제1권, 대통령비서실, 1994.

_____, 「통일조국은 금세기 안으로－해외 한민족 대표 접견 연설(1993.5.12)」, 공보처·정부간행물제작소 편, 『김영삼 대통령 연설문집』 제1권, 대통령비서실, 1994.

_____, 「'특별인터뷰' 김영삼 전 대통령, 남북회담－국내정치 본격발언」, 『신동아』, 동아일보사, 2000.

김일성, 「주체의 혁명적 기치를 높이 들고 사회주의, 공산주의 위업을 끝까지 완성하자(1988.9.8)」, 『김일성 저작집』 41, 평양: 조선로동당출판사, 1995.

_____, 「미국 씨엔엔텔레비죤방송회사 기자단이 제기한 질문에 대한 대답(1994.4.17)」, 『김일성 저작집』 44, 평양: 조선로동당출판사, 1996.

_____, 「벨지끄로동당 중앙위원회 위원장과 한 담화(1994.6.30)」, 『김일성 저작집』 44, 평양: 조선로동당출판사, 1996.

_____, 「사회주의경제건설에서 새로운 혁명적 전환을 일으킬 데 대하여(1994.7.6)」, 『김일성 저작집』 44, 평양: 조선로동당출판사, 1996.

김청원, 「국가 위기상황 보도의 담론 분석－KBS 9시 뉴스의 김일성 사망 보도를 중심으로」, 서강대 석사논문, 1999.

윤충로, 「남한 지배이데올로기의 형성과 내면화」, 강정구 외, 『시련과 발돋움의 남북현대사』, 선인, 2009.

정종욱, 「1994년, 남북정상회담이 성사됐다면」, 박관용·이충길 외, 『공직에는 마침표가 없다－장·차관들이 남기고 싶은 이야기』, 명솔출판, 2001.

정태환, 「김영삼 정권의 등장배경과 주요 정치세력의 역학」, 『한국학연구』 22집, 고려대 한국학연구소, 2005.

강준만, 『김영삼 이데올로기』, 개마고원, 1995.

공보처, 『金日成死亡관련 各界 意見－사설·칼럼·특집기사 등』, 공보처, 1994.

김연철, 『냉전의 추억－선을 넘어 길을 만들다』, 후마니타스, 2009.

김영삼, 『김영삼 대통령 회고록』 상, 조선일보사, 2001.

김재목, 『북핵협상 드라마－남·북·미 삼각게임』, 경당, 1995.

김지형, 『데탕트와 남북관계』, 선인, 2008.

김진환, 『동북아시아 열국지 1－북·미 핵공방의 기원과 전개』, 선인, 2012.

신욱희·조동준 편, 『고위관료들, '북핵위기'를 말하다(구술: 김삼훈, 김종휘, 박철언,
　　이시영, 임동원, 장재룡, 정종욱, 한완상)』, 국사편찬위원회, 2009.

임동원, 『피스메이커－남북관계와 북핵문제 20년』, 중앙북스, 2008.

통일부, 『통일부 30년사－평화, 화해, 협력의 발자취』, 통일부, 1999.

홍석률, 『분단의 히스테리－공개문서로 보는 미중관계와 한반도』, 창작과비평사, 2012.

지미 카터, 이종훈 역, 『진정한 리더는 떠난 후에 아름답다』, 중앙북스, 2008.

서울의 환호, 평양의 좌절과 대응
서울올림픽과 남북관계

신종대

1. 들어가며

1988년 9월 중순부터 10월 초까지 개최되었던 제24회 서울올림픽은 한국의 국내정치와 남북관계는 물론이고 국제질서의 측면에서도 의미를 갖는 큰 사건이었다. 우선 올림픽을 앞두고 전 세계의 이목이 한국에 집중되고 있는 상황에서 전두환 정부는 1987년 6월 항쟁에 대해 폭력적인 대응을 할 수 없었다. 국민들의 대통령 직선제 개헌요구도 결국 수용할 수밖에 없었다. 그리고 올림픽 개최 이후 사회 전반의 민주화와 개혁 요구가 거세게 분출되었다.[1] 이 점에서 서울올림픽은 한국 민주화의 진전에 기여하였다고 평가할 수 있다.[2] 그리고 서울올림

---

1 정기웅, 「전두환 정부의 외교정책과 1988년 서울올림픽」, 함택영·남궁곤 편, 『한국 외교정책 ─역사와 쟁점』, 사회평론, 2010, 339면.
2 노태우 대통령은 서울올림픽이 한국의 민주화 운동이 과격하게 전개되는 것을 방지한 일종의 제동장치였다고 회고한다. 민주화 운동 세력이나 정부 측을 막론하고 서울올림픽을

픽은 국제질서가 냉전으로부터 탈냉전으로 전환되고 있음을 보여주었다. 뿐만 아니라, 세계적 탈냉전의 진전에도 일정한 영향을 주었다고 볼 수도 있다.[3] 또한 서울올림픽은 냉전기 동안 전개되어온 남북한 체제경쟁의 명암이 뚜렷하게 엇갈림을 응축적으로 보여준 하나의 상징이자 사건이었다. 나아가 서울올림픽의 성공적 개최는 남한 정부가 북방정책을 적극적으로 추진할 수 있는 기반이 되었다. 반면 서울올림픽은 북한이 남북한 체제경쟁에서나 외교무대에서 패했음을 국제적으로 각인시키는 계기가 되었다.

남한 정부는 당초부터 올림픽 유치를 단순히 스포츠 행사가 아니라 국제무대에서의 남한의 위상 제고와 사회주의권과의 관계개선을 도모하는 결정적 전기로 인식하고 접근하였다. 북한도 서울올림픽이 갖는 이와 같은 정치적, 외교적 함의와 파급 효과를 간파하고 있었다. 때문에 북한은 서울올림픽 개막이 점차 가까워짐에 따라 전전긍긍하면서 서울올림픽 저지 방안과 방해 전략에 골몰했다. 주목할 것은 서울올림픽을 전후한 시기의 한반도 내외부의 질서 변화에 대한 남북한의 상호작용과 대응이 이후 남북한의 대외관계와 남북관계 자체의 기본

기필코 성공시켜야 한다는 공감대를 지니고 있었다. 이런 공감대가 민주화 운동을 폭력적으로 흐르는 것을 막았고, 정부 측도 군대동원과 같은 비상수단을 쓰지 않도록 했다는 것이다. 노태우, 『노태우회고록 (하) - 전환기의 대전략』, 조선뉴스프레스, 2011a, 156면.
3 노태우 대통령은 올림픽 유치가 동서의 벽을 허물고 서울올림픽에 참여한 동구권 국가들의 인식 전환에 기여함으로써 동구권국가들의 붕괴에 영향을 주었다고 말한 바 있다. (조갑제, 『노태우 육성 회고록』, 조갑제닷컴, 2007, 60면; 한국이 냉전체제 해체에 미친 일정한 영향에 대한 논의로는 강규형, 「한국과 1980년대 냉전체제 - KAL기 격추, 서울올림픽, 그리고 2차 냉전을 중심으로」, 하영선 외, 『한국외교사와 국제정치학』, 성신여대 출판부, 2005 참조) 물론 서울올림픽이 냉전체제 해체에 미친 영향에 대해서는 이견이 있을 수 있는바, 이 문제는 보다 면밀한 검토와 논증 과정을 요한다.

구도를 재편하는 계기가 되었다는 점이다.

이 글에서 제기하고자 하는 중심 질문은 다음과 같다. 서울올림픽의 유치 배경은 무엇이고, 북한은 서울올림픽 유치에 대해 어떠한 인식과 반응을 보였는가? 북한의 서울올림픽 방해 시도에 대해 사회주의권 국가들은 어떠한 입장을 견지했으며, 왜 적극 동조하지 않았는가? 남한은 북한의 서울올림픽 방해 시도에 어떻게 대처했는가? 서울올림픽을 계기로 한 남한의 위상 제고와 사회주의권과의 관계 확대가 정작 남북한 간의 관계 발전으로 이어지지 못한 원인은 무엇이었는가? 서울올림픽이 남북관계에 어떠한 영향을 미쳤으며, 남북관계사에서 갖는 의미와 교훈은 무엇인가?

이러한 논의와 관련된 주요 요인은 탈냉전과 사회주의권의 개혁과 변화, 미국, 소련, 중국 등 지역 강대국의 대한반도정책, 동북아의 탈냉전 구도, 북한의 대동맹관계, 북한의 대외전략 및 생존전략, 한미관계, 남북한의 국가역량, 한국의 대외정책과 대북정책, 그리고 한국의 국내정치 등 다양한 수준에서 찾을 수 있을 것이다. 요컨대 남한 정부의 서울올림픽의 유치 추진, 개최 결정, 성공적 개최 등에는 국제환경, 남북관계, 국내정치 요인이 개재되어 있고, 또한 이들 요인들이 상호작용했다고 할 것이다. 북한이 서울올림픽 개최에 전전긍긍하면서 방해 시도를 벌였던 근저에도 국제환경, 남북관계, 북한의 국내정치라는 세 수준의 요인이 영향을 미쳤다고 봐야 할 것이다.

다만 이 글에서는 이와 같은 세 수준 가운데 국제정치 환경의 영향을 염두에 두면서 주로 남북관계에 초점을 맞추고자 한다. 그리하여 남북한이 서울올림픽 개최 결정 이후부터 올림픽 개최 이후 소련, 중국 등 사회주의권과의 수교 움직임을 보였던 시기까지 여하한 인식과 접근법을 가지고 상황을 관리하고 대처 · 타개해 나가고자 했는가를 중점적으로 서술하고 분석하고자 한다. 이 글은 특정한 이론적 분석틀에 입각한 논의 또는 이론적 의미의 추구는 아니다.[4] 그 보다는 최근에 나온 서울올림픽 관련 자료[5]를 통해 위에서 제기한 중심 질문에 대해 답하는 방식으로 논의를 전개하고자 한다. 사실 지금까지 서울올림픽을 정치적, 외교적 맥락과 의미에서 접근하고 분석한 연구는 많지 않았다. 몇 편의 예외가 있을 뿐이다.[6] 특히 서울올림픽을 남북관계 차원

---

4 서울올림픽과 남북관계에 대해서는 다양한 이론적 논의가 가능할 것이다. 우선 제1, 2, 3 이미지 차원 각각에서의 논의를 비롯하여 현실주의 및 자유주의 국제정치이론에서의 접근이 가능할 것이다. 그리고 스포츠와 정치 및 외교 간의 관계에 관한 논의도 중요한 논의 주제가 될 것이다. 정치와 스포츠, 그리고 외교와 스포츠의 관계에 대해서는 이대희,「세계화와 민족주의의 공존 ― 스포츠와 세계화를 통한 민족주의」,『21세기정치학회보』12(2), 21세기정치학회, 2002; 안민석 · 정홍익 · 임현진 편저,『새로운 스포츠사회학』, 백산서당, 2002; 박호성,「국제 스포츠 활동과 사회통합의 상관성, 가능성의 한계」,『국제정치논총』42(2), 2003; Allison Lincolin(ed.), *The Global Politics of Sport : The Role of Global Institutions in Sport*, London : Loutledge, 2005; 정기웅,「스포츠와 공공외교 수렴 가능성의 모색 ― 한국의 경우를 중심으로」,『동서연구』21(2), 2009; 정기웅, 앞의 글, 2010 등 참조.

5 미국 우드로우윌슨센터와 경남대 극동문제연구소가 공동으로 운영하는 NKIDP(North Korea International Documentation Project)에서는 국제올림픽조직위원회문서고Archive of the International Olympic Committee와 고르바초프재단문서고Archive of the Gorbachev Foundation 등의 자료들을 발굴 · 번역하여 2011년에 서울올림픽 관련 자료집을 펴낸 바 있다. Sergey Radchenko, "Sport and Politics on the Korean Peninsula : North Korea and the 1988 Seoul Olympics", *E - Dossier* No.3, North Korea International Documentation Project at the Woodrow Wilson International Center for Scholars, December 2011a 참조. 이하에서 활용하는 올림픽 관련 문건은 모두 위 자료집에 수록된 것이다. 이들 자료들은 스포츠와 정치의 관계를 비롯하여 냉전 종식 당시의 북한의 협상 전략, 남북관계, 북한의 대외관계, 남한의 대북정책을 들여다 볼 수 있는 중요하고 새로운 내용들을 다수 담고 있다. 특히 그간 북한의 공간 자료나 단편적인 증언 외에 서울올림픽 전후 북한의 협상전략과 대응, 그리고 사회주의권과의 관계를 구체적으로 살펴볼 수 있는 신뢰할만한 자료가 부족했다는 점에서 이들 자료의 의미는 적지 않다. 2009년 말 필자 등이 자료의 주요 내용을 언론을 통해 소개한 적은 있지만, 지금까지 이들 자료를 본격적으로 활용한 학술적 논의는 거의 없었다. 위 자료집에 수록된 자료들은 현재 우드로우윌슨센터의 인터넷사이트(http://digitalarchive.wilsoncenter.org/colle)를 통해 이용가능하다.

6 정기웅, 앞의 글, 2010; 강규형, 앞의 글; Sergey Radchenko, "Inertia and Change : Soviet

에서 체계적으로 정리하고 분석한 논의는 거의 전무하다. 따라서 이 글은 이 분야의 연구를 촉진하는 기초연구로서의 의미를 두고 올림픽 개최를 둘러싼 남북한의 공방과 행보에 관한 심층묘사(thick description)와 사실의 재구성에 중점을 두고자 했다.

2. 서울올림픽 유치의 배경

서울올림픽 유치 계획은 박정희 정권 후반기까지 거슬러 올라간다. 올림픽 유치 결정의 직접적 계기가 된 것은 1978년 9월 24일부터 10월 5일까지 12일 동안 서울 태릉 국제종합사격장에서 개최된 제42회 세계사격선수권대회였다.[7] 이 대회는 대한체육회가 국제올림픽대회에 가입한 이래 처음으로 치르는 세계적 규모의 대회였다. 그간 세계선수권대회를 한 번도 치러본 경험이 없었던 한국이 이 행사를 성공적으로 치러냄으로써 한국도 대규모 국제경기대회를 개최할 수 있다는 큰 자신감을 갖게 되었다. 마침내 1979년 9월 21일 박정희 대통령은 88서울

Policy toward Korea, 1985~1991", Tsuyoshi Hasegawa(ed.), *The Cold War in East Asia : 1945~1991*, Washington, D.C. : Woodrow Wilson Center Press, 2011b 참조.

[7] 서울올림픽 유치는 제42회 국제사격선수권대회를 성공리에 치러냄으로써 자신감을 얻은 당시 대한사격연맹회장이자 KOC회장에 선임된 박종규 회장의 아이디어에서 비롯되었다. 박종규 회장이 올림픽 유치에 소극적이던 박정희 대통령을 설득함으로써 올림픽 유치를 결정하게 되었다. 자세한 내용은 박재규, 「서울올림픽, 북방정책에 시동 걸다－유치와 개최준비 활동의 숨은 이야기」, 노재봉 외, 『노태우 대통령을 말한다－국내외 인사 175인의 기록』, 동화출판사, 2011, 380~383면; 고의석·이경훈, 「바덴바덴에서의 한국대표단의 서울올림픽의 성공적 유치 과정에 관한 연구」, 『체육연구논문집』8(1), 2001; 정기웅, 위의 글, 2010 참조.

올림픽 유치 계획을 승인했다. 이어 동년 10월 8일, 정상천 서울시장이 세종문화회관 대강당에서 내외신 기자회견을 통해 88올림픽을 유치하기로 결정했고, IOC에 이를 공식적으로 요청했다고 밝혔다.[8] 당시 박정희 대통령은 88서울올림픽 유치 목표로 한국의 경제발전상과 국력 과시, 한국 체육의 국제적 지위 향상, 체육을 통한 세계 각국과의 우호 증진, 공산권 및 비동맹국가와의 외교관계 수립 여건 및 기반 조성 등을 제시하였다.[9] 그러나 10 · 26사건으로 인한 박정희 대통령 사망과 오일 파동 등으로 올림픽 유치 계획은 보류되었다.

그런데 1981년 전두환 대통령 취임 직후에 IOC로부터 "계속 유치 의사가 있다면 독일 바덴바덴의 IOC 총회장에 홍보관 장소 임대료를 납부하고 준비토록 하라"는 전문을 받고나서야 유치 계획을 계속 추진 또는 포기할 것인가 하는 정부 방침을 결정하기 위한 논의가 다시 시작되었다. 당시 경제 사정과 서울시의 과도한 재정지원 요청에 대한 부담 등을 이유로 경제부처와 서울시, 심지어 청와대 비서실까지도 올림픽 유치에 대해 매우 부정적이거나 회의적이었다.[10] 또한 당시의 국제환경도 올림픽 유치와 개최에 그리 유리하지 않았다. 1979년 소련의 아프카니스탄 침공 이후 태평양 지역에 군사력이 급격하게 증가하고 있었고, 미국 또한 거기에 대처하기 위해 태평양 지역에서의 군병력 주둔을 강화하는 등 미소 간의 신냉전이 고조되던 시기였다. 더욱이 소련의 아프카니스탄 침공에 대한 항의로 서방 측이 1980년 모스크바

8 국민체육진흥공단, 『서울올림픽사―올림픽 유치』 제1권, 국민체육진흥공단, 2000a; 정기웅, 위의 글, 2010, 354~355면.
9 국민체육진흥공단, 위의 책, 51~52면.
10 이연택, 「88서울올림픽과 노태우 대통령」, 노재봉 외, 앞의 책, 384~385면.

올림픽에 불참을 결정하자 사회주의권은 이에 대한 맞대응으로 1984
년 LA올림픽 불참을 결정하여 올림픽운동이 일대 위기를 맞고 있었다.

우여곡절 끝에 서울시는 전두환 대통령의 재가를 받아 1981년 2월
26일에야 IOC에 정식 신청서를 제출하였다. 그런데 유치 경쟁 도시로
일본 나고야로 확정되자 일본을 이길 수 있겠느냐는 패배의식과 올림
픽 개최에 들어갈 막대한 비용을 어떻게 감당할 것이냐는 비판과 반대
의 목소리가 만만치 않았다. 그 와중에서 한 때 남덕우 총리는 올림픽
은 일본에 양보하는 대신, 북한과 유치경쟁이 예상되는 86아시안게임
은 일본의 지원을 받아 적극 유치하는 협상 방안을 타진하기도 했다.[11]

그러나 전두환 대통령은 1981년 9월 3일 청와대 안보대책회의 석상에
서 반드시 올림픽을 유치할 것과 노태우 정무장관이 직접 유치활동을
지휘할 것을 지시했다. 이를 계기로 올림픽 유치활동은 범국가적 차원
에서 활성화되었다.[12] 전 대통령의 올림픽 유치에 대한 강력한 의지는
무엇보다도 군사쿠데타와 광주민주항쟁을 유혈 진압하며 정권을 획득
한 데 따른 정통성 시비와 이를 극복하려는 시도에서 설명될 수 있다. 즉
올림픽 유치라는 대외적 승인을 통해 취약한 국내적 정당성을 만회하고
자 했다. 동시에 남북한 체제경쟁과 외교무대에서의 우위 확보를 기했
다고 할 수 있다. 그래서 전두환 정권은 88올림픽 유치를 위해 전 국가
역량을 총 결집하고 동원했다. 노태우 장관은 베를린 올림픽 영웅인 손
기정, 심지어 스페인 바르셀로나에 있는 사마란치Juan Antonio Samaranch

---

11 이연택, 385면.
12 전상진,「공산권 국가들의 올림픽 참가를 이끌어낸 노 대통령」, 노재봉 외, 앞의 책, 400~
    401면.

위원장 아들의 태권도 사범인 최원철 등 모든 체육인, 해외공관, 경제계 등 조금이라도 도움이 될 수 있는 사람들을 총동원하여 유치위원회를 구성하고, 위원장에는 정주영 전경련 회장을 위촉하였다. 이처럼 올림픽 유치에 대한 남한 정부의 열의는 일본을 훨씬 앞질렀다. 올림픽 개최 도시 선정을 위한 투표일이 다가오자 정주영 위원장을 비롯한 남한의 재벌 총수들은 세계 곳곳을 뛰어다니면서 IOC 위원들의 환심을 사고자 했다. 노신영 국무총리는 뉴욕에서 열리는 유엔 총회에 참석해 회의장 복도를 누비며 각국의 외교관들을 상대로 적극적인 로비활동을 폈다. 박종규 회장 역시 노태우 장관의 요청으로 바덴바덴 근교에서 득표활동을 벌였다.[13]

노태우 장관은 막후에서 IOC에 많은 영향력을 가지고 있는 아디다 스의 다슬러Horst Dassler 회장 등 주요 인사들과 접촉하며, 동구권·중남미·아프리카 등 제3세계 대표들을 공략해 나갔다. 그리고 당시 일본으로부터 원조성 공공차관을 받고 있던 상당수 국가들의 IOC 위원들이 1970년 준비 미흡으로 벌금을 물며 아시안게임을 반납까지 한 한국이 과연 올림픽을 개최할 능력이 있는가에 대해 의구심을 품고 있어 이를 불식시키는 데 주력했다. 한국은 IOC 총회의 프레젠테이션 질의 답변 시 한국의 취약점으로 지적되었던 분단국으로서의 안보불안은 평화를 도모하려는 올림픽 이념의 구현을 위해 오히려 적지라는 논리로 설득했다. 그리고 일본에 차관을 요청하고 있는 경제 사정 등에 대해서는 당시 무역협회 유창순 회장이 이는 많은 선진국도 직면하고 있

---

13 Don Oberdorfer, *The Two Koreas : A Contemporary History*, New York : Basic Books, 2001, p.180; 박재규, 앞의 글, 381면.

는 일본과의 무역역조의 대응방안일 뿐이며, 64동경올림픽 당시의 일본의 경제사정과 비교하더라도 한국의 경제사정이 그에 못지않다고 설득했다.[14] 그 결과 마침내 9월 30일 IOC 총회에서 서울은 52대 27이라는 압도적인 표차로 나고야를 누르고 제24회 올림픽대회 개최지로 선정되었다.

이와 같이 올림픽 유치는 미소 간의 신냉전 고조라는 국제환경, 정부 내의 반대 목소리, 강력한 후보지였던 나고야와의 유치 경쟁, 아시안게임 반납 전력, 분단국으로서의 안보불안 문제 등 여러 제약요인을 뚫고 거둔 전두환 정권의 강력한 의지의 산물이었다.

3. 서울올림픽에 대한 북한의 시각과 대응

1) 북한의 서울올림픽에 대한 시각과 유치 전후의 대응

당시 남한의 전두환-노태우 정부가 서울올림픽의 성공적 개최를 국가적 과제로 인식했던 것과 마찬가지로 북한 역시 이에 대한 대응을 국가적 과제로 인식했다. 남한은 올림픽 유치와 개최를 대외적 승인, 한국의 경제력과 발전상을 세계에 과시하고 정권의 정당성을 제고하는 기회로 인식하고 있었다. 또한 사회주의권과의 스포츠외교를 통해 북방정책을 추진하는 기반이 될 수 있다고 보았다. 북한도 올림픽 개

---

14 이연택, 앞의 글, 387면.

최가 갖는 이와 같은 파급효과를 잘 인지하고 있었다. 이는 1986년 5월 20일 김일성이 유고슬라비아 신문과의 면담에서 "1988년에 남조선 서울에서 열리기로 된 제24차 올림픽경기대회에 대해 말한다면 그것은 단순한 체육문제가 아니라 조선의 통일문제와 관련되는 심각한 정치적 문제"라고 언급하고 있는 것에서 잘 알 수 있다.[15] 북한은 88올림픽 서울 개최 결정은 "미국의 '두개 조선' 정책의 산물"로서 "남조선을 '독립국가'로 분식"시켜 "조선의 분렬을 고정화하려는 불순한 정치적 목적"에서 비롯된 것으로 규정했다. 따라서 남한에서 진행하는 올림픽경기에 참가하는 것은 "미국의 남조선 강점을 찬성하는 것으로 되며 '두개 조선'을 조작하여" 남북을 영원히 분열시키려는 미국과 남한의 책동을 부추기는 것에 지나지 않는다고 비난했다.[16] 북한은 제24회 올림픽의 서울 개최가 확정된 이후에는 남한과 미국이 올림픽경기 주최를 정략적 목적으로 이용하고 있다고 비난했다. 아래에서 보듯이 북한은 남한의 서울올림픽 개최를 남한의 유엔 가입, 사회주의권국가들과의 수교, 그리고 남한의 국제적 위상 제고와 연관되어 있는 심각한 정치외교적 사안이자 체제경쟁의 문제로 보고 있었다.

남조선이 국제올림픽경기대회를 주최하는 만큼 '유엔성원국'으로 되는 것은 당연한 일이라고 하면서 '유엔단독가입'을 위한 외교활동을 적극 벌릴 것이라고 하였으며 '공산권'과 '공식관계'를 수립하기 위해서 노력할 것이라고 발표하였다. (…중략…) 이번 기회에 사회주의나라들과 쁠럭 불가

15 김일성, 『김일성저작집』 39, 조선로동당출판사, 1993, 426면.
16 위의 책, 426면.

담나라들에 접근하여 '국교' 및 기타 '공식관계'를 맺어보려는 괴뢰들의 책동은 또한 올림픽 간판을 들고 국제적으로 고립된 저들의 처지를 개선하며 나아가서 남조선을 그 무슨 '국가'로 인정받아보자는 것이다. 이것이 '두개 조선' 정책의 또 하나의 다른 표현인 이른바 '교차승인'을 실현하기 위한 교활한 술책이라는 것은 더 말할 것도 없다.[17]

북한은 남한이 88올림픽 유치를 발표한 이후 소련 등 사회주의권 국가들의 IOC 위원들을 접촉하며, 남한이 유치능력이 없다는 정치적 선전과 함께 남한의 올림픽 유치를 적극적으로 저지하려고 시도했다.[18] 그리고 북한은 남한의 올림픽 유치가 확정된 이후에는 전쟁 위험이 있는 서울에서의 올림픽 개최는 위험하다는 논리를 유포시키려고 했다. 그리고 소련, 중국 사회주의국가들에게 서울올림픽 보이콧운동에 동참해 줄 것을 요청하였다. 그러나 1984년 6월 1일 사마란치 IOC 위원장이 서울올림픽은 1981년 IOC 결정사항이므로 변경할 수 없다는 확고한 입장을 밝혔다. 그리고 1984년 7월 24일 중국 국가올림픽위원회 노금동路金棟 부위원장이 서울올림픽에 대한 보이콧 운동이 일어날 경우 중국은 이에 동조하지 않을 것이라고 발표했다.[19] 북한은 올림픽 보이콧 운동이 사회주의권에서도 별 호응을 얻지 못하자 올림픽 공동 주최 쪽으로 방향을 전환했다. 북한은 1985년 10월부터 1987년 7월 까지 4차례에 걸친 로잔 남북체육회담에서 올림픽의 남북 공동 주최안

---

17 『로동신문』, 1981.12.3.
18 국민체육진흥공단, 앞의 책, 2000a, 213 · 227~228면.
19 국민체육진흥공단, 『서울올림픽사—올림픽의 성과』(1) 제2권, 국민체육진흥공단, 2000b, 23~24면.

을 고수했다. 북한의 핵심 주장은 대회 명칭에 '평양'이 들어갈 것과 조직위 구성에 있어서 공동 주최에 걸맞는 실권과 조직 형태를 인정하라는 것이다. 서울올림픽을 북한이 견지해 온 통일 원칙, 체제의 정당성과 직결된 고도의 정치적 문제로 파악하고 있었던 북한으로서는 북한의 몇몇 지역에서 일부 종목을 분산 개최할 수 있다는 남한의 제안은 수용하기 어려웠다.

2) 북한의 올림픽 공동주최 주장과 사회주의권의 반응

소련과 사회주의권 국가들이 불참했던 1984년 LA올림픽 이후 서울올림픽에 사회주의권 국가들이 참여할지 여부가 중요한 관심사로 대두되었다. 이런 상황에서 1984년 11월 7일 멕시코의 수도에서 열린 세계올림픽연합회(ANOC)에서 동독 NOC 위원장인 에발트Manfred Ewalt 동독 체육장관은 88올림픽의 분산 개최를 주장했다. 동독은 소련의 불참 선언으로 LA올림픽에 불참했지만, 그로 인한 폐해를 실감하고 있었다. 분산개최론은 일견 북한의 입장에 동의하는 것이었지만, 다른 한편으로는 동독이 서울올림픽에 참여할 수 있는 여건을 조성하는 의미도 있었다. 북한과의 관계를 고려하여 북한의 보이콧 요청을 무시한 채 서울올림픽에 참가하겠다고 밝힐 입장은 아니었다. 그래서 남북이 공동으로 주최하는 올림픽에 참가한다는 명분과 형식이 필요했고, 이를 통해 북한에게 동독의 올림픽 참가를 납득시킬 수 있다고 판단했다. 그리하여 1985년 초 사마란치 IOC 위원장은 자신의 주재하에 남북 NOC

대표단과 IOC 부위원장이 참가하는 남북체육회담을 IOC 본부가 있는 스위스 로잔에서 개최하자고 제안했던 것이다.[20]

이에 대하여 남한은 1985년 3월 13일자 KOC 명의로 로잔 남북체육회담에 참여하겠다고 발표했으나 북한은 묵묵부답이었다. 그런데 1985년 6월 동베르린에서 열린 IOC 총회의 리셉션 자리에서 호네커Erich Honecker 동독 공산당 서기장이 서울올림픽에 참가하겠다는 비공식 발언을 했다. 북한은 동구권국가들이 서울올림픽 참가를 표명하는 상황에서 올림픽 저지 일변도로 나갈 때 사회주의권으로부터도 배척받을 수 있다는 판단하에 결국 1985년 7월 6일 로잔 회담 참여 의사를 밝혔던 것이다.[21]

북한은 1985년 10월 열린 제1차 로잔 남북체육회담에서 올림픽 개최지를 서울로 결정한 것 자체가 잘못된 것으로 장소 변경 또는 올림픽을 위기에서 구하기 위해 남북 공동주최 및 단일팀 구성이 필요하다고 강조했다. 그러나 북한의 공동주최론은 사회주의권에서도 환영받지 못했다. 1985년 11월 13일에서 15일까지 베트남의 하노이에서는 서울올림픽 참가 문제를 논의하기 위해 중국을 제외한 사회주의권의 체육장관 13명이 모였다. 북한은 이 자리에서 사회주의권이 일치단결하여 남북 공동 주최를 주장한다는 내용의 결의문을 준비했지만, 쿠바만이 북한의 입장에 동조했을 뿐 나머지 11개국은 비판적인 태도를 보였다. 11개국의 체육장관들은 서울올림픽 참가 문제는 각국이 스스로 결정할 문제라는 입장을 취했다. 이는 대부분 사회주의국가들이 서울올

---

20 위의 책, 27~28면.
21 위의 책, 28~29면.

림픽에 참가할 것임을 간접적으로 시사한 것이었다.[22] 이런 상황에서 북한은 서울올림픽을 앞두고 초조감을 감추지 못하며 이를 저지하거나 김을 빼기 위해 전전긍긍했다. 서울올림픽 개막이 다가오자 불안과 초조감을 느낀 북한은 사회주의 동맹국들을 대상으로 서울올림픽에 대해 심각하게 문제를 제기했다.

1986년 1월 19일부터 23일까지 세바르드나제Eduard A. Shevardnadze 소련 외상이 평양을 방문했다. 김일성은 세바르드나제에게 올림픽 남북 공동 주최에 대한 결정을 내리기 전에 소련이 올림픽에 참가할 것이라는 암시를 자제해 달라고 강력히 요청했다. 또한 김일성은 소련이 사회주의 국가들의 올림픽 불참을 유도해 주거나, 공동주최를 주장하는 북한의 입장을 지지할 수 있게 도와 달라고 요청했다.[23] 한편 1986년 5월 소련을 방문한 황장엽 북한 노동당 국제담당 비서는 5월 16일, 야코블레프Aleksander N. Yakovlev[24] 소련 공산당 당서기와의 대화[25]에서 '미국과 그 동맹국들이 점증하는 국민들의 반대로 심각하게 손상되어 온 남한

---

22 위의 책, 33~34・39면.
23 오진용,『김일성시대의 중소와 남북한』, 나남, 2004, 168면.
24 1988년부터는 당 국제정책위원회 의장을 지냈고, 소련공산당의 외교전문가로 고르바초프 정권의 실질적인 2인자였다.
25 B. Tkachenko, "Conversation between the Secretary of the CC CPSU Yakovlev A.N. with the Secretary of the CC KWP Hwang Jang-yeop", 16 May 1986, GARF, fond 10063, opis 2, delo 55, listy 1-8, 1986. 이 대화록은 러시아연방기록원State Archive of the Russian Federation 소장 자료이다. 비밀로 분류된 이 대화록은 나중에 살펴볼 1988년 10월 18일 모스크바에서 나눈 황장엽-야코블레프 간의 대화록과 더불어 서울올림픽 개최 임박과 올림픽의 성공적 개최 이후 소련을 비롯한 사회주의권 국가들의 수교 조짐에 대한 북한의 초조감과 저지 노력을 잘 드러내주고 있다. 이 대화록들은 중국 닝보 노팅햄대University of Nottingham Ningbo China의 Sergey Radchenko 박사가 입수한 것이다. 필자는 Radchenko 박사, 그리고 미국 우드로우윌슨센터의 James Person 연구원과 함께 이를 분석하여 2009년 10월 30일과 31일, 한국 언론(KBS와『동아일보』등)에 크게 소개한 바 있다. 현재 이들 자료 역시 위의 우드로우윌슨센터의 인터넷사이트를 통해 볼 수 있다.

정권을 정치적으로 지원하기 위해 서울올림픽 개최를 도모하고 있다'
고 말했다. 황장엽은 제24회 올림픽에 대한 북한의 인식을 피력하면서
올림픽 남북 공동주최안 실현과 관련된 몇 가지 중요 이슈에 대한 소련
공산당의 지원을 요청했다.

우선 황장엽은 현재 남한에서의 정세가 북측에 아주 유리하게 전개
되고 있다고 설명했다. 즉 미제의 식민지 지배에 불만을 표출하며 남
한의 청년, 학생, 애국적 주민들이 반미독립투쟁을 강력하게 전개하고
있고, 점차 격렬해지고 있음을 전했다. 그리고 노동자도 점차 각성, 투
쟁에 돌입하고 있다고 했다. 또한 야당인 '신한민주당과 민주인사들이
전두환의 집권연장 저지(대통령직선제개헌 지칭)를 위한 1,000만 명 서명
운동을 조직하고 있다'고 설명했다. 아울러 남한에서의 미제의 식민지
배가 침식되고 있으며, 남한에서 '궁정쿠데타'가 일어날 가능성도 배제
할 수 없다고 말했다. 그리고 이러한 사태 전개에 놀라서 미제가 서울
에 대한 군사적, 정치적 지원을 강화하고, 서울에서의 올림픽 개최를
추구하고 있다고 말했다. 그리고 최근 개최된 G-7 정상회담에서 미제
가 남북한 유엔 동시 가입과 서울올림픽의 성공적 개최를 주창했음을
상기시켰다. 또 현재 미제와 '남조선 괴뢰'가 북측이 88올림픽게임 전
야에 남측을 공격할 가능성도 있다는 소문을 유포하고 있음을 지적했
다. 또한 와인버거Caspar W. Weinberger 미 국방장관이 지난 4월 18차 한
미연례안보협력회의에서 88올림픽 직전에 북측의 군사도발 가능성을
배제하지 않고 있으며, 미국은 남한의 안보를 굳건히 할 것이라고 했
음을 지적했다.[26]

그러면서 황장엽은 한반도의 평화를 확보하고 평화통일을 이루는

길은 적들에 의한 서울에서의 올림픽 개최 시도를 저지시키는 것이라고 강조했다. 또한 북측이 제안한 올림픽 남북 공동주최안에 대해 소련과 여타 사회주의국가들이 적들에게 압력을 가하자 적들이 이에 대해 북측에 양보하기 시작했고, 압박이 약화되자 적들이 다시 약화된 입지를 만회하려고 시도했음을 상기시켰다. 또한 몇몇 사회주의권 국가들이 아직 서울에서의 올림픽 개막이 2년 이상이나 남았음에도 불구하고 서울올림픽 참가 의사를 서둘러 표명하고 있다고 불만을 표했다. 그리고 내달 6월(10~11일)에 있을 스위스 로잔에서의 3차 남북체육회담이 공동주최안을 실현할 수 있는 마지막 기회이다. 그리고 그 결과에 따라 10월 IOC 총회에서 최종결정이 내려질 것이다. 따라서 모든 사회주의국가들이 확고한 계급적 입장을 견지하면서 적들의 기도를 규탄하고 올림픽 공동주최안을 지지하는 데 일치된 행동을 취해줄 것을 촉구했다. 특히 우방인 소련이 적들에게 압력을 가하는 것이 바람직하고, 이는 로잔회담에서 북측의 목표를 달성하는 데 유리한 여건을 조성할 것이라고 강조했다. 그리고 황장엽은 야코블레프에게 그 구체적인 방법까지 예시했다. 그런데 그것은 단순히 압박 정도가 아니라 거의 '협박'에 가까운 것이었다. 즉, 만약 북측의 공동주최안이 받아들여지지 않으면 올림픽 운동에 중대한 위기dangerous crisis가 발생할 수 있음[27]을 말할 수 있을 것이라고 했다. 또한 소련 역시 올림픽 참가 문

---

26 Ibid.

27 이를 두고 북한이 올림픽 보이콧을 넘어 1986년 9월 김포공항 폭탄테러와 1987년 11월 KAL기 폭파 테러를 사전 예고한 것으로 해석해 볼 여지도 있다는 지적도 있지만, 지나친 해석으로 볼 수 있다. 이 때 북한이 말하는 올림픽운동에 중대한 위기가 발생할 가능성이 있다는 뜻은 "세계의 평화와 인민들 사이의 친선을 도모하는 것을 숭고한 이념으로 하는 올림픽경기대회는 응당 정치적으로 안정되고 민주주의적 자유가 보장되며 평화로운 환

제를 심각하게 재고할 수밖에 없다. 그리고 올림픽 서울 단독 개최로 인한 모든 결과에 대해서는 전적으로 남측이 책임을 져야 할 것이라고 압박해 달라고 주문했다. 그리고 황장엽은 이를 위해 소련공산당 동지들이 여타 사회주의국가들과 공동 노력해 줄 것을 희망했다. 그리고 북측의 계급적 동맹국인 소련이 북측의 공동주최안이 실현되도록 적극적인 노력을 기울일 것을 확신한다고 덧붙였다.[28]

이에 대해 야코블레프는 소련은 북한의 올림픽 남북 공동주최안에 대해 다양한 수준에서 적어도 한 번 이상 언급해 왔음을 강조했다. 그리고 IOC에서 소련 대표단은 북측 대표단과 함께 IOC의 활동이 근대 체육운동의 목적에 부합하지 않기 때문에 처음부터 IOC의 개편을 지속적으로 주장해 왔음을 주지시켰다. 그러나 동시에 IOC가 무시할 수 없는 실체임을 피력하면서 소련 스포츠위원회와 북한이 공동주최안 지지를 위해 비상한 노력을 하고 있음을 강조했다. 그리고 현재 국제적 장에서 사회주의 국가들을 고립시키려는 경향과 88년 서울에서의 올림픽에 사회주의권 국가들의 참여를 방해하려는 시도에 직면해 있다고 말했다. 그런데 이 말은 서울에서의 올림픽에 소련의 참여를 방해하

경이 마련되어 있는 곳에서 진행되어야' 하는데 '전혀 그렇지 못한' 남한에서 진행하려고 하는 데 있다는 것이다. 즉 "남조선에서는 (…중략…) 미군과 (…중략…) 남조선괴뢰군이 언제나 전쟁태세를 갖추고 있으며 화약내가 풍기는 전쟁연습소동이 그치지 않고 있"다는 것이다. 또한 "남조선은 초보적인 민주주의적 자유와 권리마저 무참히 짓밟히고 있는 세계최악의 인권유린지대이며 청년학생들과 인민들의 반미, 반정부 투쟁이 매일과 같이 벌어지고 있는 정치적 불안과 혼란이 지속되고 있는 곳"이다. 따라서 "제24차 올림픽 경기대회를 남조선 서울에서 진행하기로 한 것과 관련하여 **올림픽운동 분렬의 위기에 직면하고 있**"는바, "올림픽운동을 위기에서 구원하"기 위해 남북이 공동으로 주최해야 한다는 것이 북한의 입장이었다.(강조는 필자) 김일성, 앞의 책, 427면.

28 B. Tkachenko, op. cit.

는 세력은 다름 아닌 당신네 북한이라고 우회적으로 질타하는 것이다. 그리고 이것이 스포츠운동에서 '미국이 의도하는 장기적 전략'이라고 했다. 이 말은 이미 1984년 LA올림픽에 소련과 동유럽 국가들이 불참했었기 때문에 서울올림픽에의 불참은 더 이상 어렵다는 점을 우회적으로 표현한 것이라고 할 수 있다. 따라서 사회주의권의 공동이익과 북측과 여타 진보세력들의 이익을 수호하기 위하여 IOC에서 우리가 어떤 조치를 취할 것인가를 신중하게 검토할 필요가 있다고 강조했다.[29]

이에 대해 황장엽은 북측이 24회 올림픽의 파탄을 시도하는 것은 아니고, 북측의 요구가 적절한 것임을 강조했다. 그리고 평양에서 3~4종목의 올림픽 경기를 개최하고자 하는 것이라고 했다. 그리고 북측이 사회주의권 국가들이 쿠바의 카스트로가 한 성명[30]과 똑같은 성명을 발표하도록 사회주의권 대표들 간의 회의 개최를 주장하는 것은 아니라고 했다. 황장엽은 당장 올림픽 공동 주최에 대한 남북 간의 종결 협상이 임박했는데, 협상을 앞두고 소련의 정치적 지지를 요망한다고 밝혔다. 소련이 적절한 성명을 발표해 주면 큰 도움이 될 것이라고 하면서 지지를 요청했다. 여기서 북측이 말하는 적절한 성명이란 다름 아닌 북한의 공동주최안이 수용되지 않을 경우, 소련의 불참(을 공언하지는 않더라도) 가능성을 시사해 달라는 것이다. 이에 대해 그라모프Marat V. Gramov 소련 올림픽위원회 위원장은 서울에서 개최된 올림픽위원회

---

29 Ibid.; 사마란치 IOC 위원장이 1985년 여름 모스크바를 방문했을 때, 소련 측은 사마란치에게 올림픽에 참가할 준비가 되어 있으며, 북한 측 입장에 개의치 않는다고 말했다. Park, Kun, "Letter from the Permanent Mission of the ROK, Geneva to IOC President regarding the USSR, Cuba and North Korea's Position on the 1988 Olympics"(http://digital-archive.wilsoncenter.org/document/113449), 31 July 1985.

30 북한의 공동주최안이 받아들여지지 않을 경우 올림픽에 불참한다는 것.

회의(1986년 4월 개최)에서 북측의 입장을 지지하기 위해 많은 노력이 있었음을 강조하고, 필요한 지지를 지속할 것이라고 말했다. 그리고 '당장은 로잔에서의 3차 회담에서 달성코자 하는 바를 분명히 할 필요가 있다'고 강조하고, 올림픽 명칭 문제도 현안 가운데 하나라고 말했다. 그는 24회 올림픽을 개최지 명칭 없이 명명하자는 제안이 있었는데 이 안에 합의할 가능성도 있다고 했다. 이어 야코블레프는 만약 평양에서 올림픽 경기의 일부를 개최할 수 있다면, 이것은 정치적으로 큰 승리이자 대성공일 것이라고 말했다. 그리고 북측이 합당한 제안을 했지만 우리는 유능한 적과 상대해야 한다고 말했다. 따라서 우리가 조정을 거쳐 공통된 입장을 가지고 대처하는 것이 필요하다고 했다.[31]

황장엽은 야코블레프와 위의 회담을 갖기 1년 전쯤인 1985년 6월에도 동독의 사회주의통일당 앞으로 서한을 보내 '서울올림픽은 단순한 스포츠행사가 아니라, 세계공산혁명의 기저에 큰 영향을 미치는 중대한 정치적인 사안이다. 그에 따라 한반도에서 사회주의가 강화될지 아니면 자본주의가 강화될지가 결판날 것'이라고 강조했다.[32] 그러나 1986년 5월 16일 황장엽이 소련을 방문하여 야코블레프에게 올림픽 공동 주최와 관련된 사안에 대해 협조를 요청하고 있는 이 시점에서 북한은 소련과 사회주의 동맹국가들의 올림픽 참가를 이미 기정사실로 받아들이고 있었다고 할 수 있다. 1984년 LA올림픽에 불참했던 소련이나 동유럽 사회주의국가들이 서울올림픽을 보이콧할 가능성은 없었다. 또 이들이 강력한 참가 의지를 갖고 있었기 때문이다. 1986년

---

31 B. Tkachenko, op. cit.
32 Don Oberdorfer, op. cit., p.181.

1월, 평양을 방문한 셰바르드나제 소련 외상은 북한의 사정과는 관계없이 소련과 동구권 국가의 선수들이 서울에서의 올림픽에 참가할 것임을 분명히 했다. 이런 상황에서 북한은 소련에게 올림픽 참가 발표를 가능한 미루고 여타 사회주의국가들과 더불어 남북 공동주최안을 지지해 달라고 요청하는 데 주력했던 것이다.

황장엽과 야코블레프 간의 대화에서도 나타나듯이, 북한의 공동주최안 지지 요청에 대해서 소련측은 북한을 불필요하게 자극하지 않기 위해서 원칙적이고 의례적인 수준에서 북한의 입장을 지지하고 있음을 볼 수 있다. 말하자면 소련이 진정성과 열의를 가지고 북한의 입장을 지지하는 것이 아니었다. 그보다는 북한의 입장을 지지하기 위해 나름대로 노력을 했다는 점을 강조하고 보여주기 위한 단순 '제스처'였던 측면이 많았다. 동시에 북한이 공동주최안 관철을 위해 소련이 로잔 남북체육회담에 압박 내지 협박을 가해 줄 것을 요청하는 데 대해서도 소련 측은 대단히 정제된 언어와 외교적 언사로 대응하고 있다. 그러나 북한 측의 요구가 현실성이 없고 고립을 자초하는 처사임을 은연중에 비치고 있다. 또한 그와 같은 북한 측의 무리한 요구에 응하기 어렵다는 점을 우회적으로 표현하고 있음을 알 수 있다.

기본적으로 북한의 공동주최안 지지 요청이나 사태에 대한 북한의 인식 및 주장 등은 고르바초프가 대외정책의 기본방침으로 널리 천명한 '신사고'와 적어도 거리가 있거나 상치되는 것이었다. 1985년 3월 소련의 최고 지도자로 등장한 고르바초프는 1986년 2월 25일부터 3월 6일까지 열린 제27차 소련공산대회를 통해 '신사고'에 입각한 국내 개혁의 착수뿐만 아니라 국제협력 제고 및 군사적 수단이 아닌 정치적 수단에 의한 안보 추구 등 대외 정책의 전환을 예고했다. 그리고 1986년 7월 28일 극동을 시찰하면서 블라디보스토크 연설을 통해서 아시아, 태평양 지역의 긴장완화를 위한 획기적인 조치를 제안했다. 특히 중국과의 관계개선 의지를 강하게 내비쳤고, 일본에 대한 접근 의도를 분명히 했다. 말하자면 당시 고르바초프의 세계전략의 중심은 아시아에 있었고, 여기에는 한국과의 관계 개선이라는 복선이 깔려 있었다.[33]

이런 상황에서 1986년 10월 24일부터 26일까지 모스크바를 방문한 김일성은 북측이 올림픽게임의 적정 부분을 할당 받지 못하면 소련이 올림픽을 보이콧 해달라고 재차 부탁했다. 이에 대해 고르바초프는 솔직히 말해 그것은 원칙의 문제이지 숫자의 문제는 아니라고 반박했다.[34] 즉 1/3이나 절반이 아니더라도 평양에서 운동경기를 개최하는 것만으로도 충분할 것이라는 얘기였다. 그리고 소련이 서울올림픽에 참가할 것인지 여부는 아직 결정한 바 없다고 했다. 이 자리에서 김일성은 한소 간의 경제교류 문제에 대해서도 거론했다. 고르바초프는 한국과의 교역을 크게 늘려가고 있는 중국을 격렬하게 비난하며, 소련은 결코 한국과의 교역을 추진하지 않을 것이라고 말했다. 그러나 이는 단지 계산된 덕담에 지나지 않았다. 1984년 8월부터 한소 양국은 이미 비공식 교류를 재개했고, 1985년 소련 공산당 중앙위원회도 아시아에서 경제적으로 무시할 수 없는 수준으로 부상하고 있는 한국과의 관계를 한층 격상시킨다는 결의안을 채택했다. 뿐만 아니라 1986년 4월 21일부터 26일까지 서울에서 개최된 제5회 세계올림픽연합회(ANOC)Association of National Olympic

---

33 오진용, 앞의 책, 169~170면.
34 Sergey Radchenko, op. cit., 2011b.

Committees에 그라모프 소련 올림픽위원회 위원장이 참여했고, 비공식 채널을 통해서 소련의 서울올림픽 참가 의사를 분명히 나타내고 있었다.[35] 이처럼 소련이 새롭게 구상하고 있는 대아시아 외교전략과 진영 논리에 입각한 북한의 대소 접근 간에는 상당한 괴리가 있었다.

중국도 1986년 7월 경 서울 아시안게임에 참여하기로 결정했다고 발표했다. 서울 아시안게임이 절정에 달하면서 한중관계도 뜨겁게 달아올랐다. 서울 시민들이 격의 없이 중국을 응원했고, 중국에서도 이런 서울의 모습을 접하고 탄성이 일어났다. 중국은 전세비행기 5대에 선수단을 실어 서울에 파견했고, 이 비행기들이 사상 처음으로 북경–서울 항로를 직행했다는 사실은 북한에게 타격이었다.[36] 사실 등소평은 내부적으로는 이미 1985년 11월, 북한의 완고한 태도에 분노하고 있었으며 중국이 올림픽을 보이콧할 수는 없음을 분명히 하고 있었다. 그리고 북한도 중국의 이러한 표리부동한 입장을 감지하고 있었다. 때문에 소련 측과의 만남에서 중국의 이중적 태도에 대해 분통을 터트리기도 했다.[37]

한편 1987년 5월 21일부터 25일까지 중국을 방문한 김일성은 5월 22일 등소평을 만났다. 등소평은 서울올림픽은 '올림픽 규약'에 따라 치러지는 세계적인 체육 제전인 만큼 중국도 참가할 것이라면서, 가능하다면 네 가지 종목을 북한에서 개최토록 하는 한국의 제안을 수용하는 문제를 고려해 보라고 권유했다.[38] 또한 등소평은 김일성에게 북한이 중국의 경제발전 경험에 따라 개혁과 개방정책을 추진할 것을 권고했

---

35 Sergey Radchenko, op. cit., 2011a, p.5; 오진용, 앞의 책, 173~174면.
36 오진용, 위의 책, 191면.
37 Sergey Radchenko, op. cit., 2011a, pp.5~6.
38 오진용, 앞의 책, 197면.

다. 이에 대해 김일성은 한중교역의 심각성을 말하고, 이 문제에 대한 중국의 명확한 입장이 필요한 시점이라고 강조했다. 그러나 등소평은 중국의 남한에 대한 정책은 중국의 내정에 관한 문제이기 때문에 중국의 독자적인 입장에 따라 추진해 나갈 것임을 분명히 했다. 나아가 정치, 군사를 제외한 분야에서 남한과 교류할 것임을 시사하고, 남한과의 교역은 지리적으로 가깝고, 거래상 편리한 점이 있어서 중국에게 있어서 남한은 좋은 시장이라고 말했다. 이처럼 양자 간에 사태에 대한 인식 차는 상당 정도 벌어져 있었고 양국 간의 갈등의 골은 깊어졌다. 등소평으로부터 자신의 입장에 대한 동조는커녕 핀잔만 들은 김일성의 충격과 좌절감은 예상외로 컸을 것이다.[39]

김일성은 북경을 떠나기 전날인 5월 24일 재차 등소평을 만나 국제문제에 대한 의견을 교환했으나, 등소평으로부터 "모든 국가의 당은 모두 각기 자신이 처한 상황을 근거로 문제를 해결해야 한다. 강제로 서로 같은 노선을 취하는 것은 불가능하다. 다른 나라 동지들이 이 점을 이해해야 한다"는 말하자면, 중국과 남한과의 교역관계에 대해서는 상관하지 말라는 질책만을 들었을 뿐이다. 요컨대 김일성의 중국방문 결과는 중소관계가 점차 화해로 접어드는 국면에서 중국에게 북한의 전략적 가치는 상대적으로 하락하고 있었고, 중국의 주요 교역상대국으로 부상한 한국의 위상에 대한 중국 당국의 인식을 보여준다. 그리고 그러한 점이 김일성에 대한 등소평의 냉대 속에 고스란히 반영되고 있었던 것이다.[40]

---

39 위의 책, 198면; Sergey Radchenko, op. cit., 2011a, pp.9~10.
40 오진용, 위의 책, 199~200면.

3) 북한의 좌절과 대응

위에서 보았듯이 1986년 5월 황장엽이 야코블레프에게 요청했던 올림픽 공동주최 주장은 소기의 성과를 거두지 못했다. 그리고 그로부터 약 한 달 뒤인 1986년 6월 10~11일 열린 제3차 로잔 남북회담에서도 북한의 공동주최 요구는 받아들여지지 않았다. 북한도 사실상 제3차 로잔 남북체육회담을 기점으로 올림픽 공동주최안의 성사 가능성에 크게 기대를 걸지 않았다고 할 수 있다. 제3차 회담 직후인 1986년 7월 18일 북한은 평양에서 대규모 청년학생집회를 열어 1989년 평양에서 제13차 세계청년학생축전을 개최할 것을 발기했기 때문이다. 말하자면 올림픽대회의 공동 주최가 무망한 상황에서 서울의 환호를 조금이나마 상쇄시킬만한 북한 독자의 빅 이벤트를 도모했다고 볼 수 있다. 한편 북한의 세계청년학생축전 개최 발기로부터 약 두 달 뒤인 1986년 9월 14일 아시안게임 개막 일주일을 앞둔 시점에서 김포공항 폭발사건이 발생했다. 아시안게임이 임박한 시점이었기 때문에 외국 선수단과 임원들이 입국하는 상황이었고, 사건이 터진 다음 날에는 사마란치 위원장이 방한할 예정이었다. 이 폭발로 5명이 숨지고 29명이 중경상을 입었다. 당시 한국 정부는 이 사건의 범인을 밝혀내지 못했지만, 서울 아시안게임을 방해하고 종국적으로는 88서울올림픽을 저지하기 위해 북한이 저지른 소행으로 추정된다고 발표했다.[41]

---

41 2009년『월간조선』은 구 동독 정보기관 슈타지STASI의 한 부서(22국)가 테러리스트인 아부 니달Abu Nidal을 신문하는 과정에서 자신이 '북한으로부터 500만 달러를 받고 조직원을 시켜 김포공항 테러를 자행했다'는 기록이 발견되었다고 보도한 바 있다. 『월간조선』, 2009.3, 62~75면 참조.

앞서 살펴본 1987년 5월의 김일성의 중국 방문이 아무 성과 없이 끝난 후 두 달이 채 안된 시점인 1987년 7월 14~15일 제4차 로잔 남북체육회담이 열렸다. 이 회담에서 북한은 인구비례에 따라 1/3인 8개 종목의 북측 배정이라는 이전에 비해 더욱 강경하고 비현실적인 요구를 하고 나섰다. 이에 대해 IOC는 탁구, 양궁, 여자배구, 축구 등 4개 종목 예선 1개조와 사이클 남자 개인 도로경기의 북한 개최라는 '수정중재안'을 제시했다. 이에 대해 북한은 8월 11일 테니스, 양궁, 여자배구, 축구 등 5개의 완전경기종목과 1개의 불완전 경기 개최를 IOC측에 요구했다. 그러나 8월 24일 IOC측은 북한의 요구를 거부했다. 그러자 북한은 9월 12일, IOC를 제외한 남북 간의 체육회담을 요구했다. 이어 북한은 남북직접 협상 재개를 제의했다. 이에 대해 남한은 9월 24일, 북한의 제의를 거부하고 IOC와 남북한 간의 3자회담을 역제의했다. 이렇게 되자 북한은 "현 대한민국 정부가 존재하는 한 올림픽 공동 주최 문제는 실현될 수 없다"며 사실상 회담 중단을 선언했다.[42]

그러면 북한은 과연 로잔 남북체육회담에 임하면서 실제로 올림픽의 남북 공동주최와 북한에서의 올림픽 경기 진행이 가능하다고 보고 있었을까? 주지하듯 북한은 서울올림픽은 한반도 분단의 고착화를 가져올 뿐이기 때문에 남북이 공동으로 주최해야 민족의 화해에 기여할 수 있다는 논리를 폈다. 그러나 현실적으로 일부 종목의 북한 개최 시 최소 2만 5,000여 명으로 예상되는 올림픽 가족의 남북왕래와 그에 대한 보장이 절대적 요건인데 남북의 대치 상황에서 어려운 문제였다. 또한 북한

---

[42] 노중선, 『남북대화 백서―남북교류의 갈등과 성과』, 한울, 2000, 213~215면.

내 외국인의 자유로운 통행 보장도 용이한 사안이 아니었다. 즉, 과연 북한이 대회 개최에 수반되는 사회 개방을 부담할 의지가 있었는지 의문이다. 또한 남북 간 올림픽 가족의 육로 왕래에 최소한으로 필요한 교량 1개 건설에 11개월이 소요되는 등 판문점 주변의 여건이 미비했다. 이와 관련 IOC는 북한에 우호적인 루마니아의 IOC 위원을 단장으로 하는 IOC 조사단의 평양 방문(1987.5.27~29)시 자유왕래 가능성 점검을 위해 판문점을 경유하여 서울을 방문할 것을 요청했다. 그러나 북한은 이를 거절했다. 또한 경기장, 선수단 수용시설, 대회운영에 필요한 전자, 통신 등 하이테크 설비 등 북한이 과연 대회를 치를 능력과 이를 준비할만한 시간적 여유가 있었는가도 문제였다.[43] 이에 대해 1985년 국가안전기획부장 특보로 임명되었던 박철언은 "올림픽 공동 주최는 성사 가능성이 없었고, 북한 역시 공동 주최가 불가능하다는 상황을 잘 알고 있었다. 더욱이 북한은 경기장, 진행기술, 숙박시설 등 올림픽을 개최할 준비가 전혀 안 되어 있었다. 그리고 무엇보다 공동개최가 가져올 급격한 개방 물결에 대해서 우려하고 있었다"고 말한 바 있다.[44]

이 점에서 특히 제3차 로잔 남북체육회담 이후 북한의 올림픽 공동주최 주장이 공동주최 자체에 방점이 있었는지, 아니면 서울올림픽을 흠집내고 북한이 서울올림픽에 참여하지 않거나 북측에서 경기를 치르는 상황을 피하기 위한 구실에 불과했는가 하는 점이다. 어쩌면 공동주최를 주장하는 북한이 내심 기대했던 바는 사회주의권이 보이콧

---

43 이에 대한 자세한 내용과 논의는 국민체육진흥공단, 앞의 책, 2000b; 오지철, 「로잔느 체육회담과 북한의 올림픽 참가문제」, 『Sports Korea』 239, 1988, 102~107면 참조.
44 국사편찬위원회, 『고위관료들, '북핵위기'를 말하다』, 국사편찬위원회, 2009, 109면.

하는 상황에서 최대한 옹색하게 치르는 올림픽, 아니면 서울의 환호와 함성이 평양의 하늘에 메아리치지 않고 최대한 빨리 지나가는 일이었는지 모른다. 그리고 평양 세계청년학생축전의 성대한 개최로 서울올림픽의 함성을 상쇄할 수 있기를 기대했을 것이다.

1987년 9월 24일 남한이 북한의 남북 간 직접 협상 제의를 거부한 지 약 10여 일이 지난 10월 7일, 해외에서 공작 중이던 김현희 등은 평양으로 급거 소환되었다. 그리고 그로부터 2개월여 만인 1987년 11월 29일 KAL 858기는 미얀마 상공에서 폭파되었다.[45] 그와 같은 북한의 긴장조성행위는 단순히 남한과 미국 등 서방에 대한 위협뿐만이 아니라 사실 소련 및 중국 등에 대한 압박과 경고의 의미도 동시에 담고 있다고 할 수 있다. 왜냐하면 지금도 마찬가지지만, 당시 소련과 중국이 가장 두려워했던 것은 북한의 모험주의로 한반도에 긴장이 고조되는 사태였다. 이는 중, 소의 남한과의 관계개선 노력에 찬물을 끼얹는 일이고, 진영논리 강화와 중, 소로 하여금 북한과의 동맹 강화를 압박하는 일이기 때문이다.[46] 북한은 이와 같은 소련과 중국의 아킬레스건을 적극 활용,

---

[45] KAL 858 폭파사건이 한국의 대선 또는 올림픽 개최 저지 시도와 여하한 연관을 지니는가에 대해서는 보다 체계적인 검토가 필요하다. 미 국무부는 2012년 6월 11일, KAL 858 폭파사건과 관련한 비밀문서를 시기를 앞당겨 공개한 바 있다. http://www.state.gov./m/a/ips/c52384.htm 참조.

[46] Mitchell Lerner · Jondae Shin, "New Romaniam Evidence on the Blue House Raid and the USS Paublo Incident", *E-Dossier* No.5, North Korea International Documentation Project at the Woodrow Wilson International Center for Schoars, March 2012 참조. 1983년 10월 9일 발생한 버마 아웅산 묘소 폭탄테러사건도 제3세계 국가에 대한 남북한 외교경쟁에서의 북한의 불안과 특히, 북한의 생존에 위협이 되는 한국의 소련과 중국에 대한 접근을 차단하려는 특단의 위기조성행위로 볼 수 있다. 실제 1983년 6월 29일 '6 · 23선언' 10주년을 맞아 당시 이범석 외무부장관이 '앞으로 한국 외교의 최고 과제가 소련 및 중국과의 관계를 정상화하는 북방정책의 실현에 있다'고 선언한 바 있는데, 북한이 이를 대단히 민감하게 받아들였을 가능성을 상정할 수 있다. 오진용, 앞의 책, 112~114면.

중소화해 국면에서 하락해 가는 북한의 전략적 가치를 유지하며, 북한에 대한 소련, 중국 등의 협력을 끌어내고자 한 것으로 해석할 수 있다.

4. 남한의 입장과 대응

북한은 5·18 광주민주항쟁 이후 극심한 정치균열 상태에 있던 남한에 대해 1980년 10월 10일 조선노동당 제6차 당대회를 통해 남측의 신군부를 배제하는 조건에서 '고려민주연방공화국 창립 방안'을 제안했다. 이에 대해 전두환 대통령은 최고당국자회담을 하자고 제안했으나 북한은 전두환 정부의 정통성 문제를 거론하며 거부했다. 전두환 정부는 북한의 '고려민주연방공화국 창립 방안'에 대응하기 위한 통일 방안으로 1982년 1월 민족화합민주통일 방안을 제시했다. 그리하여 남북한은 자신의 통일 방안을 고수하며 남북관계 개선보다는 남북관계의 주도권 잡기에 매달렸다. 이후 전두환 정부는 올림픽 개최로 한국의 국제적 지위향상과 남북한 체제경쟁에서의 승리를 도모하며, 레이건 대통령의 대소 강경정책과 보조를 함께하며 힘에 기반한 대북정책을 추진하였다. 그와 같은 상황에서 1983년 10월 버마 아웅산 묘소 폭탄테러사건이 발생하였다. 이 사건으로 남북관계는 급격히 냉각되고 한반도의 긴장상태는 고조되었다.

그러나 아웅산 테러사건으로 인한 긴장상태의 지속을 남북한 모두가 원하지 않았다. 남북한 모두 남북관계의 조속한 안정화를 원했다고 할 수 있다. 아웅산 테러사건의 책임으로부터 벗어나고자 한 의도에서

였는지는 알 수 없으나, 북한은 1984년 1월 한반도의 긴장 상태를 완화하기 위한 남·북·미 간의 3자회담을 제안했다. 그러나 한미 양국은 북미 간의 평화협정 체결과 남북 간의 불가침선언 채택을 골자로 하는 3자회담 제의를 거부했다. 대신 남북 및 미중이 참여하는 4자회담을 지지한다고 밝혔다. 3자회담 제의가 거부당하자 북한은 1984년 3월 30일 LA올림픽과 그 이후의 아시아 및 세계선수권대회에 남북단일팀을 구성하여 출전하는 문제를 협의하자며 남북체육대표회담을 제안하는 등 유화적 태도를 취했다. 서울올림픽을 앞두고 한반도 긴장완화가 긴요했던 전두환 정부가 북한의 제안을 받아들여 이후 1984년 4월부터 5월까지 세 차례의 회담이 이어졌다. 그리고 1984년 9월 북한의 수재 물자 지원을 계기로 경제회담과 적십자회담, 그리고 이산가족 고향 방문과 예술단 교환 공연이 실시되었다. 이처럼 1984년 전두환 정부가 취했던 남북관계 개선 시도는 당시 신냉전의 국제환경과 아웅산 테러 사건으로 인한 남북 간 긴장 상황에 비추어 주목할 만하다. 그만큼 정권의 명운이 걸려 있다고 판단한 올림픽의 원만한 개최를 위해 올림픽 개최지에 대한 국제사회의 불안감을 불식시키고, 남북관계를 안정적으로 관리할 필요가 있었던 것이다.

1985년 7월 중순 쿠마르Ashwini Kumar IOC 부위원장은 북한의 서울올림픽 참가를 설득하기 위해 평양을 방문했다. 북한의 박성철 부주석은 쿠마르를 만난 자리에서 ① 올림픽 공동 주최, ② 올림픽경기의 남북 균등 배분, ③ '조선 평양·서울올림픽경기대회'로 대회 명칭 명명 등 3가지 요건이 충족되는 조건에서만 올림픽에 참가할 수 있다고 말했다. 이어 남북이 첨예하게 대치하고 있는 상황에서 자칫 사소한 군사적 충돌로 올림픽에 재앙을 가져오는 사태로 비화될 수 있다고 경고했다. 그리고 공동주최가 이루어지지 않으면 남한에서 광범위한 폭력과 소요 사태가 일어날 것이라고 위협했다.[47] 그 뒤 1985년 7월 30일 북한은 정준기 정무원 총리의 담화로 '88올림픽을 남북이 공동주최해야 한다'고 공식적으로 주장했다. 서울올림픽조직위원회 측은 '올림픽 공동 주최는 있을 수도 없는 일'이라고 즉각 반박하고 나섰다. 그러나 사마란치 위원장은 한 달 뒤 '올림픽 헌장상 공동 주최는 불가능하지만 일부 종목의 북한 개최 여부는 서울올림픽조직위원회와 협의하여 결정할 수 있다'는 담화를 발표한다. 사마란치는 서울올림픽을 방해하려는 북한을 협상테이블로 불러내어 무마시킬 요량이었다. 사마란치는 북한으로서는 평양이 대한민국의 여러 시 가운데 하나로 비칠 수 있는 일부 예선경기 개최를 수용하는 것은 거의 불가능할 것이라고 보고 있었다. 그럼에도 불구하고 그와 같은 제안은 사회주의권국가들의 올림픽 참여를 촉진하는 데 유용하다고 판단했다. 또 협상 결과가 없으면 그 책임이 상당 부분 북한에게 돌아가고, 자연 북한은 철저히 고립될 것이라고 보고 있었다.[48] 이와 같은 사마란치의 인식과 접근은 이후 올림픽 개최 시까지 지속되었다.

사마란치의 제안으로 성사된 남북체육회담은 1985년 10월 첫 회담 이래 1987년 7월까지 네 차례 진행되었다. 그러나 북한이 '분산 개최'

---

47 Ashwini, Kumar, "Report by IOC Vice President Ashwini Kumar on his Trip to North Korea"(http://digitalarchive.wilsoncenter.org/document/113444), 16 July 1985.

48 Juan Antonio Samaranch, "Meeting between the NOCs of the ROK and DPRK held under the aegis of the IOC", National Olympic Committee of North Korea and National Olympic Committee of South Korea(http://digitalarchive.wilsoncenter.org/document/113455), 8 October 1985.

가 아닌 '공동 주최' 주장을 끝내 철회하지 않아 아무런 성과도 거두지 못한 채 유야무야로 끝나고 말았다. 그러나 사마란치는 이와 같은 결과를 어느 정도 미리 예상하고 있었다. 그럼에도 불구하고 남북체육회담에 많은 노력과 시간을 투자했다. 거기에는 나름대로 그럴만한 이유가 있었다. 사회주의권과 국제사회를 향해 IOC가 북한이 88올림픽에 참여할 수 있는 방도를 찾기 위해 최선의 노력을 다했다는 점을 보여줄 필요가 있었던 것이다. 또한 대화를 지속하는 동안 북한의 올림픽 방해 행동을 방지, 관리할 수 있다는 계산이 작용했다. 남한 당국 역시 올림픽 남북공동 주최를 북한의 도발을 막는 전술적 차원에서 고려하고 논의했다고 할 수 있다. 요컨대 당시 남한 측과 IOC측이 북한과 공동개최에 합의할 수 있으리라고 기대한 것은 아니었다. 다만, 협상을 오래 끌어감으로써 북한의 사회주의국가 참가 저지 시도와 북한의 돌발행동을 막고자 했을 따름이다.

미국의 북미접촉 수용도 그와 유사한 맥락에서 이루어졌다. 미국은 1984년 1월의 3자회담 제안, 1986년 6월의 남북한 및 미국과의 군사 당국자회담 제안, 동년 7월의 북미 간 국회대표회담 제안 등 북한의 잇단 대미접근에 대해 무대응으로 일관했다. 그러나 미국은 서울올림픽 개최가 임박해오자 안전하고 성공적인 올림픽 개최를 위해 북한의 잇단 대미접촉 시도를 무시할 수만은 없었다. 1987년 KAL 858기 폭파사건으로 미국의 북미접촉 수용이 일시 주춤했으나 사회주의권의 올림픽 참가와 한반도의 긴장완화를 위해 북한과의 접촉과 대화를 이어갈 필요가 있었다. 그리하여 1987년 12월부터 서울올림픽 개최 시까지 미국과 북한은 중국의 주선 아래 몇 차례 실무급 접촉을 가졌다.[49] 올림픽 개최 후에도 북미 간에는 여러 차례의 접촉이 있었다. 그러나 이 당시 미국은 북한과의 관계개선에 그다지 적극적이지 않았고, 단지 북한에 대한 탐색 수준에 머물고 있었다. 미국은 서울올림픽의 성공적 개최를 위해 한국과 공동보조를 취하는 한편, 한국의 사회주의권과의 수교 노력을 측면 지원하기도 했다. 그리고 한국의 주도적이고 자율적인 북방정책 추진을 일정하게 인정했다. 미국으로서는 서울올림픽의 성공적 개최 여부가 한국과 동맹관계에 있는 자신의 위상 및 역할과 직결되는 사안이었다. 또한 고르바초프의 등장으로 개혁·개방을 표방한 소련과 신데탕트에 합의하고 중국의 개혁정책 추진을 긍정적으로 평가하고 있었던 미국으로서는 한국의 사회주의권과의 수교 시도를 부정적으로 볼 이유가 없었다.

한편 남한은 올림픽 유치 후 초기 단계에서 북한의 서울올림픽 보이콧 시도에 대응하여 사회주의권국가, 특히 소련의 서울올림픽에 참가를 유도하기 위해 가능한 모든 노력을 경주하고자 했다. 왜냐하면, 사회주의권국가들의 올림픽 불참은 서울올림픽의 의미를 반감시키고, 남한의 국제적 이미지에 치명타가 될 것이기 때문이었다. 일례로 노태우 서울올림픽조직위원회 위원장은 '만약 소련이 서울올림픽에 참가한다면 1983년 사할린 상공에서의 KAL 007편 피격사건과 관련된 모든 사안에 대해서 문제 삼지 않을 것을 약속하겠다'고 하면서 은밀히 소련 대표들에게 접근하기도 했다.[50] 서울올림픽에 소련, 중국 등 사회주의국가들의 참여 여부는 비단 반쪽짜리 스포츠행사가 아닌 전 세계인이

49 김계동, 『북한의 외교정책─벼랑에 선 줄타기 외교의 선택』, 백산서당, 2002, 215~217면.
50 Sergey Radchenko, op. cit., 2011b, p.295.

함께하는 온전하고도 성공적인 올림픽을 만든다는 의미뿐만 아니라, 올림픽을 안전하게 치르기 위해서도 긴요한 과제였다. 당시 서울이 올림픽을 치르기에 과연 안전한 곳이냐는 국제사회의 우려가 없지 않았다. 각국의 선수들은 물론이고 관광객들도 서울이 안전한 곳이냐는 데 의혹을 가지고 있었다. 만약 소련, 중국 등 사회주의권이 참가하지 않는 올림픽이 된다면 안전문제는 더욱 심각한 사안이 될 수 있었다. 그러나 소련과 중국이 참여하는 한 북한이 테러 등을 통해 올림픽을 방해하기는 어려울 것으로 전망했다.[51]

남한은 1986년 4월부터 사회주의권국가들이 서울올림픽을 보이콧하지 않고 참가할 것이라는 강한 자신감을 갖게 되었다. 그라모프 소련 올림픽위원회 위원장이 서울을 방문하여 소련이 서울올림픽에 참가하는 쪽으로 가닥을 잡고 있음을 강하게 내비쳤기 때문이다. 물론 앞서 지적한 바 있듯이, 1985년 여름 사마란치 위원장이 모스크바를 방문했을 때 소련 측으로부터 들은 "소련은 올림픽에 참가할 준비가 되어 있으며, 북한 측 입장에 개의치 않는다"[52]는 언질을 IOC로부터 들은 남한은 사태를 낙관적으로 보고 점차 자신감을 갖게 되었다. 중국 역시 앞서 본 바 대로 1985년 11월 올림픽 참가 방침을 굳히고 있었고 한국도 이를 감지하고 있었다. 더욱이 1985년 8월 25일 사마란치 위원장이 노태우 위원장에게 "로잔회담에서 북측에게 공동개최에 대해 너무 많은 양보를 하지 않도록" 조언했던 것,[53] 그리고 1985년 3월부터 11

---

51 국민체육진흥공단, 앞의 책, 2000a, 95~103면.

52 Kun Park, "Letter from the Permanent Mission of the ROK, Geneva to IOC President regarding the USSR, Cuba and North Korea's Position on the 1988 Olympics"(http://digitalarchive. wilsoncenter.org/document/113449), 31 July 1985.

월까지 소련의 운동선수들과 체육계 인사들이 잇따라 한국을 방문한 것[54]도 한국 측이 소련 측의 참여 가능성을 높게 보는 근거가 되었다.

그런데 이러한 남한의 자신감이 이제 거꾸로 IOC더러 북한에 대해 과도한 양보를 하지 말도록 권고하는 상황으로 나타났다는 점은 흥미롭다. 즉, 사마란치 위원장은 1986년 4월 19일 전두환 대통령을 만나 "북한이 서울올림픽을 방해하기 위해 무슨 짓을 할지 모르기 때문에 이를 무마하기 위해 2~3개 경기 종목을 북한에 배분하는 게 어떻겠느냐"고 물었다. 이에 대해 전 대통령은 사마란치 위원장에게 "북한의 위협에 대해 크게 신경 쓸 것 없다"고 말했다. 전 대통령은 "북한의 군사력이 남한보다 앞서는 것은 사실이나 한미 양군과 대적해 싸울만한 적절한 군사적 수단이 결여되어 있다. 김일성 자신도 남한을 공격할 수 없음을 잘 알고 있고, 내가 이 사실을 알고 있다는 점을 김일성 또한 잘 알고 있다"고 했다. 무엇보다 "소련과 중국의 동의 없이는 북한이 남한을 공격할 수 없고, 양국이 지원하지 않는 상태에서 감행하는 공격 행위는 자살행위에 지나지 않는다"고 평가했다.[55] 4월 25일 사마란치와 다시 만난 전 대통령은 "우리는 북한을 잘 알고 있는데, 우리가 북한에게 종목 하나를 배분하면, 북한은 더 많은 것을 요구하며 여러 가지 문제를 야기시킬 것인바, 북한으로부터 선의와 협력을 기대하기는 난망

---

53 Roh, Tae-Woo, "Memorandum of Meetings held between the IOC President and Roh Tae-Woo"(http://digitalarchive.wilsoncenter.org/document/113451), 28 August 1985.
54 자세한 내용은 이방원, 「드디어 열리는 북방의 문」, 『Sports Korea』, 1989; Sergey, Radchenko, op. cit., 2011a, pp.4~5 참조.
55 Juan Antonio Samaranch, "IOC President Interview with Chun Doo-hwan on North Korean Threats to the 1988 Seoul Olympics"(http://digitalarchive.wilsoncenter.org/document/ 113475), 19 April 1986.

하다. 그리고 솔직히 말해 올림픽 게임을 배분하는 것은 쉽지 않으며, 북한이 올림픽 공동주최에 따른 이익금 배당을 요구하는 등 더 골치 아픈 문제를 일으킬 것으로 본다"고 말했다.[56] 물론 전 대통령은 북한이 IOC 헌장과 IOC의 결정 사항을 존중한다는 보장이 있으면 사마란치 위원장이 제안한 2개 종목 배분을 준비할 것이라고 했다. 이에 대해 사마란치 위원장은 동의를 표하면서, 북한이 만 명 이상의 기자들과 올림픽 선수단에게 자유로운 입출경을 허용하기가 쉽지 않을 것이라고 덧붙였다. 그리고 북한이 동 제안을 수용하지 않을 경우 그 책임을 북한에 돌릴 수 있는 유용한 제안이라고 호응했다.[57]

한편 사회주의권 국가들이 서울올림픽에 참가하기로 발표하고 난 다음에도 선수들은 한국이 아니라 일본에서 현지훈련을 했고, 해외 관광객들도 예상외로 많지 않았다.[58] 앞에서도 지적한 바 있듯이 이는 안전 문제에 대한 불안이 충분히 해소되지 않았다는 의미이다. 실제 북한이 1988년 1월 12일, 올림픽 불참 방침을 밝힌 이래, 1988년 초부터 올림픽 개최 직전까지 서울올림픽 단독 개최를 반대하고 협박하는 서신들이, 예컨대 '한민전중앙위원회'와 '무등산결사대' 등의 명의로 IOC로 발송되었다.[59] 또한 서울올림픽의 안전 문제와 경시할 수 없는 테

---

56 Juan Antonio Samaranch · Doo-Hwan Chun, "Meeting between President Chun Doo Hwan and President Samaranch"(http://digitalarchive.wilsoncenter.org/document/113918), 25 April 1986.
57 ibid.
58 국민체육진흥공단, 앞의 책, 2000a, 95~103면.
59 NDFSK(National Democratic Front of South Korea), "Letter from the Central Committee of the National Democratic Front of South Korea to the IOC Opposing the 1988 Seoul Olympics"(http://digitalarchive.wilsoncenter.org/document/113499), 25 February 1988; Juan Antonio Samaranch, "Letter from the President of the IOC to the Korean Olympic Organizing Committee, in Reference to the Letter Sent by a South Korean Student Organization Threatening

러 가능성에 대한 정보 보고가 IOC 위원장 앞으로 전달되기도 했다.[60] 따라서 국내적으로 완벽한 올림픽 안전대책의 수립 및 실행과 더불어 안전한 올림픽을 위한 국제공조가 중요한 과제였다. 한미일간의 공조와 더불어 소련과 중국도 북한의 방해 행위를 방지하기 위해 적극 노력했다.[61] IOC 차원에서도 사마란치 위원장은 북한의 올림픽 불참 발표 이후에도, 테러 등 북한의 올림픽 방해 행동을 저지하기 위한 수단으로서 북한의 올림픽위원회와 북한의 올림픽 참가 문제에 대해 지속적으로 서신을 교환하는 형식을 취했다.[62] IOC로서는 안전한 올림픽 개최가 최우선 과제였고 이를 위해 노심초사하지 않을 수 없었다.

사마란치 위원장은 노태우 대통령에게도 북한을 자극할 수 있는 1988년 팀스피리트 훈련을 중단해 줄 것을 요청했으나 결국 수용되지 않았다.[63] 심지어 사마란치 위원장은 평화적 분위기에서 올림픽을 진

Violence During the 1988 Seoul Olympics"(http://digitalarchive.wilsoncenter.org/document/113551), 10 September 1988.

60 Klaus Georg Wieck, "Information Note from Dr. Klaus Georg Wieck to IOC President on the Issue of Security and Terrorist Threats to the 1988 Seoul Olympics"(http://digitalarchive.wilsoncenter.org/document/113525), 6 July 1988.

61 국민체육진흥공단, 앞의 책, 2000a, 104~141면; 노태우, 『노태우회고록 (상)―국가, 민주화, 나의 운명』, 조선뉴스프레스, 2011b, 442~445면.

62 Yu-Seon Kim, "Letter from the DPRK's National Olympic Committee to the IOC on Samaranch's Proposal to Visit North Korea"(http://digitalarchive.wilsoncenter.org/document/113514), 4 June 1988; Yu-Seon Kim, "Letter from the DPRK National Olympic Committee to IOC President Requesting Clarification on the Comments Made by IOC during a Press Conference in Barcelona"(http://digitalarchive.wilsoncenter.org/document/110008), 15 June 1988; Juan Antonio Samaranch, "Letter from the President of IOC to the President of the Olympic Committee of the DPRK"(http://digitalarchive.wilsoncenter.org/document/113527), 19 July 1988; Juan Antonio Samaranch, "Letter from the President of IOC to the DPRK's NOC"(http://digitalarchive.wilsoncenter.org/document/113549), September 1988.

63 Juan Antonio Samaranch, "Letter from the IOC President to Roh Tae-Woo, Requesting the Adjournment of the 'Team Spirit 88' Exercises for the Safety of the 1988 Seoul Olympics" (http://digitalarchive.wilsoncenter.org/document/113490), 21 January 1988.

행하기 위해 측근의 건의를 받고 노 대통령에게 이집트와 이스라엘의 중동 평화협상을 성사시킨 사다트와 베긴의 예를 들면서 남북정상회담을 제안하기도 했다. 그러나 노 대통령은 별 무반응이었다.[64] 북한과 형제관계에 있었던 사회주의권이 참여하는 올림픽을 통해 북한에 대한 완전 승리와 고립으로 북한의 개방을 도모하던[65] 노 대통령에게 사마란치의 권고는 귓등으로 들렸던 것이다. 이 점에서 노 대통령과 전두환 대통령의 북한에 대한 인식과 대응은 크게 다르지 않았다. 당시 노 대통령 역시 '북한은 압박해야 고분고분해진다'는 신념을 지니고 있었다. 예컨대 노 대통령은 올림픽 직후 소련과의 급속한 신뢰관계 구축 시도가 북한의 도발을 자극할 수 있다는 주변의 우려에 대해 다음과 같이 말했다.

우리 측이 분석한 결과 북한 측은 우리가 조금 약하게 보이면 먹으려고

---

64 Juan Antonio Smaranch, "Letter from the President of the IOC to Roh Tae-Woo with a Proposal for Further Initiative between South and North Korea"(http://digitalarchive.wilson-center.org/document/113522), 30 June 1988.

65 노태우 정부의 북방정책이 북한의 고립화를 추구했느냐의 여부에 대해서는 박철언, 김종휘 등 당시 노태우 정부의 정책엘리트 간에 다소 평가가 엇갈린다. 그러나 박철언 역시 북방정책을 통해 북한의 고립화를 목표로서 추진하지는 않았지만 북방정책의 추진으로 북한의 단기적 고립을 예상했다고 한다. 자세한 내용은 국사편찬위원회, 앞의 책, 67·91면; 이근, 「노태우 정부의 북방외교―엘리트 민족주의에 기반한 대전략」, 강원택 편, 『노태우시대의 재인식』, 나남, 2012, 190~194면; 전재성, 「북방정책의 평가―한국 외교대전략의 시원」, 같은 책, 227~228면 참조. 그리고 노태우 대통령 자신 역시, 7·7선언을 분단고착화 시도라고 비난하던 북한도 북방정책이 본격적으로 진행되어 고립상태에 들어가자 남북대화에 나서고 유엔 동시가입 수용으로 돌아설 수밖에 없었다고 진술한다. 이는 사실상 7·7선언에 북한이 굴복한 것으로서 힘에 기초한 대화만이 북한을 변화시킬 수 있다는 증거라고 강조한다.(노태우, 앞의 책, 2011a, 146면) 이렇게 볼 때 북방정책을 완전한 고립전략isolation으로만 보기도 어렵지만 관여전략engagement으로 보기도 어렵다. 굳이 노태우정부의 논리를 따라가면 '관여를 위한 압박과 고립'이라는 모순적 목표의 불편한 결합으로 규정지을 수 있을지 모른다.

덤비고, 우리가 강하게 나가면 절대 도발적인 행위를 못한다는 것이었다. 소련이 미국에 굴복한 것도 레이건 대통령, 부시 대통령이 '한 번 해보자'하는 식으로 과감하게 나갔기 때문이다. 나와 부시 미국 대통령이 북한을 끌고 올 수 있었던 것은 그런 결의가 김일성에게 전달되었기 때문에 김일성이 꼼짝 못하고 따라 온 것이라고 나는 보고 있다. 결국 비핵화 선언까지 따라 온 것이다.[66]

그러나 노 대통령의 말대로 올림픽의 환호와 사회주의권과의 수교를 통한 북한에 대한 그와 같은 고립과 압박 전략이 '비핵화 선언'을 이끌어냈는지는 모르지만 '비핵화'를 가져오지는 못했다. 오히려 그와 같은 고립과 압박이 북한의 핵보유 의지를 정당화하고 강화하는 반명제로 귀결되었다고 볼 수도 있다.

5. 올림픽 후 남한과 사회주의권의 수교 조짐과 남북관계

1) 남한과 사회주의권의 수교 조짐과 북한의 대응

1988년 7월 7일 노태우 대통령은 서울올림픽을 앞두고 7·7선언을 발표하여 기존의 북한과의 적대와 대결관계를 청산하고 민족의 공동번영을 모색하고, 북한이 미국, 일본 등과 관계를 개선하는 데 협조할

---

66 조갑제, 앞의 책, 83면.

용의가 있으며, 한국도 소련과 중국을 비롯한 사회주의국가들과의 관계를 개선할 것임을 천명했다. 한마디로 7·7선언은 북방정책의 공식적 구체화였다. 노 대통령 자신은 북방정책의 목표와 단계를 다음과 같이 설정했다고 한다. 북방정책의 당면 목표는 남북한 통일이고, 최종 목표는 한국의 생활·문화권을 연변, 연해주 지역 등 북방으로 넓히는 것이었다. 그리고 이러한 목표하에 북방정책의 추진을 3단계로 구분하고 있다. 1단계는 여건 조성 단계로서 소련, 중국, 동구권과 수교하는 단계이다. 1차 목표를 소련, 2차 목표를 중국으로 삼아 북한을 완전히 포위하자는 것이다. 2단계는 남북한 통일인데 남북기본합의서가 이를 위한 하나의 성과라고 한다. 3단계는 북방정책의 최종 목표, 즉 한국의 생활·문화권을 연변, 연해주 등에까지 확대하는 것으로서 영종도 국제공항, 서울–부산 간 고속철도도 그러한 구상과 연관되어 있고, 고속철도도 북한을 포함하여 유럽까지 연결하는 것을 염두에 두었다는 것이다.[67] 이렇게 보면 7·7선언은 북방정책 추진 단계 가운데 1, 2단계까지를 겨냥하고 있었다고 할 수 있다.

노태우 정부는 서울올림픽을 계기로 사회주의권 국가들과 관계를 강화하기 시작했다. 서울올림픽을 계기로 사회주의권 국가들과 스포츠외교를 통해 교류할 수 있는 기회를 만들었고, 이를 통해 북방정책의 기초를 마련하고 추진 동력을 얻었다고 볼 수 있다. 서울올림픽은 사회주의국가들이 서울의 발전상과 한국의 경제 규모와 수준에 새롭게 눈뜨고, 한국에 대한 이미지를 제고하는 결정적인 전기가 되었다.

---

67 노태우, 앞의 책, 2011a, 141~142면.

나아가 사회주의권 국가들과 교류하고 수교로 나아가는 교두보가 되었다. 그리하여 1989년에는 헝가리, 폴란드, 유고슬라비아 등 동구권 국가와 수교하였으며, 1990년에는 소련, 1992년에는 중국과 수교하였다. 노 대통령 본인의 표현을 빌리면, 단숨에 소련과 수교할 수 있었다면 그렇게 했을 것이지만 당시로서는 그것이 대단히 어려웠기 때문에 소련 주위에 있는 동구권 국가 가운데 접근 용이한 나라부터 공략한다는 방침을 세웠다는 것이다. 접근이 용이한 국가들부터 관계를 맺어나가다 보면 소련에 접근하기 쉬운 단계에 이를 것이라고 판단하고, 올림픽 준비 기간에 이런 전략하에서 움직였다는 것이다.[68] 북방정책의 이와 같은 접근전략의 첫 성과는 헝가리로부터 시작되었다. 서울올림픽 개막식을 불과 4일 앞둔 1988년 9월 13일 한국과 헝가리는 대사급 외교사절 교환을 전격 발표했다.

한편 한국과 헝가리의 대사급 외교사절 교환 발표와 서울올림픽이 성공적으로 치러진 지 얼마 뒤인 1988년 10월 18일, 불가리아의 수도 소피아를 방문하고 귀국하는 도중에 모스크바에 들린 황장엽이 야코블레프와 만나 한반도 정세에 대해 북한의 견해를 전달하고 의견을 나누었다.[69] 북한 측은 야코블레프와 회담에 앞서 미리 문건으로 한반도 정세에 대해 설명할 내용을 준비했다. 북한은 설명을 통해 일부 사회주의 형제국가들이 한반도에 두 개의 국가가 현존하는 것은 엄연한 사

---

68 위의 책, 141면.
69 이하 대화의 내용은 A.N. Yakovlev · Jang-yeop Hwang, "Record of the Main Content of Conversation of a member of the Politburo, Secretary of the CC CPSU Yakovlev A.N. with the Secretary of the CC KWP Hwang Jang-yeop", 18 October 1988, GARF, fond 10063, opis 2, delo 126, listy 1-13에 의존함.

실이고, 따라서 한국과 외교관계를 수립하는 것은 현실에 기반한 신사고에 부합하는 것이라고 말한다고 지적했다. 그러나 북한 측은 현실에 존재하는 모든 것을 진리로 받아들여서는 안 된다고 강조했다.[70] 북한 측의 이 말은, 다시 말하면 이데올로기적 진리는 현실을 초월하고, 어느 시점에서 그것이 현실과 모순된다면 그 잘못은 이데올로기적 진리가 아니라 현실이라는 것이다. 이는 북한 측의 정세 인식이 고르바초프의 '신사고'와 가장 날카롭게 충돌하는 지점이다. 고르바초프는 종종 '만물은 흐르고 모든 것은 변한다'는 헤라클리투스Heraclitus의 말을 인용했다. 한마디로 북한 측의 이와 같은 주장은 신사고에 대해 강한 비판이자 소련의 개혁과 민주화의 설계자인 야코블레프에 대한 공격이기도 하다.

또한 북한은 미국의 군사기지, 그리고 반공기지로서의 남한의 위치에는 사실상 아무런 변화가 없다고 강조했다. 현금에도 남한은 자신을 침략적인 군사, 반공기지로서 활용하려고 하는 미제의 침략 야욕을 수행하는 것을 제일의적 사명으로 여기고 있다. 또한 남한 정권의 괴뢰적 성격에는 변화가 없고, 경제발전과 민주화세력의 성장으로 인해 남한 정권의 사회적, 정치적 기반이 전례 없이 약화되고 있다. 이것은 한편으로는 민주세력이 강화되고 독립과 조국통일을 위해 미제에 반대하는 목소리가 날이 갈수록 강해지고 있음을 말한다. 또 다른 한편으로는 남한 정권의 반민중적, 반역적 성격이 한층 심화되고 있다는 것이다.[71]

---

[70] Ibid.
[71] Ibid.

그런데 이와 같은 상황에도 불구하고, 사회주의국가들이 남한 정권과 외교관계를 수립한다면, 이는 남한 정권을 독자적인 정부로서 인정하는 것이 된다. 그리고 이렇게 되면 미국의 군사적 점령과 군사기지 유지에 적극 호응하고, 남한 민중들을 잔인하게 탄압하는 남한 정권의 반민중적, 반역적 행위를 정당화시켜 주는 것이 된다고 강조했다. 그리고 현재 문제의 심각성은 다른 나라도 아니고 지금껏 북측과 우호관계를 맺고 긴밀하게 협력해 왔던 나라(헝가리 지칭)가 조선인의 모든 희망과 신뢰를 저버리고 그와 같은 조치[72]를 취했다는 데 있다고 비난했다. 북한은 마르크스-레닌주의와 프롤레타리아 국제주의를 견지하고 있는 사회주의 국가가 미제에 의한 남한 점령과 '두 개의 조선'을 획책하려는 그들의 음모를 수용하고 성원하는 행동을 한 것은 상상할 수 없는 일이라고 했다. 그리고 세계의 변화와 발전이라는 것은 오직 사회주의와 공산주의 노선을 따르는 범위 내에서의 변화와 발전이어야 한다. 아무리 상황이 변화되고 과학기술이 발전하더라도 전 사회주의 국가들과 국제공산주의운동을 단결시키는 마르크스-레닌주의와 프롤레타리아 국제주의 원칙을 변경시킬 수는 없다고 강조했다. 또한 큰 나라든 작은 나라든 모든 사회주의 국가들이 독립적이고 각기 주권을 지니고 있다. 그러나 그 어느 나라도 전 세계의 평화를 지키고 사회주의, 공산주의의 공동의 과업을 수호하는 일에 있어서 소련의 역할을 대신할 수는 없다고 말했다.[73] 북한은 다급한 나머지 새삼스럽게 사회주의 진영 내의 위계적 질서와 소련의 영도적 지위를 강조했다.

---

72 1988년 9월 13일 헝가리가 한국과 대사급 외교사절 교환을 전격 발표한 것을 지칭한다.
73 A.N. Yakovlev · Jang-yeop Hwang, op. cit., 1988.

그리고 고르바초프가 1988년 9월 16일 크라스노야르스크에서 한 연설 내용[74]을 거론하며, 한반도 상황의 전반적 개선을 위해서는 무엇보다도 먼저 주한 미군 철수와 남한 정권의 반민중적, 반역적 행위를 종식시켜야 한다면서 우회적으로 고르바초프의 발언을 반박 내지 그에 딴죽을 걸었다. 그리고 소련 공산당 동지들이 남한과 계속해서 신중하고 절제된 관계만을 유지할 것으로 확신한다고 말했다.[75] 이 말은 남한과의 관계는 비공식적인 경제교류 정도에 그쳐야 하며, 한국과 외교관계를 수립하는 일이 있어서는 결코 안 된다는 점을 소련 측에 재차 강조하고자 한 것으로 볼 수 있다. 이와 같이 북한이 야코블레프와의 대화에 앞서 미리 준비한 문건에는 북한의 히스테리적 반응으로 가득 차 있는데, 여기에서 강조하고 있는 북한의 핵심 메시지는 남한에 대한 사회주의권의 연쇄 승인이 북한의 정통성을 심각하게 훼손할 것이라는 점을 분명히 인식해 달라는 것이다. 만약 사회주의권이 연쇄적으로 남한을 승인하게 되면, 북한은 동맹국이나 마땅한 지렛대도 없는 상태에서 번성하고 있고 또 사회주의권 국가들로부터도 널리 승인 받는 남한 옆에 혼자 유기abandonment될 것이라는 우려와 초조감이 이 문건의 내용에 배어있음을 알 수 있다.

한편 황장엽은 야코블레프와의 실제 대화에서도 남한과 관계를 개선한 특정 사회주의국가(헝가리 지칭)의 행동에 동의하지 않는다고 했다. 이 말은 성동격서식으로 사실상 소련을 겨냥한 말이다. 그리고 고

---

74 서울올림픽 개막 하루 전인 1988년 9월 16일의 이 연설에서 고르바초프는 처음으로 공개적으로 "한반도의 상황이 전반적으로 개선되었다는 점을 감안할 때 한국과 경제분야에서 협력할 용의가 있다"고 하면서 한국과의 관계 가능성을 시사했다.

75 A.N. Yakovlev · Jang-yeop Hwang, op. cit., 1988.

르바초프 동지가 크라스노야르스크에서 제기한 바 있듯이 소련공산당 동지들이 남한과 계속해서 신중하고 절제된 관계만을 유지할 것으로 확신한다고 재차 강조했다. 한소수교 가능성에 대해 북한이 얼마나 조바심을 가지고 우려하고 있었는가를 엿보게 하는 대목이다. 이어 황장엽은 미제와의 직접적으로 대립하면서 사회주의 건설에 매진하고 있는 조선인민들에게 무엇보다 북소 간의 유대와 우의가 소중하다고 강조했다. 이에 대해 야코블레프는 지금 세계는 변화하고 있고, 지금의 세계 상황은 20년 또는 10년 심지어 3년 전과도 또 다르다고 강조했다. 그리고 소련 공산당은 이러한 변화가 사회주의 자체와 사회주의국가들의 이익과도 부합한다고 믿는다고 했다. 야코블레프는 소련에서 시작된 페레스트로이카는 미국과 서구의 지배 그룹들이 현재의 세계 정세와 세력분포에 대해 재평가하는 — 곧 대결과 무력을 통해 실질적으로 얻은 것이 없다는 반성 — 시점과 일치했다. 오늘날 세계여론 역시 대결 상태의 지속보다는 사회주의적 평화 개념에 입각한 국제관계의 수립이 필요하다는 쪽으로 바뀌고 있다고 말했다. 이 말은 소련은 북한의 전투적 자세를 지지할 수 없고, 또한 지지하지 않을 것이라는 메시지이다. 그리고 야코블레프는 아태지역에서도 평화애호세력이 영향력을 확대하고 미국의 영향력 범위를 축소할 수 있는 길을 모색할 필요가 있다고 말했다. 또한 야코블레프는 소련과 여타 사회주의국가들의 지도부가 평화정책을 추구하고 있음을 상기시켰다. 그리고 우리는 사회주의진영의 영향력을 확대할 수 있는 새로운 방안을 모색해야 한다. 구래의 동일한 전술적 책략을 구사하는 것은 이미 적들이 이에 익숙하기에 효과적이지 못하다. 따라서 우리는 적들에게 패배를 안겨

주고, 오류를 범하도록 하며 그들의 정체를 폭로할 수 있는 새로운 방식, 새로운 접근이 필요하다고 강조했다.[76]

그러나 황장엽은 조선노동당의 가장 긴급한 과제 중의 하나는 통일문제라고 지적하고, 소련 공산당이 이에 대해 적절한 관심을 기울이고 여타 사회주의국가들에게 영향력을 행사하여, 이들 사회주의국가들이 남한과 정치적 관계를 수립하려고 시도하지 못하도록 해달라고 당부했다. 이에 대해 야코블레프는 모든 나라들이 독자적으로 행동하는 바, 그것은 어려운 일이라고 말했다. 더욱이 야코블레프는 황장엽에게 소련은 헝가리의 예를 따라 남한을 승인하지 않겠다고 결코 확언하지 않았다. 사실 그 당시 진행되고 있던 모스크바와 서울과의 접촉의 최종 종착점이 양국간의 관계정상화임을 소련 개혁·개방의 설계자인 야코블레프 자신이 누구보다 잘 알고 있었기 때문일 것이다. 야코블레프는 그와 같은 언질 대신 세계는 변했고, 그것이 사회주의권에도 좋다고 철학적으로 대꾸했다.[77]

이와 같이 북한과 고르바초프 정권의 철학적 근간을 설계했던 두 사람간의 생각의 차이만큼이나 당시 양국 간의 관계는 벌어져 갔고, 냉전시대 북소동맹관계는 사실상 급격히 와해되었던 것이다. 실제 황장엽과 야코블레프 간의 회담이 썰렁하게 끝난 바로 다음날인 10월 19일, 야코블레프는 브루텐츠Karen Brutents 소련공산당 중앙위원회 국제국 부국장에게 아마 정치국에 제출될 첫 번째 의제가 남한에 관한 것일 것이라고 알려주었다. 곧 브루텐츠는 당료들과 학자들을 소집해 서울과 보

---

76 Ibid.
77 Ibid.

다 밀접한 관계를 발전시킬 것에 관한 제안서를 만들었고, 1988년 11월 10일 정치국으로부터 재가를 받았다.[78] 그리고 이것이 한소 국교수교의 이정표가 되었다. 서울올림픽 참가를 계기로 소련의 관리, 언론, 국민들의 남한에 대한 인식과 이미지가 극적으로 바뀌자 소련은 이를 토대로 11월 10일 남한과의 관계수립을 최종적으로 결정했던 것이다.

이와 같이 북한이 소련에게 사회주의권 국가들의 남한과의 정치적 관계 수립을 막아달라는 간절한 부탁에도 불구하고, 소련은 오히려 역으로 바로 다음날 남한과의 관계수립에 본격적으로 나섰던 것이다. 이러한 결정이 내려진 후 셰바르드나제 소련 외상은 고르바초프의 지시에 따라 방북하여 남한과 관계를 개선하겠다는 소련지도부의 결정을 북한지도부에게 전달했다. 북한의 김영남 외교부장이 거세게 반발하자 셰바르드나제는 한소관계는 어디까지나 비공식관계에 불과하고, 같은 공산당원으로 맹세하건대 한국과 외교관계를 수립하는 일은 결코 없을 것이라고 평양을 안심시키고자 했다.[79] 그러나 이는 북한이 받을 충격을 최대한 완화하고자 한 고르바초프의 뜻을 반영한 언사에 지나지 않는다. 고르바초프가 이미 11월 10일의 정치국 회의에서 북한으로부터 어떠한 반발이 있더라도 한국과의 관계정상화를 밀고 나갈 것이라고 밝혔기 때문이다.[80]

당시 소련의 미국 및 아시아지역 국가들과의 정책목표가 과거 협소한 냉전적 안보개념에서 벗어나 개입, 군비축소, 그리고 광범한 대화

---

78 Don Oberdorfer, op. cit., p.197.
79 Ibid., p.204.
80 Ibid., pp.199~200.

로 바뀜에 따라, 소련에게 있어 냉전시대 전략적 동맹으로서의 북한의 전략적 가치는 급격히 저하되었다. 또한 1986년 블라디보스톡 선언 이래 중소관계의 정상화로, 중소갈등의 와중에서 극대화될 수 있었던 북한의 정치적, 전략적, 이념적 가치 또한 감소되었다. 오히려 신사고 정책 추진의 주요 걸림돌로 작용했다. 이제 소련은 북한의 낡은 체제를 아시아 지역에서 불안정을 야기할 수 있는 중대 위협요소로 인식하게 되었다. 바로 이와 같은 인식 때문에 소련은 이 시점에서 북한의 반발 가능성에 대해 정면 돌파를 결심했던 것으로 볼 수 있다.

위에서 보듯이 황장엽이 마르크스-레닌주의와 프로레타리아 국제주의의 불변을 강조하고 있는데 반해, 야코블레프는 변화를 강조하고 있다. 또한 국제정세 인식, 한반도 상황과 평화정착 방안, 남한과 사회주의권과의 수교 문제 등에 대해 북소 간의 의견 합치 부분을 거의 발견하기 어렵다. 절제된 외교적 언사로 포장되어 있지만, 소련은 북한의 제반 정세인식과 문제 접근에 대해 결코 동의를 표하지 않았고 상호 불신의 골만 깊어졌음을 추측할 수 있다. 아마 소련 측은 북한의 구태의연하고 고집스러운 태도에 대해서 답답함과 측은함마저 느꼈을 것으로 보인다. 소련지도부는 자신들과 동 떨어진 북한의 완고한 정세인식과 문제 접근에 대해 북한을 상당히 버겁고 귀찮은 존재로 대했음을 짐작할 수 있다. 이 때문에 이들 간의 대화 분위기는 상당히 썰렁했을 것이다. 한마디로 마치 '귀머거리 간의 대화'를 연상케 한다.

2) 남북의 대외관계 재편과 북한의 선택

1988년 2월에 출범한 노태우 정부는 이전의 전두환 정부와는 달리 탈냉전이라는 국제질서의 흐름에 발맞추어 사회주의권 국가들과의 관계정상화를 도모하고 북한과의 대화를 모색하는 북방정책을 과감하게 추진했다. 북방정책의 과감한 추진이 가능했던 데에는 당시의 국내외적인 요인이 동시에 영향을 미쳤다고 할 수 있다.[81] 무엇보다 냉전해체기 미국의 한반도에 대한 상대적 방치relative negligence에서 오는 한국의 확대된 자율적 외교 공간, 새로운 국제질서 속에서의 소련과 중국의 대한반도 정책을 포함한 정책 변화, 북·중·소 관계의 변화, 소련과 중국 등 사회주의권의 한국과의 교역 확대 희망 등과 같은 국제적 요인이 큰 영향을 미쳤다고 할 수 있다. 그리고 남한 시민사회의 민족문제에 대한 관심 고조와 통일 열망 분출에 대한 정부의 이니셔티브 확보, 여소야대 정국 돌파, 대통령의 의지와 리더십 등과 같은 국내적 요인도 중요하게 작용했다고 할 수 있다.

북방정책 실행의 일환으로 노태우 정부는 7·7선언을 발표하여 사회주의권과의 관계 개선은 물론 적극적인 남북대화 추진 의사를 천명했다. 이 7·7선언은 이전 시기의 대결적인 남북관계를 극복하고 화해와 교류협력 추구 의지를 담고 있었다. 특히 북한이 미국 및 일본과 적

---

81 국내외 요인의 영향에 대한 자세한 논의는 전재성, 「노태우 행정부의 북방정책 결정요인과 변화과정 분석」, 『세계정치(구 국제문제연구)』 24(1), 서울대 국제문제연구소, 2002; 전재성, 「북방정책의 평가—한국 외교대전략의 시원」, 강원택 편, 앞의 책; 김연철, 「노태우 정부의 북방정책과 남북기본합의서—성과와 한계」, 『역사비평』, 97호, 2011; 이근, 앞의 글; 이정철, 「외교—통일 분화기 한국 보수의 대북정책—정책연합의 불협화음과 전환기 리더십의 한계」, 강원택 편, 같은 책 등 참조.

대관계를 청산하고 교차승인을 이루어 한반도 냉전구조의 해소를 지향했다는 점에서 남북관계사에서 큰 의미를 지닌다. 그러나 이 성명은 북한의 거부와 노태우 정부의 실천 의지 부족 및 교차승인에 대한 사후의 궤도 수정으로 의미 있는 결실을 가져오지는 못했다.

북한은 남한 정부의 7·7선언에 대해서 격렬하게 반대하고 나섰다. 북한은 7·7선언이 교차승인의 길을 트기 위한 계략이라고 보면서 미국의 사주에 따라 달러 몇 푼을 가지고 사회주의 국가들을 끌어들여 교차승인 구도를 조성하려 한다고 공격했다.[82] 그러나 노태우 정부는 북방정책과 교차승인에 대한 북한의 정면적인 비판과 강경한 반대에도 불구하고 이에 개의치 않고 북방정책을 활발히 추진해 나갔다. 그리하여 서울올림픽을 전후하여 남한과 소련, 중국 간의 관계는 획기적인 전환점을 맞았다. 마침내 1990년 6월 4일 샌프란시스코에서 개최된 한소정상회담(한소 정식 수교는 1990년 10월 1일)은 남한으로서는 사회주의권의 대표가 남한을 한반도의 합법정부로 인정하는 외교적 쾌거였다. 반면 북한에게는 외교 및 남한과의 체제경쟁에서 치명타를 안겨주는 대 사건이었다. 한소수교가 현실화되는 이상 북한의 '하나의 조선' 원칙은 무색해졌고 남북관계의 균형은 허물어졌다. 또한 소련이 동북아에서 남북한과 모두 외교적 관계를 맺은 최초의 국가가 된 외교적, 전략적 이점을 감안할 때, 중국이 남한과 수교하는 것도 단지 시간상의 문제에 불과했다.

따라서 북한으로서는 안보위협 해소와 남북관계의 균형 회복을 위

---

82 리월수, 「교차승인론은 민족의 분열을 영구화하기 위한 교활한 술책」, 『근로자』, 1988. 11.

한 미국, 일본과의 관계 수립이 불가피하게 되었다. 그리하여 북한은 한소수교로 입은 엄청난 충격과 유기의 우려로부터 탈피하고, 남한의 외교적 성과를 조금이라도 상쇄시키기 위해 일본, 미국 등과 적극적인 교섭에 나섰다. 이와 같이 7·7선언 당시 교차승인에 반대하고 냉담하던 북한도 결국 태도를 바꿔 교차승인에 나서지 않을 수 없었던 것이다. 이 점에서 원교근공遠交近攻[83]의 북방정책이 일정한 효력을 발휘했다고 볼 수 있다. 그런데 노태우 정부는 막상 북한이 북일, 북미 교섭에 나서고, 일본과 미국 역시 북한과의 직접 접촉에 관심을 가지자 한국을 제쳐놓고 북한과 직접 접촉해서는 안 된다는 원칙을 내세우기 시작했다.[84] 이러한 노태우 정부의 북일, 북미 교섭에 대한 입장은 북한의 시각에서 볼 때 결국 교차승인에 대한 반대에 지나지 않았다. 실제 당시 김종휘 외교 안보수석은 자신이 북한의 대미, 대일외교를 적극적으로 무산시키는 데 주력했다고 회고한다.[85] 이처럼 북일, 북미 교섭에서 한국 배제 불용 원칙의 강조는 당초 노태우 정부가 목표로 내걸었던 교차승인 추진 자체를 부정하는 사태를 초래했다.

북한의 일본 및 미국과의 교섭 노력이 별반 성과를 거두지 못하고 고립과 생존 위협이 가중되는 절체절명의 상황에서 북한은 핵에 의존

---

[83] 노태우 전 대통령은 남북한 대치 상태의 해소와 폐쇄적인 북한을 개방시키기 위해 원교근공의 우회전략을 구상했다고 밝혔다. 그래서 1차로 비동맹국, 그다음에는 동구권을 비롯하여 소련 및 중국과 관계를 개선하여 북한을 양파껍질 벗기듯이 저 둘레에서 벗겨나가서 완전개방만 시키면 이것이 곧 사실상의 통일이라는 기본 개념을 가지고 있었다고 말했다. 그리고 이러한 전략에 생기를 불어 넣고, 탄력을 더해 준 것이 바로 서울올림픽이었다는 것이다. 조갑제, 앞의 책, 53·59면.

[84] 위의 책, 118~120·135~136면.

[85] 국사편찬위원회, 앞의 책, 67면; 이정철, 앞의 글, 243면.

하여 정권과 체제의 생존을 기하는 방향으로 나아갔다.[86] 당시 북방정책의 입안자들은 북한에 대한 압박수위를 높이는 것이 대북협상의 성공에 이르는 첩경이라는 인식을 가졌다. 그러나 북한의 중장기적 전략을 예상하고 북한이 본격적으로 개혁개방의 길로 나갈 수 있는 조건과 방도를 심사숙고하는 데에는 한계를 보였다. 북한이 핵에만 의존하지 않도록 하는 노력을 기울이는 데에는 상대적으로 소홀했던 것이다.[87] 그 결과 남북관계는 1991년 12월의 남북기본합의서와 1991년 11월의 한반도 비핵화 공동선언 채택이라는 획기적 성과에도 불구하고 1992년부터 급속히 냉각되기 시작했다. 북한의 핵개발 문제가 본격적으로 불거지면서 북방정책 또한 표류하기 시작했다. 1992년 3월 노태우 대통령은 북한에게 핵시설에 대한 특별사찰 수용과 남북기본합의서 및 비핵화 공동선언의 조속한 이행을 촉구했다. 또한 노태우 정부는 북한의 핵 개발 저지를 위한 미국, 일본과의 국제공조에 참여하는 한편, 북한의 핵개발 의혹이 해소되기 전에는 북일, 북미관계 정상화는 불가하다는 점을 강조했다. 그리고 1992년 10월에는 한미 양국의 국방장관이 1993년 팀스피리트 훈련 재개를 발표하는 등 북한에 대한 압박수위를 높여나갔다. 노태우 대통령 등 북방정책의 결정자들은 여전히 이 시점에서도 힘에 기반하여 북한을 일정하게 고립시키고 압박함으로써 북한을 변화시킬 수 있다고 믿고 있었는지 모른다.[88] 그러나 주지하듯이

---

86 이 과정에 대한 자세한 내용은 Don Oberdorfer, op. cit., pp. 197~304 참조.
87 전재성, 앞의 글, 2012, 233면.
88 노태우 대통령으로서는 당초 교차승인과 유엔동시가입에 반대하던 북한이 일본과 미국과의 교섭에 나섰고, 유엔에 동시 가입했으며, 남북기본합의서 또한 남한의 주도로 이루어진 데 고무되어 북핵문제 역시 힘에 바탕을 둔 압박전략과 남한의 주도적 역할을 당연시했을 수 있다.(노태우, 앞의 책, 2011a, 279~280 · 388~390면 참조) 그러나 압박과 남한

결과는 그렇지 못했다. 한국과 국제사회가 고립과 압박 보다는 관여정책에 기반을 두어서, 북핵문제와 교차승인을 선후 문제로 보지 않고 동시에 구동시켜 해결을 모색하는 반사실적 경로의 추진도 반드시 불가능하지만은 않았을 것이다.

이렇게 보면 올림픽의 성과를 바탕으로 한 남한의 공세적인 북방정책은 한소, 한중 수교라는 큰 성과를 가져왔으나 북한의 개방을 유도하며 통일 환경을 조성한다는 목표에는 접근하지 못했다. 오히려 북미, 북일관계 개선과 병진되지 않는 조건 속에서 이루어진 한소, 한중 수교는 원교근공으로 북한을 개방시키기보다는 핵을 통한 자위책 강구라는 극단적 선택으로 내몰고, 남북관계의 긴장을 불러 옴으로써 결국에는 북방정책 자체의 파탄으로 귀결되고 말았다. 다시 말해 원교가 근공 또는 근교近交에 결코 도움이 되지 않았다. 그리고 근교 없는 원교는 남북관계의 개선을 계속 원방遠邦에 의존하게 만들었다.

6. 나가며

서울올림픽에는 초청받은 167개 국가올림픽위원회(NOC) 가운데 소련과 중국 등 당시 남한과 미수교상태에 있었던 30개국을 포함해 160개국이 참가했다. 결과적으로 서울올림픽은 사회주의권 국가들에게 한국의 이미지를 제고하고 발전상을 알림으로써 상호 간에 교류의 물

의 주도적 역할은 다른 한편으로 북한의 고립감과 피포위의식을 가중시켰다는 사실이다.

꼬를 트는 전기가 되었다. 그리하여 서울올림픽은 북방정책의 추진에 탄력을 가하며 동구 사회주의권과의 국교를 확대해 나가는 전환점이 되었고, 이어 소련, 중국과 수교함으로써 절정에 달했다. 그러나 서울올림픽의 이와 같은 성공은 곧 북한에게 남북한 체제경쟁이나 외교 면에서 그만큼 큰 타격이 될 수밖에 없었다. 북한은 서울올림픽 개최에 대응하여 제13차 세계청년학생축전 개최를 무리하게 추진하다가 경제적으로 큰 타격을 입었다. 이로 인해 남북 간 국력 격차는 더 크게 벌어졌다.

노태우 대통령은 서울올림픽의 성과를 바탕으로 사회주의권과 수교함으로써 북한을 외곽에서부터 '양파껍질 벗기듯' 개방시키는 전략을 설정했다고 했다. 그리고 그러한 전략은 남북기본합의서와 비핵화 공동선언 채택과 같은 일정한 성과를 가져왔던 것도 사실이다. 그러나 북한을 개방시키고 남북관계의 진전을 통해 통일의 기반을 조성하는 단계로 나아가지는 못했다. 북방정책이 실행과정에서 교차승인의 '결손상태'를 유지하는 방향으로 궤도를 수정함으로써 북한을 더욱 고립과 폐쇄, 그리고 극단적 선택으로 모는 결과를 가져왔다. 이와 같이 탈냉전 및 남북한 체제경쟁의 한 상징이자 산물인 서울올림픽은 다시 동북아 냉전구도의 한 축을 허물고 현재와 같은 남북관계의 기본구도를 형성하는 데 영향을 미쳤다고 할 수 있다. 이렇게 보면 남북관계는 서울올림픽에 영향을 주고받았던 독립변수인 동시에 종속변수라고 볼 수 있다. 문제는 세계적인 탈냉전의 한 상징이자 결과인 서울올림픽의 성공적 개최가 정작 남북관계에서는 갈등과 대립을 극복하는 계기가 되지 못하고 오히려 신냉전의 남북관계를 재형성하는 데 영향을 미쳤다는 점이다. 그리하여 서울올림픽이 사회주의권과의 원교에는 탈냉전의 확산, 북한과의 근교에는 신냉전의 호출이라는 이중적이고 자기분열적인 결과를 초래했던 것이다.

남한은 올림픽의 유치와 성공적 개최를 통해 분단이래 전개되었던 남북한 체제경쟁에서 일단 완승을 거두었다. 서울올림픽 유치 결정과 개최 시 서울 하늘에 울려 퍼진 함성과 환호의 메아리는 평양에게는 크나큰 충격과 좌절의 연속이었다. 냉전기 남북한은 각기 국제무대에서 상대방을 고립시키기 위해 결사적으로 경쟁해 왔다. 그러나 북한과 남한 그 어느 일방도 상대에 대한 고립에 있어서 그렇게 성공적이지 못했다. 그런 점에서 서울올림픽 개최와 유치는 남한이 북한을 완벽하게 고립시키는 데 성공한 최초의 사건이자 남북한 체제경쟁의 승부를 가르는 역사적 전환점이었다고 평가할 수 있다. 본문에서 언급했듯이 서울올림픽에 대응하기 위해 북한이 감행한 김포공항 폭탄사건, KAL 858 폭파사건, 평양세계청년학생축전, 그리고 핵개발은 북한의 입장에서 보면 각각 올림픽과 한소, 한중수교에 들뜬 남한의 '잔칫집 분위기'에 대한 경고, 위협, 상쇄, 균형 전략으로 평가할 수 있다.

북한은 올림픽을 향해 축포를 터트리며 나아가는 남한을 좌절과 고립감 속에서 지켜보면서 여러 위협과 경고, 그리고 테러를 가했으나, 사회주의국가들마저 이 대열에 기꺼이 동참하는 상황에서는 속수무책일 수밖에 없었다. 그러나 그와 같은 체제경쟁에서의 남한의 일방적 승리가 곧 남북관계의 개선과 한반도의 평화, 그리고 통일 환경조성에 기여하지 못했다. 오히려 사태는 그 역의 방향으로 치닫고 있었다. 남북한 체제경쟁에서 남한이 일방적 승리를 거두고, 북한의 교차승인 시도가 좌절되는 바로 그 지점에서 북한은 극도의 고립상태와 생존위협을 타파하기 위하여 핵을 통한 자체적인 균형전략을 모색했다. 이렇게 볼 때 서울올림픽의 성과를 바탕으로 사회주의권과 수교를 확대하고, 이를 통해 북한을 개방시킨다는 전략은 성공하지 못했다.

이 점에서 서울올림픽은 절반의 성공만을 거두었다고 볼 수 있을 것이다. 만약 남한이 서울올림픽과 그 성과에 탄력을 받은 북방정책을 통해 북한에 대해 완전 승리와 압박·고립을 추구하지 않고, 북한이 느끼는 충격과 좌절을 고려하여 미국, 일본 등 국제사회를 설득하여 북핵 해결과 교차승인을 동시 구동하는 보다 정교한 관여전략을 추진했다면 사태는 어떻게 달라졌을까? 그랬다면 북한의 핵문제가 순조롭게 해결되었거나 1993년 나타난 바와 같은 제1차 북핵위기를 맞이하지 않았을지도 모른다. 또한 북핵문제와 교차승인 미완으로 북방정책 자체가 파산되는 사태를 피할 수도 있었을 것이다. 그리고 한국의 대북정책 추진 환경과 남북관계의 현주소가 지금과는 많이 달라졌을지 모른다.

참고문헌

『동아일보』, 2009.10.31.
『월간조선』, 2009.3.
『통일한국』, 1985.9.
『스포츠코리아』, 대학체육회, 1989.
『로동신문』

김득준, 「제24차 올림픽경기대회는 북과 남이 공동으로 주최하여야 한다」, 『근로자』
    7(531).
강규형, 「한국과 1980년대 냉전체제-KAL기 격추, 서울올림픽, 그리고 2차 냉전을 중
    심으로」, 하영선 외, 『한국외교사와 국제정치학』, 성신여대 출판부, 2005.
고의석·이경훈, 「바덴바덴에서의 한국대표단의 서울올림픽의 성공적 유치 과정에
    관한 연구」, 『체육연구논문집』8(1), 2001.
김연철, 「노태우 정부의 북방정책과 남북기본합의서-성과와 한계」, 『역사비평』97호, 2011.
리윌수, 「교차승인론은 민족의 분열을 영구화하기 위한 교활한 술책」, 『근로자』, 1988.11.
박재규, 「서울올림픽, 북방정책에 시동 걸다-유치와 개최준비 활동의 숨은 이야기」,
    노재봉 외, 『노태우 대통령을 말한다-국내외 인사 175인의 기록』, 동화출판
    사, 2011.
박호성, 「국제 스포츠 활동과 사회통합의 상관성, 가능성의 한계」, 『국제정치논총』42(2),
    2003.
오지철, 「로잔느 체육회담과 북한의 올림픽 참가문제」, 『Sports Korea』239, 1988.
이 근, 「노태우 정부의 북방외교-엘리트 민족주의에 기반한 대전략」, 강원택 편, 『노
    태우 시대의 재인식』, 나남, 2012.
이대희, 「세계화와 민족주의의 공존-스포츠와 세계화를 통한 민족주의」, 『21세기정
    치학회보』12(2), 21세기정치학회, 2002.
이방원, 「드디어 열리는 북방의 문」, 『Sports Korea』, 행림출판사, 1989b.
_____, 「서울올림픽이 북방정책에 미친 영향-第6共期를 중심으로」, 한양대 석사논
    문, 1992.
이연택, 「88서울올림픽과 노태우 대통령」, 노재봉 외, 『노태우 대통령을 말한다-국

내외 인사 175인의 기록』, 동화출판사, 2011.

이윤근·김명수, 「서울올림픽이 한국의 정치, 경제, 사회에 미친 영향」, 『한국교육문
    제연구소 논문집』, 1990.

이정철, 「공산권 국가들의 올림픽 참가를 이끌어낸 노 대통령」, 노재봉 외, 『노태우
    대통령을 말한다―국내외 인사 175인의 기록』, 동화출판사, 2011.

_____, 「외교-통일 분화기 한국 보수의 대북정책―정책연합의 불협화음과 전환기
    리더십의 한계」, 강원택 편, 『노태우시대의 재인식』, 나남, 2012.

전재성, 「노태우 행정부의 북방정책 결정요인과 변화과정 분석」, 『세계정치(구 국제
    문제연구)』24(1), 서울대 국제문제연구소, 2002

_____, 「북방정책의 평가―한국 외교대전략의 시원」, 강원택 편, 『노태우시대의 재
    인식』, 나남, 2012.

정기웅, 「스포츠와 공공외교 수렴 가능성의 모색―한국의 경우를 중심으로」, 『동서
    연구』21(2), 2009.

_____, 「전두환 정부의 외교정책과 1988년 서울올림픽」, 함택영·남궁곤 편, 『한국
    외교정책―역사와 쟁점』, 사회평론, 2010.

국민체육진흥공단, 『서울올림픽사―올림픽 유치』제1권, 국민체육진흥공단, 2000a.

_____, 『서울올림픽사―올림픽의 성과(1)』제2권, 국민체육진흥공단, 2000b.

국사편찬위원회, 『고위관료들, '북핵위기'를 말하다』, 국사편찬위원회, 2009.

김계동, 『북한의 외교정책―벼랑에 선 줄타기 외교의 선택』, 백산서당, 2002.

김일성, 『김일성저작집』39, 조선로동당출판사, 1993.

노재봉 외, 『노태우 대통령을 말한다―국내외 인사 175인의 기록』, 동화출판사, 2011.

노중선, 『남북대화 백서―남북교류의 갈등과 성과』, 한울, 2000.

노태우, 『노태우회고록 (상)―국가, 민주화, 나의 운명』, 조선뉴스프레스, 2011b.

_____, 『노태우회고록 (하)―전환기의 대전략』, 조선뉴스프레스, 2011a.

안민석·정홍익·임현진 편, 『새로운 스포츠사회학』, 백산서당, 2002.

오진용, 『김일성시대의 중소와 남북한』, 나남, 2004.

외교통상부, 『한국외교 50년』, 대한민국 외교통상부, 1999.

이방원, 『세울 코레아』, 행림출판사, 1989a.

이상옥, 『전환기의 한국외교』, 삶과꿈, 2002.

전상진, 『세계는 서울로―나의 서울올림픽 9년』, 범양사, 1989.

조갑제, 『노태우 육성 회고록』, 조갑제닷컴, 2007.
하용출 외, 『북방정책-기원, 전개, 영향』, 서울대 출판부, 2003.
황장엽, 『나는 역사의 진리를 보았다』, 한울, 1999.

파운드, 리처드 W., 최보은 역, 『Five Rings Over Korea-88 서울올림픽, 그 성공 비화』, 예음, 1995.

Allison, Lincolin(ed.), *The Global Politics of Sport : The Role of Global Institutions in Sport*, London : Loutledge, 2005.

Isaacs, Jeremy · Downing, Taylor, *Cold War : An Illustrated History, 1945 ~1991*, Boston : Little Brown, 1998.

Korean Overseas Information Service, *Media Heralds Seoul Olympics : The Game of the 24th Olympiad Seoul 1988*, Seoul : Korean Overseas Information Service, 1989.

Moon, Chung-in · Odd Arne Westad, Gyoo-hyoung Kahng(eds,), *Ending the Cold War in Korea*, Seoul : Yonsei University Press, 2001.

Oberdorfer, Don, *The Two Koreas : A Contemporary History*, New York : Basic Books, 2001.

Woodrow Wilson Center for Scholars, *The 1988 Seoul Olympics and Korean Peninsula*(Document Reader), Washington D.C. : Woodrow Wilson Center for Scholars, 2011.

Kim, Yu-Seon, "Letter from the DPRK's National Olympic Committee to the IOC on Samaranch's Proposal to Visit North Korea"(http://digitalarchive.wilsoncenter.org/document/113514), 4 June 1988.

_____, "Letter from the DPRK National Olympic Committee to IOC President Requesting Clarification on the Comments Made by IOC during a Press Conference in Barcelona"(http://digitalarchive.wilsoncenter.org/document/110008), 15 June 1988.

Kumar, Ashwini, "Report by IOC Vice President Ashwini Kumar on his Trip to North Korea"(http://digitalarchive.wilsoncenter.org/document/113444), 16 July 1985.

Lerner, Mitchell · Shin, Jongdae, "New Romanian Evidence on the Blue House Raid and the USS Pueblo Incident", *North Korea International Documentation Project at the Woodrow Wilson International Center for Scholars E-Dossier* No. 5, March 2012.

NDFSK(National Democratic Front of South Korea), "Letter from the Central Committee of the

National Democratic Front of South Korea to the IOC Opposing the 1988 Seoul Olympics"(http://digitalarchive.wilsoncenter.org/document/113499), 25 February 1988.

Park, Kun, "Letter from the Permanent Mission of the ROK, Geneva to IOC President regarding the USSR, Cuba and North Korea's Position on the 1988 Olympics"(http://digitalarchive.wilsoncenter.org/document/113449), 31 July 1985.

Radchenko, Sergey, "Sport and Politics on the Korean Peninsula : North Korea and the 1988 Seoul Olympics", *North Korea International Documentation Project at the Woodrow Wilson International Center for Scholars E-Dossier* No.3, December 2011a.

_____, "Inertia and Change : Soviet Policy toward Korea, 1985~1991", Tsuyoshi Hasegawa(ed.), *The Cold War in East Asia : 1945~1991*, Washington, D.C. : Woodrow Wilson Center Press, 2011b.

Roh, Tae-Woo, "Memorandum of Meetings held between the IOC President and Roh Tae-Woo"(http://digitalarchive.wilsoncenter.org/document/113451), 28 August 1985.

Samaranch, Juan Antonio, "IOC President Interview with Chun Doo-hwan on North Korean Threats to the 1988 Seoul Olympics"(http://digitalarchive.wilsoncenter.org /document/113475), 19 April 1986.

_____, "Letter from the President of the IOC to the Korean Olympic Organizing Committee, in Reference to the Letter Sent by a South Korean Student Organization Threatening Violence During the 1988 Seoul Olympics" (http://digitalarchive. wilsoncenter.org/document/113551), 10 September 1988.

_____, "Letter from the President of IOC to the President of the Olympic Committee of the DPRK"(http://digitalarchive.wilsoncenter.org/document/113527), 19 July 1988.

_____, "Letter from the President of IOC to the DPRK's NOC"(http://digitalarchive.wilsoncenter.org/document/113549), 8 September 1988.

_____, "Letter from the IOC President to Roh Tae-Woo, Requesting the Adjournment of the 'Team Spirit 88' Exercises for the Safety of the 1988 Seoul Olympics"(http://digitalarchive.wilsoncenter.org/document/113490), 21 January 1988.

_____, "Letter from the President of the IOC to Roh Tae-Woo with a Proposal for Further Initiative between South and North Korea"(http://digital-archive.wilsoncenter.org/document/113522), 30 June 1988.

Samaranch, Juan Antonio · Doo-Hwan Chun, "Meeting between President Chun Doo Hwan and President Samaranch"(http://digitalarchive.wilsoncenter.org/document /113918), 25 April 1986.

Samaranch, Juan Antonio, National Olympic Committee of North Korea, and National Olympic Committee of South Korea, "Meeting between the NOCs of the ROK and DPRK held under the aegis of the IOC"(http://digitalarchive.wilsoncenter.org/ document/113455), 8 October 1985.

Tkachenko, B., "Conversation between the Secretary of the CC CPSU Yakovlev A.N. with the Secretary of the CC KWP Hwang Jang-yeop", 16 May 1986, GARF, fond 10063, opis 2, delo 55, listy 1-8, 1986.

Wieck, Klaus Georg, "Information Note from Dr. Klaus Georg Wieck to IOC President on the Issue of Security and Terrorist Threats to the 1988 Seoul Olympics"(http:// digitalarchive.wilsoncenter.org/document/113525), 6 July 1988.

Yakovlev A.N. · Jang-yeop Hwang, "Record of the Main Content of Conversation of a member of the Politburo, Secretary of the CC CPSU Yakovlev A.N. with the Secretary of the CC KWP Hwang Jang-yeop", GARF, fond 10063, opis 2, delo 126, listy 1-13, 18 October 1988.

북핵문제와 남북관계, 갈등과 협력의 이중주
앙상블을 위하여

양무진

1. 피는 물보다 진하다

1990년대 홍콩 느와르가 한창 유행했었다. 인간의 운명, 남녀 간 사랑, 사나이들의 의리 등이 주요 소재였다. 게다가 멋있는 액션까지 가미되었으니 당시 어마어마한 흥행을 이루었다. 그 당시 젊은이들은 성냥개비를 입에 물고 쌍권총을 든 홍콩배우의 모습에 열광했다. 노래방에서 홍콩 영화 주제곡들도 심심치 않게 따라 불렀다. 가장 기억에 남는 영화는 단연 〈영웅본색〉이다. 어떤 기구한 운명으로 형은 조직의 보스가 되었고 동생은 그 조직을 잡는 경찰이 되었다. 서로 간에 얽힌 수많은 오해와 갈등으로 형제는 서로에게 등을 돌린다. 그러나 결국 마지막 순간에 그들은 자신들이 진정한 한 핏줄을 나눈 형제임을 확인하면서 결말을 맺는다.

1993년 김영삼 대통령은 취임사에서 "어느 동맹국도 민족보다 더 나을 수는 없습니다"[1]라고 하면서 남과 북이 같은 핏줄을 타고난 한민족임을 강조하였다. 단순하게 영화의 스토리대로라면 우여곡절은 있을지라도 벌써 남과 북은 통일을 이뤘어야 했을 것이다. 그러나 분단 반세기가 넘은 지금 시점까지도 통일은 고사하고 남북관계는 최악의 국면을 맞고 있다. 북한 핵문제는 20여 년 넘게 제자리걸음을 하고 있다.[2] 전쟁과 냉전이라는 기구한 운명으로 반세기를 적대적으로 살아왔지만 영화처럼 극적인 반전을 이룰 수는 없을까?

많은 사람들은 그 중심에 북한 핵문제가 있기 때문이라고 이야기한다. 그리고 북한 핵문제가 남과 북 사이에 진작 해결될 문제라면 많은 시행착오를 겪더라도 결국은 해결되지 않았을까 아쉬워하기도 한다. 그러나 북한 핵문제는 북한의 생존전략, 남한의 현실정치, 미중 관계 등 동북아 국가 간 국제정치 논리에 따라 얽히고설켜 있다.[3] 민족 내부문제이자 국제평화문제로서 실타래를 풀기가 매우 어렵게 되어버렸다. 피는 물보다 진하지만 그 이전에 핵을 가진 자와 악수할 수 없는 것이 현실정치의 동학이다. 더욱이 2013년 북한이 3차 핵실험을 단행하면서 핵보유국으로서의 지위를 확보하려고 한 가운데 북핵문제를 근본적으로 해결하지 않는 한 남북관계의 미래, 한반도 통일은 요원한

---

1 『연합뉴스』, 1993. 2. 25.
2 북핵 20년사는 이용준, 『게임의 종말』, 한울아카데미, 2010. 북한의 입장에서 북핵문제 20년사는 김인욱, 『김정일장군 선군정치리론』, 평양출판사, 2003, 239~255면 참조.
3 북한의 핵전략은 양무진, 「제2차 북핵문제와 미북 간 대응전략」, 『현대북한연구』 10권 1호, 북한대학원대학교, 2007 참조.

것이 될 수밖에 없다는 것은 매우 안타까운 점이다.

물론 지난 20여 년 동안 북핵문제를 해결하려는 노력이 없었던 것은 아니다. 북한은 핵개발을 지속해왔지만 북한 핵문제를 근본적으로 풀어나가기 위한 다양한 시도들은 분명히 있었다. 미북 간에도 2000년 '미북공동코뮤니케'[4] 등 북미관계 정상화 노력이 진행되었고, 중국도 6자회담 과정에서 중재노력을 전개하였다. 그럼에도 불구하고 북한 핵문제는 주변국들의 정권교체, 북한의 협상파기, 남북관계의 진전과 부침에 따라 일관된 해결이 어려웠다. 남북분단이 65년을 거치면서 서로에게 겨누었던 총구를 거두고 피를 흘리면서 끌어안는 홍콩 영화의 진수를 보여주지 못하고 있는 것은 매우 아쉬운 부분이다.

다음에서는 북핵문제 해결을 위한 노력과 좌절들을 리뷰해보고 현실적인 함의를 찾아보고자 한다. 새로운 대안들도 제시해 보고자 한다. 구체적으로는 노무현 정부와 이명박 정부의 북핵문제 해결 방식들을 비교해 보고자 한다. 두 정부 간에는 남북관계를 통해 북핵문제를 풀어나가고자 했던 방식에서 분명한 차이를 보이기 때문이다. 아울러 박근혜 정부 북핵 및 대북정책 전략수립에 있어 정책적 시사점도 함께 검토해보고자 한다.

---

4 국가정보원, 『남북한 합의문건 총람』, 국가정보원, 2004, 442면.

2. 우리 핵은 남쪽을 겨냥한 것이 아니외다

2003년 출범한 노무현 정부는 2000년 남북정상회담으로 이뤄놓은 남북관계의 연결고리를 정치・군사분야로 확대하고자 하였다. 김대중 정부가 남북정상회담을 통해 화해협력의 물꼬를 텄다면 그 기조를 계승한 노무현 정부는 북핵문제 해결에 있어 주도적 역할을 통해 정전체제를 평화체제로 전환하기 위해 노력하였다. 실제로 노무현 정부시기 추진되어왔던 남북 고위급회담에서는 남북관계 차원에서 북핵문제에 대한 논의를 담아가고자 노력하였다.[5] 그리고 이러한 노력은 2002년 북한이 핵개발을 하고 있다고 시인했다는 켈리 미 국무부 차관보의 방북 이후 전개된 6자회담 추진과 맞물리면서 전개되었다. 실제로 많은 우여곡절이 있었지만 노무현 정부 말기 추진된 2차 남북정상회담에서는 '한반도 종전선언'까지 이끌어 낼 수 있었다. 2007년 10・4 남북정상회담 과정에서 종전선언 추진문제까지 이끌어 낸 것은 그간 핵문제를 미국하고만 풀려고 했던 북한의 태도변화를 이끌어 낸 것이며 남북관계 맥락에서 북핵문제를 다룬 남북정상 간 최초 합의라는 점에서 그 의의가 있다.

그러나 남북관계 차원에서 북핵문제를 다뤄 나가고자 했던 당시의 노력이 번번이 좌절된 근본적인 이유는 여러 가지가 있다.

첫째, 북한은 근본적으로 핵문제를 남북관계 차원에서 해결할 문제

---

5 2002년 10월 켈리 차관보 방북으로 드러난 북한의 핵개발계획 발표 이후 개최된 제8차 남북장관급회담(2002.10.19~23)에서부터 노무현 정부 말기까지 개최된 21차 남북장관급회담에 이르기까지 모든 회담에서 우리 측 수석대표는 북한의 핵문제 해결을 촉구하였고 이를 합의문에 담고자 노력하였다.

로 여기지 않고 있다. 노무현 정부 시절 남북장관급회담에서 북한 대표단장은 "핵은 남쪽을 겨냥한 것이 아니다. (···중략···) 우리 핵은 미국의 대북적대시 정책의 산물이다. (···중략···) 북남 간에 해결할 문제가 아니다"[6]라는 논리를 되풀이 해 온 것으로 알려지고 있다. 이는 북한 핵문제의 기원과도 관련된 것이며 20여 년 동안 일관되게 유지해온 핵개발에 대한 북한의 기본인식이라고 할 수 있다.[7]

핵을 선군정치와 체제안전의 최후 보루로 삼고 있는 북한의 논리는 남북관계를 통해 북핵문제를 해결할 수 있다고 믿었던 노무현 정부시절 남측 당국자들을 고심케 했다. 일례로 노무현 정부 대북정책의 최고 핵심브레인이었던 이종석 전 통일부장관은 북한 핵문제가 대미협상용이며 한반도 냉전구조 해체를 통해 북핵문제를 해결할 수 있다고 굳게 믿고 있는 듯했다. 그러나 2006년 7월 북한의 중거리 미사일 발사와 10월 핵실험 이후 이종석 장관은 "북한 핵실험을 막지 못한 것이 매우 유감이며 회한이 든다"[8]고 하면서 결국 장관직에서 물러나고 말았다. 북한이 한반도 평화구조를 적대적·대결적 냉전구조로 인식할 경우 한반도 평화체제 구축은 번번이 좌절될 수밖에 없는 구조가 된다.

---

6 제19차 남북장관급회담「공동보도문」참조.
7 북한 핵문제의 기원은 1990년대 초로 거슬러 간다. 1990년대 초 구소련과 동구권의 몰락을 경험한 북한은 체제생존의 유일한 방도로 핵무기 개발에 올인 할 수밖에 없었다. 북한은 남측으로부터의 불가침 합의를 이끌어 내기 위해 남북기본합의서 협의에 응하는 한편, NPT 탈퇴(1993.3), 사용 후 폐연료봉 무단 인출(1994.5) 등 초강수를 통해 미국과의 핵담판을 시도하였다. 북한의 핵개발이 미국의 적대시 정책 때문이라는 점은 20여 년이 지난 지금도 일관되게 주장되고 있다. 2013년 2월, 3차 핵실험 이후에도 북한은 핵억지력이 미국의 핵공격 위험으로부터 자신들을 보호하는 유일한 보루임을 강조하고 있다. 〈조선중앙통신〉, 2013.3.5.
8 제19차 남북장관급회담「공동보도문」참조.

한 가지 더 예를 든다면, 남북관계가 좋았던 노무현 정부에서조차 핵에 대한 북한과 우리 정부와의 인식이 얼마나 차이가 나는 지에 대한 에피소드가 있다. 북한의 중거리 미사일발사 직후 부산에서 진행된 제19차 남북장관급회담(2006.7)에서 북측 권호웅 대표단장은 핵과 미사일 발사 문제 논의를 회피하면서 핵과 선군정치로 남측은 안전을 보장받고 있으며 우리 대중들이 광범위하게 선군의 덕을 보고 있다고 주장한 것으로 알려지고 있다. 우리 측 이종석 수석대표는 "누가 북한더러 우리 측의 안전을 지켜달라고 했는가? 우리를 도와주는 것은 핵과 미사일 개발을 하지 않는 것"이라고 응수하였다. 이런 우리 측의 우려에도 불구하고 그해 10월 북한은 끝끝내 핵실험을 단행하였다. 당시는 2005년 9·19 공동성명이 도출되었음에도 BDA 문제로 미·북 간 힘겨루기가 한창인 시절이었다. 북한이 체제안전을 얻지 못한다고 생각할 경우 남북관계를 통한 북핵문제 논의는 언제든지 원점으로 돌아갈 수 있다는 점을 보여준 사례였다.

둘째, 미국의 대한반도 정책은 북핵문제와 남북관계 사이의 관계를 살펴봄에 있어 가장 중요한 변수라 하지 않을 수 없다. 역대 정부 모두 굳건한 한미공조를 통해 대북정책을 추진하겠다고 공언해 왔으나 실제 한미군사안보 동맹적 요소를 제외하고 남북관계사에서 한미공조가 이뤄진 역사는 그리 길지 않다. 북핵 1차 위기가 있었던 김영삼·클린턴 정부 시절에 미국은 북한의 NPT 탈퇴 이후 영변 핵시설에 대한 정밀폭격을 고려했다.[9] 김영삼 정부의 강경한 대북정책에 대한 한미

---

9 미국은 영변 핵폭격계획을 수립했지만 당시 미국은 이를 쉽게 감행할 처지가 못되었다. 1994년 5월 진행되었던 핵전쟁 모의실험에서 최초 3개월간 미군 사상자 5만 2,000명, 한

조율보다도 북한을 비확산체제에 묶어 두는 것이 시급했던 미 행정부는 입장을 바꾸어 북미 간 직접협상을 통해 1994년 제네바합의를 도출하였다.

2001년 출범한 부시 행정부는 노골적으로 북한 김정일 정권에 대한 반감을 드러내었다.[10] 부시 행정부의 이라크 전쟁이 북한에게 더 위협적이었던 이유는 미국이 공개적으로 정권교체를 운운했기 때문이다. 북한은 이라크 다음은 자신들이라는 인식을 갖게 되었고 핵에 대한 집착은 오히려 강화될 수밖에 없었다. 미국 대북정책이 정권교체에 따라 일관성을 잃게 되는 부분이다. 부시행정부는 2002년 켈리 차관보 방북시 북한의 우라늄 핵개발 문제를 제기하였고 이를 계기로 중유공급을 중단하고 제네바 합의를 파기하였다.[11] 또한 북한이 핵을 완전하고 입증가능하고 되돌릴 수 없도록 파기(Complete, Verifiable, Irreversible Dismantlement : CVID)해야 한다고 압박하였다. 이에 북한은 농축우라늄 개발을 부인하면서, 미국이 중유공급 중단으로 제네바 합의를 어겼고 부시 정부의 NPR(핵태세검토보고서Nuclear Posture Review)이 북한을 핵선제 공격대상으로 규정함으로써 NPT정신도 위배한 것이라고 항변하였다.[12] 북핵문제 해결에서 주도적 역할을 표방한 노무현 정부는 이러한 미북 대결 구도 속에서 에너지를 쏟을 수밖에 없었다. 노무현 정부는 미국이 동시행동원칙을 수용하도록 하는 것과 북한이 6자회담에 적극 호응토록 유도하는 역할을 동

국군 사상자 49만 명 등 결과가 나오자 카터 전 대통령을 평양으로 보내 협상여부를 타진하였다. 『경향신문』, 1995. 4. 14 참조.
10 부시 대통령은 2002년 1월 30일 연두교서에서 이란, 이라크, 북한을 '악의 축(axis of evil)'으로 지목하고 이들 국가에 대한 강경한 입장을 천명하였다.
11 양무진, 앞의 글, 86~88면 참조.
12 〈조선중앙통신〉, 2002. 11. 21.

시에 떠맡을 수밖에 없었다. 우여곡절 끝에 2차 북핵위기 이후 9·19 공동성명이 도출되었으나 이 또한 해석상의 난맥을 갖고 있었다.[13] 합의 도출에도 불구하고 미국과 북한의 다른 해석은 북핵문제 해법에서 근본적인 인식의 차이를 가져왔다.[14] 9·19 공동성명은 2·13, 10·3 합의 등으로 연결되어 실천력을 확보해 나가긴 하였으나 9·19 공동성명의 3단계 로드맵(핵동결-핵신고-핵폐기)은 핵폐기 문제가 본격적으로 논의되는 3단계에는 결국 진입하지 못하였다. 또한 한국과 미국의 정부가 교체되면서 6자회담도 모멘텀momentum을 잃어버렸다. 이처럼 북핵문제와 관련된 미국의 정책변화는 북핵문제 해결 과정에 지대한 영향을 미쳤다. 그러나 미국의 일관적이지 못한 정책과 전략의 부재는 북핵문제가 장기간 해결되지 못하게 된 원인 중 하나로 제기되기도 한다.[15]

셋째, 북핵문제와 남북관계의 관계를 살펴봄에 있어 국내 정치문제

---

13 9·19 공동성명이 채택되기 전에 북한은 핵보유국을 선언하였다. 김봉호, 『선군으로 위력 떨치는 강국』, 평양출판사, 2005, 133~141면 참조.
14 반테러와 비확산에 중점을 두고 있는 미국의 전략을 고려할 때 6자회담에서의 미국의 목표는 북한 핵의 CVID 방식의 폐기였다. 기본적으로 명목상은 동시행동원칙을 지향하고 있더라도 북한이 과거와 현재의 모든 핵 프로그램과 핵무기를 신고 및 폐기하고 난 후에야 북미관계 정상화 등 실질적인 보상이 현실적으로 가능하다는 입장이었다. 한편, 북한은 이러한 미국의 생각과 정반대되는 생각을 갖고 있다는 점에서 9·19 공동성명과 그 이후 합의 및 후속조치들은 빛을 보지 못했다. 북한은 먼저 핵을 포기하는 것은 어떤 경우라도 받아들일 수 없으며 북미관계 개선, 경제지원, 평화협상 등이 이뤄지면 궁극적으로 핵 포기를 한다는 것이었다. 북한의 '행동 대 행동' 원칙은 북한 핵문제를 단계별로 동시이행하자고 주장하는 것인데 이는 합의 이후에도 양자 간 신뢰가 깨질 경우 그 합의가 쉽게 붕괴될 수 있는 내재적인 한계가 있었다.
15 북핵 해결을 위한 미국 측의 외교적 노력은 선제적이고 전략적인 구상에 따른 것이 아니라 북한의 외교 공세에 대한 반응으로 나타나는 경향이 있다. 북핵문제의 완전하고 신속한 해결을 위한 로드맵과 전략을 갖고 체계적으로 접근하지 못하고 북한의 벼랑 끝 전술과 위기조장 전술에 말려들어 뒤늦게 위기해소 차원에서 최소한의 반응을 보이는 양상이다. 그 결과 마지못해 타결한 핵합의는 결국 그 내재적 결함으로 인해 합의의 해체와 새로운 핵사태의 반복을 초래하였다. 전봉근, 「북핵협상 20년의 평가와 교훈」, 『한국과 국제정치』 제27권 제1호, 경남대 극동문제연구소, 2011, 264면.

를 고려하지 않을 수 없다. 북핵위기가 한창일 때 출범한 김영삼 정부는 '피는 물보다 진하다'는 논리로 적극적인 대북정책을 예고하였다. 그러나 뚜렷한 대북철학이 부재했던 김영삼 정부는 북한 핵문제가 더욱 심각해지고 김일성사후 소위 '북한 붕괴론'이 지배하자 강경한 대북정책을 구사하게 된다. 이러한 김영삼 정부의 대북접근은 북한의 통미봉남을 가져왔고 미북 간 협상과정에서도 배제되고 말았다. 당시 '북한붕괴론'에 사로잡혀 미북 간 합의도출 과정에 참여도 못하고 경수로 제공 비용만을 떠맡은 김영삼 정부의 대북정책 부재에 대해 비판여론이 거셌다.[16]

미국 행정부로 하여금 페리프로세스를 도출하게 하고 2000년 남북 정상회담을 성사시켜 화해협력 구조를 정착시킨 김대중 정부도 정상회담의 대가 제공문제 등 국내적으로 큰 곤혹을 치렀다.

노무현 정부는 북한의 몽니와 부시행정부의 강경책에도 불구하고 한반도 냉전구조 해체라는 큰 틀에서 북핵문제를 다뤄 나가고자 하였다. 제2차 북핵위기에도 불구하고 남북관계는 유지한 가운데 북핵문제를 해결하기 위한 주도력을 확보하려 하였다. 6자회담 교착기에 6·17 면담(김정일 위원장·정동영 통일부장관)과 '10·4 선언'[17]을 통해 한반도 종전선언 추진을 도출한 것은 그러한 예라 볼 수 있다.[18] 그러나 한

---

16 YS는 "붕괴에 직면한 북한 정권과 타협할 수 없다"며 미국이 속고 있다고 비난했지만 며칠 뒤 북–미 제네바합의가 나왔다. 한치 앞도 못 본 전략부재는 3조 5,000억 원의 대북 경수로 비용 부담을 떠안는 결과를 낳았다. 이영종,『중앙일보』, 2013. 2. 15.
17 북한에서 핵과 관련된 10·4 선언 해석은 현정룡,『2012년에 보는 10·4 선언』, 평양출판사, 2012, 150~168면 참조.
18 2005년 6·17 면담으로 9·19 공동성명 도출에 기여한 당시 정동영 통일부장관은 "9·19 공동성명이야 말로 평화와 위기의 갈림길에서 우리 스스로 결단하고 회담 타결을 이끌

국정부를 비롯한 국내외의 일부 낙관론과는 달리 북핵문제에 있어 합의와 갈등의 반복은 이상과 현실사이의 괴리를 지속적으로 보여주고 있었다. 이는 특정한 대북정책의 문제뿐 아니라 진보정권과 국내 보수세력과의 갈등의 단면 속에서 총체적으로 나타나는 국내정치의 문제이기도 하였다. 국내 보수 언론과 정당, 사회단체 들은 한미관계의 균열을 감수하면서 대북 포용정책을 추진하고 있는 노무현 정부에 대해 노골적인 거부감을 드러냈다. 또한 북핵문제에 대한 뚜렷한 항복을 받아내지 못하고 쌀·비료 지원 등 퍼주기로 일관하고 있는 남북대화에 대해 냉소적인 시각을 보냈다. 보수론자들은 노무현 정부가 현실적인 사고보다는 북한 핵문제 타결 성과, 남북관계 개선 열망, 남북정상회담 추진 등에만 사로잡혀 문제의 본질을 제대로 보지 못하고 북한이 핵개발을 할 시간만을 벌게 해주었다는 비난을 퍼부었다.[19]

어 낸 역사적 의미가 있으며 한국 외교의 승리"라고 평가하였다. 김근식 교수는 6자회담이 장기 중단되고 남북관계 마저 탈북자 대량입국으로 경색된 상황에서 민간차원의 남북행사에 정부 측 인사를 특사자격으로 참가시켜 남북관계 복원과 북한의 6자회담 복귀를 이끌어 낸 것은 분명 우리 측의 남북관계에 대한 적극적인 역할과 개입의 공로였다고 평가하고 있다. 김근식, 「남북정상회담과 남북관계─소중한 추억과 잊혀진 기억」, '민주화·탈냉전 시대, 평화와 통일의 사건사' 학술회의, 경남대 극동문제연구소·고려대 민족문화연구원, 2012, 213면.

19 이명박 정부 대북 강경론자들은 김대중─노무현 정부의 대북지원과 경협활동이 북한으로 하여금 체제를 연명하게 하였고 남한으로부터의 현금 유입은 북한이 핵과 미사일 등을 개발하는 재원으로 전용되었음을 강력히 주장하고 있다. 결국 대북포용정책은 북한 핵문제 해결의 기제로서가 아니라 북한 핵개발을 도와주고 방치한 기제로 활용되었다고 비판한다.

3. 비핵·개방은 북한이 싫어하는 말인데 되겠어요?

"비핵·개방은 북한이 싫어하는 말인데, 그걸 갖고 뭘 하겠다면 북한 사람들이 나오겠어요? 정책도 포장하기 나름인데 싫다고 하는 것을 굳이 대놓고……." 이명박 정부가 출범할 무렵 노무현 정부에 참여했던 한 인사가 사석에서 이런 취지의 이야기를 했던 것을 기억한다. 실제 2007년 10·4 정상회담과정에서 노무현 대통령은 김정일 위원장과의 첫 회담을 마치고 "북한이 개혁과 개방이라는 표현에 거부감을 나타냈으며 불신의 벽을 허물기 위해서 역지사지해야 한다"[20]고 말했다. 비핵화도 반드시 이뤄야 하고 남북교류협력이 북한을 개혁 개방시키는 목적이 분명하지만 상대방을 존중함으로써 신뢰도 함께 쌓아야 한다는 점을 강조한 것으로 읽힌다.

그러나 이명박 정부는 과거 정부의 대북포용정책 추진을 '잃어버린 10년'으로 규정하고 선先북핵폐기를 주요내용으로 하는 '비핵·개방·3000'을 통해 북핵문제를 해결해 나가고자 하였다. '비핵·개방·3000'은 북한이 비핵화 결단을 내릴 경우, 북한의 경제개발을 도와 1인당 국민소득 3,000불로 격상시키겠다는 구상이다.[21] 그 자체로 볼 때는 북핵문제와 남북관계를 종합하여 발전시키겠다는 체계성을 띠고 있다고 할 수 있다. 제대로만 이행된다면 북핵문제와 남북관계가 확실하게

---

20 "개혁과 개방이라는 용어에 대한 불신감과 거리감을 가지고 있다는 것을 어저께 김영남 위원장 면담에서도, 오늘 김정일 위원장 면담에서도 느꼈습니다. 우리가 원하는 그 많은 일들을 활발하게 진행시키기 위해서는 불신의 벽을 좀 더 허물어야 합니다." 노무현 대통령, 〈YTN〉, 2007.10.3.
21 민주평화통일자문회의, 『이명박정부 대북정책 바로알기』, 민주평화통일자문회의, 2009, 10면.

융합되는 정책적 구상이었다. 그러나 이명박 정부의 북핵구상은 북한으로부터 철저히 외면을 당했다. 물론 단순히 북한이 싫어하는 비핵과 개방이라는 용어를 썼기 때문만은 아니다. 이명박 정부는 대북기조의 본질, 한미관계에 대한 태도, 북한을 바라보는 시각 등에서 이전 정부와 확연히 다른 태도를 갖고 있었기 때문이다.[22] 그 핵심은 북한이 선 핵포기를 하면 경제협력을 강화하겠다는 내용인바, 핵보유를 통한 체제안전을 최우선으로 하는 북한에 먹힐 수 없는 매우 순진한 발상이었다.[23] 또한 북핵포기의 반대급부로 제시된 남북경제협력이 과거 노무현 정부시절 대북지원을 회피하기 위한 일종의 대체논리로 제시되었다는 점이다. 북한이 핵을 포기하지 않는 한 경제협력과 대북지원이 이뤄질 수 없는 구조인바, 북한이 이를 모를 리 없었다. 더욱이 이명박 정부는 출범 초기부터 북한이 금과옥조로 믿어왔던 6·15, 10·4 선언 등 남북 간 합의이행에 대한 거부감을 공개적으로 드러냈다. 북한이 계속 남북관계를 인위적으로 경색시키자 김하중 통일부 장관 등 이명박 정부 고위인사들이 나서서 6·15, 10·4를 포함하여 남북 간 기존

---

22 이명박 정부는 모두 공식적으로는 남북관계가 중요하다고 말했지만, 기본적으로 남북관계보다는 미국, 일본과의 관계를 중시한 국제주의자였고, 대북 포용주의자들이라기보다는 대북 흡수통일주의자였던 것이다. 포용주의자들은 비록 시간이 좀 걸린다 해도 통일을 과정으로 이해하고 그 과정을 자신들에게 유리하게 구조화해 나감으로써 평화적이고 점진적인 통일을 추구한 반면, 흡수통일주의자들은 북한의 붕괴와 같은 즉각적이고 직접적인 정치적 이익을 추구하였다. 백학순, 『이명박 정부의 대북정책 - 2008~2012』, 세종연구소, 2013, 13~15면.

23 박근혜 당선인의 대북정책은 몇 가지 전제 위에 있다. 우선 북한의 급변을 원치 않는다는 것이다. 둘째, 통일 역시 흡수통일이 아니고 남북이 교류협력을 확대시키면서 자연스레 통일의 상태를 만드는 것이다. 셋째, 북한의 도발에 대해서는 강력 대응한다는 것이다. 넷째, 북핵문제를 선결 조건으로 대북정책을 추진하지는 않겠다는 것이다. 이명박 정부의 '비핵·개방·3000'과의 차이점이다. 류길재, 『경향신문』, 2013.1.27.

합의를 존중할 의사가 있다고 언급했지만 북한은 이를 믿지 않았고 오히려 이명박 정부를 압박하는 구실로 사용하였다.

물론 2008년부터 남북관계가 쇠락의 길을 걸었던 중요한 원인은 북한의 위협 고조행위와 이명박 정부의 강경한 대북정책에도 있었지만 북한 내부 상황과 대남정책의 변화, 미국 오바마 행정부 출범에 따른 북미관계의 역학 속에서도 살펴볼 필요도 있다.

우선 2007년 10 · 4 남북정상회담 개최 등을 통해 남한 내 진보정권이 정권연장을 하기를 내심 바랐던 북한은 이명박 대통령이 당선되자 대남 강경전략으로 회귀하게 된다. 북한은 2008년 3월 남북대화 전면 중단과 7월 금강산 관광객 피격사건 등을 통해 남한과의 힘겨루기에 나섰다. 그러나 2008년 8월 갑작스럽게 발생한 김정일 위원장의 뇌졸중으로 북한은 남북 간 인위적 긴장고조를 통해 체제단속에 돌입하게 된다.[24] 북한은 2008년 12월, '12 · 1 조치'로 육로통행 전면 중단을 공표하였고 2009년 들어서면서 '남한에 대한 전면적 대결'(1 · 17 북한군 총참모부 대변인 성명), '남북 간의 정치군사적 충돌을 해결하는 모든 합의들의 무효화'(1 · 30 조평통 성명) 등을 선언하였다. 동시에 북한은 2009년 1월 취임한 오바마 행정부를 상대로 장거리 로켓발사(2009.4), 제2차 핵실험(2009.5)을 단행함으로써 남북관계를 인위적으로 단절시킨 후 미국과 체제안전문제를 다루려는 통미봉남 카드를 다시 꺼내게 되었다.

이러한 남북관계 단절과 북한의 2차 핵실험으로 이명박 정부의 '비

---

[24] 김정일 위원장 건강문제는 즉간 한미당국의 관심을 끌었고 양국은 10월 17일 한미연례안보협의회(SCM)에서 북한 급변사태에 대비한 '개념계획 5029'를 '작전계획 5029'로 전환하는 문제를 검토하기 시작한 것으로 알려졌다.

핵·개방·3000 구상'은 좌초위기를 맞을 수밖에 없었다. 이명박 정부를 더욱 당혹케 한 것은 2차 북한 핵실험에도 불구하고 2009년 하반기 미북 간 대화의 분위기가 무르익고 있었다는 점이었다. 북한은 억류하였던 여기자들을 송환하였고 2009년 6월부터 12월까지 보즈워스 대북정책 특별대표가 베이징과 평양을 오고가면서 미북 직접대화의 틀을 만들어 가고 있었다.[25] 이러한 움직임에 자극을 받은 이명박 정부는 2009년 8·15 광복절 경축사를 통해 '한반도 신평화구상'을 제안했다. 북한이 핵을 포기한다면 북한 경제를 발전시키고 북한 주민들의 삶을 획기적으로 향상시키는 국제협력프로그램을 적극 실행할 것이며, 남북 경제공동체 실현을 위한 고위급 회의를 설치하고 관련국 및 국제기구와의 협력을 통해 경제, 교육, 재정, 인프라, 생활향상 분야에 걸친 대북 5개 개발 프로젝트를 추진할 것을 제안하였다. 그리고 한반도의 비핵화와 함께 남북 간 재래식 무기의 감축 논의도 제안했다. 언제, 어떠한 수준에서든 남북 간의 모든 문제에 대해 대화와 협력을 시작할 준비가 되어 있다는 점도 강조하였다. 또한 2009년 9월 유엔총회 참석차 미국을 방문한 이명박 대통령은 9월 21일 미국외교협회, 코리아소사이어티 공동주최 환영 오찬에서 '그랜드바겐'을 제안하여 여러 나라들의 지지를 구하고자 하였다. 한반도 신평화구상은 '비핵·개방·3000'과 다른 것이 아니다. 이름만 다르게 포장했을 뿐 내용은 거의 비

---

[25] 2009년 8월 클린턴 전 대통령으로부터 방북 브리핑을 받은 오바마 대통령은 9월 보즈워스를 베이징으로 파견하여 중국의 대화 중재 역할을 협의하였고 미국의 대화 의사를 전달받은 중국 정부는 다이빙궈 국무위원을 평양으로 보내 김정일 위원장으로부터 북–미 양자대화와 6자회담 참여 의사를 확인하였다. 또한 중국은 10월 원자바오 총리가 방북한 계기에 김정일 위원장에게 6자회담 재개를 설득하였고 김정일은 대화 재개 입장을 재확인하였다.

숫하다. 그랜드바겐 역시 이명박 정부는 가장 현실적인 대안이라고 하나 실제 적용 가능성에 있어서는 이상론에 가까웠다. 특히 미국 등 관련국들과 조율이 안 된 상태에서 발표되어 정책홍보에 혼선이 있었다.[26] 결국 북한 2차 핵실험 이후 남북관계 쇠퇴, 북미대화 진전 등에 대한 이명박 정부의 초조함이 이러한 구상들에 반영되어 있다고 볼 수 있다.

한편 이명박 정부도 2009년 하반기 남북관계 반전의 기회를 잡은 적이 없었던 것은 아니다. 2009년 8월 김대중 대통령이 서거하자, 북한은 김기남 당비서를 대표로 한 조문단을 파견했다. 조문단은 이명박 대통령과 당시 통일부 현인택 장관을 면담하였고 이 자리에서 북한은 남북관계 개선과 남북정상회담의 의사를 타진한 것으로 알려져 있다. 또한 2009년 10월 베이징에서 열린 한·중·일 정상회담에서 중국 원자바오 총리는 이명박 대통령에게 "김정일 위원장이 이명박 대통령을 만나기를 희망한다"는 남북정상회담 개최 의사를 전달하였다.[27] 이명박 대통령의 명을 받은 임태희 노동부장관은 김양건 북한 통일전선부장을 싱가포르에서 비밀리에 접촉, 남북정상회담에 필요한 조건과 내용들에 대해 협의하였다. 이후 협의는 공식라인인 통일부로 넘겨졌으나 양

---

26 2009년 10월 5일 열린 외교통상통일위원회의 외교부 국감에서 민주당 의원들은 "북미를 비롯하여 6자회담 참가국간 불신이 높은 상황에서 북핵문제를 원샷에 해결한다는 것은 현실성이 없다"며 "또 전혀 새롭지도 않으며 대통령이 관련국과의 사전 조율도 제대로 되지 않은 정책을 일방적으로 발표하게 한 외교라인 전체가 책임을 져야 한다"며 비판했다.

27 이명박 대통령은 퇴임을 앞둔 2013년 2월 『동아일보』와의 인터뷰에서 2009년 남북정상회담 추진 막후 이야기를 공개하였다. 인터뷰에서 이명박 대통령은 "김정일 위원장이 원자바오 총리를 통해 이 대통령을 만나고 싶다는 사인을 전해왔고, 당시에는 쌀, 보리 달라는 식이 아니라 그냥 만나고 싶다고 했다. (…중략…) 나도 한반도의 평화를 유지하고 핵문제에 진전이 있다면 만날 용의가 있다고 답했다"고 말했다. 『동아일보』, 2013. 2. 18.

측이 전제조건을 협의하는 과정에서 남북정상회담 추진은 무산되었다. 당시 비공개로 남북정상회담이 추진되었으나 그 내용은 언론공개, 관련자 인터뷰 등을 통해 많은 부분 알려진 상황이다. 그리고 대체로 당시 추진되었던 남북정상회담이 무산된 원인 중의 하나로 우리 정부 내 협상파와 강경파 사이의 대립으로 인한 것으로 인식하고 있다.[28]

당시 남북정상회담을 통해 남북관계에서 전환점을 이루고, 2009년 하반기 무르익은 북미 고위급 대화가 진행되었다면 북핵문제와 남북관계는 상호 연동하면서 전진해 나아갔을 것이다. 이러한 대화분위기는 2010년 3월 천안함 침몰을 계기로 완전히 깨져버렸다. 북한이 천안함 침몰사건을 일으킨 이유에 대해 의견이 분분하다. 일부에서는 북한 강경 군부세력이 남북정상회담을 비밀리에 추진해 오던 북한 내 대화파들을 견제하고 대청해전(2009.11)의 패퇴를 만회하기 위해 꾸민 일이라는 분석도 있다.[29] 어쨌든 2010년 천안함 침몰, 연평도 포격사건 등을 계기로 이명박 정부의 남북관계는 더 이상 진전을 보지 못하였다. 북한 핵포기를 전제 조건화하여 남북관계와 연동시키면서 북한 비핵

---

28 "그때가 진행이 거의 마무리된 상태였단 말이에요. 일부 실무적 사안이 조금 남았는데, 통-통회담이 그것을 완성하기 위한 회의로 진행된 것이 아니라 그간 논의돼 정리된 내용이 아닌 새로운 문제를 제기하는 식이었으면 신뢰가 깨지죠. 어느 쪽에서 뭘 새로 제의했는지 저는 모르겠어요. 북측에서 인도적 조치는 아무것도 안하겠다고 하면서 쌀부터 달라고 했으면 저쪽이 깬 겁니다. 우리 쪽에서 인도적 조치와 관련한 얘기를 하지 않으면서 '너네는 무조건 달라고만 하느냐'고 했으면 우리가 북측에 실례를 한 것이고요." (임태희, 『신동아』, 2013.2, 93면) "그 때 북의 손을 잡아줬어야 했는데 (통일부가) 더 누르려고 했어요. 통일부가 전임 정부처럼 비선라인으로 하지 말고 공식적으로 해야 된다고 주장해서 협상을 통일부로 넘겨줬어요. 거기서 (통일부에서) 추가요구를 했어요. 안 그래도 되었는데, 무리하게 (요구해서 정상회담을 못했어요). 그때 남북관계를 풀었으면 참 좋았어요."(정문헌 의원, 『월간조선』, 2013.2, 85면) .
29 강태호 외, 『천안함을 묻는다-의문과 쟁점』, 창작과비평사, 2010 참조.

화를 이루려 했던 이명박 정부의 대북정책은 북한 비핵화도 이루지 못하고 남북관계도 유지하지 못했다는 점에서 역사의 평가를 겸허히 받아들일 수밖에 없을 것이다.

4. 핵을 머리에 이고 살 순 없다

2013년 새롭게 출범한 박근혜 정부는 출범 초기부터 북한에 호된 신고식을 치러야 했다. 북한이 지난해 말 장거리 로켓을 발사한 데 이어 올해 2월 3차 핵실험을 단행한 것이다. 북한의 3차 핵실험은 한반도 안보지형의 틀을 근본적으로 바꾸어 놓았다. 북한이 재처리를 통한 플루토늄 확보에 이어 우라늄 농축을 진행시켜 왔고 핵물질 확보와 핵실험을 통해 사실상 핵보유국으로의 길을 걸어왔기 때문이다. 더욱이 지난 몇 년 동안 6자회담 등 북한 핵개발에 대한 제동적 기제가 부재해왔다. 북한은 실로 아무런 제약 없이 핵능력을 강화해 온 것이다. 또한 탄도미사일과 연동가능한 장거리 로켓발사 기술을 확보한 북한이 핵탄두의 소형화, 경량화를 통해 대륙간 탄도미사일을 개발할 수 있게 됨으로써 한반도 안보위협의 비대칭성은 매우 커졌다고 볼 수 있겠다.

최근 일련의 북한의 장거리 로켓발사와 3차 핵실험은 다목적적이다.[30] 북한은 2011년 김정일 위원장 사망 이후 3대 세습체제 구축에 전

---

30 여기서 북한 내부정치로서의 '핵실험'을 살펴볼 필요가 있다. 지난 세 차례의 북핵실험은 북한 내부 상황과 매우 밀접한 관련이 있기 때문이다.
① 먼저 2006년 제1차 핵실험은 BDA 문제와 관련이 있다. 2005년 9·19 공동성명을 만들어 냈지만 미 국무부는 북한이 마카오에 있는 방코델타아시아(BDA)를 통해 위조

력을 쏟아 왔다. 2013년에도 핵실험 감행을 통해 외부와의 긴장국면을 조성함으로써 내부 체제 결속에 주력하는 모습을 보여주고 있다. 또한 3차 핵실험과 자신들의 핵보유가 미국을 겨냥한 것임을 분명히 하면서 미국으로 부터의 체제보장을 획득하기 위해 주력하고 있다. 현재 북한은 미국의 대북적대시정책 철폐, 핵보유국 선언을 통한 군축협상 시도, 정전협정의 평화협정으로의 대체 등 기존입장과 모든 수단을 총동원하여 미국의 대북정책 변화를 압박하고 있다. 한편, 새롭게 정부가 출범한 중국과 우리를 압박하여 향후 자신들에게 유리한 국면을 선제적으로 조성하기 위한 포석도 깔려있는 것으로 분석된다.

문제는 북한의 이러한 국면 조성이 자신들에게 이득이 될지 손해가 될지 알 수 없다는 점이다. 과거 핵실험 등 북한의 벼랑 끝 전술은 국제사회의 관심을 끌면서 협상국면으로의 전환을 가져왔다. 협상과 이행 지연이 반복되었지만 핵을 궁극적으로 폐기하지 않으면서도 여러 경제적 실리를 챙길 수 있었다. 그러나 2008년 이명박 정부 출범 이후 북

<hr />

달러 지폐를 유통시키고 마약 등 불법 국제거래대금을 세탁한 혐의가 있다며 BDA를 '돈세탁 우려대상'으로 지정하고 2,400만 달러를 동결시켰다. 북한은 미국에 동결해제를 줄기차게 주장했지만 미국은 '불법활동에 대한 정당한 법집행이며 핵문제와 무관'함으로 거절하였다. BDA문제는 그 금액의 많고 적음을 떠나 북한 최고 지도부를 겨냥했다는 점에서 북한은 심각하게 받아들일 수밖에 없었고 제1차 핵실험을 단행하였다.
② 2009년 5월 북한의 2차 핵실험은 2008년 하반기 김정일 위원장의 건강문제와 연관 지어 생각해 볼 수 있다. 2008년 말까지 진행된 6자회담은 신고 검증 문제를 둘러싸고 난항을 겪었고 협상은 실패로 돌아갔다. 북핵 협상에서의 주도력 확보와 김정일 뇌졸중으로 인한 체제결속의 수요는 핵실험을 통한 대미 압박으로 나타났다.
③ 2013년 3차 북한 핵실험은 김정은 체제출범과 관련이 있다. 김정일 사후 2012년 한해 김정은은 내부 조직정비 및 인적청산 등을 통해 체제결속에 주력하였다. 김정일 사후 혼란스러운 시기에도 불구하고 미국과 2·29 합의를 맺었으나 북한의 장거리 로켓발사로 사실상 폐기되었고 협상을 통한 북미관계 개선이 어렵게 되자 핵실험 카드를 다시 꺼내 미국을 전방위적으로 압박하고 있다.

한의 선핵포기에 방점을 담은 '비핵·개방·3000'이 제 기능을 발휘하지 못하고 오바마 행정부도 2차 핵실험 이후 기다리는 전략으로 전환하자 북한은 아무런 통제장치 없이 핵능력 강화의 길로 나아갔다. 3차 핵실험 또한 궁극적으로는 북한이 몸값을 최대치로 높여 대미 협상력 극대화를 도모하고자 하는 것에 있다고 볼 수 있다.

다만 3차 핵실험 실시에 대한 국제사회의 반응은 매우 냉소적하다. 북한의 핵도박에 대해 더 이상 협상과 보상은 없어야 한다는 것이 미국, 한국 등 주변국들의 공통된 인식이다. 오바마 대통령은 지난 3월 13일 ABC 방송에 출연 북한의 핵을 절대 용인할 수 없다는 점을 분명히 하였다. 이에 더하여 "중국은 북한 정권의 붕괴와 파급효과를 우려해 북한의 잘못된 행동을 참아왔지만 지금은 생각이 바뀌고 있다"고 언급하는 등 중국이 좀 더 적극적으로 대북압박에 나서라고 촉구하고 있다. 이처럼 북한 핵실험에 대한 국제사회의 인식은 중국의 대북태도에서도 나타나고 있다. 북한 3차 핵실험 직후 중국 국민들조차 핵실험 규탄 시위를 벌이는 가하면 중국의 학자들 사이에서는 북한의 전략적 가치에 대한 논쟁을 벌이고 있다. 이러한 움직임에 대해 중국 중앙정부 차원에서 기존의 대북정책을 변화시켰다는 공식적인 내용은 없다. 다만 시진핑 체제 출범 이후 중국 정부도 학자나 전문가들의 의견을 구하면서 대북정책에 대한 재검토 작업을 진행 중인 것으로 보인다. 어쨌든 중국은 지난 UN 안보리 결의 2094호 도출에 있어 비교적 협조적인 태도를 취했고 단동, 대련 등의 세관검색을 강화하고 있다고 한다. 중국내 불법거래 은행 등에 대한 금융조치, 단동에서 몇 개월 전부터 대북원유공급을 중단했다는 이야기, 중국내 북한인 근로자에 대한 취업비자 심사를 강화했다는 이야기도 들려오고 있다. 물론 중국이 실제로 대북정책을 변화시키고 있는지, 단순히 국제사회의 제재 움직임에 동참하는 모양새만 취하는 것인지 정확히 알 수 없다.[31] 유엔안보리결의 2094호 발표 직후에 양제츠 외교부장은 제재결의안에는 동의하지만 "제재는 안보리 행동의 목적이 아니며 관련 문제를 해결하는 근본적인 방법은 아니라고 생각한다. 우리는 관련 각 측이 냉정과 자세심을 유지하며 긴장된 정세를 악화시키는 행동을 취하지 말 것을 호소한다"[32]라고 하며 한 발짝 물러섰다. 다만 북한의 핵위협이 장기화되고 북한 젊은 지도자의 핵도박에 대한 부정적 인식이 확산되면서 중국도 북한을 과거와는 다른 방식으로 보기 시작했음은 분명하다.

새 정부 출범과 함께 남북관계의 개선을 기대했던 박근혜 정부는 곧 혼스러운 가운데 일단 북한이 조성하는 안보위기상황에 대처해 나가고 있는 것으로 판단된다.[33] 박근혜 대통령의 공약대로 남북 간 신뢰를 조성하고 행복한 통일시대의 기반을 구축하기는 현실적으로 당분간 어렵게 되었다. 북한의 거듭된 도발과 위협에 국민정서도 매우 강

---

31 중국이 급격하게 대북정책을 수정할 것으로 보이진 않는다. 중국의 대한반도 정책은 철저하게 자신들의 국익에 따라 실행되는 것이다. 한반도의 지정학적 위치, 미·일 등 해양세력과의 헤게모니 대립의 완충지대로서의 북한의 전략적 가치 등을 고려할 때 중국의 대북정책이 약간의 조정은 있겠으나 근본적인 수정을 하지는 않을 것이다. 북한의 2차 핵실험(2009.5)에도 여러 가지 비판이 있었으나 중국 정부는 그해 7월 외사영도소조회의를 개최하여 대북정책을 변경하지 않기로 결정하였다. 만약 현재 국면에서 중국 정부가 어떤 판단을 통해 현재의 대북정책을 변경시키지 않겠다고 결정하게 된다면 향후 중국은 제재보다는 대화를 통한 문제 해결을 위해 중재노력을 강화할 가능성이 높다.

32 『뉴시스』, 2013.3.9.

33 지난 3월 8일 UN 안보리결의안 2094호 발표 이후 북한은 '핵선제 타격', '제2의 조선전쟁'을 운운하며 정전협정을 파기하고 1호 전투태세 선포, 국가급 군사훈련, 공습훈련 등 전쟁분위기를 고조시키고 있으며 개성공단 폐쇄를 위협하고 영변 핵시설 재가동을 발표하는 등 가용할 수 있는 모든 카드를 사용하고 있다.

경하게 돌아서 버렸다. 다만 현재 북한이 박근혜 정부에 대한 직접 비난은 자제하고 있다. 그러나 북한은 겉으로는 미국의 적대시정책을 운운하면서도 실제 북한의 도발위협에 대한 실질적인 피해자는 우리라는 점에서 우리 국민들과 박근혜 정부의 대북인식이 근본적으로 달라질 수는 없을 것이다. 실제 박근혜 대통령은 지난 3월 종교지도자들과의 오찬 자리에서 "핵을 머리에 이고 살 수 없다"[34]고 전제한 뒤 핵개발을 멈추지 않고 있는 북한이 만약 도발과 위협을 지속한다면 단호히 대응하겠다는 입장을 재차 확인하였다. 4월 1일 국방부 업무보고에서도 북한이 도발한다면 일절 다른 정치적 고려를 하지 말고 초전에 강력 대응할 것을 주문하였다고 한다.

그러나 박근혜 정부의 대응에서 주목해야 할 것이 있다. 박근혜 대통령은 3·11 국무회의에서 북한 핵실험 이후 군사적 긴장이 고조되고 있지만 '북한 변화시 유연한 접근' 기조에 따라 자신의 대북구상인 한반도 신뢰프로세스를 계속 추진하겠다는 의지를 피력했다. 통일부 업무보고에서도 박 대통령은 "남북한이 기존 합의를 존중하고 이에 기초해서 실천 가능한 합의부터 이행하는 것이 신뢰구축의 출발점이라고 생각한다. 상대가 약속을 어겼으니까 우리도 마음대로 하겠다는 식의 접근이 아니라 약속을 어기면 반드시 손해라는 인식을 갖도록 하는 것이 중요하다. (…중략…) 북한의 변화를 마냥 기다릴 것이 아니라 북한이 변화를 할 수 밖에 없는 그런 환경을 우리와 국제사회가 힘을 합쳐 만드는 것이 가장 확실한 방법이라고 생각한다"[35]고 발언하였다. 앞으로

34 『연합뉴스』, 2013.3.19.
35 『프레시안』, 2013.3.27 참조.

상황이 어떤 방향으로 진행될지는 예측하기 어렵지만 박근혜 정부는 지난 이명박 정부의 대응과는 다르게 남북관계의 문을 열어놓고 있음은 명확히 한 셈이다. 남북대화의 문을 열어놓음으로써 북핵문제와 남북관계를 연결시켜 놓은 것으로 해석할 수 있겠다.

박근혜 정부의 한반도 신뢰프로세스에 대한 다방면의 평가는 여러 가지가 있다. 긍정적으로 평가하는 입장에서는 북핵문제에도 불구하고 남북관계 개선의지를 피력함으로써 남북관계가 북핵문제를 견인하는 '선순환 구조' 창출의 가능성을 열어놓고 있다.[36] 반대로 부정적인 입장에서는 북한이 이미 사실상 핵보유국의 길로 나온 마당에 북한의 핵보유를 더 이상 막을 수 없다는 현실적 한계 속에서 북핵문제의 근본적 해결책 없이 남북관계만으로 신뢰 프로세스를 가동시킬 수 있겠느냐는 의문을 가진다.[37] 결국 앞으로 '핵을 머리에 이고 살 순 없지 않느냐'는 박근혜 정부가 핵문제를 남쪽과 풀지 않으려고 하는 북한의 태도를 변화시키고 어떻게 핵문제 해결과 남북관계의 연계성을 규정해 나갈지가 주목된다. 특히 최근 북한이 개성공단 폐쇄까지 단행하고 있는 상황에서 한반도 신뢰프로세스의 운명은 실로 요동치고 있다고 하겠다.

---

36 류길재 통일부 장관은 박근혜 정부 비핵화와 남북협력의 상호보완적 추진에 대해 "비핵화와 남북협력의 선순환은 한반도 신뢰프로세스를 통해 남북 간 신뢰가 쌓이면 남북관계 발전에 분명히 기여하는 것"이라며 "남북관계 개선에만 영향을 주고 끝나는 것이 아니라 비핵화 논의 협상에 뭔가 기여를 해야 한다는 것"이라고 설명하였다. 통일부 장관 내외신 브리핑, 2013.3.27.

37 외교부와 통일부가 3월 27일 대통령 업무보고에서 인도적 지원, 대북협력, 남북 당국 간 대화 추진 등과 같은 대북정책 당근만 잔뜩 나열했다. 북한의 잇따른 도발에 대해 국제사회가 압박하는 제재국면에서 비핵화에 대한 전제나 연계 없이 신뢰프로세스의 기계적 나열만 강조되는 것이 타당한가에 대한 비판이 일고 있다. 비핵화 협상보다는 남북관계에 우선순위가 있는 셈으로 제3차 핵실험까지 감행한 북한의 나쁜 행동을 오히려 보상하고 핵개발 시간만을 더 주는 모양새가 될 수 있다는 비판이 나온다. 『문화일보』, 2013.3.27.

5. 조화로운 앙상블을 위하여

개인적으로 '앙상블ensemble'이라는 단어를 좋아한다. 보통 중주, 중창단의 연주회나 극단 공연에서 모든 악기나 모든 배우들의 협력에 의해 통일적 효과를 기도하는 음악 연출 용어를 뜻한다.[38] 쉬운 말로는 공동의 노력을 통한 조화와 균형의 일치 등을 나타내는 말이다. 분단된 지 60여 년, 핵문제가 발발한 지 20여 년이 넘는 갈등과 대립의 이중주가 조화와 협력을 통해 훌륭한 퍼포먼스, 앙상블에 이를 수 있다면 얼마나 좋을까? 요즘같이 뚜렷한 해법이 안 보이는 안보위기상황에서 새삼스럽게 앙상블이라는 용어가 소중하게 느껴지는 대목이다.

한반도 문제의 앙상블을 이루기 위해서는 다음의 세 가지 점이 고려되어야 한다.

첫째, 북핵문제와 남북관계 관련 문제이다. 북한이 핵에 집착하고 체제 안전의 절대보루로서 핵무장국으로서의 정책을 공식 선언하고 핵무력과 경제건설의 병진노선을 추구하겠다는 의사를 노골화하고 있는 이상 북핵문제 해결이 더욱 어려워진 것은 사실이다.[39] 북한이 그간 6자회담 과정을 통해 가동을 중단하고 무력화했던 5MWe 흑연감속로

---

38 '앙상블'은 하나의 극단을 이루어 공동 제작하는 배우와 집단이 독단적인 연합에 의해서가 아니라 각자의 개성을 조화시키기 위해 그들 능력의 체제적인 발전을 꾀하는 데에 역점을 둔다. 연주자와 연기자, 무대 제작 요소 상호 간의 조화와 균형의 일치, 예술작품 따위의 총체적 효과, 잘 조화되어 나타나는 연주나 연기의 통일성을 의미한다.

39 조선중앙통신은 3 · 31 개최된 북한 노동당 중앙위원회 전원회의에서 결정된 소식을 전하면서 "조성된 정세와 우리 혁명발전의 합법칙적 요구에 맞게 경제건설과 핵무력 건설을 병진시킬 데 대한 새 전략 노선을 제시했다. (…중략…) 핵무기는 정치적 흥정물이나 경제적 거래물이 아니며 핵보유를 법적으로 고착시키고 세계 비핵화가 실현될 때까지 핵무력을 질량적으로 확대 강화하겠다"고 보도했다. 〈조선중앙통신〉, 2013.3.31.

재가동을 포함하여 영변 핵시설을 재가동하겠다고 한 이상 6자회담 합의도 파기된 상황이다. 일부에서는 여전히 북한의 핵개발이 대외 협상용이라고 주장하는 가운데, 핵개발 자체가 목적이며 북한 체제가 존속하는 한 절대 포기하지 않을 것이라는 회의론도 팽배해 있다.[40] 6자회담 무용론뿐 아니라 핵선제공격까지 거론하고 핵보유국을 기정사실화하며 핵집착을 버리지 못하는 현 북한 지도체제를 바꾸는 것regime change만이 궁극적으로 북한 핵문제를 해결하는 방안이라는 주장도 공개적으로 제기되고 있다. 현재 북한이 중지하지 않는 한 핵개발을 막을 분명한 대안은 없는 상황이다. 오바마 행정부가 3·13 ABC 인터뷰를 통해 중국의 대북정책 변화 조짐을 언급하고 중국을 통해 북한을 압박하겠다는 의도를 드러낸 것도 미국조차 대화와 제재 모두 써봤지만 결국 중국의 역할 외에는 다른 대안이 없음을 드러낸 것이라는 분석을 내놓고 있다. 북한의 유일한 우방이자 북한에 전략적 가치를 부여하고 있는 중국이 북핵문제 해결에 중요한 열쇠를 갖고 있는 것은 맞다. 그러나 중국이 북한의 레짐체인지를 위협하면서까지 제재를 강화하고 북한을 내쳐버릴 수 있을 지에 대해서는 확신을 할 수 없다. 중국이 미국과 북한을 대화 테이블에 앉혀 놓을 수는 있겠지만 미국, 북한 어느 쪽 편을 들을 수는 없을 것이다.

이렇다면 미국과 북한이 대화에 나서고 생산적인 논의를 이끌어 나

---

40 1993년 북한의 핵확산금지조약(NPT) 탈퇴 선언 이후 지난 2월 3차 핵실험까지 20년간 위협-지원-합의-파기가 순환돼 온 북핵의 궤적을 보면 그들의 핵개발이 대미 협상용 수단이 아니라 그 자체로 목적이며 이제 목표달성에 거의 다가섰다고 보는 것이 실제에 부합하는 인식일 것이다. 『서울신문』, 2013.4.3.

갈 수 있도록 이니셔티브를 제공하는 것은 우리일 수밖에 없다. 앞으로 북한이 더욱 핵개발을 가속화할 것이 예상되기 때문에 이제 '한반도 비핵화 프로세스'의 전면적 틀을 재구성하여야 한다. 한반도의 비핵화는 통일을 앞두고 반드시 해결되어야 할 문제이나 최근 상황을 감안할 때 새로운 접근과 방식이 요구된다고 하겠다. 박근혜 정부는 한반도 신뢰프로세스를 북한의 비핵화 조치와 남북관계, 한반도 평화체제를 포괄적으로 연계하는 종합구상으로 발전시켜 나가야 한다. 미국과 중국의 공감대를 유도하여 북한 핵개발 중단, 비확산, 비핵화의 단계적 접근을 구상해야 한다. 창의적이고 전략적인 접근이 요구되는 대목이다. 이를 위해 한미중 3자 간 T / F를 가동해야 한다. 비핵화, 남북관계, 북미관계, 평화체제 구축 등 관련된 모든 옵션 등을 테이블 위에 꺼내놓고 동시행동과 일괄타결 방식에 따른 포괄적인 로드맵을 구축해 나가야 한다. 향후 북한을 포함하여 비핵화와 평화체제 구축 문제를 논의할 4자회담의 가능성도 모색해야 한다. 아울러 북한의 영변 핵시설 가동으로 깨지기 직전에 있는 6자회담의 불씨도 살려 나가야 한다.

가장 중요한 부분은 남북관계 차원의 노력이 조화롭게 병행되어야 한다는 점이다. 비핵화문제는 지금까지 걸어온 20년의 협상 못지않게 앞으로 많은 시간과 인내를 요구하게 될 것이다. 비핵화문제를 차근히 풀어나가는 동시에 남북관계를 정상화하여 북핵대화와의 상승효과를 기해야 한다. 북한도 상반기 내부 결속을 끝난 후에는 대외관계 개선을 위한 유화전략을 구사할 가능성이 많다. 전통적으로 북한은 핵실험 이후 혹은 한미합동군사훈련에 대한 반발로 긴장수위를 고조하였다가 일정 시점에 전술적 변화를 일으키는 강온전략을 구사해 왔다.

2009년에도 핵실험으로 위협수위를 높였다가 하반기 미국 정치인사를 불러 모아 협상국면으로의 전환을 꾀한 사례가 있다. 이러한 맥락에서 볼 때 올해 하반기 남북대화를 재개하기 위한 여건은 조성될 수 있다. 앞으로 박근혜 정부는 대화를 통해 현안을 풀어나가겠다는 입장을 지속적으로 견지하는 가운데 남북관계의 위기상황을 해소하고 대화의 주도권을 확보해 나가야 한다. 대화와 제재를 병행하지 않고 제재만을 강요하고 국제적 제재국면에서의 남북관계의 독자성을 확보하지 못할 경우 남북관계의 신뢰는 형성되기 어렵고 박근혜 정부의 남북관계는 더 이상 진전을 보기 어려울 것이다. 북핵문제 해결을 위한 다양한 채널이 가동되고 남북관계 복원을 통한 대북제재가 완화될 때 남북관계도 궁극적인 진전을 이룰 수 있다는 점(선순환 구조)을 명심하여야 한다.[41]

둘째, 한미공조와 한중협력의 앙상블 구조를 구축해 나가야 한다. 북한의 도발수위 고조행위로 한미 간 군사분야의 대비체제는 갖추어져 있다. 북한의 위협에 대비해 3월 키리졸브 한미합동군사훈련을 실시하였고 미국의 폭격기와 핵잠수함도 들어온 바 있다. 한미 군당국은 공동국지도발대비계획에도 서명하였다. 한미 간 안보 공동대응을 통

---

41 이명박 정부는 이러한 북한의 강온전략을 '불순한' 의도로 인식, 원칙적이고 강경한 입장으로 대응하였다. 비공개로 남북정상회담이 추진되었지만 무산되었고 천안함, 연평도 사태로 남북관계는 더 이상 빛을 보지 못하였다. 남북대화를 추진하는 것이 북한의 전략에 말리는 것이고 북한에게 잘못된 메시지를 줄 수 있다는 시각을 갖고 있는 한 남북대화는 추진되기 어렵다. 그러나 앞으로 전개될 남북대화는 북한의 잘못된 행동을 눈감아 주고 보상을 하는 식으로 진행되지도 않을뿐더러 그렇게 진행되기도 어렵다. 대북접근에 있어 대화와 압박, 협상과 제재를 균형 있게 펼쳐나가겠다는 two-track 접근이 국제적 공조노력에 따라 확고하게 유지되고 있기 때문이다.

해 북한의 핵과 도발 위협에 대처해 나가는 한편, 대화와 협상을 통해 어떻게 북핵문제와 한반도 통일문제를 다뤄나갈 것인지 정책적 공조를 이루는 것이 중요하다. 지난 3월 7일 미국 상원 외교위원회가 개최한 대북정책 청문회에서는 전·현직 6자회담 수석대표가 북한과의 대화 필요성을 제기해 눈길을 끌었다. 글린 데이비스 미 국무부 대북정책 특별대표는 대화와 압박의 투트랙 기조를 계속 유지해 나갈 것임을 강조하면서도 '평화적인 방식으로 한반도의 검증 가능한 비핵화라는 목적을 달성하기 위해서는 북한과 의미 있는 대화에 열린 자세가 필요하다'고 설명하였다. 한반도 비핵화를 위해 창의적인 접근을 계속해 나가겠다는 의사를 표명했다. 보즈워스 전 대북정책 특별대표도 "평화협정, 경제·에너지 지원, 외교관계 정상화 등을 포함하는 광범위한 문제를 포괄적으로 논의해야 한다"고 조언했다. 결국 북한 핵무기의 비확산과 핵폐기를 유도하기 위해서는 북한과의 협상이 필요하며 이러한 대안마련에 있어 한미 간 긴밀한 공조가 요구된다.[42]

한편, 북한에 가장 큰 영향력을 미치고 있는 한중협력 관계를 강화하여 북한문제를 어떻게 다뤄나갈 것인지 긴밀히 대화하고 공조하는 것이 중요하다. 이러한 문제를 논의함에 있어 한반도 통일을 염두에 두고 협의를 진행해 나가야 할 것이다. 한국이 한반도의 주도적인 통일이 될 때에도 이것이 중국의 국익과 배치되지 않음에 대한 공감이 있어야 북한 핵문제도, 통일문제도 중국이 협력적으로 나올 수 있다. 3차 북한 핵실험 이후 한반도 문제의 국제화가 심화됨으로써 미중 관계

---

[42] 북한은 자신들의 핵이 한반도의 평화와 안전을 담보한다고 주장한다. 김혜연, 『민족통일의 바른 길』, 평양출판사, 2012, 235~248면 참조.

속에서 한반도 문제가 좌지우지될 가능성이 높아졌다. 한반도가 지정학적으로 미중 간 갈등과 협력관계 속에 놓여있는 것이 숙명이라면 미중의 새로운 G2 관계 속에서 남북관계 개선과 균형 있는 한미, 한중외교를 통해 한반도 문제해결의 해법을 찾아 나가야 할 것이다. 북한의 3차 핵실험 이후 중국의 대북관 변화의 기회에 다양한 채널을 통해 중국 측에 우리의 생각과 입장을 전해야 하며 미중의 관계 속에서 전래적·습관적 기성외교에서 벗어나 '세련된 중견국 외교'를 펼쳐나가야 할 것이다.[43]

마지막으로 통일을 위한 내외 합의기반 조성의 필요성을 제기하고자 한다. 북한의 대남 위협으로 안보위기가 고조되자 우리 사회 내부에서도 전술핵재배치·핵무장론, 북한붕괴론, 선제타격론 등 안보이슈의 무분별한 분출로 국민들이 혼란스러워 하고 있다. 지금이 종북좌파를 척결해야 할 때라는 섬뜩한 소리가 나오고 북한 레짐체인지론이 회자되고 있다. 안보위기 상황에서 안보이슈가 논의되어야 하는 것은 마땅하다. 다만 안보위기가 어느 정도 해소되는 과정에서 대화와 협력으로의 전환을 위해서는 국민적인 뒷받침이 필요하다. 박근혜 정부는 차분하고 신중한 대응을 통해 위기관리를 해나가는 가운데 남북관계 개선 의지를 국민들에게 적절히 제시함으로써 국민적 단합을 유도하고 지지기반을 확대해 나가야 할 것이다. 아울러 대외적으로 통일외교의 활발한 추진을 기대한다. 북한 문제만 나오면 뒤로 물러났던 중국의 학자들조차 요즈음은 자기 생각을 활발하게 이야기 하고 있다. 우

---

43 『조선일보』, 2013.4.2.

리가 중국, 미국과 따로따로 얘기하는 것은 많이 해봤다. 한미중, 나아가 북한 전문가들과 아우르는 포맷으로 이야기가 진행되어야 한다. 트랙 2로부터 시작해서 트랙 1.5, 정부 간 협의체로 발전시켜 나가야 한다. 한반도 문제를 어떻게 풀 것인지 허심탄회하고 전략적인 협의가 필요하다. 한반도 통일은 세계 평화와 번영의 근본 틀을 바꾸는 거대 사변이 될 것이다. 갈등과 협력의 이중주 속에서도 한반도 문제와 관련된 모든 연주자들이 조화롭고 협력적인 앙상블을 기하는 순간, 한반도 통일은 우리가 원하는 방향으로 더욱더 빨리 우리 곁으로 다가올 것이다.

참고문헌

『경향신문』,『뉴시스』,『동아일보』,『문화일보』,『서울신문』,『신동아』,『연합뉴스』,
『월간조선』,『조선일보』,『중앙일보』,『프레시안』, ⟨YTN⟩.
제19차 남북장관급회담「공동보도문」.
통일부 장관 내외신 브리핑, 2013.3.27.
⟨조선중앙통신⟩, 2002.11.21 · 2013.3.5 · 2013.3.31.

김근식,「남북정상회담과 남북관계 − 소중한 추억과 잊혀진 기억」, '민주화 · 탈냉전
　　시대, 평화와 통일의 사건사' 학술회의, 경남대 극동문제연구소 · 고려대 민족
　　문화연구원, 2012.
양무진,「제2차 북핵문제와 미북 간 대응전략」,『현대북한연구』10권 1호, 북한대학
　　원대학교, 2007.
전봉근,「북핵협상 20년의 평가와 교훈」,『한국과 국제정치』27권 1호, 경남대 극동
　　문제연구소, 2011.

강태호 외,『천안함을 묻는다 − 의문과 쟁점』, 창작과비평사, 2010.
국가정보원,『남북한 합의문건 총람』, 국가정보원, 2004.
민주평화통일자문회의,『이명박정부 대북정책 바로알기』, 민주평화통일자문회의, 2009.
백학순,『이명박 정부의 대북정책 − 2008~2012』, 세종연구소, 2013.
이용준,『게임의 종말』, 한울아카데미, 2010.

김봉호,『선군으로 위력떨치는 강국』, 평양출판사, 2005.
김인옥,『김정일장군 선군정치리론』, 평양출판사, 2003.
김혜연,『민족통일의 바른 길』, 평양출판사, 2012.
현정룡,『2012년에 보는 10 · 4 선언』, 평양출판사, 2012.

북한 대기근의 역사적 기원
일제시기 함경도 지역을 중심으로

정병욱

1. 북한 기근을 바라보는 새로운 시각

1990년대 북한이 기근으로 입은 피해는 엄청났다. 아사자가 100만에 이르렀다고 한다.[1] 당시 북한 총 인구가 2,000여만 명이었으니 1호당 5~6인 가족이라면 세 집 걸러 한 집 꼴로 굶어죽은 사람이 나왔다는 소리다. 또한 살아남은 자들이 겪은 물적 심적 고통은 헤아리기 어려우며 여전히 지속되고 있다. 북한 정권 또한 심대한 타격을 입었고 그 효과 여부는 차지하더라도 변화를 꾀하지 않을 수 없게 되었다. 이제 북한의 역사는 기근 이전과 이후로 나누어 봐야 할 정도다.

---

[1] 1990년대 북한의 아사자 수에 대해서는 작게는 22만 명에서 많게는 350만 명까지 추산된다. 스테판 해거드 · 마커스 놀랜드는 60~100만 명으로 추정하고 있으며, 이석은 1994~200년간 총 기근 사망자를 좁게는 25~69만 명, 넓게는 25~117만 명으로 추산한다. 스테판 해거드 · 마커스 놀랜드, 이형욱 역, 『북한의 선택 ─ 위기의 북한 경제와 한반도 미래』, 매일경제신문사, 2007, 38면; 이석, 「1994~2000년 북한 기근 ─ 초과 사망자 규모와 지역별 인구변화」, 『국가전략』 10-1호, 세종연구소, 2004, 138면.

기근의 원인은 무엇일까? 북한 정부는 홍수와 같은 자연재해를 강조하지만 전문가들은 구조적 요인에 더 주목한다. 우선 북한 정부의 잘못된 대응, 특히 식량 분배체계의 실패를 지적한다.[2] 나아가 사회주의적 소유방식은 개인적 인센티브가 부족하고 결국 생산력을 저하시킨다는 입장에서 사회주의적 계획경제 시스템이 가진 결함을 지적하기도 한다.[3] 강조점은 다르지만 공통적으로 지적되는 것은 1980년대 말부터 시작된 사회주의 경제권의 붕괴에 따라 식량 및 농자재 수입이 차질을 빚으면서 식량의 생산 및 소비가 감소했다는 점이다.

주목되는 것은 북한의 농업 생산체제가 갖는 문제점이다. 이석은 사회주의 경제권 붕괴와 북한산업 황폐화로 비료를 비롯한 농자재 투입량이 감소한 것이 기근의 가장 큰 원인이지, 사회주의 농업체제의 비효율성 때문이 아니라고 한다. 정은미는 1970년대 중반 북한 농업은 식량자급에 도달했지만, 그 이면에는 "고高비용, 고高에너지형" 생산방식이라는 "불안한 요소"가 잠재해 있었다며, 이 생산방식이 제대로 작동하지 못하게 된 1990년대 초반부터 농업생산력은 감소했다고 한다.[4]

<hr>

2 스테판 해거드 · 마커스 놀랜드, 위의 책; 정광민,『북한기근의 정치경제학』, 시대정신, 2005.
3 이종석,『새로 쓴 현대북한의 이해』, 역사비평사, 2000; 김연철,『북한의 산업화와 경제정책』, 역사비평사, 2001.
4 이석,『1994~2000년 북한기근-발생, 충격 그리고 특징』, 통일연구원, 2004; 정은미,「북한의 국가중심적 집단농업과 농민 사경제의 관계에 관한 연구」, 서울대 박사논문, 2006. 이외에 스테판 해거드 · 마커스 놀랜드도 다음과 같이 지적한다. "자급자족이라는 목표를 추진하면서 (북한 - 인용자)정부는 (…중략…) 공업의 '대약진' 방식과 유사한 산업화 방식을 농업 생산에 채택했다. 북한 농업의 이 마지막 전략은 이후 나타난 북한의 취약성을 이해하는 열쇠가 된다. 특히 1960년대부터 정부는 '기계화, 전기화, 수리화, 화학화'라는 '4대 현대화'를 적극적으로 추진했다. 그 결과, 화학 비료와 살충제를 과도하게 사용하는 세계 최고의 영농자재 집약적 농업 체계를 채택한 나라의 반열에 올랐다. 생산량은 증가했지만 수입한 것이든 산업분야에서 생산한(산업 분야 역시 수입한 영농자재에 의존) 것이든 이 중대한 영농자재의 가용성에 따라 생산량이 크게 좌우되었다. 영농자재의

이런 주장을 통해 명확하게 알 수 있는 것은 식량자급이 힘든 북한의 농업 현실이다. 다른 산업분야의 영농자재를 다량 투입하여 일시적으로 식량자급에 도달할 수 있었지만 장기적인 자급 유지는 힘들었다.

1945년 해방 / 분단 이전을 연구해보면 북한 지역의 식량난은 어제 오늘의 일이 아님을 알 수 있다. 일제강점기는 물론 그 이전 시기에도 식량자급이 힘들었던 지역이다. 이는 지금의 '북한' 지역이 농경이 본격화된 이래로 독립된 단위로 존립한 적이 없었다는 점에서도 잘 알 수 있다. 중국 동북지역 '만주'와 연계되거나(고구려, 발해) 아니면 한반도 남부와 결합되어(고려, 조선) 존속하였다. 특히 북한에서 기근 피해가 가장 컸던 함경도[5]는 조선의 확실한 영토가 된 이래로 항상 식량 문제가 끊이지 않고 일어났던 지역이다. 어찌 보면 20세기 말 기근은 오래전부터 이 지역에 반복되어 나타났던 식량 위기의 가장 최근 사례라 할 수 있다.

이 글의 목적은 북한 대기근의 역사적 기원을 함경도 지역을 중심으

대표적인 예가 바로 화학 비료다. 북한은 소련의 도움을 받아 자체적인 비료 생산 능력을 갖추었지만 이 설비 역시 직접 수입한 석유화학 원료나 수입석유를 사용하는 석유화학 원료에 의존했다." 스테판 해거드·마커스 놀랜드, 앞의 책, 60면.

[5] 1990년대 북한의 도별 곡물 생산량을 보면 함경도가 가장 많이 감소했으며(아래 표 참조), 아사자를 비롯한 기근의 피해도 동북지역(함경남북도, 양강도)이 가장 컸다. 이석, 앞의 글, 138~141면.

〈1993~1997년 북한의 도별 곡물(쌀 + 옥수수)생산〉 (단위 : 지수, 1989~1992년 = 100)

지역	1989~1992	1993	1994	1995	1996	1997
평양,남포,개성	100	116	69	48	36	37
평안남북도	100	113	91	33	24	29
함경남북도	100	61	73	44	28	18
황해남북도	100	111	70	42	25	38
강원도	100	86	89	50	22	19
합계	100	104	80	40	27	31

출전 : 이석, 『1994~2000년 북한기근-발생, 충격 그리고 특징』, 통일연구원, 2004, 49면에 의거해 재구성

로 살펴보는 데 있다. '원인'과 달리 '기원'은 직접적인 인과관계를 말해주지는 않지만, '기원'을 통해 파악한 과거의 경험은 현재의 사태를 폭넓게 이해하는 데 도움이 될 것이다. 비교적 상세한 자료가 남아 있는 일제강점기를 중심으로 함경도 지방의 식량 사정을 살펴보면서, 조선 후기 및 해방 직후의 상황을 보태어 북한 정권이 들어서기 이전의 전체 역사상을 검토하겠다. 또한 식량 위기가 상존했다면 그 해결 방안 또한 매 시기 존재하였을 것이다. 현재의 기근을 해결하기 위한 시사점을 얻기 위해 그러한 방안들을 '역사적 모색'이란 이름으로 검토해보겠다.

2. 기근의 역사적 기원

함경도, 특히 함경북도는 조선 세종 대 6진의 개척으로 조선에 편입되었지만 줄곧 변방의 군사지역에 불과했다. '왜란', '호란'이 지나고 변경의 위기 상황이 완화되기 시작한 17세기 말 18세기 초부터 변화가 찾아왔다. 17세기 후반부터 인구가 늘었다. 1648년부터 1864년까지 함경도 인구는 6만 9천 명에서 69만 6천 명으로 10.1배 증가했다. 이는 같은 기간 153만 1천 명에서 682만 9천 명으로 4.5배 증가한 전국의 인구 증가율을 두 배나 넘는 수치이다. 이는 자연증가율에 의한 것이기 보다 사회적 이동의 결과였다. 전국적으로 진행된 농민층 분해에 따라 새로운 생활 근거지를 찾아 떠나는 유동인구가 많아졌고, 이 중 많은 수가 함경도의 미개척지로 향했던 것이다. 이 지역에 개간지가 확대되고 행정시설이 회복 정비된 것도 이 시기였다.

문제는 함경도의 경제사정이 그리 좋지 않다는 점이다. "항산恒産이 없기 때문에 토착성이 강하지 못하다"는 평가를 받는 지역이다. 특히 경지가 적고 척박하였다. 개간을 통해 논농사가 확대되었으나 생산성이 매우 낮아 남쪽의 1/3에 불과했다. 밭농사 중심일 수밖에 없는데 그것도 1년 1작에 불과했다. 곡식이 귀해 진자賑資에서 함경도의 곡물 100석은 남도의 1,000석과 동일한 것으로 계산되었다. 북관지역, 즉 함경북도는 19세기 후반까지 좁쌀이 주식이었다.

조선 정부는 18세기 들어 개시정례開示定例를 정비하여 주민의 부담을 줄이고 뒤에서 보듯이 교제창交濟倉을 설치하여 부족한 식량을 조달하는 등 민생 안정에 주력했지만, 19세기 후반에 이르면 환곡의 폐단, 북관개시 비용의 재차 증가, 확대된 국방비의 전가로 주민들의 부담은 크게 증대되었다. 연이어 재해와 흉년이 발생하여 식량이 부족해지자 만주와 연해주로 집단 이주하는 자들이 늘어갔다.[6] 당시 고종이 함경도민에게 내린 훈시는 이런 사정을 잘 말해준다.

　　너희 咸鏡道의 대소 民人은 내 誥示를 분명하게 들으라. 옛날 우리 桓祖
　　大王은 북방에 처음으로 발을 디뎠고, 우리 太祖大王에 이르러서는 天命에
　　응하고 民意를 따라 왕업을 빛나게 열어 덕화가 빛나는 것이 북쪽에서부터
　　시작되었다. (…중략…) 그런데 어찌된 일인지 근래에 와서는 기근에 시달
　　리고 賦役에 고달프며 죽고 싶어도 죽지 못해 俄羅斯(러시아-인용자)로 흘

6　이상 조선후기 함경도 상황은 강석화, 『조선후기 함경도와 북방영토인식』, 경세원, 2000,
　　74~102・130~178면; 고승희, 『조선후기 함경도 상업 연구』, 국학자료원, 1987, 21~51
　　면; 高丞嬉, 「19세기 후반 함경도 변경지역과 연해주의 교역 활동」, 『朝鮮時代史學報』 28,
　　朝鮮時代史學會, 2004, 162~167면을 정리한 것이다.

러들어가는 사람들이 무려 몇 천 몇 백 명이나 되는지 헤아릴 수도 없다.[7]

그러면 20세기 전반 함경도 지역의 식량사정은 어떠했을까. 일제강점기에 함경도 지역에 관한 자료와 통계가 비교적 잘 축적되어 있는 편이라 당시 함경도의 자연 환경, 농업 사정을 상세하게 살펴볼 수 있다. 먼저 도별 면적을 보면 1940년 함경남도가 31,978㎢로 가장 넓었고, 다음이 평북(28,468㎢), 강원(26,263㎢), 함북(20,347㎢) 순이었다. 함남과 함북을 합친 함경도 면적은 52,325㎢로 전체 면적 220,840㎢의 24%를 차지했다.[8] 반면에 같은 해 인구는 함경남도 1,878,992명 함경북도 1,102,272명으로 13도 중 각각 5위, 12위를 차지하였다. 함경도 합계는 2,981,264명으로 전체 24,326,327명의 12%에 해당했다.[9] 즉 함경도는 조선의 면적 거의 1/4을 차지하였지만 인구는 1/10을 약간 넘는 정도에 불과했다. 당시 함경도 지역은 "토광인희土廣人希", 즉 땅을 넓고 사람은 드문 지역으로 불리었다.[10]

문제는 땅은 넓지만 농업에 적합하지는 않았다는 데 있었다. 대부분이 고원, 산악지대로 기후도 춥고 건조하여 농사에 적절치 못했다. 해안 평야지대도 농무濃霧와 냉해 피해가 많았다. 함경도 지역을 자연환경에 따라 구분해 보면 〈표 1〉과 같다. 행정구역으로는 함경남도와 함경북도로 구분되었지만, 자연환경은 크게 고원지대와 산악지대로 구

---

7 「함경도 백성들을 위로하는 윤음을 내리다」, 『朝鮮王朝實錄』, 고종 13권, 13년(1876) 8월 9일(정유).
8 朝鮮總督府, 『朝鮮總督府統計年報』, 1940, 1면.
9 朝鮮總督府, 『朝鮮國勢調査報告』, 1940(국가통계포털 http://kosis.kr의 '주제별통계-인구·가구-인구총조사'에서 검색).
10 필자 미상, 「咸北사람의 본 咸北과 記者의 본 咸北」, 『開闢』 43호, 開闢社, 1924. 1, 185~188면(국사편찬위원회 한국사데이터베이스 http://db.history.go.kr에서 검색).

〈표 1〉 일제강점기 함경도의 지역 구분

		함경북도	함경남도
고원지대		무산군	갑산, 혜산, 삼수, 풍산, 신흥, 장진군
산악지대	북부산악지구	경흥, 부령, 은성, 경성, 회령, 종성, 경원군	단천, 이원, 북청, 홍원
	(도작지방)		함주, 정평(성천강 유역)
	남부산악지구	명천, 길주, 성진군	영흥, 고원, 문천, 안변, 덕원

출전: 久間健一, 『朝鮮農業經營地帶の硏究』(東京 : 農林省農業總合硏究所, 1950), 223~224・259~300면.

분할 수 있다. 고원지대는 개마고원 일대로서 한반도에서 가장 척박한 지역에 해당한다. 그 외 지역도 평야지대는 거의 없고 산지가 대부분 인 산악지대였다. 다만 함경남도의 성천강 유역의 평야 지대만이 그나 마 이 지역의 식량창고 역할을 할 수 있었다.

자연히 경지면적이 적었다. 1940년 기준 총 면적에 대한 경지면적 비율은 함경남도 13%, 함경북도 11%에 불과 했다. 이것은 전국 평균 경지면적 비율인 20%의 절반에 불과하고 황해도나 전라도 지역에 비 해서는 1/3 정도에 해당하는 수치다.[11] 그나마 적은 경지 중에서도 논 이 차지하는 비율은 적었다. 경지 중에서 밭이 차지하는 비율은 함 남・북의 고지대에서 98%, 이외 함북 90%, 함남 77%로 밭이 압도적으 로 많았다.[12] 이는 그대로 재배되는 작물의 종류에 반영되었다.

주식으로 사용하는 식량작물 중 벼는 함남 산악지역에서 주로 생산되 었다. 그런데 〈표 2〉를 보면 이 지역도 벼는 전체 작물 중 18.7%에 불과 했다. 함경남도에서 벼가 생산되는 곳은 '5대 평야'라 불린 함흥평야, 영

---

[11] 朝鮮總督府, 『朝鮮總督府統計年報』1940년판 참조(국가통계포털 http://kosis.kr의 '광복 이전 통계'에서 검색).

[12] 久間健一, 『朝鮮農業經營地帶の硏究』, 東京 : 農林省農業總合硏究所, 1950, 147면.

흥평야, 북청평야, 안변평야, 단천평야였다. 함흥평야는 이 중 논의 비율이 29%로 높은 편이었지만 단천평야는 13%에 불과했다. 이처럼 가장 넓은 농경지를 가진 함남 도작지대도 논의 비율은 13~29%로 적은 편이었다.(〈표3〉 참조)

〈표 2〉 일제강점기 함경도 지역의 작부(作付) 종류 (단위 : %)

작물	함남산악지역	함북산악지역	함남고원지역
벼	18.7	7.9	-
보리	6.0	14.1	9.8
콩	19.1	26.8	7.6
팥	7.3	-	-
조	21.7	26.4	9.4
피	8.8	-	-
귀리	-	-	40.2
감자	6.1	-	17.5
기타	12.3	24.8	15.5

출전 : 久間健一, 『朝鮮農業經營地帶の硏究』(東京 : 農林省農業總合硏究所, 1950), 225・263면.

〈표 3〉 함남 지역 '5대 평야'의 논・밭 비중 (단위 : 정보)

평야명	논	밭	계
함흥평야	10,295 (29%)	25,175 (71%)	35,470
영흥평야	3,200 (20%)	12,476 (80%)	15,676
북청평야	3,045 (28%)	7,651 (72%)	10,696
안변평야	2,547 (26%)	7,220 (74%)	9,767
단천평야	1,243 (13%)	8,500 (87%)	9,693

출전 : 咸鏡南道, 『(大正10年) 咸鏡南道産業要覽』(1922), 25~26면.

이러한 자연적 조건에 따라 함경도 지역에서 생산되는 미곡의 양은 적었다. 〈표 4〉는 일제강점기 함경도 지역의 미곡 재배면적과 생산량을 정리한 것이다. 1920년대 후반 산미증식계획의 여파로 함경도 지역의 쌀 생산량이 증가되었지만, 전국의 쌀 생산량에 비추어보면 그 비율은 여전히 낮았다.

〈표 4〉 일제시기 함경도 지역 벼(미곡) 재배면적 및 수확량

연도	재배면적(정보)					수확량(석)				
	전국	함남 / %		함북 / %		전국	함남 / %		함북 / %	
1920	1,555,405.8	42,046.4	2.70	7,904.4	0.51	14,882,352.0	385,467.0	2.59	64,888.0	0.44
1925	1,585,216.2	46,497.7	2.93	10,104.1	0.64	14,773,102.0	434,337.0	2.94	101,756.0	0.69
1931	1,674,610.1	54,889.1	3.28	17,173.0	1.03	15,872,999.0	487,326.0	3.07	69,170.0	0.44
1935	1,694,539.3	62,935.8	3.71	16,431.3	0.97	17,884,669.0	702,777.0	3.93	178,971.0	1.00
1940	1,641,748.5	67,149.0	4.09	19,047.0	1.16	21,527,393.0	867,143.0	4.03	192,021.0	0.89
1943	1,517,175.8	63,001.4	4.15	17,216.5	1.13	18,718,940.0	830,593.0	4.44	181,831.0	0.97

출전 : 朝鮮總督府, 『朝鮮總督府統計年報』 각년판 및 南朝鮮過渡政府, 『朝鮮統計年鑑』(서울 : 南朝鮮過渡政府, 1948)의 '米作付段別及收穫高'(국가통계포털 http://kosis.kr의 '광복이전 통계'에서 검색. 이하 동일)

함경남도는 앞에서 살펴본 바와 같이 동해안 해안선을 따라 성천강 유역에 평야가 조성되어 미곡 재배가 어느 정도 이루어졌다. 1920년 중반까지 전체 미곡량의 3%을 넘지 못했으나 이후 3%를 넘어 1940년대 들어서는 4% 정도를 차지했다. 함경북도의 미곡생산량은 매우 적었다. 1920년대까지 전체 생산량의 1%를 넘지 못하였고, 1930년대 이후에도 겨우 1% 정도의 생산량을 보였다. 함경남도와 북도를 합해도 미곡생산량은 전체 생산량의 3~5% 수준으로 적었다. 함경도 인구가 전국의 10% 정도였던 것을 감안하면 함경도 지역 내에서 생산되는 미곡만으로 함경도 지역민의 식량 수요를 충족시킬 수 없었다. 함경도 지역에서는 미곡이 주식이 될 수 없었다. 이를 보완해 준 것은 각종 잡곡이었다.

먼저 보리의 생산량을 살펴보자. 보리는 함남·북 고원, 산악지대에

서 고루 생산되었다. 그러나 그 비율은 함경도 지역 식량 생산량의 10%
를 넘지 않았다. 보리 생산량은 함경남북도의 차이가 그리 크지 않았
다. 〈표 5〉는 일제강점기 함경도 지역 보리생산량을 정리한 것이다.
1930년대까지 전국 생산량의 대략 2~3% 수준이었다. 그러나 일제의
침략전쟁 도발 이후 전시기에는 함경도 지역 보리 생산량은 2% 이하로
떨어졌다. 이것은 미곡 생산량의 증가와 반비례한 것이다. 총독부가
전쟁 수요에 따라 미곡 생산에 주력하면서 관개시설이 증가한 함경도
지역에서 미곡 생산을 독려하여 같은 논을 활용하는 보리 생산은 감소
한 것으로 판단된다.

〈표 5〉 일제시기 함경도 지역 보리류 재배면적 및 수확량

연도	재배면적 (정보)					수확량 (석)				
	전국	함경남도	/ %	함경북도	/ %	전국	함경남도	/ %	함경북도	/ %
1920	1,232,489.7	50,177.4	4.1	46,295.3	3.8	9,860,843.0	318,389.0	3.2	254,803.0	2.6
1925	1,245,082.1	44,763.0	3.6	45,036.5	3.6	10,419,602.0	332,932.0	3.2	254,178.0	2.4
1930	1,317,885.0	41,371.2	3.1	45,872.6	3.4	9,964,039.0	208,868.0	2.0	222,433.0	2.2
1935	1,366,329.5	43,732.4	3.2	46,882.5	3.4	12,311,296.0	299,584.0	2.4	324,735.0	2.6
1940	1,529,932.4	28,457.8	1.9	36,639.2	2.4	12,505,463	156,087	1.2	212,318	1.7
1943	1,471,308.5	31,318.7	2.1	39,704.1	2.7	8,418,804	144,043	1.7	218,112	2.6

출전 : 朝鮮總督府, 『朝鮮總督府統計年報』 각년판 및 南朝鮮過渡政府, 『朝鮮統計年鑑』(서울 : 南朝鮮過渡政府, 1948)의 '麥類作付段別及收穫高'.

이처럼 남한 지역의 주 식량작물인 미곡과 보리는 함경도 지역에서
는 주작물이 될 수 없었다. 미곡과 보리를 합해도 평균적으로 함경도
지역 식량작물에서 차지하는 비중은 1/4 정도에 불과했다. 나머지는
다양한 잡곡류로 채워졌다.

함경도 지역의 지형적 특성과 기후조건에 따라 이루어진 작부 방식

을 〈표 1〉의 지역 분류방식에 따라 살펴보면 〈표 6〉과 같다. 개마고원 지대인 함남 고원지역에서는 귀리, 감자가 가장 중요한 작물이었고, 보리와 조가 함께 재배되었다. 귀리만을 연작하거나 귀리-감자를 돌려짓는 비율이 50% 정도를 차지했다.(표 6-1 참조)

〈표 6〉 일제강점기 함경도 지역의 작부 방식
(6-1) 함남 고원지역

작부방식	작부순위	작부면적(町步)	비율(%)
1년 1작	귀리 연작	7,689	11.8
2년 2작	조(팥)-콩	9,518	14.6
	귀리-감자	25,467	39.2
3년 3작	귀리-감자-보리	7,830	12.0
2년 3작	조(팥)-보리-콩	8,803	13.5
기타		5,704	8.9

함북 산악지역으로 오면 귀리는 거의 재배하지 않고 감자, 조, 보리가 재배되었다. 귀리 대신 피가 재배되기도 했다. 특히 함북지역에는 2년 3작으로 '조-보리-콩'의 혼작이 55%를 넘었다. 함북지역은 간도지역과 함께 예로부터 콩의 산지로 유명했다. 그 외 '조-콩'의 2년 2작이 20% 정도로 많았다. 이처럼 콩을 혼작하는 것은 척박한 지력을 회복시키는 방법으로 유용했기 때문이다.(표 6-2 참조) 함남 산악지역으로 내려오면 작물의 종류는 더욱 다양해진다. 역시 '조-콩', '조-보리-콩'의 재배비율이 50%를 차지하고, 그 외 수수, 피, 귀리, 감자 등의 잡곡이 함께 재배되었다. 콩은 이 지역에서도 혼작으로 가장 선호되는 작물이었다. (표 6-3 참조)

(6-2) 함북 산악지역

작부방식	작부순위	작부면적(정보)	비율(%)
1년 1작	감자 연작 피 연작	9,940 6,776	13.5 9.2
2년 2작	조-콩 보리-콩	14,904 1,067	20.2 1.4
2년 3작	조-보리-콩	40,907	55.7

(6-3) 함남 산악지역

작부방식	작부순위	작부면적(정보)	비율(%)
1년 1작	조(팥)•혼작	3,183	2.3
2년 2작	조(팥)-콩 수수-피	43,772 16,470	31.0 11.7
6년 6작	조-귀리-조-귀리-조-감자	3,489	2.5
3년 4작	수수-피-밀-콩	15,089	10.7
2년 3작	조(팥)-밀-콩 피-밀-콩 조(팥)-보리-콩 조(팥)-감자-콩	15,850 2,881 28,948 9,105	11.3 2.0 20.5 6.4
	기타	2,466	1.6

출전: 久間健一, 『朝鮮農業經營地帶の硏究』(東京: 農林省農業總合硏究所, 1950), 227・264・281면.

이러한 함경도 지역의 잡곡 재배 실상은 전국적 생산량에서도 알 수 있다. 〈표 7〉을 보면 먼저 조는 함경남도가 전국 생산량의 9~11% 정도, 함경북도가 8~9% 정도를 생산하였다. 1935년은 예외적으로 함경 남북도의 조 생산량이 감소했다. 피는 함경남도가 35~50% 수준에 달했고, 기장은 30% 정도였다. 함경북도의 피 생산량은 15% 수준으로 큰 변동이 없었으나 기장은 1920년대 초반까지 5% 정도였다가 1940년대는 27%까지 상승했다. 수수와 메밀은 함경남도가 10~15% 정도로 비슷했고 옥수수는 많이 재배되지 않았다. 함경북도는 수수와 옥수수가

〈표 7〉 일제시기 함경도 지역 잡곡 수확량(단위 : 석. %)

연도	지역	조 수확량	조 %	피 수확량	피 %	기장 수확량	기장 %	수수 수확량	수수 %	옥수수 수확량	옥수수 %	귀리 수확량	귀리 %	메밀 수확량	메밀 %
1920	전국	6,036,452		1,073,335		17,123.0		835,823		626,135		817,335		623,684	
	함남	571,502	9.5	380,308	35.4	32,053	27.4	116,263	13.9	19,083	3.0	619,140	75.8	70,460	11.3
	함북	481,450	8.0	134,461	12.5	6,430	5.5	32,334	3.9	27,151	4.3	65,441	8.0	5,538	0.9
1925	전국	4,756,742		786,610		99,247		705,985		551,944		661,974		561,745	
	함남	538,363	11.3	294,112	37.4	25,163	25.4	112,746	16.0	20,490	3.7	483,925	73.1	82,899	14.8
	함북	539,506	11.3	115,237	14.6	13,858	14.0	34,651	4.9	31,825	5.8	76,945	11.6	3,910	0.7
1930	전국	5,573,256		659,764		97,233		678,672		655,747		795,076		609,321	
	함남	618,150	11.1	284,993	43.2	24,611	25.3	102,111	15.0	34,052	5.2	632,837	79.6	75,630	12.4
	함북	525,913	9.4	92,409	14.0	13,071	13.4	33,725	5.0	35,460	5.4	79,060	9.9	5,024	0.8
1935	전국	4,860,747		459,358		71,377		557,312		715,280		418,520		626,734	
	함남	401,215	8.3	193,574	42.1	14,570	20.4	71,095	12.8	24,360	3.4	324,165	77.5	68,251	10.9
	함북	336,191	6.9	73,535	16.0	9,661	13.5	22,984	4.1	30,423	4.3	49,367	11.8	4,758	0.8
1940	전국	4,260,858		310,195		39,918		477,453		811,664		240,324		488,493	
	함남	407,144	9.6	160,191	51.6	12,941	32.4	42,089	8.8	31,823	3.9	209,150	87.0	55,965	11.5
	함북	398,389	9.3	60,633	19.5	6,768	17.0	19,590	4.1	29,414	3.6	21,998	9.2	2,185	0.4
1943	전국	4,009,868		353,593		20,817		567,318		1,177,511		205,271		473,106	
	함남	421,807	10.5	142,856	40.4	6,233	29.9	38,433	6.8	52,885	4.5	186,668	90.9	71,331	15.1
	함북	318,842	8.0	55,599	15.7	5,769	27.7	16,839	3.0	38,347	3.3	12,892	6.3	6,431	1.4

출전 : 朝鮮總督府, 『朝鮮總督府統計年報』 각년판 및 南朝鮮過渡政府, 『朝鮮統計年鑑』(서울 : 南朝鮮過渡政府, 1948)의 '雜穀作付段別及收穫高'.

5% 수준으로 재배되었지만 메밀은 거의 재배되지 않았다. 함경도 지역에서 가장 많이 재배된 잡곡은 귀리였다. 함경남도는 전국 귀리 생산량의 75% 이상을 차지하다가 1940년대에는 90%에 달했다.

귀리, 피, 기장, 수수, 감자, 옥수수 등은 척박한 환경에서 자라는 밭작물로 중남부 지역에서는 산간지대에서 생산되는 곡물이다. 그러나 함경도 지역은 전체적인 자연조건이 이러한 작물만이 생존할 수 있을 정도로 척박하였다.

함경도 지역은 인구에 비해 땅이 넓었지만, 농사를 지을 수 있는 경지면적은 좁았고, 그것도 밭에 치우친 상황에서 주 작물은 귀리, 감자, 보리, 조, 콩이었다. 그나마 생산량은 그 땅의 주민을 먹여 살리기 충분치 않았다. 1910년 쌀, 보리와 잡곡을 합친 주곡主穀의 도별 과부족율을 추산한 연구에 따르면 함경남도는 -6.8%, 함경북도는 -8.9%이었다.[13] 문제가 더 심각해진 것은 1910년 이후 여타 산업의 개발과 도시화의 진전에 따라 함경도의 인구가 더 늘어갔다는 점이다.

〈표 8〉은 일제강점기 이뤄진 '국세조사보고'를 바탕으로 도道 및 부府의 인구 변화를 정리한 것이다. 1925년에서 1940년 사이 전국 인구는 1.25배 증가했던 반면에 함경북도 1.76배 함경남도 1.33배로 평균 이상 증가하였다. 이러한 증가를 이끈 것은 부, 즉 도시의 발달이었다. 같은 기간 부 전체의 인구는 3.36배 증가하여 전국 인구 증가를 주도하였다. 함경북도 역시 부의 발달이 눈에 띈다. 청진부 인구는 같은 기간 무려 9.58배 증가하여 경성, 평양, 부산 다음의 조선 제4의 도시가 되었다. 이

---

13 梶村秀樹, 「1910年代 朝鮮의 經濟循環과 小農經營」, 안병직 외, 『近代朝鮮의 經濟構造』, 比峰出版社, 1989, 240면.

외에도 나진, 성진이 각각 1936년과 1941년에 새로 부로 승격되었다. 청
진은 함경도의 대항구로 어업기지이자 일본과 만주, 러시아를 잇는
육·해교통로의 중심지이다. 나남은 일본군의 기지로, 성진은 대규모
산업시설 입지로 성장했다.[14] 함경남도 역시 전체 부의 성장만은 못하
지만 원산부가 1925년~1940년 사이에 2.18배, 함흥부가 1930년~1940
년 사이에 1.72배 증가하여 도의 인구 증가를 이끌었다. 이외에 일본질
소비료주식회사의 공장이 들어선 흥남은 인구가 1930년 2만 5천여 명에
서 1944년 14만 3천여 명으로 5.72배 증가하였고 결국 1944년 부로 승격
했다. 이렇게 볼 때 함경남북도의 도시 성장은 1930년대 일본의 대륙침
략을 뒷받침하기 위한 산업화, 군사기지화를 반영한 것으로 볼 수 있다.
뒤에서 보듯이 이러한 정주 인구 이외에도 토목 공사, 광산 노동, 벌목에
종사하는 많은 계절노동자들이 함경도에 유입되었다. 반면에 1920년부
터 1940년 사이에 함경도의 경지면적은 1.12배 증가했을 뿐이다.[15]

〈표 8〉 일제강점기 道 및 府의 인구 변화 추이(단위 : 명)

행정구역	1925년 a	1930년 b	b / a	1935년c	c / b	1940년d	d / c	d / a
전국	19,522,945	21,058,305	1.08	22,899,038	1.09	24,326,327	1.06	1.25
경기도	2,019,108	2,157,413	1.07	2,451,691	1.14	2,864,389	1.17	1.42
경성부	342,626	394,240	1.15	444,098	1.13	935,464	2.11	2.73
인천부	56,295	68,137	1.21	82,997	1.22	171,165	2.06	3.04
개성부		49,520		55,537	1.12	72,062	1.30	1.46
강원도	1,332,352	1,487,715	1.12	1,605,274	1.08	1,764,649	1.10	1.32

14 손정목, 『일제강점기 도시화 과정 연구』, 일지사, 1996, 286·501~507면.
15 朝鮮總督府, 『朝鮮總督府統計年報』각년판 '耕地面積' 참조(국가통계포털 http://kosis.kr
   의 '광복이전 통계'에서 검색).

행정구역	1925년 a	1930년 b	b / a	1935년c	c / b	1940년d	d / c	d / a
충청북도	847,476	900,226	1.06	959,490	1.07	944,870	0.98	1.11
충청남도	1,282,038	1,382,888	1.08	1,526,825	1.10	1,575,945	1.03	1.23
대전부				39,061		45,541	1.17	
전라북도	1,369,010	1,503,695	1.10	1,607,236	1.07	1,598,614	0.99	1.17
군산부	21,559	26,321	1.22	41,698	1.58	40,553	0.97	1.88
전주부				42,387		47,230	1.11	
전라남도	2,158,513	2,332,256	1.08	2,508,346	1.08	2,638,969	1.05	1.22
목포부	26,718	34,689	1.30	60,734	1.75	64,256	1.06	2.40
광주부				54,607		64,520	1.18	
경상북도	2,332,572	2,416,762	1.04	2,563,251	1.06	2,472,211	0.96	1.06
대구부	76,534	93,319	1.22	107,414	1.15	178,923	1.67	2.34
경상남도	2,021,887	2,135,716	1.06	2,248,228	1.05	2,241,902	1.00	1.11
부산부	106,642	146,098	1.37	182,503	1.25	249,734	1.37	2.34
마산부	22,874	27,885	1.22	31,778	1.14	36,429	1.15	1.59
진주부						43,291		
황해도	1,461,879	1,523,523	1.04	1,674,214	1.10	1,812,933	1.08	1.24
해주부						62,651		
평안북도	1,417,091	1,562,791	1.10	1,710,352	1.09	1,768,265	1.03	1.25
신의주부	23,176	48,047	2.07	58,462	1.22	61,143	1.05	2.64
평안남도	1,241,777	1,331,705	1.07	1,469,631	1.10	1,662,316	1.13	1.34
평양부	89,423	140,703	1.57	182,121	1.29	285,965	1.57	3.20
진남포부	27,240	38,296	1.41	50,512	1.32	68,656	1.36	2.52
함경북도	626,246	745,124	1.19	852,824	1.14	1,102,272	1.29	1.76
청진부	20,649	35,925	1.74	55,530	1.55	197,918	3.56	9.58
나진부						38,319		
함경남도	1,412,996	1,578,491	1.12	1,721,676	1.09	1,878,992	1.09	1.33
원산부	36,421	42,760	1.17	60,169	1.41	79,320	1.32	2.18
함흥부		43,851		56,571	1.29	75,320	1.33	1.72
府 합계	827,283	1,161,906	1.40	1,574,401	1.36	2,782,031	1.77	3.36

출전 : 朝鮮總督府, 『朝鮮國勢調査報告』 각년판(국가통계포털 http://kosis.kr의 '주제별통계-인구·가구-
인구총조사'에서 검색). 'd/a'란의 개성부와 함흥부 수치는 'd/b'이다.

인구는 늘어났으나 곡식 생산이 그에 비례하여 늘지 않았다면 식량 문제가 나타나기 마련이다. 더욱이 그렇지 않아도 식량 위기가 끊이지 않았던 함경도이다. 일제강점기 조선총독부의 정책금융기관이었던 조선식산은행이 1939년 대한해大旱害와 전시경제체제 돌입에 따른 지역경제의 동향을 파악하기 위해 1940년 초 각 지점에 해당지역의 경제동향을 보고하게 했다. 함경북도 지점의 보고를 식량 사정 중심으로 정리한 것이 〈표 9〉이다.

1939년 함경북도 지역은 한해 피해가 없고 미곡은 오히려 약간 증수增收되었다. 그럼에 불구하고 식량이 자급되는 지역은 한 곳도 없었고 모두 부족했다. 회령은 75%, 성진은 80%, 나진은 100% 타지방에서 쌀을 들여왔다. 주된 수입 지역은 조선의 남부와 서부, 일본이나 대만이었으며 드물지만 기타 외국에서도 들여왔다. 잡곡의 경우도 부족하여 조粟와 피稗는 만주산, 보리麥는 일본산을 들여왔다. 콩의 경우 일부는 일본으로 판매하고 부족분은 간도와 만주에서 들여왔다.

이런 식량 부족 사태를 더욱 심화시켰던 것은 당시 전시戰時 공업화工業化 정책에 의해 이 지역의 자연자원을 이용한 각종 산업이 번성함에 따라 외래에서 많은 노동자들이 유입되었기 때문이다. 조선총독부와 도 당국은 필요한 노동자를 알선하고 그에 따라 늘어난 식량 수요를 충족시키기 위해 통제 배급은 물론이고 일상적인 식량배급표 제도, 혼식 제도를 실시하였다.

상대적으로 넓은 평야지대가 있는 함경남도는 그나마 사정이 나았다. 조선식산은행의 원산, 함흥, 북청 세 지점의 보고를 보면 쌀의 경우 함경북도로 쌀을 이출했기 때문에 보충할 잡곡을 이입하거나(원산) 공

〈표 9〉 1940년 함경북도의 식량 사정

문항 \ 지점	청진	나남	성진	웅기	회령	나진
미곡 수급상황	○ 南鮮米에 오로지 의존, 米倉인 南鮮의 한해 때문에 팝박 상태. 이후 미곡통제협회의 선처에 의해 급함은 면했으나 의연 窮屈	○ 南鮮地方 대흉작으로 도당국 미곡 통제, 목하 道外米 구매 집하 분주 ○ 해빙 후 공사계 인부 급격 증가에 따라 팝박 초래 예상, 대책 부심	○ 미곡은 소비량의 8할 정도 타지방에 의존. ○ 旱魃에 의해 田作 피해. 상당량의 잡곡류 입하 못하면 端境期에 원활한 수급 難忘	○ 慶興郡은 자급자족 불가능(생산고 17,000석, 소비고 43,144석), 도배급협회를 통해 매월 평균 18車씩 할당. 2, 3개월 전부터 全鮮 처음으로 切符制(배급표제) 실시	○ 米는 물론 雜穀도 자작자급 못함 ○ 탄광 목재계의 번성으로 미곡 수요 증대 ○ 1939년 미곡 반입량 1개월 평균 20車(백미 환산 4,000석). 항상 곡가 높아	○ 도배급통제회를 통해 배급. ○ 節米방책으로 보리 · 조의 3할 혼식을 勵行
地場米로 족한가?	부족	例年 道外로부터 약 60만 석 정도의 이입	부족. 1938년 성진군 내 생산수량 12,000석, 소비수량 99,792석	매월 他道에서 10車 이입	1개년 米 소비고 4만 석 중 3만 석은 郡外에 의존	地場米 없음
移入米?	일본에서 찰벼 다소 이입	내지, 대만방면에서 이입미도 상당한 모양	당국의 알선에 의해 입하 예상	1939년 6월~8월 北陸米, 가을경 蓬萊米 입하. 현재는 모두 황해도산 미.	1939년 端境期에 裏日本에서 약 1천 석 이입, 이후 南鮮 및 西鮮에 이입	배급미로 신의주, 延安, 慶源의 米
外米?	없음	없음	없음	없음	1939년 없음	1939년 10월~11월 배급미 중 일부
잡곡의 수급상황	○ 粟,稗 : 만주黍 수입 ○ 麥 : 일본산 이입 ○ 大豆 : 間島 대두 수입	일본산 麥 이입 기도	만주산 大豆 구입 계획	당지부근 산은 모두 일본으로 이출. 수요 충족할 수 없는 상황.	○ 粟,稗 : 만주산 수입 ○ 麥 : 일본산 입하 ○ 大豆 : 群內 생산은 일부 郡 내 및 개항 지방으로 이출, 간도에서 입하	○ 粟 : 만주 수입 ○ 麥 : 일본산이입 ○ 大豆 : 경원 온성에서 400석, 만주에서 150석 이입, 부족한 경우가 많음
(기타) 노동자 수급상황	정어리 풍어와 北鮮 土建界의 번성에 따라 극도 부족, 당국의 알선에 의해 南鮮지방에서 다수 인부 모집	○ 토목, 광산, 수산 방면 노동 조정 계획 ○ 본년 관청방면 1천만 엔의 토목공사시행으로 노동력 부족 심각화예상. 남선 한해지방의 노동자 모집에 분주	공장 건설, 광산, 축항, 기타 토목 공사 등으로 인부 항상 부족	○남선한해민알선으로 비교적 완화. ○ 의연 광산 및 제 공사에 다수의 노동자 필요	토목건축, 광산, 철도공사 등에 조선방면의 알선노동자로 충당	○ 1939년 南鮮 인부 상당수 옴, 滿人 인부도 입국허가(300명). ○ 漁期 이외는 충분해도 남선 인부가 돌아간 현재 3월경부터 3,000명 내외 인부 총독부에 알선 의뢰

출전 : 朝鮮殖産銀行調査部, 『地方經濟狀況調査報告』(1940), 496~552면에 의거해 정리.

사장의 수요 때문에 현지산 쌀로는 부족한 상황이었다(북청). 함흥 지역은 미곡을 함경북도에 공급하고 대신 부족한 연료(석탄)를 보급받았다고 한다. 잡곡은 대체로 함경북도와 같이 현지산 대두大豆는 일본에 팔고, 만주산 조, 피, 대두, 일본산 보리를 구입하는 패턴이었다. 북청의 경우는 현지산 조를 남선 한해지방에 팔고 만주산 조를 들여왔다.[16]

1940년이면 조선총독부가 전시 군수식량 확보 및 후방의 안정화를 위해 통제경제를 실시했던 시기이다. 식량 역시 공출과 배급이라는 통제관리 시스템을 구축했다.[17] 전쟁이 확대되고 장기화되자 함경도의 식량사정은 나아질 수 없었다. 다음 면의 〈표 10〉은 1942년 함경북도 식량수급사정을 보여준다. 총독부는 1942년 함경북도 지역의 식량 부족량을 미곡 64만 2,000석, 잡곡 37만 6,000석 합계 101만 8,000석으로 산정했다. 1943년 함경북도 미곡생산량 18만 1,831석이었으니(146면의 〈표 4〉 참조) 대략 함경북도 내에서 생산되는 미곡량의 3.5배 이상이 부족했던 것이다. 잡곡은 자체 생산량이 어느 정도 있기 때문에 미곡에 비해서는 부족량이 적었지만 1943년 잡곡 총 생산량 67만 2,831석의 절반가량이 더 필요했다.(147면의 〈표 5〉·150면의 〈표 7〉 참조)

경제적 측면에서 해방은 북한 지역에는 위기였다. 특히 식량문제가 그렇다. 자급이 되지 않는 상황에서 엔블럭의 해체는 일본과 교역 단절을 가져왔고, 중국도 내전 중이었다. 38선은 서서히 남북 간의 교역에 장애가 되어갔다. 주로 서울(경성)을 매개로 연결되었던 서북과 북선의

---

16 이상 朝鮮殖産銀行調査部, 『地方經濟狀況調査報告』, 1940, 472~495면.
17 당시 농업통제정책에 관해서는 이송순, 『일제하 전시 농업정책과 농촌 경제』, 선인, 2008, 77~100면 참조.

〈표 10〉 1942년 함경북도 식량수급사정

	미곡	잡곡	합계	비고
총독부 부족 査定高	642,000	376,000	1,018,000	
총독부 배급 지령고	771,270	336,970	1,108,240	잡곡 내역 : 조선산 122,410 일본산 1,000 만주산 213,560
반입고	764,270	211,783	976,053	잡곡 내역 : 조선산 68,360 일본산 1,000 만주산 142,423

출전 : 조선총독부 법무국 형사과, 「昭和17年 現下食糧事情ヲ繞ル治安對策」(1942.8.1)[20]

교통망도 문제였다. 북이 서둘러 평원선 복구에 나선 것도 이 때문이었
다.[18] 급박한 상황은 1945년 함경북도 도당위원장의 목소리를 통해 알
수 있다. "북조선은 식량문제가 절박하여 있다. 그러나 그중에서도 함
북은 가장 절박한 사정에 있다. (…중략…) 함북의 식량사정은 농촌의
자급자족도 부족이니 이것은 타지방에 의존할 수밖에 없다. (…중
략…) 함북의 위급존망에 대한 사활문제를 남선南鮮 잉여미로써 충당
하야 해결하여주지 않으면 멀지않은 내일에 수많은 기아민을 낼 수밖
에 없다." 그의 보고에 따르면 1945년 말 함북의 인구는 농민 48만 6,700
명(전체의 42%) 노동자 21만 7,000명 일반시민 45만 4,300명 합계 115만
8,000명으로 약 156만 2,724석이 필요한데, 이해 수확 곡물량은 51만

---

18 평원선(평양-원산)은 1926년 착공되어 지지부진하다가 중일전쟁 이후에 속도를 내
    1941년 4월 1일 개통되었다. 이로써 북선과 서선이 연결되었다. 이를 통한 주요 물품의
    이동은 아래와 같다. 김보영, 「해방 후 남북한교역에 관한 연구-1945년 8월~49년 4월
    기간을 중심으로」, 고려대 박사논문, 1995, 21~22면.
    북선 → 서선 : 수산물, 석유, 유안, 魚粕비료, 금, 석탄, 시멘트, 인견직포, 잡화
    서선 → 북선 : 栗, 大豆, 大豆粕, 青梁, 雜穀, 米, 소금, 유연탄, 무연탄, 薪炭材料, 소맥분,
    紙, 소주, 직물류, 고무신, 양말류, 牛

9,556석에 불과하다고 했다. 약 2/3는 밖에서 조달해야 했다.[19] 일제시기 말과 비슷한 상황이었다.

함경도만이 아니라 북한 전체적으로 식량사정이 어려웠다. 소련 자료에 의면 1946년 북조선 6도 중, 황해도와 평안북도만 식량을 보장할 수 있었다. 다른 지역(평안남도, 강원도, 함경남도, 함경북도)은 도시는 물론이고 농촌에서도 양곡이 부족했다. 외국, 특히 만주로부터 식량 수입이 필요하다고 했다.[21] 실제 1945년 말부터 만주산 곡물이 도입되었다. 1945년 12월 소련군 사령부는 북부 조선의 식량문제를 해결하기 위하여 중국 동북지방, 즉 만주로부터 양곡을 구입할 자금으로 만주화 2,300만 원을 평안남북도 함경남북도 등 4개 도 인민정치위원회에 융통해 주었다.[22] 만주산 곡물은 북측의 남단인 강원도 인제군에서도 소비될 정도로[23] 북측 전역에서 소비되었다.

19 함경북도 도당위원장, 「咸北食糧事情建議案」, 『해방일보』, 1945.12.13(김남식 이정식 한홍구 편, 『한국현대사자료총서』 5권, 1986, 56면에 수록).
20 이 자료는 조선총독부가 식량 수급의 불안정과 부족으로 인한 민심의 동요가 치안문제를 야기하고 있다고 판단하여 이에 대한 각종 정보를 수집하여 보고한 것이다.
21 木村光彦 編譯, 「1946年の食糧狀況」, 『旧ソ連の北朝鮮経済資料集 1945〜1965年』, 東京 : 知泉書館, 2011, 8〜10면.
22 「중국동북지방으로부터 량곡을 구입, 소군사령부 자금융통」, 『정로』, 1945.12.21. 이 외에도 「물자교류 착착 수입중」, 『정로』, 1946.1.10; 「道政報告討議, 평남도위원회 개최」, 『정로』, 1946.1.31 참조.
23 「만주산 옥수수 판매 결과 보고에 대하여」, 『인제군 소비조합 당조 제6차 회의록』, 1948.6.27 (『한국현대사자료총서』 4권, 1986, 460면에 수록).

3. 기근 해결의 역사적 모색

1) 배급-교제창

　지금까지 살펴본 바와 같이 함경도 지역은 조선시대 이래로 식량 위기가 끊이지 않았던 지역이다. 따라서 식량 위기를 해결하기 위한 여러 방안도 지속적으로 모색되었다. 대표적인 것을 꼽아보면 우선 조선후기 교제창交濟倉 제도를 들 수 있다. 함경도에 기근이 들었을 때 다른 지역의 곡물을 수송하여 구제한 사례는 조선 전기부터 나오며 점차 관행이 되었다. 17세기 초까지는 주로 강원도의 영동곡嶺東穀을 옮겨왔다. 강원도의 농황이 여의치 않을 경우 경상도나 전라도에서 가져오기도 하였는데, 이때에 곡물은 강원도로 옮겨 놓은 후 다시 함경도로 운반하는 방식을 택했다. 아직 수운이 발달하지 않았기 때문이다. 병자호란 이후에는 함경도의 경제사정이 매우 악화되어 곡물을 이전하는 일이 더 많아졌고, 대상 지역도 강원도 외에도 평안도, 황해도로 확대되었다.

　17세기 말부터는 함경도의 진휼곡으로 경상도의 곡물을 옮겨오는 경우가 많아졌다. 1702년(숙종 28)에 1만 3천 석을 운송했고, 1703년에 대기근이 들자 함경도는 경상도곡 5만 석을 요청했다. 마침내 1723년(영조 8) 경상도 영일에 함경도 기근 구제를 위해 포항창浦項倉을 설치했다. 1737년 원산에 교제창을 건립함으로써 원산창-포항창 사이의 곡물 이전을 근간으로 하는 함경도 구휼미 공급대책이 마련되었다. 효과가 있자 1742년 함흥에 운전雲田교제창, 이원에 자외自外교제창을 세웠다. 원산의 교제창과 함께 교제삼창交濟三倉이라 한다. 함경북도 지역에도 연해 각읍의 해창海倉을 교제고交濟庫로 지정하고 남관에서 이송한 교제곡과 영동, 영남의 이전곡을 저축하여 운영하였다. 이후 지역 사정에 따라 바닷가만이 아니라 내륙에도 평창平倉을 두었다.

교제창의 효과는 컸다. 1798년 "돈이 흙과 같고 열 살 먹은 어린애가 흉년을 모를 지경"이라는 전 함경감사의 보고는 과장되었을 지라도 교제창으로 함경도의 만성적인 곡물 부족은 완화되었다. 인구의 증가는 이를 반영해준다. 교제창 비축곡이 함경도 지역의 기근 구제만을 위해서 쓰인 것은 아니었다. 삼남지방에 기근이 들면 그쪽 지역으로 운송되기도 했다.[24]

2) 교역

곡물 이전을 주로 하는 교제창 운영은 일종의 배급제라 할 수 있는데, 상업이 발달하자 교역을 통한 곡물 공급도 이뤄졌다. 처음에는 官錢을 이용한 관 중심의 무곡貿穀이었으나 점차 민간의 북어-미곡 교역이 시도되었다. 이미 영조 대(1741년) 다음과 같은 방안이 제안되었다. "본도에서 곡물은 만드는 방법은 단지 명태를 많이 파는 데 달려있는데, 명태는 덕원 함흥 등지에 쌓여 있으니 간사인幹事人을 경상도에 보내 미상米商에게 개의開議하여 곡식을 싣고 들어오면 마땅히 값을 깎아 명태를 팔

---

24 이상 교제창에 대해서는 강석화, 앞의 책, 96~102면; 고승희, 앞의 책, 207~222면을 정리한 것이다.

것이라는 뜻으로 약속하여 미상이 한 번 와서 이익을 얻어 가면 소문이 미치는 곳에서는 반드시 일제히 모여들 것이다."[25] 상업 활동을 이용한 곡물 공급을 모색한 것이다.

이는 당시 함경도와 강원도, 경상도를 있는 동해안 해로에서 선상의 교역이 늘어난 상황을 반영한 정책이다. 함경도의 선상船商들은 동해안, 남해안, 서해안 일대에 북어와 같은 해산물을 판매하고 대신 미곡을 구입하였다. 동해안은 거의 모든 포구에서 북어와 미곡이 거래됐으며, 남해안 북어유통의 중심지는 창원 마산포, 서해안은 은진의 강경포였다. 이를 뒷받침하는 해로가 발달하고 선운이 증가했다. 18세기 전반에 이미 강원도 경상도 연해읍을 왕래하는 미곡선이 일상적으로 출항하였다. 19세기 초에는 원산-포항을 왕래하는 상선이 매일 출항하였으며, 19세기 중반에 함흥에서는 강원도를 경유하여 경상도, 전라도로 가는 배가 아침저녁으로 출항했다.[26] 상업 활동을 통해 진휼곡을 마련하는 방식은 정조 대에 더욱 확대되었고, 19세기에 들어서면 교제창에 의한 진휼은 퇴색한 반면 상업 활동을 통한 곡물 공급은 확대되었다.[27]

이후 교역, 즉 상업 활동에 의한 식량 마련은 1930년대 후반 전시체제戰時體制로 돌입하여 일제에 의한 배급통제가 실시되기 전까지 이 지역 식량난을 해결하기 위한 주된 방법이었다. 함경도 지역의 교역 중 직접적인 미곡 거래는 아니지만 주목되는 것이 개항 이후 블라디보스토크 등 연해주 지역과 거래다. 러시아의 극동 거점인 블라디보스토크

---

25 『備邊司謄錄』 109책, 영조 17년 10월 26일. 고승희, 위의 책, 225면에서 재인용.

26 고승희, 위의 책, 70~74면; 高東煥, 『朝鮮後期서울商業發達史硏究』, 지식산업사, 1998, 177~179면.

27 고승희, 위의 책, 223~229면 참조.

는 군항이고 소비도시로 생활 유지를 위해서는 중국 조선으로부터 필요물자 ― 곡물, 야채, 고기 등 ― 유입이 필요했다. 조선의 블라디보스토크와 교역량은 청의 1/10 규모에 불과하지만, 조선 측의 담당자는 대부분 함경도 지역민으로 그 지역경제의 규모를 감안하면 큰 것이었다. 함경도의 주요 수출품은 '생우生牛'였다. 조선 후기에도 소는 청과 무역에서 중요상품이었다. 함경도에서는 토지보다 우마 소유 여부가 빈부의 척도일 정도였다. 러일전쟁 이전에는 연간 2만 두頭, 이후에도 1만 수천 두를 수출했다. 1906년 블라디보스토크 우육牛肉 수입액 중 15%, 1910년은 25%를 차지하였다. 함경도만이 아니라 강원도나 평안도 산간지역의 소도 끌어왔다. 또한 함경도 지역 상인은 블라디보스토크에 주둔하는 러시아 육해군의 어용상인으로서 귀리, 배추, 감자를 공급했다. 함경도민 또는 상인은 연해주에서 소나 곡식을 팔고 대신 영국제 면포를 구입하여 돌아와 소비에 충당하거나 다시 판매하였다. 함경도의 연해주와 거래는 지역경제의 발전과 자본축적에 기여하였다.[28] 1895년 백범 김구가 목격하고 놀란 함경도의 활기찬 모습, 교육제도 등은 이러한 경제 성장이 뒷받침하였던 것이다.[29]

함경도 교역 상황 중 또 하나 주목되는 점은 지리적 이점을 활용한 중계지로서 기능이다. 이는 일제강점기 '환동해경제'권 구상에 잘 드러나 있다. 일찍부터 두만강 지역을 조사한 일본은 이 지역의 군사적 중요성, 동해를 통한 일본과의 접속을 강조했다. 이는 일본의 裏日本(동해연안 지

---

28 이상 함경도와 연해주의 교역에 대해서는 梶村秀樹,「舊韓末北關地域經濟と內外貿易」,『梶村秀樹著作集 第3卷 近代朝鮮社會經濟論』, 東京; 明石書店, 1993; 高丞嬉, 앞의 글을 참조하여 정리했다.

29 김구, 배경식 편,『(올바르게 풀어쓴)백범일지』, 너머북스, 2008, 115~117면.

역)과 두만강을 포함한 북선北鮮 지역, 간도로부터 시작되는 북만주 지역을 하나의 단위로 하는 '환동해경제'권 구상과 관련이 깊다. 이 구상은 일본의 태평양연안에 비해 개발이 뒤처진 동해연안의 활성화 요구에 의해 촉진되었으며, 1930년대 일본의 만주지배와 길회철도吉會鐵道를 비롯한 각종 철도부설과 북선 3항의 설비로 실현되었다. 이로써 북만주에서 일본으로 연결되는 최단거리 통로가 마련되었고, 이를 통해 만주와 북선의 원료·식량이 일본으로 반출되었으며 일본의 상품이 북선과 만주에 판매되었다. 그 당시에 이미 태평양 너머(미국)에서 만주, 내륙 아시아에 접속할 수 있는 최단거리의 거점이라고 선전되었다. 이는 1991년 12월 나진·선봉 무역지대화의 역사적 기원이라 할 수 있다.[30]

1933년 돈도선敦図線 영업 개시로 경도선京図線 완비, 직전에 도문図們과 웅기 및 청진을 연결하는 두만강 동부선 및 두만강 서부선 개통, 경도선 중간역인 납법拉法에서 하얼빈까지 납빈선拉濱線 완성, 1935년 웅기-나진 간 웅라철도雄羅鐵道 개통으로 나진항은 '환동해경제권'의 허브가 되었고, 1936년 말 제1기 300만 톤의 축항공사가 완료되었다. 1938년 나진부羅津府에서 제작한 『羅津府勢槪要』의 표지 그림을 보면 나진부의 꿈을 알 수 있다. 같은 자료의 통계에 따르면 이미 효과는 뚜렷했다. 무역액과 통과액(만주국과 일본의 무역을 중계)이 1935년 각각 334.1만 엔, 2.9만 엔에서 1937년에는 각각 1668.3만 엔, 2376.7만 엔으로 전체 액수가 현격히 증가하는 가운데 통과액이 무역액을 능가했다.[31] 1938년 나진부에서

---

30 塚瀬進, 『中國近代東北經濟史研究―鐵道敷設と中國東北經濟の變化』, 東京 : 東方書店, 1993; 芳井研一, 『環日本海地域社會の變容―滿蒙·間島と裏日本』, 東京 : 青木書店, 2000 참조.
31 羅津府, 『羅津府勢槪要』, 1938.

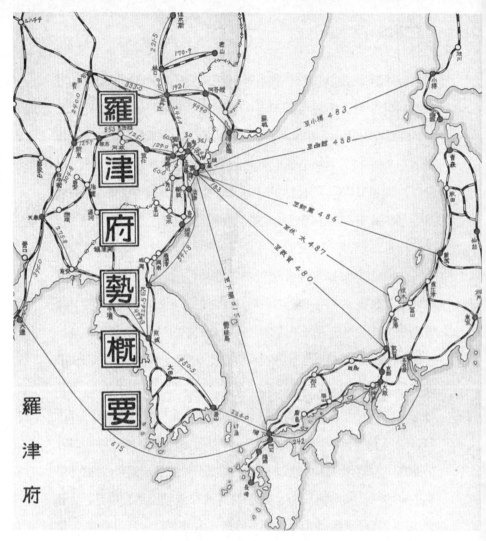

〈그림 1〉 일제시기 나진부와 주변 지역 연결도
출전 : 羅津府, 『羅津府勢槪要(1938)』.

작성한 지도(〈그림 1〉)를 보면 북한이 개방했던 나진·선봉지역을 "접근
이 어려운 외딴 지역"으로 평가 절하[32]할 수는 없을 것이다.

---

32 스테판 해거드·마커스 놀랜드, 앞의 책, 63면.

3) 시장과 이동

일제시기 함경도 농민들의 생활을 지탱하는 수입 구성을 살펴보면 농업만으로 살기 어려웠음을 알 수 있다. 〈표 11〉은 일제강점기 함경남도 지역 농가의 수입구성을 살펴본 것이다. 함경남도 고원지대는 거의 벼농사가 이루어지지 못했는데, 전체 농가 수입의 14.1% 정도를 차지했다. 이것은 당시 미곡이 가장 중요한 상품작물이었기에 생산량에 비해 수입 비중은 높았던 것으로 보인다. 기타 잡곡류가 26.2%를 차지하여 식량작물 재배로 인한 수입은 전체의 40% 정도였다. 이 중 눈에 띄는 것은 양축養畜으로 함남고원지역의 경우 축우는 사육율이 61.4%이며, 1호당 평균 사육두수가 1.3두이다. 이 지역 농가의 수입에서 15.6%를 차지한다. 함남 산악지역의 수입에서 도작이 40%로 높은 비율을 차지하는 것은 성천강 유역(함주, 정평)의 '5대 평야' 지역이 포함되었기 때문이다. 그러나 이 지역도 벼와 기타 잡곡류를 모두 포함한 수입이 전체수입의 54% 정도에 머물렀다. 함경도 지역 농민은 식량작물의 생산을 자신의 주 수입원으로 삼기 힘들었다.

〈표 11〉 일제강점기 함경남도 지역 농가의 수입 구성

	함남고원지역	함남산악지역
도작	14.1	40.1
기타 경종	26.2	13.9
양잠	0.4	4.4
양축	15.6	8.2
부업	6.2	6.8
기타	37.5	26.6
합계	100.0	100.0

출전: 久間健一, 『朝鮮農業經營地帶の研究』(東京: 農林省農業總合研究所, 1950), 225면.

함경도 농민들은 농사만으로는 살 수 없었기 때문에 농사 외에 다양한 부업이나 상업 활동에 종사했다. 당시 팔도의 여자를 특색에 따라 분류한 글을 보면 함경도는 '장시 잘 보는 함경도 여자'로 표현되었다.[33] 함경남도 지방 시장 풍속을 묘사한 다음 글에도 잘 나타나 있다.

咸鏡道 市場은 婦女의 市場인 줄은 발서부터 아는 터이라 그닥 異常千萬은 안이엿다마는 하두 엄청나니 한 번 그려 보련다. 다른 곳 市場은 5日 一次開市를 하지만 咸鏡道 沿海岸市場은 每日 開市를 한다. 開市를 하되 全部 全民이 모야 盡日 盡夜로 하는 것이 안이라 大部分 婦女가 모야 午前만 보고 (7時~10時 約 3時間) 헤여진다. 故로 日 朝市場이다.

자-朝市場이 열릴 때다. 나아가 求景하자. 모야든다. 四面으로 모야든다. 이고 들고 끼고 업고 우루릉우루릉 쓰러든다. 길죽한 나무 함지에 生鮮 담어인 이가 第一 만타. 쌀과 콩 배와 복숭아를 이고 오는 이도 만타. 닭을 끼고 鷄卵꾸럼이를 든 이도 만타. 그러나 신발 버서든 이가 第一만타. 어린애 업고 함지박인 이도 만타. 한발식 되는 紫朱안고름 粉紅겻고름이 연鳶발 날리듯 억개 넘어로 겨드랑이 아레로 너펄거린다. (…중략…)

市場에 드러섯다. 성냥통 속에 든 것 가티 꼼작달삭 몸을 뺄 수 업다. 까닥하다가는 코도 떼이고 발등도 잘리겟다. 魚場을 보자. 가재미가 第一 만코 고등魚가 만코 靑魚가 만코 冬太도 잇고 굴젓도 잇고 別 이름모를 고기가 만타. (…중략…) 飮食廛을 보자 수수엿이며 콩과 질이며 기장떡이며 찹쌀떡이며 왜국수며 되국수며 別別飮食이 만타. 菓實전을 보자 林檎 사과

---

33 필자 미상, 「八道女子 살님사리 評判記」, 『별건곤』 16・17호, 開闢社, 1928.10, 132~137면(국사편찬위원회 한국사데이터베이스 http://db.history.go.kr에서 검색. 이하 동일).

삶은 배 좀복숭아가 第一 만타. 쌀전도 그 모양 나무전도 그 모양 오직 雜貨
전 뿐 산애가 만타.[34]

함경도 연해안은 5일장이 아니라 매일 아침마다 장이 설 정도로 시
장 거래가 활발했음을 알 수 있다. 식량이나 자가 생산물로 자급자족
하기 보다는 각자 생산한 다양한 물품을 가지고 시장에서 서로 '有無相
通' 하는 상업 활동이 활발했던 것이다. 그리고 남성 못지않게 여성들
이 경제활동에 적극 참여하여 가정경제를 책임지고 있었다. 척박한 자
연환경을 극복하고 살아가기 위해 남성과 여성 모두가 경제활동에 나
서지 않을 수 없었던 것이다.

함경도 지역이 겪는 식량 및 경제 문제의 해결책 중 하나가 '시장'이
었다. 지역 내의 활발한 상업활동을 통해 어느 정도 생활을 유지했지
만, 결국 이것으로 해결되지 못하면 떠나야 했다. 이미 19세기 중반부
터 삼정문란과 기근을 피해 만주와 연해주로 집단 이주했다. 1882년경
에는 연해주에 거주하는 조선인이 만 명을 넘어섰다.[35] 이러한 이주
조선인은 함경도와 연해주 사이의 교역에 중심적인 역할을 하였다. 일
제시기에도 중국동북 지역과 연해주 방면으로 이주하는 자들 중에는
함경도 출신이 많았다. 1932년 전체 이주자수 2만 7,507명 중 1만 3,831
명 50.3%가 함경도 출신이었다.[36]

이러한 이주 외에도 계절노동도 경제 문제를 해결하는 방법으로 등

---

34 필자 미상, 「함남에서 본 이꼴 저꼴」, 『개벽』 53호, 開闢社, 1924.11, 113~114면.
35 高丞嬉, 앞의 글, 167면.
36 강훈덕, 「日帝下 國內小作爭議와 海外移住農民－日本·滿洲地域을 中心으로」, 『韓國史
研究』 45, 韓國史研究會, 1984, 149면.

장했다. 러시아 측 국경감찰관의 보고에 의하면 1891년에 이미 5,000 명의 출가자가 있었고 1인 평균 30루블 내지는 그에 상당하는 면포를 구입하여 돌아갔다고 한다. 구입한 면포는 소비용 외에 다시 시장에 내다 팔아 상당한 수익을 거두었다. 1900년 전후시기에 연간 1만 명 전후의 조선인 노동자가 국경을 넘었다.[37]

4. '자립'이라는 전제와 목표

이상 북한 대기근의 역사적 기원을 함경도 지역을 중심으로 살펴보았다. 함경도는 자연 조건 상 식량 자급이 곤란한 지역이었다. 더욱이 20세기에 들어서 도시화, 공업화의 진전에 따라 인구가 늘어나 식량의 70~80%를 외부에서 들여와야 하는 지역이었다. 1940년 함경도 인구가 298만여 명이었는데(152면의 〈표 8〉), 북한에 대기근이 일어난 1993년 함경남북도 및 양강도의 인구는 543만여 명으로 약 2배 늘었고, 그 인구구성도 다른 지역에 비해 도시민의 비율이 높았다.[38] 다른 지역에서 식량이 제대로 공급되지 않는 한 식량난은 피할 수 없었다.

북한 전체로 확대해 볼 때도 식량자급이 힘든 상황이었다. 다른 산업분야의 영농자재를 다량 투입하여 1970년대 중반 이후 일시적으로 식량자급에 도달할 수 있었지만 장기적인 자급 유지는 힘들었다. 적정 규모의 식량 생산과 함께 부족분은 지속적으로 안정적으로 외부에서

---

37 梶村秀樹, 앞의 글, 176~177면.
38 이석, 앞의 글, 126 · 142면.

조달하는 시스템이 필요하다.

함경도의 사례를 통해 단편적이나마 매 시기 기근 해결의 방안을 검토해보았다. 해결의 '역사적 모색'을 통해 새삼 확인한 것은 배급과 지역 내외 교역의 활성화가 중요하다는 점이다. 배급과 교역이 원활하지 않으면 주민의 이주와 이동이 있을 수밖에 없다.

글을 쓰면서 들었던 세 가지 단상을 언급하면서 글을 마치고자 한다. 첫째는 자급 / 자립이라는 전제의 문제점이다. 북한의 대기근 이후 남한에는 대북승리사관이 자리 잡았다. 북의 기근은 남북대결에서 북의 패배와 남의 승리를 결정짓는 확실한 증거로 간주됐다.[39] 본고에서 살펴봤듯이 북한 정부와 주민이 자리 잡고 있는 땅, 특히 함경도는 원래 식량 자급이 거의 불가능한 지역이다. 그런데 자급 / 자립을 전제로 그 땅의 정부나 사람들, 체제를 평가하는 것은 정당한 것일까. 둘째는 자급 / 자립이라는 목표의 재고다. 자급 / 자립이 힘든 상황에서 자급 / 자립을 위한 과다한 개발은 오히려 생산력 저하,[40] 대기근을 초래했다. 북한의 지역적 특성은 자급보다는 국내외 교역의 활성화를 필요로 한다. 자립은 그러한 교역에 기반 할 때 가능하다. 자립을 향한 노력이 고립으로 귀결된 국내적 국제적 계기와 그 과정에 대한 탐구가 필요하

---

[39] 예를 들자면 다음과 같은 발언은 북한의 기근 = 북의 패배라는 인식이 전제된 것이다. "대한민국은 성취의 역사를 썼다. 북한은 1990년대 나락으로 추락했다가 중국의 도움으로 최근에야 먹을 걱정을 덜고 있다." 구해우 · 송호근, 『북한이 버린 천재 음악가 정추』, 시대정신, 2012, 31면.

[40] 북한의 대기근은 인간의 과도한 개발에 대한 자연의 반응이라는 측면에서도 살펴볼 수 있다. 식량증산을 위해 과도하게 투여된 화학비료의 문제점을 다룬 것으로 류종원, 「대북 비료지원의 문제점, 유기기질비료 지원으로 '북한 땅 살리기' 운동 전개해야」, 『통일한국』 268, 평화문제연구소, 2006.4가 있다.

다. 셋째는 북한 지역의 역사에 관한 정보 축적의 필요성이다. 지역이 걸어온 궤적은 현재를 깊이 이해하고 미래를 전망하는 데 유용하다. 대기근 이후 시장의 등장과 여성의 활동, '탈북', 국외노동은 함경도 지역의 과거사를 보면 결코 낯선 풍경이 아니다. 북한의 배급제도 일제의 배급통제, 조선시대의 교제창과 함께 비교 분석해볼 필요가 있다.

참고문헌

羅津府, 『羅津府勢槪要』, 1938.

南朝鮮過渡政府, 『朝鮮統計年鑑』, 南朝鮮過渡政府, 1948.

朝鮮殖産銀行調査部, 『地方經濟狀況調査報告』, 1940.

朝鮮總督府, 『朝鮮國勢調査報告』 각년판.(국가통계포털 http://kosis.kr의 '주제별통
　　계-인구·가구-인구총조사')

朝鮮總督府, 『朝鮮總督府統計年報』 각년판.(국가통계포털 http://kosis.kr의 '광복이
　　전 통계')

朝鮮總督府 法務局 刑事課, 「昭和17年 現下食糧事情ヲ繞ル治安對策」, 1942.8.1.

咸鏡南道, 『(大正10年) 咸鏡南道産業要覽』, 1922.

『開闢』『別乾坤』(국사편찬위원회 한국사데이터베이스 http://db.history.go.kr)

『朝鮮王朝實錄』(국사편찬위원회 조선왕조실록 http://sillok.history.go.kr/)

김구, 배경식 편, 『(올바르게 풀어쓴)백범일지』, 너머북스, 2008

김남식·이정식·한홍구 편, 『한국현대사자료총서』 4·5권, 1986.

梶村秀樹, 「1910年代 朝鮮의 經濟循環에과 小農經營」, 안병직 외, 『近代朝鮮의 經濟
　　構造』, 比峰出版社, 1989.

강훈덕, 「日帝下 國內小作爭議와 海外移住農民－日本·滿洲地域을 中心으로」, 『韓
　　國史硏究』45, 韓國史硏究會, 1984.

高丞嬉, 「19세기 후반 함경도 변경지역과 연해주의 교역 활동」, 『朝鮮時代史學報』
　　28, 朝鮮時代史學會, 2004.

고토 후지오, 「1990년대 전반의 북한의 대중국무역」, 장달중·이즈미 하지메 편, 『김
　　정일 체제의 북한－정치·외교·경제·사상』, 아연출판부, 2000.

동용승, 「대외무역」, 세종연구소 북한연구센터 편, 『북한의 경제』, 한울아카데미, 2005.

류종원, 「대북 비료지원의 문제점, 유기기질비료 지원으로 '북한 땅 살리기' 운동 전
　　개해야」, 『통일한국』268, 평화문제연구소, 2006.4.

이 석, 「1994~2000년 북한 기근－초과 사망자 규모와 지역별 인구변화」, 『국가전
　　략』제10권 1호, 세종연구소, 2004.

정은미, 「북한의 국가중심적 집단농업과 농민 사경제의 관계에 관한 연구」, 서울대
　　　박사논문, 2006.

강석화, 『조선후기 함경도와 북방영토인식』, 경세원, 2000.

高東煥, 『朝鮮後期서울商業發達史硏究』, 지식산업사, 1998.

고승희, 『조선후기 함경도 상업 연구』, 국학자료원, 1987.

구해우·송호근, 『북한이 버린 천재 음악가 정추』, 시대정신, 2012.

김보영, 「해방 후 남북한교역에 관한 연구－1945년 8월～49년 4월 기간을 중심으로」,
　　　고려대 박사논문, 1995.

김연철, 『북한의 산업화와 경제정책』, 역사비평사, 2001.

나초스, 황재옥 역, 『북한의 기아－기아 정치 그리고 외교정책』, 다할미디어, 2003.

손정목, 『일제강점기 도시화 과정 연구』, 일지사, 1996.

이　석, 『1994～2000년 북한기근－발생, 충격 그리고 특징』, 통일연구원, 2004.

이성형, 『(라틴아메리카 문화기행)배를 타고 아바나를 떠날 때』, 창작과비평사, 2001.

이송순, 『일제하 전시 농업정책과 농촌 경제』, 선인, 2008.

이우홍, 『(원산농업대학 강사가 본) 가난의 공화국』, 통일일보 출판국, 1990.

이종석, 『새로 쓴 현대북한의 이해』, 역사비평사, 2000.

정광민, 『북한기근의 정치경제학』, 시대정신, 2005.

스테판 해거드·마커스 놀랜드, 이형욱 역, 『북한의 선택－위기의 북한 경제와 한반
　　　도 미래』, 매일경제신문사, 2007.

梶村秀樹, 「舊韓末北關地域經濟と內外貿易」, 『梶村秀樹著作集 第3卷 近代朝鮮社會
　　　經濟論』, 東京 : 明石書店, 1993.

木村光彦 編譯, 「1946年の食糧狀況」, 『旧ソ連の北朝鮮経済資料集 1945～1965年』,
　　　東京 : 知泉書館, 2011.

芳井硏一, 『環日本海地域社會の變容－滿蒙·間島と裏日本』, 東京 : 靑木書店, 2000.

塚瀨 進, 『中國近代東北經濟史硏究－鐵道敷設と中國東北經濟の變化』, 東京 : 東方
　　　書店, 1993.

久間健一, 『朝鮮農業經營地帶の硏究』, 東京 : 農林省農業總合硏究所, 1950.

7 · 1 경제관리 개선조치와 북한의 시장화

양문수

1. 들어가며

시장화에 대해 북한 지도부는 근본적인 딜레마를 안고 있다. 경제의 숨통을 트기 위해서는 시장화를 촉진해야 할 필요성이 존재한다. 계획 경제의 토대가 와해되었고, 국내의 자원이 사실상 고갈된 상태에서, 더욱이 국가가 모든 주민의 '먹을 것'을 비롯해 생계 문제를 해결해 줄 능력이 없는 상황에서 국가는 시장의 힘을 빌릴 수밖에 없다.

반면 시장화가 진전되면 정치적 부담이 증가할 우려가 있다. 시장화 의 진전은 기존의 정치사회적 질서에 대한 커다란 도전이자, 위협요인 으로 작용한다. 시장화는 개인주의, 배금주의를 발달시키고 빈부격차 를 확대시키면서 기존의 공동체적 질서를 뿌리째 뒤흔든다. 나아가 시 장화는 기존의 정치질서에 대한 문제제기로 발전할 수 있다.

1990년대 초 경제위기 이후 지금까지 20여 년의 역사를 돌이켜 보면 시장에 대한 북한의 정책은 갈 지之자 걸음이었다. 상황에 따라 허용과 억제 사이에서 왔다 갔다 했다.

그런데 북한 지도부는 지난 2010년 5월부터 현재까지 3년 넘게 시장에 대한 허용이라는 길을 걷고 있다. 주목해야 할 점은 최고지도자의 사망 및 새로운 최고 지도자의 등장이라는 정치적 격변기에도 '비사회주의의 온상'으로 인식되는 시장에 대해 관대한 정책을 폈다는 사실이다. 2009년 화폐개혁 이후의 성난 민심을 달래지 않을 수 없고, 해묵은 과제인 '인민생활 향상'을 위한 고육지책이라는 면이 강하다.

하지만 다른 면도 있다. 이제 와서 시장을 없애려고 한들 과연 없앨 수 있겠느냐는 것이다. 지난 2007년부터 2009년까지 시장을 없애기 위해 갖은 노력을 다했지만 결국 실패로 돌아갔다. 경제위기도 장기화되고 있지만 시장화 역시 '장기화'되고 있다. 시장 없는 북한경제는 상상조차 할 수 없게 되었다.

더욱이 최근에는 시장화를 촉진하기 위한 움직임조차 보이고 있다. 북한에서는 지난 2012년 6월 이후 새로운 경제개혁적 조치가 부분적으로 도입되어, 순조롭지는 않지만 점진적으로 진행되고 있는 것으로 보인다.[1] 북한이 "우리식의 새로운 경제관리체계를 확립할 데 대하여"라는 제목으로 내부에서 공표한 이른바 '6·28 방침'이 바로 그것이다. 각종 매체의 보도를 종합해 보면 '6·28 방침'의 본격적인 시행은 지연되고 있지만 일부에서 시범운영은 계속하고 있는 것으로 보인다.

이와 관련, 조총련 기관지인 『조선신보』는 지난 5월 10일, "최고령도

---

1 박형중, 「'6·28 방침' 1년의 내용과 경과」, 통일연구원 온라인시리즈, 2013.6.14.

자의 관심 속에 내각과 생산현장이 긴밀히 련계"라는 제목의 기사에서 '새로운 경제관리체계'의 진행 상황을 공개했다. 『조선신보』는 "국내 (북한)에서는 작년부터 일부 공장, 기업소, 협동농장들이 내각의 지도 밑에 독자적으로, 창발적으로 경영관리를 하는 새로운 조치들이 시범 적으로 시행"되고 있다고 전했으며, 또한 내각에서는 연구기관과 경제 부문들이 함께 경제관리개선을 위한 방법을 연구해 왔으며 지금도 계 속되고 있다고 밝혔다. 더욱이 이러한 시도가 최고 지도자의 지시에 의해 이루어지고 있음을 명확히 하고 있다는 점이 눈길을 끈다.

이러한 조치는 '시장화'를 진전시키는 것이 기본적인 방향으로 설정 되어 있다. 경제 전반의 생산성을 제고하고 생산을 확대하기 위해서는 현재의 조건하에서는 시장을 보다 적극적으로 활용하는 것이 유력한 대안이 될 수도 있다.[2] 특히 공식제도와 현실의 괴리를 다시 한 번 메워 주는 것, 즉 현실의 세계에서 불법적, 비공식적으로 진행되고 있는 '시 장화' 관련 활동을 일정 정도 합법화, 공식화시켜 주는 것이 골자이다. 어차피 전면적인 경제개혁은 현재의 조건하에서는 불가능에 가깝다.

이러한 6·28 방침은 2002년의 7·1 경제관리개선조치(이하 7·1 조 치)를 떠올리게 한다. 지금까지 거론되는 6·28 방침의 내용은 7·1 조 치의 연장선상에 있다는 해석이 많다.

이 글은 현 시점에서 7·1 조치를 재평가하는 것을 목적으로 한다. 다만 통상적으로 7·1 조치를 평가하는 글과는 약간 상이한 방식으로

---

2 어느 연구자는 지난 2012년의 북한경제를 '총력 달러 확보 체제'로 파악하고, 향후에도 이러한 체제가 지속되는 한 김정은 시대는 김정일 시대와는 달리 시장에 대한 적극적인 자세를 보일 개연성이 높다고 주장했다. 이석, 「2012년 상반기 북한경제를 보는 하나의 시각」, 『KDI 북한경제리뷰』, 2012.7.

접근한다. 특히 7·1 조치의 성과와 한계, 파급효과를 다루는 구성은 피하기로 한다. 북한의 시장화에 초점을 맞추어 7·1 조치를 역사적인 흐름이라는 관점에서 재구성하고 재조명하는 접근방식을 취하기로 한다. 아울러 7·1 조치가 남북관계에 미친 영향도 간단히 정리한다.

2. 시장화의 개념적 틀

1) 시장화에 대한 일반론

시장화marketization란 다양한 차원인 동시에 매우 광범위하고, 포괄적인 개념이다.[3] 계획화planning와 대비되는 개념으로서 시장화를 상정한다면, 이는 시장 메커니즘의 도입 및 확산으로 규정할 수 있다. 이 경우 시장 메커니즘은 수요와 공급의 상호작용에 의해 가격이 결정되고 이 가격이 발신하는 정보의 시그널에 의해 가계, 기업 등 상이한 의사결정단위의 경제적 행동, 나아가 거시경제 전체의 자원배분이 조정되는 것으로 파악할 수 있다.

시장화는 또 한편으로는 시장marketplace의 발생 및 확대로 규정할 수 있다. 시장은 지역적·기능적으로는 지역시장과 외부시장, 전국적 시장, 세계시장 등으로 구분할 수 있다. 그런데 시스템으로서의 시장이

---

3 우리는 대개 시장이라고 하면 백화점이나 재래시장과 같이 장소, 공간으로서의 시장을 떠올리게 되는데 이는 시장의 극히 일부에 불과하다. 시장은 장소로서의 측면도 있지만 오히려 시스템이라는 측면이 더 중요하다. 우리가 흔히 시장이라고 하는 것은 엄밀히 따지면 시장 메커니즘이라고 해야 한다.

발전하기 위해서는 지역시장과 외부시장이 통합되고 전국적 시장이 형성되어야 한다.

시장은 또한 거래대상에 따라 크게 보아 생산물시장과 생산요소시장으로, 좀 더 세분해서 보면 생산재시장, 소비재시장, 자본·금융시장, 노동시장으로 구분할 수 있다. 그런데 사회주의 경제에서는 이들 시장이 존재하지 않으며 존재하더라도 매우 미미한 정도이다. 사회주의 경제에서 기업은 원자재, 자금, 노동력 등과 같은 투입물을 국가계획에 의해 국가기관 또는 다른 기업으로부터 조달(피공급, 할당)하고 생산물을 다른 기업이나 국가상업기관에 인도(공급)한다.

따라서 초보적인 형태이기는 하나 지역시장과 외부시장이 통합되고 전국적 시장이 형성되어 가면 시장화가 진전되는 것으로 볼 수 있다. 동시에 생산재시장, 소비재시장, 자본·금융시장, 노동시장 등 4대 시장이 발생, 확대되고 아울러 생산의 기본단위인 기업(또는 개인수공업자)이 원자재, 자금, 노동력의 조달과 생산물의 처분을 시장을 통해 수행하고 그 비중이 점차 커지면 시장화가 진전되는 것으로 파악할 수 있다.

한편, 제도적인 의미에서 볼 때 시장은 가격기구만을 가리키는 것이 아니다. 시장은 우리가 시장요소라고 부르는 제도적 특징들의 연결체이다. 그 요소들이란 물리적으로 존재하며 재화를 확보할 수 있는 장소, 공급자, 수요자, 관습 또는 법 등이다. 그리고 근대사회에서는 상품과 화폐가 중요성을 가진다.

상품화, 화폐화의 진전 혹은 상품화폐경제의 발달은 시장화와 밀접한 관계가 있다. 상품화, 화폐화의 진전은 시장화의 중요한 조건을 형성하면서 시장화를 촉진한다. 동시에 시장화도 상품화, 화폐화의 진전을 촉진하는 측면이 있다. 따라서 상품화, 화폐화의 진전 여부 및 그 수준은 시장화의 진전 여부 및 그 수준을 유추할 수 있는 하나의 준거가 될 수 있다.

2. 행위자 행태 관점에서 본 시장화

이제는 관점을 조금 달리 하여, 행위자의 행태라는 관점에서 시장화의 일반적인 양상을 간단히 정리해 보자. 이는 시장의 형성, 발전 등 역사적 전개과정을 파악하는 데 도움을 준다.

우선 사람들은 어떤 이유에서든 공급자(판매자) 및 수요자(구매자)로 시장에 등장한다. 최초에는 화폐를 매개로 하지 않은 단순 물물교환일 수 있으나 점차 화폐를 매개로 한 교환으로 발전한다. 이들이 시장에 등장하는 목적은 초기에는 과부족 물자의 교환 등 비화폐적 동기였으나 점차 이윤획득 등 화폐적 동기로 발전한다. 이렇게 해서 소비재 시장이 형성된다. 이 때 지리적인 이유 등 여러 가지 원인으로 인해 공급자(판매자)와 수요자(구매자)가 직접 만나지 못하는 경우에 거래를 중개하는 상인이 등장한다. 이 상인은 이곳저곳을 돌아다니는 행상일 수도 있고, 고정된 장소에서 상행위를 하는 점주일 수도 있다. 따라서 공간으로서의 시장에 참여하는 공급자(판매자)는 상품을 직접 생산했든 여타의 방법으로 취득했든 소생산자 등 상품의 원 소유자이거나, 원 소유자로부터 상품을 넘겨받은 상인이다.

시장의 발달은 생산을 자극하는 효과가 있다. 즉 안정적인 판로의 확보, 나아가 판로의 확대는 생산자들 입장에서는 생산을 확대할 충분한 유인을 제공한다. 이에 따라 소상품 생산자들의 시장 참여가 늘어나게 된다. 아울러 분업의 발생, 확대 현상도 나타난다. 즉 소상품 생산자들은 시간이 지날수록 자신만의 전문적인 품목에 생산을 집중하게 된다. 아울러 생산자들 간의 연계도 이루어지면서 생산재 시장이 형성, 발전하게 된다.

시장의 발달은 다른 측면에서 보면 상인층의 형성, 확대 및 분화를 필요로 한다. 대표적인 것이 도매상과 소매상의 분화이다. 즉 초기에는 한 사람이 도매와 소매를 겸하는 경우가 많으나 시장이 발달함에 따라 도매상과 소매상이 분리된다. 또한 특정 품목만 취급하는 전문상인과 여러 품목을 취급하는 종합상인의 분화도 나타난다. 아울러 초기에는 상인이 창고 업무와 운수 업무를 겸하게 되나 점차 창고업과 운수업을 전문으로 하는 상인이 나타나게 된다. 즉 상업에서 창고업과 운수업이 분리된다.

시장이 발달하게 되면 신용, 나아가 금융의 필요성도 증대된다. 신규로 시장에 판매자로 참여하는 사람이든, 기존에 상행위를 하고 있던 사람이든 운영자금이 필요하고 따라서 이를 해결해 줄 사람이 필요하게 된다. 초기에는 시장에서 판매자로 참여하는 사람 가운에 금전적인 여유가 있는 사람이 자금을 대여하는 경우가 많다. 하지만 시간이 지날수록 상행위를 통해 부를 축적한 사람이 나타나게 마련이다. 여기서 일부는 전문적인 금융업(사채 및 고리대금업)자로 전화한다. 이른바 금융시장의 출현이다.

시장화가 더욱 진전되게 되면 자본가와 노동자가 등장하게 된다. 상업을 통해 자본을 축적한 상인이 자본가로 전화하게 되고, 반면 자신의 노동력을 상품으로 제공하는 노동자도 나타나게 된다. 이른바 노동시장의 출현인 것이다.[4]

3. 7·1 조치의 배경, 준비와 시행

1) 7·1 조치의 배경

7·1 조치에 대한 해석과 평가에서 주요한 논점의 하나가 시기의 문제이다. 즉, 왜 하필이면 2002년 7월 1일부터냐 하는 문제이다. 지금에 와서는 이러한 시기의 문제가 큰 중요성을 가지지 않지만 7·1 조치 등장 직후 몇 달 동안은 시행시기의 문제가 7·1 조치에 대한 해석·평가와 직접적인 관계가 있는 중요한 사안이었다. 물론 안타깝게도 명확하게 규명이 되지 않은 상태에서 학자들 간에도 해석상의 합의를 보지 못한 채 지나쳐버리고 말았다.

이러한 사실 자체가 함의하듯이 2002년 7월 1일이라는 시점, 나아가 2002년이라는 시점 자체는 전반적인 경제상황에서 뚜렷한 특징을 보유한 때가 아니었다는 점을 상기할 필요가 있다. 예컨대 경제 자체는 1990년부터 1998년까지의 마이너스 성장을 마치고 1999년부터 플러스

---

4   양문수, 『북한경제의 시장화—양태, 성격, 메커니즘, 함의』, 한울, 2010, 222~225면 참조.

성장으로 돌아선 상태이다. 그렇다고 해서 경제가 회복국면으로 접어든 것은 아니다. 다만 최악의 상황으로부터 벗어났다는 것은 분명하다. 식량사정도 상대적으로 안정을 보이고 무엇보다도 시장에서의 쌀값도 완만하기는 하지만 하향안정세를 보이고 있던 상태였다.

그렇지만 내부적으로는 경제개혁에 대한 압력이 강해지고 있던 상황이었다고 볼 수 있다. 무엇보다도 암시장의 창궐로 무수한 경제적·사회적 부작용이 속출하고 있었다. 아래로부터의 시장화를 더 이상 방치할 수 없는 상황이었다.

경제가 바닥을 치기는 했으나 경제난은 여전히 심각한 상태였다. 재정 부족, 인플레이션도 위기적 상황에서 벗어나지 못했다.

게다가 1998년 김정일 시대의 공식 출범 이후 어떠한 형태로든 혼란을 수습하고 체제를 정비할 필요성이 강했다. 실제로 북한은 1998년부터 체제 및 제도 정비에 적극 나서기 시작했다. 그러한 시대적 배경 속에서 7·1 조치가 탄생했다.

2) 사전 준비

7·1 조치는 어느 날 갑자기 하늘에서 떨어진 것이 아니라는 점이 강조될 필요가 있다. 국가는 나름대로 여러 가지 사전적 계산과 사전 정지작업 등 철저한 준비를 했다고 보아야 한다. 즉, 몇 년 동안의 큰 흐름 한가운데 7·1 조치가 위치한다고 보아야 한다. 이에 대해서는 대내적 부분과 대외적 부분으로 나누어서 고찰할 필요가 있다.

대내적으로는 1998년부터 커다란 정책적 기조로서 이른바 실리주의, 실리사회주의를 내세웠고, 2001년부터는 이른바 '신사고'를 내세웠다. 그리고 7·1 조치의 시행을 위해 일종의 태스크 포스를 구성해 정책 방안을 준비했다. 7·1 조치 실시 9개월 전인 2001년 10월, 김정일 위원장은 당과 내각의 경제일군에게 "강성대국 건설의 요구에 맞게 사회주의 경제관리를 개선 강화할 데 대하여"라는 제목의 지시문건을 내려 보냈다.[5] 여기에는 7·1 조치의 핵심적 내용의 하나인 기업의 자율성 확대 등이 포함되어 있다.

대외적으로는 1999년부터 대외관계 개선에 적극 나섰고, 2000년에는 남북정상회담을 개최했다. 그리고 7·1 조치 실시 후 2개월 만인 동년 9월에 고이즈미·김정일 정상회담이 성사되었고, 같은 시기에 신의주 특별행정구 설치가 발표되었다. 아울러 7·1 조치 실시 후 4개월 만인 동년 11월에 '금강산관광지구법' 및 '개성공업지구법'을 공표, 이들 지역을 특구로 지정했다.

주목해야 할 사실은 7·1 조치 이후 몇 달 내에 일련의 대외개방조치를 취할 예정이었다는 점이다.[6] 그리고 앞에서 보았듯이 이는 차근차근 진행되었다. 북한정부도 7·1 조치 성공의 최대 관건은 공급능력의 확충이라는 것은 충분히 알고 있었다는 추론이 가능해진다. 다만 이러한 대외개방이 의외의 복병을 만나 제대로 실행되지 못함으로써 7·1 조치의 앞길에 먹구름이 끼게 되었다. 북일정상회담 이후 납치

---

5 이 요지는 『중앙일보』, 2002.8.2에 보도된 바 있다.
6 사전준비작업으로서 또 주목해야 할 것은 이른바 당의 (혁명)자금 몇 억 달러를 풀어 중국, 러시아 등지에서 생필품을 대량으로 구입해 국영상점에 채워 넣었다는 점이다. 다만 이는 아직까지 소문으로서만 떠돌 뿐 확인되지 않은 사항이다.

의혹 문제가 불거지면서 북일 관계가 급속히 악화되었고, 북미관계는 2차 핵 위기 발발로 악화일로를 걷게 되었다.

3) 7 · 1 조치의 시행

7 · 1 조치는 광범위한 영역에 걸친 포괄적인 정책적 조치이다. 또한 북한정부가 공식적으로 밝힌 것은 극히 일부에 불과[7]하고, 외부세계에 단편적으로 알려진 사실들을 중심으로 재구성할 수밖에 없다.

그리고 시기적으로 보면 2002년 7월 1일부로 실시한 조치는 임금 및 환율 인상, 독립채산제 실시, 번수입 지표 도입, 농산물 수매가 인상 등 일부에 지나지 않는다. 나머지는 2002년 7월 1일 이전 혹은 이후에 실시한 것이다. 특히 종합시장의 개설 등에서 보듯이 2003, 2004년에도 후속 조치가 실시되었다. 다만 7 · 1 조치의 후속 및 관련 조치는 2004년에서 멈춘 것으로 알려지고 있다. 7 · 1 조치 및 후속 · 관련 조치의 주요 내용은 다음 면의 〈표 1〉과 같다.[8]

---

[7] 북한의 김용술 무역성 부상은 2002년 9월 2일 도쿄에서 개최한 경제정책 설명회에서 경제관리개선조치의 골자를 첫째, 공장 · 기업소들이 철저한 독립채산제를 실시하는 것, 둘째, 가격과 생활비(임금)를 대폭적으로 조정한 것이라고 밝힌 바 있다. 김용술, 「북한 경제정책 설명」, 『KDI 북한경제리뷰』, 2002. 10, 44～50면.

[8] 7 · 1 조치 및 후속 · 관련 조치에 대해서는 김영윤 · 최수영, 『북한의 경제개혁 동향』, 통일연구원, 2005가 가장 많은 정보를 제공하고 있다.

〈표 1〉 7 · 1 조치 및 후속 · 관련 조치의 주요 내용

구분	7 · 1 조치	후속 · 관련 조치
가격 · 임금 · 환율	○ 물가(25배), 임금(18배), 환율(70배) 인상 ○ 소비재 무상 급부제 폐지 ○ 각종 보조금 축소, 폐지	○ 종합시장 등에 외화환전소 설치(2003)
재정금융	○ 거래수입금 폐지, 국가기업이득금 신설 ○ 토지사용료 신설	○ 종합시장의 시장사용료, 국가납부금 신설(2003) ○ 인민생활공채 발행(2003) ○ 징세기관인 집금소 설치(2003) ○ 토지사용료를 부동산사용료로 확대개편(2006) ○ 중앙은행법 개정(2004) ○ 상업은행법 제정(2006)
농업	○ 곡물수매가 인상(50배)을 통해 농민의 생산의욕 고취 ○ 국가수매량 축소 ○ 농장의 경영자율성 확대	○일부 협동농장에서 포전담당제 시범실시(2004)
기업	○ 번수입체계에 의한 실적 평가 ○ 독립채산제 본격 실시 ○ 지배인 권한 강화 ○ 기업의 경영 자율성 확대 ○ 노동 인센티브 강화	○ 일부 공장, 기업소를 대상으로 기업 경영자율성 대폭 확대한 기업개혁조치 실시(2004)
상업 · 유통 · 서비스		○ 종합시장 개설(2003) ○ 일부 국영상점을 수매상점으로 전환(2003) ○ 사실상 개인의 식당, 서비스업 허용(2003)
대외경제관계	○ 무역의 분권화 확대	○ 신의주 특별행정구 지정(2002.9) ○ 금강산 관광지구 지정(2002.10) ○ 개성공업지구 지정(2002.11)

출전 : 김영윤 · 최수영, 『북한의 경제개혁 동향』(통일연구원, 2005)을 토대로 작성

북한은 7·1 조치를 도입하면서 다음과 같은 세 가지 중간 목표를 설정했다. 국가재정위기의 타파, 인플레이션의 억제, 생산의 확대(생산의 정상화)이다. 상기의 세 가지 목적을 달성하기 위해 북한정부는 크게 보아 두 가지 차원의 정책을 전개했는데, 하나는 기존의 계획경제시스템 내에서의 정책적 개선이고, 또 하나는 시장경제 메커니즘의 부분적 도입이다. 물론 양자의 구분은 때로는 모호할 뿐 아니라 전자는 사실상 후자를 견인하는 경향이 있다는 점은 강조될 필요가 있다.

이러한 두 가지 차원의 정책과 병행해서 국가의 조세기능을 대폭 강화했다. 새로운 세원을 발굴하고 조세행정체계의 정비·강화를 통해 재정수입을 확대하려고 노력했다.

요컨대 거시 경제적으로 보면 북한정부는 7·1 조치를 통해 생산 차원과 분배 차원을 아우르는 제도적 변경을 통해 새로운 경제운용 전략을 모색한 것으로 파악된다.(다음 면의 〈그림 1〉 참조)

첫째, 생산 차원에서는 이른바 개선과 개혁의 동시적 진행을 통해 경제 전체의 생산성을 제고하고 생산을 확대하는 것, 즉 경제 전체의 파이를 키우는 것이다. 둘째, 분배 차원에서는 우선 잉여수취기능을 대폭 강화해 개별 경제주체, 생산 및 유통(무역) 단위로부터 국가부문으로의 자원 이전을 대폭 확대하는 것이다. 특히 기존의 계획경제영역뿐 아니라 새롭게 공식적인 경제영역으로 흡수한 시장경제영역으로부터의 잉여수취를 극대화하는 것이다.

셋째, 일종의 재분배차원에서 국가가 확보한 잉여를 국민경제 내에서 각 부문별로 차등 분배하는 것인데 이는 우선순위체계의 고도화와 맥을 같이한다. 특히 국가는 이른바 이중구조 전략을 공식화하면서 우선순위 분야에 대해서는 자원배분을 확대하는 한편, 비非우선순위 분야에 대해서는 자원배분을 축소하는 길을 선택했다.

1단계: 생산의 차원

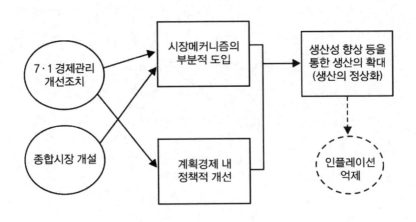

2단계: 분배의 차원

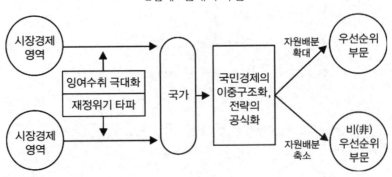

〈그림 1〉 7·1 조치를 통한 새로운 경제운영전략의 모색

4. 국가의 정책과 경제주체의 반응

1) 국가의 정책 1 – 계획경제 내 개선조치

7·1 조치의 골자 가운데 계획경제 내 개선조치의 성격을 띠는 것들은 가격과 임금, 환율의 대폭적인 인상, 기업의 경영 자율권 확대, 독립채산제 본격 실시, 노동 인센티브 확대 등이다. 이를 간단히 살펴보자.

가격개혁의 경우, 거의 모든 재화의 국정가격을 암시장 수준으로 인상했다. 동시에 경제 전반의 상대가격체계를 재편했다. 모든 재화 서비스의 가격이 동일한 비율로 상승한 것이 아니라 각 재화별로 가격상승률에 큰 편차가 존재한다는 사실에 유의할 필요가 있다.(〈표 2〉 참조)

〈표 2〉 7·1 조치로 인한 가격 및 임금 인상 주요 내용(단위 : 원)

구분	품목 / 계층	단위	인상 전(A)	인상 후(B)	인상폭(B / A, 배)
가격	쌀	kg	0.08	44	550
	옥수수	kg	0.06	20	330
	돼지고기	kg	7	170	24
	세수비누	개	2	20	10
	버스·지하철 요금	회	0.1	2	20
	전기료	kWh	0.035	2.1	60
	주택사용료		한 채당 월 5~10원	평당 월7~15원	
임금	일반노동자		110	2,000	16
	중노동자		240~300	6,000	20~25

가격 인상을 구체적으로 보면 쌀 공급가격(판매가격)은 kg당 0.08원에서 44원으로 550배 인상되었고, 공업제품의 가격은 평균 25배, 근로자들의 기본임금은 평균 18배 인상되었다. 가격제정원리도 변경되었

다. 수요자 위주의 가격제정방식에서 생산자 위주의 그것으로 전환한 것이다. 석탄, 전력 등 '시초원료가격'을 기준으로 하는 방식에서 쌀(식량)가격을 중심으로 하는 방식으로 변화했다.

기업개혁에서는 계획 및 기업관리의 분권화 조치가 취해졌다. 특히 기업의 자율성이 확대되었고, 기업의 독립채산제도 대폭 강화되었다. 예컨대 가격을 수요와 공급을 고려하여 현실화한다는 것, 임금이 현물임금에서 화폐임금으로 바뀐 것 등은 철저한 독립채산제가 실시될 수 있는 기반을 마련한다는 의미가 있다.

노동 인센티브도 강화되었다. 주목해야 할 것의 하나는 주민들에 대한 소비재의 무상급부제도가 사실상 폐지되었다는 사실이다. 무엇보다도 쌀, 옥수수 등 식량의 가격은 수백 배나 오르는 기록적인 인상률을 나타냈다. 따라서 종전에 노동자, 사무원의 실질 생계비에서 식량값이 차지하는 몫은 불과 3.5%도 되지 않았으나 이제는 50% 정도에 육박하게 되었다. 국가는 이제 더 이상 모든 주민의 기본생활을 보장하지 않는다는 의지를 표명한 셈이다. 북한정부가 "앞으로 절대로 공짜는 없다"고 강조[9]하고 있는 것도 바로 이 때문이다. 노동자는 자신과 가족의 생계를 전적으로 임금에 의존하게 되었다. 노동 인센티브 시스템이 제 기능을 발휘할 수 있는 제도적 기반을 이런 식으로 마련한 것이다.

---

9 7·1조치에 대한 조선노동당 내부문건. 그 요지는 『조선일보』 2002년 10월 16일자에 보도된 바 있으며 전문은 『월간조선』 2002년 12월호에 게재되었다. 이는 7·1 조치의 본격 시행을 앞두고 일선 당정 기관 간부들과 군인들에 대한 강연 및 학습자료용으로 작성된 것으로 보인다.

2) 국가의 정책 2 – 시장경제 메커니즘의 부분적인 도입

시장경제 메커니즘의 부분적인 도입으로는 다음과 같은 것을 꼽을 수 있다.

먼저 2002년에 기업의 실적을 평가하는 지표로서 '번 수입 지표'를 신규 도입했다. 이를 통해 기업에 대해 계획 외 생산과 계획 외 유통을 허용했다. 기업에 대해 사실상의 시장경제활동을 용인한 것이다.

아울러 '사회주의 물자교류시장'을 신규 도입했다. 최초로 생산재시장을 공식 허용한 것이다. 김정일 위원장의 지시에 의해 등장한 이 시장은 공장·기업소 간 과부족되는 일부 원자재, 부속품들을 유무상통하도록 하며 생산물의 일정 비율을 자재용 물자교류에 사용할 수 있도록 한 것이 골자를 이룬다. 나아가 2005년에는 또 다른 형태의 생산재시장으로서, 이른바 수입물자 교류시장을 개설했다. 대표적인 것이 북한과 중국의 기업들이 공동으로 운영하는 '보통강 공동 교류시장'으로서 이는 수입품의 도·소매 시장이라 할 수 있다. 요컨대 국가계획시스템에 의해 정부가 기업에게 원자재 등을 보장해주는 데는 한계가 있다는 현실을 인정하고 그 공백을 시장에 의해 메우라고 허용한 것이다.

소비재 시장 분야에서는 2003년 3월부터 공식 도입된 종합시장이 대표적이다. 이는 기존의 '농민시장'을 '시장'으로 명칭을 바꾸고 유통물자의 범위도 종전의 농토산물에서 탈피해 식량 및 공업제품으로 대폭 확대한 것이다.[10] 국가가 정하는 한도가격이라는 것이 있지만 이는

---

10 이와 관련, 조총련 기관지인 『조선신보』는 매우 흥미로운 지적을 하고 있다. 즉, "종합시장의 운영은 (경제관리)개선조치의 심도와 폭을 보여주는 상징적 사변이라 할 수 있

시장의 수급상황을 거의 다 반영하는 사실상의 시장가격이다. 이와 관련, 정부는 기존에 존재하던 농민시장들을 현대식 건물로 잘 꾸리는 한편 새로운 시장을 건설하도록 했다. 또한 개인뿐 아니라 국영기업소와 협동단체들도 종합시장에서 상품을 구매·판매할 수 있도록 허용했다. 이와 함께 개인부업이라는 명목으로 개인수공업자들이 만든 상품도 종합시장에서 거래될 수 있도록 허용했다.

아울러 국영상점들을 사실상 시장으로 전환시키는 조치를 취했다. 즉, 국영상점의 (위탁)수매상점화이다. 이는 국가공급체계의 와해로 기능이 마비된 일부 국영상점들을 기관·기업소에 임대·분양하고 임대료를 징수하는 이른바 (위탁)수매상점으로 전환시키는 것이다. 여기서 국영상점을 임대형식으로 인수·운영하는 주체는 무역회사를 비롯한 각종 기관·기업소이다. 특히 무역회사들은 국영상점을 인수해 수입상품을 판매할 수 있도록 허용했다. 경우에 따라서는 일부 자금력이 있는 개인이 기관·기업소 명의를 빌려서 실질적으로 운영할 수도 있도록 했다. 나아가 상점뿐 아니라 식당, 목욕탕, PC방, 당구장, 가라오케 등 서비스업체도 개인들이 기관·기업소의 명의를 빌려 운영할 수 있도록 했다. 소규모 서비스업체에 대해 법적으로는 아니라고 해도 사실상 사유화를 인정한 것이다.

정부는 직접적으로 시장화를 촉진시키기 위한 정책적 조치를 취하면서 때로는 의도적으로, 때로는 결과적으로 시장화를 간접적으로 촉

다"(2003.12.22)라든지 "농민시장을 종합적인 소비품시장으로 확대하는 조치는 공업제품도 거래되고 있는 오늘의 현실에 맞게 취한 조치라고 볼 수도 있지만 보다 중요한 점은 일련의 경제개혁의 연장선에서 시장의 기능에 대한 관점의 전환이 이루어졌다는 데 있을 것이다"(2003.6.16)라는 것 등이다.

진한 정책들도 내놓았다. 즉 상품화·화폐화의 진전, 교통·통신의 발달, 재산권의 법적 보호 등이다.

우선 계획 외 생산의 허용은 시장 판매를 위한 생산, 즉 상품생산의 확대를 의미한다. 또한 기관, 기업소간 거래에 있어서 기존의 무상 거래가 유상 거래로 전환되었다. 『조선신보』가 표현했던 "모든 것을 돈으로 계산하고 평가하는 체계의 확립"[11]이다. 아울러 소비재 무상급부제의 사실상 폐지, 이에 따른 현물임금에서 화폐임금으로의 전환, 기업의 현금보유 허용은 결국 화폐화의 진전을 의미한다. 기업도, 노동자도 이제 생존을 위해서는 화폐를 축장해야 할 강력한 유인이 발생한 것이다.

교통 분야에서는 이른바 '서비차' 활동의 허용이 대표적이다. 이는 군대, 보안성, 보위부 등 각 기관과 공장·기업소에 소속된 트럭, 자동차 등의 차량이다. 영업용으로 공인된 차가 아니라 각 직장 단위에 소속된 차량들인데 차비를 받고 사람들을 대도시 중심으로 특정 지역까지 이동시켜주는 역할을 한다. 정부는 각 기관·기업소에 대해 철저한 독립채산제의 실시를 명분으로 이러한 사실상의 운수영업을 허용했다. 통신 분야의 경우, 가정용 전화 및 휴대전화의 허용이 큰 역할을 했다. 대체로 2003년부터 평양, 함흥, 청진 등 대도시들을 중심으로 일반인들도 돈만 있으면 자신의 집에 가정용전화를 설치할 수 있게 되었다고 한다. 또한 2002년 말부터는 평양시와 라선시에서, 이어 2003년 9월부터는 각 도 소재지 등을 중심으로 이동전화를 개통했다.

---

11 『조선신보』, 2002.11.22.

법률 분야에서는 1998년 헌법 개정을 통해 경제운영에 시장경제원리 일부를 도입했고, 특히 생산수단의 소유주체 및 개인소유 범위를 확대했다. 이후 민법 개정, 상속법 제정, 형법 개정 등을 통해 북한정부는 개인의 재산권을 국가가 보호하고, 소유권 침해에 대한 처벌 을 강화했다. 다만 시장화의 촉진과 함께 체제 단속 강화를 병행하는 조치를 취했다.

3) 경제주체의 행동과 그 결과 – 시장화의 확산

　　계획경제 내 개선조치와 시장메커니즘의 부분적 도입은 원래부터 친화력이 있다. 또한 계획경제 내 개선조치는 시장메커니즘의 도입을 견인하는 효과도 있다. 기업의 자율성 확대, 독립체산제 확대, 노동인센티브 확대, 임금의 화폐임금으로의 전환 등이 대표적인 사례이다. 이들 조치가 시행되는 토대 위에 시장메커니즘이 일부라도 도입되면 상당한 동력을 가지게 된다.

　　시장이 합법화됨에 따라 시장 참여자들이 크게 늘어났다. 무엇보다도 종합시장이라는 소비재 시장에 상품공급자와 상품공급량이 증가했다. 개인들뿐만 아니라 기관, 기업소들의 시장 참여가 크게 늘었다. 종래 농민시장에는 개인만이 참여했으나 종합시장에서는 농민이나 일반 주민뿐 아니라 국영기업소, 협동단체도 시장 활동에 참여, 제품을 판매하게 되었다.

　　북한의 경우, 시장화의 진전에 무역회사의 역할이 매우 중요하다.

무역회사는 과거 공식적으로는 자신의 관련 기관·기업소, 주민의 생산과 소비를 위한 수입, 즉 일종의 자가소비를 위한 수입을 수행했고 시장판매를 위한 수입은 음성적(불법적)으로 해왔다. 그런데 정부가 종합시장을 허용하고, 국영상점의 시장화를 추진함에 따라 이제 무역회사들은 공식적으로 시장판매를 위한 수입, 따라서 주민들에 대한 직접판매가 가능하게 되었다. 이들은 두 가지 경로로 국내 소비자에게 접근했다. 하나는 도매시장을 거쳐 종합시장에 판매하는 것이고, 또 하나는 국영상점(위탁수매상점)에 직접 혹은 중간상인을 거쳐 간접적으로 판매하는 것이다.

또한 개인들도 시장경제활동에 적극적으로, 또 다양한 형태로 참여의 폭을 넓혀갔다. 국영상점에 자신의 자본을 투하해 중국이나 북한 국내에서 상품을 들여와 일반인에게 판매하고 이렇게 해서 얻은 수입의 일부를 국가에 납부하고 종업원 등의 생활비로 충당하고 나머지는 자신의 이윤으로 챙기는 방식으로 시장에 참여하기 시작했다. 물론 공식적으로는 개인이 직접 상점을 임대받지 못한다. 기관, 기업소만 임대를 받을 수 있다. 그래서 개인은 기관, 기업소의 명의를 빌려서 상점을 임대받아 운영한다. 그리고 이러한 행태는 상점뿐 아니라 당구장, 가라오케, 식당 등 서비스업 분야에서 자주 빚어졌다. 이에 따라 사실상 개인이 시장경제방식으로 운영하는 상점, 식당, 당구장, 가라오케 등 서비스업체가 크게 늘어났다.

아울러 기업들은 시장 판매를 목적으로 한 생산의 공간이 확대되었다. 합법적인 소비품 시장인 종합시장의 등장은 기업의 입장에서는 안정적인 판로 확보를 의미하는 것이다. 이는 그 자체로서 생산을 자극하는 효과가 있다.[12] 특히 기업들이 시장에서 자금을 조달할 수 있는 길이 열렸고 이는 시장판매 생산을 더욱 자극하는 유인으로 작용했다. 다만 초기 단계에 자금이 없는 기업들이 적지 않다. 그래서 개인자본을 끌어들이는 경우가 종종 있었다.

이와 함께 개인들도 부업생산(개인수공업) 확대에 적극 나섰다. 개인 수공업자 입장에서도 종합시장의 등장은 안정적인 판로의 확보를 의미한다. 결국 기업 및 소상품 생산자들의 시장 참여가 늘어나게 되었으며, 이에 따라 분업의 확대 현상도 나타나 특히 소상품 생산자들은 시간이 지날수록 자신만의 전문적인 품목에 생산을 집중하게 되었다. 아울러 생산자들 간의 연계도 강화되면서 생산재 시장이 더욱 확대되었다.

한편 김정일 위원장의 지시에 의해 '사회주의 물자교류시장', 즉 합법적인 생산재 시장이 등장함에 따라 기업들은 시장을 통해 원자재를 조달할 수 있게 되었다. 특히 기업들이 종합시장의 등장 이후 시장에서 제품 판매 등을 통해 자금을 조달하는 것이 합법화되었다. 이에 따라 생산재 시장과 소비재 시장의 연계성이 확보되면서 각 시장의 참여자들은 서로 영향을 주고받게 되었다.

---

12 무엇보다도 기업들은 신규생산 제품, 나아가 신규진출 업종에 대해서도 자율적으로 결정할 수 있게 되었다. 심지어는 기존에 자신의 기업이 하던 일과는 직접적인 관계가 없거나 전혀 상관이 없는 새로운 업종에 진출하는 것이 가능하게 되었다. 『조선신보』는 두 가지 예를 제공하고 있다. 하나는 락연합작회사로 원래 재일동포 상공인과 공동으로 발포제를 생산하던 회사였는데 7·1 조치 이후 2003년 겨울 평양의 통일거리에 군고구마와 군밤을 판매하는 16개의 조립식 매대를 설치, 운영해 주민들의 호평을 받았다. 또 하나는 조선무관세회사로 원래 북한을 방문한 해외동포나 외국고객을 대상으로 호텔과 식당, 상점 등을 운영하던 회사인데 이 회사가 재일동포기업인 동아연합기업과 공동투자로 대동단추회사를 신규로 설립하여, 2004년 9월부터 대량생산체제에 돌입하기로 했다. 3차 산업에 속해 있던 기업이 2차 산업에 신규 진출한 셈이다. 『조선신보』, 2003.4.28 · 2004.8.11.

과거에는 본격적인 상행위 자체가 불법이었기 때문에 상인계층의 형성이 불가능했다. 그러나 이제는 종합시장의 등장으로 사정이 달라졌다. 장사에 본격적으로 뛰어들어 돈을 번 뒤, 즉 자본을 축적해 이른바 돈주錢主로 불리게 된 사람들이 속속 등장하게 되었다. 그리고 이러한 돈주들은 대부분 개인상업이나 외화벌이를 통해 부를 축적한 사람들이라는 사실에 주목할 필요가 있다.

그리고 이제는 상인계층의 형성에서 한 걸음 더 나아가 상인층의 분화도 이루어지게 되었다. 대표적인 것이 도매상과 소매상의 분화이다. 즉 초기에는 한 사람이 도매와 소매를 겸하는 경우가 많으나 시장이 발달함에 따라 도매상과 소매상이 분리되었다. 또한 특정 품목만 취급하는 전문상인과 여러 품목을 취급하는 종합상인의 분화도 나타났다. 아울러 초기에는 상인이 창고 업무와 운수 업무를 겸하게 되나 점차 창고업과 운수업을 전문으로 하는 상인이 나타나게 되었다. 즉 상업에서 창고업과 운수업이 분리되었다.

시장의 합법화로 시장이 확대되면 신용, 나아가 금융의 필요성도 증대된다. 신규로 시장상인으로 참여하고자 하는 사람에게는 이른바 장사밑천이, 기존에 상행위를 하고 있던 사람에게는 운영자금이 필요하고 따라서 이를 해결해 줄 사람이 필요하게 된다. 초기에는 시장에서 판매자로 참여하는 사람 가운데 금전적인 여유가 있는 사람이 자금을 대여하는 경우가 많다. 하지만 시간이 지날수록 상행위를 통해 부를 축적한 사람이 나타나게 마련이다. 여기서 일부는 전문적인 금융업(사채 및 고리대금업)자로 전환한다. 이른바 금융시장의 출현이다.

물론 북한에서 금융시장은 공식적으로 존재하지 않는다. 모두 비공식 시장에서의 거래이며 동시에 사적 금융, 사채私債이다. 여기에는 크게 보아 두 가지의 시장이 있다. 하나는 개인과 개인 사이의 금융관계이고 또 하나는 기업과 개인 사이의 금융관계이다. 전자의 경우는 앞에서 보았듯이 '장사'로 불리는 상행위를 수행하기 위한 자금 대여가 압도적으로 많다. 후자인 기업과 개인 사이의 금융관계는 기본적으로 기업이 개인으로부터 돈을 빌리는 것으로서 그 역은 존재하지 않는다. 기업이 개인으로부터 돈을 빌리는 이유는 간단하다. 나라에 돈이 없기 때문이다. 국영기업에, 은행에 돈이 없고, 개인에게 돈이 있기 때문이다. 개인과 기업 간의 금융거래는 크게 보아 두 가지의 범주로 나눌 수 있다. 하나는 대출이고 또 하나는 투자이다. 또한 돈을 빌리는 기업은 공장일 수도 있고, 농장일 수도 있고, 상점일 수도 있고, 무역회사일 수도 있다. 자금은 투자자금도 있고 운영자금도 있다.

이렇게 해서 금융 시장은 생산재 시장, 소비재 시장과의 연계성이 확보되면서 각 시장의 참여자들은 서로 영향을 주고받게 되었다. 이렇게 해서 개인의 자본 금융 시장 참여 확대가 개인, 기업들의 소비재 및 생산재 시장 참여를 촉진하는 것은 매우 자연스러운 일이다. 따라서 소비재 시장 및 생산재 시장의 확대는 필연적이다.

임노동관계도 초보적인 형태로 나타나기 시작했다. 임노동자의 대척점에는 이른바 돈주가 존재한다. 상업부문에서 상점 주인과 상점 노동자, 수산업에서 선박 소유주와 노동자, 농업 부문에서는 불법적인 토지 소유자와 소작인 사이에 고용과 피고용의 관계가 나타나고 있다. 개인수공업에서도 이른바 가공주와 노동자 사이에 임노동관계가 등장했다. 이러한 임노동관계는 아직까지는 대부분 비공식적인 영역에서 나타나고 있지만 일부는 합법과 불법의 경계가 모호한 경우도 있다. 이렇게 해서 개인이 노동시장 참여가 발생하게 되면 돈주들의 시장 참여 확대, 이에 따라 소비재 시장의 확대는 필연적이다.

결국 이러한 방식으로 생산재 시장, 소비재 시장, 금융 시장, 노동시장 등 이른바 4대 시장이 형성되고, 이들 시장이 서로 연계되면서 상승작용을 일으키며 서로를 확대시키게 되었다.

5. 7 · 1 조치의 역사적 의미

1) 7 · 1 조치와 시장화

북한의 시장화라는 흐름 속에서 7 · 1 조치의 의미를 재조명하기 위해 우선 2007년부터 2009년까지의 이른바 반(反)시장화 정책기의 상황을 다시 한 번 짚어보기로 한다.

시장화에 대한 북한정부의 정책이 촉진에서 억제로 전환한 배경, 이유에 대해서는 정확하게 밝혀지지 않고 있다. 다만 7 · 1 조치 등 경제개혁적 조치를 내각이 주도하고, 이러한 정책이 지속됨에 따라 당의 반발이 갈수록 커졌으며, 아울러 7 · 1 조치의 지속에 따라 기존질서의 동요, 배금주의 및 개인주의의 확산 등 정치사회적 부작용에 대한 우려의 목소리가 커짐에 따라 2005년부터 개혁적 정책기조가 후퇴하기 시작했고, 나아가 2007년부터 시장에 대한 억제로 돌아섰을 가능성[13]은 충분히 생각해 볼 수 있다.[14]

2007년부터 본격화된 시장에 대한 단속, 통제는 다방면에 걸친 것이라는 특징이 있다. 우선 종합시장에서의 매대상인을 대상으로 상행위(장사) 연령에 대한 제한, 상행위 시간에 대한 제한, 상행위 품목에 대한 제한, 상행위 장소에 대한 제한 등이 지속적으로 전개되었다. 종합시장 이외의 시장경제활동에 대해서는 예컨대 서비스차 운행에 대한 제한, 서비스업 개인투자활동에 대한 제한 조치가 취해졌고, 무역회사의 구조조정 조치도 단행되었다. 아울러 각종 검열을 통해 돈주와 당정간부에 대한 처벌도 동반되었다.

나아가 2009년부터는 종합시장의 물리적 폐쇄, 즉 농민시장으로의 환원도 시도되었다. 주민들의 반발 등으로 시행이 연기되기는 했지만 2009년 1월부터 전국의 시장을 농민시장으로 개편한다는 방침을 발표한 바 있다. 이어 11월 말에는 화폐개혁을 전격적으로 단행하면서 보다 업그레이드된 시장 억제정책을 시도했다. 즉 화폐교환을 통해 부유층, 대상인, 중간상인 등 현금을 다량으로 보유하고 있는 계층의 현금을 환수해, 상행위, 시장경제활동의 재정적 기반을 대폭 축소함으로써 실질적으로 시장 및 시장경제활동을 크게 위축시키는 효과를 기대했다. 이와 관련, 2010년 1월에는 종합시장을 종전의 농민시장으로 환원한다고 발표하기도 했다.

---

13 한기범, 「북한 정책결정과정의 조직행태와 관료정치―경제개혁 확대 및 후퇴를 중심으로(2000~2009)」, 경남대 박사논문, 2009, 190~215면 참조.
14 시장에 대한 본격적인 단속의 시점始點, 즉 반시장화정책의 시점을 어디로 볼 것이냐에 대해서는 다양한 의견이 있을 수 있다. 필자는 새터민 인터뷰 결과를 토대로 2007년으로 잡고 있다. 북한의 개혁후퇴는 2005년부터 시작되었다고 보는 한기범조차 북한당국이 시장에 대한 장려(2003.3)에서 적극 통제로 돌아선 것은 2007년 10월부터라고 보고 있다. 위의 글, 209면 참조.

하지만 역부족이었다. 물가 폭등, 상품 공급 위축 등 화폐개혁의 부작용이 걷잡을 수 없는 상태에 이르자 북한정부는 2010년 2월 초부터 시장에 대한 단속의 고삐를 늦추었다. 나아가 북한정부는 5월부터 시장에 대한 억제정책을 사실상 철회했다. 이렇듯 북한정부는 2007년부터 지속적으로 그리고 때로는 시장 폐쇄라는 극약처방까지 동원하면서 시장 억제정책을 펴보았지만 소기의 성과를 거두지 못했다.

이제는 다른 측면에서 접근해 보자. 북한에서는 어느덧 시장의 역사가 20년을 넘어서고 있다. 시장화의 장기화가 진행되고 있다. 시장은 이제 북한경제 운영에서, 특히 주민들의 생활에서는 필수불가결한 존재로 자리 잡았다. 아직 안정적이지는 못하지만 어느 정도 시스템으로 정착되어가고 있다고 볼 수 있다. 아울러 시장화가 장기화함에 따라 주민들은 시장에 대한 학습기회가 크게 늘어나고, 이에 따라 시장에 대한 적응 능력을 높여가고 있다.

앞에서 보았듯이 시장화가 진전됨에 따라 소비재시장, 생산재시장, 금융시장, 노동시장 등 4대 시장의 연관성은 더욱 커지고 있으며, 이들은 상호작용을 통해 서로를 확대시키고 있다. 또한 시장화의 진전은 시장발달의 제 조건의 발달과 맞물려 이루어지고 있다. 특히 주목할 만한 것은 상품화·화폐화의 진전인데 북한의 경우 화폐화monetization는 달러화dollarization를 축으로 해서 전개되는 것이 특징이다. 아울러 교통·통신의 발달, 법제도의 정비 등도 북한에서 시장을 발달시키는 중요한 조건으로 작용하고 있다.

아울러 시장화의 진전은 제한적이기는 하지만 소유권의 변화를 수반하고 있다. 무엇보다도 개인수공업의 확대를 초래하고 있다. 또한 상점, 식당, 당구장, 가라오케 등의 서비스업에 개인자본이 진출할 수 있는 공간이 크게 넓어지면서 소규모 개인서비스업이 확대되고 있다는 사실도 주목할 만하다. 아울러 공장, 무역회사, 상점, 식당 등 공식 부문에 개인자본 투입이 확대되고 있다는 사실도 지적되어야 한다.

물론 북한의 시장화는 제약요인도 존재한다. 북한의 시장화는 여타 사회주의 국가들의 경험과는 달리 자기운동성, 확장성에 다소 한계를 가지고 있다. 우선 대내외 정치적 조건의 미성숙이라는 조건하에서 진행되고 있다. 무엇보다도 국내 정치적 리더십의 불변(3대 세습 포함)이라는 조건과 대외관계의 미개선(특히 미국과의 관계 미개선)이라는 조건이 중요하다. 또한 북한에서 시장의 발달은 국내 자원이 고갈된 조건하에서 생산보다는 유통의 발달, 특히 무역의 발달에 기인한다. 즉, 북한에서 시장의 발달은 뚜렷한 생산력 증대를 수반하지 않는 것이 특징이다. 아울러 북한에서는 시장경제에서 발생한 잉여가 각종 조세 및 준조세 형태로 정부 및 엘리트층, 중간 간부들에 의해 과도하게 수탈당하고 있다. 이로 인해 내부 축적이 용이하지 않은 구조로 되고 있다.

그럼에도 불구하고 북한정부가 시장화의 흐름을 억제할 수 있는 능력은, 전혀 없는 것은 아니지만, 상당히 제한적이다. 가장 큰 이유는 계획경제의 물적·기능적 토대의 와해이다. 북한에서 시장이 싹트고 발전했던 이유는 여러 가지이지만 가장 큰 것은 역시 계획경제의 사실상 붕괴이다. 계획의 공백을 자연스럽게 시장이 메워갔다고 볼 수 있다.

아울러 시장화의 진전으로 시장에 대한 국가의 의존도가 매우 높아졌다. 국가는 당, 군, 내각 등 모든 부문들이 재정 부족을 메우기 위해 다양한 형태로 시장으로부터의 잉여에 의존하고 있다. 국가가 시장에 기생해 살아가는 형국이다. 달리 보면 국가조차 시장 없이는 생존이 불가능한 상황에 처했다.

또한 시장화를 관리할 수 있는 수단에 눈을 돌려 보면 북한정부의 고민이 보다 명확하게 읽혀진다. 물리적인 단속, 통제 이외에는 별다른 수단이 없다는 점이다. 더욱이 이러한 물리적인 단속, 통제는 일시적, 부분적으로는 효과가 있을지도 몰라도, 근원적인 해결책이 되지는 못한다. 게다가 2007~2009년 반시장화 정책기의 경험이 시사하는 것은 북한정부가 시장화를 통제할 수 있는 능력을 거의 상실했다는 점이다.

2) 7·1 조치와 남북관계 – 3대 경협의 사례

여기서는 개성공단, 금강산관광, 남북한 철도 도로 연결 등 이른바 3대 경협의 사례에 초점을 맞추어 7·1 조치와 남북관계의 관계에 대해 간단히 살펴보기로 한다.

개성공단 사업은 현대그룹의 정주영 명예회장이 1998년 12월과 1999년 2월에 북한을 방문해 북한에 대해 800만 평 규모의 서해안공단개발계획을 제시하고 북한이 이에 호응함으로써 논의가 시작되었다. 공단 후보지 선정 과정에서 현대는 당초 해주를 제안하였으나 김정일 위원장이 신의주를 제시함으로써 현대와 북한 사이에 이견을 보이기도 하였다.

그러나 이후 남북정상회담 이후 남북관계의 급속한 호전을 배경으로 현대와 북측은 합의를 도출하게 되었다. 정상회담 직후인 6월 28일 정주영 명예회장이 북한을 방문하자 김정일 위원장은 개성지역을 공단 후보지로 제안했고, 8월 9일 김정일 위원장과 정몽헌 현대그룹 회장이 만나 개성시 일원에 2,000만 평의 개성공업지구를 건설키로 합의했다.

이어 8월 22일 현대아산과, 북측의 대남경제담당조직인 조선아시아 태평양평화위원회(아태)와 민족경제협력연합회(민경련)는 베이징에서 만나 남북경협사업에 대한 포괄적인 합의서와 함께 개성을 중심으로 한 「공업지구 건설·운영에 관한 합의서」를 체결하였다. 이로써 개성 공단이 탄생하게 되었다.

이후 현대아산, 한국토지공사와 북측 간에 민간 차원에서 공단 개발을 위한 실무접촉이 여러 차례 이루어졌고, 특히 현대아산은 2000년 12월에 북측에 대해 국제자유경제지대기본법(초안)을 전달하기도 했다. 그리고 2002년 4월 3일부터 나흘간 진행된 대통령 특사(당시 임동원 대통령 특보)의 북한 방문을 계기로 당국 차원의 협의가 본격 개시됨으로써 북측과의 협의가 탄력을 받기 시작했다. 이해 8월 12일부터 14일까지 개최된 제7차 남북장관급회담에서 개성공단 개발 문제가 본격적으로 거론되기 시작했다. 이후 일련의 남북 당국 간 회담에서 우리 측은 개성공단의 국제 경쟁력 강화 및 관련 법 제도 정비를 강조했다. 남북장관급회담의 하부 회의체로 설치된 '남북경제협력추진위원회(약칭 '경추위')'에서 많은 실무조치들이 협의되었다. 특히 제7차 남북장관급회담 직후인 2002년 8월 27일부터 30일까지 열린 제2차 경추위에서 개성공단 개발을 둘러싼 남북 간 협상이 본격화되었다. 이 회의에서 우리 측은 북측에 대해 공사 착수 이전에 개성공단 관련 특별법을 제정할 것을 요구했고, 북측은 특별법을 곧 제정, 공표할 것이라고 밝혔다.

북한은 2002년 11월 13일, 최고인민회의 상임위원회 정령에 의해 개성공업지구를 지정하고 11월 20일에 '개성공업지구법'을 제정, 공표했다. 이어 북한은 같은 해 12월 23일에 개성공업지구 전체에 대해 50년간 사용을 보장하는 토지이용증을 현대아산에게 발급했다. 이에 따라 현대아산과 한국토지공사는 1단계 100만 평에 대한 사업시행협약서를 체결했고, 통일부는 12월 27일 이들 기관을 개성공단 공장구역 1단계 조성공사에 대한 협력사업자로 승인했다. 이로써 개성공단 및 사업자들은 남북한 양쪽에서 법적 지위를 획득하게 되었다. 개성공단 착공식은 12월 말에 실시하기로 11월의 3차 경추위에서 합의했으나 군사분계선 통과 문제가 해결되지 않아 연기되었다가 2003년 6월 30일 마침내 1단계 개발 착공식을 거행하게 되었다.[15]

금강산 관광사업의 경우, 1989년 현대그룹의 정주영 명예회장이 북한을 방문하고 '금강산 공동개발 계획'에 대한 잠정합의가 발표되었지만 이후 여러 가지 사정으로 실질적으로 추진되지는 못했다. 이후 1998년 6월 정 명예회장의 이른바 소떼 방북으로 북측과 현대 간에 금강산 관광을 위한 기본계약서를 체결하고 이어 10월 27일에 북측 아태와 현대 간에 금강산 관광 사업을 위한 합의서와 부속 합의서를 체결했다. 이어 11월 18일 현대의 금강호가 첫 출항함으로써 역사적인 금강산 사업의 막이 올랐다.

그런데 1차 서해교전(1999.6.15), 관광객 민영미 씨 억류사건(1999.6.20) 등에다 관광객 수의 격감, 과도한 관광대가 등으로 인한 현대아산의 자

---

15 개성공단5년 발간위원회 편, 『개성공단 5년 – 개성에 가면 평화가 보인다』, 통일부, 2007, 13~21면 참조.

금난으로 관광사업이 위기를 맞게 되었다. 이에 정몽헌 회장 방북에 따른 관광사업 활성화 합의서 체결(2001.6.8) 및 관광대가 지불 방식 변경이 이루어졌고, 남북당국 간에도 금강산 육로관광 및 금강산 관광 활성화를 위한 회담(2001.10.3) 등이 이루어졌다. 이러한 노력에도 불구하고 육로 관광, 특구지정 등 관광활성화 조치의 이행이 지연되었으나, 2002년 4월 대통령 특사의 방북을 계기로 당국 간 논의가 본격화되면서 금강산 관광 활성화를 위한 2차 당국 간 회담(2002.9.10)이 개최되었다.

이러한 과정을 거쳐 2002년 11월 13일 북한은 최고인민회의 상임위원회 정령으로 '금강산관광지구법'을 제정했고 이어 11월 25일에 이 법의 제정 사실을 발표했다. 북한은 이 법에서 강원도 고성, 해금강, 삼일포, 통천 일대를 관광지구로 지정했다. 이 법에 따라 북한은 12월 1일 현대아산에 대해 50년간의 토지이용증을 발급했다. 그리고 2003년 2월 14일에 육로 시범관광이 실시되었다.[16]

남북한 철도·도로 연결 사업의 경우, 2000년 6월 남북정상회담에 이어 제1차 남북장관급회담(2000.7.29~31), 제2차 남북장관급회담(2000.8.29~9.1)에서 남과 북은 철도·도로 연결에 합의함으로써 막이 올랐다. 이후 남측은 공사에 착수했으나 북측의 공사는 지연되었다.

이 또한 2002년 4월 특사 방북 이후 다시 당국 간 논의가 본격화되면서 이 해 8월 제7차 장관급회담에서 경의선·동해선 철도·도로의 착공에 재차 합의하고 이해 9월 13~17일, 남북 철도·도로 연결 실무협의회 제1차 회의를 거쳐 동 9월 18일 역사적인 경의선·동해선 철도·

---

16 통일부, 『2003 통일백서』, 통일부, 2003, 156~160면; 심상진, 「금강산관광의 발전 전략에 관한 연구」, 경기대 박사논문, 105~107면 참조.

도로 연결 착공식을 남과 북이 동시에 개최했다. 착공식 이후 특히 북측 구간의 공사가 착실히 추진, 반세기동안 끊어져 있던 남북 철도·도로 연결 사업이 실질적으로 진전되기 시작했다.

특히 금강산 육로관광의 조속한 실시를 위해 동해선의 공사에 박차를 가해 이 해 12월 11일 동해선 임시도로 연결공사를 완료했다. 이어 남과 북은 다음 해인 2003년 1월 27일, '동·서해지구 남북관리구역 임시도로 통행의 군사적 보장을 위한 잠정합의서'를 서명·발효시켰다. 이에 따라 육로를 이용한 금강산 관광, 철도·도로 연결을 위한 자재·장비 수송이 가능하게 되었다. 남과 북은 2003년 2월 11일, 동해선 임시도로 개통식을 갖고 금강산 육로시범관광을 실시했다. 또한 공식 개통 이전부터 인도적·상업적 목적의 인원과 물자 수송을 위해 이들 육로를 이용하기 시작했다.[17]

6. 나가며

7·1 조치가 탄생한 직후 2~3년간의 전문가들 사이에서는 이 조치의 성격과 의미를 둘러싸고 비교적 활발한 논의가 전개되었다. 첫째, 북한경제의 장기적인 체제전환에 주목해 시장경제화의 출발이라고 파악하는 적극적 평가, 둘째, 사회주의 경제개혁의 단계별 진전양상에 초점을 맞추어 부분개혁체제라고 보는 중간적 평가, 셋째, 사회주의

---

17 통일부, 『2005 통일백서』, 통일부, 2005, 95~109면 참조.

계획경제의 정상화를 도모하는 체제 내의 개선이라고 보는 신중한 평가 등 여러 견해들이 표출된 바 있다.

그런데 시간이 지날수록 세 번째의 계획경제 정상화론을 주장하는 목소리는 작아졌다. 게다가 2003년 3월 종합시장이 등장, 시장이 합법화되면서 논점은 시장의 확대가 일시적인 현상인가 구조적인 변화인가로 옮겨갔다. 그리고 북한정부가 2007년부터 시장에 대한 대대적인 단속을 펴면서 논쟁은 다시 활기를 띠었다. 하지만 2009년 11~12월의 화폐개혁 실시 몇 개월 후인 2010년 5월 북한정부가 시장에 대한 허용정책을 돌아서면서부터 북한에서 시장화는 이제 거스를 수 없는 대세라는 의견이 다수를 점하게 되었다. 이와 같은 시장화의 흐름에 비추어 보면 7·1 조치의 역사적 의미가 선명하게 드러난다.

북한정부의 입장에서 보면 7·1 조치는 1990년대 경제위기로 인한 체제위기에 대한 1998년 공식 출범한 김정일 정권의 대응, 특히 제도적 정비라고 볼 수 있다. 북한 나름대로는 오랜 기간 준비했고, 광범위한 영역에 걸쳐 많은 내용을 담고 있지만 내적 정합성도 다소 취약하고 자기 완결성도 부족한, 어정쩡한 상태에서 멈추어 버렸다.[18] 시행착오적 요소도 적지 않았으며 졸속이라는 진단조차 있다. 게다가 역풍을 맞기도 했다. 별다른 성과도 없고 부작용만 양산한 실패작이라는 냉혹한 평가도 많다.

---

18 예를 들면 임금인상을 실시하면서 동시에 화폐개혁을 실시할 계획이었으나 화폐개혁은 불발로 끝났다. 아울러 2004년 중앙은행법을 개정하고 2006년 상업은행법을 제정했으나 시행에 옮기지는 못했다. 또한 2002년 7월 1일자로 시행된 좁은 의미의 7·1 조치와 2003년 3월의 종합시장 허용 정책의 관계는 아직도 명확하게 파악되지 않고 있다. 연속·보완의 측면을 강조하는 해석도 있는가 하면 단절·모순의 측면을 강조하는 견해도 있다.

하지만 눈을 돌려보자. 시장화가 없는 오늘날의 북한경제는 상상하기는 힘들다. 시장화는 20년 이상 지속되는 장기화 현상이 나타나고 있다. 이른바 '아래로부터의 시장화'라 하여 자생적으로 시작한 북한의 시장화는 이제 북한 경제의 필수적인 요소로 자리잡았다. 시장이 뿌리를 내렸다, '정착'했다고 하면 표현이 과도하다고 반론을 펴는 사람들도 있겠지만 북한정부가 시장화에 대한 관리 통제 능력을 상당 정도 상실했다고 볼 수는 있다.

여기에 오기까지 많은 조건과 여러 사건들이 있었다. 그중에 빼놓을 수 없는 것이 7·1 조치이다. 7·1 조치로 인해 시장은 공식적인 제도의 영역을 경험했다. 부분적인 합법화이기는 했지만 합법성을 획득한 바 있다. 게다가 '위로부터의 시장화'도 수반되었다.

7·1 조치는 시장화의 운동성, 확장성에 큰 동력으로 작용했고, 여타의 요인들과 결합하면서 시장화를 되돌릴 수 없는 흐름으로 만들었다. 7·1 조치는 북한의 시장화를 도약시키고 나아가 북한 사회에 뿌리를 내리게 결정적인 계기로 작용했다고 평가할 수 있다. 물론 이는 북한정부가 의도한 상황은 아니다. 북한정부는 관리 가능한 시장화를 지향했지만 이제 북한에서 시장화는 관리하기 어려운 상태에 놓여 있다. 오히려 북한정부는 시장과 타협을 시도하고 있는 상황일 수 있다.

게다가 7·1 조치는 제 2의 7·1 조치를 잉태하고 있다. 6·28 방침이 시행될지 여부는 가늠하기 어렵지만 최소한 경제논리적으로는 7·1 조치는 6·28 방침과 같은, 시장화를 진전시키는 공식제도상의 조치들을 견인하고 있다.[19]

한편 7·1 조치는 남북관계에 어떤 영향을 미쳤을까. 개성공단, 금강산관광, 남북한 철도 도로 연결 등 이른바 3대 경협의 사례에 초점을 맞추어 간단히 살펴보면 다음과 같다.

3대 경협사업의 경우, 남북한당국의 공식합의를 비롯해 사업의 출발 시점은 상이했지만 2002년 하반기에 거의 동시적으로 중요한 전기를 맞이하게 되었다. 개성공단과 금강산관광은 각각 특별법이 제정되면서 경제특구, 관광특구로 지정되었다. 이에 따라 현대는 개성공단과 금강산에 대해 50년간의 토지이용증을 받았고, 개성공단에 대해서는 우리 정부로부터 협력사업자로 승인받았다. 남북한 당국 양측으로부터 법적 지위를 획득한 것이다. 또한 이후 금강산관광은 육로관광의 실시로 이어졌고 개성공단은 공단의 착공식으로 연결되었다. 철도·도로 연결 사업의 경우 이 해 9월에 경의선·동해선 철도·도로 연결 착공식을 남과 북이 동시에 개최되었고, 이후 공사가 실질적으로 진전되었다.

물론 이러한 사태의 전개에 7·1 조치가 직접적으로, 그리고 커다란 영향을 미쳤다고는 보기 어렵다. 다만 7·1 조치가 북한의 최고지도자 및 당국으로 하여금 이른바 '실리주의' 관점에서 남북 간 경제협력 사업에 보다 적극적인 자세를 취하도록 하는 방향으로 긍정적 영향을 미쳤을 가능성은 생각해 볼 수 있다. 사업추진상의 막힌 곳을 뚫거나 혹은 탄력을 받을 수 있도록, 특히 분위기를 조성했을 가능성은 충분히 상상할 수 있다.

---

19 시장화의 진전에 따라 공식적 제도와 현실의 괴리는 더욱 확대될 수밖에 없고, 이는 북한 지도부로서도 간단치 않은 고민거리가 될 것이다. 예컨대 정경유착형 부익부 빈익빈 구조, 부정부패의 확산, 공적 목적보다는 사적 이익을 우선시하는 행위의 만연, 국가 시스템의 기능 저하(마비), 사실상의 사유화의 진전, 환율 및 물가 폭등 등이다. 이들 문제에 대처하기 위해서라도 시장화 관련 제도화의 수준을 일정 수준 높여주는 것 등을 고민할 수 있다.

참고문헌

『중앙일보』2002.8.2.
『조선일보』2002.10.16.
『월간조선』2002.12.
『조선신보』2002.11.22; 2003.4.28; 2004.8.11.

김용술, 「북한경제정책설명」,『KDI 북한경제리뷰』, 2002.10.
박형중, 「'6 · 28 방침' 1년의 내용과 경과」, 통일연구원 온라인시리즈, 2013.
심상진, 「금강산관광의 발전전략에 관한연구」, 경기대 박사논문, 2005.
이 석, 「2012년 상반기 북한경제를 보는 하나의 시각」,『KDI 북한경제리뷰』, 2012.7.
한기범, 「북한 정책결정과정의 조직행태와 관료정치 ― 경제개혁 확대 및 후퇴를 중심
　　　으로(2000~2009)」, 경남대 박사논문, 2009.

개성공단5년 발간위원회편,『개성공단5년 ― 개성에 가면 평화가 보인다』, 통일부, 2007.
김영윤 · 최수영,『북한의 경제개혁 동향』, 통일연구원, 2005.
양문수,『북한경제의시장화 ― 양태, 성격, 메커니즘, 함의』, 한울, 2010.
통일부,『2003 통일백서』, 통일부, 2003.
＿＿＿,『2005 통일백서』, 통일부, 2005.

강제된 속전속결의 북한 3대 세습

김갑식

1. 들어가며

김정일에 비해 김정은의 권력승계는 속전속결로 진행되었다. 수령제 국가인 북한에서 수령의 건강 이상은 정치사회적으로 큰 혼란을 야기할 수 있는 약점을 가지고 있다. 1970년대 초반 김일성의 목에서 혹이 발견되자 이 문제가 중요한 정치적 의제로 제기되었고 핵심엘리트 사이에서 후계문제를 서둘러야 한다는 공감대가 형성되기 시작했다. 2008년 중반 김정일의 건강에 문제가 발생하자 김정일은 후계문제를 더 이상 늦출 수 없었고, 후계과정을 초고속으로 그리고 압축적으로 진행시켰다.[1]

김정은 정권이 공식 출범한 지 1년 반이 지났다. 지금까지의 김정은

---

[1] 김갑식, 「북한의 후계구도 및 권력구조 전망─안정적 승계를 중심으로」, 『정책연구』 159, 2008, 107면.

정권에 대한 평가는 대체로 안정과 통합을 유지하는 데 기여하는 요인들과 저해하는 요인들이 동시에 존재하고 있다는 데 의견을 같이 하고 있다.[2] 대다수 북한 전문가들은 현 단계에서 북한체제의 유지에 기여하는 요인들의 힘이 상대적으로 강하게 작동하고 있다는 본다. 하지만 체제의 불안정을 초래할 수 있는 요인들이 내재되어 있다는 점 또한 주목하고 있다. 다만, 한쪽에서는 현재 북한체제에서 체제유지에 기여하는 요인들의 힘이 더욱 강하게 작동하고 있고, 체제의 불안정을 초래할 수 있는 요인들도 사회적 변화로 바로 이어지는 것은 아니라고 주장하고, 다른 한쪽에서는 김정은 후계체제가 수년에 걸친 준비과정에서 속전속결, 일사분란의 모습이 북한체제의 안정성이 완전히 담보된 것처럼 보이는 착시효과를 낳았다고 지적하면서, 북한체제의 안정성에 기여하는 요소들은 바람직한 불안정성(민주화와 개혁과정에서의 혼란, 갈등, 비예측성)을 희생한 대가로 나타나는 경향이 있다고 주장한다.

그런데 김정은 정권에 대한 이러한 평가는 남북관계의 구조적 속상 탓에 비밀도 많고 왜곡도 적지 않아 어느 누구도 '김정은 권력승계 사건' 자체에 대해 이해하고 있다고 자신 있게 말하지 못한다. 북한 연구의 사실 부족과 개념 부족의 당연한 현상이라 할 수 있다. 이 글은 개념 마련보다는 사실 확보에 집중한다. 빈약한 사실을 가지고는 설득력 있는 개념과 이론을 고안·정립하기 곤혹스럽기 때문이다.[3] 이러한 북

---

2 김연수, 「김정은 체제의 특성과 안정성 — 권력 엘리트 분석 접근을 중심으로」, 『新亞細亞』 19권 4호, 2012; 이우영, 「김정은 체제 북한 사회의 과제와 변화 전망」, 『통일정책연구』, 제21권 1호, 2012; 차문석, 「김정은 체제의 안정성 평가 — 체제 지탱력을 중심으로」, 북한연구학회, 『북한연구학회 춘계학술발표논문집』, 2012.
3 김진환, 「반동의 추억 — 김일성 사망과 조문정국」, 『민족문화연구』 59호, 2013, 6〜7면.

한연구 환경의 배경하에서, 이 연구는 김정일과 북한체제가 김정은 권력승계 과정을 어떠한 방식으로 이끌어갔는지에 대해 우리가 접할 수 있는 다양한 방식의 자료를 토대로 '이야기하기' 식[4]으로 재구성하고자 한다.[5]

2. 김정일 와병 vs 김정일 사망

현재의 극한 조바심보다 상황종료가 더 편안하고, 거대한 화석보다는 미약한 새싹이 더 희망적이다. 심적 동요는 과거에 매달리게 하고 바닥은 미래를 꿈꾸게 하기 때문이다.

2008년 8월의 김정일과 2011년 12월의 김정일은 북한 내부는 물론 남한 그리고 국제사회에 사뭇 다른 모습으로 다가갔다. 2008년의 김정일은 초겨울 황량한 들녘에서 버려진 이삭 하나라도 찾으려는 병에 지친 노구였던 반면, 2011년의 김정일은 못내 자식들의 앞날이 걱정되었

---

4 일반적으로 스토리텔링은 등장인물과 배경이 있는 어떤 사건을 시간의 흐름에 따라 기술하는 양식이다. 이야기의 내용이 되는 부분을 '스토리'라고 한다면, 사건을 진술하는 형식은 '텔링' 즉 담화라 볼 수 있다. 따라서 스토리텔링은 스토리와 담화, 그리고 스토리가 담화로 변화하는 과정까지를 모두 포함하는 개념이다. 채영희·이미지, 「스토리텔링 기법을 통한 한국어 교재 구성」, 『동북아문화연구』 22호, 2010, 114면.

5 이 논문은 김갑식, 『김정은 정권 출범의 특징과 향후 전망』, 국회입법조사처, 2013; 김갑식, 「김정은 정권의 출범과 정치적 과제」, 『통일정책연구』 21권 1호, 2012; 김갑식, 「김정은 정권의 공식 출범 분석」, 『이슈와 논점』 433호, 2012; 김갑식, 「북한 노동당규약의 개정배경과 특징」, 『이슈와 논점』 179호, 2011; 김갑식, 「북한 '조선로동당대표자회' 개최 결과와 향후 전망」, 『이슈와 논점』 126호, 2010 등을 수정·보완하고 재구성한 것임.

지만 끝내 세상의 무거운 짐을 다 놓아버렸고, 자식들은 마음은 아팠지만 더 이상 아버지의 유명을 걱정할 필요가 없어 오히려 편안했을 것이다.

2008년 8월 김정일의 건강이상설이 제기된 이후 남한 사회 일각에서는 북한의 급변사태와 통일가능성에 대비해야 하고 대북정책도 이제 통일정책으로 전환하자는 주장들이 봇물처럼 터져 나왔다. 남한에서 '북한급변사태 대비 계획', '작전계획 5029' 등이 공론화되자 북한은 이에 남북관계의 전면 차단까지 고려하고 있다고 으름장을 놓기도 하였다. 2008년 9월 이명박 대통령의 '대통령과의 대화' 이후 김정일과 관련된 중대보고가 공개되고, 『월간조선』 2008년 12월호에서 우리 정보기관이 동년 8월 중순 북한에서 외국으로 전달되는 김정일의 뇌 사진들을 입수했고 김정일이 5년을 넘기기 어렵다는 정보당국의 보고서가 이명박 대통령에게 전달됐다는 보도가 발표되면서 이러한 분위기는 더 고조됐다.

이처럼 김정일 와병이 알려진 초기에는 김정일이 죽느냐 사느냐와 김정일이 사망할 경우 북한의 급변사태 발생가능성이 주된 관심이었다. 그런데 김정일이 뇌혈관 수술을 받은 뒤 회복 중인 것으로 알려지자 이제 국내외에서는 김정일의 후계자는 누구이며, 당黨 · 정政 · 군軍 중 누가 후견세력이냐로 관심이 이동하였다. 당시 까지만 해도 전문가 사이에서 세 아들 중 후계자로 김정남이 앞서 있었고 군부 건재와 당 복원은 의견이 갈리었다. 하지만 왼손이 거의 움직이지 않고 왼쪽 다리도 절뚝거리는 김정일의 모습은 북한주민들에게는 충격 그 자체였다고 한다. 북한주민들은 평생 의지했던 수령이 사라질 수도 있다는 생각에 불안했을 것이다.

그런데 2011년 12월 김정일이 막상 사망하자, 남한 사회와 국제 사회는 북한의 급변사태나 통일에 대해 운운하기보다는 김정은 권력구조의 형태가 무엇이고 그 정책방향이 어떠할 것인지에 대해 더 논의하기 시작했다. '김정은 후계정권'을 인정한 것이다. 당시의 주된 분위기는 '북한의 앞날을 예단하거나 죽음을 변화의 모멘텀으로 활용하려는 성급한 기대보다는 차분히 북한의 선택을 기다려 보자'거나 '김일성 조문파동과 김정일 사망 여부를 둘러싸고 진행되었던 남남갈등은 적절치 않고 미래를 대비한 차분한 포석 마련이 중요하다'는 것이었다.

김정일 사망 직후 실시된 아산정책연구원의 여론조사에서는 이명박 정부의 대북정책을 완화하자는 의견이 절반을 넘었고, 미 의회조사국 보고서에서도 미국의 대북정책이 대화와 압력을 병행하는 투 트랙으로 추진되어야 한다고 주장했다.[6] 정책적으로도 남한을 포함한 주변국들이 북한에 직간접적으로 조의를 표했고, 특히 미국은 북한체제가 나름대로 안정성을 가지고 있고 권력승계가 바로 체제불안정 나아가 급변사태로 연결되지는 않을 것이라는 판단을 하고 있는 것으로 추정되었다. 이는 분명 2008년 김정일의 건강에 이상이 발생했을 때와는 다른 판단이었고, 따라서 미국은 그 이전과는 다른 방식으로 북한체제 안정성에 관심을 가지고 있었던 것이다. 탈북자의 전언에 따르면, 북한 내부에서도 김정일이 사망했어도 젊은 후계자가 결정되어 있었으므로 그리 비관적 분위기는 아니었다는 것이다.

---

6 『연합뉴스』, 2012.2.7 · 2011.12.31.

3. 경장更張의 지도자 김정은?

예부터 전해지는 "부자가 3대 가기 어렵다"는 속담이 있다. 모 재벌의 2대에서 3대로 넘어가는 과정이 순탄치 않은 것만 보더라도 이 속담의 현실설명력을 그냥 무시할 수 없다. 이 속담은 비단 부자에게만 적용되는 것은 아닐 것이다. 신흥종교, 신흥기업, 신흥정권 등 신흥세력이 정착하기까지는 최소한 3대가 지속되어야 한다.

율곡은 역사의 흐름을 ① 창업創業(새롭게 일을 시작하는 것) ② 수성守成 (전대의 업적을 지키는 것) ③ 경장更張(개혁해서 확장하는 것) 등 세 시기로 나누어 설명하고, 창업과 수성 그리고 경장까지 한 바퀴 돌아가야 그 시스템이 안정된다고 주장했다. 율곡의 역사인식은 넓게는 조선왕조 500년을 설명하는 틀이지만, 이는 신흥세력의 3대를 설명하는 데도 적용될 수 있다. 1대는 창업이고, 2대는 수성이며, 3대는 경장의 리더십이 요구된다.[7]

동학은 실패사례다. 1대 최제우의 카리스마는 2대 최시형까지는 전승되었지만 3대 손병희에 와서 좌절되었다. 그러나 왕조가 수백 년간 지속된 경우에는 (사실상의) 3대 역할이 컸다. 명나라 3대 황제 영락제는 수도를 베이징으로 천도하고 영토를 확장하였으며 문화정책에 힘을 기울여 명나라를 300년간 지속시키는 토대를 구축했다. 청나라 4대 (사실상 3대) 황제 강희제는 영토를 확장하고 재정을 안정시킴으로써 그 이후 청나라는 옹정제, 건륭제에 들어 전성기를 구가했다. 사실상 세

---

7 http://cafe.naver.com/jeon3/20(검색일 : 2012.11.13)

번째 왕인 세종이 왕조기반을 튼튼히 마련함으로써 조선은 500년의 역사를 갖게 되었다.

할아버지 김일성은 30대 초반에 '조선민주주의인민공화국' 창업에 성공하고 한국전쟁에서 살아남아 1964년 북한을 방문한 로빈슨Joan Robinson 이 '북한의 기적에 의해 전후 세계의 모든 경제적 기적은 가려진다'[8]는 극찬을 했을 정도의 경제적 성취를 이루었다. 아버지 김정일은 사회주의권의 붕괴에 따른 대외적 압박과 고난의 행군에 대해 충성과 내핍을 강요한 혁명적 군인정신을 앞세운 선군정치로 일단 수성에 성공했다.

명이 얼마 남지 않은 김정일은 태종을 생각하고 또 생각했을 것이다. 훨씬 그 이전부터 태종을 생각했을지도 모르겠다. 김정일과 태종 둘 다 아들을 셋씩 가지고 있었다. 그러나 양녕은 자유분방하며 주색잡기에 빠졌고, 효령은 정치에는 관심이 없고 불교에만 심취해 있었다. 태종이 보기에 첫째와 둘째는 왕재가 아니었다. 건국 초기라지만 유교국가인 조선에서 태종은 장자세습을 포기하는 결단을 내렸다. 태종은 자기의 후계자에 의해 조선의 명운이 결정될 것이라 믿고 있었기 때문이다. 김정일의 첫째 아들은 양녕과 대동소이하고 둘째 아들은 내성적인 성격으로서 효령과 비슷했다. 아버지가 물려준 국가를 자기 대에 끊기길 정말로 원하지 않았던 김정일에게는 '공화국' 영속의 토대를 구축할 후계자가 필요했다. 일종의 데자뷰 현상이었다. 김정일은 김정은에게서 세종을 보고자 했을지도 모른다. 하여튼 김정일은 자신의 후

---

8 Joan Robinson, "Korea, 1964 : Economic Miracle", *Monthly Review,* Oxford : Basil Blackwell, January 1965; Phillip Wonhyuk Lim, "North Korea's Food Crisis", *Korea and World Affairs* Vol. 21 No. 4, Winter 1997, p.568에서 재인용.

계자가 북한체제를 혁신(재정비)하여 체제내구력을 강화시키는 경장의 리더십을 갖기를 바랐고 그 여부가 북한체제의 존속을 판가름할 것이라 생각했을 것이다.[9]

4. 강제된 속전속결의 권력승계[10]

후계자 결정은 신속하게 진행되었다. 김정일은 2009년 1월 8일 김정은의 생일날에 맞춰 그를 후계자로 결정했다는 교시를 이제강 당조직지도부 제1부부장에게 하달했고, 이는 동시에 조선인민군 총정치국을 통해 북한군 대좌(대령급) 수준까지도 전달되었다.[11] 그 이후 2009년 8월 김정일서기실에 권력승계팀을 구성하여 김정은 권력승계 계획을 강구했고, 이때부터 김정은은 중앙당과 국가의 재정권에는 직접 관여하고 있지는 않았지만 인사·정보에 대한 권한과 국내외 정책결정권에 깊숙이 관여했었다. 그리고 2009년 9월부터 국가보위부, 11월부터 인민보안성의 보고를 직접 받기 시작했고, 2010년에 들어서는 국방위원회의 모든 보고가 김정은을 통하여 김정일에게 이루어지고 있었으며, 김정일의 통치자금도 2010년 봄부터 전 주제네바 북한대사 이철을 통하여 김정은에게 이양되었다.[12]

---

9 북한의 후계자론에서는 후계자는 수령의 생존 시에 선출해야 한다고 지적하고 있다. 이는 후계자의 선정에 있어 전임자의 결정이 절대적임을 보여준다.

10 김정은 권력승계 과정에 대한 사실의 확보는 기본적으로 통일부의 『주간 북한동향』에 근거하고 있다.

11 때마침 『로동신문』은 2009년 1월 8일 「향도의 당을 위해」라는 정론을 실었다.

12 http://www.nkradio.org/paper/news/print.php?newsno=4407(검색일 : 2013.10.8)

김정일은 자신의 체제 강화와 후계체제의 기반 강화를 동시적으로 진행시켰다. 2010년 9월 제3차 당대표자회에서 김정일은 당총비서·당중앙군사위원장에 재추대되고 김정은은 후계자로 공식화된 것이다. 1970년대 김정일이 주도한 김일성 유일체제 강화과정은 곧 자신의 후계체제 기반을 강화하는 과정이었듯이, 아들의 후계구축 과정에서도 현존권력을 강화하는 가운데 미래권력의 토대를 마련하겠다는 의지를 보여주었다. 후계자로의 급속한 권력이동에 따른 권력누수는 오히려 후계체제 구축의 장애물이라는 생각을 가졌던 것이다.

　북한이 2010년 6월 제3차 당대표자회를 9월에 소집한다고 발표한 이래, 김정일은 8월부터 각 도당대표회에서 자신을 대표로 추대하는 형식을 통해 충성 유도 및 경축 분위기 조성에 매진하였다. 가장 먼저 인민군 당대표회에서 자신을 당대표자회 대표로 추대하게 하고, 그 이후 평안남도, 평안북도 등 각 도에서도 같은 형식의 행사를 릴레이식으로 하게 하였다. 북한은 이러한 분위기를 고조시키기 위해 8월 24일 당·정·군 주요 인사들이 참석한 가운데 김정일 '선군혁명영도' 50주년 경축 중앙보고대회를 진행하여, 당대표자회를 계기로 선군혁명의 참모부·조직자·향도자인 당의 영도적 역할을 강화해야 하며, "김정일을 수반으로 하는 당중앙위원회를 목숨으로 사수하자"라는 결의를 이끌어냈다. 그리고 북한은 당대표자회에서 "일심단결의 대화합", "변혁을 위한 대담한 발걸음, 혁명의 새로운 단계"라는 성과를 거두었다고 자평하고, 김정일 당총비서 재추대는 "천만군민의 절대적인 신뢰심의 분출"이라며 전 인민의 김정일과 당노선·정책에 대한 절대적 충성을 요구하였다.

9월 당대표자회에서 김정은이 당중앙군사위원회 부위원장에 취임한 이후인 10월 8일 양형섭 최고인민회의 상임위 부위원장은 미국의 APTN과의 인터뷰에서 "김일성 동지와 김정일 동지의 영도를 받아 김정은 동지를 우리가 또 모시고"라고 공식 언급함으로써 김정은이 후계자임을 대외적으로 공식 선포하였다. 이후 김정일은 자신의 권력을 확고히 다지고 그 연장선상에서 김정은이 권력을 안정적으로 물려받을 수 있는 대내외적 상황 마련에 적극적으로 나섰다.

먼저, 김정은 시대의 경제개발 청사진을 마련해 주었다. 2011년 1월 북한은 '국가경제개발 10개년 전략계획' 관련 내각결정을 채택하고 국가경제개발총국을 설립하기로 한 것이다. '국가경제개발 10개년 전략계획'이 성공적으로 수행되면 북한은 당당한 강국으로서 뿐만 아니라 동북아시아와 국제경제관계에서 전략적 지위를 차지하게 될 수 있는 것이었다. 이는 제3차 7개년계획(1987년~1993년) 이후 약 20년 만에 북한이 국가적인 경제개발 계획을 발표한 것이었다. 다음으로 김정일은 안정적 세습을 위하여 사회적 동원 분위기를 조성하는 데도 신경을 많이 썼다. 2011년 2월 26일 '선군청년 총동원대회'를 개최한 이래, 3월에 연속적으로 '전국 선군시대 농근맹 열성자회의'(3.3), '전국 상업일꾼회의'(3.7), '전국 여맹 선군문화 열성자회의'(3.10), '석탄공업대회'(3.27), '선군 체육 열성자회의'(3.30) 등을 개최하였다. 2011년 8월 개막된 아리랑 공연에서는 백두산 모형을 입체적으로 형상하여 김일성-김정일-김정은으로 이어지는 백두혈통을 강조하기도 하였다.

그리고 김정일은 이례적으로 외국언론을 초청하여 2010년 10월 10일 당창건 65주년 군 열병식과 2011년 9월 9일 공화국 창건 63주년 노동적위대 열병식을 개최·생중계하여, 김정은을 주석단에 등장시켜 군사지도자로서의 이미지를 부각시키려 하였다. 또한 김정일은 김정은을 후계자로 지명한 이후인 2009년 5월 중국을 방문한 이후 1년 동안 3차례나 중국을 방문했으며 2011년 8월에는 9년 만에 러시아를 방문하여, 후계자 김정은에 대한 중국과 러시아의 지지를 이끌어내려고도 하였다.

김정은 우상화도 김정일이 직접 챙겼다. 2009년 1월 김정은이 후계자로 내정된 이후부터 김정은 우상화가 체계적으로 진행되었는데, 그 시작은 김정은을 찬양하는 〈발걸음〉이라는 노래의 보급이었다. 2009년 중후반기에는 군대에서 "존경하는 김정은 대장동지의 위대성 교양자료"를 가지고, 중앙당에서 "청년대장 김정은 동지에 대한 위대성 자료"를 가지고 김정은 우상화 교육을 진행하였다. 이와 더불어 김정은의 기록영화와 초상화가 만들어졌고, 김정은의 현지방문 표식비가 건립되었으며 "수령복, 장군복, 대장복"이라는 대형 선전물이 도시 곳곳에 게시되었다.

이러한 김정일의 노력이 있었기에, 2011년 12월 김정일이 갑작스럽게 사망하였지만 김정은 후계체제는 대체로 안정적이었다. 김정일 사망보도에서는 "오늘 혁명의 진두에 탁월한 영도자이신 김정은 동지께서 서계신다"며 김정은을 계승자·영도자로 호칭하였고, 김정일 추모 중앙추도대회에서 김영남 최고인민회의 상임위원장은 "경애하는 김정은 동지는 위대한 김정일 동지의 사상과 영도, 인격과 덕망, 담력과 배짱을 그대로 이어 받으신 우리 당과 군대와 인민의 최고영도자"라고 강조하였다. 김정은도 조문정국에서 자신을 중심으로 체제결속에 주력했다. 김정은은 당중앙군사위원회와 국방위원회 성원들, 군 주요 지휘성원들, 군 최고사령부 작전성원들, 군 대연합부대 지휘성원들을 대동하고 김정일 영구에 조의를 표시함으로써 군권을 장악하고 있다는 것을 대내외에 과시하기도 하였다.

김정은은 2011년 12월 24일 김정일 사망 직후 곧바로 최고사령관에 취임했는데, 이에 대해 북한언론은 "우리에게는 주체혁명위업의 위대한 계승자이신 존경하는 김정은 동지께서 계신다. 그이의 영도를 높이 받들어 내 나라, 내 조국을 부강조국으로 만들 것"을 선전하였고, 12월 31일 발표된 당중앙위원회, 당중앙군사위원회 공동구호에서도 '조선로동당의 전투력과 영도적 역할을 높이고 전당과 온 사회에 김정은 동지의 유일적 영도체계를 더욱 철저히 세워야 함'이 강조되었다.

이후 김정은은 2012년 4월에 열린 제4차 당대표자회와 제12기 5차 최고인민회의에서 당 제1비서, 당 정치국 상무위원, 당 중앙군사위원장, 국방위 제1위원장 등 사회주의 국가의 3대 핵심권력인 당·정·군의 최고직책을 다 등극했다. 명실상부한 김정은 정권이 공식 출범하게 되었고, '새로운 주체 100년사'가 시작된 것이다.[13]

김정은의 권력승계과정은 김정일의 그것과 비교하여, 초고속적이고

---

13 북한은 2012년부터 '김정은 시대'의 역사적 의미를 부여하였다. 김일성(1912년생)과 김정일(1942년생)의 시대를 '주체 100년사'로 규정하고, 김정은 시대를 '새로운 주체 100년'으로 부각시킨 것이다. 2013년 신년사에서도 '김일성 출생 100주년을 맞아 주체조선의 100년사를 총화하고 새로운 주체 100년대를 승리와 영광의 연대로 빛내이자'라고 주장하였고, 『로동신문』 2012년 4월 15일자에서도 "오늘 우리는 새로운 주체 100년대가 시작되는 력사의 분수령에 서 있습니다. (…중략…) 위대한 김일성동지와 김정일동지께서 펼쳐주신 자주의 길, 선군의 길, 사회주의 길을 따라 곧바로 나아가는 여기에 우리 혁명의 백년대계의 전략이 있고 종국적 승리가 있습니다'라고 주장하였다.

압축적이었다. 먼저, 수령이 살아있을 때의 승계과정이다. 김정일은 1973~1974년 당의 최고핵심인 조직부장·선전부장 그리고 당 정치위원에 임명됨으로써 내부적으로 후계자로 결정되었고(이때부터 김정일은 '친애하는 동지', '당중앙'으로 호칭), 6년간의 후계검증기간을 거쳐 1980년 당 정치국 상무위원과 당 중앙군사위원에 선출됨으로써 공식적 후계자임이 대외적으로 알려졌다. 군에 대한 리더십은 1990년대에 강화되었는데 1990년 국방위 제1부위원장, 1991년 최고사령관, 1992년 공화국 원수, 1993년 국방위원장에 취임하였다. 반면, 김정은은 2009년 1월 자신의 후계자 교시가 하달된 이후 21개월간 대외적으로 비공개 활동을 하다가, 2010년 9월 제3차 당대표자회에서 당 중앙군사위 부위원장과 당 중앙위원, 그리고 인민군 대장 등 공식 지위에 선출되었다. 즉, 김정은은 김정일에 비해 후계자임이 공개되었던 나이(38세 : 26세)가 어렸고, 후계검증기간(6년 : 21개월)도 상당히 짧았다.

다음으로, 수령이 사망한 이후의 승계과정이다. 김정일은 김일성이 생존해 있었던 때인 1991년 12월 최고사령관직을 물려받았지만, 나머지 직책의 이양은 아버지 사망 이후에도 한참 걸렸다. 1994년 7월 김일성이 사망하자, 김정일이 3~4년의 유훈통치 기간을 설정하여, 1997년 10월 당 총비서에, 1998년 9월 국가기관 최고직책으로 강화된 국방위원장에 취임하였다. 김정일은 20년 정도의 지도자 수업으로 리더십이 확고하고 북한경제가 대단히 어려웠기 때문에, 3년 이상의 유훈통치 기간을 둘 수 있었고 또 둘 수밖에 없었다. 1998년 고난의 행군이 마무리될 즈음, 김정일은 강성대국 슬로건을 내세우면서 자신의 정권을 공식 출범시켰다. 그런데 김정은 정권은 '4년'이 아닌 '4개월' 만에 전격적

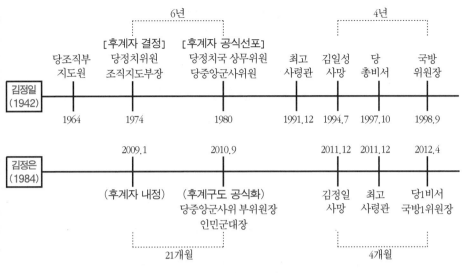

〈그림 1〉 김정일과 김정은 후계구도 비교

으로 공식 출범했다. 체제동요를 차단하려는 핵심엘리트들의 집체적
합의에 따라 김정은 정권을 조기에 출범시킴으로써 김정은의 부족한
인격적 리더십을 제도적 리더십으로 보완하고자 한 것이었다.

이후 북한은 선대 수령을 우상화함으로써 김정은의 리더십을 보완
하고 3대 세습을 정당화하고자 했다. 즉, 2012년 2월 김일성 생일 100
주년 및 김정일 생일 70주년을 맞아 대사면을 실시했고, 당 정치국 결
정으로 김정일의 생일인 2월 16일을 '광명성절'로 제정하였다. 그리고
최고인민회의 상임위원회 정령으로 김정일훈장, 김정일상, 김정일청
년영예상, 김정일소년영예상 등을 제정했고, 2월 14일 당중앙위원회,
당중앙군사위원회, 국방위원회, 최고인민회의 상임위원회는 김정일
에게 대원수 칭호를 수여했다.

5. 군을 군으로 치고以夷制夷 당이 복원되다

　새로운 권력이 제도화되려면, 이를 새로운 사람들이 뒷받침해줘야한다. 과거 권력과 결탁한 사람들은 새로운 권력의 장애물일 수 있기 때문이다. 따라서 동서고금의 역사를 보더라도 권력 이양기에는 세대교체와 세력교체가 필수적이다.

　김정일은 과거권력을 제거하기 위해 군軍을 내세워, 관료화되고 노쇠한 당黨을 제압했다. 선군정치의 지난 15년간 군부는 분명 정권보위의 근간이었다. 이에 군부는 외화벌이의 편익과 국방공업우선정책이라는 보상을 받았다. 그런데 이 과정에서 군부는 점차 이익집단화 되어갔다. 과거 혁명적 전란에서 맺어진 끈끈한 동지애나 소명의식이 상당히 퇴색되었다. 더구나 1,700여 명에 달하는 군 장성 가운데 40년간 호사를 누리던 70대 이상이 적지 않은 수를 차지하고 있었다.

　김정일은 사회분위기를 일신하고 김정은의 새로운 권력기반을 구축하기 위해 이익집단화된 군을 제압하고 당을 복원시키고자 하였다. 이 계획은 두 축으로 진행되었다. 한 축은 김정은 후계체제에 대한 사회적 동요를 막고 반대세력을 축출하고자 공안기구를 개편하고 그 책임자로 장성택을 선택했다. 다른 한 축은 군부의 세대교체를 위해 구舊군부를 제압할 신新군부의 책임자로 리영호를 발탁했다. 이는 견제와 균형을 중시하는 김정일의 인사 스타일에 기인한 것이었다. 즉, 김정일은 김정은의 약점(어린 나이와 경험 및 업적 부족 등)을 고려하여 2인자를 불용하고 엘리트 간 충성경쟁을 유도하고자 한 것이었다.

　김정일은 공안기구 개편의 사전 정지작업으로 2009년 4월 최고인민회의를 활용했다. 9일 제12기 1차 회의에서 국방위원회의 위상과 역할을 크게 강화하면서, 국방위원회 구성 인원을 늘리고 그 범위도 확대했다. 2003년 최고인민회의 제11기 1차 회의에서는 9명이었는데 13명으로 4명을 더 추가했고, 군부인사 이외에 사회통제기구인 당 행정부, 국가안전보위부, 인민보안성, 군 총정치국 등의 책임자들을 총망라했다. 그리고 이례적으로 4월 10일 당 기관지『로동신문』과 정부 기관지 『민주조선』에 국방위원 전원의 사진을 게재함으로써 국방위원회 위상을 대내외에 선전하였다.

그런데 이때까지만 해도 인민보안상은 국방위원회 구성원이었지만 인민보안성은 국방위원회 산하 기구가 아닌 내각 소속이었다. 기구와 그 책임자 간 명령계통에 불일치가 있었던 것이다. 이에 김정일은 2010년 4월 인민보안성을 인민보안부로 개칭하고 이를 국방위원회 산하에 배치함으로써 국가안전보위부, 인민무력부, 인민보안부 등 공안기구 전부가 국방위원회로 모아지게 되었다. 공안기구에 대한 일원화된 통제가 가능하게 된 것이다. 그러자 김정일은 2010년 6월 당 행정부장이었던 장성택을 국방위 부위원장으로 승격시켜 국방위원회를 통한 공안기구의 일원적 관리를 하게 하였다.

한편, 김정일은 군부 내 세력교체를 단행하고 당을 복원시키고자 2010년 9월 제3차 당대표자회를 개최했다. 물론 이 행사의 백미는 김정은이 당중앙군사위 부위원장에 취임함으로써 후계자로 공식화 되었다는 점이다. 북한의 '후계자론'에 따르면, 당을 중심으로 후계자의 유일지도체계를 구축해야 한다. 그러나 군부의 세대교체와 개혁을 추진하려고 작심한 김정일은 김정은을 당과 군을 아우를 수 있는 유일한 교량적 기구인 당중앙군사위원회의 부위원장에 임명하여 군을 먼저 장악하고 또한 자신의 유고시 군 지휘권을 보장받을 수 있도록 하였다. 이론과 현실을 절충한 것이었다.[14]

김정일은 김정은을 도와 군 개혁을 추진할 내부 인물을 수년 전에 낙점했는데, 애초부터 군부 내 반발을 고려하여 외부인사는 배제했다. 빨치산 유자녀들이 다니는 만경대혁명학원 출신으로 알려진 그는 당시의 군 실세보다 열 살 정도 젊었는데(1942년생), 이미 2000년대 초 평양방어사령관에 임명되었고, 2007년 인민군 창군 75돌 열병식을 지휘했고 2008년 북한정권 수립 60주년 기념 열병식에서도 열병보고를 할 정도로 김정일의 각별한 신임을 받았다. 그러다 김정은이 후계자로 내정된 직후인 2009년 2월 리영호는 인민군 총참모장과 대장에 임명되었다. 리영호의 기세는 제3차 당대표자회로도 이어졌는데, 그는 정치국원도 거치지 않고 곧바로 정치국 상무위원, 인민군 차수, 당 중앙군사위 부위원장 등에 기용되었다. 당대표자회 직후에 찍은 사진에서 리영호는 김정일과 김정은 사이에 배치되어 있어 김정은 후계체제 구축과 군부개혁에 있어 그의 위상을 단적으로 보여줬다.

반면, 리영호의 급상승과 대조적으로 당시 군부의 대표주자였던 오극렬과 김영춘은 권력의 핵심에서 서서히 물러나고 있었다. 오극렬은 김정은이 후계자로 내정된 직후인 2009년 2월 국방위 부위원장에 발탁되고 7월 김일성 사망 15주기 중앙추모대회 때 주석단 서열 7위에 올라, 정치국 상무위원 진출이 점쳐졌으나 정치국 정위원·후보위원

---

14 이기동, 「포스트 김정일시대의 특징과 북중관계 전망」, 대외경제정책연구원 세미나, 2010.10.28.

에도 들지 못했다. 김영춘 역시 국방위 부위원장 겸 인민무력부장이라는 직책은 갖고 있었으나 아무래도 그의 권력은 예전만 못했다. 제3차 당대표자회를 전후로 김일철 인민무력부장은 제1부부장으로 강등되다가 해임되었고, 리용철·리제강 조직지도부 제1부부장은 사망하였으며, 류경 보위부장과 주상성 인민보안부장도 해임되었다. 구군부가 상당한 정도로 무력화된 것이다. 조명록(2010년 11월 사망) 국방위 제1부위원장 겸 당정치국 상무위원도 노환으로 유명무실해진 상태였다.

또한 제3차 당대표자회의 의미는 지난 15년간 형해화된 당을 정상화한 것이었다. 2009년 말과 비교하여, 신규 충원율이 당정치국 32명 중 25명, 당중앙군사위원회 19명 중 16명, 당중앙위원회 정위원 124명 중 94명, 당중앙위원회 후보위원 105명 중 99명(정위원에서 후보위원 강등 3명 제외) 등 70~80% 수준으로 매우 높았다. 이들의 구체적인 약력은 정확히 알려지지 않으나, 50대 이하가 상당수인 것으로 추정된다. 당연히 이들은 김정은과 함께 북한을 이끌어갈 엘리트라 할 수 있다.

당초 김정일은 김정은 후계체제 구축의 두 톱을 상당기간 지속시킬 생각이었을 것이다. 김정은의 연소함과 군부세력의 견고함을 고려할 때 타당한 결정이었다. 그러나 김정일의 구상은 1년 남짓밖에 유지되지 못했다. 2011년 12월 그가 갑자기 사망한 것이다. 김정일의 사망은 북한 권력구조의 개편을 앞당겼다. 김정일 추모기간 중 김정은의 리더십은 부각되기 시작했고 반면, 구군부가 퇴조한 가운데 신군부가 그 공백을 제대로 메우지 못한 상태였다. 이 상황에서 김정일의 '준비성'이 돋보였다. 그는 비상사태에 대비하기 위해 '10월 8일 유훈'을 작성해 놓은 것이다.[15] 이 유훈에 따라 김정은은 2011년 12월 최고사령관에 취임하게 되었다.

김정일 추모 100일 동안, 김정은은 고명대신인 장성택·김경희 그리고 측근 세력과 함께 군부를 제압할 일종의 '친위 쿠데타'를 계획하였다. 여기에는 리영호의 비타협적인 성격과 김정일의 정치적 후광을 이용하여 군부 인사 시 당조직과의 잦은 반목과 마찰이 깔려 있었다. 더 나아가 리영호는 2012년 강성국가 진입 실패를 두고 당간부들의 무능과 사업태도를 공공연히 발설하였다.[16] 군에 대한 당적 강화 필요성을 절실하게 느끼고 있었던 김정은과 장성택은 2012년 4월 제4차 당대표자회를 거사의 공간으로 활용했다. 먼저, 김정은은 제4차 당대표자회와 제12기 5차 최고인민회의에서 사회주의 국가의 3대 핵심권력인 당·정·군의 최고직책을 다 갖게 되어 명실상부한 수령의 반열에 오를 수 있는 자격을 갖게 되었다. 다음으로 군부서열 1위인 총정치국장에 민간당료 출신인 최룡해를 임명하여 권력의 핵심에서 군부세력을 약화시켰다. 최룡해의 발탁은 이미 제3차 당대표자회에서 예견되었다. 최현 전 인민무력부장의 차남인 그는 김일성종합대학 정치경제학과를 졸업하여 김정일과 학연지간에 있었으며 당시 정치국 후보위원과 당비서국 비서에 임명되었다. 제4차 당대표자회에서는 인민군 차수, 총정치국장, 당 정치국 상무위원, 당 중앙군사위 부위원장, 국방위원으로 선출되어, 리영호 중심의 야전군인들을 견제할 수 있게 되었다. 여기에 군에 대한 감시와 통제를 담당하는 총정치국 출신들이 인

15 한기범, 「당대표자회를 통해 본 북한의 신권력구조와 통치전략」, 평화재단 평화연구원 제53차 전문가포럼 자료집, 2012, 10면.
16 이기동, 「김정은 체제의 권력구조 변화와 전망」, 경남대 극동문제연구소와 北華대학 동아연구센터 공동학술회의, 2013.9.13, 9~10면.

민무력부장(김정각 총정치국 제1부국장)과 국가안전보위부장(김원홍 총정치국 조직부국장), 그리고 인민무력부 제1부부장 겸 후방총국장(현철해 총정치국 상무부국장)에 임명되어 군에 대한 당의 장악력이 강화되었다. 총정치국의 위상 강화는 제도적으로 이미 2010년 제3차 당대표자회에서 개정된 당규약 49조에서 "조선인민군 각급 단위에는 정치기관을 조직한다. 조선인민군 총정치국은 인민군 당위원회의 집행부서로서 당중앙위원회 부서와 같은 권능을 가지고 사업한다"고 적시해 제도적 장치를 마련해 두었다.

이처럼 김정일의 유훈에 따라 군을 통제하려는 당(과 정치군인)의 프로젝트가 가동되었기 때문에, 2012년 7월 리영호의 낙마는 이미 상당부분 예견된 것이었다. 이즈음 북한 내부정치는 숨 가쁘게 흘러갔다. 7월 15일 당정치국회의에서 리영호가 직무 해임된 다음날인 7월 16일 당중앙군사위원회와 국방위원회는 현영철에게 차수 계급을 수여하고 총참모장에 임명하였다. 그 다음날인 7월 17일에는 당중앙위원회, 당중앙군사위원회, 국방위원회, 최고인민회의 상임위원회에서 김정은에게 원수 칭호를 수여했다. 이러한 정치일정이 다소 어수선할 수도 있다는 우려하에, 북한은 7월 12일 김일성사회주의청년동맹, 7월 17일 조선직업총동맹, 7월 18일 조선농업근로자동맹, 7월 19일 조선민주여성동맹 등 근로단체 대표자회를 연이어 개최하여 김정은에 대한 충성결의를 동원했다.

이런 점에서 김정은 후계체제의 공고화 과정에서 리영호는 디딤돌 역할(구군부 제압)을 담당하는 과도기적 인물transitional figure이라 할 수 있다. 제4차 당대표자회를 기점으로 김정은 후계체제에서 부여된 그의 정치적 역할以夷制夷은 이미 다한 것으로 봐야 할 것이다. 김정일의 군부장악과 후견을 해 주었던 오진우가 되고 싶었던 리영호는 김정일의 유훈과 당의 복원이라는 시대적 변화에 의해 역사의 뒤안길로 사라질 수밖에 없었다. 그가 시대적 흐름을 잘 읽었더라면 경제주도권을 군이 아닌 내각으로 이관하는 문제에서 반발하지 않았을 것이고, 군부서열 1위에 민간인이 등용되는 문제를 애써 모르는 체 했을 것이다. 그는 역시 정치보다는 야전에 있어야 할 군인이었다. 김정은은 리영호의 후임에 약체로 평가되는 현영철을 임명했고, 2012년 10월에는 그의 계급을 차수에서 대장으로 강등하는 수모까지 주었다. 야전군인의 퇴조를 단적으로 보여주는 모습이라 할 것이다.

6. 김정은은 수령에 오를 것인가?

사회주의 국가의 권력구조는 당 정치국이 정책의 최고결정권을 가지는 집단지도체제다. 당의 최고지도자는 '여럿 중의 첫 번째First among them'일 뿐이다. 반면, 북한의 김일성·김정일 시대의 권력구조는 수령제였다. 오직 수령만이 최고결정권을 갖고 있었고 당·정·군은 수령의 활용기제였다. 즉, 수령의 유일적 영도체계였던 김일성·김정일 시대에는 수령이 당·정·군 위에 군림하던 권력구조였다.

현재 북한은 김정은의 유일적 영도체계의 수립을 제일의 정치적 목표로 설정하고 있다. "우리 당을 영원히 김일성, 김정일동지의 당으로 강화발전시키는 데서 중요한 것은 당의 유일적 령도체계를 더욱 철저히 세우는 것입니다. (…중략…) 전당에 당중앙의 유일적 령도밑에 하나와 같이 움직이는 혁명적 규률과 질서를 엄격히 세워야 합니다. 당조직들은 혁명과 건설에서 제기되는 문제들을 혁명의 리익의 견지에서 당과 국가, 인민 앞에 책임지는 립장에서 분석판단하고 당중앙에 보고하며 결론에 따라 처리해나가도록 하여야 합니다."[17] 그러나 그 누구도 김정은의 권력과 권위가 유일적 영도체계를 감당할 만큼 성숙해있다고 공언하지 못하고 있다. 더구나 정치우위 사회인 북한체제 특성상 후계자가 이데올로기에 대한 해석권을 장악하는 '사상적 지도자'의 풍모를 갖추어야 수령의 반열에 오를 수 있으나, 아직까지 이데올로기 분야에서 그의 두각은 보이지 않는다. 좀 더 냉정히 이야기하면, 북한이 '김정은 시대'의 개막은 선포했지만, 현재까지는 '제3대 수령 김정은'은 아무래도 어색하다.

그런데 2012년 4월 제4차 당대표자회와 7월 리영호 숙청을 지나면서, 김정은과 핵심엘리트 간 힘의 균형상태가 김정은에게 권력이 집중되는 방향으로 변화하고 있다. 특히, 리영호의 숙청은 김정은 권력의 무게를 보여준다. 아버지 시신 운구를 책임지고 자신의 후계구도에 힘을 보탰던 인물을 단칼에 벤 것은 그만큼 권력장악에 자신이 있다는 의미로 받아들일 수 있다.[18] 정성택과 최룡해의 도움이 있었겠지만, 리영호 해임은 군에 대한 당적 영도와 통제 강화가 함께 이루어지고 있고 김정은이 군을 장악하고 있다는 것을 보여준다. 이에 당연히 리

---

17 『로동신문』, 2012.4.6.
18 http://news.chosun.com/site/data/html_dir/2012/08/26/2012082601123.html(검색일 : 2012.10.24)

영호의 공개 해임에 대해 군부 내의 불만은 대외적으로 표출되지 않았다. 이처럼 핵심엘리트 사이에서 분화가 발생하였고 족벌과 공안세력을 중심으로 김정은의 최측근이 형성되고 있다. 김정은은 비대해진 군의 역할과 권한을 재조정하면서 당료와 정치군인을 통해 야전군인을 통제하고 있는 것이다.

후계자 내정 이후 4년 동안 김정은의 권력강화는 군 지휘부와 공안기관 책임자들을 전원 교체함으로써 진행되었다. 이 과정에서 흥미로운 점은 신임 책임자를 동일 조직 내부에서 발탁하기보다는 다른 조직의 인물로 충원하였고 김정일이 임명한 인물도 김정은이 다시 교체했다는 사실이다. 총정치국장은 김정각에서 당료출신인 최룡해(2012.4), 총참모장은 김격식에서 리영호(2009.2)에서 현영철(2012.7)에서 김격식(2013.4)에서 리영길(2013.8), 인민무력부장은 김일철에서 김영춘(2009.2)에서 총정치국 출신인 김정각(2012.4)에서 김격식(2012.10)에서 장정남(2013.5), 국가보위부장은 우동측에서 보위사령부와 총정치국 출신인 김원홍(2012.4), 인민보안부장은 주상성에서 총참모부 출신인 리명수(2012.4)에서 최부일(2013.2) 등으로 교체되었다.

또한 김정은은 리영호 숙청 이후인 2012년 8월 이래 군 핵심인물 8명의 계급을 강등했고 그중 4명만을 복권시켰다. 최고실세 중 한 명인 최룡해도 대장으로 강등되었다가 차수에 복권되었고, 현 인민보안부장인 최부일도 상장으로 강등되었다가 대장으로 복권되었다. 부총참모장 겸 정찰총국장인 김영철도 중장으로 강등되었다가 대장에 복권되었고, 김명식도 소장으로 강등되었다가 중장에 복권되었다. 차수에서 대장으로 그리고 다시 상장으로 강등된 현영철 전 총참모장을 비롯한 일부 인사는 아직까지 복권되지 못하고 있다. 이처럼 김정은은 조직이기주의와 조직 내 후견자-피후견자patron-client 관계를 차단하고 자신과 엘리트 간 관계를 중심주-주변부hub and spoke화하여 엘리트 간 담합을 저지하고 자신에 대한 충성을 강요하려 하고 있다.

하지만 김정은의 독자세력화는 아직 미완이고, 아버지의 유훈과 그에 따른 족벌후견세력에 의해 뒷받침되고 있는 것이 현실이다. 족벌후견세력으로는 고모부 장성택과 고모 김경희의 역할이 돋보인다. 김정은 후계구축과정에서 장성택의 위상이 높아진 것은 아마도 그가 김정일 후계구축과정에서 쌓은 노하우와 영향력을 인정받은 것으로 보인다. 장성택은 1980년대 초부터 당 청년사업부와 청년 및 3대혁명소조 (부)부장으로 활동하면서 김정일 후계구축과정에서 절대적 역할을 하였고, 1990년대에는 당조직지도부 제1부부장으로 승계과정을 도왔다.[19] 김정은 후계구축과정에서도 장성택은 군과 공안 분야에 측근을 배치하고 장악력을 강화하였다. 백두혈통으로서 김경희는 김정은 통치기반의 정당성을 부여하는 역할을 담당하는 것으로 보인다. 2010년 당 부장, 인민군 대장, 정치국원에 오른 김경희는 2012년 4월 당 비서로 승진했고 김정은 현지지도에 동행하여 그를 지근거리에서 지원하고 있다. 김경희는 당 비서로서 원로들이 많이 포진한 당 정치국 인사들을 위무하여 그들의 김정은에 대한 지지와 지원을 이끌어내며, 중앙당을 직접 관리하는 역할을 수행하고 있다.

김정은의 권력이 강화되고 있음에도 불구하고 현재까지의 김정은

---

19 장용훈, 「김정은체제의 권력엘리트 분석」, 『코리아연구원 특별기획』 제40호, 2012, 2면.

의 권력정치를 평가하면, '수령 개인의 카리스마에 의존하던 정치'에서 '정치시스템에 의한 정치'로 전환하는 모습을 보이고 있다. 즉, 김정은은 당을 통한 통치, 당의 제도화에 역점을 두고 있는 것이다. 대표적으로 김정은 체제 출범 이후 당대표자회, 당중앙위원회 전원회의, 정치국회의를 정상적으로 개최하고 있으며, 이 회의에서는 간부정책 및 대내외 정책이 토의되고 결정되고 있는 것이다. 우선 상층 차원에서 2회의 당대표자회의, 1회의 당세포비서대회, 2회의 당중앙위원회 전원회의, 4회의 당정치국회의, 1회의 당중앙군사위원회를 개최하여 당 핵심 조직을 정비하고 기능을 정상화하고 있다. 하층 차원에서도 하급당·지방당의 간부를 교체하고 세포비서대회, 3대혁명소조열성자회의 등을 연이어 개최하였다.

특히, 이전 시기 당중앙위원회 정치국회의와 관련된 공시내용을 보면 의전儀典, 형식적인 제목이 주 내용이지만, 김정은 시대에 들어와서는 당의 주요행사, 주요인사의 보직 변경 등도 함께 공시되고 있다. 이러한 현상은 당기관의 정치적 위상 증대, 운영의 투명성 제고 효과가 있으며, 대내외적으로는 김정은 정권의 정통성을 선전할 수 있는 계기로 활용하고 있다 하겠다.

한편, 김정은 시대에 들어와 재미있는 현상은 2011년 후반부터 내각총리와 총정치국장의 '현지요해'를 실시하고 있으며 현지에서 '일군협의회'를 수시 개최하고 있다는 사실이다. 물론 현지지도는 김정은의 현지지도를 내각총리와 총정치국장이 보좌한다는 측면에서 정치적 의의가 있다. 즉 현지지도와 현지요해가 결합되면서 최고지도자로서의 현지지도 정통성과 리더십을 보완하고 있는 것이다.

북한 권력체계의 특성상, 김정은의 권력이 점차 확대될 것이라는 것은 분명하다. 하지만 수령에게 무소불위의 권력과 권위가 집중되었던 김일성과 김정일의 유일지배체제와는 다른 형태일 수 있다. 현 시점에서 예상가능한 김정은 정권의 권력구조는 '유일지배체제'와 '중국식 집단지도체제'가 다소 혼합된 형태이다. 즉, '천상천하유아독존'의 지위와 당 제도화(당정치국 활성화First among them)가 혼합된 형태로 발전된 권력구조일 가능성이 높다. 실제로 2012년에 개정된 '전시세칙'과 2013년에 개정된 '유일영도체계 10대원칙'에서는 수령의 유일적 영도보다는 집체적 지도와 당을 강조하고 있다.[20]

7. 김정은은 경장의 리더십을 발휘할 것인가?

일반적으로 리더십은 개인적인 관점에서 보자면 개인의 자질이 아니라 특정한 사회체계 내에서의 개인의 자질이며, 집단의 관점에서 보자면 구조의 특성이기 때문에, 그 행태는 크게 사회경제적 요인, 외부환경, 개인적 경험 등의 상호작용 속에서 형성된다.[21]

김정일은 1970년대 냉전체제하 중앙집권화된 시스템을 제도화하고 외연적 성장에서 벗어나 내포적 발전을 위한 사상문화적 운동이 요구되던 시기에 등장하여 20년 동안 후계자 경험을 쌓으면서 자신의 리더

---

20 전자에서는 도 전시상태 선포권한을 '최고사령관' 단독결정에서 '당 중앙위, 당 중앙군사위, 국방위, 최고사령부 공동명령'으로 바꿨고, 후자에서는 수령뿐만 아니라 당에 대한 충실성을 강조했다.
21 정영철, 『김정일 리더십 연구』, 선인, 2005, 40~41 · 446~449면.

십을 구축했다. 따라서 그의 리더십 행태는 철저한 조직과 계획적인 지도를 바탕으로 한 준비된 지도자상, 신비주의로 포장된 은둔형 지도자상에 기반해 있었다. 반면, 김정은은 1990년대 중반 이후 기아와 정보유입을 경험한 '고난의 행군' 세대의 개방적 분위기와 민생우선주의, 탈냉전 시기 정상국가화를 요구하는 국제사회의 압력, 그리고 유학생활과 짧은 후계자 경험 등을 바탕으로 리더십 행태를 만들 수밖에 없었을 것이다. 그리고 그것의 요체는 미숙함, 젊음, 대중친화성, 국제적 감각 등이다.

첫째, "김정은은 '달리면 달리는 스타일'을 보여주고 있다"는 정부 소식통의 말처럼, 이립而立에도 못 미치는 젊은 지도자는 대담하고 호방하며 자유분방한 파격행보를 하고 있다. 현지지도에서 주민들과 군인들이 김정은의 팔짱을 끼고 있는 모습, 그의 부인 리설주와 팔짱을 끼고 있는 모습 등은 김정일 시대에는 상상하지도 못했던 일들이다. 젊어서 그런 것이겠지만 최고지도자인 김정은은 직접 탱크에 시승하기도 하고, 놀이기구도 타보기도 하였다. 또한 평양을 방문한 재미교포 사업가에 따르면, 평양 순안공항에 김정은이 사전 무통보, 교통 무통제, 느슨한 경호 상태로 방문해 공항 관계자들을 긴장시켰다 한다. 공개연설을 하지 않았던 김정일과 달리, 김정은은 중요 정치행사에서 서툴지만 공개연설을 하고 있다. 그리고 2012년 8월 18일 우리 군의 사격권 내에 있는 서해 최전방 군부대를 시찰하면서 별다른 경호 병력 없이 소수 측근만을 대동한 채 27마력의 낡은 목선을 타고 이동하기도 하였다. 준비된 지도자상보다는 담대하고 친근한 지도자상을 보여주려는 것으로 이해된다.

둘째, 김정은은 김일성이 대중과의 직접적 접촉을 통해 자신의 존재를 드러내고 대중에게 직접 호소하는 행태를 답습하고 있다. 김정은의 단상에서 손을 흔드는 모습, 백마를 타는 모습, 머리 모양 등은 김일성을 재현하려는 것으로 익히 알려져 있다. 먼저, 김정은은 세대별·계층별 행사를 성대히 개최하면서 그들을 위무하고 그들의 충성을 맹세받고 있다. 소년단 행사, 전승절 행사, 청년절 행사, 어머니날 행사 등에 수만 명의 어린이·청소년, 노병, 청년, 여성들을 참석시켜 보고대회, 축포야회, 연회, 음악회, 무도회 등 다양한 행사를 성대히 개최하였다. 다음으로 젊음을 바탕으로 왕성한 현지지도를 하고 있다. 2012년 현지지도는 151회였다. 김정일은 2007년 이전에는 연 80~90회 정도, 건강이상 이후인 2009년 159회, 2010년 161회, 2011년 145회의 현지지도를 수행했다. 그런데 현지지도 과정에서 김정은은 인민애적 지도자상을 빠뜨림 없이 보여주고 있다. 눈물을 흘리는 군인의 손을 꽉 잡는 장면, 만경대유희장에서 쪼그리고 앉아 직접 잡초를 뽑으며 현장에서 간부들을 꾸짖는 장면, 김정일이 생전에 한 군부대 군인들과 기념사진을 찍겠다고 했다가 지키지 못한 약속을 김정은이 부친을 대신해 지킨 것 등이 대표적이다.

셋째, 은둔형의 지도자인 아버지와 달리, 김정은은 개방적이고 국제적 흐름에 다소 익숙해 있다. 이는 김정은의 젊음과 유학경험 그리고 북한의 경제상황 등에 기인한 듯하다. 반미주의를 국기國基처럼 여기고 있는 북한에서, 그것도 김정은이 관람한 모란봉악단 공연에서 미키마우스 캐릭터와 미국 영화 '록키' 주제가를 등장시킨 것은 우리를 놀라게 하기에 충분했다. 그동안 퍼스트레이디를 철저히 비밀에 부쳤던 과거와 달리, 리설주를 공개한 것도 신선한 충격이었다. 그리고 김정은이 간부들에게 자본주의 방식을 포함한 경제개혁 논의를 촉구하고, "세계적 수준" 또는 "세계적 추세"를 자주 언급한 것도 과거 '주체시대'에는 흔치 않은 현상이었다. 또한 2012년 4월 김정은 시대를 개막하는 '축포'인 광명성 3호 발사가 실패했을 때, 예상과 달리 북한은 신속하게 실패를 시인했다. 이러한 모습들은 '예상가능한 김정은' 이미지를 국제사회에 인식하는 데 조금은 도움이 되었을 것이다.

물론 이러한 김정은의 리더십 행태는 김정일과 비교한 상대적 변화이고, 질적 변화가 아닌 양적 변화이다. 정도의 차이는 있지만 김정일이 구사했던 것도 있다. 신정권이 출범했으므로 최고지도자의 쇄신 모습이 필요했을 것이다. 그러나 그 본질은 아직까지 정치·경제적 자원이 덜 소요되는 이미지 개선용에 불과하다.[22]

안타깝게도 김정은 후계자 공식 지명 이후 북한 지도부의 정책조율의 미숙함이 노출되고 있다. 2009년 말 극단적 정책선택이라고 평가되고 있는 화폐개혁의 전격 실행, 2012년 '김정일 유훈'으로부터의 일탈이라는 '2·29합의'의 역진 선택, 끝없는 대남 도발적 발언 등은 치밀한 상황판단하에서 결정된 것이라 할 수 없다. 혹 대외·대남정책상의 모험주의노선이 일견 내부의 정치적 문제를 해소하기 위한 정치적 차원의 합리적 선택의 결과로 해석될 수도 있으나, 한편으로는 북한 지도부의 대외·대남 정세인식의 한계에서 비롯되고 있다는 해석이 더 설득력이 있는 것이다.

22　김갑식, 「김정은 리더십의 특징과 전망」, 『한반도 포커스』 20호, 2012 발췌·보완.

또한 김정은 리더십의 과제에는 권력투쟁의 문제도 남아 있다. 공적 公敵을 타도하는 데는 협력을 했으나 공적이 사라진 시점에서 장성택과 최룡해의 권력투쟁이 가시화될 수 있기 때문이다. 총정치국장인 최룡해가 군부의 이익을 대변하는 모양새를 취하면서 군부를 결집하고 장성택과의 일전을 도모할 가능성이 있는 것이다. 또한 정치국을 활성화하는 당의 제도화는 김정은의 권력 강화에 긍정적, 부정적 효과를 동시에 갖고 있다는 점도 주목해야 한다. 극단의 경우, 김정은의 결정에 반하는 정치국의 집체적 결정이 이루어질 수도 있기 때문이다.

따라서 김정은이 아버지가 바라던 경장의 리더십을 발휘해 북한체제를 개혁하고 인민들의 삶을 개선할 능력과 자질이 있는가에 대한 답은 좀 더 시간을 두고 봐야 할 것 같다.

참고문헌

김갑식, 「북한의 후계구도 및 권력구조 전망-안정적 승계를 중심으로」, 『정책연구』 159호, 2008.

_____, 「북한 '조선로동당대표자회' 개최 결과와 향후 전망」, 『이슈와 논점』 126호, 2010.

_____, 「북한 노동당규약의 개정배경과 특징」, 『이슈와 논점』 179호, 2011.

_____, 「김정은 리더십의 특징과 전망」, 『한반도 포커스』 20호, 2012.

_____, 「김정은 정권의 공식 출범 분석」, 『이슈와 논점』 433호, 2012.

_____, 「김정은 정권의 출범과 정치적 과제」, 『통일정책연구』 21권 1호, 2012.

김연수, 「김정은 체제의 특성과 안정성-권력 엘리트 분석 접근을 중심으로」, 『新亞細亞』 19권 4호, 2012.

김진환, 「반동의 추억-김일성 사망과 조문정국」, 『민족문화연구』 59호, 2013.

이기동, 「포스트 김정일시대의 특징과 북중관계 전망」, 대회경제정책연구원 세미나, 2010.

_____, 「김정은 체제의 권력구조 변화와 전망」, 경남대 극동문제연구소와 北華대학 동아연구센터 공동학술회의, 2013.

이우영, 「김정은 체제 북한 사회의 과제와 변화 전망」, 『통일정책연구』 제21권 1호, 2012.

장용훈, 「김정은체제의 권력엘리트 분석」, 『코리아연구원 특별기획』 제40호, 2012.

차문석, 「김정은 체제의 안정성 평가-체제 지탱력을 중심으로」, 북한연구학회, 『북한연구학회 춘계학술발표논문집』, 2012.

채영희·이미지, 「스토리텔링 기법을 통한 한국어 교재 구성」, 『동북아문화연구』 22호, 2010.

한기범, 「당대표자회를 통해 본 북한의 신권력구조와 통치전략」, 『평화재단 평화연구원 제53차 전문가포럼 자료집』, 2012.

Lim, Phillip Wonhyuk, "North Korea's Food Crisis", *Korea and World Affairs* Vol. 21 No. 4, 1997.

Robinson, Joan, "Korea, 1964 : Economic Miracle," *Monthly Review*, Oxford : Basil Blackwell, 1965.

김갑식, 『김정은 정권 출범의 특징과 향후 전망』, 국회입법조사처, 2013.
정영철, 『김정일 리더십 연구』, 선인, 2005.
통일부, 『주간 북한동향』.

http://cafe.naver.com/jeon3/20
http://news.chosun.com/site/data/html_dir/2012/08/26/2012082601123.html
http://www.nkradio.org/paper/news/print.php?newsno=4407

1980년대 정주영의 탈이념적 남북경제협력과 북방경제권 구상

정태헌

1. 들어가며

한국사회에서 정주영 현대그룹 명예회장(1915~2001)만큼 복잡한 평가를 받는 사람도 흔치 않다. 그는 개발독재 시대의 대표적 독점재벌이었지만 오히려 진보진영에게서 인정받고 보수진영으로부터 공격을 받기도 한다. 그의 마지막 사업인 대북사업 때문이다. 보수진영은 그의 대북사업을 돈키호테, 노망이라고 폄하하거나 이해하는 측조차도 말년의 감상적 수구초심 정도로 보려고 한다. 반면 진보진영은 그의 대북사업을 노동탄압의 일환으로 치부하거나, 그 의미를 평가하는 경우에도 정작 그가 왜 대북사업에 나섰는가를 정확히 규명한 적이 없다.

평화적 남북관계와 남북경협(남북경제협력)의 정착은 개별기업의 시장과 자원 확대, 안정적 경영환경에 미치는 영향이 지대하다. 반면에

안보위협 요소는 특히 재벌에게 적대적 요소이다. 그런데 한국 재벌들은 뛰어난 정보력에도 불구하고 남북문제-안보위협문제를 어쩔 수 없는 '상수'로만 설정할 뿐, 자신들이 주체가 되어 우호적 환경으로 바꿀 수 있다는 '변수'로 생각한 경우가 거의 없다.

물론 1988년 '7·7선언'(민족 자존과 통일 번영을 위한 대통령 특별선언) 직후나 1998년 '소떼 방북' 직후에 재벌들은 너나 할 것 없이 북방경영과 남북경협을 주창했다. 그러나 수구적 반북론이나 정치논리가 남북경협론을 흔들 때, 재벌들은 안보위협 타개를 전망하는 리더십을 발휘하지 못했다. 재벌은 글로벌 가치를 추구하는 선도자이다. 그런데 비합리성과 항상적 안보위협을 강요하는 한반도가 과연 글로벌한 경영환경에 놓여 있는가?

안보위협은 정치적 선언이나 추상적 이념이 아니라 당사자들이 이익을 공유하는 구체적 접점영역이 넓어질 때 최소화될 수 있다. 남북경협은 쌍방 모두의 실리를 충족시키는 접점영역에 존재한다. 그런 점에서 남북경협은 정부 지원이 필수적이지만, 현실적으로 기업이 일차적 주체일 수밖에 없다. 정주영은 1970년대 말부터 민간주도경제론-자유기업론을 강조하면서 그에 따른 이윤추구 원칙을 기반으로 남북경협과 북방경제권 구상을 연동시켜 실천한 유일한 기업 주체였다. 즉 그의 남북경협과 북방경제 사업의 근간은 민간이 주도하는 자유기업론이었다.

많은 사람들은 1998년의 세기적 이벤트, 소떼 방북은 알고 있지만 정주영의 남북경협과 북방경제권 구상이 그 이전에 20여 년의 축적과정을 거쳤다는 사실을 간과한다. 이 20여 년 사이에 그의 구상은 일차적으로 1989년 첫 방북에서의 합의안에 농축되었고 1998년 6월 소떼 방북에서의 합의안으로 정리되었다.

정주영의 남북경협 추진동력을 '순수한 열정' 또는 '고향 사랑'으로만 이해하면 중요한 의미를 놓칠 수밖에 없다. 정주영은 결코 "감상적인 사람"이 아니었다. "근본적으로 이성적, 실리적, 사업가적 논리를 가진 사람"이었다.[1] 재벌 정주영은 왜 유신독재 시절부터 북한을 주목했고 전두환 군부정치하에서 남북경협-북방경제권 구상을 구체화했으며 이후 어떤 과정을 거쳐, 무슨 목적으로 대북사업의 길을 개척한 것일까. 이 글은 1970년대 후반 이후 1980년대를 지나는 동안 그가 남북경협-북방경제권을 구상한 과정과 배경을 정주영 자서전(연설문), 신문, 관계자 구술 등을 활용하여 밝혀보려고 한다.

본문에 앞서 지적할 점이 있다. 어떤 분야든 남북교류를 진행하는 주체의 언술은 겉으로 드러나는 경우와 이면의 실제 내용이 다를 수 있다. 당사자에게 직접 확인해야 하는 사안이지만 정주영은 이미 고인이 되었다. 물론 정주영의 당시 측근들을 통해 간접적으로 확인하는 방법도 있다. 그러나 그들이 현재 정주영의 어느 아들과 관련을 갖고 있는가에 따라 당시 정주영의 생각을 전하는 내용에서 차이가 크다는 현실적 문제가 있다. 또 실제 현실화된 (기업 및 국가의)정책과의 연관성도 살펴봐야 한다. 이 글은 이러한 점을 논외로 하고 문헌자료를 통해 확인할 수 있는 정주영의 '구상'을 추적하는 데 집중하고자 한다.

---

1 필자의 윤만준 전 현대아산 사장 인터뷰(종로 2가 민들레 영토), 2012. 11. 1(16 : 00~19 : 30).

2. 자유기업론과 탈이념적 공산권
경제협력론(1970년대 말~1986년)

1) 민간주도경제론-자유기업론의 적극 주창

박정희 정권과 국민들의 지원에 힘입어 자본을 축적한 재벌은 독과
점 폐해를 낳았다. 전두환 군부정권조차 1980년 개헌에서 "독과점의
폐단은 적절히 규제·조정한다"는 조항을 신설할 정도였다. 1987년 개
헌에서는 "시장의 지배와 경제력의 남용을 방지하며, 경제주체간의 조
화를 통한 경제의 민주화"(제119조) 내용이 삽입되었다.

이러한 분위기에 대응하여 정주영은 1980년대 들어 민간주도경제
론-자유기업론을 적극 주창하기 시작했다. 정부의 집중적 금융·세
제지원으로 급성장했으면서도 규제에 대해서는 기업의 자유를 내세
우던 당시 재계의 주장을 대변한 것이다. 다른 재벌들과 다른 점도 있
었다. 자유기업의 이윤추구 논리에 따라 실리적 남북경협-북방경제
권 구상이 실현되도록 정부가 지원해야 한다는 민간주도 남북경협론
을 주장한 것이다.

정주영은 1977년 4월 전경련 회장이 된 이후 10년간 정경유착과 부정
축재로 지탄받던 재계를 적극 대변했다. 특히 10·26 직후 1980년 1월 5
일, 기자회견에서 "재벌이 과도기마다 논란의 대상이 되어서는 곤란하
다, 기업성장과 부정축재는 별개이며 세금을 포탈하는 기업은 없다, 원
리금을 다 내는 금융은 특혜가 아니다, 어려운 처지에서도 국가경제 발
전을 위해 노력하는 기업은 은행의 충실한 고객일[2] 뿐"이라고 강조했

다. 1980년 4월에는 기업 비판 분위기가 자유경제체제에 대한 도전으로 번질 가능성이 있다면서 전경련 차원에서 재계가 정책입안에 적극 참여하기 위한 '자구책'으로서 한국경제연구원 설립을 결정했다.[3]

나아가서 유신정권이 강행한 중화학공업화의 과잉생산문제 등이 심각해진 상황에서 박정희 정권의 세제·금융정책을 신랄하게 비판했다. 1980년의 마이너스 성장은 오일쇼크 외에도 생산비에서 금융비용 비중이 인건비보다 높은 고금리와 더불어 고세율, 즉 기업의 세금 부담 한계를 넘어선 1978년 종합소득세제 개혁 때문이고 이때부터 경제가 기울어 이후 3년간 큰 공장 하나 세우지 못한 채 외채만 2배가 늘어났다고 비판했다.[4]

유신정권이 조세형평성을 추구한다는 명분 아래 1975년부터 종합과세제를 시행한 것은 독재권력과 자본축적의 '안정적' 조건을 다지기 위해서였다.[5] 그러나 유신정부의 이 과세정책은 정주영에게 자유기업론과 민간주도경제론을 강조하는 핵심 사례였다. 기업에 손 댈 권리는 거래은행만 갖고 있으며 "백해무익"한 행정부 개입은 지금까지 모두

---

2 「"기업성장과 부정축재는 별개"」, 『동아일보』(이하 『동』), 1980.1.5; 「"기업 부정축재" 재계의 변」, 『경향신문』(이하 『경』), 1980.1.5.
3 「전경련 재계 비판에 자구책 선언」, 『매일경제』(이하 『매』), 1980.4.15.
4 「불황 80을 청산하며(2) 정주영」, 『경』, 1980.12.16.
5 종합소득세와 부가가치세·특별소비세 과세는 각기 1975년과 1977년부터 시행되었지만 저축과 투자 촉진 명분으로 일부 이자소득과 배당소득은 여전히 분류소득세로 과세했다. 종합소득세 도입 후에도 소득세 비중은 1975~1976년간(15.8% → 16.7%)에만 늘어났을 뿐, 1977~1984년간(14.7% → 11.3%)에는 오히려 감소했다. 1971~1984년간 각 증가율을 보면 GNP(20.5배)보다 직접세(12.5배)가 크게 낮았고 간접세(24.8배)가 높았다. 특히 소득세는 증가율(11.4배)이 낮아 비중(24.2% → 11.3%)도 격감했다. 그만큼 소비세 의존도가 높아 과세의 소득역진성이 컸다. 정태헌, 「한국의 근대조세 100년사와 국가, 민주화, 조세공평의 과제」, 『역사비평』 94, 2011, 49~52면.

실패했고, 정부가 관여해야 자본조달, 기술확보, 시장개척 등이 이뤄지던 시대는 끝났다면서 민간주도경제가 정착돼야 한다고 주장했다. 또 국가 통제가 심하면 생산성 향상을 기대할 수 없고 그 일례로 "中共의 변화"를[6] 주목했다.

1984년 4월, 정주영의 부산대 강연이 "매판자본 물러가라"는 학생들 구호 속에 중단된 일이 있다. 이에 대해 한국에 매판재벌은 없다, "권력결탁형 재산형성"의 예는 산업초창기 한두 개에 불과하다, 한국 대기업은 미국이나 일본에 비하면 "유치원생"이다, 대기업 성장은 기업윤리에 위배되지 않고 걱정할 필요가 없다고[7] 강변했다. 1984년 6월, 5대재벌 여신규제 조치를 위해 은행감독원이 외국은행 국내지점에게 협조를 요청하자 정주영은 창피한 일이라면서 "맹공"을 가했다. 정부의 "힘"이 관련되면 관영형태로 낙후한 금융업처럼 쇠퇴한다는[8] 이유에서였다. 물론 전두환 대통령에게는 추석에 20억 원, 연말에 30억 원씩 정치자금을 헌납했다.[9] 시류 순응은 기회주의와 다르다면서[10] 돈

---

6 「고성장은 다시 올 것인가」, 『매』, 1981.3.6; 「관주도의 경제 끝나 민간주도형 정착 鄭전경련회장」, 『동』, 1982.6.14; 「鄭전경련회장 연설. 8일. 세계교육한국협회가 마련한 발표회에서」, 『동』, 1981.8.8. 정부와 언론이 이전까지 중공으로 칭하던 것을 중국으로 바꾼 것은 1988년 '7·7선언' 이후였다.

7 「정주영 씨 부산대 '한국기업의 장래와 윤리' 강연」, 『경』, 1984.4.27; 「전경련회장 "국내 대기업 선진국에 비하면 유치원생"」, 『동』, 1984.4.27. 1986년 3월에도 고대, 연대, 이대생 16명이 전경련 회장실 점거를 시도했다가 전원 연행되었다. 「여의도 전경련 회장실 점거기도」, 『동』, 1986.3.18.

8 「鄭전경련회장 5대재벌 여신규제조치 맹공격」, 『동』, 1984.7.4; 「정주영 회장 과기원 특강 민주도 경제운용이 발전 생명력」, 『매』, 1984.10.6. 그러나 당시 언론의 지적대로 은행돈을 독점적으로 쓴 재벌이 금융업 낙후 운운하는 것은 역시 부자연스럽다. 「재벌의 목청」, 『경』, 1984.9.1.

9 「정치자금 한 번에 100억까지 냈다. 정주영 씨 발언 파문」, 『동』, 1992.1.9.

10 「時流순응 기회주의와 달라」, 『매』, 1988.12.15.

안 내고 파산하는 게 떳떳하냐고 항변했다.

1984년 11월 관훈클럽 연설에서는 경쟁하는 기업인들이 경제단체를 통해 제시하는 의견을 경청하라고 정부에 요구하면서 유신정권의 종합소득세제를 재차 거론했다. 1970년대 중반까지 한국과 대만의 경제력이 비슷했는데 경제계 건의를 무시하고 "성장에 종지부를 찍게" 한 이 세제로 1983년 1인당 소득이 한국 1,880달러, 대만 2,673달러로 격차가 벌어졌다는 것이다. 또 정부 간여가 없던 조선공업과 규제가 심했던 자동차산업의 국제경쟁력 차이, 정부 개입이 심한 금융업의 비효율성, "中共의 경제혁명과 일본과 대만의 성공" 사례를 들면서 "민주자본주의"와 "민간기업주의" 신념을 강조했다.[11]

1986~1987년경 민주화 열기 속에 재벌 비판이 높아지자 그는 OECD도 "작은 정부가 공공복지를 향상시키는 가장 좋은 방법"이라고 본다면서 자유기업론과 민간주도경제론을 더욱 강조했다. 1961년 한국 소득이 122국 중 74번째로서 북한보다 가난했지만 1986년에 41위 중소득국이 된 것은 바로 시장경제체제와 자유기업주의 덕분이며 공산주의 국가들도 이를 수용하고 자유기업들이 속속 탄생하는[12] 현실을 강조했다. 덧붙여 그는 다시 종합소득세제를 거론했다. 이 "정책 졸속" 때문에 처음으로 경험한 (국제수지)흑자시대의 싹이 절단되었는데, 소득재분배 명분 아래 고세율로 1980년대 초 3저 호황을 맞은 기업의 확대재생산 의욕을 꺾는 일이 재현되어서는 안 된다고 주장했다.[13] 유신정부의 반

11 「16일 관훈클럽 연설」, 『동』, 1984.11.17; 「정주영 현대회장 관훈클럽 강연요지」, 『매』, 1984.11.17.
12 「재계인사 新春隨想(2) 자유기업주의. 정주영」, 『매』, 1987.1.6.
13 「흑자경제시대－그 대응방안은(3) 정주영 전경련 회장」, 『매』, 1986.11.3.

강제적 중화학공업 육성정책은 섬유나 목재 사업을 하던 사람도 중화
학공업하라고 창원으로 몰아붙여 경제를 침체에 빠뜨렸다면서 정부가
또 산업정책에 깊이 간여하면 다시 어려워질 것이라고[14] 역설했다. 그
에게 '경제민주화'의 핵심은 민간주도경제로서[15] 시장경제의 자율성과
관료주의 탈피였다.

1987년 8월, 현대그룹 "창설 이후 최대의 위기"를 맞아 정주영은 정
치변혁기에 흔한 일이고 "건전한 노조"와 대화하면 쉽게 해결될 것이
라고[16] 낙관했다. 그러나 각계각층이 "응분의 대우를 받고 있느냐를
재검토하는 시대"가 되었다는 '시장논리' 이면에는 분규 원인을 외부
세력의 "선동"[17] 때문이라고 보는 '공안논리'가 깔려 있었다. 시장주의
자유기업론과 조응하지 않는 인간적 노동관을 강조하기도 했다.[18] 민
간주도경제를 주장했지만, 본격적 노동운동에 직면한 현대의 초기 노
동정책은 노조를 파트너로 인정하지 않는 자본전제적 노사관계 인식
을 드러내[19] 노동탄압 대명사로 부각되기도[20] 했다. 정주영의 소련 및

---

14 「順理와 逆理」, 『매』, 1986.3.25; 「정부의 지나친 간여 경제활력 저해 정주영 회장 최고경
    영자세미나 강연」, 『매』, 1986.3.18.
15 "새정부 민간주도경제로 전환 경제단체 자율화 여건조성을" 능률협회 주최 11일 최고경영
    자세미나」, 『매일경제』, 1988.5.12; 「정주영 씨 능률협 주최 세미나 대담」, 『동』, 1988.5.12.
16 「노사분규 47개사로 확산」, 『동』, 1987.8.6; 「정주영 현대명예회장 본지와 긴급인터뷰」,
    『경』, 1987.8.7.
17 「'건전노조 설립 선행을' 정주영 명예회장에게 듣는다」, 『매』, 1987.8.8.
18 서구식 노사관계의 장점과 한국적 유교문화의 인간적 측면이 복합된 모범적 노사관계가
    정착될 것이라고 낙관했다. 「정주영 씨 능률협 주최 세미나 대담」, 『동』, 1988.5.12.
19 이명구, 「현대계열사의 노사분규에 관한 소고-현대자동차를 중심으로」, 『사회과학연
    구』제19권 1호, 社會科學研究, 1993. 김영삼 정부 출범 후 진행된 1993년 9월 현대자동차
    의 76일간 파업은 현대 = 노동탄압 대명사로 각인시켰다.
20 그러나 다른 기업의 노사분규 대처방식도 비슷했다. 글로벌 기준에서 자랑스럽지 못한
    무노조 전통을 고수하면서 작업장 밖 일상생활까지 통제체제를 구축한 재벌도 있었다.
    (조돈문, 「삼성그룹의 노동자 통제와 원형감옥」, 『산업노동연구』제13권 제2호, 한국산

북한 방문 뉴스가 '생기'를 넣어주던 1989년 1월, 노조원 피습사건은 현대의 "내팽개친 기업윤리"와 "발상의 수준"을 드러냈다. 정주영이 첫 방북에 나서는 공항에서도 현대엔진 노동자 200여 명이 해고노동자 복직 등을 요구했다.[21] 현대그룹이 자본 우위의 협조적 노사관계로 전환한 것은 노사관계가 제도화되는 1990년대 중반 들어서였다.[22]

2) 공산권(북한 포함) 경제협력을 통한 대외경제 다각화론

정주영은 저임금에 기초한 경제성장이 한계에 이르러 경제체질이 바뀌어야 한다는 시대 추이를 일찍 읽고 1970년대 말부터 공산권과의 탈이념적 경제협력을 구상했다. 한국경제가 새로운 시장과 자원, 제3국 저임금을 필요하게 될 것이라는 전망에서 새로운 사업 영역을 포착한 것이다. 자유기업 주창자로서 우호적 경영환경 조성을 위해 당연한 주장이었다. 그러나 다른 재벌들이 그렇지 못했다는 점에서 '특이'했다.

전사회적으로 '저임금 = 수출경쟁력'이란 고정관념에 빠져있던 1977년 말, 조순 교수와의 대담에서 그는 임금을 빨리 올리는 나라가 먼저 선진국에 이른다는 '파격적' 주장을 했다. 임금억제로는 고가품, 고급

업노동학회, 2007) 즉 정주영의 경영방식은 민주화 수준이 낮아 정경유착과 저임노동이 자본축적에 결정적 변수일 때 다른 재벌들처럼 그 조건에 조응한 것이었다.
21 「현대그룹 최근 勞組피습(8일) 해결 전전긍긍」, 『매』, 1989. 1. 12; 「현대의 착각」, 『경』, 1989. 1. 11; 「시베리아 발전소 건설 합의. 정주영 회장 귀국회견 내용」, 『매』, 1989. 1. 14; 「제 집부터 단속해야」, 『동』, 1989. 1. 14; 「금강산 합영 집중논의」, 『매』, 1989. 1. 21.
22 허민영, 「현대그룹의 노사관계 변화(1987~1999)」, 『산업노동연구』 제9권 제1호, 한국산업노동학회, 2003, 44・51면.

품을 만들 수 없고 생산성 향상을 위해 주2일 휴일제가 바람직하다는 주장도 했다. 선진국에서는 주2일 휴일제 도입 후 생산성이 높아지고 품질고급화로 국제경쟁력이 높아졌다는 것이다.[23]

이러한 주장의 배경에는 개혁·개방을 통해 중국이 강력한 경쟁자로 등장할 것이라는 국제환경의 변화가 있었다. 나아가서 이 "바람"이 북한경제에도 영향을 미친다는 점을 주목했다. 즉 맹목적 반북론을 넘어 한국경제가 "고도산업화를 통하여 북한을 압도"하는 "힘"이 있을 때 "평화를 정착"시킬 수[24] 있다는 실리적 평화론을 주장한 것이다. 한국경제가 품질과 생산성에서 경쟁력을 갖춰야 저임금에 기초한 중국과 경쟁하면서 공존할 수 있다는 전망에는[25] 상호보완, 공존공영 원칙하에서 실리 중심으로 이뤄져야 하는 공산권 경제협력이[26] 전제되어 있었다.

즉 대외경제 다각화였다. 정주영은 거대한 땅과 자원을 가진 '중공'조차 죽의 장막을 여는데 인구는 많고 자원은 없고 국토마저 좁은 한국은 아세안, ECC(유럽경제공동체)와 함께 공존공영 원칙하에서 공산권과 "실리 경협"을[27] 해야 한다고 강조했다. 전경련도 1979년 말, 미수교

---

23 「"자 이제부턴 임금개선에" 수출 100억 달러 오늘의 평가와 과제」, 『동』, 1977.12.22; 「"오히려 생산성 향산 위해선 주2일 휴일제 바람직"」, 『경』, 1977.12.27.

24 정주영, 「민간주도형 경제를 확립하자」(1978.9.8. 고대 최고경영자교실 특강), 『이 아침에도 설레임을 안고』, 삼성출판사, 1986, 126면.

25 「정주영 현대그룹회장 소유재산 모두 사회사업에. 13일 KBS 제3TV에 출연 '나의 경영철학 주제강연」, 『매』, 1981.9.14.

26 정주영, 「80년대 한국경제의 전략」(1979년 10월 20일 한국경영학회에서의 특별강연), 『한국경제 이야기』, 울산대 출판부, 1997, 94~95면.

27 정주영, 「선진국 경제의 조건」(1979년 7월 26일 능률협회 주최로 경주 도큐호텔에서 열린 최고경영자세미나 연설), 앞의 책, 1986, 136면; 정주영, 「80년대 한국경제의 전략」(1979년 10월 20일 한국경영학회 특강), 같은 책, 215면.

국(비적성공산국가) 경제진출 방안을 모색하면서 1980년 활동방향으로 중국과 동구 진출을 위한 정보활동사업 확충을 설정했다.[28]

정주영이 가장 주목한 것은 자원확보의 중요성이었다. 10·26 직전에도 1980년대 한국경제에 몰아칠 "격동의 회오리바람"으로 에너지 문제를 꼽았다. 제1차 석유쇼크 이후 다른 나라들은 경쟁적으로 해외 에너지자원을 개발·확보했다면서 한국경제의 심각성을 강조했다.[29] 전두환 대통령의 아세안 5개국 순방(1981.6.25~7.9)에 즈음하여 2억 5천만 인구와 목재, 고무, 석유, 광석 등 원자재 보유국인 아세안 국가에 합작공장을 건설해야 한다고 역설했다. 자원보유국이 자원을 가공해서 파는 추세로 바뀐 정황에 빨리 적응해야 한다는 것이다.[30] 이는 저임금에서 벗어날 한국경제에 조응하는 대외진출 방식이기도 했다.

그런데 정주영은 오일쇼크를 겪은 상황에서 누구나 쉽게 제기할 수 있는 방안과 다른 차원에서 남북관계의 탈이념적 실리적 접근을 주장했다. 1983년 10월 2일, 인천대 학생관에서 가진 강연에서 남북이 서로를 필요로 하는 "경제적 동기"에 따라 "경제의 권"을 만들자고 주장했다. 남북 "경제의 권"을 통해 "정치적인 동기, 한민족이라는 감상적인 동기가 모두 경제적 동기와 서로 교착하면서 통일"에 이른다는 남북경협론이었다. 그리고 적대적 분단이 지속되면 결국 북한경제가 중국(동북3성) 경제에 편입되어 "통일의 필요성도, 기운도 사라질 것"을[31] 우려했다.

28 「대외민간경제활동 성과 커 올해 들어 경제4단체」, 『매』, 1979.11.29; 「전경련 등 새해 활동방향 제시 기업의 내실화 역점」, 『경』, 1980.1.4.
29 「'80年代 韓國經濟의 과제. 정주영 전경련회장. 한국경영학회 세미나에서의 연설문」, 『매』, 1979.10.22.
30 「인터뷰 정주영 전경련 회장이 본 경제 진출의 전망과 과제. 20년 내다본 '아세안 포석'」, 『경』, 1981.7.7.

이러한 '남북경제권 통일' 구상은 당시 정치권이나 학계에서 찾기 어려운 획기적 시각이었다.[32] 심지어 북한이 합영법(1984.9.8)을 제정하기 이전의 일이었다. 그러나 소련전투기의 KAL기 격추사건(1983.9.1)이 발생한 상황에서 제기된 그의 '과감'하고 획기적인 주장은 강연 일주일 후 아웅산 폭탄테러(1983.10.9)가 발생하면서 일단 묻힐 수밖에 없었다.

1년여 후, 정주영은 최초의 남북경제회담 1차회담(1984.11.15) 개최에 즈음하여 남북 간에 물자교역이 이뤄지면 경제적 실익은 물론 남북관계 개선에도 기여하므로 남북 경제인들이 "민족경제 발전"에 노력해야 한다고 강조했다.[33] 그가 사용한 "민족경제"는 '경제권 통일'로 이해된다. 1984년 11월, 현대그룹은 향후 주력분야로 설정한 전자, 자동차 부문에 현대건설 주식공개로 모은 4백억 원을 집중투자한다는 계획을[34] 수립했다. 중화학투자조정과 해외건설 퇴조에 따라[35] 해외건설이 벽에 부딪혀 시장 확대가 한계에 이르렀고 세계적 불경기에서 조선업도 비슷한 상황이었지만 자동차 시장 확대는 상대적으로 쉽다고 진단한 것이다.[36] 건설과 중공업 부문의 경쟁력은 여전히 세계적이지만 외상

---

31 정주영, 「2000년대의 조국번영」(1983년 10월 2일 인천대 학생관에서 한국청년회의소 회원들을 상대로 행한 연설), 앞의 책, 1986, 260~261면.
32 1970년대 말 국토통일원에서 작성된 대외비 연구보고서들이 있지만 공개되지는 않았다. 李承潤, 『南北韓 經濟統合의 必然性과 經濟發展展望』, 國土統一院, 1976; 國土統一院, 『東‧西獨 經濟交流에 관한 硏究－分斷國調査硏究』, 國土統一院, 1976; 국토통일원 조사연구실, 『南北韓經濟交流의 諸問題点 및 細部對策－南北關係－經濟』, 국토통일원, 1976; 安海均, 『南北韓經濟交流專擔機構에 관한 硏究－南北關係－協商對比硏究』, 국토통일원 정책연구실, 1976; 배손근, 『南北韓經濟體制接近 可能性檢討－南北關係－經濟』, 국토통일원, 1976.
33 「민족경제 발전 앞장서겠다. 정주영 전경련회장」, 『매』, 1984.11.15.
34 「정주영 현대회장 관훈클럽 강연요지」, 『매』, 1984.11.17.
35 현대그룹 문화실 편, 『現代五十年史』 上, 金剛企劃, 1997, 617면.
36 정주영, 「한국 자동차 산업의 현황과 전망」(1984년 10월 15일 세종문화회관 세종홀에서

공사, 연불수출 등 조건 악화로 계속적 성장이 한계에 부딪힌[37] 상황에서 주력업종 전환 방침은 1980년대 후반 들어 남북경협안과 연결되었다. 현대그룹이 자본투자와 노동수요 다변화를 꾀하는 이 무렵부터 정주영의 남북경협론도 구체화되어 갔다.

정주영의 공산권(북한 포함)과의 탈이념적 실리적 경제협력론은 무엇보다 한국경제가 강해지기 위해서도 필요했다. 남한은 개발 노하우를 바탕으로 북한을 산업화시켜 경제성장을 도모해야 한다는 것이다.[38] 그의 자유기업론은 한국사회의 일반적인 보수-극우 논리와 뚜렷한 질적 차이가 있다. 이 무렵 그의 남북경협론은 경제력이 점점 강해지는 남한의 필요에 조응한 북한이라는 서열관계 설정이 수반된 것이었다. 남북관계를 실리적으로 접근하자는 인식 전환의 배경에는 가시화되기 시작한 남북 경제력 격차와[39] 자신감이 반영된 것이기도 했다.

3) 남북경협론 구상에 우호적 환경, 정치권 남북정상회담 모색

1980년대 들어 반북론의 실리적 전환이 가능함을 보여주는 사례들이 나타났다. 먼저 북한의 86아시안게임과 88올림픽 참여를 독려하기 위해 정부가 남북정상회담을 제안했다. 1981년 1월 12일, 국정연설에

열린 자동차공업협동조합 조찬회 연설), 앞의 책, 1997, 45~46 · 53~54면.
37 「10일 연대경영대학원 강연. 정주영 현대그룹 회장」, 『매』, 1984.12.11.
38 유영을, 「영원한 '승부사' 정주영의 그랜드 디자인」, 『신동아』, 1994.4, 196면.
39 1985년 1월 1일, 국토통일원은 1983년 말 현재 GNP는 남한이 북한의 5.2배(752억 7천만 달러 : 144억 7천만 달러), 1인당 소득 2.5배(1,884달러 : 765달러), 1983년 경제성장률 2.2 배(9.5% : 4.3%)라고 발표했다. 「남북한 국력 비교(상) 경제력」, 『매』, 1985.1.1.

서 전두환 대통령은 처음으로 '주석' 호칭을 붙여 "김일성주석이 아무런 부담과 조건없이" 서울을 방문하도록 "초청"하고 자신도 방북 용의가 있다고 제안했다. 그리고 정주영과 전경련이 이미 새로운 진출대상으로 설정한 비적성 공산국가들과의 상호관계 개선 방침도 밝혔다.[40] 1982년 국정연설에서도 '민족화합민주통일방안'(1.22)과 그 실천조치로서 7개 사항을[41] 제안했다. 이에 따라 손재식 국토통일원 장관은 20개 시범사업을 제의했는데 이 중 12개 항목은 처음 제안하는 내용으로서[42] 북한의 "일괄" "수락"을 희망할 정도로 쉽게 실천할 수 있다고[43] 강조했다. 실제로 이 가운데 서울-평양 간 도로 개설, 인천과 진남포항 상호개방, 공동어로구역 설정, 자연자원 공동 개발과 이용 등의 사업안은 남북경협 초기단계의 남북 간 물품교역에 필요한 내용이었다.

---

40 「81년도 국정에 관한 대통령 연설 전문」, 『매』, 1981.1.12.
41 「전 대통령 국정연설 '협의회' 구성 통일헌법 만들자」, 『매』, 1982.1.22. 7개항은 다음과 같다. ① 호혜평등원칙에 입각한 상호관계유지 ② 대화에 의한 분쟁문제 해결 ③ 상대방 인정. 내정불간섭 ④ 휴전체제유지. 군비경쟁 지양 및 군사적 대치상태 해소 ⑤ 상호교류협력을 통한 사회개방 ⑥ 각기 체결한 국제조약협정 존중 ⑦ 서울. 평양에 연락대표부 설치.
42 「서울 평양 간 도로 연결하자」, 『매』, 1982.2.1. *는 최초의 제안 항목을 말함.
① 사회개방 : 8개항. *서울~평양 간 도로 시범개설, 이산가족 간 우편 교류 및 상봉, *설악산 이북과 금강산 이남의 자유관광지역 설정, *해외교포의 조국방문 공동주관과 판문점 통과 자유방문, *인천과 진남포항 상호개방, *모략방송 중지 및 상대방 정규방송 청취 허용, *아시안게임과 올림픽 참가 북한선수단 판문점 통과, *외국인의 판문점 통과 자유왕래
② 상호교류 및 협력 : 8개항. *공동어로구역 설정, 각계인사(정치인 경제인 청년학생 근로자 문예인 체육) 친선교환방문, 쌍방기자 자유취재, 민족역사공동연구, 친선체육경기 국제경기 단일팀 구성 참가, 일용생산품 교역 협력, *자연자원 공동 개발과 이용, 기술자 교류와 상품전시회 교환 개최
③ 긴장완화 : 4개항. *비무장지대 경기장 마련 이용, 비무장지대 자연생태계 공동조사, *비무장지대 군사시설 철거, *쌍방 간 군비통제조치 협의 군사책임자 간 직통전화 설치.
43 「통일접근 위한 필수 평화 교류의 새로운 제안─남북한 시범사업 제의 20개항 내용과 의미」, 『동』, 1982.2.1.

전 대통령의 정상회담 의지는 '화랑계획'에서 드러나듯이 강력했다. 화랑계획은 손장래孫章來[44] 주미공사(안기부 차장보)를 통해 전두환 정부가 1981년 3월부터 1984년 말까지 극비리에 추진한 남북정상회담 프로젝트를 말한다.[45] 손장래에 따르면, 정주영과 1970년대 일선 사단장 재임 때부터 알고 지냈으며 정주영이 자신에게 사우디 현대건설 사장을 제안할 만큼[46] 신뢰감이 컸다. 정주영은 손장래와의 교류를 통해 남북관계 전환을 모색하는 정부 분위기를 일정하게 감지했고 그에 조응하여 남북경협 구상도 구체화해 갔다고 볼 수 있다.

이 와중에 아웅산 사건이 터졌지만, 북한은 수재민 구호물자를 제공한 1984년과 이산가족 첫상봉이 있던 1985년에 정치군사 문제 해결을 위한 정상회담 추진에 적극적으로 나섰다. 1984년에는 임창영을 통해 정상회담 준비 만남을 세 차례나 제의했다. 특히 세 번째 제의에서는 10월 6일 허담(조선노동당 당비서)이 한시해(북한 유엔대표부대사)-임창영

---

[44] 육사 9기로서 육사교수 시절 11기 전두환, 노태우 생도 등에게 영어를 가르친 인연이 있는 손장래는 1980년 2월 예편(소장)하고 주미공사로 발령받았다. 전 대통령 방미와 한미 정상회담에서 막후역할을 잘 진행해 전 대통령의 신임이 컸다. 「남산의 부장들(185) 林昌榮씨 平壤 밀파 정상회담 타진」, 『동』, 1994.5.1.

[45] 손장래는 교포 정치학자 林昌榮을 10여 차례 이상 만나 설득한 후 1982년 2월 8일과 15일, 두 차례 청와대에서 사업진척을 보고하고 임창영 밀사안을 승인받았다. (「5공 안기부 2차장 손장래의 2002년 통일론」, 『월간말』, 1999.1, 141~142면) 황해도 은율군 출신인 임창영(1909~1996)은 1933년 숭실전문학교 졸업 후 1936년 미국으로 가서 프린스턴대에서 정치학 박사학위를 받고 1945년부터 10년간 이 대학 교수로 재직하였다. 청년 시절 임시정부에 관계했다. 1947년 7월 서재필 박사 비서로 귀국했다가 1948년 9월 11일 다시 미국으로 갔다. 1960년 4·19 직후 유엔주재 대사로 있다가 5·16 정변 직후 사임하였다. (임창영 구술, 「나는 전두환의 밀사로 김일성을 만났다」, 『主婦生活』, 1989.4; 『동』, 1996.1.28; 『연합뉴스』(이하 『연』) 1995.12.1) 이 프로젝트 성사를 위해 유학성 안기부장은 1983년 4월 30일부터 2주간 미국을 방문하여 케이시 CIA국장, 헤이그 국무장관, 알렌 백악관안보담당보좌관 등에게 협조를 요청했다.

[46] 손장래 전 주미공사 인터뷰(종로구 적선현대빌딩 1층 커피샵 일리), 2012.11.2(15:00~17:00).

라인을 통해 손 공사를 초청했지만, 정부는 판문점에서 남북경제회담이 진행 중이라는 이유로 거절했다. 1984년 12월 26일, 김일성은 임창영 부부에게 전 대통령의 남북정상회담 제의에 찬성한다, 손 공사가 오지 못한다니 유감이다, 공개석상(남북경제회담)은 정상회담이 논의될 곳이 아니라면서 비밀접촉 필요성을 강조했다.[47] 이후 정부 내 의사결정 과정에서 손 공사에 대한 견제가 작동하면서 화랑계획은 "돌연 유보"되었다.[48]

이 무렵 분단 이후 최초로 남북경제회담이 제1차(1984.11.15) 이후 제5차(1985.11.20)까지 열렸지만 별 성과가 없었다. 전두환 정부는 교역가능 품목을 선정하고 남북경협안을 수립했고 1차 회담 때에는 시범사업으로 북한 무연탄-남한 철강재의 물물교환과 경의철도선 연결을 제안했다.[49] 1984년 초 북한이 자본주의 국가들과 경제교류를 촉구하는 결의안을 채택했고 9월에 합영법을 제정한 상황에서 무엇이든 팔고 사는 "간단한 일부터 시작하자는" 교역안이 과거의 남북회담처럼 쉽게 결렬되지는 않을 것이라는[50] 낙관적 분위기도 컸다. 전 대통령은 1985년 국정연설(1.9)과 평통자문회의 개회사(6.5)에서 정상회담 개최를 다시 제안했다. 86아시안게임과 88올림픽에 북측 참가를 독려하는 의미

---

47 「5공 안기부 2차장 손장래의 2002년 통일론」, 『월간말』, 1999.1, 144~145면; 「남산의 부장들」, 『동』, 1994.5.1.
48 1984년 12월경 노신영 안기부장과 장세동 경호실장이 친북인사인 임창영을 통한 정상회담 추진에 반대했다고 한다. 「남산의 부장들」, 『동』, 1994.5.1. 임창영은 손 공사를 견제하던 인물로 장세동을 들었고 노신영도 자신의 대북라인을 구축하려고 해서 손 공사 입장이 어려워졌다고 평가했다. 임창영 구술, 앞의 글.
49 「남북한 경제협력 구체안 이미 수립」, 『매』, 1984.8.25; 「金수석대표 제의, 北의 무연탄 철광석 購買 희망」, 『매』, 1984.11.15; 「경의선 철도 연결 서로 제의」, 『동』, 1984.11.15.
50 「건국 이래 첫 남북경제회담 의의」, 『매』, 1984.11.15.

도 컸다.[51] 이런 상황에서 12년 만에 서울에서 제8차 남북적십자회담 (1985.5.27~30)이 개최되었다.

그러나 정치군사문제 우선해결을 중시한 북한은 제2차 경제회담 (1985.5.17) 때부터 남북경협안에 소극적으로 대응했다. 이 무렵 화랑계획을 대체한 '88라인'을 통한 접촉으로 1985년 9월 4일 허담이 서울을 방문하고, 10월 16일 장세동 안기부장이 박철언 안기부장 특보와 방북했다. 그러나 허담이 전한 김일성 친서에서도 정상회담 의제로 '전쟁상태 완화 및 전쟁위험 방지'와 '실질적인 통일방안의 마련 문제' 등 두 가지만 제의했다. 북한이 불가침선언 채택에만 깊은 관심을 보인 반면에 전 대통령은 연필 하나도 교류하지 않는 것은 모순이고 "득실을 따지더라도" 남한이 유리하다면서 남북경협에 적극적이었다.[52]

그런데 장세동 일행이 1985년 10월 17일 김일성 면담까지 끝낸 3일 후 부산 청사포 앞바다에서 간첩선이 격침되었다. 정상회담 개최 계획은 무산되었다. 이에 대해 박철언은 "우리 집권세력 내부의 친미일변도, 극우적 흐름이 전 대통령에게 강하게 전달되었다"고 평가했다. 안기부 내에서도 김일성이 올림픽을 공동개최할 목적으로 정상회담카드를 보인 것이어서 몇 종목만 양보했어도 정상회담은 가능했다는 평가가[53] 있었다. 손장래-임창영 라인의 교섭에서도 공동개최 실현을 정상회담 의제로 검토했다.[54] 올림픽경기장 시설 문제로 북한에서 개

---

51 「전 대통령 새해 국정연설, 남북한 최고책임자회담 빨리 열자」, 『동』, 1985.1.9; 「전 대통령, 平統자문회의 개회사 남북최고책임자회담 年內 열자」, 『매』, 1985.6.5.
52 박철언, 『바른 역사를 위한 증언』 1, 랜덤하우스중앙, 2005, 170~180면.
53 「남산의 부장들」, 『동』, 1994.5.8.
54 「5공 안기부 2차장 손장래의 2002년 통일론」, 『월간말』, 1999.1, 144면.

최 가능한 종목이 제한된 상황에서 북한에게 공동개최 명분을 주고 정상회담을 개최했다면 이후 15년을 더 기다릴 필요는 없었을 것이다.

한편 1985년 초 손장래는 워싱턴에서 정주영과 특별한 대화를 나눴다. "정주영 회장 같은 분이 할 일이 많다고 생각하여 남북정상회담 추진 사실을 귀띔해줬다." 며칠 후 손장래는 일시 귀국길에 정주영과 동행했다. "16시간 내내 비행기 안에서 한 순간 눈도 붙이지 않고 남북정상회담 이후 열리게 될 남북관계와 경제협력 국면에 대해 설명했다. "정회장님이 북에 가신다면 내가 전심전력하여 뒷받침하겠다"고 얘기했다. 손장래는 서울에서 3일 동안 정주영의 청운동 자택에 머물면서 이야기를 이어갔다. 손장래에 따르면 정주영은 이미 대북사업의 구체적 구상을 갖고 있었고 현실 여건을 살피는 중이었는데 남북정상회담을 추진하는 주미공사가 자신의 방북을 뒷받침해주겠다니 드디어 길이 열리는 것 같다며 매우 기뻐했고, 상호 이익이 되는 일이어서 북한을 설득할 자신이 있다고 말했다고[55] 한다. 정주영은 자신의 구상에 조응하는 남북관계의 변화 가능성에 반색을 표한 것이다. 핵심은 '상호 이익'의 실리 관점이었다.

---

55 손장래 전 주미공사 인터뷰.

3. 남북경제협력과 북방경제권의 연동 구상과
구체화(1987~1989.1)

1) 남북경협과 연동된 북방경제권 구상

1980년대 후반 들어 한국경제는 3저 호황이 끝나면서 수출증가율이 격감했지만, 민간의 내구소비재 구입증가와 주택 200만 호 건설 등 건설업 호황으로 경제성장을 유지할 수 있었다. 이 시기 임금상승은 1987년에 분출된 노동자들 요구에 재계가 개별기업 차원에서 적극 대응한 결과였다. 반면에 미국시장 비중이 계속 하락하면서 북방경영 필요성이 부각되었다.[56] 남북관계를 주도하고 성공적 올림픽 개최를 위한 노태우 정부의 북방정책은 이러한 상황의 산물이었다.

소비재 업종이 없었던 현대그룹은 다른 재벌에 비해 공산권 진출이 늦었다. 과거의 '적대국'에 인프라를 구축하려면 수교 직전 단계까지는 가야 하기 때문이다. 그러나 헝가리와의 수교(1987.8.25)에 이어 유고, 폴란드, 불가리아, 소련과 준정부 통상협조약정이 체결된 "역사적한 해"였던[57] 1988년을 전후하여 정주영은 소련(1990.9.30 수교)과 중국(1992.8.24 수교)이 남한과 교류하면 북한도 남한에 접근할 것이라고[58] 전망하면서 남북경협을 북방경제권 구상과 연결시켰다. 1989년 한 해

---

56 유철규, 「1980년대 후반 경제구조변화와 외연적 산업화의 종결」, 『박정희 모델과 신자유주의 사이에서』, 함께읽는책, 2004, 70 · 81면.
57 「北方교류 어디까지 왔나」, 『동』, 1988.12.27.
58 정주영, 「90년대를 전망한다」(1990년 신년을 맞아 『매일경제신문』 및 『서울경제신문』과 가졌던 인터뷰 내용을 정리 요약한 것으로 『현대』, 1989년 2월호에도 수록), 『鄭周永은 말한다』, 鄭周永全集刊行委員會, 1992a, 212면.

에 소련을 세 차례나 방문했다. 소련은 호텔 합작부터 섬유공장, 석탄, 가스, 목재 자원 개발 등 한국 기업 투자를 위해 "무엇이든지 들어줄 것"같이 적극적이었다. 서울-모스크바 간 직항로 개설, 서울과 모스크바 무역사무소의 영사업무 취급 합의 등 한소관계 진척은 한중관계 진척보다 빨랐다.[59] 한소교류의 터진 봇물은 중국이 불만을 표시할 정도로[60] 급격했다.

그가 구상한 북방경제권 요체는 소련과 중국에서 자원 조달, 생산기지 이전과 현지 노동력 사용, 가스관이나 송유관으로 연결된 남-북을 축으로 한 동북아 경제공동체 건설이었다. 결국 남북경협이 필수적이었다. 1984년에 이미 골간이 발표되었지만 현대그룹은 1980년대 후반 들어 자동차, 전자, 석유화학 등을 주력업종으로 선정하고 건설, 중공업 부문에 대해 구조조정을 추진했다.[61] 이는 소련과 어선 수리 및 상선 제조, 시베리아 자원개발에 참여한다는 구상과 연결되었다.

1988년 9월, 정주영은 소련과학아카데미 극동연구소장 미하일 티타렌코 박사 일행의 예방을 받았다.[62] 10월에 현대그룹을 방문한 소련상공회의소 대표단 블라디미르 골라노프 부회장은 한국 기업의 시베리아 개발 참여를 적극 권유했다.[63] 정주영은 5공 청문회가 진행 중인 11월 말 일본을 방문하여 이시카와石川六郎(일본상의 회장겸 鹿島건설회장), 미무라三村庸平(三菱상사 회장) 등과 컨소시엄 의사를 타진하고 12월에

59 「北으로 가는 길(8) 지역별 진출현황과 대응전략 소련」, 『매』, 1989. 1. 16.
60 「한소교류 급속 접근에 중국 균형깨진다 불평」, 『매』, 1988. 9. 21.
61 허민영, 앞의 글, 43면.
62 「정주영 현대그룹회장 소극동연구소장 예방 받아」, 『경』, 1988. 9. 18.
63 「무역사무소 개설 경협논의」, 『경』, 1988. 10. 13; 「골라노프 대표와의 일문일답」, 『경』, 1988. 10. 17.

미국을 방문하여 파슨즈, 벡텔 등 세계 3대 건설업체 회장과 만나 시베리아 공동진출안을 협의했다.[64]

생애 최초로 소련과 북한을 방문했던 1989년은 정주영에게 "획기적인 해"였다.[65] 1월 6일, 정주영은 한국 대기업인 최초로 소련 무임소장관겸 상공회의소 회장(말케비치) 초청으로 모스크바를 방문했다. 시베리아개발위원장(장관급)이기도 한 말케비치의 일정 주선으로 소련 정부 관계자들과 회담을 했고 그와 민간경제협력위원회 설치 합의의향서에 서명했다. 정주영은 전력을 확보해야 갈탄, 석탄 등 시베리아의 무진장한 자원개발이나 제철산업, 삼림자원을 이용한 펄프공장을 만들 수 있고 석유, 가스 등 대형프로젝트는 단독투자보다 각국 기업의 공동투자가 안전하다고 판단했다. 말케비치는 필요한 경우 첨단기술도 제공하겠다면서 한국 기업의 시베리아 개발참여를 독려했다.[66]

시베리아 개발사업은 선진국들이 "군침을 삼키는" 초대형 프로젝트였다. 한국 단독진출은 불가능했고 미국이나 일본 대기업과의 컨소시엄이 필수적이었다.[67] 7월 24일, 정주영은 38명 전경련 경제사절단을 이끌고 다시 소련을 방문하여 한소경제협회(1989.7.18 발족) 회장으로서 모스크바에서 7월 31일 소련상공회의소와 창립총회를 열고 최초로 양

---

64 「시베리아 개발 참여 美.日社와 합착추진 대기업」, 『동』, 1988.12.9.
65 「정주영 회장 소련방문 비망록」, 『동』, 1989.2.7. 정주영의 방소에 맞춰 현대백화점에서는 국내 최초로 구랍 1월 1일부터 30일까지 소련 작가들 작품으로 소련과의 문화교류 차원에서 '소련現代 美術展'을 개최하였다. "닫혀진 사회를 이해하는 조그만 실마리를 풀어간다는 취지에서 매우 반가운 미술행사였다"고 자평했다. 「국내 최초로 개최 – 소련미술전」, 『現代』 264, 현대그룹, 1989.1, 36~37면.
66 「정주영 씨 귀국 일문일답」, 『경』, 1989.1.14; 「시베리아 발전소 건설 합의. 정주영 회장 귀국회견 내용」, 『매』, 1989.1.14.
67 「蘇 극동개발 남북한 동참 촉구」, 『매』, 1989.2.4.

국 경제인들 간에 공동성명을 채택했다.[68] 정주영은 한국의 소련진출에 대한 미국의 긍정적 판단을 먼저 파악했다. 그리고 투자위험 분산을 위해 100만 달러 규모 이하의 석탄, 목재 산업 분야 등에서 미국 등의 합작투자가 바람직하다고 밝혔다.[69] 장소도 한국과 가깝고 부동항이 있으며 북한에도 영향을 미칠 수 있는 연해주에 당분간 집중할 필요가 있다면서 10월에 세 번째 방소에 나섰다.[70] 정주영은 이미 세계 자원시장을 장악한 일본보다 앞서 한국이 연해주 자원시장에 진출해야 한다는 전략 아래 미개발자원이 풍부하고 지리적으로 편리한 극동 연해주와 시베리아에 중점을 두었다.[71] 현대그룹은 석유가스개발, 임산자원개발, 지상석탄광개발, 수산업 등 북방 자원개발에 초점을 두고 1988년 11월 말 선박수리, 1989년부터 선박건조 수주도 적극 추진했다.

정주영이 볼 때 우호적 한소관계는 한국경제가 다시 도약하기 위한 필수조건이었다.[72] 특히 세계 최대의 가스 매장지역 이르쿠츠크에 집중하고 당장 실현되기 어렵더라도 소련을 통해 북한과 접촉 기회를 갖자는[73] 의도에서 북한 경유 파이프라인 건설안을 구상했다. 소련을 통해 북한과의 교섭이 성사되면 현대가 가스관 건설자금을 세계 시장에서 조달해주고, 싼 값에 가스를 구입하면 된다는 실리적 계산이었다.

---

68 「경제인본격교류 길터」, 『매』, 1989.8.3; 「한소경제협회 발족」, 『매』, 1989.7.19; 「인터뷰 —한소경제협회 회장 정주영 씨」, 『동』, 1989.7.21.

69 「美도 한국 대소진출에 긍정적. 정주영 씨 회견」, 『경』, 1989.9.5; 「한국기업 소련 진출 다국적 형태 바람직」, 『동』, 1989.9.5.

70 「세 번째 방소나선 정주영 현대명예회장」, 『동』, 1989.10.4.

71 현대그룹 문화실 편, 앞의 책, 2093∼2094면.

72 정주영, 「통일조국과 제2의 경제도약」(1990년 8월 한국 엔지니어링 클럽 초청에서 한 특별강연), 『韓國經濟의 神話와 現實』, 鄭周永全集刊行委員會, 1992b, 213면.

73 「북방경협 증진 統一에 도움」, 『경』, 1990.9.19.

따라서 시베리아 개발은 "결코 멈칫거릴 필요가 없"었다.[74] 여기에 전세계 원유의 30퍼센트가 매장된 시베리아 유전 개발사업에 참여하여 블라디보스톡-나진-선봉을 지나는 송유관을 통해 서울까지 원유를 가져오는 계획도 세웠다.

소련-북한-남한-일본을 잇는 가스관은 동북아 경제공동체를 건설하는 거대한 실리의 평화프로젝트였다. 물론 가스관이 군사분계선을 지나가는 사업은 국내외 정치논리가 정리되어야 했다. 이 때문에 정주영은 한소수교(1990.9.30) 직후 기업인으로서 최초로 고르바초프 대통령과 회담(1990.11.5)한 후 소련을 통해 가스관 설치사업에 대한 북한의 긍정적 입장과 노태우 대통령 동의를 확인했다고 밝혔다.[75] 실제로 모스크바 북한 대사는 "조건에 따라" 응하겠다고 호응했다. 소련 정부가 사할린-블라디보스톡간 배관공사를 1992년에 완성한다고 파악한 정주영에게 소련-남북한을 연결하는 가스관은 "꿈이 아니라 현실"이었다.[76] 그러나 "주변국가가 호응하면" 사업에 찬성한다는 노 대통령의 수동성이 드러내듯이 정부 스스로 남북관계를 주도하면서 실리적으로 풀어가는 주체가 될 의지는 약했다.

LA TIMES가 한소수교에 기여한 거물급 비공식 외교관으로 평가한 정주영이 1989~1990년에 6차례나 소련을 방문한 중요 목적 중 하나, 결국 한소경협과 한중경협의 "최종목표"는 북한이었다.[77] 실제로 그는

---

74 정주영, 『이 땅에 태어나서』, 솔, 1998, 348면.
75 『한겨레』(이하 『한』), 1990.11.7; 『매』, 1990.11.6; 「북한통과 가스관설치 실현성 높아」, 『연』, 1990.11.15.
76 정주영, 「남북한은 하나로 통일되어야 한다」((정운영 논설위원과 나눈 신년 대담), 『한』, 1990.12.29), 앞의 책, 1992a, 250면.
77 「LA 타임스, "鄭周永회장은 비공식 외교관"」, 『연』, 1990.10.23; 「현대 중량급인사 동원

원자재의 항구적 확보는 물론 "통일분위기 조기 조성"을 위해 가장 적합한 영향력을 활용할 수 있는 소련과의 수교를 앞당기기 위해 한소경협에 최선을 다했다고[78] 자신의 잦은 소련방문에 의미를 부여했다.

그런데 벡텔사社 등은 시베리아 진출에서 한국 기업에게 단순기술, 유휴 중장비나 노동력 참여를 제의했다. 그러나 한국 경제는 이미 저임노동력 확보가 쉽지 않은 상황이었다. 더구나 시베리아는 혹한지대였다. 남북경협은 저임노동력 수급 문제를 푸는 가장 현실적 방법이었다. 소련정부나 타스통신이 시베리아개발에 남한 자본과 북한 노동 투자를 촉구하면서 정주영의 첫 방북을 긍정적으로 평가한[79] 것도 이 때문이었다. 남북경협과 북방경제권을 연동시킨 정주영은 소련이 강력하게 권유하는 북한 노동력 활용 방안을[80] 여러 차례 강조했다. 1989년 7월 두 번째 방소 기자회견에서는 소련과 북한이 논의하고 있는 암염공장 및 코크스 공장 설립에 참여가능성을 타진할 계획이라고[81] 밝혔다. 이는 그가 첫 방북 때 북한과 합의한 합작사업 부문이었다. 현대종합목재와 현대종합상사가 연해주 영림소와 스베를라야 지역 30억 평 규모 삼림을 1990년부터 공동개발하기로 합의했을 때에도 북한과 협의하여 북한 근로자를 이용할 수 있다고 밝혔다.[82]

정주영은 기업 차원에서 한소관계가 일정하게 다져지자 1991년에 중국 진출에 관심을 기울였다. 7월 19일 상품교역, 도로, 건설 및 석유

勢 과시작전」, 『동』, 1991.7.17.
78 「북방경협 증진 統一에 도움」, 『경』, 1990.9.19.
79 「蘇 극동개발 남북한 동참 촉구」, 『매』, 1989.2.4.
80 「시베리아 개발사업 때 북한 노동력 활용계획」, 『매』, 1989.11.15.
81 「인터뷰—한소경제협회 회장 정주영 씨」, 『동』, 1989.7.21.
82 「현대, 소 연해주 삼림개발」, 『매』, 1989.10.14.

시추선 프로젝트 등에 대한 중국의 참여요구와 소형상용차 합작생산 타당성을 검토하기 위해 중국을 방문했다.[83] 한중관계가 좋아지면 남북관계도 좋아질 것이라면서 정계, 경제계, 학계, 연예인 등 66명 대규모 사절단을 꾸렸다. 한중수교 물꼬를 트고 조선족 지도층을 통한 대북 대화통로를 모색하여 첫 방북 이후 부진에 빠진 남북경협을 추진하기 위한 우회전략이었다. 즉 "북방경협의 종착지"인 남북경협을 위해 '소련카드'에 이어 '중국카드'를 활용하여 "북한의 개방을 앞당길 수 있는 실질적 토대 및 창구개설에" 주력한[84] 것이다.

2) 기업인으로서 최초 방북(1989.1)과 남북경협
―북방경제권 구상의 구체화

정부 대북라인을 통한 북한 접촉이 어려워지자 정주영은 재일교포 기업가 손달원이나 요시다 다케시吉田猛 신일본산업新日本産業 사장 등을[85] 통해 대북접촉을 시도했다. 늦어도 1987년부터였다. 이 무렵 금강산호텔 건립건으로 허담(조국평화통일위원회위원장, 당비서)의 초청을 두 차례 받았다. 처음에는 때가 아니라 생각해서, 7월에는 안무혁 안기부장이 신분보장 문제로 "가지 말라고 해서 포기"했다. '7·7선언' 직후

---

83 「현대그룹 대규모 대표단 19일 中國 방문」, 『연』, 1991.7.13.
84 「訪中길 정주영 회장 일문일답」, 『매』, 1991.7.18; 「현대 중량급인사 동원 勢 과시작전」, 『동』, 1991.7.17; 「정주영 회장 왜 북경가나」, 『경』, 1991.7.18.
85 「일·북한 수교 비밀교섭은 파리서 시작」, 『연』, 1990.12.4. 요시다는 1990년 12월 북일교섭 때 안내역을 맡기도 한 '한반도통'이었다.

인 1988년 8월에도 초청장을 받았지만 정부가 아직은 빠르다고 해서 "4줄짜리 거절"편지를 보내야 했다.[86]

북한을 포함한 공산권과의 관계개선을 위한 전향적 조치였던 '7·7 선언' 6개항 중 2개 항(③ 남북교역 개방 ④ 민족경제의 균형발전과 우방국의 대북교역 불반대)은 남북교역을 제안한 것이다. 노태우 대통령은 1988년 광복절에 김 주석에게 정상회담을 제의했다. 이어서 남북경제인 왕래허용과 북한선박 국내입항 허용 등을 골자로 하는 '10·7 대북교역문호개방조치'를[87] 발표했다. 정주영은 북한상품에 대한 면세는 "참 잘한 일"이고 남한의 "풍요로운 생활필수품을 북에 공급"하자고[88] 역설했다.

'10·7 조치' 이후 1988년 말에 현대가 모시조개 40kg을, 대우가 공예품 612점을 반입했다. 북한상품 희소성은 기업 홍보효과를 높여 무연탄, 명태부터 뱀술, 담배, 백두산생수 등 북한상품 반입 러시현상을 보였다.[89] 효성물산이 도입한 전기동이 국제가격 상승으로 반입 즉시 매진될 정도로 "경제적인 논리" 또한 크게 작용했다.[90] 그러나 북한상품 반입은 직교역이 아니고 제3국 중개상이나 교포를 매개로 한 중개무역이었다. 당시 북한은 몇 개 품목 거래로 남북관계가 개선되는 것처

---

86 「국회 정주영 회장 '방북간담회' 일문일답」, 『경』, 1989.2.10.
87 남북한 민간상사의 물자교역 및 제3국을 통한 중계무역 허용, 남북경제인의 상호방문 및 접촉 허용, 해외여행자의 북한원산지 부착 상품 반입 허용, 선박 입항 허용, 직간접교역을 민족내부 교역으로 간주하여 관세 면제 등을 내용으로 한다. 「南北韓 민간商社 교역 허용」, 『동』, 1988.10.7. 10월 6일 이현재 국무총리는 남북경제교류를 위한 남북고위회담이 실현될 경우 "무관세 경제교류는 물론 자본, 기술, 상품 등의 교류도 적극 추진해 나갈 것"이라고 답했다. 「남북 경제교류 땐 세금 안 매겨」, 『한』, 1988.10.7.
88 정주영, 「90년대를 전망한다」(『현대』, 1989.2의 내용을 재수록), 앞의 책, 1992a, 210~213면.
89 「북한상품 수입전쟁 불붙었다」, 『경』, 1989.1.14.
90 「남북경협 문이 열린다(2) 꾸준히 주고받다 보면 '길' 보일 수도」, 『매』, 1989.2.3.

럼 홍보되는 것을 꺼려 직교역에 소극적이었다. 실제로 북측과 상담 경험이 있는 기업인들은 북한이 "밀도가 높은 대규모 프로젝트"를 원하는 것으로 이해했다. 당시 언론도 단계적 통일방안을 거부하는 북한이 군사정치외교적 차원의 협상과 경제교류를 같이 하자고 고집하는 것과 같은 맥락이라면서 "일면 타당성"이 있다고[91] 평가했다.

동구권과 북한에 대한 높은 관심을 배경으로 현대백화점은 1988년 12월(1일~10일)에 '백두산 연변 풍물사진전'을,[92] 1989년 4월 초에는 "북한을 바로 알고 이해하는 데 도움을 줄 것"이라고 자평하면서 '북한 상품전'을 열었다.[93] 1989년 12월(6일~29일)에는 사진작가 구보타 히로지가 북한에서 찍은 사진 57점으로 "온 민족이 통일에의 염원을 안고 있는 이 시점에" "시의적절하게" '북녘의 산하 초대형 사진전시회'를 열었다.[94]

정부의 요구대로 1988년 8월 허담의 초청을 거절한 정주영은 10월 4일 대북-북방정책을 관장하던 박철언을 만나 방북 지원을 요청했다. 지금은 우리가 타이완 GNP의 50%이지만 5년 내에 따라 잡을 수 있다면서 남북경협-북방경제권 구상을 한국경제 도약을 위한 지렛대로 설정했다. 주요 계획안은 소련에 어선수리·상선제조·석유자원 개발 제의, 철원과 속초에 금강산관광특구 설치, 미국·일본·서독·영

---

91 「北으로 가는 길(9) 지역별 진출현황과 대응전략 북한」, 『매』, 1989. 1. 17.
92 「白頭山풍물 사진전 열려」, 『동아일보』, 1988. 12. 2.
93 「현대백화점 북한상품전」, 『現代』 267, 현대그룹, 1989. 4, 35면. 전시 상품은 현대종합상사가 수입한 북한산 명태, 동태, 염장명란의 견본 외에 대평소주 7,495병, 금강맥주 2만 캔, 개성인삼주 800병, 자수공예품 50점, 벼루 41점 등과 백두산, 금강산 명경사진, 엽서 등도 전시·판매되었다.
94 「비경의 금강산·백두산 북녘의 산하」, 『現代』 264, 현대그룹, 1989. 1, 32~35면.

국·프랑스·이탈리아와 한국의 공공차관과 민간투자 유치를 통한 자금 조달, 세계은행 차관 모색 등이었다.[95]

정주영이 허담 초청장을 다시 받고(1988.11.2) 이번에는 "사명감을 갖고"[96] 응하겠다고 생각할 무렵, 박철언이 방북했다.(1988.11.30~12.2) 이 방북은 북한 연형묵 총리가 남북고위급(부총리급) 정치군사회담을 제의(11.16)하자 강영훈 총리가 관계개선 문제를 포괄적으로 다룰 남북총리회담을 제의(12.28)하고 북한이 응하는 사이에 이뤄졌다. 그러나 북한은 박철언을 통해 노 대통령의 관계개선 의지는 "일단 긍정적"으로 보지만 상응하는 실천조치가 없어 '7·7선언'의 진의를 "반신반의"한다는 반응을 보였다. 또 주한미군 철수, 군축, 3자회담 개최 문제 등에 대해 남측이 구체안을 제시하고 외교·국방권을 행사할 수 있는 연방제 방안이 전제되어야 한다는[97] 기존의 정치군사 문제 해결 우선 입장을 반복했다.

정주영은 박철언이 방북에서 돌아온 보름 후(1988.12.17) 방북 허가를 강하게 요청하면서 50여 일 전에 얘기했던 사업안에 통천에 자동차 부속품공장 설립, 남한 사람이 들어가는 통로 계획안을 추가했다.[98] 마침내 전 국민의 "가슴을 설레게" 한 정주영의 방북이 결정되었다. 박 장관에게 진 신세는 꼭 갚을 것이라고[99] 할 정도로 정주영의 첫 방북은

---

95 박철언, 『바른 역사를 위한 증언』 2, 랜덤하우스중앙, 2005, 32·48~49면.
96 「국회 정주영 회장 '방북간담회' 일문일답」, 『경』, 1989.2.10.
97 박철언, 앞의 책, 43면.
98 위의 책, 32·48~49면.
99 「鄭周永씨 9, 10월께 訪北계획」, 『연』, 1992.1.28. 박철언도 1992년 말 대선 때 "반쪽외교를 청산하고 북방정책 수행의 큰 길목의 하나였던 시베리아 설원에서 많은 활약을" 한 "鄭대표만이 이 민족의 염원인 민족화합을 이룰 수 있는 분이라고 생각"한다면서 통일

272 민주화·탈냉전 시대, 평화와 통일의 사건사

박철언의 도움이 컸다. 재계는 정주영이 방북하면 상품교역, 금강산개 발과 시베리아 개발 및 이란 이라크 전후복구사업에 한국이 장비와 기 술을, 북한이 노동력을 제공하는 공동참여 방안[100] 등 북방경제와 남 북경협을 연결시키려는 그의 오랜 구상을 논의할 것으로 관측했다.

1989년 1월 23일, 정주영은 대기업인 가운데 최초로 방북하여 9박 10 일 동안 "국빈대접을 받으면서 평양, 원산, 진남포 등의 화학공장과 시 멘트공장을 시찰하고 금강산, 통천, 원산 일대를 헬기를 타고 답사했 다.[101] 남북고위급 첫 예비회담(1989.2.8)이 예정된 상황과 어우러진 때 였다. 정주영은 먼저 1972년에 이미 남북 당국이 동의한 사안이자[102] 투자비용이 크지 않은 평화산업이면서 한반도 평화정착에 의미가 큰 ① 금강산 공동개발사업을 제안했다.[103] 북한은 ② 원산철도차량공작 소 합작투자로 생산품 일부를 소련에 수출하는 계획 ③ 원산조선소 합 작생산으로 소련에도 수출하고 소련 선박도 수리하는 계획 ④ 시베리 아 석탄을 캐내 코크스를 만들어 북한도 쓰고 중국에 파는 계획 ⑤ 시 베리아의 바위소금(암염)을 캐내 북한도 쓰고 중국에 파는 계획 등[104]

국민당에 합류했다. 「落穗 朴哲彦 의원 " 鄭대표만이 민족화합을"」, 『연』, 1992.11.19.

[100] 「북한 정주영 초청. 금강산개발 등 논의 목적」, 『경』, 1988.12.23.

[101] 「북측 정주영 회장에 VIP환대. 정회장 방북 수행한 이병규 비서실장」, 『매』, 1989.2.3. 당시 정주영을 수행한 현대건설 간부는 朴載毘(부사장), 金潤圭(건설플랜트상무)와 李 丙圭(부장) 등이었다.

[102] 1984년 12월 손장래가 전하는 김일성-임창영 대화에 따르면 7・4 공동성명 발표를 전 후하여 남한이 금강산 관광호텔을 짓자고 제안했다고 한다.(『월간조선』, 1995.8, 268면) 대통령은 박성철(북한 제2부상)에게 "금강산을 개통해 여행이나 같이 하자" (임창영 구술, 앞의 글)고 말했다.

[103] 이에 맞춰 『現代』는 이광수의 『금강산 유기』, 한용운의 『명사십리』, 김억의 『약산동대』, 정비석의 『산정무한』, 문일평의 『동해유기』 등 금강산 기행문들을 소개했다. 「특집・한 국문화들이 쓴 금강산 기행」, 『現代』 266, 현대그룹, 1989.3, 60∼69면.

네 가지 사업을 제안했다. 정주영은 "타당성 조사 후 경제성만 있다면" 해보자고[105] 약속했지만 이 4개 사업안 역시 그의 남북경협안에 포함되어 있었다. 북한도 정주영의 사업 성격에 맞는 제안을 한 것이다. 정주영과 최수길(조선대성은행 이사장 겸 조선아세아 무역촉진회 고문)은 5개 사업에 대한 "금강산 관광개발 및 시베리아 공동개발과 원동지구 공동진출에 관한 의정서"를 체결했다.(1989.1.31)[106]

다만 북한이 제안한 시베리아 개발 품목은 석탄, 암염에 제한되어 정주영의 웅대한 북방경제권-남북경협 구상과 거리가 있었다. 남한의 기술·자본이 북한에 진출하는 특구 설치안도 합의되지 못했다. 정주영은 제3국 노동력을 찾는 남한의 한계기업 즉 신발, 봉제, 완구 등의 생산기지를 북한으로 옮기는 합작이나 임가공 방식으로 전기공급이 쉬운 서해지역에 중국의 선전深川 특구와 같은 공단 건설에 큰 의지를 보였다. 이 안은 9년이 지난 1998년 소떼 방북 후에야 개성공단으로 구체화되었다.

시작이 반이었다. 정주영은 금강산개발을 7년 계획으로 잡고 미국, 영국, 독일, 프랑스, 일본 등의 자본이 남한 기업과 공동투자하면 투자위험이 분산되고 어느 일방이 사업을 좌우할 수 없어 외국관광객 유치도 가능하다고 생각했다. 그러나 북한은 애초에 남한 관광객 유치를 상정하지 않았다. 정주영은 같은 민족에게 구경을 안 시키면 손님이 오겠냐고 북한을 설득했다.[107] 당시 북한은 5년 계획에 피크 때 관광

104 정주영, 「소련은 가난하지만 부자나라입니다」(1990년 2월 최청림 『조선일보』 출판국장과 가진 인터뷰 내용으로서 『월간조선』, 1990년 3월호에 수록), 앞의 책, 1992a, 243~244면.
105 정주영, 앞의 책, 1998, 339면.
106 現代峨山(株), 『南北經協 事業日誌 1989~2000』, 現代峨山(株), 2001, 1면.

객 연 12만 명을 계획할 만큼 기대가 컸다. 6개월 후인 1989년 7월부터 남한사람 관광을 허용한다는 전금철과 최수길의 제안에 조응하여 정주영은 1차로 외금강 호텔 2개 신축, 삼일포에 1개, 명사십리에 2개 호텔을 짓자고 제안했다.[108] 또 미군이 없는 금강산과 설악산 사이를 남한관광객 통로로 하자고 제안했다. 정주영은 남북이 군사분계선 통과가 이뤄지지 못하면 "합일로 나아가는 출발의 상징"인 금강산관광의 의미가 없다면서 사람, 장비, 자재의 이동경로를 중시했다. 정치적 감각이 경제적 타산 못지않았던 그의 주장은 결국 관철되었다.[109] 금강산관광사업 골격이 만들어진 것이다.

정주영은 9월쯤 사업윤곽과 추진일정이 잡히고 현지조사단은 4월 중순에, 자신은 4월 말~5월 초에 다시 방북하여 투자지분 등을 논의할 예정이라고 밝혔다. 이 무렵은 박철언 등의 막후 남북접촉이 싱가폴에서 이뤄져 1989년 9~10월, 늦어도 1990년 상반기에 정상회담을 연다는 분위기가 조성될 때였다. 조사단 방북계획도 2월로 당겼고 조선 부문은 현대중공업이, 철도차량 합작사업은 현대정공이 추진하고 미국, 일본과 시베리아 개발계획 협력방침을 구체화했다. 정주영의 4월 재방북 때, 럭키금성은 전자제품-농수산물의 구상무역, 삼성은 직접투자 가능성 타진, 대우는 도로 항만 호텔건설 등 합작사업을 모색한다는 재벌간 업종 구분도 이뤄졌다. 2월 15일 전경련 회장단 회의에서도 남북경협이 현대의 단독사업이 아니라 국내기업의 공동참여와

107 「정주영 회장 방북 설명 일문일답」, 『매』, 1989. 2. 16; 「국회 정주영 회장 '방북간담회' 일문일답」, 『경』, 1989. 2. 10.
108 박철언, 앞의 책, 57~58면.
109 정주영, 앞의 책, 1998, 339면.

외국기업 참여도 필요하다는 인식이 모아졌고, 정주영도 소련방문은 전경련 사무국이 주관하고 한국기업끼리 경쟁하지 말고 공동프로젝트로 협력 진출해야한다고[110] 강조했다.

4. 색깔론에 대응한 경제공동체 통일론(1989.2~1992)

1) 남북경협 추진을 가로막은 색깔론과 정부의 철학 부재

그러나 정주영이 방북에서 돌아온 지 6일 만에, '전향적' 대북정책과 '자주외교시대'를 향한 북방정책의 발목을 잡는 색깔론이 부상했다. 2월 8일 노재봉 정치특보가 수석회의에서 정주영 방북이 "적성국가와의 외교 과정에서 불법성을 노출"했다고[111] 포문을 열었다. 남북고위급 첫 예비회담이 열리는 날 고춧가루를 뿌린 셈이었다. 당정회의도 속도조절을 요구했는데 불가피한 "밀사외교"에 대한 거부감의[112] 본질은 박철언 견제였다.

야당인 민주당도 가세했다. 2월 9일 김재광 국회부의장은 독과점기업가이자 5공비리 용의자인 정주영에게 무슨 근거로 "치외법권적 대북접촉"을 하게 했냐, "나라 꼴이 뭐냐"고 비난했다. 11일에는 정주영

---

110 「빠르면 9월 경 사업 착수」, 『동』, 1989.2.2; 「북한 방문 정주영 씨 일문일답(오사카에서)」, 『매』, 1989.2.2; 「남북정상회담 막후 접촉 활발」, 『동』, 1989.2.3; 「금강산 조사팀 이달 북한 방문」, 『매』, 1989.2.7; 「재계 남북교역확대 움직임 부산」, 『동』, 1989.2.9; 「북방진출 협의」, 『경』, 1989.2.15; 「정주영 회장 방북 설명 일문일답」, 『매』, 1989.2.16.
111 박철언, 앞의 책, 57~59면.
112 「북행통로 "교통정리" 당정」, 『매』, 1989.2.10; 「제동걸린 북방열기」, 『동』, 1989.2.21.

과 북한이 합의한 내용이 국가보안법 위반이라면서 적대국인 중국과 소련 및 동구권 국가들에 대한 문호개방은 "자유민주주의체제 신봉자들의 가슴을 분노케 하고 있다"는 공개질의서를 강영훈 국무총리에게 보냈다.[113] 국내정치 논리가 남북경협의 거대한 실리를 가로막은 것이다.

급변한 상황에 정주영은 조심스럽게 대응했다. 먼저 김일성에게 "해롭게는 안할 것"이라는 노 대통령의 뜻을 전해 다행이라면서 자신의 방북이 대통령 뜻을 담고 있음을 과시했다. 투자안전을 위한 국제 콘소시엄임을 강조하면서 원산조선소, 철도차량공장건설, 시베리아공동개발 등에 합의한 바 없고 검토 의견을 교환했을 뿐이라고 한 발 물러섰다. 북한의 금강산개발계획이 "엉성했다"면서 동업자로서 피해야 하는 표현까지 썼다. 시베리아의 소금산과 코크스를 개발하여 중국에 수출하자는 북한 제안에 대해서는 자신과 소련상공회의소가 합의 당사자여서 검토하겠다는 답을 준 것이라고 설명했다. 동시에 그는 4월로 계획된 재방북을 낙관하며 자유기업론 입장에서 북한과 합의한 내용에 정부가 "변화를 주지 말아야"[114] 한다는 뜻도 강력하게 표명했다.

역사적 전환기에 남북경협-북방정책에 대한 노태우 정부의 철학과 추진력은 취약했다. 정치, 군사 분야를 제외한 분야의 다각적 교류를 내세우던 정부가 먼저 정경분리 원칙을 부정했다. 조순 부총리가 남북합작투자는 단순한 물자교류나 친지방문과 성격이 다르다면서 정경

---

113 「비밀외교 위험한 발상」, 『동』, 1989.2.9; 「정주영 씨 방북 법적 근거 대라」, 『경』, 1989.2.11.
114 「국회 정주영 회장 '방북간담회' 일문일답」, 『경』, 1989.2.10; 「원산조선소 건설 등 북과 합의한바 없다. 정주영 씨 국회간담」, 『경』, 1989.2.10; 「정주영 회장 방북 설명 일문일답」, 『매』, 1989.2.16.

연계방침을 밝힌 것이다.[115] 강영훈 총리도 6공 출범 1주년 회견에서 시베리아개발 남북공동진출은 체제가 다른 국가간의 합작투자이기 때문에, 원산 조선수리소나 철도차량공장 합작추진은 안보문제 때문에 부정적으로 본다고 말했다.[116] 정부의 정경연계방침은 남북경협과 북방정책 자체를 부정하는 것이었다. 게다가 여권 일각에서는 1989년 3월 문익환 목사 방북(입북)을 정국의 물줄기를 장악하려는 소재로 활용했다. 결국 정부는 남북경제교류도 전면 재검토한다면서 무연탄 및 명태 반입을 불허하고 정주영의 2차 방북도 불허했다. 4월(14~24일)로 예정된 재계의 방소계획도 무기연기되었다.[117]

1989년, 특히 상반기의 한국사회는 남북고위급회담 실무접촉이 시작되었음에도 불구하고 반북공세로 가득 차 있었다. 하반기 들어 정주영은 한소경제협회 회장으로서 7월에 소련 방문에 나서면서 자신이 북한과 맺은 합의는 "분명히 유효"하며 추진 여건을 기다리는 중이라고 정리했다. 또 소련과 국교를 맺게 되면 투자보장협정, 이중과세 방지협정 체결 등이 절대 필요하다면서 남북경협과 소련자원개발을 통한 실리를 다시 강조했다. 즉 한소국교 수립에 도움이 될 이번 방소 때 탐색할 시베리아 지역은 7개월 일하고 5개월 쉬어야 하는 혹한이 혹서보다 힘든, 1970년대 중동보다 훨씬 어려운 환경이어서 남북관계가 개선되면 북한 노동력을 쓸 계획이라고[118] 거듭 강조했다. 8월에도 방송

---

115 「남북한 합작사업 정경분리 어렵다」, 『동』, 1989.2.11.
116 「남북교류 통일정책 추진 신중」, 『동』, 1989.2.21; 「정부선 부정적 입장」, 『매』, 1989.2.21; 「남북합작사업 현재론 부정적」, 『경』, 1989.2.21.
117 「봄정국에 '入北' 돌풍」, 『경』, 1989.3.28; 「남북경제교류 전면 재검토」, 『매』, 1989.3.29; 「정주영 씨 방북 안 해」, 『매』, 1989.4.6; 「경협조사단 訪蘇 무기연기」, 『동』, 1989.4.10.
118 「인터뷰─한소경제협회 회장 정주영 씨」, 『동』, 1989.7.21.

심야토론에서 남북이 모두 지성을 찾자고[119] 강조했다. 9월 능률협회 특강에서는 1년 안에 한소수교가 이뤄지면, 외화부족으로 시베리아 개발 참여의사가 있는 북한과 6개월 안에 금강산개발 협의가 재개될 것으로 확신한다고 밝혔다. 11월에는 북한이 "비공식적"으로 다시 방북을 요청하고 있다면서 시베리아 개발사업에 소련이 권하는 북한 노동력을 활용할 계획이고 빠르면 내년 봄 방북하겠다는 적극적 의지를 피력했다.[120] 그는 기회 있을 때마다 남북경협의 실리를 강조했다.

정주영의 계속된 남북경협 추진 의지 피력에도 불구하고 이번에는 북한이 베를린장벽 붕괴(1989.11), 차우체스크 총살(1989.12) 등 동구변혁의 태풍을 맞아 극도로 방어적 자세를 취했다.[121] 그러나 1990년 들어 상황이 다소 호전되었다. 정주영은 북한의 관광자원 공동개발을 제의한 노 대통령 연두기자회견(1990.1.10)에 북한이 호응하면 4, 5월경에 방북하여 1년 전 합의사항에 대한 후속조치를 논의하겠다고[122] 밝혔다. 2월에도 북한과 합의한 5개 사업은 "양국정부가 승인"하여 "효력이 발생"한 사업임을[123] 상기시켰다. 정부도 제3국에서의 남북합작투자가 북한에 자존심을 손상치 않으면서 실질적 도움을 줄 수 있다면서 현대의 2차 방북을 긍정적으로 검토했다.

---

119 정주영, 「북방 경제 정책을 말한다」(1989.8.19. KBS 심야토론에서 '북방 경제 정책 어떻게 추진할 것인가'라는 주제를 놓고 벌인 토론을 발췌, 요약), 앞의 책, 1992a, 215면.
120 「韓蘇 1년내修交. 금강산개발 재론 시기 올 것」, 『경』, 1989.9.12; 「시베리아 개발사업 때 북한 노동력 활용계획」, 『매』, 1989.11.15; 「금강산개발계획 유효. 정주영 씨 日紙회견」, 『동』, 1989.11.8.
121 和田春樹, 「90年代 北韓은 변할 것인가」, 『동』, 1990.1.1.
122 「현대, 4월 조사단 파북검토」, 『동』, 1990.1.10; 「정주영 회장 4월 방북 금강산개발 구체 협의」, 『매』, 1990.1.11.
123 「금강산 공동개발 연내 실현될 수도」, 『경』, 1990.2.22.

외부환경도 점차 호전되었다. 북경에서 북미 외교관이 1988년 12월 6일부터 1990년 3월까지 미군 유해송환 등 북미관계 개선 문제를 두고 7차례 접촉을 가졌다. 이 무렵 한시해(북한 조선노동당 국제부 부부장)는 정주영이 계약서에 도장까지 찍어놓고 왜 아무 소식이 없냐면서 팀스피리트 훈련이 끝나면 대화를 재개하겠다고[124] 전했다. 그러나 정주영은 4번째 방소에서 돌아온 1990년 3월 12일, 북한의 정치적 상황이 "적기가 아니라고 판단"한다면서 "가을에나 갈 수 있을 것으로 전망"했다. 2차 방북시기를 늦춘 것은 정주영의 자발적 판단만은 아닌 것 같다. 당시 북한은 정주영의 2차 방북을 계속 촉구했고, 그 역시 첫 방북 이후 공안정국하에서도 거듭 방북의지를 적극적으로 피력해 왔기 때문이다.

그런데 1990년 5월 16일, 현대건설이 북한에 승용차 2대와 건설장비 5대를 무상공여한다는 내용이 일본 언론에 보도되었다. 첫 방북에서의 합의에 따라 보내기로 한 장비들을 공안정국 때문에 보내지 못하다가, 2차 방북이 계속 지연되어 먼저 물자를 보내려 했던 것으로 보인다. 북한 조국평화통일위원회는 정주영과 맺은 합의는 "이미 무효"이며, 이제까지 "방해해오던 남조선 당국자들이" 갑자기 반출을 허가했다느니 무상공여라느니 "흉측스런 말"을 한다면서 무상공여할 장비가 있다면 "남조선의 집 없는 노동자들에게" 집이나 지어주라고[125] 비난했다. 당시 언론은 비밀로 이뤄져야 했던 중장비 제공을 일본 언론이

---

124 「제3국서 北韓과 合作투자 추진」, 『연』, 1990.3.6; 「팀스피리트 끝나면 對話재개 밝혀」, 『연』, 1990.3.12.
125 「北韓, 금강산 공동개발 무효 주장」, 『연』, 1990.5.16; 「북한, 금강산공동개발 無效선언」, 『경』, 1990.5.17. 1990년 5월 3일, 정부는 현대의 무상공여 및 반출계획을 승인했다. 「현대, 중장비 북한 제공」, 『동』, 1990.5.12.

보도한 것은 북한 자존심을 해치지 않으면서 실질적으로 도움을 준다는 정부 방침에 어긋나고, 1985년 수재물자 인도 때에도 "물건의 질이 좋지 않다고 떠들어" 북한에 큰 상처를 입혔음을 상기해야 한다고[126] 논평했다. 이 소동은 현대그룹이 순수한 뜻의 "선물이자 견본품"이라는 입장을 전해 일단락되었고 건설장비도 6월 5일 남포항에 도착했다.[127] 이후 5개월이 지난 11월, 정주영은 북한으로부터 재방북 요청을 받았다. 그러나 그냥 방북하면 소련 방문에 제한을 받을 우려가 있어 적절한 시기를 기다리는 중이라고[128] 밝혔다.

1990년 정주영의 2차 방북은 '극우 보수 세력의 반발'로 무산된 것으로 보인다. '6공 대북 밀사' 박철언은 자신도 "비밀접촉을 수행"하는 과정에서 "극우 보수 세력의 반발과 미일 등의 견제로" "상당한 어려움을 겪"었으며 "1989년 고 정주영 회장을 북한에 보내서 거기서 금강산 개발에 관한 합의를 해서 왔는데 보수층의 강한 반발과 견제로 금강산 사업은 사실 한 10년 미루어진 것"이라고 언급한 바 있다.[129] 그에 따르면 당시 남북 접촉 견제를 위해 일본 언론이 빈번히 활용되었다고 한다. "밀사로서 평양축전에 참석한 사실"을 일본 "언론에 슬쩍 흘려 그 사실이 국내에서도 논쟁이 되기도" 했는데 "아주 교묘한 방법으로 남북의 직접적인 비밀 접촉이 빈번해지는 것을 견제하는" 방식이었다.[130]

---

126 「남북교류, '당분간 단절' 신호」, 『동』, 1990.5.17.
127 「현대 제공 건설중장비 북한 남포항에 도착」, 『동』, 1990.6.13.
128 「시베리아 투자 절대 위험 없다. 정주영 씨 관훈토론회서 밝혀」, 『동』, 1990.11.28.
129 「박철언 인터뷰―대북 밀사 때 극우, 미일 견제 심했다」, 『프레시안』, 2003.10.2.
130 "이 시점에서 반미를 하는 것은 우리 국익에도 도움이 안 되고 민족이익하고도 맞지 않다. 그러나 우리의 자주자존을 지키는 가운데 친미를 해야 한다는 것이 내 지론이다. 당시만하더라도 여야 모든 지도층과 정치권이 미 대사관에 모임이 있다면 전부 가고 청와

2) 정부와의 '전면전'과 정주영 남북경협사업의 休眠

1990년 9월부터 연말까지 3차에 걸쳐 남북고위급회담이 진행되었고 1991년에도 남북고위급회담(4차 : 1991.10.22~25, 5차 : 1991.12.10~13)이 예정되어 있었다. 그러나 자신의 남북경협 추진을 지원하지 않는 정치권에 대한 정주영의 실망은 매우 컸을 것이다. 이 무렵인 1990년 11월, 정주영은 관훈토론회에서 "미래를 맡길 정치지도자가 없"다고[131] '강타'를 던졌다. 정치인으로의 변신을 예고한 것이다. 나아가서 노태우 정부와 날카롭게 각을 세웠다. 7조여 원이나 필요하고 호남지역 소외 감정을 부추기는 경부고속전철 건설을 우리 기술이 갖춰질 때까지 늦추라고[132] 비난했다.

1991년 들어 9월까지 정주영의 각종 강연과 방송출연 회수는 30여 차례나 되었고 정치참여는 기정사실이 되었다.[133] 200만 호 건설사업의 졸속성과 400km에 불과한 서울~부산 간 고속전철 문제를 다시 비판하면서 영종도공항 건설의 기술용역을 벡텔사에 준 것은 국내기술진을 무시한 처사라고 비난했다. 박정희 대통령 앞에서 부동자세로 "저자세였던 재벌"들이 "고자세"로 변했다는 르몽드 기사가 소개될[134] 정도로 정주영의 직설적 정책 비판은 외부인의 눈에도 의아스럽게 비쳐졌다.

대에서 중요 회의나 장관회의를 해도 10분 내에 모두 미 측에 보고가 되는 상황에서 나 자신만이라도 자세를 지켜야 되겠다고 생각했다." 「박철언 인터뷰-대북 밀사 때 극우, 미일 견제 심했다」, 『프레시안』, 2003.10.2.
131 「시베리아 투자 절대 위험 없다. 정주영 씨 관훈토론회서 밝혀」, 『동』, 1990.11.28.
132 위의 글; 「평민, 국감 중간평가」, 『경』, 1990.11.29.
133 「정주영 회장 대외활동 정치참여설로 비화」, 『매』, 1991.9.26.
134 「정주영 회장 고속전철 시기상조론 해석 분분」, 『매』, 1991.5.9; 「정주영 회장 일부 정책에 맹공」, 『경』, 1991.5.8; 「한국 재벌 정부에 고자세. 르몽드지 분석」, 『매』, 1991.5.10.

국세청의 "사상 최대의 추징세" 통보에 "돈 없어서 세금 못 내겠다"고 선언하는 등 정부와 '전면전'에 나선 정주영은[135] 1992년 1월 8일 기자회견에서 정치자금 '헌납'을 폭로했다. 3공 때는 5억 원씩 내다가 나중에 20억 원씩, 5공 때에는 추석에 20억 원, 연말에 30억 원씩, 6공 들어서는 50억 원을 내고 1990년 말에 1백억 원까지 낸 후 중단했는데 특혜 받은 일은 없다고 강변했다.[136] 1980년 국보위의 산업통폐합 때 경제를 제대로 발전시키기 위해 언젠가 정치인이 돼야겠다고 생각했으며 편히 살 수도 있지만 "6공이 5년 더 집권하면 경제가 다시 일어설 기회가 없을 것 같아" 정치인으로 나섰다고[137] 강조했다.

내외 환경에 비춰 남북경협 사업도 연기한다는 설정을 한 것으로 보인다. 1991년 초에 "큰일은 다 때가 와야 하는 법"이라면서 "통독이 되고" 동구권이 무너져 "차우세스쿠가 참형을 당하는" 지금은 북한이 "집안단속을 하는" 시점이어서 "금강산개발 등을 논의할 때가 아니"라고[138] 말했다. 실제로 1991년은 소련이 해체되는 해였다. 반면에 북한은 1991년 5월, 평양 IPU총회에 참석한 한국 대표단을 통해 정주영이 약속을 "어겼다"고 비난했다.[139] 정주영은 금강산개발이 "내년(1992년)"

---

135 국세청은 1991년 10월, 현대에 변칙상속 추징세 855억 원을 통보했다. 정주영이 박정희 12주기 추모식에서 1960~70년대의 활기를 잃었다는 추도사를 한 후, 11월 1일 국세청은 추징세 1,361억 원을 발표했다.(「현대 추징세 855억 통보」, 『동』, 1991.10.25; 「정주영 회장 다시 시국 비판」, 『경』, 1991.10.25; 「현대에 1361억 추징」, 『매』, 1991.11.1) "5백억 원짜리 추도사"를 읽은 정주영은 "세금 못 내겠다"고 선언했다.(「(焦点)鄭현대명예회장 불복선언의 의미」, 『연』, 1991.11.18; 「현대 불이익 감수하겠다」, 『동』, 1991.11.18) 그러나 결국 1992년 1월 31일에 완납했다. 「현대그룹, 세금완납」, 『연』, 1992.1.31.
136 「정치자금 한 번에 100억까지 냈다. 정주영 씨 발언 파문」, 『동』, 1992.1.9.
137 「정주영 씨 1문1답」, 『매』, 1992.1.9.
138 정주영, 「연해주를 집중적으로 개발하고 싶다」(『월간중앙』, 1991.2에 실린 내용을 정리), 앞의 책, 1992a, 263~264면.

에는 "착수 가능"하고 "성공적" 북방정책으로 중국과의 관계가 좋아지면 "한반도에서의 전쟁위험성도 사라질 것"이며 북한도 "자유경제체제로 돌아" 금강산개발과 시베리아개발 등에 "적극 참여"할 것이라고[140] 대응했다.

이러는 사이에 정부는 남북경협 창구를 김우중으로 바꿨다. 1991년 5월, 축구협회장 김우중이 남북청소년축구평가전 참관을 위해 방북했다. 1990년 북경 아시안게임 직후 방북에 이어 두 번째였고 1991년 7월에도 정부의 북방경제교류 창구인 국제민간경제협의회 회장으로서 방북했다. 그리고 김달현 정무원부총리 초청(1991.12.25)으로 1992년 1월 15일, 남북기본합의서 채택 후 기업인 중 최초로 방북했다. 다른 사람들의 방북경로와 달리 북경-단동-신의주를 거쳐 23시간 동안 기차를 타고 평양에 들어갔다. 김우중은 "정무원 차원의 정부 초청"으로 방북하는 것이라면서 조국평화통일위원회 초청으로 "개인 자격"으로 방북한 정주영과 다르다는 점을 부각시켰다. 김우중은 북한의 초청 배경에 대해 자본회임기간이 긴 중공업분야나 대규모 합작사업보다 당장의 생필품난을 해소하고 수출을 통해 단기간에 외화획득에 기여할 수 있는 경공업 분야 전문가를 찾은 때문이라고 설명했다.[141] 물론 김우중과 북한이 합의한 경공업단지(남포) 건설, 북한인력을 활용한 해외공

---

139 「한국대표단 평양표정」, 『매』, 1991.5.3.
140 「정주영 회장 "금강산개발 내년 가능" 8일」, 『경』, 1991.5.10; 「鄭周永씨, "금강산 개발 내년 착수 가능"」, 『연』, 1991.5.9.
141 「정부 방침 민간교역 창구역할 구상 대북경협 "대우"에 맡긴다」, 『경』, 1992.1.9; 「김우중 회장 방북 평양 축구평가전 참관」, 『경』, 1991.5.9; 「朝鮮日報 金宇中 대우회장 平壤방문 보도」, 『연』, 1991.7.26; 「15일 평양 가는 김우중 회장」, 『경』, 1992.1.7; 「金宇中 大宇회장, 방북활동 소상히 소개」, 『연』, 1992.1.29; 「金회장 訪北」, 『연』, 1992.1.26.

동진출 등의 사업안은 정주영의 남북경협-북방경제권 구상에 포함된 것이었다.[142]

이 와중에 정주영은 1991년 12월, 5차 남북고위급회담 결과에 고무되어 1992년 가을로 잡았던 방북을 여름으로 당길 수 있고, 김우중이 김달현의 초청을 받기 직전인 12월 23일에도 "두 번째 방문을 조속히 실현해달라"는 북한의 비공식 요청을 수차례 받았다고 전했다. 김우중의 1992년 1월 방북 직후에도 통일국민당 창당준비위원장 정주영은 자신이 북한과 맺은 약속은 모두 지킨다면서 이 사업들은 "현대만이 할 수 있는 일"이고 9~10월 경 방북하여 현대그룹을 통해 남북경협문제를 추진하겠다고[143] 강조했다.

그런데 1992년 2월, 남북기본합의서를 남북이 정식 교환하여 발효시킨 6차 남북고위급회담 이후에도 남북관계는 호전되기는커녕 핵문제로 발목이 잡혔다. 남북경협도 정부의 "선핵문제해결 후경제협력" 추진방침으로 전면 중단되었다.[144] 대우의 남포 조사단 방북도 유보되었다.[145] 이후 김달현 북한 부총리가 남한을 방문(7월 19~25일)했고 8월 31

---

[142] 1991년 10월 3일 출간된 정주영 자서전(『시련은 있어도 실패는 없다』)은 큰 파문을 일으켰다. "시국에 따라 권력을 업고 사업을" 하는 김우중은 1980년 국보위의 자동차산업과 발전산업 통폐합으로 "1원 한 장 안내고 선인수 후청산이라는 유례없는 특혜로 나한테서" 가져간 창원중공업을 이후 "힘에 부쳐" "다시 정부에 내놓았다"면서 노골적으로 비난했다.(「정주영 회장 자서전 파문」, 『경』, 1991.10.4) 정주영은 김달현 초청으로 김우중보다 45일 먼저 방북(1991.11.30)한 문선명에 대해서도 가출 청소년들에게 "껌팔이 등을 시키"는 통일교는 "종교도 기업도 아닌 집단"이라고 비난했다.(「文鮮明·朴普熙씨 방북」, 『경』, 1991.12.1; 「鄭周永회장 "우리경제 10년내 선진국"」, 『연』, 1991.12.18)

[143] 「남북합작 본격추진」, 『동』, 1991.12.21; 「鄭周永씨 "내년 여름 북한방문할 계획"」, 『연』, 1991.12.21; 「'平壤行 특급'을 타라」, 『경』, 1991.12.23; 「鄭周永씨 9.10월께 訪北계획」, 『연』, 1992.1.28.

[144] 「대북경협 전면재검토」, 『경』, 1992.2.23.

[145] 당시 정부의 대북정책에 대해 남북경협을 통해 남북관계를 발전시켜 북핵문제를 해결하

일부터 10일간 국제원자력기구(IAEA)의 북핵시설 임시사찰이 시작되면서[146] 6개월 이상 이어진 기업인의 방북제한은 1992년 8월 말이 되어서야 해지되었다.

그러나 김달현 방문코스에서 현대 계열사는 제외되었다. 이 때문인지 대선 후보 정주영은 김달현의 서울방문에 극도로 부정적 견해를 보였다.[147] 첫 방북에서 합의한 내용이 여전히 유효하다는 정주영의 주장과 달리 현대의 남북경협사업은 휴면상태에 빠졌다.[148]

정주영의 셈법에 따르면 공산권 붕괴로 고립된 북한과 남북경협을 더욱 진척시키는 것이 오히려 큰 이익이었다. 그러나 1990년대 초만해도 정치권, 재계, 학계를 통틀어 남북경협 중요성을 포착한 경우는 드물었다. 진보진영도 국가보안법과 군사적 긴장이 존재하는 가운데 진행된 정주영의 방북을 기만책이라며 비난했다.[149] 또 "독점재벌 정주영 씨의 북한방문을 '승인'함으로써 '민족문제' 해결의 실마리를 풀어보고자 했던 정부당국의 구시대적 발상"을[150] 비판했다. 그런 점에서 재미학자 이정식의 주장이 돋보인다. 그는 소련 붕괴로 북한이 대일 교섭을 더욱 서두를 것이므로 남북이 정치적 군사적으로 "복잡한

는 '선경협교류 후핵문제해결' 방식이 필요하며 남북경협과 핵문제를 연계시키는 정부 방침은 국익에 조응하지 않는다는 비판(이호재)이 제기되었다. 또 미국은 미사일 통제, 화학무기 금지협약 문제 등 북한에 문제 삼을 수 있는 카드가 여러 개여서 핵문제가 해결돼도 남북관계는 낙관할 수 없다는 비판(김태우)도 소개되었다. 「焦点' 南北경협-核연계 정부 방침에 反論. 학계, 국가이익 우선 경협추진 병행 주장」, 『연』, 1992.7.23.

146 「북에 '핵문제 선결' 요구」, 『경』, 1992.7.19; 「북한핵 임시사찰 IAEA」, 『동』, 1992.8.31.
147 「2金 1鄭연구」, 『연』, 1992.8.7.
148 「'備忘錄' 남북경협, 現代는 '休眠'상태」, 『연』, 1992.7.16.
149 「"국가보안법 존속 상태로 남북 경제협력은 기만책"」, 『한』, 1989.2.4.
150 박호성, 「문 목사 북한방문과 '현대사태'」, 『한』, 1989.4.22.

문제들은" "따로 토의"하고, "쉽게 시행할 수" 있는 "시급한 문제들부터" 즉 "남북교역을 활발하게 시작해야" 하며 "정경분리의 원칙하에서" "직접무역"을 해야 한다고[151] 강조했다. 예상과 달리 북한이 중국과 더욱 밀접한 관계를 형성했지만 당시에 보기 드문 혜안이었다.

그러나 노태우 정부는 쉽게 성과를 드러내면서 관계개선 기반을 다질 수 있고, 북한에게도 적극 제안한 남북경협을 국내정치의 좁은 틀 안에 종속시켰다. '7·7선언'에서 시작하여 1990년 9월부터 남북고위급회담을 진행하면서도 극우적 반북론을 컨트롤하지 못했다. 1980년대 후반 한국 경제는 토지비용 상승, 고금리, 금융비용 비율 증가, 사회간접자본 투자 부진, 물류비 급증 현상 등 고질적 문제에 봉착했다. 탈출구를 찾던 재벌들은 다국적-초국적 기업과 경쟁하는 세계시장에 막무가내로 달려들었다. 그러나 대외적으로 정치군사적 냉전체제에 스스로 갇혀 있는 가운데 대내적으로 제한적 민주화의 결과 남북관계를 환골탈태시킬 리더십이 약했던 국가권력은 자본의 입장에서 볼 때 "무능"했다.[152]

---

151 "남북한이 무역만이라도 활발히 진행할 수 있다면 북한이 직면하고 있는 문제는 많이 감소될 것이고 남한의 경제에도 많은 이득이" 된다. 그런데도 "정상적인 무역관계마저도 설립하지 못하고" 있는 상황이 과거 "6·25 동란의 勝者"가 일본이었던 것처럼 "또 다시 일본"에게 "漁父之利를 얻게 하고 있다"는 것이다. 李廷植, 「蘇聯帝國의 붕괴와 南北관계」, 『동』, 1991.9.5.
152 유철규, 앞의 글, 70·81면.

3) 대선후보로서의 경제공동체 통일론

1992년 정주영은 측근들의 반대에도 불구하고 "잘못된 정치를 뜯어 고치고 '경제대국'과 '통일한국'을 실현"한다는[153] 명분으로 대선에 출마했다. 남북경협–북방정책에 대한 정부의 철학과 추진력이 없어 '내가 정부를 맡겠다'는 생각에서인지, '돈을 정치권에 퍼 주느니 차라리 내가 하겠다'는 생각 때문이었는지 정확한 배경은 알 수 없다.

정주영은 자신만이 통일과 경제 문제를 풀 수 있는 적격자라고 자임했다. 지금까지의 통일정책과 남북교류 진행은 정부의 "정략적" 차원에서 추진되었지만, 통일정책 중점은 민간경제교류를 통한 "한민족경제생활권" 확보에[154] 돼야 한다고 강조했다. 오래 걸릴 수밖에 없는 정치적 "권력의 통일" 이전에 자유롭게 왕래하고 거래를 하면 통일이 된 것이나 다름없고 통일의 그날이 어느새 가까이 오는 '과정'을 중시했다.[155] 경제대국이 되기 위해서도 신뢰를 바탕으로 한 실천과정으로서의 경제공동체 구현을 더 중시했다.[156]

경제공동체 통일이 되면 남북경제권이 북방경제권과 연결되어 높은 경쟁력을 갖게 되어 우리 민족은 5천만 명에서 7천만 명으로, 영토도 2배로 늘어나고 중국이라는 큰 시장을 갖게 되며, 우리에게 필요한 자원을 다 가진 시베리아에서 태평양이나 인도양을 건너 수입해오는 것보다 빠른 시간에 자원을 구할 수[157] 있다는 것이었다. 정주영은 경

---

153 「鄭周永국민당후보 관훈클럽 연설요지」, 『연』, 1992.12.3.
154 「2金 1鄭연구」, 『연』, 1992.8.7.
155 정주영, 「연해주를 집중적으로 개발하고 싶다」, 앞의 책, 1992a, 261~262면.
156 「鄭周永국민당후보 관훈클럽 연설요지」, 『연』, 1992.12.3.

제공동체 통일의 출발점으로서 제3국에서 시행되는 방식처럼 북한 내에 '남한의 자본과 기술 + 북한의 노동력'이 결합하는, 훗날 개성공단으로 구체화된 특구를 구상했다. 소련도 적극 권하는 시베리아 자원개발 합작사업에도 적용되는 이 모델이 실현되면 남북관계는 더욱 좋아진다는[158] 것이었다.

통일국민당 대선후보 대북정책 공약은 '연방제'나 '국가연합'과 같은 통일방안의 정치적 이론적 모델보다 구체적으로 실행할 수 있는 방법을 중시한 정주영의 실리적 남북관계 접근방식을 집약했다. 통일은 실제 현실에서 국민들이 구체적으로 접하게 해야 하고, 남한 경제력에 무게중심을 두지만 남한이 북한을 강제로 흡수하는 통일 추진은 안 된다고 못 박았다.[159]

이러한 전제 위에 막강한 남한 경제력 건설 → 북한을 도와주고 포용 → 경제적 단일시장권 형성 → 경제공동체 이룩 → 정치통일에의 길로 다가가는 과정을 정리했다. 통일의 최우선 과제는 "경제적 단일시장권", 즉 "한민족경제생활권" 형성이었다. 따라서 남북관계를 정부가 주도하기보다 민간경제 교류와 협력을 활성화시키는 것이 중요했고 이를 위해 남한의 건실한 민간경제인들이 나서 북한을 진심으로 도와주면서 신뢰를 쌓는 것이 필요했다. 이 과정 없이 정치적으로 하나 되는 통일을 논하는 것은 비현실적이었다. 경제공동체 통일론은 철저하게

---

157 정주영, 「한국은 아시아의 중추국이 된다」(1990년 8월 1~4일 강릉에서 열린 『현대건설』, 『현대엔지니어링』 신입사원 하기수련회에서 행한 특별강연), 앞의 책, 1997, 220~221면.
158 정주영, 「소련은 가난하지만 부자나라입니다」(『월간조선』, 1990년 3월호에 수록되어 있는 내용), 앞의 책, 1992a, 242~244면.
159 정주영, 「3당 대통령 후보의 통일관을 듣는다 – 경제통일방안」, 『통일한국』 108, 평화문제연구소, 1992.

원-원하는 실리적 거래에서 출발한다. 이 과정이 쌓이면서 교류의 논리적 모순이나 법리적 상충을 정책적으로 해결해가자는 것이다. 정부가 조국통일을 염원하는 마음에서 북한과 대화를 추진한다면 헌법정신에 위배되는 "국가보안법을 철폐할 필요"가 있고 "사회주의의 좋은점은 수용하는 것이 좋다"는[160] 주장도 했다.

실제로 그동안 남북의 통일방안은 '대내용'인 경우가 많았다. 정부는 경제교류를 중시했지만, 북한은 '근본'문제 해결에 집중하는 등 당국 관계는 초점이 맞지 않았다. 남북고위급회담 5차 회담에서 채택한 '남북기본합의서'는 북한이 주장하던 '정치·군사문제 우선해결'이라는 교류의 장애요인을 제거한 것일 뿐 이후에도 경제교류는 여전히 간접교역이 전부였다. '한민족공동체통일방안(1989.9.11)'은 정부가 통일에 이르는 과정을 처음 제시했다는 의의가 있지만 정치적, 장기적 통일방안에 초점을 둔 것이었다.

이에 반해 경제적 원-원관계(남한의 자본과 기술 + 북한의 노동력)에 기초한 정주영의 남북경협론 요체는 일관되게 현실적, 실리적이었다. 남북경협-북방경제권을 연동한 경제공동체 통일론은, 먼 훗날 미래상의 차이를 두고 남북이 대립을 거듭하는 악순환을 지양한다. 거꾸로 이 때문에 체계적 통일방안을 제시하지 않았다는[161] 비판도 받았다. 반면 김영삼 후보는 '남북연합단계', '남북연방단계' '남북통일단계'의 3단계로 통일에 이르는 점진적 과정을 정리했다. 그러나 통일국가의 이념

---

160 정주영, 「서문」, 앞의 책, 1992a, 11~12면; 「"공산당결성 막을수 없다" 鄭대표 보안법폐지도 주장」, 『연』, 1992.6.8; 「落穗 鄭대표 "사회주의 좋은점 수용해야"」, 『연』, 1992.11.11.
161 『경』, 1992.12.11.

은 '자유', '인권', '행복'이며 통일국가는 자유민주주의국가여야 한다는[162] 흡수통일론을 강조했다. 실행방법이 추상적이고 비현실적이기 때문에 적대적 이념논리로 돌아갈 가능성이 높았다. 실제로 김영삼 정부는 "국내정치적 이익에 대한 과도한 고려, 북한 붕괴에 대한 과도한 희망"에 기울어져 일관성 있는 대북정책을 시행하지 못했다.[163] 객관적 실리를 도외시하고 주관적 명분에 기울어진 대북정책은 결국 명분도 실리도 잃게 된다.

5. 나가며

결국 기업인 정주영의 정치인으로의 전환과 1992년 대선 출마, 노태우 정부와의 날 선 대립은 현대의 남북경협사업 발목을 잡았다. 김영삼 정권은 현대그룹 금융거래를 끊기까지 했다. 정주영 자신은 무능한 후보를 뽑은 국민들의 선택이 잘못된 것이지, 자신의 잘못이 아니라고 생각했다.

과거 정부의 대북정책 초점은 남북 경쟁에 있었다. 현실가능한 정책보다 국내정치용 명분이나 선전적 측면에서 상대가 받아들이기 어려운 이념을 내세운 추상적 통일 원칙이 강조되었다. 따라서 정부의 실행 의지도 약했다. 이와 달리 남북경제권 구축을 통한 동북아경제권

---

162 김영삼, 「3당 대통령 후보의 통일관을 듣는다 — 한민족연합체 통일방안」, 『통일한국』 108호, 평화문제연구소, 1992.
163 백학순, 『노태우정부와 김영삼 정부의 대북정책 비교』, 세종연구소, 2012, 103면.

1980년대 정주영의 탈이념적 남북경제협력과 북방경제권 구상 291

형성을 시야에 둔 정주영의 실리적 셈법에서 정치적 이념적 요소는 부차적이었다. 자원의 안정적 수송과 교역 및 투자에 우호적 환경 조성을 위해 일차적으로 북한이 안정되어야 하고 남북관계가 좋아야 한다.

정주영이 추구한 '꿈'은 어느 일방이 흔들 수 없는 실리적 이해관계가 두텁게 얽히는 남북-동북아 경제공동체였다. 1980년대를 지나는 동안 기업의 실리와 민족사적 명분이 조화를 이룬 정주영의 남북경협-북방경제권 연동 구상은 남한 내수시장 또는 수출상품 생산에 필요한 원자재 및 상품 공급기지로서의 북한과 '무진장한 자원의 보고'인 시베리아와 만주를 아우른 것이었다. 돈 버는 일에 도가 튼 그의 구상은 이념적 '명분'에 지배된 남북관계를 과감하게 벗어난 '큰 장사' 셈법의 산물이었다.

남북관계에서 정경분리 원칙은 정치군사적 외풍에 흔들리지 않고 남북경협이 일관되게 진행되도록 경영환경을 조성함으로써 민간이 주도하는 자유기업의 탈이념적 실리 추구를 가능하게 하는 중요한 방법이다. 그러나 이제까지 정부의 정경분리 원칙은 일관성과 탄력성을 결여했고, 실리를 배제하는 정치논리인 정경연계정책으로 회귀한 경우가 많았다.

정주영은 결코 진보적일 수 없는 재벌이었다. 그러나 이념을 탄력적으로 바라봤다는 점에서 이념에 갇힌 '무지한' 극우파들과 구별된다. 정주영이 구상한 남북경협과 연동한 북방경제권이라는 거대한 실리적 공동체상은 기업의 이윤추구 행위가 동북아 지역의 평화와 실리를 수반하면서 적대적 분단의 질곡을 푸는 데 기여하는 사례로서 중요한 연구대상이 아닐 수 없다. 그가 구상했던 내용은 결국 한반도가 추구해야 할 현재와 미래의 과제일 수밖에 없기 때문이다. 1989년 1월 그의 첫 방북은 남북관계를 풀어가는 과정에서 수동적 소극적 입장을 벗어나지 못한 국가의 '무능함'에 일방적으로 기대지 않고 민간기업이 주도하는 남북경협을 추구한 자유기업론자로서 적극적으로 '북한 열기'를 시도한 것이었다.

냉전체제를 돌파할 의지도 능력도 없는 정권하에서 정주영이 한국의 재벌 가운데 유일하게 남북경협-북방경제권을 연동시켜 구상하고 이를 실현하고자 일로매진했던 것을 어떻게 평가해야 하는가. 그를 혜안의 선구자로 추앙해야 할까? 아니면 성공한 사업가의 절절한 수구초심으로 봐야 하나? 필자가 보기에 정주영은 한국 경제의 생산력 저하라는 현실에 당면하여 분단 장벽을 넘어 시장과 자원의 보고인 동북아 대륙에서, 자신이 주창한 대로 자유기업이 제대로 활개를 펼 수 있는 조건을 만들고 장애요인을 돌파하는 데 누구보다 창의적이고 상식적인 기업인이었다. 이처럼 상식적 기업인이 한 사람뿐이었다는 것은, 한국사회의 냉전 뿌리가 그만큼 깊고 한국 기업의 수준이 그 정도에 머물러 있다는 사실을 반증한다.

참고문헌

『경향신문』, 『동아일보』, 『매일경제』, 『연합뉴스』, 『프레시안』
『신동아』, 『월간말』, 『월간조선』, 『主婦生活』, 『現代』

김영삼, 「3당 대통령 후보의 통일관을 듣는다 - 한민족연합체 통일방안」, 『통일한국』
    108호, 평화문제연구소, 1992.
정주영, 「3당 대통령 후보의 통일관을 듣는다 - 경제통일방안」, 『통일한국』 108, 평
    화문제연구소, 1992.
정태헌, 「한국의 근대조세 100년사와 국가, 민주화, 조세공평의 과제」, 『역사비평』
    94, 역사비평사, 2011.
유철규, 「1980년대 후반 경제구조변화와 외연적 산업화의 종결」, 『박정희 모델과 신
    자유주의 사이에서』, 함께읽는책, 2004.
이명구, 「현대계열사의 노사분규에 관한 소고 - 현대자동차를 중심으로」, 『사회과학
    연구』 제19권 1호, 社會科學硏究, 1993.
조돈문, 「삼성그룹의 노동자 통제와 원형감옥」, 『산업노동연구』 제13권 제2호, 한국
    산업노동학회, 2007.
허민영, 「현대그룹의 노사관계 변화(1987~1999)」, 『산업노동연구』 제9권 제1호, 한
    국산업노동학회, 2003.

박철언, 『바른 역사를 위한 증언』 1·2, 랜덤하우스중앙, 2005.
백학순, 『노태우정부와 김영삼정부의 대북정책 비교』, 세종연구소, 2012.
정주영, 『이 아침에도 설레임을 안고』, 삼성출판사, 1986.
_____, 『鄭周永은 말한다』, 鄭周永全集刊行委員會, 1992a.
_____, 『韓國經濟의 神話와 現實』, 鄭周永全集刊行委員會, 1992b.
_____, 『한국경제 이야기』, 울산대 출판부, 1997.
現代峨山(株), 『南北經協 事業日誌 1989~2000』, 現代峨山(株), 2001.
현대그룹 문화실 편, 『現代五十年史』 上, 金剛企劃, 1997.

우보천리^{牛步千里}의 첫걸음이 남북을 변화시키다

정주영의 소떼 방북과 남북 사회의 변화

예대열

1. 들어가며

오랫동안 "우리의 소원은 통일, 꿈에도 소원은 통일"이었다. "이 나라 살리는 통일, 이 겨레 살리는 통일이여 어서 오라"고 노래했다. 통일 앞에는 어떤 이견도 있을 수 없었다. 왜, 그리고 어떻게 통일해야 할 것인지 묻는 것조차 민족의 양심을 배반하는 행위로 여겨졌다. 남북 모두 통일을 부르짖었지만 한쪽의 소원은 '흡수통일'이었고, 다른 한쪽의 소원은 '혁명통일'이었다. 보수와 진보의 통일에 대한 상은 달랐지만 통일에 대한 당위는 마찬가지였다. 분단시대를 통틀어 남과 북에서 또는 좌와 우에서 통일이라는 단어만큼 각자의 이해관계에 맞게 전유된 개념도 드물 것이다.

당위에 입각한 통일론은 역설적으로 통일문제에 대한 논의를 살찌우지 못하게 만들었다. 소위 '남남갈등'으로 표현되는 국내적 합의 구조의 취약함은 그 반영이다. 서독에서는 사민당에서 기민당으로 정권교체가 되었지만 동방정책은 계속 되었다.[1] 하지만 한국에서는 보수세력으로 정권이 교체되자 대북정책이 완전히 뒤집어졌다. 한반도 냉전체제의 견고함을 드러내는 상징적 사례이기는 하지만, 그간 통일문제가 서로의 이념의 굴레에 갇혀 제대로 토론된 적이 없다는 반증이기도 하다.

통일은 왜 해야 하는가? 분단을 독재정권 향유의 근거로 삼던 시절, 이 질문은 던지기도 어려웠고 던질 수도 없었다. 그 시대를 살았던 사람들은 북한을 미워하면서도 한편으로는 통일을 가장 높은 가치로 생각했다. 북한에 대한 강렬한 증오의 표현마저 통일에 대한 집착에서 나온 애증의 한 단면처럼 보였다. 그렇지만 민주화 이후 자라난 세대는 다르다. 그들에게 북한문제를 얘기해 보라. "통일을 왜 해야 하죠?"라는 질문이 먼저 나온다. 젊은 세대는 당위가 아닌, 통일이 자신들에게 줄 이익이 무엇인지 먼저 묻고 있는 것이다. 이런 세대에게 기존 '문법' 대로 "우리는 같은 민족이기 때문에", "분단은 외세가 인위적으로 갈라놓은 것이기 때문에", "남북대결로 인한 피해의 심각성이 크기 때문에" 통일해야 한다는 주장은 설득력이 떨어진다. 통일문제에 대해 자신의 삶과 연관되면서도 이해관계가 직결된 다른 방식의 설명이 필요한 이유이다.[2]

---

1 이동기, 「보수주의자들의 '실용주의'적 통일 정책—1980년대 서독 콜 정부의 동방 정책 계승」, 『역사비평』 83호, 역사비평사, 2008, 356면.

그런 점에서 재벌의 이윤추구 활동이기는 했지만 정주영의 소떼 방북은 주목할 만한 가치가 있다. 소떼 방북은 현실적인 이해관계에 기반해 실리적 측면에서 통일문제에 접근한 상징적인 사건이었다. 남북관계를 두고 정치적·이념적 접근 보다는 경제적·현실적으로 접근한 그의 구상은 앞으로 통일문제를 풀어 가는 데 있어서 중요한 시사점을 제공해 준다. 평화와 통일은 당위나 추상적 선언이 아니라, 당사자들이 실질적인 이익을 공유할 수 있는 접점이 넓어질 수 있을 때 비로소 구체화 되고 힘이 실릴 수 있기 때문이다.

정주영은 왜 대북사업을 하려고 했을까? 평화적 남북관계의 정착은 사실 재벌에게도 이득이다. 냉전체제가 붕괴된 이후에도 한반도에 엄존하는 대북리스크는 궁극적으로 기업에게 적대적 환경이 될 수밖에 없다. 기업 입장에서도 안정적 경영, 자금조달, 시장 확대, 원료 확보 등을 위해선 한반도의 주변 정세가 안정되는 것이 필요하다. 따라서 이윤추구라는 존재 목적상, 기업이 자신의 이해관계를 넓히거나 반대로 그것에 제약을 주는 요인을 해결하는 데 관심을 갖는 것은 당연하다. 실제 재벌기업이 경영환경에 악조건인 대북리스크를 해소하거나 완화하는 데 기여할 수 있는 여지는 대단히 크다.

그러나 이제까지 재벌은 남북문제를 어쩔 수 없는 '상수'로만 설정했을 뿐, 자신들이 주체가 되어 변화시킬 수 있다는 '변수'로 생각해본 적이 없다. 역사적으로 한국의 자본가들은 국가(또는 제국주의)가 조성해 준 시장의 테두리 안에서 성장해 왔기 때문에, 스스로 사회적 리더십이

---

2 이종석, 『통일을 보는 눈』, 개마고원, 2012, 46~48면.

나 지도이념을 만들어냈던 경험이 취약하다. 게다가 냉전체제는 재벌에게 북한과 경쟁해야 하는 한반도의 적대적 분단 상황을 수혜자로 인식하게끔 각인시키는 역할을 해왔다. 그 결과 재벌들은 남북관계와 국제환경을 앞서서 전망하면서 자신의 이해관계 영역을 넓혀가는 안목을 키우지 못했다. 재벌들은 반북 정서에 파묻혀 정부의 북한 때리기 정책에만 편승했을 뿐,[3] 누구보다 자신들의 이해관계에 직접적인 영향을 미치는 평화공존적 남북관계를 전망하거나 실천에 나선 적이 없었다.

그런 점에서 정주영은 기존의 다른 재벌들과 다르게 평가할 필요가 있다.[4] 정주영은 이미 1980년대 초반 온 사회가 냉전적이고 적대적인 남북관계 인식 틀에 갇혀 있을 때 그것의 근본적인 전환을 제기했다. 1989년에는 기업인으로서 최초로 북한을 방문해 금강산 관광을 비롯한 남북경제협력 사업에 합의했다. 1992년 대선에서는 다른 후보들이 통일방안 중심의 대북정책을 내놓을 때, 보다 현실적이면서도 실현 가능한 경제공동체에 입각한 통일론을 제시한 바 있다.[5] 물론 그렇다고 해서 정주영이 정경유착과 노동탄압 등 한국재벌이 가지고 있는 문제에서 결코 자유로울 수는 없다. 하지만 여전히 세계적 기업임을 자부하면서도 그 기준에 미치지 못하는 무노조 경영을 자랑스러워하고, 대

---

3 2008년 역사교과서 파동 당시 대한상공회의소와 전국경제인연합회는 기존 역사교과서가 지나치게 '좌편향·친북적'이라며, 역사교과서의 '수정'을 요구한 바 있다.
4 물론 김우중(대우), 장치혁(고합), 강성모(린나이), 안유수(에이스 침대) 등 대북사업에 적극적인 기업인들이 있었다. 그러나 대북사업 구상을 실천하여 실제로 성과물을 낸 기업인은 정주영이 유일하다.
5 1998년 소떼 방북을 이해하기 위해서는 그 이전 20여 년간 지속된 정주영의 남북경협과 북방경제권 구상을 이해할 필요가 있다. 이에 대해서는 본 책에 함께 실린 정태헌의 글을 참고하기 바란다.

북사업에 아예 참여를 하고 있지 않는 다른 기업주에 비하면 평가의 차별성을 둘 필요는 있다.

그렇다고 해서 정주영을 혜안을 가진 선구자로 추앙할 필요도 없다. 정주영은 지극히 자신의 이해관계에 충실한 자본가였다. 그는 자본의 생산력 저하라는 당면 위기 앞에서 분단된 한반도의 조건을 활용하고자 한 극히 '정상적'인 자본가였다. 그리고 반북적 '이념'논리가 남북경협이라는 '실리'를 흔들 때 굳건히 그것을 지키고자 한 '상식적'인 자본가였다. 문제는 정주영과 같은 사람이 한 명뿐이었다는 사실이다. 그만큼 한국사회 냉전의 뿌리가 깊다는 반증이기도 하고, 한국기업의 저력이 그 정도 수준밖에 되지 않는다는 자화상이기도 하다.

이 글은 1998년 정주영의 소떼 방북과 그것이 일으킨 남북 사회의 변화에 주목한다. 보수의 총아인 재벌임에도 불구하고 정주영은 보수 세력에게는 비판받고 진보 세력에게는 인정받는다. 보수 세력 중 정주영을 이해하는 측에서는 그의 대북사업을 단지 자수성가한 기업가의 감상적 수구초심首丘初心으로만 제한하려 한다. 반면 진보 세력은 정주영의 대북사업에 대해 높이 평가하면서도 정작 그가 왜 대북사업에 나섰는지 명확히 규명하고 있지 못하다.

이에 대해 이 글은 정주영이 대북사업을 하게 된 이유를 경제적 이해타산 끝에 내린 결정이었다는 점에 주목한다. 필자는 이 점이 다른 어떤 이유보다 중요하다고 생각한다. 실리적 이해관계가 서로 얽히지 않는 곳에 세워진 평화는 자칫 모래 위의 성처럼 쉽게 무너져 내릴 수 있기 때문이다. 그런 점에서 정주영의 대북사업은 기업가의 이윤 추구 행위로만 가둘 수 없는 양면성도 함께 존재한다. 그의 대북사업은 북한에 대한 투자행위였지만, 그 결과가 불러일으킨 한반도 평화정착에 대한 기여도는 가치로 따질 수 없을 만큼 지대했기 때문이다. 실리를 통한 평화 정착의 가능성을 다시금 환기시키고자 하는 것이 이 글의 목적이다.

2. 소떼 방북 과정과 대북사업 합의안

1) 경제적 실리에 바탕을 둔 소떼 방북 이벤트

어린 시절 무작정 서울을 찾아 달려온 이 길, 판문점을 통해 고향을 찾아 가게 되어 무척 기쁩니다. 제가 열여덟 살이던 1933년 이후 처음으로 다시 이 길을 가게 되는 것입니다. 강원도 통천 가난한 농부의 아들로 태어나 청운의 꿈을 안고 세 번째 가출을 할 때 아버님이 소를 판 돈 70원을 가지고 집을 나섰습니다. 그후 긴 세월 동안 저는 묵묵히 일 잘하고 참을성 있는 소를 성실과 부지런함의 상징으로 삼고 인생을 걸어왔습니다. 이제 그 한 마리의 소가 천 마리 소가 되어 그 빚을 갚으러 꿈에 그리던 고향산천을 찾아가는 것입니다. 저의 이번 방문이 단지 한 개인의 고향방문이 아니라 부디 남북 간의 화해와 평화를 이루는 환경의 초석이 되기를 진심으로 기원합니다.[6]

1998년 6월 16일, 84세의 정주영은 판문점을 통해 자신의 고향인 강

---

6 「鄭周永씨 일문일답」, 『조선일보』, 1998.6.17.

원도 통천을 방문하며 위와 같은 소감을 남겼다. 가난이 싫어 소 판 돈을 훔쳐 가출했던 18세 소년 정주영, 그가 66년이 지나 남한 제일의 부자가 되어 옛 빚을 갚는다며 방북 길에 올랐다. 예나 지금이나 농촌에서 소가 주는 의미가 특별하듯, 정주영 개인에게도 소의 의미는 남달랐다. 그에게 소는 검약하였던 아버지를 상기시키는 매개체였고,[7] 소를 팔아 만든 돈 70원은 오늘날 현대그룹을 만든 종자돈이 되었다. 그래서 정주영은 서산농장을 만들 때부터 소들을 고향에 보낼 생각을 갖고 있었다고 한다.[8] 소를 몰고 방북 길에 오른 것은 정주영의 개인적인 사연과 성공한 기업인으로서 고향 발전에 기여하겠다는 평소의 생각 때문이었을 것이다.

그러나 자수성가한 기업가의 방북 이벤트를 단순히 감상적인 수구 초심首丘初心으로만 이해할 수는 없다. 정주영의 대북사업은 철저하게 자본주의 기업가의 논리에 따른 실리적 선택이었다. 돈 버는 일에 도가 튼 그가 북한과 사업을 시작했을 때는 이미 궁극적으로 그 이상의 무엇인가를 얻어낼 수 있다는 셈법이 끝난 후였을 것이다.[9] 정주영의 측근에 따르면 그는 "기본적으로 이성적 · 실리적 · 사업가적 논리를 가진 사람이었다. 결코 감상적인 사람이 아니"었다.[10]

정주영이 소떼 방북이라는 이벤트를 마련할 수 있었던 배경에는 김대중 정부의 출범이 있었다. 김대중은 1998년 2월 25일 대통령 취임사

---

7 정주영, 『이 땅에 태어나서』, 솔, 1998, 5~8면.
8 「만물상」, 『조선일보』, 1998. 5. 17.
9 정태헌, 「21세기 한반도와 동북아 평화를 어떻게 주체적으로 만들어 갈 것인가」, 『역사와 현실』 51호, 한국역사연구회, 2004, 5면.
10 윤만준 전 현대아산 사장 인터뷰(종로2가 민들레 영토), 2012. 11. 1.

를 통해 "무력도발 불용, 흡수통일 배제, 화해와 교류협력의 추진"을 내용으로 한 '대북정책 3원칙'을 발표했다.[11] '햇볕정책'으로 정리된 이 기조는 기존 정부처럼 통일방안을 앞세우지 않는 대신, 교류와 협력을 통해 남북관계의 구체적 현안을 단계적·현실적으로 풀어가겠다는 방향을 제시했다. 적대적 의도가 내포된 통일이라는 말을 앞세우지 않으면서도 교류와 협력을 통해 '공존의 변화효과'를 노린 정책이었다.

이와 같은 기조하에 김대중 정부는 남북 간 교류와 협력의 기초를 닦기 위한 방도로 정경분리 원칙에 기반한 경제교류를 강조하기 시작했다. 그간 남북관계는 정치·군사적 논리에 의해 경제논리가 일방적으로 종속됨으로써 남북 간 교류협력이 꾸준히 진행될 수 없었다. 그 연결고리를 정경분리를 통해 끊음으로써, 남북 간에 정치·군사적 이유로 긴장이 조성된다 하더라도 경제교류는 지속적으로 추진해 남북관계를 평화적으로 관리하겠다는 목적이었다.

이러한 의도하에 김대중 정부는 출범 직후부터 남북경협과 관련한 조치들을 연이어 발표하기 시작했다. 1998년 4월 1일 강인덕 통일부장관은 "남북경협을 민간 자율의 원칙에 따라 대폭 허용한다는 것이 정부의 방침"이라며, "대기업 총수가 통일부에 정식으로 방북신청을 하면 이를 승인해 줄 예정"이라고 발표했다.[12] 이어서 4월 30일 통일부는 북한에 대한 투자규모 제한을 완전히 폐지하는 내용의 '남북경협 활성화 조치'를 발표했다.[13] 이 조치를 통해 북한에 대한 투자규모 제한이

---

11 「金大中대통령 취임 취임사 全文」, 『매일경제』, 1998.2.26.
12 「기업총수 訪北 무조건 승인」, 『매일경제』, 1998.4.2.
13 「남북경협 활성화조처 의미」, 『한겨레』, 1998.5.1.

없어지게 되었다. 그간 묶여있던 사회간접자본과 일부 중공업분야에 대한 투자도 이루어질 수 있게 되었고, 전략물자를 제외한 교역품목과 투자대상에 대한 규제도 사실상 사라지게 되었다.

정부의 조치에 대해 재계는 즉각적으로 환영을 나타냈다. 재계는 IMF 극복을 위한 돌파구 중 하나로 남북경협을 상정하고, 그동안 미뤄 두었던 신규 사업을 새롭게 모색하기 시작했다. 삼성은 '특수전략위원회'를 구성하고 본격적인 대북사업 착수에 들어갔다. 1997년 통신망 사업을 협의하기 위해 방북했던[14] 삼성은 나진·선봉지역에 통신센터 건립을 재추진키로 하고 대對북한 조직을 정비하기 시작했다. 남포공단 합영사업을 진행하고 있던 대우도 그룹 내 '특수사업팀'을 타 부서에서 독립시키고, 가전공장 설립문제 등 1997년 김우중 회장이 직접 방북해 논의했던 사업들을 재검토하기 시작했다. LG도 '대북사업팀'을 확대시키고, 이전에 통일부로부터 협력사업자 승인을 받아 두었던 통신·에너지·자원개발·수산물 가공 등 신규 사업 검토에 들어갔다.[15] 그 밖에 롯데 (제과공장), 코오롱(섬유), 고합(섬유), 국제상사(신발), 에이스침대(침대), 삼천리자전거(자전거), 태창(샘물), 중소기업협동조합중앙회 등이 남북경협 사업을 위해 움직이기 시작했다.[16]

그러나 IMF 경제위기 상황과 남북관계의 불안정성은 남북경협에 대한 재계의 관심을 직접적인 사업실행 단계로까지 이끌어내지는 못했다. 기업 입장에서는 IMF로 인한 고금리, 자금난, 상호 빚보증 해소, 부

14 「삼성 '北통신망사업' 추진」, 『동아일보』, 1997.11.5.
15 「대북한 경협 봄바람 '솔솔'」, 『한겨레』, 1998.4.7.
16 「기업인 訪北 줄이을 듯」, 『매일경제』, 1998.5.4.

채비율 축소, 외채상환 등 당장 급한 불부터 꺼야 했다.[17] 아울러 이중 과세 방지, 투자보장협정 등 대북투자에 앞서 선행돼야 할 제도의 미비 또한 기업의 투자를 머뭇거리게 만들었다. 경제논리 보다는 정치논리가 우선시 되어 왔던 그간 남북관계의 관성은 아직까지 재계의 우려를 불식시켜주지 못했다. 기업들은 "정부가 입법조처를 통해 대북 유화방침을 구체화하고 당국자 회담을 통해 남북정부간 신뢰감을 얼마나 빨리 조성할 수 있느냐가 관건"[18]이라며 대북사업에 대한 관심 속에서도 유보적인 입장을 나타내고 있었다.

이처럼 다른 기업들이 신중한 입장을 취하며 정부만 쳐다보고 있을 때 정주영이 먼저 나섰다. 정주영이 소떼 방북이라는 이벤트를 펼치며 '승부수'를 띄운 것은 후술하겠지만 현대의 업종적 특성과 함께 대북사업의 선점효과를 노린 측면이 컸다. 정주영은 자신의 연로함 때문에라도, 사후死後 현대그룹이 통일 한반도 개발의 반석을 마련해야 한다는 강한 신념을 갖고 있었다. 그는 남한 기업들 가운데 대북투자 개발에 대한 독점권을 확고히 보장받으려는 생각을 갖고 있었던 것이다.[19] 그의 아들 정몽헌도 금강산 개발을 두고 "선투자 성격이 강하다"며,[20] 현대가 북한에 주기로 한 '대가'에 대해 일종의 "보험을 들었다고 생각하면 된다"라고 했다.[21] 대북사업에 대한 우선권을 현대가 선점하겠다는 발언들이었다.

---

17 「재시동 걸린 南北경협 기업인 4〜5월중 대거 訪北」, 『매일경제』, 1998.4.1.
18 「대북한 경협 봄바람 '솔솔'」, 『한겨레』, 1998.4.7.
19 이병도, 『영원한 승부사 정주영 신화는 계속된다』, 찬섬, 2003, 16면.
20 「보다 효과적인 경협 위한 제도적 장치 시급」(2000년 6·15 남북정상회담 기간 중 경제 분과 회담 내용을 정리한 것), 『전경련』, 2000.7, 45면.
21 「鄭周永씨 北서 뭘 논의할까」, 『조선일보』, 1998.10.28.

정권이 교체되고 정치 환경이 변화되자 정주영은 물밑에서 빠르게 움직이기 시작했다. 정주영은 1998년 2월 2일 북한의 대남사업 책임자였던 김용순 아시아태평양평화위원회(이하 아태) 위원장에게 금강산 개발을 위해 베이징에서 만나자는 서신을 보냈다. 2월 23일 김용순이 "잘 되길 바란다"는 내용의 답신을 정주영 앞으로 보내면서 현대와 아태의 경협사업은 급진전되기 시작했다. 답신이 도착한 이튿날인 2월 24일부터 베이징에서는 정몽헌 현대건설 회장과 송호경 아태 부위원장간의 실무회담이 진행되었다. 이후 5월까지 베이징과 평양을 오가며 현대와 아태 실무자들은 정주영의 방북절차 및 현대의 대북사업에 대한 논의를 진행해 나갔다.[22]

실무회담을 통해 현대는 금강산 관광교류 및 개발계획을 제안했다. 반면 북한은 비료 5만 톤, 비닐 1억 ㎡, 디젤유 5만 톤, 납사 2만 톤을 지원해 줄 것과 김책 제철소, 선박조선소, 전자공업, 탄광·광산설비, 비료공장, 임가공사업 등을 현대화 시켜줄 것을 요구했다. 당시 북한은 "남북관계는 특수한 관계이니 수익성 차원을 떠나서 도와주기 바란다"며 지원을 요청했다.[23] 1990년대 중반 큰 식량위기를 겪었던 북한 입장에서는 남한의 지원 및 경제협력이 절실했을 것이다. 특히나 북한은 1989년 이미 정주영과 금강산 관광에 합의한 바 있었고, 아무래도 고향이 북한인 기업가와 사업을 하는 것이 유리하다고 판단했을 것이다.

실제 대북사업은 실리가 현실화 되는 기간, 즉 투자가 이익으로 보

---

22 실무대표단 베이징 면담(1998.2.9~10), 정몽헌-송호경 베이징 면담(2.24~25), 정몽헌-송호경 베이징 면담(3.14), 실무대표단 북한 방문(4.18~21), 실무대표단 베이징 면담(5.12~16). 現代峨山(株), 『南北經協 事業日誌(1989~1998)』, 現代峨山(株), 1998, 1~3면.
23 위의 책, 2면.

상되는 시점이 다른 어떤 사업보다 오래 걸리고 그 과정도 특이하다. 항상 요동치는 불투명한 남북관계 때문에 대북사업은 일반적인 비즈니스 활동과 비교할 수 없는 변수가 불거지기 마련이다. 남북 간에 긴장관계가 조성되고 한반도 주변 정세가 악화되면 대북사업은 한 순간에 위기에 봉착하기도 한다. 그래서 대북사업의 추진 주체가 얼마나 북한을 포용하는가 하는 감성은 상당히 중요하다. 그 감성은 당연히 북한을 고향으로 둔 사람일수록 클 수밖에 없다. 그런 점에서 보면 기업의 규모나 업종, 기업주의 성향을 봤을 때 북한이 현대와 대북사업 파트너를 맺은 것은 그들 입장에서 보면 '현명한' 선택이기도 했다.

그렇다고 해서 정주영이 대북사업을 밀어붙일 수 있었던 동력을 '순수한 열정'이나 '고향 사랑' 정도로 해석하면 오히려 그보다 더 큰 현실적 의미를 놓칠 수 있다. 대북사업을 하는데 북한을 포용하는 감성이 중요하기는 하지만, 그것은 어디까지나 비즈니스라는 테두리 안에서 이윤추구를 전제했을 때의 얘기다. 뒤에서 살펴보겠지만 정주영의 대북사업은 철저히 현대의 이익에 초점이 맞춰져 있었다. 그는 자본의 생산력 저하라는 위기 앞에서 냉전해체라는 시대적 조건을 자신에게 유리하게 활용하고자 한 철저한 실리주의자였다.

실제 이와 같은 모습은 방북협상 과정에서도 잘 드러났다. 석 달간 베이징과 평양을 오가며 실무회담이 벌어졌지만 정주영의 방북은 쉽게 결정되지 않았다. 1989년 첫 방북 때 정주영은 도쿄에서 출발해 베이징을 거쳐 평양에 들어갔지만, 이번에는 "판문점이 아니면 가지 않겠다"고 버텼기 때문이다.[24] 그는 1989년 첫 방북 때에도 "군사 분계선의 통과가 없는 금강산 공동 개발 작업은 아무런 의미가 없다"고 한 적이 있었다. 당시 북한과 금강산 관광에 관한 의정서를 맺을 때, 금강산 개발을 위한 모든 인력·장비·자재의 수송 경로는 "반드시 철원 군사분계선을 통과해야 한다"고 주장했고 결국은 관철시킨 바 있었다.[25] 이처럼 오래전부터 정주영은 군사분계선 통과를 대북사업 성패의 기준으로 생각하고 있었다. 정주영은 한반도에 엄존하는 대북 리스크를 깨는 상징적 차원의 이벤트로 소떼를 몰고 판문점을 넘어가는 장면을 '연출'하고 싶었던 것이다.

결국 현실적으로 판문점을 통과하지 않고서는 소 500마리를 한꺼번에 이동시킬 방법이 없었기 때문에 정주영의 뜻은 관철되었다. 정주영은 '세기의 목동'이 되어 소떼를 이끌고 철책과 지뢰로 가득한 분단의 상징 판문점을 넘었다. 소떼 방북은 판문점이 남북을 갈라놓는 자리인 줄만 알았던 사람들에게 그것이 남북을 이어주는 다리가 될 수 있음을 일깨워 주었다. 기업의 이윤추구 활동을 위한 이벤트였지만, 그것이 일으킨 반향은 컸다.

2) 현대의 업종적 특성에 따른 대북사업 합의안

방북한 정주영 일행은 7박 8일 동안 평양과 원산 등지에 머무르며 소 500마리 인계, 금강산 관광사업을 비롯한 경협사업 협의, 고향방문 등의 일정을 보냈다.[26] 북한의 〈조선중앙방송〉은 연일 정주영 일행의 활

---

24 「鄭씨 방북 成事까지」, 『동아일보』, 1998.6.17.
25 정주영, 앞의 책, 1998, 339면.

동을 전하며, 그들이 여러 산업시설들을 참관하고 강원도 통천을 방문해 고향집 마당에 감나무를 심고 조상의 묘를 성묘했다고 보도했다.[27] 북한 방송은 "고향의 친척들이 혈육들을 부둥켜안으며 어느 하루도 잊은 때가 없었다고 오열을 터뜨렸고, 정회장 일행은 고향의 동구길과 마을, 남산을 보면서 어린 시절을 감회 깊게 회고했다"고 전했다.[28]

북한의 보도처럼 정주영이 감회에 젖지 않을 수 없었겠지만, 그에게 보다 중요한 일은 대북사업 협의였다. 정주영은 김용순과 정운업(민경련 회장) 등과의 면담을 통해 금강산 관광을 비롯한 경제협력 사업에 대해 합의했다. 양측은 금강산 관광과 관련하여 ① '금강산 관광개발 원칙에 관한 의정서' ② '금강산 관광개발 추진위원회 설립에 관한 합의서' ③ '금강산 관광을 위한 계약서'를 체결했다. 그 외 양측은 ① 승용차 및 화물자동차 조립 공장 건설·수출 ② 자동차 라디오 20만 대 조립 ③ 20만 톤 규모의 고선박 해체설비 및 7만 톤 규모의 압연강재 생산공장 건설 ④ 제 3국 건설대상에 대한 공동 진출 검토·연구 ⑤ 공업단지 조성 ⑥ 통신사업 검토·연구 등에 관한 합의서를 체결했다.[29]

1998년 6월 23일 북한 방문을 마치고 돌아온 정주영은 "빠르면 올 가을부터 매일 1,000명 이상씩 금강산 여행이 가능할 것"이라고 말했다.[30] 같은 날 오후 정몽헌은 현대 본사에서 기자회견을 갖고, 가능하면 9월 중에 금강산 유람선 관광을 시작할 것이라며 연간 30만 명 이상

---

26 現代峨山(株), 앞의 책, 1998, 3면.
27 「정주영 회장 금강산 관광 고향 통천서 친척 만나」, 『한겨레』, 1998.6.22.
28 「정주영 회장 금강산 둘러보고 평양으로」, 『경향신문』, 1998.6.22.
29 現代峨山(株), 앞의 책, 1998, 4면.
30 「鄭周永씨 귀환 "매일 천 명씩 유람선觀光 합의"」, 『조선일보』, 1998.6.24.

을 유치할 계획이라고 밝혔다. 아울러 유람선 관광은 한시적 사업이며 남북 간 육로나 철로가 뚫리게 되면 자동차와 기차를 통해 금강산을 오갈 수 있을 것이라고 말했다.[31] 정주영 개인적으로는 1983년 경제적 필요에 의한 실리적 북한 접근을 주창[32]한 이래 15년 만에 이룬 성과였다.

정주영은 일찍부터 금강산 관광이 한반도의 평화정착에 일조하는 첫걸음이 될 것이라는 생각을 갖고 있었다.[33] 북한과 경제교류를 통해 수익을 얻으려면 남북관계가 안정될 필요가 있었고, 그것을 위해선 평화산업인 관광사업 만한 것이 없다고 생각했다. 그런 점에서 정주영이 구상하고 있던 대북사업의 상은 단순히 금강산 관광 수준을 훨씬 뛰어넘는다. 그 구상은 당시 현대그룹이 처해 있던 경제적 조건 및 업종적 특성을 반영한 것이기도 했다.

1차 소떼 방북에서 합의한 대부분의 사업들은 이미 9년 전 첫 방북 때 정주영이 제안했던 것으로 그의 오래된 구상 속에서 나온 사업 아

---

31 「鄭夢憲회장 기자회견」, 『조선일보』, 1998.6.24.
32 "나는 통일문제도 다른 한편으로는 경제로서 파악할 수 있다고 믿고 있습니다. 확실히 우리 조국이 통일이 된다면 그것은 통일이 될 수밖에 없는 여러 가지 요인이 있어서겠지만 그 가운데 아주 큰 요인은 서로 필요하기 때문에 통일을 하게 될 것이라는 것입니다. 특히 서로 필요하다는 경제적 동기가 가장 크지 않을까 생각이 됩니다. 정치적인 동기, 한민족이라는 감상적인 동기가 모두 경제적 동기와 서로 교착交錯하면서 통일이 되고, 그래서 새로운 생활의 장, 경제의 권圈을 마련할 것이라고 보는 것입니다." 정주영, 「2000년대의 조국번영」(1983년 10월 2일 인천대 학생관에서 한국청년회의소 회원들을 상대로 행한 강연), 『이 아침에도 설레임을 안고』, 삼성출판사, 1986, 261면.
33 "남북은 한민족입니다. 우리는 중국과 소련보다는 북한을 진심으로 더 사랑합니다. 이왕 중국, 소련 등 공산권과 경제협력을 시작했으니 북한이 생각만 있다면 우리가 북한 주민이 다소 낫게 살 수 있도록 돕는 데 보람을 가져야 할 것입니다. (…중략…) 관광사업은 평화산업이고 자연을 사랑하는 전 세계인을 결집시킬 수 있는 일로 여기에 우리가 도울 수 있다면 그렇게 해야겠지요." 정주영, 「90년대를 전망한다」(1989년 『매일경제신문』 및 『서울경제신문』과 가졌던 인터뷰 내용을 정리 요약), 『鄭周永은 말한다』, 울산대 출판부, 1992a, 213면.

이템들이었다. 정주영이 처음 방북 했던 1989년 시점은 기존까지 한국 경제의 특징으로 여겨졌던 저임금과 대외의존에 기반한 축적이 더 이상 힘든 양적 산업화의 종결 시기였다. 수출시장에서는 기존 한국경제를 지탱해 오던 미국시장의 비중이 점차 줄어들고 있었고, 노동운동의 분출로 임금수준이 상승하면서 저임금에 기초한 자본축적이 어려워지고 있었다.[34] 자본의 입장에서 보면 위기의 상황이었다. 이때 정주영은 북한으로 시야를 돌려 저임금・값싼 지하자원・낮은 물류비・관광 특수 등에 주목하며, 냉전해체의 상황을 자신의 이해관계 영역의 확장으로 활용하고자 했다.

또한 정주영이 합의한 사업들에는 현대의 업종적 특성도 반영되어 있었다. 소떼 방북 당시 현대그룹 내 모든 계열사는 대북사업 계획서를 작성해서 올렸을 정도로,[35] 북한과 합의한 사업들 안에는 현대의 업종이 대부분 망라되어 있었다. 현대는 1980년대 후반 들어 이미 궤도에 진입한 기존 산업 가운데 성장 가능성이 높은 자동차・전자・석유화학 부문 등을 주력 업종으로 선정하고, 이전까지 주력 업종이었던 건설・중공업 부문에 대해서는 구조조정을 추진하고 있었다. 한편 노동집약 산업인 고선박 해체, 컨테이너 생산, 목재 등 장시간 저임금노동에 기초한 한계산업 등은 퇴출을 준비하고 있었다.[36] 이러한 경영환경의 변화는 정주영으로 하여금 새로운 투자전략을 세우도록 만들었

---

34 유철규, 「1980년대 후반 경제구조변화와 외연적 산업화의 종결」, 『박정희 모델과 신자유주의 사이에서』, 함께읽는책, 2004, 69~70면.
35 윤만준 전 현대아산 사장 인터뷰(종로2가 민들레 영토), 2012. 11. 1.
36 허민영, 「현대그룹 노사관계 변화(1987~1999)」, 『산업노동연구』 제9권 제1호, 한국산업노동학회, 2003, 43~44면.

고, 그때 눈에 들어온 대상이 북한이었다.

이처럼 1980년대 이래 국내경제 상황에 대한 판단 및 현대의 자본축적 전략에 기반한 정주영의 대북사업 구상은 소떼 방북을 계기로 실제로 실현 단계에 접어들게 되었다. 소떼 방북에서 합의한 사업안들을 보면 그 구상이 구체적으로 드러난다.

① 승용차 및 화물자동차 조립 공장 건설 · 수출 : 자동차 부문은 현대가 1980년대 후반 이후 전체 그룹 차원에서 주력분야로 선택한 업종이었다. 1997년 IMF 경제위기 속에서 기아자동차를 인수한 것은 현대의 자동차 부문에 대한 공세적 경영을 말해준다. 정주영은 연간 1,000대 정도를 생산할 수 있는 자동차 조립공장을 북한에 세울 것을 제안했다. 그것은 남한에서 타이어와 시트 등 비교적 분리가 간단한 부품을 떼어낸 채로 수출하여 현지 공장에서 다시 조립하는 형태(KD방식)였다.[37] 이는 주로 관세 장벽을 피하기 위한 우회 수출 방식으로 북한의 내수시장 보다는 중국시장을 겨냥한 것이었다. 당시 까지만 해도 중국은 각종 수입에 있어 관세장벽을 치고 있었지만 구 공산권 국가들에 대해서는 쿼터제를 시행하고 있었기 때문에, 현대는 북한을 끼워 넣어 '3각 무역방식'을 통해 중국의 자동차 시장에 진출하고자 했던 것이다.[38]

② 자동차 라디오 20만 대 조립 : 자동차 라디오 20만 대를 북한에서 조립하겠다는 사업은 현대전자의 주력업종 변경에 따른 유휴설비 이전 차원에서 검토되었다. 유휴설비 이전은 IMF로 인해 도산하는 기업들이 많아지면서 방치된 시설의 활용 차원에서 구상 되었다. 현대전자

---

37 「현대車 北서 年 1,000대 조립」, 『조선일보』, 1998.6.24.
38 「현대 북한 3대사업 추진키로」, 『매일경제』, 1998.8.3.

는 IMF 구조조정 과정에서 PC사업 등을 정리하고 주력업종으로 통신과 반도체를 선택하면서, 생산라인이 쉬고 있는 자동차 라디오 설비를 축소시키거나 이전할 계획을 세우고 있었다.[39]

③ 20만 톤 규모의 고선박 해체설비 및 7만 톤 규모의 압연강재 생산공장 건설 : 고선박 해체사업은 배를 절단기로 잘라내 고철로 팔거나 철근의 중간재를 확보하는 사업으로 부가가치가 떨어지고 환경문제를 일으켜 사장을 앞둔 업종이었다. 또한 압연강재 생산공장 건설은 고선박을 해체하여 나온 철을 원료로 공장을 가동시키면 되는 사업이었다. 대략 20만 톤 규모의 고선박을 해체하면 7만 톤 정도의 강재를 얻을 수 있는데, 현대는 그 수량에 맞춰서 제안을 한 것이었다. 고선박 해체사업은 남한에서 보면 더 이상 추가적인 자본 축적이 어려운 업종이었지만, 북한에서는 경제사정이 좋아지면 건설수요 급증에 따라 호황을 이룰 산업이기도 했다.[40]

④ 제3국 건설대상에 대한 공동 진출 검토·연구 : 이 사업은 현대의 자본과 기술, 북한의 노동력을 결합하여 해외 건설시장에 함께 진출한다는 것이었다. 현대의 해외공사 미수금이 10억 달러에 달하던 상황에서,[41] 이 방안은 해외 건설시장에서 수입을 올릴 수 있는 유력한 방도로 인식되었다. 이 구상은 장소만 달랐을 뿐 이미 1980년대 말 시베리아 개발을 염두에 두고 나왔던 아이템으로,[42] 결국 훗날 이 아이

39 「현대전자 PC사업 정리 통신·반도체부분 주력」, 『매일경제』, 1998.7.3.
40 「현대 금강산 개발外 對北 5개경협 추진 가속도」, 『경향신문』, 1998.6.25.
41 「해외공사 미수금 10억 달러」, 『경향신문』, 1998.10.13.
42 정주영, 「소련은 가난하지만 부자나라입니다」(1990년 2월 최청림『조선일보』 출판국장과 가진 인터뷰 내용), 앞의 책, 1992a, 242면.

디어는 남한의 자본과 기술, 북한의 노동력이 결합된 형태의 개성공단으로 구체화되었다.

⑤ 공업단지 조성 : 공단사업은 큰 틀만 합의했을 뿐 1차 소떼 방북에서 구체적인 내용의 협의는 없었다. 하지만 2차 소떼 방북 때 정주영은 김정일과 서해안 지역 2천만 평 부지를 기반으로 8백만 평의 공단을 단계적으로 개발할 것에 합의했다. 이후 2000년 8월 8일 정몽헌과 김정일이 개성을 공단부지 지역으로 확정짓고 개성주변 2천만 평을 특별 경제지구로 지정하는 데 합의했다.[43] 이 합의를 기반으로 개성공단이 건설되게 되었다.

⑥ 통신사업 검토·연구 : 통신사업 검토는 현대의 북한 통신시장 선점 차원에서 제기되었다. 1998년 5월 북한은 나진·선봉지구를 방문한 재미한인 실업가를 대상으로 이 지역에 통신센터를 착공해 휴대폰을 사용할 수 있도록 하겠다고 밝힌 바 있었다.[44] 현대는 북한이 경제 개방을 추진하게 되면 통신망 확충이 뒤따라야 하는 만큼 통신 분야의 시장잠재력이 큰 것으로 보고, 통신 분야로의 진출을 서두르고자 했다.[45] 또한 이 분야는 당시 현대전자가 주력으로 삼고자 했던 유·무선 통신 사업과 겹치는 부분이기도 했다.[46]

현대는 위와 같은 합의사항을 실행하기 위해 전 계열사 차원에서 빠르게 움직이기 시작했다. 새롭게 구성된 '현대 대북사업단' 안에는 각 합의에 따라 금강개발(금강산 관광), 현대상선(유람선), 현대자동차(승용

---

43 現代峨山(株),『南北經協 事業日誌(2000)』, 現代峨山(株), 2000, 15~16면.
44 「북 나진·선봉지역 올안 휴대폰 가능」,『한겨레』, 1998.6.24.
45 「현대 북한 3대사업 추진키로」,『매일경제』, 1998.8.3.
46 「현대전자 통신시스템 사업강화」,『매일경제』, 1998.5.19.

차 조립), 현대전자(자동차 라디오 조립, 통신사업), 현대중공업·현대미포
조선·현대정공(고선박 해체), 인천제철(압연강재), 현대건설(제3국 건설업
진출, 공업단지 조성) 등 현대그룹의 각 계열사가 총 망라되었다. 이들은
베이징에서 북한과 계속적으로 실무회담을 진행하였고, 수시로 방북
해 소떼 방북에서 합의한 사업들을 실행에 옮겼다.[47]

3) '북방경제권' 구상을 구체화한 남북경협 프로젝트

1차 소떼 방북 이후 남북 간에는 악재가 잇따르고 있었다. 1차 소떼
방북을 마치고 돌아오기 전날인 1998년 6월 22일 강원도 속초 앞바다
에서는 북한 해군 소속 잠수정 한 척이 어민들이 쳐놓은 그물에 걸려
군 당국에 예인되는 사건이 발생했다.[48] 7월 12일에는 강원도 동해시
해변가에서 기관총을 휴대한 북한 무장간첩 시체 한 구와 침투용 수중
잠행추진기 한 대가 발견되었다.[49] 무장간첩 시신이 발견되자 여론을
살피던 정부는 "무장간첩 침투에 대한 북한의 사과가 전제돼야 현대
측의 2차 소 지원과 금강산관광사업이 재개될 수 있다"고 밝혔다.[50] 이
런 와중에 8월 31일에는 북한이 함경북도 무수단리에서 '광명성 1호'
('대포동 미사일')를 발사해 동북아 정세가 급격히 냉각되었다.[51] 결국 금

---

47 베이징 실무회담(1998.7.5~6·7.13~14·8.27~31·9.4·9.15~18·9.21~10.1·10.21~22),
　　방북(1998.7.28~8.4·8.11~15·8.20~25·9.19~20·10.2~20). 現代峨山(株), 앞의 책, 1998,
　　4~12면.
48 「北잠수정 속초앞바다서 예인」, 『경향신문』, 1998.6.23.
49 「동해서 무장간첩 주검 발견」, 『한겨레』, 1998.7.13.
50 「사과해야 소떼 지원 康통일장관 간담서 밝혀」, 『경향신문』, 1998.7.16.

강산으로 가는 첫 배를 9월 25일에 띄우겠다던 현대의 목표는 계획대로 실행되지 못하게 되었다.

남북 간에 계속적으로 악재가 터지자 정주영은 2차 소떼 방북을 통해 김정일을 직접 만나 대북사업에 대한 확실한 보장을 받기를 원했다. 현대는 금강산 관광을 포함한 남북경협의 안정성을 확보하는 핵심 고리로 김정일과의 면담을 상정하고, 실무회담을 통해 정주영-김정일의 만남을 지속적으로 요구했다. 현대 입장에서는 많은 투자비가 들어가는 만큼, 대북사업의 안정성을 확보하고 남북관계 경색에 따른 반대 여론을 잠재우기 위해서는 반드시 김정일의 사업 보장이 필요하였다.

정주영은 1998년 10월 27일 소 501마리와 현대에서 생산한 승용차 20대를 몰고 다시 한 번 판문점을 넘었다. 김정일과의 면담이 완전히 결정된 상태에서의 방북은 아니었다. 평양에 도착한 정주영 일행은 북한 측 실무자로부터 김정일 위원장이 지방출장중이라 면담이 어렵겠다는 내용을 통보 받았다. 정주영이 그 말을 듣고 "그냥 돌아가겠다"고 하자, 북한은 며칠만 더 머물러 달라고 하여 우여곡절 끝에 면담이 성사 되었다.[52]

김정일과의 면담은 10월 30일 밤 정주영이 머물고 있던 백화원 초대소에서 이루어졌다. 45분간 진행된 이 회담에서 정주영은 "북에서 나는 기름을 남쪽에 꼭 보내주십시오. 파이프라인만 서해안을 통해 남측으로 오면 그것이 통일의 길 아니겠습니까"라며 원유 문제를 거론했다. 이에 김정일은 "다른데 하고 할 것 있습니까. 현대하고 하면 되지

---

51 「"인공위성이라도 안보리제기"」, 『한겨레』, 1998.9.9.
52 「金正日, 30일 밤 갑자기 숙소방문」, 『조선일보』, 1998.11.2.

요. 그렇게 하도록 지시하겠습니다"라고 답했다. 정몽헌이 "서해안에 공단을 개발해 경제특구로 만드는 사업도 잘 부탁합니다"라고 하자, 김정일은 "(김용순에게) 경제특구를 잘 협력해 진행시키십시요"라고 지시하기도 했다.[53] 현대아산에서 나중에 정리한 일지에 따르면, 김정일은 면담에서 다음과 같은 말들을 했다.

> 금강산 등 모든 사업 나누지 말라 / 길을 터놓았으니 자주 오시기 바람 / 맡으셨으니 빨리 끝내주기 바람 / 금년도 수해, 가뭄 등으로 전력 부족 / 주석 계실 때 통천 앞바다에 비행장 건립계획 / 석유 생산이 되면 남쪽에 주겠다 / 공단개발사업은 관계기관과 협의토록 / 실내체육관 건립은 체육교류가 많아야 함 / 명예회장 가운데 모시고 촬영 / 현대건설이 세계에서 건설을 제일 잘 한다 / 사진보도→ 공산당수와 사진 찍는 것 보안법 위반 아닌가? (웃으며 질의) / 석유 공급 문제 보도해도 좋다.[54]

이 면담을 통해 정주영은 김정일로부터 금강산 일대 8개 지구의 독점개발권 및 사업권을 보장 받았다. 석유개발 및 공급 문제는 기존에 논의되지 않았던 사업이었고, 나머지 합의들은 1차 소떼 방북 때 현대와 북한이 각기 제안한 사업들이 구체화 된 것이었다. 그 밖에 체육분야의 교류협력을 위해 평양에 실내종합체육관을 짓기로 합의해, 후일 평양시내에 위치한 '류경정주영 체육관'으로 개관한 바 있다.

이 합의들 중에 가장 이슈가 된 것은 북한 석유개발 및 공급에 관한

---

53 「鄭-金 대화록 이모저모」, 『조선일보』, 1998. 11. 2.
54 現代峨山(株), 앞의 책, 1998, 13면.

사업이었다. 정주영은 귀환 직후 판문점에서 열린 기자간담회에서 "평양이 기름 더미 위에 올라 앉아 있으며, 북한기름을 들여오기 위한 파이프라인 매설작업을 곧 시작하기로 했다"고 발표해 사람들을 깜짝 놀라게 만들었다.

북한은 1997년 10월 도쿄에서 '조선유전설명회'를 개최한 바 있었다.[55] 당시 캐나다의 원유개발 업체 캔텍Kantech은 북한에 50억~400억 배럴에 달하는 원유가 매장되어 있다고 발표하여 북한의 주장을 뒷받침 했다.[56] 실제 정주영 방북 당시 남포 앞바다와 안주분지 등에서는 스웨덴의 타우르스Taurus, 호주의 비치 페트롤리엄Beach Petroleum, 영국의 소코Soco 등 3개의 소형 원유회사가 탐사작업을 하고 있었다.[57] 또한 정주영과 대북사업 선점을 둘러싸고 경쟁을 펼치던 김우중이 1997년 방북 당시 북한과 유전개발 문제를 협의했다는 설도 있었다.[58] 평소 자원개발에 관심이 많았던 정주영은 이러한 정보들을 종합하여 북한에 원유개발 문제를 제안한 것이었다.

그러나 이 사업에 대해 김대중 정부는 냉담한 반응을 보였다. 석유개발공사는 북한에 실제 원유가 매장되어 있을 수 있지만 경제성은 낮다고 평가하였다. '조선유전설명회' 자료에 따르면 북한의 원유 생산량은 하루 450배럴 규모인데, 그 수준으로는 당시 남한의 하루 원유 소비량 200만 배럴을 감당하지 못한다는 것이었다.[59] 청와대도 정주영-

55 「北 대규모유전 발견 주장 내달 7일 日서 현황발표」, 『경향신문』, 1997.9.30.
56 「北서해 서조선만 原油매장 가능성」, 『동아일보』, 1998.1.22.
57 「북한에 석유 묻혀있을까」, 『동아일보』, 1998.10.29.
58 「"金宇中회장 北서 유전개발 협의"」, 『동아일보』, 1997.9.26.
59 「매장량 불확실 경제성 의문」, 『매일경제』, 1998.11.2.

김정일 면담 자체는 환영하면서도 "경협은 쌍방 이익과 남북관계에 좋은 일이나 너무 과장되게 보도되면 안 된다"며 북한 석유 개발문제에 대해서는 우회적으로 선을 그었다. 김대중은 국무회의 석상에서 "북한도 석유가 부족한데 우리까지 공급할 수 있겠느냐며 정 회장 일행에게 주의를 주었다"고 말했다. 그러면서 "남북관계는 하나하나 착실히 성공해야지 만약 실수했을 때는 정부 책임으로 돌아온다. 성공도 중요하지만 실수가 있어서는 안 된다"라고 강조했다.[60]

하지만 이 합의가 김대중이 비판했던 것처럼 '과장된 사업'만은 아니었다. 북한의 원유개발 사업은 2007년 제2차 남북정상회담에서도 합의서에 명시되지는 않았지만 의제로 논의되었을 정도로 이후 남북경제 교류에서 중요한 문제로 부각 되었다. 10·4선언 직후 권오규 경제부총리는 "평양 정상회담에서 김정일 국방위원장이 먼저 남쪽의 유전·가스 개발 현황과 탐사기술 등을 물어봤고, 노무현 대통령도 관심을 표명했다"며 "양쪽 정상이 유전개발에 관심이 있다는 것을 확인했으므로 앞으로 부총리급 대표로 격상될 남북경제협력공동위원회에서 자세하게 논의해 갈 것"이라고 밝혔다.[61] 이 사안은 남북경제협력공동위원회에서 논의를 이어갈 예정이었으나 이명박 정부 들어 남북관계가 경색되면서 진전을 이루지 못하게 되었다.

---

60 「金대통령, 또 對北열기 냉각발언」, 『조선일보』, 1998.11.4. 이 발언에 대해 재미 북한연구가 한호석은 1998년 10월 30일 청와대에서 있었던 김대중과 미국 CIA국장 조지 테닛 George J. Tenet의 면담에 주목하며, 미국이 정주영의 북한 석유개발 참여를 반대했을 것이라고 추측한다. 지난 20세기 동안 석유자본을 장악함으로써 세계경제를 지배했고 또한 그 문제 때문에 전쟁도 불사했던 미국인만큼, 충분히 '의심'해 볼 수 있는 문제이기는 하나 현재 수준에서는 자료로 밝힐 수 없는 한계가 존재한다.
61 「남북 '신의주·남포 앞바다' 유전 공동개발 추진」, 『한겨레』, 2007.10.6.

북한 석유개발 문제를 포함한 1·2차 소떼 방북의 합의사항은 경제적 타산을 고려한 정주영의 오랜 대북사업 구상의 결과물이었다. 북한 유전개발 문제도 정주영의 평소 자원개발에 대한 의욕에서 나온 사업 제안이었다. 정주영은 1970년대 '오일쇼크'를 겪은 이후 "자원의 무기화"에 대비한 자원수입의 다각화에 큰 관심을 보여 왔다.[62] 그의 비서 생활을 오래 지낸 측근에 따르면, 기업의 향후 국제 경쟁력은 자원 확보에 달려있다는 것이 정주영의 평소 지론이었다고 한다.[63] 이런 신념을 가진 정주영이 '돈 되는 자원개발'에 깊은 관심을 기울인 것은 당연한 일이었다.

정주영이 냉전이 해체될 조짐을 보이자 '한·소 경제협력위원회' 위원장을 맡아 10여 차례 소련을 방문한 것도 가스유전 개발 등 시베리아에 묻혀 있는 자원에 대한 관심 때문이었다.[64] 정주영은 이미 1980년대 말부터 시베리아로부터 파이프를 연결해 원유 또는 가스를 북한을 거쳐 군사분계선을 뚫고 남한으로 들여오는 구상을 하고 있었다.[65] 주로 중동이나 유럽의 북해에서 원유를 수입하여 울산에서 정제하여 사용하고 있는 현실에 비추어 보면, 그것이 실현되었을 때 경제에 미칠 효과는 엄청날 것이었다.

이와 같은 정주영의 생각은 비단 한반도에만 국한된 문제가 아니라

62 정주영, 「80년대 한국경제의 戰略」(1979년 10월 20일 한국경영학회에서 행한 특별강연), 『韓國經濟의 神話와 現實』, 울산대 출판부, 1992b, 70~72면.
63 이병규 문화일보 사장 인터뷰(문화일보 사장실), 2013.2.15.
64 정주영, 「한·소 경제협력과 세계평화」(1990년 5월 28일 '이북 5도민회'에서 행한 특별강연), 『새로운 시작에의 열망』, 울산대 출판부, 1997, 145면.
65 정주영, 「남북한은 하나로 통일되어야 한다」(1990년 '한겨레' 정운영 논설위원과 나눈 신년 대담), 앞의 책, 1992a, 250면.

중국과 러시아를 아우르는 거대한 '북방경제권' 구상의 일환이었다. 당시 정주영의 머릿속에는 시베리아의 원유와 가스를 파이프를 통해 들여오고, 그 통로를 따라 다시 TSR(Trans Siberian Railroad)과 TCR(Trans China Railroad)을 통해 유럽으로 상품을 수출하는 그림이 그려져 있었다. 이 구상이 실현 되려면 그 통로는 당연히 북한이 될 수밖에 없다. 자원과 상품이 안정적으로 수송되기 위해선 남북이 협력하고 그 관계가 평화로워야 한다. 그렇게 되는 것이 북한 주민들의 삶도 풍요롭게 하는 것이라고 정주영은 생각했다.

즉 정주영의 '북방경제권' 구상에서 중요한 것은 자신의 이익을 포함한 남한과 북한 그리고 동북아 주변국들의 '실리'였지 결코 '이념'이 아니었다. 이 구상이 확대되면 일본도 저렴한 가격에 시베리아의 자원을 공급받을 수 있을 것이고 한반도를 통해 자신의 상품을 유럽으로 팔수 있는 수송로를 확보할 수 있을 것이었다. 그렇게 동북아 각 국가들의 이해관계가 한반도에 걸쳐 있게 되면 자신의 이익을 위해서라도 주변국들은 남북의 평화를 지지할 수밖에 없는 상황이 벌어지는 것이다. 평화는 당사자들이 정치적 · 경제적으로 실제 이익을 공유할 수 있는 구체적 접점이 넓어질 때 비로소 정착될 수 있기 때문이다.

그러나 그 구상을 실현하기 위해 소떼를 몰고 방북한 지 벌써 15년이 지났지만, 그것이 실현되기는커녕 현재는 금강산 관광마저도 문을 닫았다. 이것은 뒤집어 생각하면 적대적 남북관계를 통해 자신의 존재 기반을 드러내고자 하는 정치세력이 평화적 남북관계의 정착으로 인한 거대한 실리를 뒷전으로 몰아넣고 있다는 것을 의미한다. 아이러니한 것은 정주영이 이 구상을 실현하기 위해 만든 회사가 '현대자원개발'이었고,

그 회사의 사장이 이명박이었다는 사실이다.[66] '실용'을 기치로 내걸었던 이명박 정부는 결국 '실리' 없는 명분을 택하며 남북관계를 최악의 상황으로 만들어 버렸다. 정주영이 터놓은 길을 이명박이 막은 것이다.

3. 소떼 방북이 남북 사회에 미친 영향

1) 이념에 경도되었던 남북 사회의 실리주의 확산

두 번에 걸친 소떼 방북과 그것을 계기로 시작된 남북경협은 '실리'보다는 '이념'이 우선이었던 남북의 주류적 분위기를 일신하는 데 영향을 끼쳤다. 남한의 경우, 정주영의 방북은 그간 적대적 반북론에만 의지하여 정작 자신이 추구하고 지켜야 할 가치를 스스로 만들어내지 못했던 보수 세력이 수구적 분위기를 쇄신하고 제대로 자리 잡을 수 있는 기회가 될 수 있었다. 정주영이 남한 사회의 보수를 상징하는 재벌 총수라는 점에서, 그의 방북은 이념적 논쟁의 대상이 되지 않았다. 북한에 대해 이중적 정서를 갖고 있는 실향민들도 "다음엔 나도" 하는 기대감을 갖고 정주영의 방북에 큰 지지를 보내고 있었다.[67]

이에 따라 기존 남한 사회에서 명분론적으로 보수의 이념을 내세웠던 세력들, 달리 얘기하면 남북 간 적대관계의 지속을 주창하며 반북론에 기대있던 수구 세력들의 비판도 수면 아래로 가라앉았다. 실제

---

66 「現代資源開發社長에 李明博씨」, 『매일경제』, 1990.9.3.
67 「설레는 실향민」, 『동아일보』, 1998.6.24.

판문점을 통한 소떼 방북은 당시 야당이었던 한나라당과 보수언론 조차 지지할 수밖에 없는 강한 명분과 의미를 지니고 있었다. 정주영의 소떼 방북이 지금 와서야 그들에게 국민세금 운운하며 '퍼주기'라고 비판 받지만, 당시만 해도 그런 목소리는 나오지 않았다. 당시 『동아일보』의 사설을 통해서도 그 사실을 확인할 수 있다.

> 정주영 현대 명예회장과 김정일 북한 국방위원장의 대규모 경제협력사업 추진 합의는 한마디로 '획기적'이라고 할 만하다. 우선 꽉 막혔던 남북관계에 예상을 뛰어넘는 큰 숨통이 트인 느낌이다. 아울러 사업이 계획대로만 진행된다면 남북한간 정치상황에도 긍정적 영향을 미칠 수 있을 것이라는 점에서 일단 환영할 일임에 틀림없다. (…중략…) 정경분리를 바탕으로 한 우리 정부의 대북한 화해교류 협력정책이 거둔 성과라는 평가에도 물론 수긍할 측면이 있다. (…중략…) 이번 현대의 성과가 남북의 교류와 화해 협력에 새로운 전기가 되기를 바란다. 북한 당국과 현대는 신뢰를 바탕으로 이 민족의 기대를 저버리지 말아야 할 것이다.[68]

오히려 정주영의 소떼 방북에 대한 비판은 진보진영 일각에서 먼저 나왔다. 1989년 첫 방북 때에도 진보진영은 "국가보안법이 철폐되고 남북한 군사적 긴장이 해소되지 않은 채 진행되는 일부 경제인의 북한방문과 경제협력은 국민을 기만하는 술책"이라고 비판한 바 있었다.[69] 진

---

68 「사설−남북교류 열쇠는 신뢰」, 『동아일보』, 1998. 11. 3.
69 「"국가보안법 존속 상태로 남북 경제협력은 기만책" 자민통 성명」, 『한겨레』, 1989. 2. 4. 그러나 정주영은 이후 1992년 정치인으로 변신하면서 국가보안법 철폐를 주장한다. "나는 정부의 북방정책이 절차적으로 다소 문제가 있지만 북방정책 자체가 잘못이라고는

보진영 일부는 IMF 이후 기업의 구조조정 분위기 속에서 정주영의 방북을 기업의 자구책 마련을 위한 행위 또는 신자유주의의 확장으로 이해하고 있었다. 당시 백기완은 『한겨레』에 다음과 같은 글을 기고하였다.

첫째, 이번 정주영 씨의 방북은 결국 '돈의 방북'인데, 분단장벽의 물꼬를 트는 그 뒷면에는 분단의 장벽을 교묘하게 강화한 측면이 있다는 점이다. 하나는 돈이 있어야만 갈 수 있다는 것이요, 또 하나는 어떤 수를 쓰든지 돈만 있으면 통한다는 역설, 그것이 장벽의 또 하나로 내려 쳐진 것은 아닌가. 둘째, 경제위기 해결이라는 미명 아래 미국의 금융패권주의에 우리의 자주성을 모두 내준 이때 재벌의 한 총수가 그처럼 화려(?)하게 방북하는 것은 오늘의 위기의 또 다른 눈가림은 아닌가. 셋째, 이제부터는 통일의 실체를 따져야 할 때라는 것이다. 분단시대의 부패, 반민족적인 기득권이 온 한반도적으로 보장되는 것도 통일인가. 아니 국제독점자본이 온 한반도를 무제한의 자본증식권으로 재편하는 것도 통일인가. 아니라는 것이다. 적어도 우리네 통일은 민족사의 합리적 전진, 세계사의 진보와 일치하는 것이라야 한다는 것을 민족적 가치로 정립할 때가 되었다 이 말이다.[70]

생각하지 않습니다. 전 세계적으로 공산주의 세력이 몰락하고 있는 지금, 공산주의가 무서워서 대화를 하지 못한다는 것은 너무나 한심한 일이기 때문입니다. 그러므로 우리가 북방에 진출하고 북한을 개방시키기 위해서는 적극적인 대화를 모색해야 할 것입니다. 그리고 이러한 정책은 논리적인 모순이나 법리적인 상충을 최소화하는 방향에서 집행되어야 할 것입니다. 다시 말하면 정부가 진실로 조국통일을 염원하는 마음에서 북한과의 대화를 추진하고 있다면 과감하게 국가보안법을 철폐할 필요가 있는 것입니다." 정주영, 「서문」, 앞의 책, 1992a, 11~12면.

70 백기완, 「북행길, 돈과 소떼만 가서야」, 『한겨레』, 1998.6.18.

백기완의 지적은 자본의 북한진출을 염두에 둘 때 항상 경계해야 할 것들이다. 하지만 그 비판은 경협의 실리적 의미를 고려해 볼 때 이념적 성격이 강했다. 그의 주장은 6 · 15 공동선언 이후 진보진영 일부에서 제기된 "'남북화해'는 북한에 대한 신자유주의적 흡수통합 정책의 일환"이라는 평가와 유사하다. 그들은 남북경협으로 남한자본의 북한진출이 가속화 되면 한반도 전역이 신자유주의체제로 편입될 것이라고 주장하였다. 또한 남북경협은 북한경제를 남한경제의 수직적 분업체계의 하위체계로 편입시켜 북한을 '내부 식민지'로 만들 것이라고 예견하였다. 그러면서 향후 남북관계 개선의 최대 수혜자는 남한의 독점자본이 될 것이며, 남한의 대북정책은 앞으로 더 이상 냉전수구 세력의 지배를 받지 않는 대신 자본의 이해를 대변하는 '온건정책'이 될 것이라고 전망하였다.[71]

　　북한이 남한을 필두로 한 세계자본의 하청시장으로 전락할 가능성을 경계하고 무분별한 개발로 인한 환경파괴 및 노동착취 등은 당연히 금지되어야 한다. 그런데 그런 우려가 있다고 해서 남북 간 경제협력을 하지 말자는 주장은 "구더기 무서워서 장 못 담그는 것"밖에는 되지 않는다.[72] '최대 강령주의적 편향'이 실제로는 그렇지 않은 현실 속에서 '당위론'이자 '관념론'으로 쉽게 비판받듯, 마치 공기와도 같았던 평화가 위협받고 있는 작금의 현실 속에서 진보진영 일부의 비판은 현실

---

71 이와 같은 논지의 글로는 아래의 논문들을 참조할 것. 김세균, 「남북정상회담 이후의 남북한관계 및 남북한사회」, 『진보평론』 5호, 현장에서미래를, 2000; 박영균, 「보수지배체제와 남북관계−신자유주의 세계화와 신냉전, 그리고 남북관계」, 『진보평론』 11호, 현장에서미래를, 2002.
72 정세현, 『정세현의 정세토크』, 서해문집, 2010, 30면.

과는 맞지 않는 주장이었다.

한편 정주영의 소떼 방북은 남한 사회에만 영향을 끼친 것은 아니다. 그것은 다른 의미에서 이념적으로 경도되어 있던 북한사회에도 많은 영향을 미쳤다. 우선 정주영의 방북은 북한 내 '개방파'의 입지를 강화시켰다. 대외적으로 폐쇄되었다고 알려진 사회에서도 지배층 내에서는 권력유지를 위한 방법론 차원에서 '개방파'와 '보수파'가 공존하기 마련이다. 정주영은 일찍부터 그 세력들에 주목했다. 그는 이미 1990년에 "저와 협정을 체결한 북한 사람들은 세상 물정을 아는 사람들입니다. 그들은 합영법이라는 것을 '북한인민위원회'에서 통과시킨 사람들입니다. 북한에도 세상물정을 알고 고립되지 않기 위해 개혁이 필요하다는 생각을 가진 사람이 상당히 많이 숨죽이고 있습니다"[73]라고 말했다.

이런 인식에 기반해 정주영은 소떼 방북을 전후하여 김용순으로 대표되는 북한의 '개방파'와 접촉해 그들의 입지를 강화시키며 대북사업을 전개해 나갔다. 마찬가지로 북한의 '개방파'도 정주영의 방북을 매개로 자신의 뜻을 관철 시키면서 내부에서 영향력을 확대시켜 나가고 있었다. 실제로 김용순은 정주영 못지않게 정주영-김정일 면담에 적극적이었다. 1차 소떼 방북 때 김용순은 정주영에게 "이번에는 바빠서 만나지 못했지만 다음 방북 때 (김정일 위원장을) 만날 수 있도록 해주겠다"고 약속한 바 있었다.[74] 그 약속에 기반해 정주영은 계속해서 김정

---

73 정주영, 「소련에 진출한다」(1990년 5월 28일 '이북5도민회'에서 행한 특별강연), 앞의 책, 1997, 147~148면.
74 「정주영 씨 재방북 어떤성과 있을까」, 『경향신문』, 1998.10.28.

우보천리의 첫걸음이 남북을 변화시키다 325

일과의 만남을 요구했다. '개방파' 입장에서도 김정일이 정주영을 만나 사업권을 보장해 주는 것이 군부를 위시한 '보수파'의 견제를 따돌리는 데 훨씬 수월했을 것이다.

이러한 사실은 정몽헌이 김대중과의 면담 자리에서 밝힌 대목에서도 확인할 수 있다. 김정일은 정주영을 만난 자리에서 "내가 지방에 있다가 아태위원회에서 여러 번 요청해 여기에 왔다. 김영남 위원장을 만났으니 모든 것이 잘됐을 것이라고 생각했는데 아태위 쪽에서 요청해서 일부러 찾아왔다"고 말했다.[75] 이와 같은 상황을 종합하여 당시 외교안보수석이었던 임동원은 "(김정일이) 김용순의 손을 확실히 들어준 것"이라고 평가했고,[76] 통일부도 "김용순이 남북경협에 대한 북한 내 저항을 극복할 수 있는 힘이 생겼다는 의미"라고 분석했다.[77]

결국 이러한 판단이 근거가 되어 남한 정부는 북한과 남북정상회담을 추진할 수 있었다. 북한도 마찬가지로 정주영의 소떼 방북 이후 '개방파'의 입지가 강화되면서, 남한과의 관계개선을 선택하게 되었다. 실제로 정주영과의 협력 사업에서 성과를 거둔 김용순의 아태 라인은 2000년 6·15 남북정상회담 성사에 깊숙이 관여하여 남북관계의 진전을 이루어내는 데 크게 기여했다.[78]

한편 정주영의 소떼 방북은 북한의 자본가에 대한 인식을 바꿔 놓았다. 정주영이 대북사업을 처음 구상했을 때인 1980년대 초·중반, 북

---

75 「金대통령-鄭周永회장 대화록 "금강산 개발 현대만 하기로 했다"」, 『한겨레』, 1998. 11. 3.
76 「임동원 외교안보수석 인터뷰」, 『한겨레』, 1998. 11. 3.
77 「인터뷰 황하수 통일부 교류협력 국장」, 『매일경제』, 1998. 11. 2.
78 「박지원이 털어놓은 6·15 남북정상회담 막전막후」(2008년 6월 11일 서울대 특강에서 한 연설 원고), 『프레시안』, 2008. 6. 11.

한의 정주영에 대한 평가는 대표적인 "남조선 매판자본가"였다. 당시 북한 출판물은 "5·17 폭거직후 현대그룹의 정주영 (…중략…) 등 매판재벌들이 전두환에게 '자진' 헌납한 정치자금만도 1천억 원에 달한다"거나,[79] "매판재벌은 로동자들의 투쟁에 대한 보복으로 현대중공업 회사 합숙에 대한 불과 전기를 끊어버리고 거기에 들어있는 로동자들에게 식사공급도 중단하는 비인간적인 횡포를 감행하였다"[80]는 식의 비난 일색이었다.

그러나 이러한 부정적 평가가 소떼 방북 이후 경제협력 사업이 진행되면서 '민족자본가'와 '애국인사'로 달라지기 시작했다. 방북 경험이 있는 사람들은 알겠지만, 남한 사람들과 함께 다니는 북한 안내원들의 말은 체제에서 허용한 범위 이상을 결코 넘어서지 않는다. 그런데 1998년 방북취재 중이었던 남한의 기자에게 북한의 안내원은 "정주영 선생은 민족을 위해 큰일을 할 민족자본가"라고 언급했다.[81] 이후 북한의 출판물에서 정주영에 대한 평가는 '애국' 또는 '애국애족' 개념으로 설명되었다.

> 정주영의 참된 애국은 조국통일과 민족대단합을 위한 투쟁 속에 있고 교류와 협력사업이 북과 남 사이의 화해와 단합의 길과 잇닿아있음을 가슴깊이 새기였다. 그리하여 정주영은 통일을 위해 여생을 바치고 싶었던 자기의 소망대로 생의 마지막 순간까지 북과의 교류협력사업에 모든 것을 다 바치였다.[82]

---

79 「돈에 미쳐 날뛰는 역적의 무리들 1」, 『천리마』, 천리마, 1984.4, 115면.
80 「울산의 현대그룹계렬회사 로동자들의 롱성과 시위」, 『로동신문』, 1987.8.20.
81 신준영, 「남북이 공유할 한 점을 찍은 사람」, 『민족21』 13호, 2002, 55면.
82 「남조선기업인에게 베푸신 사랑」, 『천리마』, 천리마, 2004.10, 25면.

물론 북한의 정주영에 대한 평가의 변화는 자신들의 필요에 의해서 제기된 것이었다. 당시 북한의 처지에선 외부의 대규모 지원이나 투자 없이는 경제위기를 극복할 수 없었다. 그래서 북한은 정치·사상 분야에서는 기존 체제를 고수하면서도 경제 분야에서는 상대적으로 개혁적인 정책을 펴고자 했다. 물론 중국과 같은 전면적인 개방도 아니었고 나진·선봉, 금강산, 개성 등 지역을 한정하여 체제이완 효과를 최소화 하는 방식이었다. 하지만 북한 역시 그들 체제의 문제점과 한계를 극복하기 위해선 대외관계 개선이 필요하다는 것을 알고 있었고 그것을 정당화 할 필요성이 있었다. 현실의 정책 변화를 정당화하기 위해 북한은 '민족자본가', '애국애족' 등의 개념을 빌어 정주영을 새롭게 평가하게 된 것이다.

2) 남북 당국의 간접적 대화 통로와 정상회담의 토대 마련

김대중 정부의 대북정책 출발환경은 결코 자신들에게 유리하지 않았다. 남북관계에서 '공백의 5년'으로 평가받는 김영삼 정부 시기의 일관성 없는 대북정책은 한반도 문제해결 과정에서 남한의 주도권을 약화 시켰다. 남북한의 불신과 군사적 긴장구조는 여전히 남아 있었고, 북한의 핵과 미사일 문제가 해결되지 않은 상태에서 국제환경도 결코 우호적이지 않았다.

이런 상황에서 북한은 1998년 4월 11일 베이징에서 차관급 회담을 갖자는 제안을 먼저 해왔다.[83] 1994년 '조문파동' 이후 남한 정부와 관계를 단절한 지 3년 9개월 만의 일이었다. 북한은 이 회담을 통해 비료를 지원 받는 동시에 새 정부 대북정책의 진의와 역량 그리고 남한 사회의 반응을 보고자 했다. 남한 정부도 이 회담을 이산가족 문제, 남북 간 특사교환, 기본합의서 이행 등을 논의할 당국 간 대화로 발전시킬 의도를 갖고 있었다.

그러나 남한이 '상호주의 원칙'을 내세우며 비료지원과 이산가족 문제를 연계시키려 하자, 북한은 "인도주의 문제에 상호주의 원칙을 적용하는 자체가 비인도적"이라며 강하게 반발했다.[84] 결국 양측의 주장은 좁혀지지 않았고 지루한 탐색전 끝에 회담은 결렬되고 말았다. 베이징 차관급 회담 결렬 이후 북한은 그간 견지했던 관망의 자세를 버리고 김대중 정부의 대북정책에 대해 비난을 퍼붓기 시작했다. 북한은 "남조선 괴뢰통치배들이 '국민의 정부'를 표방하면서 그 무슨 '민주정치'를 실시할 것처럼 떠들었지만 선행한 문민·파쇼독재 '정권'과 조금도 다를 것이 없다"[85]고 맹렬하게 공격했다.

사실 김대중 정부 앞에는 대북정책을 실시함에 있어 한편으로는 보수 세력에게 공격의 빌미를 주지 않으면서도 다른 한편으로는 북한을 설득해야 하는 이중적인 과제가 놓여 있었다. 차관급 회담에서 '상호주의 원칙'에 집착한 것은 오랫동안 '빨갱이'로 공격 받았던 김대중의 이력과 함께 조건 없는 대북지원에 대한 보수세력의 공격을 고려하지 않을 수 없는 정치적 환경 때문이었다. 그래서 김대중은 보수의 상징

83 「北, 차관급회의 11일 北京개최 제의」, 『동아일보』, 1998.4.5.
84 김대중, 『김대중 자서전』 2, 삼인, 2010, 73면.
85 「'국민의 정부'가 아니다 2」, 『로동신문』, 1998.5.23.

인 재벌의 방북을 통해 국내 정치적 환경을 개선시키면서도 새로운 대북정책의 '진의'를 북한에 알리는 계기로 활용하고자 했다.

즉 정주영의 방북은 김대중 정부 출범 이후 남북 간의 본격적인 화해와 협력의 가능성을 가늠해보는 시금석의 의미를 지니고 있었다. 소떼 방북은 기발한 북행 방법 자체로도 주목을 끌었지만, 경색된 남북관계를 풀어내는 계기가 될 수 있을 것이라는 점에서도 관심의 대상이 되었던 것이다.

그 성과는 정주영이 판문점을 통해 귀환하자마자 바로 나타났다. 정주영의 귀환 하루 전인 1998년 6월 22일 속초 앞바다에서 북한 잠수정 한 척이 발견되는 사건이 발생했다.[86] 김대중은 후일 자서전에서 "대북 햇볕 정책의 시험대"라고 평했을 정도로 이 사건의 처리는 중요했다.[87] 남한에서는 소떼를 보냈는데 북한에서는 잠수정을 보냈으니 국민감정이 좋을 리 없었다. 그런데 북한은 사건 발생 24시간도 지나지 않아 신속하게 반응했다. 북한은 이례적으로 평양방송을 통해 "훈련 중인 소형 잠수정과의 통신이 두절되었다"라고 보도했다. 이후 북한은 이 사건의 해결과정에서 "정치적으로 이용하지 않을 것이며 남한해군을 더 이상 비방하지 않겠다"면서 "빠른 시일 내 유해를 송환해 달라"고 요구했다.[88] 이에 대해 김대중은 북한이 더 이상 이 사건을 확대하지 않기를 바란다는 신호로 이해했다.

이처럼 남북관계가 다시 경색국면으로 전환될 수도 있던 상황에서

---

86 「怪 잠수물체를 발견했다」, 『조선일보』, 1998.6.23.
87 김대중, 앞의 책, 96면.
88 「'잠수정 침투사건' 달라진 北태도」, 『동아일보』, 1998.7.2.

조기에 수습된 것은 정주영의 방북 효과이기도 했다. 잠수정 사건에 대한 북한의 유화적 태도는 정주영의 방북 등 남한 정부의 일관된 대북정책 추진의지가 확고하다는 점에 고무된 측면이 컸다. 잠수정 침투사건 후에도 김대중 정부는 "햇볕정책이 흔들리거나 변할 것이라고 내다보는 것은 성급한 일"이라고 했다. 또한 "과거 대북정책에서 일관성을 잃어 문제가 복잡해졌다는 점을 상기할 필요가 있다"며 '햇볕정책'의 기조를 유지할 것임을 강조했다.[89] 그런 점에서 소떼 방북은 김대중 정부가 출범 초기부터 내걸었던 '햇볕정책'의 첫 번째 가시적 성과였다.

그러나 이와 같은 관계가 지속된 것은 아니었다. 1998년 7월 12일 북한 무장간첩 시신이 동해에서 발견되고, 8월 31일에는 '광명성 1호'('대포동 미사일')가 발사되는 등 북한의 '도발적 행동'이 계속되자, 남한 내 비난여론이 들끓기 시작했다. 여론을 살피지 않을 수 없었던 정부는 무마 차원에서 북한에 대한 비판을 높이기 시작했다. 7월 15일 열린 국가안보보장회의에서 김대중은 "햇볕론에 대해 여러 논의가 있지만 햇볕론 하나만 존재하는 것이 아니다. (…중략…) 만약 햇볕론이 북한을 이롭게 한다면 북한지도층이 왜 북한 붕괴음모라고 비난하겠는가. (…중략…) 햇볕론은 북한을 이롭게 하는 것이 아니다"라는 등의 발언을 했다.[90] 그 밖에 정부 고위 인사들의 입에서도 "북한이 햇볕정책을 두려워한다", "알고 보면 겁나는 정책", "북한의 틈새를 파고들기 위한 전략", "햇볕은 따뜻하게 감싸기도 하지만 음지 구석구석에 있는 약한 균들을 죽이는 것"이라는 발언들이 나왔다.[91]

---

89 「北잠수정 사건 '햇볕정책' 어떻게 되나 經協 해치지 않게 신중 대처」, 『매일경제』, 1998.6.24.
90 「안보회의 대화록 "햇볕론은 北 이롭게 하는 것 아니다" 金대통령」, 『동아일보』, 1998.7.16.

그러자 북한은 다시 한 번 강도 높은 발언들을 쏟아내기 시작했다. 북한은 '햇볕론'에 대해 화해와 협력이라는 말을 앞세워 자신의 체제를 변화시키는 정책이라고 비난하고 나섰다. 『로동신문』은 '햇볕정책'에 대해 "외세와 작당하여 북의 사상과 제도를 침식하고 나아가서 남조선에 대한 미제의 식민지 통치를 우리 공화국까지 연장하겠다는 것"이라고 비난했다.[92] 이어서 "북과 남이 7·4공동성명을 통해 천명한 3대원칙에 전면 배치되는 철저한 반공화국, 반통일대결론", "북남관계 개선과 민족의 화해와 단합, 통일을 가로막고 상대방을 해치기 위한 술수"라는 등의 비난 논평을 계속해서 쏟아냈다.[93]

그러나 북한은 남한의 '햇볕정책'에 대해 비판적인 입장을 견지하면서도 민간부문에 대해서는 명분보다는 실리를 추구하는 실용주의적인 태도를 나타냈다. 북한은 외견상 '햇볕정책'을 비난하면서도, 식량난 등 경제위기를 타개하기 위해 그 정책이 주는 '혜택'은 선별적으로 수용했다. 이에 대해 김대중 정부는 정경분리 원칙에 따라 정치·군사적 차원과 경제적 차원의 남북관계를 분리, 경제 자체의 독자적인 논리에 의해 교류가 활성화 되도록 보장하였다. 결국 이와 같은 전략은 주효하여 2차 소떼 방북 당시 정주영은 김정일을 만날 수 있게 되었다. 김대중은 후일 자신의 자서전을 통해 두 사람의 만남을 아래와 같이 기록했다.

---

91 최완규, 「대북 포용정책에 대한 북한의 인식과 대응」, 『韓國民族文化』 14, 부산대 한국민족문화연구소, 1999, 301면.

92 「이른바 '해볕론'은 뒤집어놓은 반북대결론」, 『로동신문』, 1998.8.7.

93 고유환, 「김대중 정부의 대북포용정책과 북한의 반응」, 『아시아태평양지역연구』 제2권 제2호, 전남대 아시아태평양지역연구, 2000, 123면.

대북 사업에서 김정일 위원장이 직접 나선 것은 매우 의미 있는 변화였다. 지난 8개월 동안의 지속적인 두드림에 북이 쪽문 하나를 열었다고 생각했다. 나는 김위원장 취임 후 내부에서도 변화가 있었다고 보았다. 실용주의 세력이 목소리를 높이기 시작한 것으로 짐작했다. 정경 분리와 '선 민간 경협, 후 당국 대화'를 일관되게 추진한 것이 북한을 움직이기 시작했다고 보았다. 임기 중에 김 위원장을 만날 기회가 있을 것으로 생각했다.[94]

결국 정주영의 방북은 자칫 악화로 치달을 수 있었던 남북관계를 막아내는 완충역할을 했다. 실제 소떼 방북 1년 후 발생한 '서해교전'에서는 남북 당국이 현대를 가운데 두고 자신의 입장을 각각 밝힘으로써 사태가 악화되는 것을 막기도 했다. '서해교전'이 발생하자 당시 통일부 장관이었던 임동원은 현대를 통해 북한과 긴급 접촉할 것을 제안하였고, 북한은 현대를 통해 "금강산 관광사업은 민족문제이므로 정상적으로 추진하자"라는 답변을 전해왔다. 임동원은 이 말을 듣고 북한이 "더 이상 사태가 악화되는 것을 바라지 않고 있다는 뜻"으로 해석하고, 사태를 안정시키기 위해 예정되어 있던 금강산 관광선을 출항시켰다.[95] 이를 통해 '서해교전'은 더 이상 국지전으로 확대되지 않았다. 정주영의 방북으로 시작된 금강산 관광은 6·15 공동선언으로 남북 간 핫라인이 개설되기 전까지 남북 당국의 가교역할을 하며 한반도에 평화가 안착하는 데 기여했던 것이다.

이후 김대중 정부는 경제교류를 기반으로 남북관계 개선에 속도를

---

94 김대중, 앞의 책, 125면.
95 임동원, 『피스메이커』, 중앙북스, 2008, 455~456면.

내기 시작했다. 2000년 1월 3일 김대중은 신년사를 통해 남북경제공동체 형성을 위한 남북한 국책연구기관간 협의를 갖자고 제안했다.[96] 3월 10일에 있었던 '베를린 선언'에서는 남북 정부 간 대화 및 경협확대 의사를 밝힘으로써 정상회담과 남북경제공동체 형성의 가능성을 제시했다.[97] 그리고 나서 김대중 정부는 현대를 통해 북한에 남북정상회담 추진의사를 밝혔고, 정몽헌의 소개로 박지원과 송호경이 싱가폴에서 만나 남북정상회담 추진에 합의했다.[98] 현대 입장에서도 북한과 합의한 대규모 프로젝트가 성공하기 위해선 남북정상회담이 조속히 성사되는 것이 필요했기 때문에 양측의 만남을 주선하는 데 적극적이었다.

결국 2000년 6월 13일 김대중은 남북정상회담을 위해 평양을 방문했다. 6월 14일 백화원 초대소에서 있었던 2차 회담에서 김정일은 다음과 같이 말했다.

> 이번 김 대통령의 평양 방문을 국정원이 주도했다면 동의하지 않았을 겁니다. 국정원의 전신인 안기부와 중앙정보부에 대한 인상이 아주 나쁘기 때문입니다. 그런데 다행히 아태위와 현대가 하는 민간 경제 차원의 사업이 잘되고 활성화돼 가니까 하기로 한 겁니다.[99]

김정일은 국정원의 남북정상회담 개입에 대한 문제제기를 하면서

---

96 「새천년의 남북관계」, 『세계일보』, 2000.1.4.
97 「베를린선언 의미」, 『서울신문』, 2000.3.10.
98 「박지원이 털어놓은 6·15 남북정상회담 막전막후」(2008년 6월 11일 서울대 특강에서 한 연설 원고), 『프레시안』, 2008.6.11.
99 김대중, 앞의 책, 277면.

도, "한번 해보자" 했던 이유로 아태와 현대가 진행하는 경제협력의 활성화를 예로 들었다. 결국 남북의 정상은 6·15 공동선언에 합의했고, 합의문에는 "남과 북은 경제협력을 통해 민족경제를 균형적으로 발전" 시킨다는 문구를 새겨 넣었다. 이 조항은 단기적으로는 결국 정주영에게 가장 큰 이익으로 돌아갈 구절이었다.

정치·군사적인 긴장도가 높은 한반도에서 기업의 대규모 북한 투자는 리스크가 크다. 투자환경이 제대로 갖추어져 있지 않은 대북 투자는 위험이 따르며 또한 그 수익도 단기간에 보장받기 어렵다. 그러한 조건에서 남북의 정상이 만나 평화적으로 남북관계를 만들어 가고 "민족경제를 균형적으로 발전"시켜 나가자고 했으니 대북 리스크는 그만큼 줄어들 것이었다. 그렇게 되면 기업 혼자 책임져야 했던 초기의 투자도 정부의 세금으로 일정부분 충당할 수 있었다. 여전히 리스크를 수반한 대북사업이었을 테지만, 현대 입장에서 6·15 이전과 이후의 사업에 대한 '확신성'은 훨씬 달라졌을 것이다. 결국 소떼몰이로 시작한 현대의 대북사업은 남북 최고 당국자 간 정상회담으로 이어졌고, 그 결과는 다시 현대의 이익으로 돌아올 것이었다.

3) 시장의 호응과 남북 경협론의 확산

휴전선을 경계로 대치하고 있는 남북한은 언제 전쟁이 터질지 모르는 정치적 위험성을 항상 안고 있다. 정치적 위험성은 경제활동에도 당연히 영향을 미칠 수밖에 없다. 때문에 대북리스크는 정치 영역을 넘어 경제적인 측면에서도 지대한 관심사가 되어 왔다. 특히나 소떼 방북 시기는 IMF 관리체제 직후였다. 남북관계가 악화되어 한반도 평화가 위협을 받으면, 국가 신용등급이 하락할 것이고 외자유치도 어려워질 것이었다. 당시 외국 신용평가 기관들은 북한과 연관된 지정학적 리스크를 남한 국가신용등급의 최대 불안요소로 지적했다.[100] 즉 남북관계의 불확실성은 자본주의 논리로만 따져도 주가와 기업을 실제 가치보다 낮게 평가하는 또 다른 분단비용이었다. 남한의 안정적인 경제발전을 위해서도 한반도의 평화 정착은 매우 중요한 문제였다.

그 실례로 확인할 수 있는 것이 대북리스크에 대한 주식시장의 반응이다. 정치적 효과를 계량화하는 지표로서 주가의 유용성은 외국 학계에선 이미 오래전부터 강조되어 왔다.[101] 또한 금융시장은 국내외 정치적 불확실성을 측정하는 용도로도 사용되어 왔다. 각종 경제지표 중에서도 주가가 정치적 위험을 투자 결정요인으로 하여 가장 신속하고 예민하게 반응하기 때문이다.[102]

이와 같은 전제에서 보면, 주식시장은 정주영의 소떼 방북과 김대중의 '햇볕정책'에 긍정적으로 반응했다. 소떼 방북 이후 남북관계가 평화적으로 안착되어 가는 모습을 보이자 주식시장은 이에 호응했다. 1차

---

100 「'한국증시 디스카운트 현상의 원인과 향후과제' 설문조사」, 『대한상공회의소 報道資料』, 2004.12.30. 이 자료에 따르면 외국계 증권 전문가들은 '코리아 디스카운트'의 원인으로 "북핵 등 국가리스크(30.4%), 정책일관성 부족(23.9%), 기업지배구조 / 회계투명성(21.7%), 노사불안(10.9%), 증시기반 취약(6.5%), 경제요인의 높은 변동성(4.3%), 기타(2.3%)"라고 답했다.

101 김치욱, 「남북관계와 코리아 디스카운트Korea Discount 상관성 분석」, 『통일과 평화』 3집 1호, 서울대 통일평화연구원, 2011, 223~226면.

102 남성욱, 「남북관계 변수가 국내株價 변동에 미치는 영향과 정책적 함의」, 『東北亞經濟研究』 第16卷 濟1號, 韓國東北亞經濟學會, 2004, 75~76면.

소떼 방북 직후에는 동해안 잠수정 침몰사건이 발생하면서 주가가 큰 폭으로 하락했다.[103] 반면 2차 소떼 방북 직후에는 "현대그룹 정주영 명예회장과 북한 김정일과의 면담이 성사됐다는 소식이 나오면서 주식이 급등세"[104]를 보였다. 1999년 6월 15일 '서해교전'이 일어났을 때에도 주가는 전날보다 2.2% 하락하였으나 이튿날 3.2% 상승하며 낙폭을 바로 만회하였다. 이러한 현상에 대해 당시 증권가 애널리스트들은 "서해 사태에도 외국인들이 대규모 팔자 주문을 내지 않은 것은 확전 가능성이 적다는 판단 때문"이라며, "특히 외국인 투자자들은 그동안 한국정부의 대북한 대응이 적절했다고 평가하고 있다"고 분석했다.[105]

이것은 소떼 방북을 매개로 시작된 김대중 정부의 평화를 만들려는 노력이 시장에서도 인정을 받기 시작했다는 것을 의미했다. 김대중 정부는 남북관계를 보다 예측 가능한 방향으로 개선함과 동시에 남북경협을 통해 대북리스크로 인한 주식시장의 불안요소를 미연에 방지하려고 노력했다. 이에 대해 투자가들은 남한정부 주도하에 대북리스크가 관리될 수 있다는 믿음을 갖게 되었고 그에 기반해 안심하고 투자하는 경향을 보인 것이다.

여기에 정주영의 소떼 방북이 기여한 바는 결코 무시할 수 없다. 금강산 관광은 남북화해의 상징으로 대북 리스크를 줄이는 데 보이지 않는 큰 역할을 했다. 국제사회는 금강산 관광을 통해 한반도의 평화정착과 북한의 변화를 인식했다. 북한은 남한과의 교류협력을 통해 국제

---

103 「스멕스전략 단기매매 바람직」, 『매일경제』, 1998.6.24.
104 「6개월 만에 400線 회복」, 『조선일보』, 1998.11.2.
105 「西海사태 '금융시장 이상 없다'」, 『경향신문』, 1999.6.17.

적 이미지를 제고하고 국제사회로 하여금 경제적 개방을 가속화 하리라는 기대감을 갖게 했다. 이를 통하여 남한 또한 다양한 국가로부터 투자유치를 촉진하여 IMF 외환위기를 극복하는 계기를 마련할 수 있었다. 남북 간 경제협력이 활성화되면서 한반도에 평화의 기반이 조성되고 그것이 다시 경제에 긍정적 영향을 미치는 선순환 관계가 만들어지기 시작한 것이다.

다른 한편 정주영의 방북은 다른 기업의 경협참여 움직임을 이끌어냈다. 계획 단계에 머물러 있던 다른 기업의 북한진출은 소떼 방북을 계기로 실행 단계로 접어들기 시작했다. 그중에서도 가장 발 빠른 행보를 보인 기업은 삼성이었다. 1998년 9월 박영화 삼성전자 사장은 베이징에서 리종혁 아태 부위원장을 만나 총 10억 달러를 투자해 50만 평 규모의 전자복합단지를 조성할 것에 구두 합의했다. 삼성은 휴전선과 인접한 해주 또는 평양 부근의 남포에 2008년까지 대단위 전자복합단지를 조성하고 냉장고·전자레인지·세탁기 등 백색가전제품과 전화기·팩스·휴대전화 등 연간 30억 달러 상당의 제품을 생산하고 노동자 3만 명을 고용하겠다고 밝혔다. 이를 위해 종합무역사무소를 평양에 설립해 수출입 창구 및 대북사업 총괄의 역할을 맡기고, 이후 장기적으로 북한 내 현지 종합무역상사로 발전 육성할 방침이라고 밝혔다.[106]

현대와 삼성 등 굴지의 대기업들이 대북사업에 대한 투자의지를 보이자 전경련은 전체 재계 차원에서 남북경협 사업을 지원하기 시작했다. 전경련은 2차 소떼 방북 직후 김우중 회장 주재로 고위 간부회의를

---

106 「삼성, 對北 10억 달러투자 추진」, 『동아일보』, 1998.11.11.

열어 재계 차원에서 현대와 공동보조를 맞춰 대북사업에 대한 협력 및 지원 방안을 강구키로 했다. 그리고 전경련 산하 '남북경협위원회'를 가동해 북한에 건설될 경제특구와 유전개발 등에 여러 기업이 참여할 수 있는 방안을 마련토록 했다.[107] 또한 전경련은 대북사업 실행을 위한 기구를 정비하여, 1972년부터 사회주의 국가들에 대한 정보를 수집하여 오던 '동서경제연구실'을 북한경제자료를 수집·분석하는 '남북경제연구실'로 바꾸었다.[108]

이후 남북정상회담 개최 소식이 알려지자 전경련은 남북경협에 대한 구체적인 정보를 수집하기 위해 북한에 대북투자조사단을 파견하기로 하고, 남북경협기금을 조성해 대북투자재원으로 활용하겠다는 구상을 발표했다. 그리고 대북사업이 광범위하게 진행될 경우를 대비해 북한과 평양사무소 개설문제를 논의할 것이며, 사회간접자본 투자를 위해 외국기업과 국내기업 간 컨소시엄을 구성할 것이라고 밝혔다.[109]

이런 분위기 속에서 정상회담이 개최 되었다. 정상회담은 남북경협의 저해요인이었던 정치·군사적인 관계를 일소하는 첫 출발점이 되었다. 정상회담을 계기로 정치적 리스크는 그 이전보다 훨씬 감소되었고, 각종 제도적 장치의 구축 등 민간기업의 대북진출 환경도 부분적으로 개선되기 시작했다. 또한 남북경협 확대에 대한 북한의 우려를 감소시키고 경제가 회생할 수 있는 발판을 제공해 줌으로써 북한의 경제를 저해하는 요인도 상당부분 완화시킬 수 있었다.

---

107 「현대 對北사업 재계차원 지원」, 『동아일보』, 1998.11.3.
108 「南北經濟研究室 개소식 가져」, 『전경련』, 1999.5, 36~37면.
109 「범 재계 차원의 대북투자조사단 파견키로」, 『전경련』, 2000.5, 36면.

하지만 현실적으로 남북경협이 전면화 되기 위해서는 넘어야 할 장애물들이 여전히 많이 남아 있었다. 정상회담 기간 중에 있었던 '남북경제회담'에서 남한의 경제인들은 당시 남북경협이 처해있던 상황을 비교적 솔직히 얘기하며 북한에 요구사항을 전달했다.[110] 남한 경제인들은 대북투자가 활성화되기 위해선 투자보장협정, 이중과세 방지, 결제방법, 분쟁조정, 지적재산권 문제, 자유로운 경제활동 보장 등 국제규범 수준의 "제도적 장치"가 마련되어야 한다고 요구했다. 그리고 1992년 남북기본합의서에 따른 '남북경제공동위원회'를 설치할 것과 비싼 물류비를 개선시켜야 한다고 주장했다. 정상회담 이듬해인 2001년 KDI에서 남북경협 업체를 대상으로 한 설문조사에서 따르면, 당시 북한과 교역을 하고 있는 기업들은 국내적인 애로사항으로서 리스크 보전장치 미흡(31.3%), 대북사업 관련 절차의 복잡성(21.7%), 금융지원의 부족(11.3%), 판매시장의 협소(4.3%) 등을 들었다. 북한에 대해서는 사업 파트너 선정 및 접촉의 어려움(25.2%), 계약 불이행(20.9%), 노동력 관리(16.5%), 과도한 물류비(15.7%) 등이 어려움이라고 밝혔다.[111]

이러한 제약 요인들은 남북에 법적·제도적 절차가 마련되면서 조

---

110 토의 내용은 「보다 효과적인 경협 위한 제도적 장치 시급」(남북정상회담 기간 중 있었던 남북 경제분야 회담 내용을 정리한 것), 『전경련』, 2000.7, 43~45면 참조. 당시 남북경제회담 참석자는 다음과 같다. 남한 참석자는 김재철(한국무역협회 회장), 손병두(전국경제인연합회 상근부회장), 이원호(중소기업협동조합중앙회 상근부회장), 구본무(LG 회장), 손길승(SK 회장), 정몽헌(아산이사회 회장), 윤종용(삼성전자 부회장), 장치혁(고향투자협의회 회장, 고합 회장), 강성모(린나이코리아 회장), 백낙환(백중앙의료원 명예원장). 북한 참석자는 정운업(민족경제협력련합회 회장), 정명선(민족경제협력련합회 참사), 박세윤(조선콤퓨터쎈터 총사장), 박동근(조국통일연구원 참사, 교수·박사), 김정혁(조국통일연구원 실장), 조현주(조선아시아태평양평화위원회 연구원).
111 KDI 북한경제팀, 『KDI 북한경제리뷰』, KDI, 2001, 5면.

금씩 해결되어 가고 있었다. 남북은 2000년 12월 16일 제4차 남북장관급 회담에서 투자보장, 분쟁해결절차, 청산결제, 이중과세방지 등 이른바 '4대 경협합의서'에 서명함으로써 남북경협 활성화를 위한 제도적 환경을 마련하는 데 합의하였다.[112] 이후 2005년 12월에는 '남북관계 발전에 관한 법률'을 제정하여, 남북 간 합의사항에 대해 국내법적 효력을 부여하였다. 또한 2007년 5월에는 '개성공업지구 지원에 관한 법률'을 제정하여, 개성공단에 입주한 기업에 대한 융자 및 남북협력기금 직접 대출이 가능토록 하고, 노동자들에 대해 4대 보험 및 근로기준법이 적용될 수 있도록 했다. 2004년 12월에는 경의선과 동해선 도로가 개통되었고 2007년 5월에는 양 구간의 열차 시험운행이 실시되어, 그간 남북경협의 제약요건 중 하나였던 물류비용 문제도 크게 개선될 것으로 기대되었다.

그러나 법적 · 제도적 장치의 마련과 물리적 제약조건의 극복은 남북경협 활성화를 위한 필요조건이 될 수는 있었지만 충분조건이 되지는 못했다. 그간 제약조건이라고 평가되었던 것들이 더디지만 하나씩 해결되어 갔음에도 불구하고 남북경협은 전면적으로 확대되지 못했다. 삼성만 해도 남북경협 사업은 아직은 시기상조라며 결국 대북사업 참여를 중단했다. 이후 간간히 삼성이 대북사업에 진출할 것이라는 보도가 언론을 통해 흘러 나왔지만 삼성은 모두 부인했다.[113]

그렇다면 삼성을 비롯한 다수의 기업들이 대북사업에 참여하지 않은 이유는 무엇일까? '삼성경제연구소'는 "경협이 본격적으로 전개되

---

112 「남북한 4대합의서 서명 의미」, 『서울신문』, 2000.12.18.
113 「삼성, "현재 여건상 대규모 대북사업 불가"」, 『연합뉴스』, 2003.8.11.

는 데는 미국의 대북경제제재가 가장 큰 걸림돌로 작용하고 있다"고 분석했다. 남북경협은 생산기지로서의 제약은 물론 해외시장 확보에 대한 제한 등으로 남한 혼자서 해결하기 힘든 장벽에 가로막혀 있다는 평가였다.

'삼성경제연구소'의 보고서에 따르면, 북한산 제품은 원산지 규정에 따라 고율의 관세를 적용 받기 때문에 해외시장 진출에 제약을 받을 수밖에 없었다. 미국은 북한산 제품에 대해 일반관세율보다 최고 열 배 이상 높은 세율을 적용하고 있었고, 수출입시에 미국 정부의 승인을 받도록 규정했다. 또한 선진국이 개발도상국으로부터 수입하는 제품에 대해 관세를 철폐하거나 인하해 주는 '일반특혜관세제도'의 혜택도 북한에게는 주지 않았다. 그렇기 때문에 남북경협을 통해 생산된 제품의 판로는 남한을 비롯하여 중국이나 러시아 등 원산지 규정에 따른 불이익을 받지 않는 시장에 국한될 수밖에 없었다.

또한 미국의 '전략물자 수출통제체제'와 '수출관리령'은 북한 내 다양한 생산거점을 확보하는 데도 제약요인으로 작용했다. 특히나 미국 상무부의 '수출관리령'은 미국산 부품이나 기술이 10% 이상 포함된 제품을 북한이나 쿠바 등으로 재수출 할 경우 미국 정부의 허가를 받도록 규정하고 있었다. 이는 북한 내 생산거점 운영을 위한 설비나 기술이전 시에도 적용되어서 북한에 진출하는 남한 기업들에게는 상당한 부담으로 작용하였다. 만약 이것들을 어길 경우 위반기업은 미국 국내법에 따라 일정기간 미국 수출을 금지당하는 등 제재 조치를 받도록 되어 있었다.[114]

이런 조항 때문에 수출을 통해 먹고사는 남한 내 다수의 기업들은 남북경협사업에 마음 놓고 진출할 수 없었다. 그래서 노무현 정부에서는 한 · 미 FTA를 체결하면서 개성공단을 '역외가공지역'으로 인정받아 'Made in Gaeseong' 제품을 미국에 수출할 수 있는 길을 열어 놓기도 했다. 그러나 이명박 정부 들어와서 한 · 미 FTA가 재협상 되면서 개성공단 제품의 수출 길도 막혀 버렸다.

4) 평화와 경제의 선순환 근거지 건설

정주영이 소떼 방북에서 합의한 사업은 결국 금강산 관광과 개성공단 밖에 실현되지 못했다. 그러나 그 두 가지 사업이 남북의 화해와 평화를 위해 공헌한 바는 지대하다. 금강산 관광은 정주영의 이윤 목적을 위해 시작된 사업이었지만, 이념적 대결이 지속되는 한반도에 새로운 형태의 화해와 협력의 가능성을 제시했다는 점에서 큰 기여를 했다. 금강산은 김대중 정부가 내세웠던 대북정책의 첫 실험장이었고, 개성공단이 만들어지기 전까지 남북이 '함께 사는 연습'을 하는 곳이었다. 금강산은 남북의 화해와 협력을 세계에 과시하는 장소이자, 한반도의 평화를 가늠하는 시금석이기도 했다.

우선 남북은 금강산 관광을 통해 군사적 긴장관계를 일정부분 해소했다. 북한 입장에서 보면 장전항 개방은 동해안의 최전선 기지이자 천혜의 군항을 내준 것이나 다름없었다. 남한 입장에서도 엄연한 군사

---

114 삼성경제연구소, 「북한경제와 남북경협의 현주소」, 『CEO Informations』 제507호, 삼성경제연구소, 2005, 9~14면.

적 대치 속에서 수많은 관광객을 북한으로 들여보낸다는 것은 일정부분 위험을 감수한 행위였다. 이런 조건에서 시작된 금강산 관광은 그 자체만으로도 일종의 정치·군사적 신뢰조치에 해당하는 것이었다. 장전항 개방은 단순히 군사시설 또는 군대의 철수라는 도식을 넘어 남북이 공히 평화적인 교류와 협력의 인식에 공감했다는 것을 의미했다.

실제로 금강산 관광을 통해 남북이 정치·군사적 신뢰관계를 조성했다는 사실은 '서해교전'이 벌어졌을 때 입증되었다. 남한 정부는 금강산 관광을 매개로 엄중한 교전사태를 냉정하게 대처했으며, 북한도 현대를 통해 교전이 확대되는 것을 원치 않는다는 입장을 간접적으로 피력하였다. 서해에서는 함정간 전투가 벌어지고 동해에서는 유람선이 오고가는 모순적 상황이었지만, 금강산 관광이 있었기에 교전은 더 이상 확대되지 않았다.

한편 금강산 관광은 남북이 서로를 이해하는 장이 되었다. 기본적으로 관광산업은 사람과 지역의 교류를 통해 상호 이해와 신뢰를 가능하게 하는 평화산업이다. 그런 점에서 관광객들은 금강산에서의 직·간접적인 접촉을 통해 북한사회에 대한 이해의 폭을 넓힐 수 있었다. 관광객들은 북측 안내원들과의 만남을 통해 상호 동질성과 이질성을 동시에 체험하며, 추상적인 이질감을 해소하고 현실적인 차이를 받아들이는 경험을 할 수 있었다. 북한은 일부이기는 하지만 주민들의 사는 모습을 그대로 보여 주었고, 관광객들은 철조망 너머로 그 모습을 보며 안타까운 마음속에 분단의 아픔을 체감할 수 있었다. 이런 경험은 아래와 같은 설문조사에서도 나타났다. 금강산을 방문한 적이 있는 사람들은 경험이 없는 사람들에 비해 분단문제에 있어서 훨씬 유연한 태

〈표 1〉 금강산 관광에 대한 방문자 / 비방문자 설문조사 비교 (단위 : %)

	금강산 방문자			금강산 비방문자		
	긍정	유보	부정	긍정	유보	부정
남북교류 확대에 기여	71.9	22.0	6.1	53.6	13.0	33.4
북한의 태도변화에 기여	67.1	24.6	8.3	45.8	9.0	45.2
국가신인도 증대에 기여	60.5	28.8	10.7	41.5	13.5	45.0
서해교전 사태의 진정에 기여	62.4	23.6	14.0	34.6	10.4	55.0

출전 : 강원택, 「금강산 관광사업에 대한 국민 의식 조사연구 결과 보고」, 『금강산 관광사업 1년 평가 학술 심포지움』, 경남대 극동문제연구소, 1999, 7~13면을 바탕으로 재구성.

도를 보였던 것이다.

다른 한편 금강산은 6 · 15공동선언 이후 이산가족 상봉을 위한 장소로 이용되었다. 그것에 힘입어 2005년 8월에는 이산가족면회소가 금강산에 착공되기도 하였다. 이명박 정부 들어 이산가족 상봉행사가 중단되기 전까지 14,693명의 이산가족들이 금강산에서 상봉의 기회를 가질 수 있었다.[115] 그 밖에도 남북의 민간단체들은 금강산에서 공동 행사를 벌이며 서로를 이해할 수 있는 계기들을 만들어 갔다. 또한 금강산 바로 아래에 위치한 삼일포 농장에서는 북한에서 인력을 제공하고 남한에서 농업기술과 농자재를 지원하여 남북공동 시범농장을 만들기도 했다.[116] 그 이전까지는 남북이 함께 할 공간이 없었기 때문에 비료와 식량 등 인도적 차원의 일방적 지원에 그쳤으나, 이 농장에서 함께 일하면서부터는 북한농업이 스스로 자생력을 가질 수 있도록 실질적 도움을 줄 수 있었다.

즉 금강산은 관광을 위해 열려진 공간이기는 했지만, 그 안에서 남

---

115 통일부, 『2013 통일백서』, 2013, 256면.
116 「금강산 아래 150만 평, 남북 협동농장 스타트」, 『민중의 소리』, 2005.6.9.

과 북의 사람들은 다양한 방식으로 '함께 사는 연습'을 할 수 있었다. 남북의 사람들은 금강산에서의 만남을 통해 서로가 가지고 있던 증오의 감정을 조금씩 줄여 나갈 수 있었다. 그것은 일시적 화해 분위기 조성의 차원을 벗어나 각종 돌발변수에도 쉽게 흔들리지 않는 냉철한 이성을 축적하는 과정이기도 했다. 통일이라는 것이 세월과 체제의 간극 속에서 서로 달라져 버린 모습을 인정하고 그 위에서 조화와 공존의 상호 신뢰를 모색하는 과정이라면, 금강산 관광은 그 대장정의 첫 출발점이었다.

한편 금강산 관광의 성과는 개성공단으로 이어졌다. 개성공단은 장기적 침체를 겪고 있던 남한의 경제를 위해서도 필요한 사업이었다. 남한에서는 1990년대 들어 임금과 지대 등이 상승하면서 경쟁력이 떨어지는 한계기업들이 늘어나기 시작했다. 또한 급격한 '글로벌화'로 인해 국내외 자본간 경쟁이 치열해지면서 수익률의 양극화도 심해지고 있었다. 이 과정에서 당연히 도태되어 갔던 것은 중소기업들이었다. 중소기업은 자본의 한계수익률에 직면하여 중국과 동남아 등으로 진출했고, 그 결과 국내의 고용사정은 더욱 악화되었다. 고용불안에 따른 내수시장의 축소는 생산 저하로 이어졌고, 이것은 다시 실업을 증가시키는 악순환으로 반복되고 있었다.[117]

이러한 상황에서 개성공단은 중소기업의 활로 모색을 위한 대안으로 떠오르기 시작하였다. 중소기업은 2000년대 들어 중국이나 동남아로 진출하는 것도 쉽지 않게 되었고 중국으로 진출했던 기업들마저 철

---

117 현영미, 「남북경제공동체의 시금석 개성공단」, 『기억과 전망』 제11호, 민주화운동기념사업회, 2005, 282면.

수하는 상황이었다. 개성공단은 토지분양가나 세금에서 우대조건이 뒤따랐고, 임금수준(57.5달러, 연간 상승률 5% 미만으로 제한)도 중국(100~200달러)이나 남한에 비하면 훨씬 경쟁력이 높았다. 같은 언어를 사용하고 의무교육을 11년간 받는 질 좋은 노동력을 사용할 수 있다는 것도 큰 장점이었다. 게다가 개성은 서울에서 60km밖에 떨어져 있지 않아 물류비 측면에서도 큰 이익을 볼 수 있었다. 그러한 유인 요소는 적어도 내수를 기반으로 한 중소기업들에게는 매력적이었다. 소떼 방북 당시 대기업 독점에 대한 비판이 있었지만,[118] 직접적인 과실은 오히려 중소기업들에게 먼저 떨어졌다.

이와 같은 실리는 북한도 마찬가지였다. 북한은 1990년대 중반 스스로 '고난의 행군'이라 칭했을 정도로 심각했던 식량위기를 거치며 대외적 개방을 통해 경제적 활로를 모색하고자 했다. 물론 1980년대 초반 북한은 합영법을 제정해 조총련 자본을 유치하기도 했지만 실패한 경험을 갖고 있었다. 2002년에는 신의주 특구를 설치해 중국계 자본을 대거 유치하려고 했지만, 장관으로 내정된 양빈楊斌이 중국정부에 체포됨으로써 시도조차 하지 못하고 실패하고 말았다. 이에 더하여 분단이라는 특수한 상황과 미국과의 대치로 인한 불안정성 그리고 중국과 달리 거대한 내수시장이 존재하지 않는 점 등으로 인해, 북한은 다른 선진국 자본에게 매력 있는 시장이 되지 못했다.

따라서 북한은 자신의 경제성장의 활로를 남한 자본과의 협력에 두고 남북경협에 적극적인 모습을 보였다. 그 방식은 특구 형태의 공단을

---

118 리영희·윤만준·정세현·장상환 대담, 「금강산과 민족화합—개방, 개발, 관광」, 『통일시론』 2호, 청명문화재단, 1999, 41면.

조성해, 운영은 완전히 남한 자본에 맡기고 자신들은 토지임차료와 노동력 제공에 대한 비용만 취하는 것이었다. 경제성장의 전제조건인 사회간접자본 비용을 마련할 길이 없는 상황과 함께 전면적 개방으로 인한 체제이완 효과를 막기 위한 북한 나름의 선택이었다. 이 과정에서 개성공단은 북한 경제성장의 교두보로서의 위치를 차지할 수 있었다. 비록 부분적 개방이기는 하지만 개성공단을 통해 벌어들인 외화로 북한은 원부자재 조달을 원활하게 할 수 있었으며, 그것을 바탕으로 공장 가동률을 높여 생산활동의 정상화를 꾀할 수 있었다. 이러한 방식은 경제성장의 선순환 구조를 형성하여 경제회생의 기반을 마련해 줄 수 있다는 점에서 북한에게도 이득이었다.

이처럼 개성공단은 남북 모두가 '윈-윈'하여 시너지를 낼 수 있는 전략지대였다. 북한 입장에서 보면 개성은 북한의 최전방 군사요충지로서 군사전략상 결코 개방할 수 없는 지역이었다. 개성은 서울에 가장 가까운 주 공격축 선상에 위치해 있고, 개성 전방에는 서울을 사정거리 안에 둔 수많은 장거리포들이 포진하고 있었다. 군사적 위협감은 남북 모두 마찬가지이지만 현실적인 힘의 역량상 북한이 안보위기를 더 크게 느낀다는 점에서, 북한의 개성공단 수용은 파격적이었다. 김정일이 "개성이 6·25 전쟁 전에는 원래 남측 땅이었으니 남측에 돌려주는 셈 치고, 북측은 나름대로 외화벌이를 하면 된다"[119]고 했던 것은 개성공단이 북한에게도 실리를 안겨줄 수 있다는 판단 때문이었을 것이다.

개성공단은 휴전선과 접해 있다는 상징성을 넘어, 공단의 가동과 함

---

[119] 임동원, 앞의 책, 466면.

께 남북 사이에 대규모의 인적·물적 왕래가 수반된다는 점에서 한반도의 긴장을 실질적으로 완화하는 역할을 하였다. 과거 6·25전쟁 시기 북한의 주된 남침로였던 통로가 이제는 매일 수백 명의 인원과 차량이 남북 군 당국의 협조 아래 군사분계선을 넘나들며 제품을 생산하는 길이 된 것이다. 개성공단에서 생산하는 것은 단지 상품만이 아니었다. 그 곳에서는 서로 간 갈등을 녹이고 화해를 만들며 평화도 함께 생산하고 있었다. 개성공단은 경제협력을 통해 평화를 조성하고, 평화를 통해 경제적 이익을 극대화 하는 '평화와 경제의 선순환' 관계의 상징적인 공간이 되었던 것이다.[120]

4. 위기에 봉착한 대북사업

정주영의 소떼 방북이 일으킨 실리는 컸음에도 불구하고, 그의 대북사업 구상은 애초대로 실현되지 못했다. 우선 IMF의 영향이 컸다. 금강산 관광 외에 나머지 사업의 추진 주체였던 현대의 계열사들은 빅딜과 구조조정 과정에서 살아남지 못했다. 고선박 해체사업과 압연강재 공장을 담당할 것으로 예상되었던 인천제철과 현대강관은 IMF 구조조정 과정에서 매각되었다.[121] 빅딜 과정에서 현대전자는 반도체 부문을 차지하였지만 나머지 분야는 LG로 넘어가[122] 통신 분야는 북한에

---

120 김연철, 「한반도 평화경제론—평화와 경제협력의 선순환」, 『북한연구학회보』 제10권 제1호, 북한연구학회, 2006, 64면.
121 「인천제철·현대강관 판다」, 『매일경제』, 1999.4.23.
122 「通信지분 LG로 넘어가」, 『매일경제』, 1999.4.23.

진출할 수 없었다. 제3국 건설현장 공동 진출 장소로 리비아와 투르크매니스탄이 결정되었으나[123] IMF로 인한 해외 건설경기 하락은 현대건설의 진출을 가로막았다.

그런 와중에 대북사업이 구체화 된 것을 보지도 못한 채 2001년 3월 21일 정주영이 세상을 떠나고 말았다. 1차 소떼 방북에서부터 실무를 총괄했던 정몽헌이 대북사업을 이어받았으나 '왕자의 난'으로 인해 전체 현대그룹 차원의 지원은 사라졌다. 실제 그와 경쟁했던 정몽구는 자동차 부문을 가져간 후 정몽헌이 중심이었던 대북사업에서 손을 뗐다. 게다가 노무현 정부는 집권하자마자 대북송금 특검을 강행했고, 그 수사를 받은 직후 정몽헌은 스스로 목숨을 끊었다.

이런 와중에 대북사업을 실질적으로 이끌었던 현대건설이 부도가 났다. 그래서 오비이락烏飛梨落 격으로 현대건설이 부도가 났을 때 그 원인이 대북사업 때문이라는 비판이 무성했다. 현대건설이 유동성 위기를 겪은 이유가 대북사업에 지나친 출혈을 했기 때문이라는 것이다. 실제 유동성 위기가 한창이던 2000년 5월에도 현대건설은 대북사업을 위해 277억 원을 출자한 바 있었다. 현대건설이 대북사업을 위해 출자한 총 규모는 892억 원에 달했다. 건설로 큰 기업인만큼 현대건설은 계열사 지원에 자주 동원돼 시나브로 골병이 들었던 것이 사실이었다.

그러나 현대건설 부도를 대북사업 때문이라고 몰아가는 것은 결과에 맞춰 그 사업 자체의 의의를 부정하고자 하는 발상이다. 현대건설 부도의 1차적 원인은 IMF 경제위기였다. IMF 사태는 건설업계에 큰 타

---

[123] 「현대건설 해외건설 공사에 북한인력투입」, 『매일경제』, 1999.6.28.

격을 주어 1998년 한 해 동안 건설업계의 부도율은 7%를 상회했다. 1998년에 국내 수주현황은 전년대비 40% 마이너스를 기록했으며, 해외수주는 전년 대비 71%나 줄어들었다. 게다가 현대건설은 이명박이 사장으로 있던 시기 수주했던 이라크 건설공사 미수금이 10억 달러나 되었다. 2001년 시점에서도 8억 5천만 달러의 미수금은 그대로 남아 있었다.[124] 또한 1992년의 대선패배는 현대건설의 자금사정을 더욱 어렵게 만들었다. 김영삼의 정치보복은 정주영의 "버르장머리를 고쳐 줘야 된다"고 할 정도로 가혹했다. 모든 금융거래는 끊겼고 정부의 입찰공사는 따낼 수 없었다. 해외수주에 대해 정부가 보증을 서주지 않아 계약이 파기되는 일까지도 벌어졌다.[125]

이에 대해 현대아산 사장을 지낸 윤만준은 현대건설은 "이미 김영삼 정부 시기부터 IMF였다며, 현대건설 부도는 중동 미수금 문제가 컸다"고 회고했다. 그러면서 "대북사업 독점을 위해 북측에 제공한 선불금이 많아 보이지만, 사업규모와 장기적으로 예상되는 수익에 비추어 큰 돈은 아니"라고 했다. 대북사업을 위해 "현대전자 1억 5천만불, 현대건설이 가장 적은 1억불, 현대상선 얼마 이런 식으로 정몽헌 회장 쪽에서만 분담"했지만, "현대건설 규모에서 사실 1억 불은 돈도 아니"라고 했다. 그러면서 "다만 이 돈을 대우나 삼성 등이 나눠 부담했으면 하는 생각이 들기는 했다"라고 말했다.[126]

즉 현대의 대북사업이 위기를 겪은 것은 사실이지만, 그렇다고 모든

124 현대건설주식회사, 『현대건설 60년사』, 2008, 301~302면.
125 「秘錄 문민경제 현대죽이기와 삼성봐주기 上」, 『경향신문』, 1998.6.29.
126 윤만준 전 현대아산 사장 인터뷰(종로 2가 민들레 영토), 2012.11.1.

원인을 현대의 탓으로만 돌릴 수는 없다. 윤만준의 회고대로 문제는 정주영과 같은 사람이 한 명뿐이었다는 사실이다. 그만큼 한국사회 냉전의 뿌리가 깊다는 반증이기도 하고, 그 울타리에서 성장한 기업가의 인식이 그 수준 밖에 되지 않았기 때문이기도 하다. 그런 점에서 정주영의 기업가 인식이 다른 재벌들과 달랐던 것은 분명하다. 하지만 비슷한 상황에 놓여 있던 대만 기업들이 중국 본토에 진출했던 사례들과 비교해 보면,[127] 사실 정주영의 구상과 실천이 그렇게 특별난 것도 아니었다. 문제는 다른 기업들이 정주영과 같이 적극적인 시도를 하지 않았다는 점에 있었다.

결국 현대는 대북사업을 진행하며 재정 압박에서 헤어 나오지 못했다. 현대는 매월 1,200만 달러씩 북한에 제공하기로 했던 관광대금을 제때 지불하지 못했다. 정부는 현대로 하여금 북한과 금강산 관광에 대한 계약조건을 수정하도록 권고했고, 2001년 6월부터는 관광대금이 관광객 수에 따라 지불되는 종량제 방식으로 바뀌었다. 그런데도 운영 자금이 모자라 결국 정부는 한국관광공사를 금강산 관광의 공동사업자로 참여시켰고, 남북협력기금에서 900억 원을 투자해 관광경비 일부를 지원했다.

그러나 이런 지원에도 불구하고 총체적으로 보면 김대중 정부의 지원은 미미했다. 정부는 현대의 대북사업을 독려했으면서도 그 기업이 자금난에 봉착했을 때는 정경분리 원칙을 얘기하며 오히려 소극적으

---

[127] 서석흥, 「臺灣企業의 對中國投資와 兩岸 經濟統合」, 『중소연구』 73호, 한양대 아태지역 연구센터, 1997; 전병곤, 「양안 교류협력이 남북관계에 주는 함의－ECFA와 관련하여」, 『통일정책연구』 제21권 1호, 통일연구원, 2012.

로 대응했다.[128] 물론 정경분리 원칙은 정치·군사적 외풍에 흔들리지 않고 경제협력을 하도록 하는 데 있었다. 그렇다고 해서 일반 사기업이 정치·군사적 문제를 해결할 수 있는 것은 아니었다. 더구나 경협의 추진 주체인 사기업이 정부의 허가 없이 임의대로 북한과 사업을 하는 것도 아니었다.

그런 점에서 초기의 대북사업은 일정부분 '공공사업'적 성격을 띤다. 대북사업은 초기에는 당분간 수익을 내기 어려운 데다가 남북 당국이 반드시 풀어야 할 안보리스크를 기업이 안고 사업을 진행하기 때문이다. 그렇기 때문에 정부는 초기 대북사업에 대해 일종의 보호장치를 해둘 필요가 있었다. 마치 국내 기업의 안정적 정착과 성장을 위해 보호무역이나 유치산업 정책을 펴듯 말이다. 즉 리스크는 당연히 기업이 지면서도, 정부는 '일정 수준'까지 금융지원과 시설자금 등을 담보해주는 역할이 필요했다. 그 이후 남북 당국이 정치·군사적 갈등과 리스크를 줄여 가면, 그것과 비례하여 '일정 수준'의 비용도 낮춰가는 과정을 밟는 것이다. 그것을 굳이 '정경분리'와 모순되는 것으로 이해할 필요는 없다. '정경유착'이 아닌 '정경협조' 또는 '정경보완'[129] 범주로도 이해할 수 있는 문제인 것이다. 그런데도 김대중 정부는 남북관계에서 큰 업적을 이루었음에도 불구하고, 이 문제에 관해서는 소극적이었다.

---

128 정해구, 「김대중정부의 대북정책과 남북 경제협력 — '현대' 사례를 중심으로」, 『북한연구학회보』 제9권 제2호, 북한연구학회, 2005, 230면.
129 김근식, 「남북경협과 민족화해 — 질적 발전을 위하여」, 『북한의 체제전망과 남북경협』, 한울아카데미, 2003, 168~170면.

5. 나가며

대북사업은 지난 5년간 남북 당국의 불통 상황에서 고전을 면치 못했다. 그런데 이명박 정부하에서도 개성공단은 유지 되었다. 남북 양쪽에 고용효과가 상대적으로 적고 피해 업체가 현대아산으로 국한된 금강산 관광은 중단 되었지만, 남북 모두 이해관계가 두텁게 얽혀 있는 개성공단은 그대로 가동 되었다. 이명박 정부가 천안함 사건 이후에도 개성공단을 폐쇄하지 못했던 이유는 그 안에서 공장을 가동하는 123개의 중소기업과 그와 연관된 하청기업의 직원과 가족 등 10만여 명의 생계가 달려 있었기 때문이었다.

남북 간에 실리적 이해관계가 얽혀 있다는 것은 그만큼 중요하다. 평화와 통일은 당사자들이 실질적인 이익을 공유할 수 있는 접점이 넓어질 수 있을 때 비로소 구체화되고 현실화될 수 있기 때문이다. 그런 점에서 보면 정주영이 내디뎠던 우보천리牛步千里의 첫걸음은 자신의 이윤추구 활동을 넘어서서 남북 간 각종 교류협력과 화해의 촉진제 역할을 했다. 우리가 남북의 화해와 평화를 만들어감에 있어 정주영을 기억해야 하는 이유는 그의 소떼 방북이 실리를 통한 평화정착의 가능성을 보여준 첫 번째 사례였기 때문이다.

참고문헌

『조선일보』, 『매일경제』, 『한겨레』, 『동아일보』, 『경향신문』, 『프레시안』, 『로동신문』, 『대한상공회의소 報道資料』, 『서울신문』, 『연합뉴스』, 『민중의 소리』, 『서울경제』, 『전경련』, 『천리마』, 『민족21』

고유환, 「김대중 정부의 대북포용정책과 북한의 반응」, 『아시아태평양지역연구』 제2권 제2호, 전남대 아시아태평양지역연구, 2000.

김근식, 「남북경협과 민족화해－질적 발전을 위하여」, 『북한의 체제전망과 남북경협』, 한울아카데미, 2003.

김연철, 「한반도 평화경제론－평화와 경제협력의 선순환」, 『북한연구학회보』 제10권 제1호, 북한연구학회, 2006.

김치욱, 「남북관계와 코리아 디스카운트Korea Discount 상관성 분석」, 『통일과 평화』 3집 1호, 서울대 통일평화연구원, 2011.

남성욱, 「남북관계 변수가 국내株價 변동에 미치는 영향과 정책적 함의」, 『東北亞經濟研究』 第16卷 濟1號, 韓國東北亞經濟學會, 2004.

리영희 · 윤만준 · 정세현 · 장상환 대담, 「금강산과 민족화합－개방, 개발, 관광」, 『통일시론』 2호, 청명문화재단, 1999.

삼성경제연구소, 「북한경제와 남북경협의 현주소」, 『CEO Informations』 제507호, 삼성경제연구소, 2005.

서석홍, 「臺灣企業의 對中國投資와 兩岸 經濟統合」, 『중소연구』 73호, 한양대 아태지역연구센터, 1997.

유철규, 「1980년대 후반 경제구조변화와 외연적 산업화의 종결」, 『박정희 모델과 신자유주의 사이에서』, 함께읽는 책, 2004.

이동기, 「보수주의자들의 '실용주의'적 통일 정책－1980년대 서독 콜 정부의 동방 정책 계승」, 『역사비평』 83호, 역사비평사, 2008.

전병곤, 「양안 교류협력이 남북관계에 주는 함의－ECFA와 관련하여」, 『통일정책연구』 제21권 1호, 통일연구원, 2012.

정태헌, 「21세기 한반도와 동북아 평화를 어떻게 주체적으로 만들어 갈 것인가」, 『역사와 현실』 51호, 한국역사연구회, 2004.

정해구, 「김대중정부의 대북정책과 남북 경제협력 — '현대' 사례를 중심으로」, 『북한
　　연구학회보』 제9권 제2호, 북한연구학회, 2005.
최완규, 「대북 포용정책에 대한 북한의 인식과 대응」, 『韓國民族文化』 14, 부산대 한
　　국민족문화연구소, 1999.
허민영, 「현대그룹 노사관계 변화(1987~1999)」, 『산업노동연구』 제9권 제1호, 한국
　　산업노동학회, 2003.
현영미, 「남북경제공동체의 시금석 개성공단」, 『기억과 전망』 제11호, 민주화운동기
　　념사업회, 2005.

김대중, 『김대중 자서전』 2, 삼인, 2010.
이병도, 『영원한 승부사 정주영 신화는 계속된다』, 찬섬, 2003.
이종석, 『통일을 보는 눈』, 개마고원, 2012.
임동원, 『피스메이커』, 중앙북스, 2008.
정세현, 『정세현의 정세토크』, 서해문집, 2010.
정주영, 『이 아침에도 설레임을 안고』, 삼성출판사, 1986.
_____, 『鄭周永은 말한다』, 울산대 출판부, 1992a.
_____, 『韓國經濟의 神話와 現實』, 울산대 출판부, 1992b.
_____, 『새로운 시작에의 열망』, 울산대 출판부, 1997.
_____, 『이 땅에 태어나서』, 솔, 1998.
KDI 북한경제팀, 『KDI 북한경제리뷰』, KDI, 2001.
통일부, 『2013 통일백서』, 2013.
現代峨山(株), 『南北經協 事業日誌(1989~1998)』, 現代峨山(株), 1998.
_____, 『南北經協 事業日誌(2000)』, 現代峨山(株), 2000.
현대건설주식회사, 『현대건설 60년사』, 2008.

남북정상회담과 남북관계
소중한 '추억'과 잊혀진 '기억'

김근식

1. 남북정상회담의 추억

추억追憶과 기억記憶은 다르다고 한다. 과거의 일을 다시 생각하는 것이 기억이고, 좋았던 과거를 되새기는 것이 추억일 게다. 즐거웠던 일을 기억하는 게 추억인 셈이다. 따라서 추억은 전부를 기억하지만 기억은 전부를 추억하지 못한다. 2007년에 2차 남북정상회담이 있었다. 그 역사적인 남북정상회담에 특별수행원 자격으로 참여한 필자에게 그 날은 여전히 기억하고픈 추억으로 남아 있다.[1]

그러나 2008년 이명박 정부 출범 이후 10 · 4 선언은 단 한 개의 합의사항조차 이행 못하는 종이문서가 되고 말았다. 그 선언의 남측 당사자였던 노무현 대통령은 비운의 죽음에 이르렀고 북측 당사자였던 김정

---

1 김근식, 「10 · 4의 추억」, 『경향일보』, 2008. 10. 3.

일 위원장도 2011년 사망하고 말았다. 양 당사자가 사라진 탓일까? 지금 10·4 선언은 더더욱 역사의 뒤켠으로 사라져 있다. 지난 이명박 정부는 10·4 선언을 입에 올리기 주저했고, 북한 또한 파탄난 남북관계에 지쳐 10·4선언 이행을 요구하지 않았다. 역사적인 남북정상회담이 좋은 추억은 고사하고 확실한 기억조차 힘든 상황이 되고 말았다.

환호와 설렘으로 맞이했던 두 차례의 정상회담을 이제 좀 더 객관적이고 차분하게 돌이켜 봄으로써 감정보다는 이성으로 우리 남북관계사에 정상회담이라는 사건사를 각인시켜 보는 것도 지금 시기엔 의미가 있을 듯싶다. 2000년의 감동과 2007년의 희망을 넘어 이제 남북관계사에 자리매김된 정상회담의 성사배경과 합의내용과 이행과정을 종합적으로 분석하고 서술함으로써 역사적 재조명을 해보고자 한다.

2. 남북정상회담의 장면 둘

2000년 6월 13일. 평양 순안공항. 김정일 위원장의 공항 영접을 사전에 전혀 알지 못한 김대중 대통령이 비행기 트랩에서 내리는 순간. 붉은 카펫 위에 김정일 위원장이 인민복 차림으로 맞고 있었다. 분단과 전쟁, 적대와 대결의 관계로 일관했던 남과 북의 최고지도자는 반갑게 포옹을 했다. 곧이어 김대중 대통령과 김정일 위원장은 연단 위에 서서 조선인민군 육해공군 의장대 사열을 공동으로 받았다. 대한민국의 주적인 조선민주주의인민공화국 군통수권자 김정일 국방위원장과 조선민주주의인민공화국의 적화대상인 대한민국의 군통수권자 김

대중 대통령이 나란히 서서 인민군 사열을 받는 이 장면만으로도 남북 정상회담의 역사적 의미는 충분했다. 적대와 대결의 남북관계가 공존과 협력의 남북관계로 바뀔 수 있는 희망을 확인한 순간이었다.

#2007년 10월 2일. 군사분계선 현장. 남과 북을 가로막은 역사적 비극의 상징, 군사분계선을 노무현 대통령은 한 걸음 내딛어 넘어섰다. 전 세계에 방송된 이 장면은 한반도의 분단과 적대적 대결을 넘어서고자 하는 힘찬 발걸음으로 비쳐졌다. 군사분계선을 훌쩍 넘은 노무현 대통령의 한 마디는 두고두고 우리 남북관계에 울림을 주고 있다.

저는 이번에 대통령으로서 이 금단의 선을 넘어갑니다. 제가 다녀오면 더 많은 사람들이 다녀오게 될 것이고, 그러면 마침내 이 금단의 선도 점차 지워질 것입니다. 장벽은 무너질 것입니다.

남과 북을 가로막은 군사분계선이 남측 대통령의 발걸음으로 넘어서지는 순간, 더 많은 교류와 접촉, 화해와 협력이 진전될 것이고 더 많은 사람들이 분계선을 넘나들게 될 것이고 결국 선은 존재하지만 그 선이 가졌던 금단의 역사적 의미는 사라질 수 있을 것처럼 보였다.

위의 두 장면만으로도 정상회담은 남북관계사에 결정적인 의미를 제공하고 있음을 알 수 있다. 분단 이후 최초로 남과 북의 군통수권자가 공동으로 북한군 사열을 받는 장면은 화해와 공존의 첫 출발을 알리는 상징 그 자체였다. 남측 대통령이 직접 걸어서 군사분계선을 넘어서는 장면 역시 남과 북의 자유로운 오고감이 결국은 분계선을 지우고 분단을 해소할 것이라는 희망 그 자체였다.

3. 남북정상회담의 성사배경

1) 2000년 남북정상회담 - 남·북·미 삼박자의 어울림[2]

남북정상회담의 성사노력은 역대정권의 공통된 의지였고 실제로도 성사를 위한 막후 노력이 계속 진행되었지만 실제 이루어진 것은 김대중 정부 시기인 2000년이었다. 이는 남북정상회담 성사와 여기에서의 일정한 합의도출이라는 것이 남북의 의지만으로 가능하지 않고 이를 실제로 가능케 하는 일정한 조건과 배경이 충족되어야 함을 의미한다. 이런 관점에서 볼 때 2000년 당시 남북정상회담이 성사된 데에는 크게 3가지의 배경적 요인이 존재했고 이들이 상호 선순환적으로 작용하면서 유리한 우호적 환경을 만들었기 때문에 가능했음을 지적할 수 있다.

우선 정상회담이 성사되는 데 김대중 정부의 햇볕정책이 결정적으로 기여했음은 아무도 부인할 수 없다. 햇볕정책의 일관된 추진은 북한으로 하여금 남북대화에 진지하게 나설 수 있는 신뢰감을 증대시켰다. 김대중 정부의 햇볕정책이 기존 정권과는 다른 차별적인 대북정책의 내용과 방향을 가지고 있었기 때문에 실제 정상회담 성사가 가능했음은 바로 이전 정권인 김영삼 정부 시절 정상회담 합의가 이루어졌지

---

2 김근식, 「남북정상회담과 6·15 공동선언 - 분석과 평가」, 『북한연구학회보』 10권 2호, 북한연구학회, 2006, 40~43면.

만 실제 성사에는 이르지 못한 저간의 사정을 비교할 때 보다 확연해진다. 즉 1994년 당시 정상회담 합의는 남측의 대북 화해협력 의지의 산물이라기보다는 당시 조성된 북핵문제의 첨예한 대결상황에서 위기해결을 위한 돌파구로서 카터 전 미국 대통령의 중재로 이루어진 것이었다.[3] 그러나 2000년 정상회담은 냉전구조 해체를 위한 김대중 정부의 햇볕정책 추진을 성과로 해서[4] 남북의 신뢰가 축적된 상황을 토대하여 우리 정부의 주도적 노력과 북한의 적극적 호응이라는 방식으로 성사된 것이었다.

햇볕정책은 기본적으로 상대가 있는 것인 만큼 정책 자체의 유용성만으로는 그 성공을 장담할 수 없다. 따라서 햇볕정책만으로 2000년 당시 남북정상회담의 성공 배경을 모두 설명하기는 힘들다. 여기에는 남한의 대북정책 방향과 더불어서 이에 대한 북한의 태도여부 그리고 미국을 포함한 국제환경 등이 동시에 고려되어야 한다. 이들 3차원은 각기 분리되어 있는 것이 아니라 서로 영향을 주고받는 상호연관 관계에 있기 때문이다.

이를 감안할 때 당시 정상회담의 성사에는 햇볕정책의 추진이라는 한국 측 조건 말고도 북한의 권력승계 완료 및 체제위기 극복에 따른

---

[3] 사회주의권 붕괴와 동서독 통일 그리고 1994년 김일성 주석 사망을 계기로 당시 김영삼 정부의 대북정책은 북한붕괴론에 근거한 흡수통일노선이 근간을 이루었다. 위기에 처한 북한이 붕괴할 것을 기대하면서 김영삼 정부의 대북정책은 강경노선을 기조로 하면서 흡수통일의 의도를 드러내었다. 그러나 북한붕괴론을 가정한 강경일변도의 대북정책은 결과적으로 한반도의 긴장격화와 남북관계의 파탄을 가져왔을 뿐 그것이 추구하고자 했던 북한의 붕괴나 굴복은 현실적으로 이루지 못했다.

[4] 독일의 경우에도 브란트 정권의 신동방정책과 이에 따른 동서독 정상회담은 동독의 현실적 인정과 공존을 공식화한 것이었다. 이에 대해서는 황병덕 외, 『신동방정책과 대북포용정책』, 두리, 2000, 114~128면 참조.

적극적 대외관계 개선 의지라는 상황이 긍정적으로 작용했음을 알 수 있다. 1998년 고난의 행군을 마감한 북한은 김정일로의 권력승계가 완료되고 경제위기가 일정하게 바닥을 친 상황에서 이제 체제붕괴의 임계점을 벗어났다는 일정한 자신감을 갖게 되었다.[5] 따라서 당면한 문제였던 체제위기의 우려를 씻고 김정일 체제의 상대적 안정성을 확보한 상태에서 경제회생을 위한 북한식 발전전략을 추진해야 할 필요성이 대두되었으며 이는 곧 남한을 포함해서 서방사회와의 본격적인 관계개선이 절실했던 상황이었다. 당시 정상회담 성사는 북한의 입장에서 볼 때, 체제발전을 위한 물적 조건 즉 남측으로부터의 대규모 경제적 지원과 협력을 받을 수 있다는 점과 미일 수교를 포함한 대외관계 개선을 위해서도 남북 간의 가시적 긴장완화 조치가 필요하다는 인식에서 비롯된 것이었다.

정상회담 성사에는 당시 미국을 비롯한 국제사회의 대북 우호적 분위기라는 상황도 긍정적으로 작용했음을 부인할 수 없다. 1994년 북핵위기를 모면하고 북미 간 제네바 합의를 도출했던 클린턴 행정부가 집권 2기를 맞으면서 '개입정책engagement'으로 대북정책의 기조를 잡아가고 있었고 특히 한미 간에는 김대중 정부의 햇볕정책에 대한 포괄적 이해와 동의를 차곡차곡 쌓아가고 있던 상황이었다. 1998년 대북정책 조정관으로 임명된 페리 전 국방장관이 김대중 정부와의 협의를 통해 1999년 북한을 직접 방문하고 그해 가을 대북 포용정책을 수용하는 '페리보고서'를 작성한 것은 당시 미국의 대북정책 방향이 남북정상회담

---

5 고난의 행군을 마감하고 강성대국 건설을 슬로건으로 내세워 사상강국과 군사강국에 기초하여 경제발전을 달성하는 경제강국을 건설하자고 독려하였다.

성사에 우호적 배경이 되었음을 짐작케 한다.[6] 더욱이 부시 행정부로의 정권교체 이후 북미관계 갈등이 심화되면서 결국 남북관계의 진전마저 비우호적인 환경을 맞았음을 비교해보면 당시의 국제환경이 상당히 긍정적인 배경이 되었음을 역으로 실감할 수 있다.

정상회담 성사와 관련하여 나중에 밝혀진 일이지만 남한 정부의 대북 송금이 결정적으로 작용했다는 비판적 평가도 존재한다. 그러나 대북 비밀 송금이 당시 정상회담 성사를 확인시킨 하나의 요인이 될 수는 있지만 그것만으로 정상회담 성사의 이유를 설명하는 것은 지나친 과장이다. 정상회담 대가를 지불한 것 때문에 만남이 성사되었다는 논리는 화해협력을 통한 남북 간의 신뢰구축 과정과 이를 가능케 하는 우호적 환경이 조성되지 않았다 하더라도 돈만 건네준다면 언제라도 정상회담이 이루어질 수 있다는 결론으로 비약될 수 있다.[7] 오히려 대북 송금은 이전에 합의된 남북경협에서의 독점권에 대한 현대의 계약비용 측면과 오랫동안 적대적 관계를 유지했던 두 나라가 극적인 화해를 이루면서 상호신뢰의 가시적 형태로 제공되는 선물이라는 국제적 관행의 측면으로 해석될 수 있다. 다만 한소 수교나 한일 수교 과정에서 차관제공이 공개적으로 진행되었던 것과 비교할 때 당시 야당과 국민의 동의 등 공개적 투명성을 확보하지 못했던 점은 아쉬움으로 남는다.[8]

---

6 당시 페리 조정관을 대북포용정책 입장에서 적극 설득했던 임동원 장관은 그의 자서전에서 페리 보고서의 내용을 '유쾌한 표절'이라고 표현하기도 했다. 임동원, 『피스메이커』, 중앙북스, 2008, 426~430면.

7 2011년 이명박 정부가 북경 비밀접촉을 통해 남북정상회담을 제안하면서 돈 가방을 전달하려 했다는 북한의 폭로를 보면 댓가지불만으로 정상회담 성사가 가능하다는 것이 비현실적임을 역설적으로 실감할 수 있다.

8 그러나 역으로 당시 국내정세에서 대북 송금 방침을 공개하고 야당과 국민의 동의를 구

2) 2007년 남북정상회담 – 북핵과 연동된 현실적 접근[9]

남북정상회담 추진과 관련한 노무현 정부의 입장은 일관되게 북핵 상황의 일정한 진전을 전제로 한 것이었다. 북핵상황이 악화되거나 교착된 상황에서 남북정상회담은 추진하기도, 성사되기도, 합의사항을 도출하기도 어렵다는 현실적 여건을 감안한 것이었다. 남북미 삼박자라는 차원에서 보면 부시 행정부의 대북 강경정책으로 미국 상황이 결코 만만치 않았고, 부시 행정부와 힘겨운 기싸움을 벌여야 했던 북한 상황 역시 정상회담을 성사시킬 만한 우호적인 한반도 정세에는 결코 가까워 보이지 않았다. 따라서 2000년 정상회담과 달리 노무현 정부는 부시 행정부의 미국 조건과 북핵 2차 위기로 북미갈등에 올인하고 있는 북한 조건을 넘어서서 남북정상회담을 성사시키기 위해 현실적 접근을 할 수밖에 없었다. 북핵문제라는 북미 간 대결상황이 그나마 호전되지 않는 한 남북정상회담은 거론조차 못할 것이기 때문이었다. 그래서 노무현 정부는 부득불 정상회담을 북핵문제의 진전과 연동시켰고, 정상회담의 우호적 환경을 기다리기도 하고 북미협상을 촉진하고 유도해가는 다각적인 노력을 기울였다.

하는 것이 과연 극적으로 진행된 남북정상회담의 성사 그 자체보다 중요한 것이었는지는 논란의 여지가 있다. 즉 투명성을 위해 대북송금 사실을 공개하고 이에 대한 동의를 구했을 때 과연 한나라당과 보수 진영에서 쉽게 합의해주지 않았을 가능성이 높고 그럴 경우 결과적으로는 남북정상회담이 좌초될 수도 있었을 것이다. 결국 역사적인 남북정상회담 성사라는 가치와 대국민 투명성 확보라는 가치가 상충될 경우 어느 것을 더 우위에 둘 것인가에 대한 정치적 판단의 결과로 보인다.

9　김근식, 「10 · 4 남북정상회담과 노무현 대통령」, 『10 · 4 남북정상선언 2주년 기념 학술회의 자료집』, 2009.9, 90~92면.

취임 직후 첫 한미정상회담에서 이른바 북핵상황 악화 시 '추가적 조치further steps'에 합의함으로써 진보진영은 거세게 항의했고 부시 행정부의 대북 강경기조에 동의할 게 아니라 오히려 미국의 대북 강경기조를 전환시키기 위해서라도 시급히 남북정상회담을 추진해야 한다고 주장했다. 그러나 노무현 대통령은 북핵상황과 남북관계를 연계시키지 않을 수 없다는 현실적 입장이었고[10] 오히려 그렇기 때문에 부시 행정부라는 만만치 않은 미국 정부를 상대로 북핵문제를 호전시키기 위해 더욱 많은 노력을 기울였다.[11] 북핵과 남북관계를 연계한다는 것은 북핵이 악화되면 남북관계도 포기하고 한미동맹에 매몰된다는 것이 아니었다. 오히려 상황이 악화될수록 부시 정부를 설득해 대북협상에 나서도록 촉구하는 역할을 포기하지 않았다.[12]

북핵상황과 남북관계를 불가불 연동시킬 수밖에 없었지만 그렇다고 해서 북핵을 이유로 남북관계를 중단하거나 단절하는 일은 없었다. 즉 북핵상황 악화에도 불구하고 3대 경협사업의 지속과 사회문화적 인적 교류는 지속되었고 특히 대북 식량 및 비료 지원은 매년 꾸준히 지속되었다. 북한의 나쁜 행동에도 불구하고 대북 지원은 계속해야 한다는 것이 노무현 대통령의 지론이었고 이는 곧 남북관계의 신뢰를 유지하는 최소한의 마지막 끈이었다.

---

10 한반도 평화체제 구축도 북핵문제의 일정한 진전과 연계되어 로드맵이 제시되었다. 통일부, 『참여정부의 평화번영정책』, 통일부, 2003. 3, 15면.

11 사실 임기 초반 정치적 반대 속에 결정된 이라크 파병 방침도 이면에는 부시 행정부의 대북강경기조를 누그러뜨리기 위한 반대급부의 속내가 있었음을 부인하기 힘들다.

12 북핵교착에도 불구하고 미국 정부의 대북 협상을 촉구한 2004년 11월 LA 발언이나 2006년 핵실험 이후 '공동의 포괄적 접근'으로 미국에 대북 협상을 요구한 것 등이 대표적 사례이다.

또한 북핵상황의 악화를 돌파하기 위한 한국정부의 노력을 결코 게을리 하지도 않았다. 실제로 노무현 대통령은 북핵문제가 교착되고 어려움에 처할 때, 남북관계를 포기하고 한미공조에 매달려 대북 강압과 봉쇄에 나서는 것이 아니라 오히려 남북관계의 지렛대를 활용해 국면을 돌파하는 적극적 역할을 포기하지 않았다. 북핵상황이 좋지 않은 만큼 남북정상회담 추진은 신중하게 접근하면서도 그 북핵상황을 호전시키고 북미 간 협상을 촉진하기 위한 남북관계의 역할은 지속적으로 모색했고, 그 대표적인 사례는 바로 2005년 6 · 17 면담을 통한 북핵문제 진전 도출이었다. 당시 6자회담이 장기 중단되고 남북관계마저 탈북자 대량입국으로 경색된 상황에서 노무현 대통령은 민간차원의 남북행사에 정부 측 인사를 특사 자격으로 참가시켰고 결국 당시 통일부 장관이 평양을 방문해 김정일 위원장을 만남으로써 남북관계 복원과 북한의 6자회담 복귀를 이끌어 낸 것이었다. 6.17 면담 직후 중단되었던 6자회담이 재개되고 급기야 그해 9월 북핵문제의 모범답안인 9 · 19 공동성명이 합의도출된 것은 분명 남북관계의 적극적 역할과 개입의 공로였다.

노무현 대통령이 현실적으로 북핵 악화 상황에서 남북정상회담 추진에 신중했던 것은, 1차와 달리 2차 정상회담은 추상적 원론적 합의를 넘어 구체적 합의와 함께 현안에 대한 의미 있는 성과가 나와야 한다는 구조적 제약을 인식한 때문이었던 것으로 보인다. 2000년 1차 정상회담은 분단 이후 최초의 정상회담인 만큼 만남 자체만으로도 역사적 의미와 성과를 갖는 것이었고 두 정상의 포옹 장면만으로도 충분한 가치를 갖는 것이었다. 그래서 6 · 15 공동선언은 포괄적, 일반적 합의로 충분한 것이었다. 그러나 6·15 정신을 이어받은 두 번째 정상회담은 당연히 보다 구체적 합의를 도출해야 하고 특히 현안인 북핵문제에 분명한 답을 얻어내야 하며 6·15 공동선언에 빠진 군사와 평화 부분에 대한 충분한 합의가 있어야 했다. 따라서 노무현 대통령은 북핵문제가 일정하게 진전되지 않은 조건에서 무리하게 추진하는 정상회담은 바로 그 제약으로 인해 성공적인 정상회담이 되기 어려울 것이라는 매우 현실적이고 실용적인 판단을 한 것으로 보인다.

그래서 남북정상회담은 2005년 9·19 공동성명 도출로 핵문제 진전이 가시화된 이후 실제로 추진된 적이 있었다.[13] 그러나 이 역시 방코델타아시아(BDA) 문제가 불거지고 북미관계가 다시 경색되면서 미뤄지게 되었다. 또한 노무현 대통령은 2006년 7월 미사일 발사 직후엔 더 이상의 상황 악화를 막기 위해 남북정상회담을 타진해 본 적이 있는 것으로 알려져 있다. 이는 북핵호전이 아니라 북핵상황이 최악으로 가는 길목에서 이를 막기 위한 최후의 카드로서 정상회담 추진을 시도한 것으로 풀이된다.

결국 2차 정상회담의 추진은 철저히 북핵상황과 연계된 현실적 접근이었고 그것은 북핵을 이유로 정상회담을 추진하지 않는 것이 아니라 북핵진전을 통해 정상회담을 이끌어낸다는 것이었고 이를 위해 지속적인 남북관계의 유지, 끈질긴 대미 설득, 남북관계를 통한 국면돌파를 꾸준히 견지함으로써 2007년 2·13 합의 이후 비로소 정상회담은 성사될 수 있었다.

---

13 이종석 인터뷰, 『동아일보』, 2008.11.23.

4. 남북정상회담의 결과물—6·15 공동선언과 10·4 정상선언

1) 6·15 공동선언—화해협력과 평화공존의 첫걸음

1차 남북정상회담의 결과물로 도출된 6·15 공동선언은 오랫동안의 적대적 대결관계를 청산하고 화해적 공존관계의 첫발을 내딛음으로써 상호 체제인정과 평화공존에 토대한 남북 간 평화와 화해와 협력의 실질적 토대를 마련했다는 종합적 의미를 갖는다고 볼 수 있다. 6·15 공동선언을 통해 남북은 과거의 상시적 긴장과 갈등 대신 평화를, 상호 상승적이었던 불신과 대결 대신 화해를, 소모적 경쟁 대신 협력을 이룰 수 있는 결정적 계기를 마련하게 됨으로써 서로 '싸우면서 살아왔던' 관계를 청산하고 상호 간에 화해하고 협력하며 '평화롭게 살아가는' 토대를 마련할 수 있게 된 것이다.[14]

6·15 공동선언은 한반도 냉전구조 해체와 통일문제에서 '민족적' 차원의 접근의 중요성을 합의함으로써 한반도 문제의 '한반도화'(1항)를 이루었고, 급격한 국가적 통합을 이루는 것이 아니라 체제인정과 평화공존의 단계를 통해 통일을 지향한다는 것에 합의함으로써 '체제인정과 평화공존'의 토대를(2항) 마련했으며, 이산가족 문제 해결과 경협을 비롯한 다방면의 협력을 통해 본격적인 화해협력 관계를 구축함으로써 '사실상 통일' 단계로의 진입을 가능케 했으며(3항, 4항), 공동선언 실천을 보장하기 위한 당국자 회담 개최 합의를 통해 남북 간 '상시

---

14 김근식, 앞의 글, 2006, 51면.

대화 채널' 확보를(5항) 이루었다.

6·15 공동선언에서 우리의 관심을 가장 끄는 부분은 '북측의 연방제와 남측의 연합제 안에 공통성이 있음을 인정하고 이 방향에서 통일을 지향하기로 했다'는 제2항의 합의이다. 분단 55년 만의 극적인 만남에서 실무적이고 각론적인 합의사항이 아닌 통일방안과 관련한 굵직한 합의내용이 포함되어 있기 때문이다.

그러나 우리 사회 일각에는 북측의 적화통일전략인 연방제에 손을 들어 준 게 아니냐는 오해와 이제 체제와 국가상像 등 본격적인 통일방안을 합의해야 하는 게 아니냐는 지나친 기대가 존재하기도 했는바, 이는 2항의 역사적 의미를 잘못 해석한 데에서 비롯된 것이다. 오히려 2항 합의의 의미는 남측이 북의 연방제안에 접근한 것이라기보다 북측이 현실적 통일경로로서 국가연합안을 이해하기 시작한 것으로서 이는 남북이 급격한 국가적 통합을 이루는 것이 아니라 체제인정과 공존공영의 단계를 통해 통일을 지향한다는 것으로서 통일방안이 아닌 '통일접근방식'에 합의했음을 뜻한다.[15]

우선 공동선언 2항이 합의될 수 있었던 것은 북이 과거의 연방적 통일이라는 국가 중심적 통일 접근방식이 현실적으로 불가능할 뿐 아니라 바람직하지 않다고 스스로 인식했기 때문이었다. 북한은 이미 1990년대 이후부터 과거 연방제안의 경직성에서 벗어나 유연성과 현실성을 점차 인정해 왔다. 6·15 공동선언에 표현된 '낮은 단계의 연방제'

---

15 이에 대해서는 김근식, 「연방제와 연합제의 공통성 인정 – 통일접근 방식과 평화공존에 합의」, 『아태평화포럼』 제39호, 아태평화재단, 2000.7; 김근식, 「연합과 연방 – 통일방안의 폐쇄성과 통일과정의 개방성 – 6·15 공동선언 2항을 중심으로」, 『한국과 국제정치』 19권 4호, 경남대 극동문제연구소, 2003 참조.

는 1991년 김일성 주석의 신년사 중 '잠정적으로 연방공화국의 지역적 자치정부에 더 많은 권한을 부여하는' 문제를 협의할 수 있다는 대목에서 연유한다.[16] 즉 과거 연방제안이 중앙정부에 외교와 국방 등의 권한을 부여하는 '높은' 수준이었다면 이제는 이들 권한마저도 지역정부에 줄 수 있다는 '낮은' 수준으로 변경된 것이다. 이로부터 북한의 통일에 대한 접근방식은 과거 1국가론의 연방제 통일에서 2국가론에 가까운 연합적 성격의 연방으로 '선회'했다고 할 수 있다. 결국 6·15 공동선언의 2항 합의는 우리가 통일방안을 수정한 의미가 아니라 북한이 자신의 연방제 통일방안의 내용을 수정한 것으로 봐야 한다.

통일은 단일한 제도, 단일한 헌법, 단일한 정부로 완성되긴 하지만 결코 거기에서 시작되지는 않는다. 오히려 가능하고 바람직한 통일은 섣부른 제도적 통합을 이루는 것이 아니라 분단의 결과인 긴장과 갈등 대신 평화를, 불신과 대결 대신 화해를, 소모적 경쟁 대신 협력을 일상화하는 것이며 이는 곧 2체제, 2정부의 평화공존을 보장하는 것이어야 한다. 이런 맥락에서 2항은 남북이 장기적 공존의 방식을 통해 점차 통일로 나가는 경로 즉 '낮은 단계의 연방' 혹은 '연합'의 방식을 통한 통일과정에 합의한 것으로서 통일을 지향하는 평화와 화해와 협력의 주춧돌을 마련했다는 역사적 의미를 갖는다.

또한 2항 합의와 관련해 유의해야 할 것은 연방과 연합의 공통성 인정이 통일방안의 합의나 통일국가의 상(像)을 합의한 것이 결코 아니라는 점이다. 실제적인 국가연합의 합의나 창설은 오랜 시일이 지난 차

---

16 「김일성 신년사」, 『로동신문』, 1991.1.1.

후의 문제이며 오히려 2항 합의의 내용을 보장하고 향후 남북 간 평화
공존의 토대를 보다 공고히 하기 위해서는 섣불리 통일 국가상을 둘러
싼 논의가 확산되는 것은 바람직하지 않다. 연합제와 연방제의 공통성
을 인정한다는 의미가 마치 지금 당장 통일방안에 합의한 것으로 과도
하게 해석되어 통일국가의 체제나 이념문제를 거론하는 것은 우리 사
회에 불필요한 이념적 대립을 야기할 뿐 아니라 남북관계에서도 결코
좋지 않은 결과를 가져올 뿐이다.

분단현실을 개선하고 통일이라는 현상변경적 목표를 달성하기 위
해 가장 필요한 것은 오히려 현실을 인정하고 양 체제의 공존을 공식
화하는 작업이다. 그리고 이는 통일 이전에 양측의 제도와 이념의 차
이를 실질적으로 인정해야 함을 의미한다. 결국 2항의 통일접근방식
에서의 합의는 급격하고 과도한 '법적, 제도적de jure' 통일을 뒤로 미루
고 대신에 분단의 피해를 줄이고 고통을 경감하는 차원에서 상호 체제
인정과 평화공존 그리고 화해와 협력을 이루는 이른바 '사실상의 통일
de facto' 방식에 남북이 현실적으로 동의했음을 의미하는 것이다.

2) 10 · 4 정상선언−6 · 15 공동선언의 계승과 발전

10 · 4 정상선언의 역사적 의미를 가장 압축적으로 표현한다면 '6 ·
15 공동선언의 계승과 발전'으로 정리할 수 있다.[17] 6 · 15 공동선언을

---

17 김근식, 「2007 남북정상회담을 결산한다」, 『창작과 비평』, 창작과비평사, 2007 겨울, 402면.

계기로 반세기 이상 지속된 적대적 대결관계 대신 화해협력의 남북관계가 개막될 수 있었고 그 방향이 꾸준히 지속되어 왔다. 그러나 6·15가 개척한 길을 걸어오면서 새로운 과제가 생겨났고 극복해야 할 과제도 발생했다. 정치 군사 분야의 진전을 이뤄내야 했고 기존과는 다른 새로운 경제협력 방식을 창출해야 했다. 그래야만 당시까지의 남북관계를 한 차원 높은 단계로 발전시킬 수 있었다.

결국 10·4 정상선언은 6·15 공동선언에 기초해 지속해왔던 남북관계를 보다 높은 단계로 발전시키기 위한 토대를 마련했다는 의미를 갖는다. 즉 화해협력이라는 6·15 공동선언의 큰 방향을 그대로 지속하되 6·15 공동선언에 포함되지 않았던 내용을 새롭게 이끌어냄으로써 향후 남북관계를 보다 바람직한 방향으로 진전시킬 수 있는 중요한 계기가 바로 10·4 정상선언이었던 것이다. 6·15가 열어 놓은 길을 좀 더 넓히고 포장하고 반듯하게 가꿈으로써 그 길을 따라 가면 우리가 목표로 하는 평화와 통일이라는 목적지까지 무사히 갈 수 있게 이끄는 이정표였던 셈이다.

무엇보다 10·4 정상선언은 한반도 평화와 군사 분야의 진전을 이뤄냄으로써 정상적인 남북관계 발전을 가능케 했다. 당시 까지 남북관계는 경제와 사회문화가 앞서가고 정치와 군사는 뒤쳐지는 불균형의 모습이었다. 경제협력과 사회문화 교류가 빈번해진 반면 정치적 화해와 군사적 신뢰구축은 그에 따라가지 못하는 비정상적 형국이었던 것이다. 그러나 10·4 정상선언을 통해 남북은 상호 적대관계 해소와 군사적 긴장완화와 신뢰구축 그리고 전쟁반대와 불가침 의무를 재확인하면서 서해평화협력특별지대 구상을 통해 서해에서의 평화증진에도 합의했다.

또한 10 · 4 정상선언에서 남북은 한반도 정전체제를 평화체제로 전환하는 방향에 대해 공감대를 확인하고 이를 위한 구체적 행동으로 종전선언을 추진하기로 합의했다. 그리고 6자회담의 틀에서 비핵화를 이행하기로 합의했다. 남북정상 사이에 한반도 평화 문제가 본격 다뤄졌고 평화체제 구축 방향에 합의를 이루어 낸 것이다. 또한 남북은 한반도 평화체제 전환에 대해 적극적 의지를 갖고 6자회담의 진전과 종전선언 추진에 힘을 합치기로 함으로써 비핵화 과정과 맞물려 진행될 한반도 평화체제 프로세스에서 구체적인 노력을 기울일 수 있게 되었다. 북핵문제 해결과 한반도 비핵화에 대해 남북 정상이 직접 당사자로서 의견을 교환하고 실천 의지를 확인함으로써 그동안 남북관계가 북핵문제 해결에 무관심했다는 비판을 불식할 수 있게 되었다.

물론 정치 분야의 진전도 가시적 성과를 냈다. 정상선언 2항의 상호존중과 신뢰의 남북관계 전환은 남과 북이 서로 상대방을 이해하고 존중하는 정치적 화해의 시작을 알리는 것이다. 상호 내정 불간섭과 상대방을 부인하는 법제도의 정비 등은 앞으로 남과 북이 상대방 체제를 있는 그대로 인정하고 용인하는 구체적 내용이 될 것이다. 경제적 협력과 사회문화적 교류가 활발히 진행되면서도 상대방에 대한 정치적 실체 인정이 이뤄지지 않으면 남북의 화해협력은 항상 불안정한 것이 된다. 상대방 체제와 이념과 제도를 인정하고 이에 기초해 상호 존중과 신뢰의 남북관계를 이뤄가는 것이야말로 정상적 관계의 기본이다. 아울러 당시 정상회담 기간 중에 남측 대표단이 아리랑 참관을 공식일정으로 소화해낸 것도 사실은 상대방에 대한 이해와 존중의 상징적 조치이다. 이는 2005년 서울을 방문한 김기남 당비서 일행이 공식적으로 현충원을 참관한 것에 상응하는 조치로서 남과 북의 정치적 화해의 시작을 알리는 것이기도 했다.

결국 10·4 정상회담은 그동안 남북관계의 진전 속에서 풀어야 했던 문제들 즉 화해협력을 확대발전시키기 위해 필수조건이었던 한반도 평화 문제와 군사적 신뢰구축 문제가 본격 다뤄졌고 남북차원에서 오랜 쟁점인 북핵문제가 논의·합의되었고 그 결과로 한 단계 업그레이드된 경제협력 방향에 합의를 이루어 냈다. 이로써 남북관계는 군사 분야의 평화 증진과 경제협력의 번영이 동시에 진행되는 정상적 관계로 자리 잡을 수 있게 되었다. 경제협력이 군사적 신뢰구축과 평화를 더욱 증진시키고 역으로 군사분야의 진전이 경제협력을 더욱 확대발전시키는 상호 선순환의 '평화 번영'이 가능해진 것이다. 이른바 평화가 경제에 기여하고 경제가 평화를 확대하는 '평화경제론'이 비로소 남북관계에 정착될 수 있는 계기가 마련된 것이었다.

평화와 번영이 동시 병행하는 바람직한 남북관계의 구상은 10·4 정상선언의 서해평화협력특별지대에 그대로 녹아 있었다. 10·4 선언 중 가장 의미 있는 내용으로 꼽히는 서해평화협력특별지대는 남북관계의 새로운 이정표를 세우는 발상의 전환이었다. 남북의 군사적 대결과 충돌의 최전방이었던 서해를 군사적 관점에서 협소하게 접근하는 게 아니라 남북의 경제협력과 공동번영을 통해 항구적인 긴장완화와 평화정착을 도모하는 종합적이고 입체적인 새로운 접근을 한 것이다.[18]

---

18 김근식, 「서해 북방한계선(NLL)과 한반도 평화에의 접근―'서해평화협력특별지대' 구상을 중심으로」, 『동북아연구』 제18권, 조선대 동북아연구소, 2010, 239면.

서해평화협력특별지대 구상이 실현되면 해주 공단에서 남과 북의 노동자가 같이 일하고 공동어장에서 남과 북의 어민이 함께 고기잡이를 하고 한강 하구에서 남과 북의 배가 공동으로 골재를 실어 나르는 전혀 새로운 그림이 그려진다. 상상하지 못했던 남북 협력과 공동번영의 구체적 현실이 새로 만들어지는 것이다. 서해 지대에서 남과 북의 협력이 상시화 되고 장차로는 개성과 해주와 인천을 연결하는 평화의 삼각지대를 만들어 그 안에서 사람과 물자가 자유롭게 오고 가는 공동번영의 새로운 장을 형성한다면 여기에는 남북의 군사적 대치와 충돌은 있을 수가 없다. 그야말로 경제협력이 평화를 증진시키고 그 평화가 다시 경제협력을 가속화하는 선순환의 전략적 접근이 서해에서 실제로 가시화되는 것이다.

서해평화협력특별지대는 경제와 군사가 있고 공단과 어장이 있으며 평화와 협력이 동시에 결합하는 향후 남북관계 발전의 실험장이자 모델하우스를 지향하는 것이었다. 남과 북이 서로 도움이 되는 경제협력의 현장이자, 남과 북의 군사적 대치가 해소되는 평화공존의 지대를 구상했던 것이다. 해주공단을 오고가는 남과 북의 민간선박이 자유롭게 서해를 왕래하고 공동어로구역에서 일하는 남북의 고기잡이배가 자유롭게 서해를 가로지르면 서해에서 남북의 군사적 대치와 긴장은 스스로 사라지게 될 것이라는 접근이었다.

당시 노무현 대통령이 군사분계선을 걸어서 넘었다는 사실이 군사분계선의 존재 자체를 없애는 것은 아니다. 다만 군사분계선을 걸어서 넘는 남과 북의 많은 이들이 늘어나게 되면 군사분계선은 형식적인 선으로 남지만 그 선이 갖는 기존의 위험성과 적대성은 현저히 약화되고 결국은 해소될 것이다.[19] 마찬가지로 서해평화협력특별지대가 현실화되면 NLL은 선으로 존재하지만 그 위험성은 현저히 약화되거나 사라지게 된다. 이것이 바로 서해평화협력특별지대와 NLL의 관계이다. 서해평화협력특별지대 구상안에 NLL은 녹아 들어가 있었던 것이다.

5. 남북정상회담과 협상과정 – 협상 당자자의 의지와 능력

사실 남북정상회담은 개최 성사보다 실제 회담 진행과정에서의 협상이 더 어렵다. 일반적인 외교관계의 정상회담이 아니라 백지에서 거의 새로운 그림을 그려야 하는 특수 관계의 일대일 협상이기 때문이다. 그런 면에서 김대중 대통령과 노무현 대통령의 개인적 차원의 노력과 의지가 회담 성공에 중요하게 기여했음을 충분히 인정해야 한다. 역사에 만약은 부질없다지만 2000년 그 현장에 김대중 대통령이 아니라 김영삼 대통령이 있었다면 과연 생산적인 합의가 도출되고 역사적인 6·15 공동선언이 합의되었을까? 마찬가지로 2007년 평양에 노무현 대통령이 아니고 이명박 대통령이 협상의 주역이었다면 어땠을까? 상상만으로도 남북정상회담의 성공은 구조적 배경과 조건 외에도 협상 당자사의 개인적 능력과 의지가 중요한 역할을 했음을 알 수 있다.

김대중 대통령의 현장에서의 협상력은 필자가 정확히 재구성할 수 없다. 다만 임동원 전장관의 회고록에서 어려운 고민과 진실한 결단이

---

19 2007년 10월 9일 프라자 호텔에서 개최된 통일연구원 주최 남북정상회담 평가 학술회의에서 백낙청 교수의 기조발언.

376 민주화·탈냉전 시대, 평화와 통일의 사건사

정상회담의 성공을 가져왔음을 일단이나마 짐작할 수 있을 뿐이다. 평양 도착 이전부터 북은 계속해서 금수산기념궁전 참배를 회담의 전제조건으로 요구했고 김대중 대통령은 우선 회담을 한 이후에 생각해보자는 유연하고도 원칙 있는 접근으로 곤란을 피해갔다. 양 정상의 첫 회담에서도 김정일 위원장은 남측 검찰이 대학생들의 인공기 게양을 엄벌하겠다고 한 사실을 들어 갑자기 그만 헤어져도 되겠다고 공박에 나섰지만 김대중 대통령은 차분하고 점잖게 간단히 응수함으로써 위기를 넘기기도 했다.[20]

특별수행원 자격으로 보고 들은 노무현 대통령의 실제 협상과정은 한마디로 솔직함과 진실성으로 김정일 위원장을 설득하고 움직인 모습이 인상적이었다.[21] 물론 협상이라는 것은 솔직함과 진실성만으로 움직여지지 않는다. 그러나 바로 그렇기 때문에 노무현 대통령이 갖고 있는 솔직 담백함과 때론 과감한 진실성이 북측의 지도자를 움직였을 가능성이 더 컸다.

한국 대통령으로선 처음으로 군사분계선을 걸어 넘는 역사적 장면 이후에 노무현 대통령은 영접 나온 북측 최승철 부부장의 환대를 받고 꽃다발을 전해 준 북측 여성에게 즉석에서 기념사진을 찍자고 제안했다. 사전에 준비되지 않은 거침없는 솔직함이었다. 북측 여성은 당황했지만 뿌리칠 수 없었고 북측 당국자의 눈치를 살피며 결국 사진을 찍었다. 정상회담 처음부터 노무현 대통령은 분단과 적대의 군사분계

---

20 임동원, 앞의 책, 54·91면.
21 이하에 서술된 정상회담 과정에서의 노 대통령의 태도와 발언은 당시 필자가 특별수행원 자격으로 일정을 같이하면서 관계자들에게 전해들은 내용을 토대로 재구성한 것이다.

선을 넘은 감격에 꽃다발을 건네 준 북측 여성과 감격의 기념사진을 찍고 싶었던 솔직한 모습이었다.

또 노무현 대통령은 회담 첫날 김영남 상임위원장 주최 환영만찬에서도 즉석에서 건배제의를 했고 그 내용은 한반도 평화를 위해 김정일 위원장이 건강하게 오래 사셔야 한다는 것이었다. 자리에 참석한 남과 북 인사들이 일순 긴장했지만 한반도 평화와 남북관계를 위해 북측 지도자인 김위원장이 오래 살아야 한다는 진심어린 건배제의였다.

솔직하고 진실한 노무현 대통령의 자세는 첫날 김영남 상임위원장과의 2시간 면담에서도 잘 드러났다. 첫날부터 김영남 위원장은 '우리 민족끼리'를 역설하며 국가보안법 폐지와 참관지 제한 철폐 등으로 노무현 대통령을 거세게 몰아붙였다.[22] 이에 대해 노 대통령은 화를 내거나 좌절하지 않고 당당하면서도 부드럽게 응대했다. 김영남 위원장의 지루한 발언이 끝나자 "이제 다 들은 걸로 합시다, 더 하시면 내일 짐싸서 내려갈 겁니다" 등의 솔직한 말로 분위기를 이끌어 갔고 김영남 상임위원장의 군기잡기 의도에 대해서는 "내일 김정일 위원장 만나서 불편하게 안 하려고 오늘 다 말씀하시는 거죠"라고 응수하며 기죽지 않으면서도 화기애애하게 면담을 주도했다.

일차 테스트인 김영남 상임위원장과의 면담을 잘 통과한 노무현 대통령은 둘째 날 김정일 위원장과의 본격 협상에서도 솔직함과 진실함으로 상대방 이야기를 존중하고 이해하려 했고 동시에 상대방을 논리적으로 설득하려는 노력을 기울였다. 김위원장이 자주에 대해 누차 설

---

22 2000년 남북정상회담 이후 북한이 지속적으로 남측에 시정을 요구한 4대 근본문제는 국가보안법 폐지, NLL 문제 해결, 한미합동훈련 중단, 참관지 제한 철폐 등이었다.

명하자 노 대통령 역시 기든스까지 언급하며 절대적 자주는 비현실적이라고 자세히 설명했고 김위원장이 북미 평화협정의 당위성에 대해 설명하면 이를 거부하거나 분개하는 것이 아니라 "둘이 하는데 우리도 좀 끼워주시라"는 솔직한 요구로 상대방을 설득하기도 했다.

특히 김위원장과의 본격 협상에서는 노 대통령이 북의 입장을 충분히 이해하고 역지사지의 입장에서 김위원장의 발언을 존중하는 자세를 가짐으로써 오히려 북측을 움직여 협상이 급물살을 탈 수 있게 하기도 했다. 오전 내내 힘든 협상을 하고 옥류관 오찬장에 도착한 노무현 대통령은 "협상을 해보니 벽을 많이 느낀다. 북이 개혁개방이란 단어에 거부감이 많다, 그러나 불신의 벽을 허물기 위해 북을 이해하고 역지사지의 입장이 되어야 한다"는 공개적 발언을 하기도 했다. 북에서의 모든 발언이 체크되고 보고된다는 사실을 알고 있었다면 이날 오찬장에서의 솔직한 발언은 북으로 하여금 노무현 대통령의 진실함을 인정케 하는 중요한 계기가 되었던 것으로 보인다. 오전에 꽉 막혔던 협상이 오후에 술술 풀렸던 것도 비슷한 맥락으로 해석되었다. 협상이 일단락되고 그날 밤에 대통령 일행이 아리랑 공연을 직접 관람한 것도 북에게는 역지사지의 대표적 실천으로 인식되었다.

실제 합의문에 사인하고 남측으로 돌아와 도라산에서 귀국보고를 하는 자리에서 노 대통령은 "개성공단을 개혁개방의 단초라고 표현하는 것이 북에게 불편했던 것 같다"면서 "김정일 위원장과 말을 해보니 말이 통하더라"며 감회를 밝히기도 했다.

내용적으로는 남측 여론과 국민들의 요구를 충분히 의식하고 반영하면서도 행태 차원에서는 북측에게 진심을 보여 상대방의 마음을 움직이게 함으로써 결국은 우리의 의견을 많이 수용하게 하는 성과를 낳은 셈이다. 남측이 야심차게 준비해간 '서해평화협력특별지대' 구상에 대해 김정일 위원장은 군부의 의견까지 청취해가며 고민 끝에 수용했다. 남북 간 군사적 신뢰구축 문제도 남측의 요구를 처음엔 소극적으로 응하다가 결국 북이 우리의 안을 대부분 수용했고 끝까지 완강하게 거부하던 2차 국방장관 회담까지 북이 수용했다. 통일방안 논의 역시 북은 6·15의 합의 정신을 이어받아 '연방연합제 통일방안'을 합의하자고 제의하기도 했지만 점진적 통일과정이 중요하며 오히려 남북정상회담 정례화 등 통일을 위한 기반 조성이 더 중요하다는 우리 입장을 받아들여 6·15 공동선언을 재확인하는 선에서 타결되었다.

북한은 수령이 절대적 권력을 행사하는 유일지도체제이다. 수령이 움직이면 중요한 결정이 가능한 사회이다. 따라서 정상회담에서도 가능한 한 북의 수령을 움직이고 설득하는 것이 우리 측의 요구를 관철하는 데 가장 필요한 조건이 된다. 이를 감안한다면 노무현 대통령은 지나친 계산과 분석적 전략보다 개인적 솔직함과 가감 없는 진실함으로 일관하고 특히 협상 상대인 김정일 위원장의 입장을 이해하고 역지사지하는 자세를 보임으로써 오히려 상대의 마음을 움직이고 상호 신뢰 형성을 가능케 했음을 알 수 있다. 협상 당사자로서 대통령의 의지와 능력, 태도와 발언이 실제 정상회담에서는 적지 않은 영향을 미친 셈이다.

6. 남북정상회담 이후 남북관계

1) 발전과 진통

정상회담 이후 남북관계는 '발전을 위한 진통'을 겪어 왔다고 평가할 수 있다. 과거에 비해 괄목상대할 만한 눈부신 변화와 발전이 실제로 이루어졌다. 냉전시대에는 상상도 하지 못할 남북관계의 진전이 가시화되었다. 그러나 화해협력이 진전되다가도 주변정세와 당면한 현안으로 인해 남북관계는 좌초되고 결렬되고 중단되기도 했다. 즉 전반적으로는 발전하면서도 작용과 반작용의 내홍을 겪었던 것이다.

정상회담에도 불구하고 남북관계가 진전과 답보, 발전과 진통을 거의 주기적으로 반복하는 이유는 무엇보다 남북 간 신뢰가 아직은 확고하게 제도화된 단계로 정착되지 못했던 데서 기인한다. 그동안 당국 간 회담이 중단된 표면적 이유를 보면 대부분 남북 간 신뢰부족에서 비롯된 몇 가지 실수들이 북측에 의해 과대포장된 측면이 강하다. 서로 믿는 신뢰관계가 탄탄하게 조성되어 있다면 큰 오해 없이 넘어갈 수 있을 만한 것이었다.

남북관계를 제약하는 또 하나의 요인은 여전히 한반도 국제질서 특히 북미관계가 냉전의 유제를 완전히 극복하지 못하고 있다는 점이다. 남북화해라는 탈냉전의 힘이 강화되기도 했지만 아직 한반도는 북미 간 적대관계라는 냉전적 구조가 온존하고 있다. 따라서 남북관계의 의미 있는 진전에도 불구하고 2차 북핵위기와 같은 첨예한 북미갈등이 진행되면 당연히 남북관계는 상당한 제한을 받을 수밖에 없다.

남북관계가 북미관계 개선에 기여하는 우호적 환경을 만들어내는 긍정적 역할을 할 수는 있지만 남북관계 개선이 자동적으로 북핵해결이나 북미관계 개선을 보장하는 필요충분조건은 아니다.[23] 역으로 북미관계 악화나 북핵문제 답보 상태가 결국은 남북관계에 부정적 영향을 미치게 되고 북미관계 개선이 없는 한 남북관계의 근본적인 질적 발전이 어렵다는 점에서 오히려 북미관계가 남북관계 진전의 필요조건임을 알 수 있다. 북한의 핵실험 사태와 이로 인한 남북관계의 중단 상황은 북미대결과 북핵사태의 파급효과가 결국 남북관계에 부정적 영향을 미친 구조적 메커니즘을 보여준 사례이다.

이처럼 6·15 이후 남북관계가 진전되면서도 우여곡절을 겪었지만 큰 틀에서는 여전히 발전의 방향으로 나아가고 있고 또 그 방향으로 나아가도록 노력해야 한다. 북핵위기에도 불구하고 한반도의 긴장을 막고 위기를 관리하는 데서 지금까지 남북관계는 적잖은 긍정적 기여를 했다. 때론 갈등이 있었지만 결국 남북은 당국 간 대화 재개에 나섬으로써 관계복원을 이루어 내곤 했다. 결국은 북미관계에 제약받는 남북관계라 하더라도 북미대결이 초래하는 한반도 위기상황을 막아내는 '소극적' 필요에서부터 더 나아가 북미관계 개선과 북핵문제 해결에 기여하는 우호적 환경을 마련한다는 '적극적' 필요에 의해 남북관계는

---

23 2000년 남북정상회담 성사 이후 남북관계 진전에 기초해서 그해 가을 조명록 차수와 올브라이트 국무장관의 상호 방문이 이루어지고 북미 정상회담 직전까지 갔던 상황이 대표적인 사례로 꼽힐 것이다. 이 경우에도 남북관계의 진전이 북미 간 고위급 상호 방문에 기여했지만 북미관계 자체의 쟁점이 해결되지 않는 한 남북관계만으로 북미관계의 완전한 해결을 추동하는 데는 한계가 있었다. 2000년 당시 올브라이트의 북한 방문과 클린턴 대통령의 방북 취소과정에 대해서는 클린턴, 정영목 역, 『마이 라이프』, 물푸레, 2004, 1332면.

일관되게 유지되고 발전되어야 한다. 그래야만 북핵위기와 북미 대결 관계가 남북관계를 제약하는 구조적 한계를 넘어 남북관계를 진전시킴으로써 이를 토대로 북미관계 개선과 북핵위기 해결을 유도하는 적극적 역할을 해낼 수 있을 것이다. 그것이 바로 남북정상회담의 역사적 의미와 성과를 다시 한 번 되살리는 일이 될 것이다.

2) 6·15 공동선언과 남남갈등

6·15 공동선언 이후 남북관계는 급속도로 개선되었고 민족화해는 놀랍게 진전되었다. 다양한 당국 간 회담이 성과적으로 개최되었고 경의선 연결과 개성공단 사업 그리고 금강산 관광 사업 등 굵직한 남북경협이 시간표대로 진행되었다. 다방면의 사회문화적 교류와 접촉이 증대되었고 적지 않은 남측 사람이 북을 오고갔고 북측 사람 역시 각종 체육대회와 민족공동행사에 남쪽을 오고갔다. 당국 간 회담이 지속되고 남북경협이 안정적으로 진행되고 교류협력이 다방면으로 진전되면서 이제 남북관계는 북한을 새롭게 바라보고 북한과의 만남을 자연스럽게 받아들이게 되었다. 금강산 온정각 휴게소는 남쪽 사람들로 붐볐고 개성공단에서는 북측 근로자들이 남쪽 사람과 인간적으로 친해지게 되었다. 심지어 평양을 자주 오고가는 지속적 만남이 이어지자 북측 대남사업 일꾼들이 고려호텔에 미리 술을 먹고 남측 사람이 와서 계산해주는 것을 당연하게 여기기도 했다.

정상회담 이후 남북 간의 교류와 접촉과 만남이 확대되고 민족화해가 꾸준히 증진되면서 그와 동일한 속도로 우리 사회 내부는 더욱 심한 갈등에 빠져들었다. 대북관과 대북정책을 둘러싸고 이른바 '남남갈등'이 심화되고 확대되면서 남북관계의 화해협력과는 정반대로 우리 내부의 갈등은 더욱 커져갔다. 남북관계 진전에도 불구하고 북한은 만족할 만한 수준으로 변화하지 않았고 결국 우리 내부에서는 대북 지원과 남북 경협을 '퍼주기'라는 한마디로 폄훼하고 나섰다. 남북관계가 유지되었지만 안보이슈인 북핵문제는 해결되지 않았고 오히려 북한은 핵실험에 나서고 핵능력을 늘려나갔고 결국 우리 내부에서는 남북관계가 오히려 북한의 핵무기 개발을 묵인하고 돕고 있다고 비난하기 시작했다. 남북관계와 남남갈등이 동반하게 된 셈이었다.

남남갈등의 근본 원인은 지금의 한반도가 처한 과도기적 상황에서 찾을 수 있다. 즉 지금의 한반도는 냉전이 종식되었지만 아직 탈냉전의 확고한 새 질서가 정착되지 않은 유동적인 과도기적 상황이고 따라서 남북관계도 화해협력의 안정적 질서가 확고하게 자리잡지 못한 채 북핵문제의 유동성과 함께 대결적 남북관계로의 퇴행 가능성이 상존하고 있다. 이로 인해 북한은 아직도 우리에게 경계해야 할 적이면서 동시에 화해해야 할 동포의 이중성을 동시에 갖는 존재이다.

한반도를 둘러싼 국제질서가 과거 냉전에서 벗어나 새로운 방향으로 나아가고 있긴 하지만 아직 새로운 국제질서가 완전히 정착되지 못하고 있는 것도 사실이다. 구질서는 사라졌으나 아직 신질서가 완성되지 못한 작금의 상황인 탓에 우리의 대북인식과 대북정책의 방향 역시 과거에 익숙한 냉전적 관점과 새롭게 대두된 탈냉전적 관점이 착종되면서 갈등양상을 보이고 있는 셈이다. 그리고 한반도의 과도기적 상황이 결국은 북한에 대해서도 적enemy과 동포weness라는 이중적 존재규정을 동시에 가능케 함으로써 일부에서는 아직도 적이라는 관점이 더 강조되는가 하면, 또 다른 일부에서는 이제 더불어 살아야 할 동포라는 관점이 더 역설되는 지금의 현상을 낳고 있는 것이다.[24]

과거 냉전 시기에 익숙한 대북관과 대북정책은 당연히 적으로서의 북한과 대북강경정책이었다. 남과 북이 분단되어 반세기 동안 전면적 체제 대결과 함께 팽팽한 군사적 대치를 지속하는 상황에서 구성원들의 인식은 상대방에 대한 적개심과 적대관계 우위가 자연스러운 일이었다. 이는 남과 북이 마찬가지였다. 냉전구조라는 토대 위에 형성된 대북 적대의식은 오히려 당연한 결과였던 것이다. 따라서 냉전이 종식되고 탈냉전의 새로운 질서가 구축되고 상호 적대의 남북관계가 화해와 공존의 남북관계로 굳어진다면 이 같은 정세적 토대에 걸맞은 대북관과 대북정책이 자리 잡게 될 것이다. 그러나 아직 한반도와 동북아는 냉전이 사라졌지만 냉전 이후 질서가 확고하게 자리 잡지 못하고 냉전의 유제와 탈냉전의 변화가 공존하는 과도기적 유동성에 놓여 있음으로 해서 여전히 과거에 익숙한 인식과 변화에 걸맞은 인식이 동시에 착종되고 있고 이것이 바로 대북관과 대북정책에서 남남갈등의 토양을 제공하고 있는 셈이다.[25] 그리고 남북정상회담으로 민족화해와 남북관계가 진전되면서 우리 내부에 대북인식을 둘러싼 남남갈등은 더욱 증폭되고 심화될 수밖에 없었다.

---

24 김근식, 「남북한 관계의 특성-과도기의 이중성」, 경남대 북한대학원 편, 『남북한 관계론』, 한울아카데미, 2005, 115면.
25 김근식, 「남남갈등을 넘어-진단과 해법」, 경남대 극동문제연구소, 『남남갈등 진단 및 해소방안』, 경남대 출판부, 2004, 366면.

3) 10 · 4 정상선언과 정권교체

2차 남북정상회담에서 10 · 4 정상선언이 극적으로 타결되었지만 더욱 중요한 것은 합의사항에 대한 구체적 실천과정이었다. 특히 6 · 15와 달리 10 · 4 선언은 합의를 이행해야 할 구체적 사업만도 45개 과제에 이르는 다양하고 광범위한 내용을 담고 있었다.

그러나 10 · 4 정상선언의 이행과정은 노무현 정부 임기 말이라는 시간적 제약을 끝내 극복하지 못하고 구체적 이행의 로드맵과 차후 실천력 담보를 확정하지 못하고 말았다. 북핵상황과 연계할 수밖에 없었던 현실적 접근은 북미 간 핵문제에 대한 일정한 합의진전 이후에야 정상회담 추진이 가능했고 그 시기는 안타깝게도 2007년 2 · 13 합의 이후였다. 그리고 이는 노무현 정부 5년 임기의 마지막 해였다는 점에서 역사적 정당성과 의미를 갖는 소중한 합의도출에도 불구하고 실제 이행을 위한 시간적 제약에 노출되어 있음을 의미하는 것이었다.

10 · 4 선언 합의 이후 쫓기는 일정 동안 노무현 정부는 총리 회담과 부총리급 경제공동위원회 그리고 국방장관회담과 서해평화협력지대 회담 등 당국 간 회담과 함께 합의내용을 실천하기 위한 각각의 실무급 분야별 회담을 개최하는 것에 만족해야 했다.

그리고 2007년 대선에서 노무현 정부는 정권 재창출에 실패했고 10년 만에 정권교체를 이룩한 이명박 정부의 출범으로 10 · 4 정상선언의 이행은 흐지부지되고 말았다. 임기 말이라는 시간적 딜레마에다가 정권 교체라는 정치적 결과에 의해 10 · 4 정상선언은 채 꽃피기도 전에 시들어버리고 만 것이다.

이명박 정부가 이전 정부의 대북정책을 비판하면서 10·4 선언에 대해서도 북핵진전, 경제성, 재정능력, 국민합의라는 경협 4원칙을 내세워 이행을 꺼리게 되었고[26] 북은 최고지도자의 합의인 만큼 기존 합의를 존중하라고 강력 주장하면서 남북관계는 경색국면으로 치달았다. 결국 2차 남북정상회담의 합의 이행은 임기 말 시간적 제약과 정권교체라는 정치적 환경에 의해 제대로 시작도 못해보고 좌초되고 말았다. 이명박 정부로 정권이 교체되면서 10·4 선언은 꽃도 펴보지 못한 채 시들고 만 셈이다.[27]

7. 나가며 – 남북정상회담의 '추억'을 '현실'로

필자에게 2007년 10·4 정상회담의 '추억'에서 가장 감동적인 장면은 돌아오는 길에 개성시내에서 바라본 개성공단의 화려한 불빛이었다. 캄캄한 개성 시내와 극적으로 대비되는 개성공단의 밝은 불빛은 그 자체로 북한 주민들에게 희망과 기대일 수밖에 없다. 대낮처럼 밝은 전기를 켜고 활기차게 돌아가는 남한 공단의 모습은 아무런 설명이 없이도 개성 주민들에게 스며든다. 그리고 그것이야말로 우리가 원하는 통일과정을 착실히 준비해가는 바람직한 방식일 것이다.

한국 현대사의 중요한 의미가 숫자로 표현되는 날짜에 역사적으로

---

26 『동아일보』, 2008.2.2.
27 2008년 10.1~2일 밀레니엄 힐튼호텔에서 개최된 10·4 남북정상선언 1주년 기념 학술회의에서 노무현 대통령은 격려사를 통해 '10·4선언이라는 꽃에 물도 주지 못한 채 시들고 말았다'고 아쉬워했다.

녹아져 있음을 우리는 잘 알고 있다. 5·16이 상징하는 군사독재의 그림자가 5·18로 대표되는 민주화의 진전으로 해소될 수 있기까지는 20년의 세월을 필요로 했다. 마찬가지로 6·25가 상징하는 분단과 적대의 역사가 6·15 정상회담을 통해 화해와 통일의 방향으로 물꼬를 트는 데도 반세기가 필요했다.

이명박 정부 이후 남북관계 중단과 군사적 긴장고조가 지속되면서 불과 몇 년 사이에 10·4 선언은 아련한 과거로만 남아 있다. 우리에겐 잊혀진 '기억'이 되어버렸다. 그러나 여전히 10·4는 즐거운 '추억'이어야 한다. 이젠 단순한 추억을 넘어 현재도 지속되어야 하는 진행형이고 지금 그 내용이 살아 있어야 하는 실천이어야 한다. 남북화해와 평화정착이 우리가 동의할 수밖에 없는 방향이라면 6·15와 10·4 정신을 오늘에도 되살리고 현실화해야 한다는 정당성은 아무도 부인할 수 없다. 한국 정부가 외로운 돈키호테가 되지 않으려면 지금이라도 6·15와 10·4 선언을 존중 이행하고 남북관계 정상화에 적극적인 모습을 보여야 한다. 남북정상회담에 대한 잊혀진 '기억'을 기억하고픈 행복한 '추억'으로 되살리고 나아가 실제 남북관계가 진전되는 '현실'로 이끌어내야 한다.

참고문헌

『경향일보』, 『동아일보』, 『로동신문』

고유환, 「2007 남북정상회담 성과와 과제」, 『통일문제연구』 제19권 2호, 平和問題硏
    究所, 2007.
김근식, 「연방제와 연합제의 공통성 인정-통일접근 방식과 평화공존에 합의」, 『아
    태평화포럼』 제39호, 아태평화재단, 2000.
_____, 「연합과 연방-통일방안의 폐쇄성과 통일과정의 개방성-6·15 공동선언 2
    항을 중심으로」, 『한국과 국제정치』 19권 4호, 경남대 극동문제연구소, 2003.
_____, 「남남갈등을 넘어-진단과 해법」, 경남대 극동문제연구소, 『남남갈등 진단
    및 해소방안』, 경남대 출판부, 2004.
_____, 「남북한 관계의 특성-과도기의 이중성」, 경남대 북한대학원 편, 『남북한 관
    계론』, 한울아카데미, 2005.
_____, 「남북정상회담과 6·15 공동선언-분석과 평가」, 『북한연구학회보』 10권 2
    호, 북한연구학회, 2006.
_____, 「2007 남북정상회담을 결산한다」, 『창작과 비평』, 창작과비평사, 2007.
_____, 「10·4 남북정상회담과 노무현 대통령」, 『10·4 남북정상선언 2주년 기념 학
    술회의 자료집』, 2009.
_____, 「서해 북방한계선(NLL)과 한반도 평화에의 접근-'서해평화협력특별지대' 구
    상을 중심으로」, 『동북아연구』 제18권, 조선대 동북아연구소, 2010.
김수민, 「제2차 남북정상회담의 이후 한반도 평화의 조건」, 『평화학연구』 제8권 3호,
    한국평화통일학회, 2007.
김연철, 「대북정책과 통일정책의 상관성-'과정으로서의 통일'과 '결과로서의 통일'
    의 관계」, 『북한연구학회보』 제15권 1호, 북한연구학회, 2011.
김창희, 「대북정책의 단절성과 남남갈등에 관한 연구」, 『한국동북아논총』 제56권, 한
    국동북아학회, 2010.
안문석, 「북한 핵실험에 대한 한국의 대북정책 결정과정 분석-관료정치 모델의 적
    용」, 『한국정치학회보』 제42권 1호, 2008.
안병욱, 「2007년 남북 정상회담의 의의와 평가」, 『역사비평』 제81호, 2007.

이성우, 「제2차 남북정상회담 이후 남북경제협력의 전개에 대한 논의-한반도 주변 환경 변수와 남한의 국내변수를 중심으로」, 『21세기 정치학회보』 제18권 3호, 한국정치학회, 2008.

이창헌, 「노무현 정부 대북정책의 성과와 평가」, 『정치정보연구』 제11권, 한국정치 정보학회, 2008.

오수열 · 김주삼, 「2007 남북정상선언 이행과 남북관계 변화양상에 관한 연구」, 『평 화학연구』 제8권 3호, 한국평화통일학회, 2007.

장경룡, 「2007년 남북정상회담 평가」, 『아태연구』 제14권 2호, 경희대 아태지역연구 원, 2007.

정용길, 「독일 통일과정에서의 동서독관계와 남북관계에의 시사점」, 『저스티스』 제 134호, 韓國法學院, 2013.

정주신, 「제2차 남북정상회담 이후 남북관계의 전망」, 『동북아연구』 제23권 1호, 조 선대 동북아연구소, 2008.

주성환, 「평화변영정책의 남북한 경제관계에 대한 효과」, 『국제지역연구』 제11권 1 호, 국제지역학회, 2007.

하상식, 「대북포용정책 10년의 성과와 한계」, 『국제관계연구』 제14권 2호, 고려대 일 민국제관계연구원, 2009.

김대중평화센터, 『통일 지향의 평화를 향하여』, 한겨레, 2007.

남궁영, 『분단 한반도의 정치경제-남한 · 북한 · 미국의 삼각퍼즐』, 오름, 2010.

남북정상회담 공동취재단, 『50년 금단의 선을 걸어서 넘다-2007 남북정상회담 취재 기』, 호미, 2009.

김용제, 『한반도 통일론-통일정책의 전개와 전망』, 박영사, 2009.

산업연구원, 『남북 정상회담 이후 남북경협의 비전과 전망-남북공동번영과 한반도 평화를 위한 새로운 패러다임 모색』, 산업연구원, 2007.

임동원, 『피스메이커』, 중앙북스, 2008.

____, 『다시 한반도의 길을 묻다-36인의 대북 전문가가 말하는 한반도 평화 이야 기』, 삼인, 2010.

정경환, 『노무현 정권 대북정책의 평가』, 이경, 2008.

정천구, 『제2차 남북정상회담과 한반도 평화체제』, 이경, 2008.

조한범, 『2차 남북정상회담의 의의와 전망』, 통일연구원, 2007.

통일부, 『참여정부의 평화번영정책』, 통일부, 2003.

통일연구원, 『(2007) 남북정상회담과 한반도 평화, 번영 - 평가와 전망』, 통일연구원, 2007.

황병덕 외, 『신동방정책과 대북포용정책』, 두리, 2000.

홍현익, 『21세기 대한민국의 한반도 대전략 - 북한문제 해결과 평화 구축 및 통일전략』, 한울, 2012.

클린턴, 정영목 역, 『마이 라이프』, 물푸레, 2004.

대북지원의 정치경제와 인도주의의 딜레마

조대엽·홍성태

1. 대북지원의 서막

1995년 6월 25일 오후 5시 20분. 비 내리는 강원도 동해항에는 1,000여 명의 인파가 운집해 있었다. 쌀 2,000톤을 실은 '씨 아펙스호'가 출항기적을 세 번 길게 울렸다. 물길을 가르며 서서히 배가 움직이기 시작하자 사람들은 "우리의 소원"을 부르며 손을 흔들었다. 인파 속의 누군가는 흥분과 설렘으로, 또 누군가는 기대와 우려 섞인 마음으로 환송식에 참여했다. 행사장에 나온 사람들 가운데는 북에 고향을 둔 실향민들이 많이 섞여 있었다. 그들은 우렁찬 뱃고동 소리를 울리며 동해항을 떠나 북으로 향하는 '씨 아펙스호'를 바라보며 남다르게 감회어린 표정을 지었다. 한국전쟁이 45주년 되는 6월 25일, 남한의 대북지원은 그렇게 시작되었다.

김일성이 사망한 1994년 이후 북한은 유례없는 기근에 시달렸다.

1995년 8월 중순 북한을 강타한 대홍수로 인해 만성적 식량부족 사태는 정점에 달했다.[1] 그 뒤에도 1996년 7월에는 홍수가, 1997년에는 가뭄이 잇달아 북한의 생존을 위협했다. 북한은 1999년 5월과 2001년 7월 공식성명을 통해 1995년에서 1998년 사이에 약 22만 명, 다시 말해 전체 인구의 대략 1%가 기근으로 사망했다고 밝혔다. 그러나 외부의 관찰자들은 기근 관련 사망자가 최대 350만 명으로 전체 인구의 16%에 달할 것이라고 추정했다.[2]

이 시기 남북관계는 일관성을 잃은 김영삼 정부의 혼란스러운 대북정책으로 악화일로에 있었다. 이런 상황에서 김영삼 정부는 북한의 극심한 기근을 남북관계의 새로운 정치적 전환을 모색할 수 있는 기회로 포착했다. 그렇지만 여기에는 1995년 6월 27일 실시되는 제1회 전국동시지방선거를 앞두고 곤두박질치던 정권 지지도를 만회할 필요성이 더욱 중요하게 내재되어 있었다. 이에 김영삼은 1995년 3월 7일 베를린 방문 중 독일 외교 3단체 초청연설과 5월 15일 개최된 국제언론인협회 서울총회 개막연설에서 북한에 곡물을 제공할 용의가 있음을 밝히고 나섰다.

한편, 5월 26일 일본을 방문한 북한의 국제무역촉진위원회 리성록 위원장은 회담자리에서 "한국 쌀도 전제조건이 없으면 받겠다"는 의사

---

1 1995년 8월 말 북한은 UN에 4억 9천만 달러의 긴급지원을 요청하면서 "피해인구 5백 20만 명, 피해 총액 1백 50억 달러, 전국토의 75%가 피해를 보았다'고 밝혔다. 『한겨레』, 1995.09.14.
2 해거드와 놀런드는 다양한 자료들과 측정방법을 비교검토한 후 당시 기근으로 인한 북한의 초과사망자 수가 대략 60만 명에서 100만 명 범위 안에 있다고 추정했다. Stephan Haggard · Marcus Noland, *Famine in North Korea : Markets, Aid, and Reform*, New York : Columbia University Press, 2007, pp.73~76.

를 표명했다. 그리고 같은 날 나웅배 부총리 겸 통일원 장관은 "식량난을 겪고 있는 북한 동포들이 곤경에서 벗어날 수 있도록 민족복리 차원에서 아무런 전제조건이나 정치적 부대조건 없이 북한이 필요로 하는 곡물을 제공할 용의가 있다"고 발표했다. 그리하여 6월 17일부터 21일까지 북경 어딘가에서 "최악의 부실회담으로 손꼽히는" 제1차 남북 쌀회담이 대화록도 없이 비공개로 진행되었다.[3] 그러나 대북지원을 정치적으로 이용하고자 하는 의도가 앞섰던 김영삼 정부의 준비과정은 성급하고도 허술했다. 그것은 곧 '씨 아펙스호의 인공기 게양사건'과 '삼선 비너스호 선원 억류사건' 등으로 국민들의 원성과 대북불신감을 확산시키는 의도치 않은 결과로 이어지고 말았다.[4]

결국, 다분히 정치적인 배경에서 연출된 김영삼의 이른바 '쌀 깜짝쇼'는 남북관계의 개선에 크게 도움이 되지 못했다. 선거도 민자당의 참패, 민주당과 자민련의 승리, 무소속의 약진으로 귀결되었다. 이후 김영삼은 1996년 새해 국정연설에서 추가적인 대북 식량지원에 반대한다고 밝혔다. 물론 이는 대북 쌀지원 과정에서 그가 보여준 지나친 비밀주의와 깜짝쇼, "외국쌀을 사서라도 북을 계속 지원하겠다"는 무모한 과장과 흥분, 일본에게 "우리보다 먼저 북한에 쌀을 보내면 안 된

---

3 김연철, 『냉전의 추억 – 선을 넘어 길을 만들다』, 후마니타스, 2009, 245면.
4 6월 25일 첫 번째 쌀을 싣고 북으로 향한 '씨 아펙스호'가 베이징 쌀회담의 합의사항인 태극기와 인공기를 동시에 달기로 한 사전약속을 실무진들로부터 전달받지 못하고 북측과 옥신각신하다가 결국엔 이틀이 지나 인공기만 게양한 채로 하역작업을 했다. 이어 8월 1일 청진항에서 하역작업을 하다가 평소 사진촬영이 취미였던 이양천 일등항해사가 몰래 사진을 찍다가 들켜 북측으로부터 계획적 정탐행위로 내몰려 억류되는 사건이 발생했다. 북측은 정부차원의 사과를 받아냈고 '삼선 비너스호'를 풀어주는 대가로 10월까지 쌀 잔여분량을 지원받을 수 있었다. 이 두 사건으로 김영삼 정부는 "쌀 주고 뺨 맞는다"는 남측의 거센 비난 여론을 받았다.

다"고 요구했던 정치적 조급성 등이 예고한 결과이기도 했다.[5] 취임 초 90% 안팎의 압도적 지지율이 10% 밑으로, 마치 롤러코스터의 내리막 길을 타고 미끄러지는 듯한 '김영삼 스타일'의 곡예정치에 국민들은 더 이상의 기대도 실망도 하지 않았다.

어떻든, 남한은 기근에 시달리는 북한을 '동포애'라는 차원에서 도왔다. 1995년 6월에서 10월까지 대북 식량지원으로 15만 톤의 쌀이 북한에 전달됐다. 남북관계의 새로운 변화를 알리는 획기적인 사건임에 틀림없었다. 1953년 휴전협정 이후 일상화된 전쟁위협에 길들여져 왔던 한반도가 아닌가. 전쟁위협이라는 한반도의 특수한 사회적 긴장을 정치적으로 극대화함으로써 강제적이며 기형적인 사회통합을 주조했던 남한과 북한의 지배권력. 그런 남한이 북한에게 생존을 위한 양식을 제공했다는 것, 그리고 그것을 선뜻 수용한 북한. 강력한 반공의 프레임에 갇힌 남한의 국민들에게는 여전히 이해하기 힘든 대목이다. 특히 헌법의 존엄성을 뛰어넘는 무소불위의 국가권력이 만들어내는 사회적 긴장이 다름 아닌 전쟁의 공포감을 불러일으키는 북한에 대한 적대적 대상화를 통해 가능했다는 점에서 대북 식량지원은 말 그대로 대북 패러다임의 전환 가능성을 예고하는 것이었다.

이 글은 대북지원의 정치경제를 사건사적 맥락에서 재조명함으로써 한반도의 통일과정에서 추구되는 평화체제에 관한 성찰적 전망을

---

5 북한은 1995년 5월 하순 일본의 자민당 소속 인사들을 통해 일본에 긴급식량지원을 요청했다. 그러자 김영삼 정부는 일본보다 먼저 쌀을 지원하겠다는 방침을 정하고 밀어 붙이기 시작했다. 미국과 일본이 대북관계를 진전하고 있는 상황에서 한국만 낙동강 오리알 신세로 남을 수는 없었기 때문이다. 이와 관련해 자세한 내용은 김연철, 앞의 책, 243~252면과 한완상 전 부총리가 『한겨레』(2012.9.27·2012.10.2·2012.10.3)에 연재한 비망록 「길을 찾아서」를 참고할 것.

모색하고자 한다. 주지하듯이, 대북지원은 민주화와 탈냉전이라는 거대한 시대적 변화를 배경으로 시작되었다. 그러나 대북지원은 국제관계의 차원에서 시민사회 내부의 사회적 합의구조에 이르기까지 중층의 기회구조에 영향을 받아왔다. 대북지원은 탈냉전시대의 동북아를 배경으로 한 국제안보질서의 정치·외교적 상호작용에 의해 틀 지워진 성격을 갖지만, 남북관계의 차원에서는 냉전과 탈냉전의 정치적 긴장을 내포했다. 이런 점에서 대북지원의 역사는 한반도의 현실적이고 복합적인 구조적 긴장을 상징적으로 담아내고 있는 남북관계의 바로미터라고 이해할 수 있다. 동시에 전쟁위협으로 굴곡진 남북관계를 평탄하고 안정적인 대화의 궤도로 끌어올리는 데 보다 장기적이고 넓은 시야를 제공한다.

지난 몇 년간 경색된 남북관계 속에서 대북지원을 지탱해온 정치와 인도주의 사이의 균형추가 사라졌다. 대북지원의 정치화와 탈정치화의 사이에서 그리고 국가와 시민사회의 진화된 민주적인 정치과정 속에서, 대북지원의 정치와 인도주의의 균형을 회복할 필요가 있다.

2. 대북지원의 역사

민주화 직후 반공의 언어로 일상화된 전쟁위협은 급속히 성장하고 있는 시민사회에 정치적 피로감과 함께 반작용을 일으키기 시작했다. 대내적으로 민주화가 그리고 대외적으로 탈냉전의 분위기가 확산되면서 남한사회의 정치사회적 지배구조도 빠른 속도로 변화했다. 1988

년에 접어들어 학생들의 통일운동이 고조되고, 재야세력을 중심으로 종교계, 출판계, 문화계, 노동계 등에서 '북한바로알기운동'이 확산되면서 민간차원의 개방적 통일논의에 대한 사회적 요구가 분출했다.

언론매체는 경쟁적으로 북한관련 전담부서를 신설하고, 북한소식을 전하는 프로그램을 편성했다. '민족자존과 통일번영을 위한 특별선언(이하 7·7선언)' 이후 정부차원에서도 그동안 국가가 독점했던 북한관련 자료들을 제한적으로 개방한다는 전향적 입장을 보였다. 북한이 더 이상 적대의 대상이 아니라 통일을 위한 '이해의 대상'으로 재인식되기 시작한 것이다.

이러한 흐름의 한 가운데, 특히 경제분야에서는 물자교역과 인적 교류에 대한 대북조치들이 완화되면서 이른바 '남북교류협력의 시대'가 열렸다. 1989년 1월 정주영 현대그룹회장의 북한방문 — 북한의 '조국평화통일협의회' 허담 위원장이 금강산 개발을 포함한 경제문제를 논의하기 위해 정주영 회장에게 초청장을 보낸 것은 1988년 12월 초였다[6] — 을 기점으로 민간부문에서의 남북한 교류가 현실화되기 시작했다. 이후 3월 '남북교류협력추진협의회'가 설치되고 6월에는 '남북교류협력에 관한 기본지침'이 제정되었다.

1990년대에 들어서는 전쟁과 분단의 트라우마가 대화와 교류를 통한 남북관계의 화해·평화 분위기 속에서 치유되는 듯 보였다. 1990년 8월 '남북교류협력에 관한 법률'과 '남북협력기금법' 등 관련 법령의 제정 및 발효를 통해 남북교류협력이 지속적·안정적으로 이루어질 수

---

6 『한겨레』, 1988.12.31·1989.1.21.

있도록 제도적 기반이 마련되었다. 기존의 분단·국가주의에서 탈냉전·시장주의로의 역사적 국면의 전환이 새로운 통일론의 요청과 맞물려 움트기 시작했다.[7]

1) 정부차원의 정치적 대북지원

이러한 상황변화 속에서 1995년 대북지원의 첫 물꼬가 트였다. 그러나 사상 첫 대북지원 과정에서 발생한 굴욕적인 사건들과 그 정치적 결과로 김영삼 정부는 더욱 보수적인 대북지원의 자세를 취했다. 1996년 3월 20일 북한이 남측에 북경 남북접촉을 재개하자고 제의해왔으나, 남측은 북한의 대남비방 중지 등을 요구하며 사실상 거절했다. 여기에는 지난 굴욕감에 더해 4월 총선을 앞두고 대북 유화책이 정치적으로 이롭지 않을 것이라는 판단이 크게 작용했기 때문이다. 게다가 4월 초 북한군의 판문점 무력시위로 남북관계는 더욱 악화되기에 이르렀다.

그러다 6월 11일 김영삼 정부는 돌연 북한에 3백만 달러 규모의 식량지원을 하겠다고 발표했다. 악화일로의 남북관계는 다시금 대화의 국면으로 돌아서는 조짐을 보였다. 8월 15일 광복절 경축사에서 김영삼은 북한이 4자회담에 참여할 경우 — 식량난에 대한 근본적 지원, 남북교역 확대, 한국 관광객의 북한방문 허용 등을 골자로 — 북한의 경제난 해소를 위해 적극적인 조처를 취할 용의가 있다고까지 밝혔다. 그러

---

7 조대엽, 「시민사회통일론의 전망」, 이수훈·조대엽 편, 『한반도 통일론의 재구상』, 선인, 2012.

나 9월 18일 '북한 잠수함 강릉 침투사건'으로 남북관계의 긴장이 다시 고조되면서 김영삼은 전향적 입장에서 강경한 태도로 되돌아섰다.[8]

1997년 북한의 상황은 4자회담 성사를 통해 식량지원을 확보해야할 만큼 악화되고 있었다. 4월 2일 북한 한성렬 유엔주재 공사는 "북한은 현재 약 220만 톤의 식량이 모자라 5월 중순부터 굶주림이 시작될 것" 이라고 밝히며 "쌀과 평화를 바꾸는 정책을 취한다고 나쁠 것이 없지 않냐"고 4자회담 수용과 식량 추가지원의 등가거래를 요구했다. 그리 하여 김영삼 정부는 대북지원 규모를 1996년 24억 원에서 1997년 240억 원으로 10배나 늘렸다. 이 중 대부분이 WFP(World Food Programme : 유엔세계식량계획)를 통해 지원됐다.[9] 그러나 이러한 조치 역시 국제사 회로부터의 비난을 피하고자함과 동시에 대북지원에 대한 정치적 지 지도를 의식했기 때문인 것으로 풀이된다. 이처럼 김영삼 정부의 대북 지원은 남북관계의 정치적 기복을 그대로 보여주었다. 하지만 동시에 대북지원이 남북대화의 채널을 열어주는 중요한 기능을 갖는다는 점 또한 확인시켜주었다.

1998년 김대중 정부의 출범과 햇볕정책의 발효로 광범위하고 지속 적인 대북지원이 추진되기 시작했다. 김대중은 이미 대통령 후보시절

---

8 이에 북한은 12월 29일 사과의사를 표명함으로써 4자회담 공동설명회에 참여하겠다는 뜻을 밝혔다.

9 1997년 정부차원의 대북지원규모 240억 원에서 185억 원과 35.4억 원이 각각 WFP와 UNICEF 를 통해 식량지원의 형태로, 그리고 나머지는 WHO와 UNDP를 통해 의료기자재와 수해복구 장비 등의 형태로 지원되었다.(통일부, 『2012 통일백서』, 통일부, 2012, 156~157면) 이는 국제사회 전체의 대북지원규모에서 15.2%에 해당하는 것으로 1996년의 4.5%에 비하면 비약적인 증가였다. 참고로 1995년 국제사회 전체에서 남한의 대북지원 규모는 80.7%를 차지했다.

1997년 6월 24일 안보관련 기자간담회를 열어 "그동안 정부가 국민의 자발적인 식량지원을 막고 미국과 일본이 주려는 것에도 부정적인 태도를 보임으로써 북한 당국이 식량난의 책임을 남한의 방해 때문이라고 전가하는 구실을 준 것은 대단히 졸렬했다"며 북한의 식량난 해결에 남한이 적극적으로 대처해 나가야한다는 입장을 밝힌 바 있었다.[10] 김대중 정부의 출범과 동시에 대북지원과 남북관계의 역사는 포물선의 본격적인 궤도에 올랐다.

김대중 정부 출범 이후 2012년 현재까지 대북지원 15년의 역사는 당근과 채찍 혹은 '퍼주기'와 '안주기'로 요약할 수 있다. 반대진영의 논리에서 각각을 비판하자면, 김대중과 노무현의 퍼주기 10년은 '아낌없이 무작정' 이루어졌고, 이명박의 안주기 5년은 탈냉전시대의 대결주의에 기초한 것으로 북한의 '버르장머리를 고치기 위해' 인도주의마저 무시한 냉혈적 조치로 보인다. 그렇다면, 김대중과 노무현은 북한에게 무엇을 얼마나 어떻게 퍼주었고, 이명박은 왜 퍼주기를 멈추었는가?

김대중 정부의 대북포용정책은 IMF 외환위기와 DJP연합이라는 정치경제적 제약조건 속에서 추진될 수밖에 없었다. 따라서 출범초기부터 과감한 대북정책을 구사하기보다 '북한의 무력도발 불용', '국민적 합의', '안보중시'를 강조하면서 상호주의 원칙을 통해 포용에 따른 부작용을 최소화하겠다는 전제조건을 공식화하는 등 조심스러운 대북접근 방식을 취했다. 김대중 정부 들어 처음 개최된 남북당국대표회담

---

10 당시 여론은 안보를 위해 인도적 지원을 적극 고려해야 한다는 입장으로 기울기 시작했다. 국민의 53% 가량이 북한의 식량난이 전쟁으로 이어질 가능성에 대해 무게를 두었기 때문이다. 자세한 내용은 『한겨레』, 1997.6.25를 참고할 것.

(1998.4.11~17, 중국 북경)은 이러한 배경에서 이루어졌다.

　김대중은 1998년 2월 25일 대통령 취임사와 3·1절 기념사를 통해 "남북기본합의서 이행을 위한 특사교환과 북한이 원한다면 정상회담에도 응할 용의가 있음"을 밝히며 남북당국 간 대화의 필요성을 강조했다. 이런 가운데 3월 말 남북적십자 대표접촉(3.25~27)에서 북한 측이 남한에 비료 20만 톤 지원을 요청하면서 남북당국대표회담이 북경에서 개최되었다.

　남측 수석대표 정세현(통일부 차관)은 "과거의 대결과 반목의 관계를 청산하고 상호협력을 통해 공동번영과 통일의 길을 함께 열어나가자"고 촉구했다. 이어 북한 측이 희망하는 비료는 남북 간 협력차원에서 적극 지원하되 지원규모를 감안해 이산가족 문제의 우선적 해결 등 남북관계 개선을 위한 북측의 상응조치가 필요하다고 밝혔다. 이에 북한 측 수석대표 전금철(정무원 책임참사)은 "남측의 비료지원은 북남관계 개선의 첫걸음이 되며, 부대조건 없는 지원은 화해, 단합도모, 북남대화의 새장을 여는 데 기여할 것"이라며 선先 비료지원 후後 관심사협의라는 완강한 입장을 고수했다. 결국 남과 북은 타협점을 찾지 못하고 3년 9개월 만에 재개된 남북당국 간 회담은 아무런 성과 없이 종료되고 말았다.

　이처럼 김대중 정부가 집권초기 '상호주의 원칙'을 내세워 대북지원을 서두르지 않았던 가장 큰 이유는 정치경제적 제약조건 속에서 향후 대북포용정책의 정치적 자율성을 염려했기 때문이다. 이와 같은 제약 속에서도 출범 첫해 김대중 정부는 비료지원 없이 WFP를 통해 옥수수 3만 톤과 밀가루 1만 톤, 총 1,100만 불(154억 원) 규모의 식량자원을 북

한에 지원했다.[11]

1999년 1월 국가안전보장회의 상임위원회가 열렸다. 김대중은 이산 가족 문제 해결과 북한 농업구조 개선 문제를 논의할 당국 간 회담 성사를 위해 상호주의 원칙을 비동시적이며 비등가적으로 탄력성 있게 적용한다는 방침을 밝히고 나섰다. 기존의 선先대화 후後지원의 상호 주의적 게임방식에서 선지원 후대화의 변칙적 상호주의로 돌아선 것 이다. 이에 따라 6월 22일부터 개최된 남북차관급 당국회담에서 남한 측은 6월부터 7월까지 비료 20만 톤을 북측에 단계적으로 지원할 것에 합의했다. 그러나 북측이 이산가족 문제에 대한 약속을 지키지 않자 비료지원은 11.5만 톤에 그쳤다. 그해 남한은 전년과 다르게 식량지원 없이 — 대한적십자를 통해 지원된 비료 4만 톤을 포함해 — 총 15.5만 톤의 비료를 북한의 농업생산성 향상을 위해 지원했다. 최초의 비료지 원이었다.

2000년 6월 13일 김대중이 평양 순안공항에 도착해 마중 나온 김정 일과 악수를 나눈 후 포옹했다. 충격과 감동의 복잡한 기류가 한반도를 휘감았다. 그리고 역사적인 6·15 정상회담이 개최되면서 남북관계는 급속히 상승기류를 타기 시작했다. 8월 말 평양에서 열린 2차 장관급 회담에서 북한은 100만 톤의 식량지원을 남측에 요청했다. 그해 북쪽 에 가뭄이 들어 식량사정이 어려웠기 때문이다. 김대중 정부는 국내여 론을 고려하면서 동시에 대북 쌀지원을 남북관계의 개선수단으로 활

---

11 국제기구를 통한 대북지원은 1996년 유엔세계식량계획(WFP), 유엔아동기금(UNICEF),
    세계기상기구(WMO)를 매개로 이루어지기 시작했다. 이 시기 정부는 국제기구를 통해
    혼합곡물 3,409톤(200만 불), 분유 203톤(100만 불), 기상장비(5만 불)를 지원했다. 통일
    부, 앞의 책, 2012, 156~157면.

용하려 했다. 결국 대북 쌀지원을 이산가족문제 해결, 그리고 남북 국방장관회담의 조기개최와 연계해 우여곡절 끝에 협상에 성공했다. 이때부터 보수야당이 주도하는 이른바 '퍼주기' 논란이 시작됐다.[12]

　여기서 흥미로운 점은 2000년 북한에 전달한 쌀 30만 톤과 옥수수 20만 톤이 국내에서 생산된 것들이 아니라 각각 태국과 중국으로부터 사들인 외국산이었다는 점이다. 게다가 기존의 무상지원이 아닌 차관방식을 선택했다. 당시 남한의 쌀 재고량은 예상치 107만 톤에 달했다. 그리고 2001년 쌀 수급조절의 실패로 쌀파동이 일어났다. 이에 "우리도 어려운 판에 뭘 주느냐"며 '퍼주기' 논란을 주도했던 한나라당은 돌연히 쌀 200만 섬을 북한에 지원하자고 나서기까지 했다. 김대중 정부는 남아도는 국내산 쌀을 놔두고 왜 하필 외국산 식량을 무상지원이 아닌 그것도 차관방식으로 북한에 지원했나?

　앞서 살펴보았듯이, 1995년 김영삼 정부는 2억 3,700만 달러 규모의 국내산 쌀을 무상으로 원조했음에도 여론의 거센 지탄을 받아야했다. 2000년 보수야당이 '퍼주기' 주장으로 공격하는 상황에서 김대중은 김영삼의 과오를 되풀이할 수 없었다. 그래서 적은 비용으로 최대한 많은 식량을 지원한다는 원칙이 서게 된 것이다. 당시 국내산 쌀은 1톤당 1,500달러 정도였지만, 태국산 쌀은 220달러, 중국산 옥수수는 110달러에 불과했다. 이는 1995년 대북 쌀지원 당시 15만 톤보다 3배 이상 많은 규모이지만, 비용 면에서는 절반 수준밖에 안 되었다.

　게다가 차관형태의 식량제공은 '퍼주기' 논란에 대한 국내여론을 고

12　김연철, 「2000년 대북 쌀지원을 하지 않았다면」, 『한겨레 21』 827호, 2010.9.7.

려한 측면이 컸지만, 실제로는 2000년 9월 말 서울에서 개최된 남북경제협력실무접촉을 통해 쌍방이 검토한 사항으로 남북관계의 신뢰구축을 시험하기 위한 것이기도 했다.[13] 이후 김대중 정부는 장관급회담의 정례화를 통해 당국차원에서 비료와 차관형식의 식량지원을 지속하며 국제사회의 대북지원을 주도해나가기 시작했다. 그러나 이 과정에서 분배의 투명성 문제가 심각하게 제기되면서 '퍼주기' 논란과 남남갈등이 갈수록 심화되는 등 대북지원과 그에 따른 정치적 부작용을 수반했다.[14]

2003년 출범한 노무현 정부는 김대중 정부의 대북정책 기조를 이어받았다. 노무현 정부는 북한의 인도적 상황을 개선하기 위해 기존의 식량지원과 농업생산성 향상지원을 유지하면서 보건·의료분야 등으로 지원 분야를 확대해 나갔다. 특히 민간차원의 자율적 대북지원을 정부차원과 상호 보완적 구도하에서 제도화하는 한편, 국제기구와의 공조를 강화했다. 이런 점에서 노무현 정부의 대북지원은 김대중 정부의 대북지원을 규모와 방법의 측면에서 확대·심화시켰다고 평가할 수 있다.

예를 들어 1999년부터 시작된 비료지원의 경우 김대중 정부시절 연평균 23만 톤(643억 원)에서 노무현 정부시기 32만 톤(1,045억 원)으로 크

---

13 식량차관의 조건은 인도적 차원에서 지원되는 민족간 거래라는 점과 북한의 경제사정 등을 감안해 상환기간을 차관 제공 후 거치기간 10년을 포함해 30년으로 하였다. 이자율은 연 1.0%로 매년 식량차관 단가는 국제시세를 반영해 북한 당국과의 협상을 통해 조정되었다.(통일부, 『남북협력기금백서』, 통일부, 2008, 31면) 10년 거치 20년 분할상환 조건에 따라 첫 상환 기일은 지난 2012년 6월 7일이었으며, 2000년 제공한 대북 쌀 차관의 첫 상환분 538만 4,372달러였다. 그러나 남북관계가 극도로 경색된 탓에 북한은 아무런 상환의지를 보이지 않고 있다.
14 최대석, 「긴급구호에서 개발지원으로─국내 NGO의 지원경험과 향후과제」, 『북한연구학회보』 제10권 1호, 북한연구학회, 2006, 320면.

게 늘었다. 또한 2004년부터 육로를 통한 대북 식량지원이 가능해졌다. 이에 따라 2004년과 2005년 각각 쌀 40만 톤과 50만 톤을 육로와 해로를 통해 동시에 지원할 수 있었다. 2005년에는 대북지원에 경의선이 처음 이용되어 3만 톤의 비료가 개성 봉동역으로 수송되기도 했다. 특히 당시 비료지원은 2004년 조문파동 등을 이유로 단절되었던 남북당국 간 대화를 복원시키는 데 결정적으로 기여했다는 의미를 갖는다.[15]

한편, 2004년 4월 22일 평안북도 용천역 인근에서 발생한 대규모 폭발사고를 계기로 민·관 상호협력의 필요성이 제기되어 '대북지원민관정책협의회'를 구성하기도 했다. 대북지원민관정책협의회는 대북지원 10년의 경험을 바탕으로 민관이 역할분담과 협력을 통해 상호보유한 지원자원을 통합적으로 활용하여 지원효과를 극대화시키기 위한 정책협의기구로서, 북한의 자립과 자활능력을 제고시키기 위한 중장기 프로젝트를 추진하였다. 예컨대 2005년 합동사업으로 주거환경개선사업, 축산현대화 사업, 농업보건용수 개발사업, 모자보건 복지사업, 병원현대화 사업 등 92억 원 규모의 5개 사업을 추진하였다.[16] 이를 통해 보건의료 등 지원의 사각지대에 놓인 취약분야 및 장기적 복구가 필요한 사업을 중심으로 대북지원사업이 다각적인 수준에서 활력을 띠게 되었다.

그 밖에도 조류인플루엔자 방역지원(2005년), 북한의 수해복구지원(2005~2007년), 성홍열 의약품지원과 구제역 방역지원, 산림병충해 방제지원(2007년) 등 노무현 정부는 약 1,000억 원 규모의 각종 약품과 장

---

15 통일부, 『2006 통일백서』, 통일부, 2006, 174면.
16 통일부, 『2007 통일백서』, 통일부, 2007, 139면.

비를 긴급구호 방식으로 지원했다. 이는 대북지원 정책에서 '정치적 상황'과 '인도적 지원'을 별개로 보는 방식이 지난 두 정부를 거쳐 정착되었음을 확인시켜주는 대목이다.

　그러나 2008년 이명박 정부가 들어서면서 남북관계는 다시 급속히 경색되기 시작했다. 이명박 정부는 김대중 정권과 노무현 정권의 10년간 대북포용정책의 추진결과 형식적으로는 남북관계 개선의 물꼬를 트는 성과가 있긴 했으나, 실질적인 남북관계는 여전히 취약하다고 비판했다. 이러한 배경에서 이명박은 대통령 후보시절부터 강조한 '비핵 · 개방 · 3000 구상'을 대북정책으로 공식화했다. 이는 북한이 핵을 완전히 폐기하고 개방하면 10년 안에 국민소득 3,000달러를 이루도록 지원한다는 내용으로 요약할 수 있다. 그러나 이명박 정부의 이와 같은 대북정책은 한반도의 긴장을 고조시키는 결과로 이어졌다. 북한의 핵 포기를 유인할 중간단계도 없이 선제적 핵 포기를 요구하는 것은 사실상 실현 불가능한 것이었다.[17] 결국 북한의 핵능력이 지속적으로 증대한 배경에는 역설적이게도 북한관리를 포기했던 이명박 정부의 정책이 크게 작용했다. 남북관계는 이명박 정권 이전 10년 동안 꾸준히 쌓아온 남북대화의 내적 동력을 상실해 버렸다.

　이러한 가운데 인도적 지원마저 정치의 그늘에 가려 거의 이루어지지 않았다. 이명박 정부는 2010년 3월 26일 천안함 사건에 따른 '5 · 24 조치'와 11월 23일 연평도 포격사건으로 대북지원 사업을 전면 보류시켜 인도적 지원의 길마저 막았다는 비판을 받았다. 대북지원 민간단체

17　김창수, 「그 누구도 다시는 가서는 안 될 이명박 루트」, 『프레시안』, 2012.8.16.

들은 성명서를 통해 "어떠한 정치적 상황에서도 인도적인 필요가 있는 곳에 지원이 제공되어야 한다는 인도주의의 기본 원칙이 유독 북한에 대해서만 실종되었으며 이에 대한 민관의 협력도 사라지고 정부의 일방적 잣대와 규제만이 존재할 뿐"이라고 성토했다.[18] 이처럼 정치와 인도주의의 분리를 주장하는 거센 여론 속에서도 이명박 정부는 '안주기' 자세를 고수했다.

2) 민간차원의 대북 인도적 지원

민간단체에 의한 대북지원은 1990년 '사랑의 쌀 나누기' 운동에 기원을 두고 있다. 1990년 3월 공식적으로 출범한 사랑의 쌀 나누기 운동은 —"연이은 풍작으로 남아도는 쌀을 불우이웃과 북한 동포에게 보내 박애와 인도주의를 선양하자"는 의미에서 — 한국기독교총연합과 한국일보가 공동으로 전개한 운동으로 1990년 7월 홍콩을 경유해 북한에 '사랑의 쌀' 1만 가마(약 800톤)를 전달했다.[19] 이는 1984년 북한적십자회가 남한에 보내왔던 수재물자에 대한 보답 형식으로 민간차원의 첫 물자교환이라는 점에서 의미를 갖는 사건으로 기록되고 있다.

한편, 1990년 7월 재미 한인의사 박세록이 주도한 북미 기독교의료선교회가 평양을 방문해 북한 측 해외동포후원회와 기독교병원 설립

---

18 자세한 내용은 대북협력민간단체협의회가 2012년 5월 24일 발표한 성명서 「인도적 대북지원 정상화와 남북관계 개선을 위해 이제 5·24조치는 해제되어야 한다」를 참고할 것.
19 『한겨레』, 1990.12.22.

을 위한 4개 조항의 합의를 체결했다.[20] 그렇게 시작된 '사랑의 의료품 나누기 운동'은 5년에 걸친 모금운동을 통해 1995년 11월 월드비전의 전신인 한국선명회, 국제기아대책기구와 공동활동을 전개해 평양에 제3인민병원을 개원했다. 이 과정에서 국내 기독교단체들은 약 34만 달러 규모의 혈압기, 의료용 침대 등을 북미기독교의료선교회를 통해 지원했다.[21] 1995년 5월 설립된 한민족통일준비모임도 그해 8월 북한에 홍수로 인해 대규모 수인성 전염병이 발생했을 때, 북미기독교의료선교회와 연대해 10만 명 분량의 콜레라와 장티푸스 약을 긴급 지원하기도 했다. 이처럼 초기 민간차원의 대북지원은 제3국을 경유하거나 남한당국으로부터 구속력을 받지 않는 해외단체를 매개로 하는 간접지원의 방식으로 이루어졌다.

그런 가운데 1995년 9월 14일 김영삼 정부는 대북지원 창구를 단일화하기 위해 대한적십자사를 통한 '민간 대북지원 허용조치'를 발표했다. 정부의 창구 단일화 조치는 민간의 무분별한 대북접촉과 대북지원 경쟁의 부작용을 방지하려는 의도를 갖고 있었다.[22] 그러나 실제 그 효과는 국내 민간단체들의 대북지원 활동을 제한적 수준에 묶어두는 결과를 야기했다. 대북창구 단일화 조치는 국내 민간단체들의 모금활

---

20 『동아일보』, 1990.8.3. 기독의료선교회가 북한당국과 합의한 4개 조항은 ① 병원명칭에 '기독'이란 글자를 사용, ② 병원은 가급적 시골에 설립, ③ 병원 안에 교회를 설립, ④ 재미교포 의사들이 북한에 들어가 직접 환자를 치료하거나 북한의사들을 수련시킬 수 있도록 한다는 것이었다.
21 『한겨레』, 1995.10.10.
22 정부는 "대북지원사업에 있어 창구를 다원화하는 것은 무분별한 경쟁을 유발하고, 결국 남북관계에 도움이 되지 않는다는 판단"에 따른 것이며, "한적창구 일원화에 대한 국민적 공감대"를 고려한 것이라고 밝혔다. 통일원, 「대북지원의 배경과 의의」, 『통일한국』 제14권 7호, 평화문제연구소, 1996, 101면.

동을 제한하고 언론이나 대기업이 모금운동에 참여하는 것을 불허했기 때문에, 시행 초기부터 시민사회의 반발에 부딪힐 수밖에 없었다. 게다가 대한적십자사가 기탁자들에 대한 의견수렴 없이 민간단체를 통해 모아진 성금으로 북한에 담요, 양말, 라면 등을 보내면서 민간단체들의 반발은 더욱 거세졌다. 북한 당국 역시 "필요한 것은 쌀이다. 더 이상 담요, 양말, 라면 등은 사양한다"고 밝혔다. 대한적십자사가 쌀이 아닌 담요와 양말을 보낸 건 "민간차원의 대북지원은 허용하되 현금이나 곡물은 안 된다"는 정부당국의 지침 때문이었다.

그러나 민간단체의 대북지원을 통제하려는 김영삼 정부의 보다 근본적인 이유는 따로 있었다. 당시 북한에 쌀을 대규모로 지원하고도 비난여론의 뭇매를 맞아야 했던 김영삼 정부는 식량지원을 조건으로 북한에 4자회담 참여를 요구하며 압력을 넣고 있었다. 이런 상황에 민간단체들의 대북 쌀지원은 허용하기 곤란한 것이었다. 때문에 정부는 기업들이 민간모금운동에 참여하는 것을 통제하고 민간 대북지원단체가 늘어나는 것도 달가워하지 않았다. 따라서 민간단체 차원의 소규모 지원이라할지라도 정부가 수도꼭지처럼 지원의 물꼬를 언제든지 텄다 막았다 할 수 있으려면 대한적십자사처럼 형식은 민간단체지만 사실상 민간단체가 아닌 창구로 대북지원 통로를 일원화할 필요가 있었던 것이다.[23]

이러한 정부의 창구 단일화 조치에 대해 1996년 6월 시민단체들은 공동으로 항의시위를 벌였다. 이 과정에서 6개의 종교단체 ― 개신교,

---

23 『월간말』 제122호, 1996.8, 78~81면.

불교, 원불교, 유교, 천도교, 천주교 — 와 시민단체들이 공동으로 참여해 조직한 '우리민족서로돕기운동'이 출범했다. 우리민족서로돕기운동은 출범과 함께 북한의 식량지원을 위한 대규모 모금캠페인을 전개해 3개월 만에 약 2억 원 상당의 밀가루 5만 포대를 대한적십자사를 통해 북한에 전달했다. 그리고 이듬해인 1997년 5월 옥수수 1만 5,000톤, 7월 비료 2,000톤, 9월 수수 등 곡물 1만 3,000톤, 10월 의류 40만여 점, 11월 간장 2만 7,000리터와 운동화 5,000점 그리고 12월에는 150여 만 점의 의류 및 방한용품 등을 북한에 지원했다.[24] 이 시기 '유진벨 재단'(1995), '남북어린이어깨동무'(1996), '한민족복지재단'(1997), '어린이의약품지원본부'(1997), '국제옥수수재단'(1998), '남북농업발전협력민간연대'(1998) 등 주요 대북지원 민간단체들이 발족하면서 민간차원의 대북지원은 점차 활기를 띠기 시작했다. 이와 함께 경제정의실천시민연합, 민주주의민족통일전국연합, 한국노총 등에서도 대북지원 운동이 시도되었다.

물론 1996년 9월 강릉 잠수함 침투사건이 발생하면서 민간단체들의 대북지원이 크게 위축되기도 했다. 당시 김영삼 정부는 북한의 태도에 가시적인 변화가 있기 전에 정부차원의 협상을 통하지 않고는 어떠한 인도적 지원도 중단한다고 밝혔다. 그렇지만 국제사회의 비난을 의식해 WFP, UNICEF, UNDP 등 국제기구를 통한 인도적 지원마저 제한할 수는 없었다. 따라서 당시 국내 민간단체들은 우리민족서로돕기운동 및 JTS와 같이 중국을 통한 간접지원 방식을 택하거나, 월드비전처럼 국

---

24 자세한 내용은 '우리민족서로돕기운동' 인터넷 홈페이지(http://ksm.or.kr)를 참고할 것.

제NGO를 통해 지원하는 방식으로 대북지원사업을 추진해야만 했다. 두레마을과 같은 일부 민간단체들은 북한과 인접한 중국지역에 직접 농장을 운영하여 북한주민들에게 생산물을 직접 전달하기도 했다.[25]

1998년 3월 18일 정부는 '민간 대북지원 활성화 조치'를 발표했다. 이에 따라 언론사나 기업체가 '북한동포돕기' 이름의 자선음악회, 바자회와 같은 행사에 협찬·후원하는 것이 가능해졌다. 또한 병원, 국수공장, 식료품공장, 합영농장 건립 추진 등 '남북협력사업' 방식의 대북지원이 허용되었다. 그러나 무엇보다도 민간단체들의 식량지원 협의 및 분배결과 확인(모니터링) 등을 목적으로 한 방북이 허용되었다는 점은 이전과 대조되는 획기적인 조치였다. 이러한 조건변화에 따라 민간단체들의 대북지원 활동이 탄력을 받기 시작했다.[26]

여기에 더해 김대중 정부는 1999년 2월 10일 '민간 대북지원 창구 다원화 조치'를 발표해 대한적십자사 외의 독자적인 창구를 통한 대북지원을 허용했다. 또한 창구 다원화 조치 이후 민간단체의 재정확보 어려움을 완화하기 위해 같은 해 10월 21일 '인도적 대북지원사업 처리에 관한 규정'을 제정해 남북협력기금 지원이 가능하도록 했다. 이에 따라 정부는 2000년부터 민간단체가 추진하는 대북지원사업의 시급성, 북한 수혜대상과 분배지역, 분배투명성 확보 정도 등을 고려해 일정요건을 갖춘 민간단체가 추진하는 인도적 대북지원사업에 대해 남북협력기금을 매칭펀드 방식으로 지원해왔다.[27]

---

25 최대석, 앞의 글, 323면.
26 예를 들어 슈퍼옥수수 재배 프로젝트, 씨감자 재배, 젖염소목장, 농기계수리공장, 영양제 공급, 제약공장 설립, 결핵퇴치사업 등이 협력사업과 의료지원 사업이 활기를 띠고 전개되기 시작했다.

이러한 대북지원의 흐름 변화는 민간단체의 역할과 비중을 증대시켰다. 특히 2000년 6·15 공동선언 이후 민간단체의 대북지원은 긴급구호에서 개발지원 또는 개발협력사업으로 영역이 확대·집중되기 시작해 규모와 다양성의 측면에서 크게 성장했다. 예를 들어 농기계수리공장, 목장, 산란종계장, 씨감자 종자개량, 산림복구, 해충방제 등의 농업개발 분야에서 안과병원 건립, 제약공장설비 복구, 병원현대화, 기초의약품 및 의료기자재 등의 보건의료 분야까지 전문성을 바탕으로 한 활발한 지원활동이 이루어졌다. 뿐만 아니라 육아원, 탁아소, 고아원, 소학교, 급식공장 등의 시설복구 및 운영지원 사업이 복지 분야를 중심으로 확대되었다. 이처럼 민간차원에서 이루어진 대북지원의 규모는 매년 성장을 거듭해 2004년 용천재해 시에는 지원규모가 1,558억 원을 기록하며 정점을 찍었다.[28]

그러나 2008년 대북지원 단체들은 새롭게 출범한 이명박 정부가 민간단체의 대북 인도적 지원을 정치도구로 이용할 가능성에 대해 우려하기 시작했다. 특히 민간단체에 대한 지원축소와 모니터링 강화, 쌀과 북핵문제의 연계는 가장 우려스러운 대목이었다. 실제로 민간단체들의 그러한 우려가 곧 현실로 나타났다.

---

27 2000년부터 2008년 9월까지 50개 민간단체의 242개 개별사업에 대해 남북협력기금 614억 5,300만 원을 집행하였고, 농협중앙회(2001년, 사과·배, 24억 1,900만 원), 남북협력제주도 민운동본부(2002~2008년, 귤, 86억 6,300만 원), 우리민족서로돕기(2004년, 닭고기, 3,200만 원)의 대북지원 농축산물 수송비 111억 1,400만 원을 집행했다. 통일부, 앞의 책, 2008, 52면.
28 반면 국제사회의 지원액은 2001년을 정점으로 점차 감소하기 시작해, 2005년 9월 북한이 인도적 지원을 개발지원으로 전환해줄 것과 북한 상주 사무소의 폐쇄 또는 인력축소를 요구하면서 국제기구의 대북지원 활동은 급속히 위축되었다. 이종무, 「대북 인도적 지원 운동」, 참여연대 평화군축센터 편, 『2008 평화백서』, 아르케, 2008, 222면.

3. 남북관계의 포물선과 대북지원의 정치경제

1) 대북지원의 구조적 제약들

대북정책은 대북지원에 상당한 구속력을 갖는다. 대북지원의 역사
를 면밀히 들여다보면, 굴곡진 대북정책이 대북지원의 정치과정과 규
모에 미친 영향을 알 수 있다. 그렇지만 대북정책도 다양하고 복합적
인 구조적 제약들에 직접적인 영향을 받는다. 뿐만 아니라 예측하기
힘든 미시적 변수들이 대북정책을 둘러싼 남북관계의 변화를 촉발하
기도 한다. 따라서 대북지원의 정치과정과 내용변화를 이해하기 위해
서는 일차적으로 대북정책에 영향을 미치는 다양한 구조적 제약들에
주목할 필요가 있다.

일반적으로 대북정책은 남북관계의 정치적 방향성(혹은 노선)을 정
의하는 몇 가지 기본원칙들로 이루어진다. 특히 탈냉전과 민주화 이후
의 대북정책들은 이른바 '화해협력'을 바탕에 둔 '포용'이라는 대원칙
을 중심에 두고 계승·발전되었다.[29] 노태우 정부에서 노무현 정부에
이르는 대북정책의 기조는 이러한 '포용'의 진화적 논리를 잘 보여주고
있다. 그러나 대북정책에는 복잡하게 얽혀있는 여러 구조적 제약들과

---

[29] 사전적 의미에서 포용은 '상대를 너그럽게 감싸거나 받아들임'을 뜻한다. 그러나 대북포
용정책에서의 포용은 앞서 언급했던 'embrace'의 의미가 아닌 'engagement', 즉 관여 혹
은 개입이라는 뜻을 지니고 있다. 이런 측면에서 대북포용정책의 핵심은 남북관계의 다
면적 확대와 적극적인 교류에 기초한 관계개선 및 북한의 변화 유인에 있다고 요약할 수
있다. 포용정책의 학술적 정의에 관련해서는 전재성의 논의를 참고할 것. 전재성, 「관여
engagement정책의 국제정치이론적 기반과 한국의 대북 정책」, 『국제정치논총』 제43집 1
호, 한국국제정치학회, 2003.

미시적 변수들이 동시에 작용한다. 그 제약들은 대북정책의 주요 원칙들을 흩뜨려 결국 대북정책의 비일관성 및 위기관리능력의 결여로 이어지게 할 수 있다. 그러한 상황을 우리는 흔히 '실패한 대북정책'이라고 규정하곤 한다.

1988년 노태우 정부는 '7·7 선언'을 통해 북한을 적대의 대상이 아닌 화해와 협력의 동반자로 재규정하였다. 이어 1989년 9월 국회연설을 통해 '한민족공동체 통일방안'에서 남북연합을 최초로 공식화했다. 1992년 2월에는 제6차 남북고위급회담에서 '남북 사이의 화해와 불가침 및 교류·협력에 관한 합의서'(이하 '기본합의서')와 '한반도 비핵화 공동선언'에 서명함으로써 남북관계의 역사적 이정표를 새로 쓰며 '포용'의 대원칙을 마련하였다.

그러나 노태우 정부의 대북정책은 냉엄한 구조적 제약에 의해 현실화되지 못하고 상징적 수준에 머물렀다. 선언을 넘어선 북한과의 실질적인 화해협력을 시작하기에, 아니 북한의 체제를 인정하기에도 남한은 정치적·사회적 합의가 내부적으로 충분히 이루어지지 않았기 때문이다. 또한 대외적으로는 핵문제를 둘러싼 북미 간의 갈등에서 알 수 있듯이, 북미관계에 여전히 적대적인 기류가 흘렀다. 그리고 무엇보다 남북의 신뢰와 공동이익에 관한 대합의가 원활히 이루어지지 못했다.[30]

'신한국 창조'를 기치로 1993년 문민정부가 출범했다. 김영삼은 대통

---

30 구갑우, 「탈냉전·민주화시대의 대북정책과 남북관계−평화연구의 시각」, 『역사비평』 통권 81호, 역사비평사, 2007, 83~84면; 김근식, 『대북포용정책의 진화를 위하여』, 한울, 2011, 50면.

령 취임식에서 "어느 동맹국도 민족보다 더 나을 수 없다"며 통일에 대한 국민적 합의와 정상회담을 통한 대북화해협력의 의지를 강하게 피력했다. 그러나 문민정부는 기대와 달리 6공화국을 거쳐 고조된 남북관계의 화해협력 기조를 계속 후퇴시키고 있었다. 이 과정에서 한반도를 둘러싼 구조적 제약의 작동과 이에 대한 김영삼 정부의 위기관리능력의 취약성이 두드러졌다. 그 전조는 1993년 3월 12일 북한의 NPT(Nuclear Nonproliferation Treaty : 핵확산금지조약) 탈퇴선언으로 불거진 한반도의 핵긴장 국면(1차 북핵위기)으로, 즉 취임 직후부터 나타났다.

김영삼은 6월 취임 100일 기념 기자회견에서 "핵무기를 갖고 있는 상대와는 결코 악수할 수 없다"며 대북강경노선을 내비추기 시작했다. 이후 김영삼 정부의 취임 초기 화해협력의 대북정책 기본방향은 정치적 수사에 그치고, 실제로는 강경과 온건의 정책노선을 반복해 넘나들었다. 이러한 대북정책의 냉온탕식 혼선은 김영삼 정부시기 대북지원의 정치과정에 그대로 영향을 미쳤다.

1998년 출범한 국민의 정부는 이전 정부의 '잃어버린 5년'과 '기본합의서' 복원을 위해 이른바 '햇볕정책'을 통한 적극적인 대북화해협력정책을 추진하였다. 김대중은 ① 일체 무력도발 불용, ② 일방적 흡수통일 배제, ③ 남북 간 화해협력의 적극 추진이라는 원칙을 밝히고 평화와 화해협력을 통한 남북관계 개선을 추구했다. 즉 "튼튼한 안보를 통해 평화를 유지하면서 화해와 협력을 추구함으로써 북한이 스스로 변화의 길로 나올 수 있는 환경을 조성"하고자 했다.[31] 그 결과 2000년 6

---

31 통일부, 『참여정부의 평화번영정책』, 통일부, 2003; 통일부, 『2005 통일백서』, 통일부, 2005, 15면.

월 남북정상회담이 개최되고 '6·15남북공동선언'이 채택되면서 다양한 남북대화가 진행되었다. 개성공단, 경의선·동해선 철로 연결, 금강산 관광을 비롯한 이산가족교류 활성화 등을 통해 인적·물적 교류가 증대되어 남북관계에 실질적인 신뢰구조가 형성되기 시작했다.

그러나 김대중 정부의 대북정책도 한반도 안팎에서 노출된 구조적 제약으로부터 자유롭지 못했다. 무엇보다도 2001년 미국의 부시 행정부 등장으로 북미관계가 급속히 경색되기 시작했다. 2000년 10월 11일 북미 공동코뮤니케 발표와 23일 미 국무장관으로서는 최초로 평양을 방문한 매들린 올브라이트 장관의 방북성과가 무색하게도, 클린턴 행정부의 북미관계 개선노력은 물거품으로 변했다. 2002년 1월 미 국방부가 의회에 제출한 '핵태세검토보고Nuclear Posture Review Report'에서는 북한을 핵선제공격이 가능한 대상국 가운데 하나로 지목하면서 이란, 이라크와 함께 이른바 '악의 축'으로 규정하기도 했다. 북미관계는 냉전의 원점으로 되돌아가는 듯했다.

이러한 북미갈등이 지속되는 가운데, 김대중 정부의 대북정책에 의도치 않은 부작용이 번지기 시작했다. 그것은 바로 북한에 대한 인식을 둘러싼 남남갈등의 증폭이었다. 2001년 '만경대 방명록 사건'으로 불거진 동국대 강정구 교수를 둘러싼 색깔론 논쟁과 이에 따른 국가보안법 철폐논쟁이, 결국엔 여소야대의 상황에서 DJP 공조마저 파기되면서 임동원 통일부 장관의 해임으로까지 이어졌다. 이러한 사례에서 단적으로 드러나듯이, 김대중 정부의 대북정책은 — 대북포용정책의 체계화와 안정화의 토대를 마련하면서 적극적인 일관성을 견지했다는 평가에도 불구하고[32] — 냉전보수세력의 이념공세에 취약한 정치

사회적 합의구조에 기초했다는 점에서 치명적인 한계를 드러냈다.

2002년 10월 미국의 대북정책을 총괄한 제임스 켈리 동아태담당 차관보가 북한을 방문하고 나서 "북한이 고농축 우라늄을 보유하고 있다고 시인했다"고 밝혔다. 곧이어 북한은 12월 27일 IAEA(International Atomic Energy Agency : 국제원자력기구)의 사찰관을 추방하고 2003년 1월 10일에는 10년 전과 마찬가지로 NPT 탈퇴를 선언했다. 그리고 노무현 정부는 2차 북핵위기라는 남북관계의 강한 국제적 제약아래 출범했다.

한편, 노무현 정부가 출범한 바로 다음 날 한나라당은 국회에서 단독으로 대북송금특검법을 통과시켰다. 북한은 노무현 정부가 대북송금특검법을 수용하게 되면 남북관계는 동결상태로 갈 것이라고 경고했다. 그러나 노무현은 대북정책의 투명성 제고와 한나라당과의 상생의 정치를 위해 거부권을 행사하지 않았다. 결국 남북정상회담과 관련된 대북송금특검의 수용은 포용정책에 대한 지지층을 분열시킨 결과를 가져와 초기 남북관계를 악화시킨 배경이 되었다.[33]

---

32 김근식, 앞의 책, 54면.

33 구갑우, 앞의 글, 92~93면; 김연철, 「김대중 · 노무현 정부 10년의 남북관계」, 『기억과 전망』 제22호, 민주화운동기념사업회, 2010, 127면. 이 수사는 김대중 전 대통령의 대국민 담화에도 불구하고 '국민의 정부' 핵심인사였던 박지원, 임동원, 이기호 등이 줄줄이 소환돼 사법 처리되는 초대형 수사로 확대됐다. 특검은 현대가 4억 5천만 달러를 국가정보원 계좌를 통해 북에 송금했으며, 이 중 남북정상회담의 성사를 위한 정부의 정책지원금이 1억 달러 포함됐다고 결론 내렸다. 특검수사가 막바지에 이르러 현대비자금 150억 원이 추가로 드러났고, 이에 2003년 8월 4일 정몽헌 회장이 투신자살하는 사건이 일어났다.

2) 남북관계의 포물선

1995년 쌀 15만 톤을 북한에 전달하면서 시작된 대북지원은 이후 남북관계의 정치적 기복에도 장기화 경향을 보이며 2011년까지 총액 3조 2,052억 원의 규모를 기록했다. 이 중 정부차원의 대북지원 규모는 총 2조 3,459억 원으로 민간차원의 대북지원 규모인 8,592억 원의 약 2.7배를 차지했다. 그렇다면, 대북지원을 지속가능하게 만든 구조적 요인은 무엇인가? 대북지원의 장기화 경향은 김대중-노무현 정부시기를 통해 이루어진 남북관계의 포물선 안에서 지속될 수 있었다. 남북관계의 포물선은 다음과 같은 요인들에 의해 구조화되었다.

첫째, 대화를 통한 상호공존의 제도화이다. 김대중-노무현 정부의 대북정책은 남북대화의 지속적이며 정례적인 제도화를 이룸으로써 북핵위기와 같은 긴장상황에서도 남북관계를 비교적 일관성 있게 견인할 수 있었다. 대화를 통한 상호공존의 제도화는 2000년과 2007년 두 차례의 정상회담을 비롯해 정치, 군사, 경제, 인도, 사회문화 분야에서 전방위적으로 진행되었다(〈그림 1〉 참고).

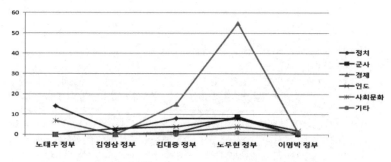

〈그림 1〉 정권별 / 분야별 남북합의서 채택 건수, 1988~2011년

남북회담의 개최횟수는 일정하게 합의서 채택 건수와 비례했다. 전체적으로 봤을 때, 노태우 정부는 163회의 남북회담을 개최해 21개의 합의서를 채택했다. 이어 김영삼 정부는 28회의 남북회담과 5개의 합의서를 채택했다. 이에 비해 김대중 정부는 80회의 남북회담에서 29개의 합의서를, 노무현 정부는 171회의 남북회담을 통해 85개의 합의서를 채택하는 성과를 거뒀다. 이와 대조적으로 이명박 정부는 정치회담이 최초로 이뤄지지 않은 가운데 총 21개의 남북회담에서 5개의 합의서를 채택했다.[35] 흥미롭게도 그 성과는 최악의 남북관계라는 평가를 남긴 김영삼 정부의 성과와 크게 다르지 않다.

둘째, 남북관계의 포물선은 상호공존의 제도화가 남북경제교역의 활성화를 추동하면서 더욱 구조화되었다. 남북경제교역의 궤적을 들여다보면, 노태우 정부시기 319백만 달러에서 김영삼 정부시기에 1,227백만 달러로 늘어났다. 이어 김대중 정부에 들어 2,026백만 달러로 크게 확대되고, 노무현 정부에서는 5,623백만 달러를 기록하며 가파른 상승세를

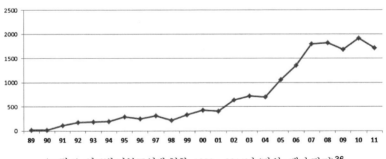

〈그림 2〉 연도별 남북교역액 현황, 1989~2011년 (단위 : 백만 달러)[36]

34 자료 : 남북회담본부(http://dialogue.unikorea.go.kr/)에서 통계자료 재구성.
35 통일부 남북회담본부, 인터넷 홈페이지(2012); http://dialogue.unikorea.go.kr/

보였다. 2002년부터 남한은 중국에 이어 북한의 제2교역상대로 부상하게 되었다. 2008년까지 북한의 무역비중에서 남한은 32.3%로 중국(49.5%)과 큰 차이를 보이지 않았다. 그러나 이명박 정부의 대북봉쇄정책으로 남북관계가 급속히 경색되면서 2011년 북한과 중국의 무역규모는 전체의 89.1%(56억 3,000만 달러)로 급증했다.[37]

셋째, 사회문화 분야에서도 남북관계의 활성화가 두드러지게 나타나 남북관계의 포물선을 이루었다. 특히 2000년 '6·15 공동선언'에서 합의한 남북이산가족 상봉 등 인도적 문제의 조속한 해결이 제도적 탄력을 받아 이루어졌다. 1985년 이후 처음으로 2000년 당국차원에서 이산가족 방북상봉이 실시되었다. 뿐만 아니라 국군포로와 납북자 해결을 위한 노력도 돋보였다. 2006년 4월에 있었던 제18차 남북장관급회담에서 처음으로 "전쟁시기와 그 이후 소식을 알 수 없게 된 사람들의 문제를 실질적으로 해결하기 위해 협력"하기로 합의함에 따라 국군포로와 납북자 문제 해결의 토대를 마련했다. 그러나 2007년 여러 차례

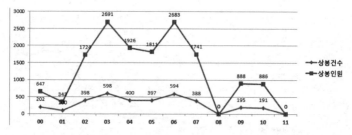

〈그림 3〉 당국차원의 이산가족 방북상봉 현황, 2000~2011년 (단위 : 명, 건)[38]

---

36 자료 : 통일부, 앞의 책, 2012, 283면에서 통계자료 재구성.
37 KOTRA, 「2011년도 북한의 대외무역동향」 KOTRA 자료 12-018(KOTRA, 2012).

의 공식회담에서 이 문제에 대한 합의를 이끌어냈음에도 북한 측의 미온적 태도로 가시적 성과는 거두지 못했다.[39]

한편, 사회문화적 측면에서 남북관계의 활성화는 금강산 관광에서도 두드러지게 나타났다. 금강산 관광은 1998년 11월 18일 관광객 835명을 태운 금강호가 바닷길을 가르며 시작되었다. 2000년 정상회담 이후에는 남북한을 잇는 철로 복원사업이 진행되어 2003년 9월부터 경의선과 동해선으로 금강산 관광객이 크게 늘었다. 이러한 금강산 관광은 개성공단방문이 절대적인 비중을 차지하는 정치경제적 방북보다 막대한 규모를 보였다. 그러나 2008년 7월 관광객 박왕자 씨 피격사건으로 인해 금강산 관광이 중단되었다.

마지막으로, 남북관계의 포물선은 대북정책에 대한 민간차원의 접근성이 확장되면서 탄력을 받았다. 김대중 정부의 출범 직후인 1998년 3월 18일 대북지원단체 방북 및 구호물자 전달시 민단단체의 대표 참여 허용을 골자로 하는 '민간 대북지원 활성화 조치'가 발표되었다. 이어서 1999년 2월 10일 '민간 대북지원 창구 다원화 조치'가 발표되면서 대한적십자사 이외의 독자적 창구를 통한 민간차원의 대북지원 경로가 제도화되었다. 이러한 흐름에 조응하여 민간차원의 통일운동도 활성화되기 시작했다.

이런 측면에서 1999년 결성된 북민협은 김대중-노무현 정부시기 포

---

38 자료 : 통일부(2012), 앞의 책, 287면에서 통계자료 재구성.
39 다만 이산가족 상봉행사에서 생사확인의뢰자 명단에 납북자 및 국군포로를 일부 포함시켜 부분적으로 생사확인과 가족상봉이 이루어졌다. 2000년 남북정상회담 이후 16차례의 이산가족상봉에서 전후납북자 16가족 73명, 국군포로 20가족 78명이 금강산에서 가족상봉을 가졌다. 자세한 논의는 김연철, 앞의 글, 2010, 133~134면을 참고.

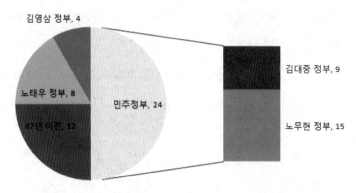

〈그림 4〉 북민협 회원단체의 결성시기 : 2012년 9월 현재 총 48개

용적 대북정책의 진화를 상징적으로 보여주는 사례이다. 북민협은 대
북지원사업을 수행하는 여러 단체들 간의 네트워크로서 남북의 화해
와 상호협력, 민족공동체 수립을 위한 인도주의를 실천하는 단체들 간
의 상호협력과 정보교류뿐만 아니라, 정부의 대북 인도지원정책 발전
을 위한 협력 그리고 대북협력과 관련한 국제기구 및 국제NGO와의 협
력들을 추진하기 위해 결성된 협의체이다. 〈그림 4〉에서처럼, 2012년
9월 현재 북민협을 구성하는 48개 회원단체들의 결성시기를 추적해보
면 이를 쉽게 알 수 있다. 북민협의 회원단체들 가운데 24개(50%)가 김
대중-노무현 정부시기에 결성되었고, 그중에서도 노무현 정부시기 무
려 15개 단체가 만들어졌다.

　요컨대 남북관계의 포물선은 김대중-노무현 정부시기의 대북포용
정책을 중심으로 구조화되었다. 포용정책의 핵심이 '다방면적 교류접
촉의 확대'와 '대상국가의 태도변화'를 목표로 한 것이라면,[40] 대화를

40　김근식, 앞의 책, 59면.

통한 상호공존의 제도화와 안정화, 남북교역의 확대를 통한 경제적 개방화, 이산가족 방북상봉을 통한 남북관계의 인도주의적 확장 그리고 대북지원에 대한 민간차원의 확대된 접근성 등은 주목할 만한 가시적 성과라고 평가할 수 있다. 그러나 남북관계의 포물선은 10년의 오르막길 이후 급속한 내리막길을 그리게 된다. 남북관계의 포물선에 구조적으로 조응하는 대북지원의 정치경제는 짧고도 경사가 급한 포물선의 내리막길을 보다 선명하게 보여준다.

3) 대북지원의 정치경제

대북지원은 냉전과 탈냉전 사이의 극심한 정치적 기복 속에서 진행되었다. 남북관계의 냉전적 구조화라는 맥락에서 북한의 군사적 위협과 체제를 둘러싼 이념적 갈등의 심화가 지속되는 가운데, 대북정책은 민주화와 탈냉전 이후 대화와 협력의 남북관계를 지향했기 때문이다. 대북지원은 모순적인 남북관계가 냉전과 탈냉전의 구조적 긴장 속에서도 균형을 잃지 않도록 지탱시킨 일종의 균형추 역할을 했다고 이해할 수 있다. 따라서 대북지원의 정치경제에 무게중심을 두어 2000년 이후 전개된 남북관계의 새로운 국면에 주목할 필요가 있다.

첫째, 다음 면의 〈그림 5〉에서 확인할 수 있듯이, 대북지원은 2000년 남북정상회담 이후 추진력을 받아 민주정부 시기 그 규모가 절정에 이

---

41 자료 : 통일부(http://www.unikorea.go.kr/)의 통계자료.

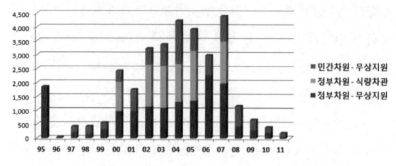

〈그림 5〉 대북지원의 추이, 1995~2011년 (단위 : 억 원)[41]

민간차원 - 무상지원
정부차원 - 식량차관
정부차원 - 무상지원

르렀다. 그러나 2008년 이명박 정부 들어 급격히 축소되었다. 정부차원에서 추진된 무상지원의 규모만 보더라도 김대중 정부시기는 총액 3,586억 원으로 연평균 717억 원, 노무현 정부시기는 총액 8,026억 원으로 연평균 1,605억 원을 차지했지만, 이명박 정부에서는 2011년까지 총액 1,001억 원으로 연평균 250억 원의 지원규모를 보였다.

이처럼 대북지원은 남북관계의 정치적 변화에 민감하게 구속되는 경향이 있다. 민주정부 10년을 전후해 김영삼 정부와 이명박 정부는 북한의 자극에 대북정책의 일관성과 평정심을 동시에 잃어버렸다. 그리고 남북관계에 대한 취약한 관리능력은 곧 바로 대북지원에 영향을 미쳤다. 특히 이명박 정부는 "인도적 대북지원은 인도주의와 동포애적 차원에서 조건 없이 추진한다"[42]는 기본 입장을 공식화했음에도—2009년 북한의 2차 핵실험에 이은 2010년 3월 26일 천안함 사건에 따른 '5·24 조치'와 11월 23일 연평도 포격사건으로 — 영유아 등 취약계층을 대상으로 하는 민간차원의 인도적 지원을 제외한 대북지원사업을

---

42 통일부, 앞의 책, 2012, 151면.

원천적으로 중단시켰다.

이와 대조적으로, 2006년 초 북한의 6자회담 참가거부로 인해 미국이 원조를 중단하고 대북압박을 강화하고 있었음에도, 노무현 정부는 북한과의 경제협력 예산을 두 배로 늘린다고 발표했다. 인도적 원조를 포함한 경제협력에 정치적 문제가 개입되어서는 안 된다는 원칙을 고수한 것이다. 이는 경제적 원조가 결국엔 남북대화를 촉진하는 수단으로 활용될 것이라는 학습효과가 있었기 때문이다. 이런 점에서 2007년 10 · 4 남북정상회담은 갑작스럽게 이루어진 정치적 이벤트라고 보기 어렵다.

〈표 1〉 정부차원의 대북 식량지원 (단위 : 만 톤, 억 원)[45]

연도	지원내용		지원방식	운송경로	지원금액
	국내산 쌀	외국산 쌀			
1995	15	–	무상	해로	1,854
2000	–	30 / 중국산 옥수수 20	차관	해로	1,057
2002	40	–	차관	해로	1,510
2003	40	–	차관	해로	1,510
2004	10	30	차관	육로 / 해로	1,359
2005	40	10	차관	육로 / 해로	1,787
2006	10	–	무상	해로	394
2007	15	25	차관	육로 / 해로	1,505
2010	0.5	–	무상	해로	40
합계	쌀 265.5 / 옥수수 20		–	–	11,016

둘째, 2000년 이후 정부차원의 대북지원 방식에서는 차관형식이 크게 두드러졌다. 차관방식의 식량지원은 대내외 정세 영향으로 남북대화가 중단되었던 2001년과 북한 미사일 발사와 핵실험으로 인해 지원이 보류되었던 2006년을 제외하면, 2007년까지 — 쌀 240만 톤과 옥수

수 20만 톤으로 — 총 6차례에 걸쳐 이루어졌다.[43] 매년 지원 품목과 규모는 국내외의 식량수급상황, 북한의 식량부족량, 재정부담능력 등을 고려하여 결정되었다.[44] 이러한 차관을 통한 식량지원은 정부차원에서 이루어진 전체 대북지원 규모의 37.2%로 막대한 비중을 차지했다.

그러나 차관을 통한 식량지원은 WFP를 통해 전달되지 않기 때문에, 게다가 무상지원이 아니기에 수혜대상이나 모니터링과 같은 측면에서 엄밀한 규약을 따르지 않았다. 실제로 2004년까지 남한의 식량지원은 전혀 모니터링되지 않았다. 2004년 7월 북한은 마침내 남한의 식량원조에 대해 모니터링 체계를 수립하기로 합의했지만, 그 기준은 WFP 체제보다 훨씬 느슨했고 수혜주민을 선정하려 하지 않았다. 이처럼 모니터링이 최소주의적 수준에 머물렀던 것은 남한의 대북지원이 전략과 대상의 측면에서 미국이나 일본과 다르다는 것을 보여준다. 남한의 대북정책은 광범한 정치적 개입전략과 북한의 붕괴를 사전에 제압하기 위한 강한 이해관계라는 명백한 동기를 갖는다. 민주정부는 북한의 붕괴가 남한에게 받아들이기 어려운 재정적 비용을 부과할 것이라고 믿었기 때문이다.[46]

특히, 2000년부터 2007년 사이에 이루어진 식량차관의 상환문제를 놓고 여러 의견들이 제시되고 있다. 지난 2012년 6월 7일 식량차관의 첫 상환일(상환금액 583만 달러)이 도래했지만 북한은 아무런 반응이 없었다. 남한정부는 그저 대북 통지문을 발송해 원리금의 연체사실을 통

---

43 정부는 2006년 7월, 북한의 수해피해 긴급구호를 위해 식량 10만 톤을 무상으로 지원했다.
44 통일부, 앞의 책, 2008, 31면.
45 자료 : 통일부, 앞의 책, 2008, 34면; 통일부 인터넷 홈페이지 http://www.unikorea.go.kr/
46 Stephan Haggard · Marcus Noland, op. cit., p.144.

보했을 따름이었다. 그러나 차관상환 문제는 현실적인 상황에 맞게 신중히 다루어야 한다. 특히 남북관계가 극도로 경색된 현재로서는 북한의 정상적인 상환의지와 가능성이 희박하다는 점에서 더욱 그러하다. 물론 차관상환 문제에 대한 그럴듯한 해법이 없지는 않다. 예를 들어 차관상환 기간을 유예하는 방법, 광물자원으로 대체상환하는 방법, 이산가족이나 납북자 문제 등 인도적 사안과 연계해 채무를 부분적으로 감면해주는 방법 등이 있다. 그러나 이런 대안들이 보다 현실적으로 다가오기 위해서는 지속가능한 남북대화가 매개되어야 한다.

셋째, 2000년 이후 민간차원의 대북지원이 안정적으로 제도화되었다. 민간단체들은 정부의 다원화 조치 및 재정지원에 힘입어 2000년부터 긴급구호 성격의 일회성 지원을 넘어서 북한의 자립과 자활능력을 제고시키기 위한 지원사업으로의 전환을 시도했다. 그 규모는 2007년까지 연평균 868억 원에 이르렀다.

〈표 2〉 정부의 대북지원 민간단체 지원 현황 : 남북협력기금 (단위 : 백만 원)[47]

구분	2000	2001	2002	2003	2004	2005	2006	2007	2008	합계
승인액 (사업수)	5,414 (8)	7,574 (16)	7,657 (16)	4,740 (16)	9,867 (25)	11,368 (30)	10,861 (47)	11,538 (44)	10,064 (40)	79,083 (242)
집행액	3,379	3,843	5,448	7,547	8,828	7,778	8,076	12,399	4,155	61,453

한편, 〈표 2〉에서 확인할 수 있듯이 정부는 남북협력기금을 통해 민간단체들의 대북지원사업이 안정적으로 제도화될 수 있도록 재정지원을 점차 늘려나갔다. 2000년 우리민족서로돕기운동의 '젖염소목장

---

[47] 자료 : 통일부, 앞의 책, 2008, 54면.

설치사업' 등 8개 지원사업을 시작으로 2007년 남북어린이어깨동무의 '어린이 영양식 및 의료지원' 등 44개 사업에 이르기까지 총 200여개의 사업에 기금지원이 이루어졌다.[48] 이 과정에서 주요 민간단체들이 추진해온 대북지원사업 중 일반구호의 비중은 32.5% 수준이며, 나머지 67.5% 정도가 개발지원(26.5%), 보건의료(21.7%), 복지환경(15.7%) 등에 집중되었다.[49]

그러나 2008년 이후 대북지원은 급속히 위축되기 시작했다. 단적인 예로 2006년 정부가 승인한 대북지원 민간단체 지원액의 집행비율은 평균 83%였으나, 2008년 이명박 정부에서는 41%에 그쳤다. 2010년 정부는 민간단체의 대북지원 사업 10개에 1,395백만 원을 지원하였으나, 2011년엔 아무런 지원이 이루어지지 않았다. 게다가 민간차원의 대북지원 규모도 2008년 725억 원, 2009년 377억 원, 2010년 200억 원으로 축소되어 2011년엔 131억 원으로 현저히 감소했다. 이마저도 민간단체와 종교단체들이 인도적 지원을 강하게 촉구해 정부가 마지못해 수용한 결과였다.

또한 대북지원의 정치과정도 폐쇄적인 형태로 변화했다. 통일부와

---

[48] 중복지원은 초기 대북지원 민간단체들의 문제점으로 자주 지적되어온 사항이다. 그러나 중복지원의 문제는 북민협과 같은 협의체를 통해 민간단체들 간의 대화가 활성화 되면서 다소 약화되는 경향을 보였다. 그러나 평양, 개성, 금강산 인근 등 제한적 지역에만 지원활동이 집중되는 지역편중의 문제는 여전히 남아있다. 이와 관련해 자세한 논의는 이우영, 「민간단체의 대북지원 쟁점 및 개선방안」, 『KDI 북한경제리뷰』, 한국개발연구원, 2011.7, 85~89면을 참고할 것.

[49] 자료 : 2012년 9월 북민협 48개 회원단체 조사. 이 수치는 단체별 주요사업 2개 부문을 선정해 임의로 작성한 추정치에 가깝다. 그럼에도 북민협 회원단체들의 전수조사에 의존했기에 민간단체들의 대북지원 중점사업의 비중을 읽어내는 데 큰 무리가 없을 것으로 판단한다.

민간대북지원단체의 공식 정책협의체로서 '대북지원민관정책협의회'
는 이명박 정부 들어 활동이 크게 위축되어 2008년 2회, 2012년 1회로
단 세 차례 밖에 개최되지 않았다. 민간단체의 활동가들에 따르면, 이
명박 정부는 민관정책협의회를 대북지원 거버넌스로 인정하지 않고
있다. 인도적 지원을 협의하기 위한 민간단체의 대북접촉 신청도 불허
되거나 지연되는 일이 허다했다.

4. 대북지원의 특수성과 인도주의의 딜레마

앞서 논의했듯이, 지난 17년간 대북지원은 기본적으로 대북정책의
프레임 속에 착근되어 형성과 발전 그리고 급격한 쇠퇴의 경로를 보였
다. 대북지원은 원천적으로 남북관계의 방향성과 접근법, 즉 대북정책
의 방법론에 따라 상당한 구속력을 받아왔기 때문이다. 대북정책이 정
치적으로 구성된다는 점에서 대북지원은 현실적으로 정치적 이용의
덫으로부터 벗어나기 어렵다. 적어도 국가차원에서 이루어지는 대북
지원은 정치적 기대와 효과를 감안하지 않고서 추진될 수 없다.

이러한 가운데 대북지원은 국가에 의한 대북정책의 특수한 정치적
수단으로서 그리고 시민사회 차원에서 인도주의의 합목적적 가치로
서 양면적인 속성을 동시에 추구한다. 즉 대북지원은 인도주의라는 보
편성과 정치적 이용이라는 특수성이 국가와 시민사회의 관계를 중심
으로 복합적으로 결합되어 나타난다. 여기서 국가는 '인도적 지원'의
이름으로 대북지원의 정치적 이용을 정당화하려 한다. 그리고 시민사

회에서는 대북지원의 정치적 이용과 인도주의를 둘러싼 정당성 논쟁
이 벌어진다.

또한 대북지원에는 민족의 정체성과 분단의 이데올로기가 복합적
으로 작용한다. 인류애적 가치의 인도주의적 구현이라는 보편성을 추
구하는 국제사회의 지원과 달리, 남한의 대북지원은 민족 혹은 동포
사이의 인도적 지원과 적국에 대한 정치적 지원이라는 다소 모순적으
로 결합된 특수 관계를 내포하고 있다. 따라서 대북지원은 다른 인도
적 지원과 달리 분단 상황과 남북관계의 변화, 그리고 통일이라는 복
합적 맥락 속에서 이해될 수밖에 없다.[50] 남한의 대북지원은 수단과
목적의 이중적 지향성을 동시에 갖기 때문이다.

이러한 대북지원의 특수성에도 민주정부 10년의 대북정책은 대북지
원의 제도적 안정화와 지속화를 통해 그 내용과 형식을 실질적으로 확
장시켰다. 이에 따라 대북지원은 '남북관계의 포물선'을 형성하는 데
핵심적인 동력으로 작용했다. 그러나 남북관계가 포물선의 한 축을 형
상화하기 시작하면서 민주정부 10년의 대북정책에 대한 비판적 평가
가 거세게 제기되었다. 그 한 가운데 민주정부의 대북정책에 근간을 이
루었던, 그러나 '퍼주기 논란'으로 확산되었던 대북지원을 둘러싼 첨예
한 논쟁들이 있었다.

퍼주기 논란이 본격화되기 시작한 2000년 이후 대북지원의 정당성
문제는 남남갈등의 이념적 중핵을 이루는 이른바 보혁갈등의 중심에
자리했다. 대북지원에 관한 보혁갈등은 표면적으로 지원의 규모와 방

---

50 조한범, 「대북지원 10년의 성과와 과제─대북개발지원을 위한 제언」, 『통일정책연구』
   제14권 2호, 통일연구원, 2005, 81면.

식에 초점이 맞춰져 있지만, 그 내면으로 접근해보면 결국 북한에 대한 인식의 차이가 깊게 새겨져 있음을 알 수 있다. 따라서 '북한을 왜 도와야 하는가'의 정당성 문제를 논의하기에 앞서 '북한을 어떻게 인식하는가' 또는 '북한은 우리에게 어떤 대상인가'라는 대북관의 간극과 그 변화를 우선 읽어낼 필요가 있다.

2008년 이명박 정부 이후 북한에 대한 인식의 분명한 변화가 일어났다(〈그림 6〉 참고). 가장 눈에 띠는 변화는 북한을 '협력의 대상'에서 '경계의 대상'이나 '적대의 대상'으로 재인식하는 추세가 뚜렷하게 나타난 것이다. 2008년까지 국민의 50% 이상이 북한을 협력의 대상으로 인식했으나, 천안함과 연평도 사건이 발생했던 2010년에는 21.7%만이 협력의 대상이라고 답했다. 이에 반해 경계와 적대의 대상이라는 인식은 같은 기간 11.3%와 5.6%에서 32.8%와 23.3%로 크게 증가했다. 또한 북한을 '지원의 대상'이라고 응답한 비율은 2008년 21.9%에서 2012년 8.6%로 4년 사이에 13.3%나 줄었다. 2007년 북한에 대한 사회적 인식은 '협력'(56.6%)이 압도적으로 강조되는 가운데 지원(21.8%)-경계(11.8%)-적대(6.6%)-경쟁(3.3%) 순으로 구성되었지만, 2012년 현재는 경

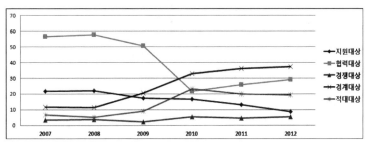

〈그림 6〉 북한에 대한 국민인식의 변화, 2007~2012[51]

계(37.4%)-협력(29.2%)-적대(19.3%)-지원(8.6%)-경쟁(5.5%) 순으로 변화해 북한을 부정적으로 인식하는 경향이 크게 늘었음을 알 수 있다.

이러한 인식의 변화는 대북지원에 대한 국민의 의식변화에도 반영되었다〈그림 7〉 참고). 1999년 대북지원을 '증액'해야 한다는 목소리가 25%로 최고조에 이르렀지만, 2012년 현재 국민의 8.2%만이 증액에 찬성하는 것으로 나타났다. 이는 대북지원을 '중단'해야 한다는 의견이 같은 시기 11.1%에서 27.3%로 늘어난 것과 밀접한 상관관계를 이루고 있다. 여기서 흥미로운 대목은 대북지원을 '조건부로 증액 혹은 지속'해야 한다는 국민여론의 기복이다. 2000년 대북지원의 조건부 찬성에 국민의 78.7%가 찬성하였음에도, 대북지원에 반대하는 의견인 감축(32.5%) 또는 중단(11.3%)의 비율이 높아짐에 따라 불과 1년 만에 40%로 내려앉았다. 이후 2005년까지 다시 대북지원에 대한 조건부 찬성 비율

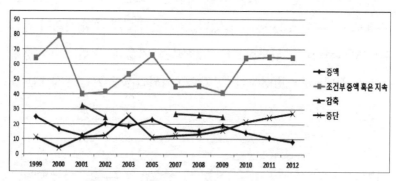

〈그림 7〉 대북지원에 대한 국민의식 변화 추이, 1999~2012[52]

---

51 자료 : KBS 남북협력기획단, 『2010년 국민통일의식조사』, KBS 남북협력기획단, 2010, 9
    6~99면; KBS 남북협력기획단, 『2011년 국민통일의식조사』, KBS 남북협력기획단, 2011,
    88면; KBS 남북협력기획단, 「2012년 국민통일의식조사」, KBS 남북협력기획단, 2012,
    http://office.kbs.co.kr/tongil/

은 66%로 상승했고, 2007년 다시 내리막길을 탔다. 그리고 2010년에는 평균치(55.6%)를 웃도는 64%대의 찬성비율을 유지하고 있다.

그렇다면, '대북지원에 관한 조건부 증액 혹은 지속'의 극심한 기복이 의미하는 것은 무엇인가? 다시 말해 대북지원에 대한 광범한 사회적 합의가 지속성을 갖지 못하는 이유는 무엇인가? 대북지원에서 인도주의가 마주한 딜레마는 위와 같은 의식변화를 설명하는 데 대단히 중요한 함의를 제공한다. 아무리 인도적 차원이 강조된다하더라도 대북지원은 남북관계를 둘러싼 사회적 긴장을 초월할 수 없기 때문이다.

또한 인도주의적 차원에서 지원된 식량이 북한 주민에게 돌아가지 않고 결국에는 군량미로 전용되거나 지도부의 배만 불리게 할뿐이라는 주장에 무게가 실릴수록 대북지원의 불가피성은 정치적으로 희석되기 마련이다. 그렇다고 굶주리고 있는 북한의 어린아이와 주민들의 실상을 모른척하고 있을 것인가. 이런 점에서 대북지원이 안고 있는 인도주의의 1차적 딜레마는 '전용diversion'의 문제로 집중된다.

대북지원에서 전용이라는 쟁점은 애초부터 그 사실관계를 떠나 가능성만으로도 문제가 되었던 사안이다. 실제로 전용의 의혹은 1995년 대북지원이 시작되었을 때부터 줄기차게 제기되었다. 그러나 전용에 관한 논쟁이 분분함에도 객관적인 사실관계는 명확하게 밝혀지지 않고 있다. 어느 논자는 "우리가 지원하는 쌀이 북한군에 들어가 군인이 먹게 되면"이라는 단서를 달긴 했으나, 남한의 대북지원은 "인도적 지원이 아니라 명백한 군사적 지원"이라고 했다. 어떤 탈북자는 남한에

---

52 자료 : KBS 남북협력기획단, 앞의 책, 2010, 104~109면; KBS 남북협력기획단, 앞의 책, 2011, 91면; KBS 남북협력기획단, 2012.

서 지원되는 식량의 70~80%가 군대로 전용되고 있다고 말했다. 또 다른 탈북자는 50%도 되지 않는다고 말했다.[53] 인도주의 단체들에서 발췌한 전용 추정치는 최저 10%에서 최고 50%로 그 폭이 너무나 크다.[54] 하지만 그 누구도 전용이 전혀 이루어지지 않았다고 말하지는 않는다. 이처럼 온갖 추측과 인용 그리고 주장만이 난무하는 전용의 문제를 어떻게 이해할 것인가?

대북지원에서 퍼주기 논란의 한가운데 있는 전용의 여부와 그 규모에 관심을 집중하는 것은 오히려 인도주의의 딜레마를 내적으로 심화시킬 수도 있음을 지적할 필요가 있다. 물론 전용의 문제는 사라져야 한다. 이를 위해 모니터링도 진전된 방향으로 강화되어야 한다. 이에 대한 현실적인 대안으로 차관형식에서 무상지원으로, 특히 WFP와 같은 국제기구를 통한 다자지원을 확대하면서 모니터링의 문제를 해결하자는 의견에 귀를 기울일 필요가 있다.[55]

그러나 다른 한편으로는 투명하고 효과적인 인도주의적 구호활동을 시종일관 방해해 온 북한체제에서 전용의 발생은 어쩌면 불가피한 현상임을 인정할 필요도 있다. 주민들에게 극심한 굶주림을 떠안기는 것에 주저하지 않는 북한체제를 고려할 때, 대북지원을 중단한다할지

---

53 양문수, 「인도적 대북지원과 남북관계 ─ 시각, 쟁점, 과제」, 『인도적 대북지원과 남북관계 : 구조, 쟁점, 추진방향』 2011 남남대화 ─ 제6차 화해공영포럼 자료집, 민족화해협력범국민협의회, 2011.10.27, 15면.
54 Stephan Haggard · Marcus Noland, op. cit., pp.109~125.
55 2012년 9월 현재 WFP는 북한의 평양, 청진, 함흥, 해주, 혜산, 원산 등 6개 지역에 현장사무소를 두고 있다. 한국어 구사가 가능한 12명을 포함해 총 59명의 요인이 모니터링을 위해 북한에 상주하고 있다. 이들은 WFP가 지원하는 학교, 가정, 항만 등 모든 시설에서 분배상황을 확인하고 있다.

라도 북한이 변화할 가능성은 여전히 불확실하다. 따라서 대북지원은 일부 전용을 감수하고라도 지속되어야 한다. 여기에는 다음과 같은 현실적인 이유가 있다.

첫째, 인도주의적 차원에서 북한 주민의 생존에 조금이라도 도움이 된다면 대북지원은 지속될 필요가 있다. 모니터링을 통한 투명하고 효과적인 분배체계의 확립은 그다음 일이다. 전용의 문제로 인해 대북지원을 중단하더라도 언젠가는 북한이 변화의 길을 택해 주민의 굶주림이 완화될 것이라는 막연한 전망은 북한주민들에게 잔인하고 비윤리적인 현실을 강요하는 것과 다름없다. 우리는 이미 대북지원에서 인도주의보다 비현실적인 실리주의를 추구할 때 겪게 되는 허탈함과 그 뒤에 찾아오는 윤리적 부담감을 이명박 정부 임기 내내 체감했다.

둘째, 장기적인 측면에서 대북지원은 결국 통일 이후에 발생할 수 있는 후유증이나 봉합의 흉터를 최소화하는 가장 현실적인 접근법이다. 실제로 적지 않은 탈북자들이 남한에 대한 적대감을 완화하고 대남인식이 긍정적으로 변화하고 있음을 증언하고 있다.[56] 이런 점에서 민간차원의 대북 인도적 지원은 일상적 수준에서 이루어지는 통일과정이라고 할 수 있다. 특히 농촌개발이나 보건의료지원과 같이 전용의 수준이 낮고 북한 주민들의 원초적인 삶에 도움이 되는 협력적 개발지원은 정치적 상황변화와 관계없이 추진되어야 한다.

셋째, 대북지원은 남북대화의 문을 여는 중요한 역할을 수행해왔다. 무엇보다도 쌀과 비료의 지원은 경색된 남북관계에서도 남북대화의 재

---

56 양문수, 앞의 글; 김병로 · 최경희, 「남북한 주민의 통일의식 비교 분석」, 『통일과 평화』 제4집 1호, 서울대 통일평화연구원, 2012.

개를 매개하거나 이산가족 상봉과 같은 인도적 문제를 풀어내는 데 결정적이었다. 특히 민간단체에 의한 대북지원은 냉전적 대결을 화해와 협력의 관계로 변화시키는 주요한 동력이었다. 또한 남북관계의 안전판 역할을 하면서 남북관계의 교착상태를 해제하는 데 크게 기여했다. 이런 점에서 '평화운동'의 성격을 내포한 민간차원의 대북 인도적 지원을 남북관계의 발전이라는 측면에서 적극적으로 평가할 수 있다.[57]

요컨대 대북지원은 인도주의적 차원에서 지속되어야 한다. 그러나 상호신뢰를 기반으로 한 남북관계를 이끌어내기 위해서는 정치적이고 무분별한 대북지원이 아닌, 대화를 통해 구현된 장기성을 갖는 체계적인 대북지원이 필요하다. 쌀과 비료로 남북대화의 문을 여는 방식에서 대화를 통해 쌀과 비료를 지원할 수 있도록 하는 남북관계의 전환이 대북 인도적 지원을 정치로부터 보다 자유롭게 할 것이다. 문제는 남북관계의 신뢰구축을 가능케 하는 새로운 정치가 어떻게 가능한가에 있다.

5. 나가며

이 글은 대북지원의 정치경제를 사건사적 맥락에서 재조명함으로써 한반도의 통일과정에서 추구되는 평화체제에 관한 성찰적 전망을 모색하고자 했다. 1995년부터 2012년 현재까지 대북지원의 역사적 궤적은 한반도를 둘러싼 현실적이고 복합적인 구조적 긴장을 수반하며

---

57 이종무, 앞의 글, 225~227면.

지속되었다. 대북지원은 국제관계, 남북관계, 대북정책, 사회적 합의 구조 그리고 무엇보다 북한의 태도변화와 같은 여러 기회구조들과 조응해야만 하는 구조적 제약에 지대한 영향을 받아왔다. 이는 한반도의 평화체제와 통일을 위한 노력이 단지 대북지원을 통해서만 이루어질 수는 없음을 말해준다.

그럼에도 대북지원은 정치와 인도주의가 상호 보완적으로 결합되어 상승작용을 일으키는 국면에서 남북관계의 포물선에 상승곡선을 추동하는 힘으로 작용해왔다. 하지만 정치가 인도주의를 외면하면서 남북대화는 물론이고 남남대화마저도 동력을 잃었다. 두 차례의 정상회담을 통해 일궈낸 성과와 남북관계의 진화 가능성은 한순간에 냉전적 대결주의로 회귀하고 말았다. 이런 가운데 대북지원은 남한사회 내부의 냉전적 기류와 정부의 폐쇄적 대북정책 운영으로 활력을 잃은 채 정체된 상태에 머물렀다.

이 대목에서 대북지원이 한반도의 통일과정에서 평화체제를 공고화하기 위한 필요조건이라는 점을 강조할 필요가 있다. 한반도의 평화체제 공고화는 대북지원의 인도주의적 확장을 통해 설계되어야 한다. 이를 위해서는 세 가지 조건이 요구된다.

첫째, 국가는 유연한 대북위기관리능력을 토대로 남북관계의 정치적 기복을 잠재울 '대화의 기술'을 마련해야 한다. 대화는 협상과 다르다. 대화는 남북협상의 제도화가 아닌 남북공론의 일상화를 지향한다. 폭넓은 대화 뒤에 실질적인 협상이 가능하다. 이 때 목적에 부합하는 결정을 이끌어내기 위해서는 유연한 대화의 기술이 필요하다. 이런 점에서 남북대화는 남북협상보다 중요하며, 대북지원은 남북대화 안에서 구현되어야 한다.

둘째, 대북지원의 정치와 인도주의의 균형을 회복해야 한다. 이를 위해선 대북지원에서 국가의 역할과 시민사회의 역할을 구분할 필요가 있다. 국가는 시민사회의 대북 인도적 지원이 대북접근성, 정치적 독립성과 활동의 전문성을 갖출 수 있도록 제도적 장치들을 모색한다. 시민사회는 인도주의의 정치적 중립성 혹은 비당파성을 견지함으로써 남북관계의 정치적 기복에 따른 여러 구조적 제약들로부터 자율성을 확보한다.

마지막으로, 이러한 과정은 국가와 시민사회의 새로운 정치과정 속에서 재구성될 필요가 있다. 대북지원에서 인도주의와 정치는 완전히 분리될 수 없으며 또한 현실적으로 그럴 수도 없다. 따라서 대북지원은 정치화와 탈정치화 사이의 어떤 지점에 위치할 수밖에 없다. 탈정치적 인도주의 입장의 대북지원은 그것을 부정할 수 있는 어떠한 명분도 없다. 정치적 목적으로 이용되는 대북지원 또한 현실적으로 불가피하다. 대북지원의 정치성과 탈정치성이 구분되기 어렵고 어느 것이나 명분과 불가피성을 가진다면, 대북지원은 인도적이든 정치적이든 그 결정과 과정이 훨씬 더 진화된 민주적 정치과정 속에서 만들어져야 한다. 국가와 시민사회의 질서에 내재된 보다 민주적인 정치과정이 요구되는 시점이다.

참고문헌

『경향신문』, 1988.8.6.

『동아일보』, 1990.8.3.

『월간말』 제122호, 1996.8.

『한겨레』, 1988.10.8 · 1988.12.31 · 1989.1.21 · 1990.12.22 · 1995.9.14 · 1995.10.10 ·
 1997.6.25 · 2012.5.14.

구갑우, 「탈냉전·민주화시대의 대북정책과 남북관계—평화연구의 시각」, 『역사비
 평』 통권 81호, 역사비평사, 2007.

김병로·최경희, 「남북한 주민의 통일의식 비교 분석」, 『통일과 평화』 제4집 1호, 서
 울대 통일평화연구원, 2012.

김연철, 「김대중·노무현 정부 10년의 남북관계」, 『기억과 전망』 제22호, 민주화운동
 기념사업회, 2010.

_____, 「2000년 대북 쌀지원을 하지 않았다면」, 『한겨레 21』 827호, 2010.9.7.

김창수, 「그 누구도 다시는 가서는 안 될 이명박 루트」, 『프레시안』, 2012.8.16.

대북협력민간단체협의회(북민협), 「인도적 대북지원 정상화와 남북관계 개선을 위
 해 이제 5·24조치는 해제되어야 한다」, 성명서, 북민협, 2012.5.24.

양문수, 「인도적 대북지원과 남북관계—시각, 쟁점, 과제」, 『인도적 대북지원과 남북
 관계—구조, 쟁점, 추진방향』 2011 남남대화—제6차 화해공영포럼 자료집, 민
 족화해협력범국민협의회, 2011.10.27.

이우영, 「민간단체의 대북지원 쟁점 및 개선방안」, 『KDI 북한경제리뷰』, 한국개발연
 구원, 2011.7.

이종무, 「대북 인도적 지원 운동」, 참여연대 평화군축센터 편, 『2008 평화백서』, 아르
 케, 2008.

전재성, 「관여engagement 정책의 국제정치이론적 기반과 한국의 대북 정책」, 『국제정
 치논총』 제43집 1호, 한국국제정치학회, 2003.

조대엽, 「시민사회통일론의 전망」, 이수훈·조대엽 편, 『한반도 통일론의 재구상』,
 선인, 2012.

조한범, 「대북지원 10년의 성과와 과제—대북개발지원을 위한 제언」, 『통일정책연

구』제14권 2호, 통일연구원, 2005.

최대석, 「긴급구호에서 개발지원으로—국내 NGO의 지원경험과 향후과제」, 『북한연구학회보』제10권 1호, 북한연구학회, 2006.

통일원, 「대북지원의 배경과 의의」, 『통일한국』제14권 7호, 평화문제연구소, 1996

한완상, 「길을 찾아서」, 『한겨레』, 2012.9.27・2012.10.2・2012.10.3.

KOTRA, 「2011년도 북한의 대외무역동향」 KOTRA 자료 12-018(KOTRA, 2012).

김근식, 『대북포용정책의 진화를 위하여』, 한울, 2011.

김연철, 『냉전의 추억—선을 넘어 길을 만들다』, 후마니타스, 2009.

통일부, 『참여정부의 평화번영정책』, 통일부, 2003.

_____, 『2005 통일백서』, 통일부, 2005.

_____, 『2006 통일백서』, 통일부, 2006.

_____, 『2007 통일백서』, 통일부, 2007.

_____, 『2008 남북협력기금 백서』, 통일부, 2008.

_____, 『2012 통일백서』, 통일부, 2012.

KBS 남북협력기획단, 『2010년 국민통일의식조사』, KBS 남북협력기획단, 2010.

_____, 『2011년 국민통일의식조사』, KBS 남북협력기획단, 2011.

Haggard, Stephan・Noland, Marcus, *Famine in North Korea : Markets, Aid, and Reform*, New York : Columbia University Press, 2007.

우리민족서로돕기 인터넷 홈페이지(2012), http://ksm.or.kr/

통일부 인터넷 홈페이지(2012), http://www.unikorea.go.kr/

통일부 남북회담본부 인터넷 홈페이지(2012), http://dialogue.unikorea.go.kr/

KBS 남북협력기획단, 「2012년 국민통일의식조사」, KBS 남북협력기획단, 2012; http://office.kbs.co.kr/tongil/

탈냉전 민족 스펙터클
2000년 여름 남북 이산가족 상봉

이수정

1. 들어가며

사람들 정말 없죠? (거리가) 텅 비었잖아요. 다 집에서 텔레비전 보고 있는 거지. 교대 전까지는 나도 텔레비전 보고 있었거든요 ……. 진짜 그 사람들(상봉한 이산가족) …… 아이고 …… 가슴이 무너지데요. 통일을 해야지. 반대하는 사람은 진짜 한국사람 아니죠.

— 2000년 8월 15일, 이산가족 상봉 후 필자가 탄 택시 기사

택시 기사는 흥분된 어조로 이야기했다. 대부분의 한국 사람들처럼 그는 평양과 서울에서 동시에 열린 역사적 이산가족 상봉에 사로잡혀 있었다. 필자가 코엑스에서 열린 상봉 행사 참관 후 택시를 타고 다음 약속장소로 가는 길 내내 그는 상봉 장면을 본 소감을 쏟아내었다. 그

날은 2000년 8월 15일부터 18일까지로 계획된 남북한 이산가족 상봉의 첫날이었다. 남북에서 각각 100명씩의 이산가족이 휴전선을 넘어 반세기 동안 헤어져 살아온 가족들을 만나기 시작하였다.

이 글은 바로 이 이산가족 상봉과 이를 둘러싼 남한 사회의 담론을 분석한다.[1] 단순히 '인도주의 문제'로 논의되기 쉬운 이산가족 상봉은 자세히 살펴보면 매우 다면적인 요소를 가지고 있었다. 물론 이산가족 상봉은 무엇보다 오랫동안 헤어져 생사조차 모르던 가족들이 만나는 공간이었다. 택시 기사가 언급했듯이, 상봉 장면은 눈물겨웠다. 그러나 동시에, 상봉은 남북 주민을 모두 아우르는 '감정적 / 정서적 민족주의'가 동원된 매우 정치적인 공간이기도 했다. 상봉은 두 달 전인 2000년 6월 15일에 열린 역사적 남북정상회담의 '구체적이고 가시적 성과'로 마련되었다.[2] 정상회담 직후 민족주의적 낙관주의에 사로잡혀 있었던 사회 분위기를 반영하듯, 2000년 여름의 상봉은 반공주의 프레임에 갇혀 있었던 1985년의 이산가족 상봉과는 매우 다른 모습을 보였다.[3]

---

1 상봉은 남북에서 동시에 열렸지만 이 글은 주로 남한 쪽 내러티브에 초점을 맞춘다. 북한의 내러티브는 한국사회에서 어떻게 재현되었는지의 맥락 속에서만 다룬다.
2 6·15 남북 공동선언은 다섯 개의 항으로 구성되어 있고 그 내용은 다음과 같다. 1항 : 남과 북은 나라의 통일문제를 그 주인인 우리 민족끼리 서로 힘을 합쳐 자주적으로 해결한다. 2항 : 남과 북은 남측의 연합제 안과 북측의 낮은 단계의 연방제 안이 서로 공통성이 있다고 인정한다. 3항 : 남과 북은 2000년 8월15일에 즈음하여 흩어진 가족, 친척 방문단을 교환하며 비전향 장기수 문제를 해결하는 등 인도적 문제를 조속히 풀어 나가기로 합의한다. 4항 : 남과 북은 경제협력을 통하여 민족경제를 균형적으로 발전시키고 사회, 문화, 체육, 보건, 환경 등 제반 분야의 협력과 교류를 활성화하여 서로 신뢰를 도모한다. 5항 : 위의 네 개 항의 합의 사항을 구체적으로 이행하기 위해 남과 북의 당국이 빠른 시일 안에 관련 부서들의 후속 대화를 규정하여 합의 내용의 조속한 이행을 약속한다.
3 1985년 5월 열린 제8차 남북적십자회담에서 이산가족 고향 방문 및 예술공연단 교환원칙을 합의함으로써, 같은 해 9월에 1박 2일간의 남북 이산가족 상봉이 이루어졌다. 남북 이산가족이 각각 50명씩 평양과 서울을 방문하여, 남측 방문단 중 35명이 북한 가족 41명을, 북측 방문단 50명 중 30명이 남한 가족 51명을 상봉할 수 있었다. 이 상봉은 냉전 분위기

이 글은 우선 남과 북을 아우르는 새로운 의미의 공동체를 창출하기 위하여 남한 관계당국과 미디어가 어떻게 상봉을 매우 감정적인 이야기와 장면으로 뒤덮인 '민족적 커뮤니타스communitas'로 생산해 냈는지 살펴본다.[4] 택시 기사의 "텅 빈 거리"와 "진짜 한국사람"에 대한 언급은 이 점에서 상봉 이벤트가 얼마나 성공적이었는지 보여 준다. 둘째, 이 글은 상봉 이벤트를 둘러싼 다양한 내러티브를 보여 준다. 이러한 내러티브들은 '민족화해와 협력의 시대' 새로운 민족주의를 반영하고 또 촉진시켰다. 이를 통해서 이 글은 이산가족 이슈가 새로운 민족 건설 프로젝트를 촉진시키는 데 어떻게 활용되었는지 분석한다.

기능주의적 접근은 '사건'을 현존하는 구조나 사회질서의 재현 혹은 예로 간주하는 경향이 있다. 그러나 이 글은 이산가족 상봉 이벤트를 "이를 통해 효과가 발생하고 현실이 변화하는" 문화적 실천으로 다룬다.[5] 정상회담과 상호작용을 일으키면서, 상봉은 남한 사람들에게 새로운 역사적 행위 양상을 불러일으킨 "중대한 사건critical event"으로 작

속에서 이루어졌기 때문에 남북한 모두가 체제우월을 선전하는 장으로 활용하였다. 이산가족 이슈가 남한 사회에서 반공담론의 일부로 작동했던 방식에 관해서는 Soo-Jung Lee, "Making and Unmaking the Korean National Division : Separated Families in the Cold War and Post-Cold War Eras", Ph.D. Dissertation, University of Illinois at Urbana-Champaign, 2006, 2장 "Division Politics of Humanitarianism(「인도주의 분단정치」)" 참고.

4 격정적 공동체 정신을 일컫는 '커뮤니타스communitas' 개념에 대해서는 다음 글을 참고. Roberto DaMatta, J. Drury, Trans., *Carnivals, Rogues and Heroes : An Interpretation of the Brazilian Dilemma*, South Bend, IN : University of Notre Dame Press, 1990; Alessandro Falassi, *Time Out of Time : Essays on the Festival*, Albuquerque, NM : University of New Mexico Press, 1967; Don Handelman, *Models and Mirrors : Towards an Anthropology of Public Events*, Cambridge, England : Cambridge University Press, 1990; Victor Turner, *The Ritual process : Structure and anti-structure*, Chicago : Aldine Publishing Co., 1969.

5 문화적 실천으로서의 사건event 관련 논의는 Lawrence Grossberg, *We Gotta Get Out of This Place : Popular Conservatism and Postmodern Culture*, New York : Routledge, 1992 참고.

용하였다.[6] 상봉은 남한의 정치적 정체성과 관련된 주요한 레퍼런스에 대한 재규정과 과거 역사의 재평가를 수반하였다. 북한에 대한 적대에 기반한 오랜 분단정치가 도전받았고, '민족 화해와 협력' 담론이 지배적이 되었다. 냉전 / 반공 이데올로기가 남한 민족주의의 주요한 특징으로서의 지위를 잃음에 따라 민족적 '자아'와 '타자'의 경계가 변화되었다. 예를 들어, 오랫동안 민족의 적으로 간주되었던 월북자와 그들의 남한 내 가족들이 과거의 적대적 역사의 오류와 한민족의 화해와 번영을 상징하는 새로운 행위자로 등장했다. 그들의 이야기가 화해와 협력이라는 당시 민족의 아젠다와 재접합됨으로써, 월북자와 그 가족들이 대중적이고 긍정적인 사회적 가치를 획득하여 잠시 한민족을 대표하는 "언술주체enunciating subjects"가 된 것이다.[7] 이러한 모든 현상은 권위주의 정권 시대의 이산가족 담론과 비교해 볼 때 커다란 변화를 나타낸다.

그러나 동시에 이러한 변화는 이미 존재하는 담론과 문화적 형태의 재접합을 통해서 이루어졌다. 예를 들어, 이데올로기의 재구성은 오랫동안 존재해 왔던 한민족을 하나의 확대가족으로 간주하는, 즉 한민족의 집단성을 자연화하는 내러티브를 동원함으로써 가능했다. 이산가족의 사적 상봉을 감정적인 민족의 스펙터클로 만듦으로써 남한정부는 가족 상봉을 민족화해의 상징으로 동원하였고 새로운 민족정체성

---

6 새로운 역사적 행위 양상을 불러일으킨 "중대한 사건critical event" 관련 논의는 Veena Das, *Critical Events : An Anthropological Perspective on Contemporary India*, Delhi, India : Oxford University Press, 1997 참고.

7 민족 / 국가를 대표해서 이야기하는 "언술주체enunciating subject" 관련 논의는 Ann Anagnost, *National Past-Times : Narrative, Representation, and Power in Modern China*, Durham, NC · London : Duke University Press, 1997 참고.

구성의 자원으로 삼고자 했다. 동시에, 오랜 역사를 가진 '민족'을 국가보다 우선시하는 민족 우선주의 담론이 신자유주의 글로벌 시대에 새롭게 등장하는 민족 번영과 경쟁력 담론과 접합되면서 남북한을 포괄하는 새로운 종류의 민족주의 담론 형성에 기여했다.

이 과정에서 특히 가시적인 것은 전통적 젠더 역할의 상기였으며 이는 가족이 민족담론의 중심이 됨으로써 나타났다. 이 글은 남성 이산가족이 과거와 현재의 경계를 적극적으로 넘은 역사의 주체로 묘사된 반면 여성 이산가족은 아들과 남편을 인내로 기다린 어머니와 부인으로 묘사된 방식을 분석함으로써 젠더가 어떻게 민족적 사건의 핵심이 되었는지를 살펴본다. 또한, 특히 어머니와 아들 관계라는 맥락에서의 '모성'이 남북의 이데올로기적 대립을 극복하고 궁극적으로 한민족의 통일을 가져올 역사적 힘으로 그려지는 방식에 초점을 맞출 것이다. 그리고 이를 통해 젠더 담론이 탈분단 정치의 상상을 주조하는 데 주요한 역할을 하였음을 드러낼 것이다.[8]

월북자와 그 가족들이 '언설주체'로 등장하는 것은 이러한 복잡한 맥락에서 가능했으며 이는 2000년 여름 사회 변화의 상징으로 간주된다. 따라서 이 글은 역사가 "어떻게 완고한 내구성과 갑작스런 단절을 동시에 보여주는지, 그리고 가장 급진적인 역사적 파열조차 놀랄만한 연속성과 엮여 있는지" 분석한다.[9]

---

8 새로운 질서와 사회관계를 형성하는 데 있어서 젠더의 역할 관련해서는 다음 책 참고. Susan Gal · Gail Kligman, *The Politics of Gender After Socialism : A Comparative-Historical Essay*, Princeton, NJ : Princeton University Press, 2000; Katherine Verdery, *What Was Socialism, and What Comes Next?*, Princeton, NJ : Princeton University Press, 1996; Sheilla Miyoshi Jager, *Narratives of Nation-Building in Korea : A Genealogy of Patriotism*, Armonk, NY : M.E. Sharpe, 2003.

9 William H. Sewell, Jr., "Three Temporalities : Toward an Eventful Sociology", Terence. J.

2. 서울에서의 '단체상봉'

상봉 첫 날인 2000년 8월 15일 오후 3시경이었다. 필자가 코엑스 컨벤션 홀에 들어섰을 때, 이미 북에서 온 방문단의 남측 가족 500명과 기자들, 그리고 행사 진행요원들이 홀을 가득 채우고 있었다.[10] 홀은 가족상봉이 이루어지는 커다란 구역과 기자와 진행요원들을 위한 작은 구역으로 나뉘어 있었고, 두 구역은 직사각형으로 이어붙인 긴 테이블로 구획되어 있었다. 상봉 구역은 의자가 여섯 개씩 갖춰진 커다란 원탁 테이블 100개로 구성되었고 테이블 위에는 방문자의 이름이 적힌 푯말과 음료수, 간식이 놓여있었다. 각 테이블마다 남쪽 가족 다섯 명이 앉아 나머지 한 자리의 주인공이 나타나길 기다리고 있었다. 한 구석에 마련된 기자석에는 국내뿐 아니라 해외에서 온 TV, 신문, 라디오 기자들이 감동적인 상봉 장면을 전 세계에 중계하기 위해 분주히 움직이고 있었다.

상봉장 한쪽 벽면 가득 아들과 어머니의 상봉장면을 묘사한 커다란 걸개그림이 걸려 있었다. 중년의 아들이 눈물을 터뜨리며 주름진 얼굴에 한복 차림을 한 노년의 어머니를 껴안으려 팔을 내밀고 있는 모습이었다. 이 이미지는 2000년 이전의 처음이자 마지막 공식 이산가족 상봉이 있었던 1985년의 상봉 장면에서 따 온 것이었다. 반대편 벽에

McDonald(ed.), *The Historic Turn in the Human Sciences*, Ann Arbor, MI : University of Michigan Press, 1996. p.26.

10 이산가족 방문단은 각각 가족 다섯 명씩을 만날 수 있게 되어 있었다. 따라서 첫 상봉에서는 방문자와 가장 가까운 가족 다섯 명이 상봉의 기회를 얻었다. 그런데 상봉이 계속되자 이미 가족을 만난 사람들이 다른 가족들에게 배지를 빌려주면서 재회한 가족 구성원 수가 늘어났다.

민주화·탈냉전 시대, 평화와 통일의 사건사

는 거대한 TV 스크린이 걸려 있었다.

적어도 70대는 되어 보이는 노인 여러 명이 휠체어에 앉은 채 초조한 모습으로 아들딸을 기다리고 있는 모습도 보였다. 한 여성 노인은 손을 모은 채 연신 엄지를 비벼대고 있었고 한 남성 노인은 안경을 닦고 또 닦았다. 눈에는 눈물이 가득했다. 돌아가신 부모의 사진과 가족 앨범을 가지고 온 가족들도 눈에 띄었다. 그들은 사진액자를 쓰다듬으며 테이블 위에 이렇게 놓았다 저렇게 놓았다를 반복했다.[11] 모두 긴장한 기색이 역력했다. 그들은 최소 47년 전 고향을 떠나 북으로 간 후, 그날 아침에야 서울로 돌아온 100명의 북측 방문자들을 기다리고 있었다. 홀에 울려 퍼지는 처량한 음악 소리가 반세기 가족이산의 비극성을 상징하고 또 증폭시키고 있었다.

필자가 현장에 도착하고 1시간쯤 후 사람들이 동요하기 시작했다. 벽면의 거대한 TV 스크린에서 북쪽 방문자들이 코엑스에 도착하는 장면을 보여주기 시작한 시점이었다. 코엑스 앞에 모여 있던 많은 남한 시민들이 박수갈채를 보내고 있었고, 방문자들은 웃음을 띤 채 손을 흔들며 상봉장이 있는 3층으로 올라오고 있었다. 기자들은 모두 상봉장 정문으로 뛰어가 가장 좋은 카메라 위치를 선점하려 했다. 방문자들은 한 명 한 명 차례로, 남쪽 진행요원들과 함께 홀에 들어섰다. 방문자들이 가족에게 소개되자 여기저기서 울음보가 터졌다. 서로 부둥켜안고 얼굴을 쓰다듬으며 하염없이 눈물을 흘렸다. 필자는 상봉 며칠 전 인터뷰했던 김 선생이 북에서 온 형이 상봉장에 들어서자마자 "형

---

11 북에서 온 방문자들은 대체로 노인들이었고 남의 가족도 노인이 많았다. 보도에 따르면 상봉이 결정된 가족 중 일부는 상봉 며칠 전에 세상을 떠난 경우도 있었다.

님!"을 외치며 뛰어가는 것을 보았다. 멀리서도 형을 바로 알아보았던 것 같다. 그는 상봉장 입구에서 형의 손을 잡고, 끌어안고, 목 놓아 울었다. 상봉은 눈물로 시작되었다. 하염없는 눈물이 뺨을 타고 내렸고, 울음소리가 상봉장을 가득 메웠다. 이렇게 시작된 첫날의 '단체 상봉'은 세 시간 가량 계속되었다.

통제할 수 없는 몇 분의 첫 울음 후, 사람들은 신기하리만큼 차분해졌다. 서로의 손을 잡고, 아주 조용하게 반세기의 삶을 나누기 시작했다. 가끔씩 한숨과 울음이 테이블 여기저기에서 흘러나왔는데, 대개는 가족 중 한 사람의 사망을 확인하는 순간이었다. 또 가끔씩은 젊은 시절의 즐거웠던 기억을 함께 떠올리며 웃음을 터뜨리기도 했다. 필자는 테이블을 돌아다니면서 감정이 허락할 때마다 기록하려고 애썼다. 감동적인 상봉 장면을 앞에 두고 눈물을 참을 수가 없었기 때문이다. 그러고 보니, 상봉장에는 울지 않는 사람이 한 명도 없는 듯했다. 가족은 물론, 진행자들도 기자들도 모두 눈자위가 붉었다.

그 가운데서도 기자들은 이 역사적 순간을 기록하고 가장 감동적인 스토리를 전 세계에 송출하느라 바빴다. 처음에는 15명의 대표 취재 기자pool reporter만 상봉장에 진입하고 나머지는 기자부스에 있도록 규칙이 정해져 있었지만, 시간이 흐름에 따라 홀 안에 있던 50여 명의 모든 기자들이 가족들에게 다가가 인터뷰를 하기 시작했다. 몇몇 가족들은 기자들의 요청에 따라 했던 이야기를 반복해야 했고, 심지어는 서로 다른 기자들의 요청으로 부모에게 여러 번 큰 절을 올려야 했다. 보안요원들은 관여하지 않았다. 보안요원 중 한 명은 보안 문제가 있기 전에는 기자들을 심하게 통제하지 말라는 지시를 받았다고 전하며, 상봉장에 들어올 수 있었던 사람이 제한적이고 이미 상봉장에 들어올 때 엄격한 보안심사를 거쳤기 때문에 문제가 있을 리 없다고 했다. 기자들을 엄격히 통제하지 말라고 했다는 이 말은 필자에게 감동적인 상봉 장면을 최대한 대중에게 알리겠다는 정부 당국의 의지표현으로 들렸다.

이 '단체 상봉'은 예정된 시간을 1시간 넘겨 저녁 8시쯤 끝났다. 방문자들이 남한 진행요원의 안내로 상봉장을 떠나자 가족이 다시 울기 시작했다. 한 방문자는 출구로 몇 발자국 발걸음을 옮기다가 울고 있는 여동생에게 잠시 돌아와 "울지마. 또 만날 거야"를 반복했다. 실제 그들은 이후 3일 동안 두 번 더 '개별상봉'을 하게 되어 있었다. 이 개별상봉에서는 방문자들의 호텔 방에서 가족들이 좀 더 작은 규모로 사적인 만남을 가질 수 있도록 되어 있었다.

3. 가족 / 민족 스펙터클로서의 가족상봉

첫날 '단체상봉'의 어느 시점, 울면서도 열심히 기록을 하던 필자는 마음이 불편해졌다. 기자들의 요청에 부모에게 반복적으로 절을 해야 했던 한 이산가족의 모습과 끊임없는 질문 공세를 불쾌해 하면서 "우리끼리 얘기 좀 하게 두지" 하던 또 다른 이산가족의 모습을 보면서 새삼 이 상봉의 정치적 함의를 깨달았기 때문이다. 남북한 정부는 첫날의 가족상봉을 '단체상봉'으로 구성해서 모든 가족들이 언론에 완전히 노출된 상태에서 만남이 이루어지도록 했다. 이튿날과 사흘째에 방문자들이 머물던 쉐라톤 워커힐 호텔에서 진행된 '개별상봉'도 단체상봉

보다는 사정이 나았지만 90분 중의 첫 10분가량은 언론에 노출되게 되어 있었다. 동시간대에 평양에서 열린 남한 방문자와 북쪽 가족들 간의 상봉도 똑같은 절차와 방식으로 이루어졌다. 상봉 장면은 텔레비전과 거리의 전광판을 통해 실시간으로 중계되었고, 충격적이고 감동적인 장면들은 반복해서 중계되기도 했다. 단체상봉이라는 형식과 전면적 미디어 노출은 상봉을 그 자체로 엄청난 스펙터클로 만들었다. 대부분의 남한 언론은 상봉을 "눈물의 드라마"로 표현했다. 이산가족 당사자들뿐만 아니라 TV로 그 광경을 지켜보던 남한 사람들이 모두 그 드라마의 참여자가 되었다. 이렇게 상봉은 단지 이산가족들만의 만남이 아니라 한민족 전체의 만남이 되었다.

남북한 정부가 이 '가족' 이벤트를 전체 민족과 세계를 위한 스펙터클로 만들려는 의도는 명백했다.[12] 이산가족이 남북한 간 화해와 협력이라는 민족주의적 아젠다를 위해 동원된 또 하나의 순간이었던 것이다. 이것이 바로 인류학자인 필자가 매우 감정적이고 사적인 이산가족 상봉을 가까이서 지켜볼 수 있었던 조건이었다. 이는 또한 서두에 소개한 택시 기사가 첫 상봉이 있은 지 10분도 채 되지 않아 이산가족에 대한 연민과 민족주의적 느낌을 필자와 공유할 수 있었던 조건이기도 했다.

상봉은 기본적으로 오래 헤어졌던 이산가족들이 만나는 사적 공간이었지만, 훨씬 더 많은 의미가 부여되었다. 앞서도 언급했듯이, 상봉은 남북정상회담을 통해 만들어진 한반도의 화해 분위기를 드러내고 촉진하는 상징적 이벤트로 구성되었다. 따라서 상봉의 기획자들은 정

---

12 모두 1,760명의 기자들이 취재를 위해 기자카드 발급을 요청했다고 알려졌고, 그중 400명은 93개의 국제 뉴스 기관의 기자나 통신원이었다. 『Korea Herald』, 2000.8.15.

상회담의 효과를 극대화하는 방식으로 이 상봉을 조직하였다. 한민족이 일제에서 해방된 날을 기념하는 8월 15일이라는 날짜부터 '단체상봉'이라는 첫 상봉의 형식까지, 그리고 이에 대한 엄청난 언론보도까지를 포함하여 상봉 이벤트는 매우 수행적performative이었다. 상봉 이벤트는 한편으로는 정상회담의 효과로 인해 민족주의 프레임 안에서 구성되었다. 1985년의 상봉처럼 남북 간의 경쟁과 대립의 공간으로 만들어진 것이 아니라, 화해와 협력의 공간으로 만들어진 것이다. 그러나 또 한편, 상봉은 정상회담의 효과를 강화하였다. 보수와 리버럴의 정치적 갈등이 지속된 남한 사회에서 김대중 정부는 민족화해의 아젠다를 관철시키기 위한 방안 중 하나로 이산가족 상봉을 동원하였다. 정상회담과 이산가족 상봉은 이렇듯 상호영향을 미쳤고, 이에서 비롯된 상호효과는 분단 정치에 기반한 사회질서에 대한 도전을 가져왔다. 따라서 상봉이야기를 더 하기 전에 이쯤에서 상봉을 주조한 2000년 정상회담에 대해 잠깐 살펴보기로 하자.

4. 김대중 정부와 2000년 정상회담

1980년대 말 민주화와 더불어 남한 시민들은 반공주의에 기반한 헤게모니적 정치 질서에 균열이 생기는 것을 목격했다. 그러나 반공 / 반북주의의 잔재는 여전히 강하게 남아있었다. 첫 문민정부인 김영삼 정부의 대북정책이 오락가락한 이유가 바로 냉전 질서의 잔재를 제대로 다루지 못했기 때문이라는 지적도 있다.[13]

1997년 12월 야당후보였던 김대중 대통령의 당선은 남한의 대북관계와 이념지형에 일정한 변화를 가져왔다. 김 대통령은 오랫동안 '빨갱이' 혐의를 받아 왔으며, 보수정권에 의한 살해와 사형선고의 위협에 시달렸고 유배생활도 했다. 그는 또 대통령에 당선된 첫 야당후보이기도 했다. 따라서 그의 당선 자체가 한국사회의 이념적 지형에 어느 정도 변화를 가져왔다고 볼 수 있다.[14] 그러나 동시에 김대중 정권은 1990년대 이미 시작된 신자유주의 사회정책을 확대재생산하였다고 평가되기도 한다.[15] 김대중 정권 하 정치적 자유주의와 경제적 신자유주의의 결합은 남북관계에도 큰 영향을 미쳤다. 점점 더 치열해지는 경쟁적 세상에서 남북한 화해와 협력을 통해 한민족의 경쟁력을 확보하자는 호소가 효과적일 수 있었기 때문이다.

김대중 후보가 대통령으로 당선되기 한 달 전 남한은 'IMF 경제위기'를 맞았고, 이는 야당후보이던 그의 당선에 긍정적으로 작용했다. 집권당의 경제정책 실패가 IMF 위기의 원인으로 간주되었기 때문이다. 김대중은 당선 후 전례 없는 위기에서 나라를 구할 책임을 지게 되었고, IMF의 가이드라인에 따라 '신자유주의 개혁'을 실천했다. 오랫동안

---

13 김민웅, 「고난의 시대에서 배반의 시대로-김영삼의 좌절과 그 출로, 그리고 우리의 자화상」, 『레드 콤플렉스』, 삼인, 1997.
14 예를 들어 한국 사회에서 반공표어를 연구하던 한 학자는 필자에게 김대중의 당선이 본인에게 끼친 영향에 대해 이야기하곤 했다. 그는 이전 정권에서는 공공장소에서 반공 표어 사진을 찍을 때마다 '빨갱이'나 '좌익분자'로 오인될까 염려스러웠다고 한다. 그러나 김대중의 당선 후 그러한 두려움에서 해방되어 마음 놓고 사진을 찍을 수 있게 되었다. "이 정부에서는 모함을 당해서 체포되거나 고문을 받는 일은 없겠지 싶었다"고 그는 고백했다.
15 Byung-Kook Kim, "The Politics of Crisis and a Crisis of Politics : The Presidency of Kim Dae-Jung", *Korea Briefing 1997~1999*, 2000; Jesook Song, *South Koreans in the Debt Crisis : The Creation of a Neoliberal Welfare Society*, Durham and London : Duke University Press, 2009.

야당이었고 보수당인 자민련과의 어색한 연합을 통해 권력을 잡았기 때문에 김대중 정권의 정치적 기반은 그리 튼튼하지 않았다.[16] 이러한 상황을 고려할 때, IMF 위기가 오히려 반대파—지난 50년간 정권을 잡았던 보수세력—를 효과적으로 제압하고 나름의 정책을 펼치는 데 기여했음을 알 수 있다. 요컨대 김대중 정권은 '탈냉전', '자유 민주주의' 그리고 '신자유주의' 정책으로 특징지을 수 있다.[17]

정권의 이러한 다양한 성격은 서로 상충되기보다는 상당히 보완적이었다. 예를 들어, 정권이 오랫동안 한국사회를 지배했고 여전히 강력한 힘을 가진 보수세력에게 박해받던 야권출신이라는 점이 신자유주의적 개혁에 대한 진보세력의 저항을 약화시켜 신자유주의적 개혁을 촉진시켰다. 또한 시장경제에 기반한 신자유주의적 개혁은 김대중의 '빨갱이' 이미지를 어느 정도 약화시켰고, 남북관계와 관련해서도 국제경쟁력과 민족번영이라는 신자유주의적 수사rhetoric는 냉전 이데올로기와 정서로 무장한 보수진영의 비판에서 정권의 입장을 보호하는 데 기여했다.

재임기간 동안 김대중은 대북관계에서 지속적으로 '햇볕정책'을 유지하였다. 이 정책은 민족통일을 궁극적 목표로 하는 오랜 민족주의 내러티브와 함께 무한경쟁 시대 민족의 생존과 번영의 필수조건이라는 다소 새로운 내러티브에도 기반하고 있었다.[18] 김대중은 글로벌화

---

16 김대중은 자민련과의 연합에도 불구하고 한나라당에 겨우 1.5%차이로 승리했다.

17 김대중 정권하 정치적 자유주의와 경제적 신자유주의의 불행한 결합과 한국사회의 신자유주의적 재구조화에 관한 논의는 다음 글 참고. Hee-Yeon Cho, "The structure of the South Korean developmental regime and its transformation : Statist mobilization and authoritarian integration in the anticommunist regimentation", *Inter-Asia Cultural Studies* 1(3), 2000; Jesook Song, op. cit.

된 세계에서 남북협력이 한민족에게 보다 많은 기회를 줄 것이라고 주장하였다. IMF 위기가 남한 국민들의 민족주의적 감성을 강화했기 때문에, 민족번영을 위해 협력해야 한다는 호소는 이전보다 강한 설득력을 가질 수 있었다.

남은 문제는 북한의 반응이었다. 2000년 6월 13일부터 15일까지 평양에서 정상회담이 열리게 됨에 따라 햇볕정책은 마침내 결실을 맺는 것처럼 보였다. 남북한 정상이 세계가 지켜보는 가운데 포옹하며 군사적 대결을 중단하고 민족번영을 위해 함께 일하기로 약속하였다. 정상회담은 남한 국민 대부분에게 충격적이었다. 한 학자는 정상회담의 파격적 장면들이 대다수 사람들의 기대를 넘어섰음을 지적하면서 "마치 초현실주의 영화를 보는 듯했다"고 기술했다.[19] 정상회담 몇 달 전까지도 민간 영역에서의 부분적 교류 외에는 햇볕정책에 대한 북한의 반응이 거의 없었기 때문에, 정상회담 소식은 그야말로 '아닌 밤중에 홍두깨'처럼 느껴졌다.[20] 이러한 상황에서, 실시간으로 전파를 탄 정상회담 영상들 — 예상치 못했던 김정일의 순안공항 마중과 두 정상의 힘찬 악수, 그리고 남북의 리더들이 손에 손을 맞잡고 '우리의 소원'을 부르는 작별 오찬의 모습까지 — 은 다소 초현실적으로 느껴질 만했다. 정상회담 장면의 의외성과 파격이 마음 깊은 곳의 민족주의적 감성을 건드림에 따라 많은 사람들이 일종의 카타르시스를 느꼈고 이는

---

18 Byung-Kook Kim, op. cit.
19 Chung-in Moon, "Two Days on the Other Side", *Time*, 26 June 2000.
20 김대중 정부는 남북 간의 사회문화 및 경제 교류를 장려하였다. 그러나 정상회담 전 북한의 햇볕정책에 대한 부정적 반응은 햇볕정책의 효과를 반감시켰다. 예를 들어, 1998년에는 동해에서 북한 잠수함이 발견되었으며 1999년에는 서해상에서 군사적 충돌이 있기도 했다. 그럼에도 불구하고 김대중은 햇볕정책을 지속적으로 추진했다.

잠깐 동안이나마 냉전주의적 정서구조를 전복시켰다. 남북한 간 오랜 반목과 불신이 갑자기 사라지는 듯했고 곧 평화와 화해의 시대가 올 것만 같았다. 민족주의 정서가 빠르게 확산됨에 따라 많은 사람들이 통일시대의 도달을 확신했고 이는 민족번영에 이바지할 것이라고 기대했다. 오닐이 적절히 묘사했듯이, 정상회담에 대한 남한 국민들의 반응은 '희열euphoria'에 가까웠다.[21]

김정일에 대한 남한 사람들의 관심과 흥분은 이러한 희열의 정점을 이루었다. 오랫동안 미국 및 남한에서 '깡패국가'의 '미친 독재자'로 비난 받았던 김정일의 이미지가 정상회담에서의 모습으로 인해 교양 있고 소탈하며 유머스러운, 역량 있는 지도자의 이미지로 전환되었다. 김정일과 공산주의자들은 '비인간'적이라는 오랜 이미지가 오히려 이러한 급작스런 전복을 가능하게 했다. 김정일에 대한 관점의 변화와 함께 북한과 북한사람들에 대한 이미지도 변화하였다. 이러한 변화는 남한사회에 고착된 북한의 이미지, 즉 잔인한 리더와 세뇌된 불쌍한 백성들로 이루어진 사회라는 이분법의 결과이기도 했다. 배타적 행위자성을 가진 아버지로서의 지도자가 인간화됨으로서 북한사회 전체가 인간화되었다. 정상회담 직후 실시된 다양한 여론조사 결과는 남한 사람들의 북한에 대한 인식이 긍정적인 방향으로 급격하게 변화되었음을 나타내었다. 2000년 6월 17일에서 18일 사이 통일부가 여론조사 전문기관에 의뢰하여 진행된 여론조사에서 97%가 정상회담이 성과가 있었다고 평가했으며, 79%가 김정일의 서울 방문을 환영했고, 76.7%

---

21 Andrew O'Neil, "The 2000 inter-Korean Summit : The Road to Reconciliation?", *Australian Journal of International Affairs* 55(1), 2001.

가 대북투자 확대로 발생하는 경제적 부담을 감당할 의사가 있는 것으로 나타났다. 또한 남북관계에 진전이 있을 것이고(90.1%), 북한이 변할 것(90.5%)이라고 내다보기도 했다.[22] 북한과 북한사람들이 한민족의 일부분이라는 이미지가 잔인하고 호전적이며 비정상적인 공산주의자 이미지를 대체하였다.

정상회담 후 김대중은 엄청난 환영을 받으며 귀환했다. 그러나 모든 국민들이 동일한 의견을 가졌던 것은 아니다. 위에서 소개한 여론조사 결과가 말해주듯 정상회담의 결과에 대한 동의율은 매우 높았지만, 야당과 보수신문을 중심으로 한 비판과 저항도 나타났다. 정상회담의 파격적 장면에 압도되어 회담 기간 동안 잠시 침묵했던 보수신문들이 대통령의 귀환 이후 북한에 대한 불신을 드러내며 공동선언의 일부 조항에 대해 비판하기 시작했다. 그들도 첫 정상회담의 중요성을 통째로 부정할 수는 없었지만, '기만적 공산주의자들', '국가 안보' 그리고 '경제적 부담' 담론을 동원하여 성과를 훼손시키려 하였다.[23] 이러한 담론이 강력한 민족주의적 감성 앞에서 큰 힘을 얻지는 못했지만, 보수진영은 지속적으로 이러한 문제를 제기하며 여론을 바꾸려고 애썼다. 정상회담 한 달 후 열린 국회는 야당 국회의원들이 남한 정부의 대북정책을 비판하는 전쟁터가 되었고 이러한 갈등은 언론에 대대적으로 보도되었다.

그러나 7월 16일 이산가족 상봉자 명단이 교환됨에 따라 관련기사

---

22 『한겨레』, 2000.6.20.
23 보수진영 측의 비판은 크게 다음 세 가지로 나누어 볼 수 있다. ① 공동선언문에 북한 측 요구가 훨씬 많이 반영되었다. 특히 "통일을 자주적으로 해결한다"는 조항과 "남측의 연합제 안과 북측의 낮은 단계의 연방제 안이 공통성이 있다"는 조항이 문제가 되었다. ② 정상회담과 공동선언이 국론의 분열을 가져와서 국가 안보에 위협이 된다. ③ 남한이 북한을 계속 도와야 한다면 경제적 부담이 심각해질 것이다.

가 국회에서의 갈등 기사를 완전히 대체했다. 이산가족의 비극적 사연과 상봉에 대한 기대 관련 이야기가 다른 모든 사회적 이슈들을 압도했기 때문이다. 이후 이산가족 상봉이 이루어지는 기간 동안 남한사회는 '눈물의 바다'가 되었고, 이념논쟁이 차지할 자리는 거의 없었다. 정상회담과 이산가족 상봉의 관계에 대해 통일부의 한 관료는 다음과 같이 이야기하였다.

> 정상회담이 있어서, 거기서 민족번영을 위해서 같이 일하기로 했기 때문에, 이산가족 상봉을 하게 된 거죠. DJ가 회담 때 이 문제를 엄청 밀어붙여 따낸 거예요. 그런데, 또 이거 못 따냈으면 정상회담도 좋은 평가받긴 아마 어려웠을 겁니다. 이산가족 상봉 없이 햇볕정책 지속은 어려워요. 보수진영 반대를 어떻게 이겨내겠어요?

그는 이산가족 상봉을 가능하게 한 정치적, 역사적 상황변화를 지적하는 동시에 상봉이 남한정부가 냉전의 잔재를 극복하고 민족번영을 목표로 한 대북정책을 지속할 수 있도록 하는 도구로 작용한다고 주장했다.[24] 정상회담과 이산가족, 두 이벤트의 상호효과성이 이 시기에 반공주의가 실효를 떨칠 수 없게 하는 새로운 사회질서를 구축했다. 이제 그러한 정치적, 역사적 변화를 나타내고 또 촉진시킨 다양한 내러티브와 그 효과를 살펴보도록 하자.

---

24 이러한 맥락에서 인류학자 낸시 김 또한 상봉이 김대중의 새로운 민족(국가) 건설 아젠다의 맥락에서 이루어졌다고 평한다. Nancy Kim, "Creating a Space for Separated Families in North-South Korean Reconciliation", *Paper Presented at the Association for Asian Studies Conference*, Chicago, IL., 2001.

5. 가족으로서의 민족, 사적영역으로서의 가족

우리는 한 핏줄, 한 겨레, 한 마음―상봉의 기쁨을 온 겨레와 함께
―2000년 '단체상봉' 시 상봉장에 걸린 두 배너 중 하나

단체상봉장에 걸려있던 두 배너 중 하나에 담겨 있던 위 내용은 2000년 여름의 상봉 이벤트에 어떠한 의미가 부여되었는지를 잘 나타낸다. 즉 이 문구는 한민족이 피와 마음을 공유한 하나의 확대가족과 같으며, 따라서 가족 상봉은 민족의 문제라는 전통적 아이디어를 잘 드러내준다. 따라서 상봉은 개인적인 일이 아니라 모두가 공유해야 하는 민족적 이벤트라는 것이다. 이러한 맥락에서, 이산가족의 몸은 개인적 몸인 동시에 민족 공동체의 상징적 몸이 된다. 민족과 가족, 민족분단과 이산가족의 이러한 알레고리는 한국사회에서 아주 긴 역사를 가지고 있다. 그러나 북한을 '가족 없는 사회'로 재현했던 반공주의 수사rhetoric 때문에 1985년 상봉 이벤트에서는 이러한 알레고리가 덜 작동했다. 이에 비해 민족주의적 낙관주의가 극에 달한 정상회담 직후의 분위기에서는 민족/가족 알레고리가 허용되었고 또 확대되었다. 이산가족은 특히 자신들의 '감정적 몸'으로 민족화해의 담지자가 되었다. 이는 상봉이 그렇게까지 대중적으로 보도되었던 이유 중 하나이다.

이러한 과정에서 흥미로운 점은 이데올로기적 지형의 변화가 가족이 정치나 역사 등과 같은 공적 공간과는 다른 사적 공간이라는 점을 강조함으로써 모색되었다는 점이다. 상봉 담론에서 민족은 가족의 연장으로 간주되었지만, 동시에 가족은 이데올로기에 의해 변하거나 때

묻지 않은 '사적이고' '자연적인' 공간으로 재현되었다. '혈육' 또는 '핏줄'로 묘사된 가족 관계 역시 자연적이기 때문에 국가나 정치의 오염으로부터 독립적인 것으로 간주되었다. 예를 들어, 『한겨레』는 "혈육의 정은 끊을 수 없다"라는 제목의 사설에서 감동적 상봉 장면들을 묘사하면서 "체제와 이념이 다른 사회에서 살아왔지만, 혈육을 그리는 정은 똑같았다"라고 결론지었다.[25] 다른 신문들도 비슷한 논조의 기사를 실었다. "반세기 뛰어넘은 혈연상봉",[26] "이념 녹여버린 혈육의 정"[27] 등이 이러한 표현 중 일부이다. 이는 오랜 독재정권하에서의 북한 가족들에 대한 재현과 비교할 때 놀라운 변화이다. 남한의 담론 속에서 북한의 가족은 오랫동안 공산주의 이데올로기에 의해 오염된 공간이었다. '갓난아이 때부터 탁아소에 보내 김일성을 아버지로 생각하게 하는', '부모가 정부 비판을 하거나 하면 당장 신고하게끔 하는', '상호 감시와 비판의 장'으로 그려진 것이다. 그러나 2000년의 '민족 화해' 시기에 가족은 비로소 서로 다른 역사와 시스템을 가진 남북한이 공유하는 과거와 연속성을 부여하는 대표적 기구로 재현되었다. 이런 방식으로, 가족은 새로운 민족(국가) 수립을 위한 기반으로 상상되었다.

---

25 『한겨레』, 2000.8.17.
26 『세계일보』, 2000.8.14.
27 『서울신문』, 2000.8.16.

6. 민족 번영을 위하여

이산가족 상봉은 통일의 첫걸음—새천년 희망찬 광복 55돌을 기리며
— 2000년 8월 단체상봉장에 걸린 두 번째 배너

상봉은 가족을 상징으로 하여 한민족을 '자연화'했을 뿐 아니라 다양한 외세의 피해자로서의 한민족의 역사를 상기시켰고, 또한 독립적인 강력한 민족국가 건설이라는 희망을 불러일으켰기에 매우 효과적이었다. IMF 위기의 지속적 효과 또한 피해자로서의 한국 이미지와 강력한 국가에 대한 열망을 강화시켰다. 광복절이라는 상봉이벤트 날짜는 이러한 점에서 중요하다. 이 날짜는 이산가족의 존재가 민족해방의 불완전성을 나타냄을 함의하면서 상봉을 민족통일의 첫걸음으로서의 민족해방과 연결시킨다. 민족주의자이자 사회학자인 신용하는 상봉 하루 전 신문 칼럼에서 이 점을 상기시켰다. "광복의 완성은 통일"이라는 제목하에 그는 다음과 같이 주장하였다.

55년 전 해방과 광복의 기쁨은 분단의 아픔을 동반했다. 분단은 일제 식민지 통치의 가장 크고 아픈 잔재이고 외세가 강요한 것이었다. 그러므로 분단을 극복하고 민족통일을 이뤄야 광복과 독립이 완성되는 것이다. (…중략…) 올해 남북정상회담에 의한 6·15 공동선언을 계기로 남북대결의 시대를 끝내고 남북화해와 민족통일의 시대를 열려고 한다. 이것이 성공한다면 2000년은 한국 민족사와 세계 평화역사에서 획기적인 해가 될 것이다.
— 『동아일보』, 2000년 8월 14일

그는 분단된 한국을 식민지배와 외세의 희생자로, 그리고 통일을 민족 광복의 완성으로 묘사하였다. 동시에 그는 통일을 민족 번영의 전제조건으로 제안했다. 이 칼럼의 나머지 절반에서, 그는 북한의 양질의 노동력과 남한 자본이 결합되어 만들어질 경제적 시너지 등 통일이 한민족에게 갖다 줄 이익에 대해 자세히 기술하며, "통일을 해야 참으로 선진부국이 될 수 있고 일본, 미국, 독일, 프랑스도 추월할 수 있는 세계 최선진국이 될 수 있다"고 주장하였다.

이러한 민족번영에 대한 열망은 상봉 첫날이었던 그 해 광복절의 대통령 경축사 "평화와 도약의 한반도를 엽시다"에서도 나타났다. 이 경축사에서 대통령은 남북한의 화해와 협력이 민족 생존, 평화, 그리고 번영을 위한 필수조건임을 강조하였다. 그런 다음 그는 분단 이전 북한도시들과 서울을 잇던 두 개의 철도 — 경의선과 경원선 — 복원 계획을 발표하면서 이 철도들이 중국과 러시아를 이어 "한반도의 시대"를 열어갈 "철의 실크로드"가 될 것임을 주장하였다. 그는 이 프로젝트가 한반도에 가져다 줄 엄청난 이익을 강조하면서, 새로운 민족주의를 주창했다. 이 새로운 민족주의 패러다임 속에서 이산가족의 상봉은 민족해방의 완성과 민족번영을 위한 첫걸음으로 의미화되었고, 따라서 냉전주의적 적대감을 효과적으로 진정시켰다.

7. 모성애, 화해와 통일의 원동력

이러한 가족/민족 스펙터클은 전통적 젠더 이미지와 스테레오타

입을 불러일으킴으로써 보다 효과적이 되었다. 달리 말하면, 상봉 이 벤트에서의 민족 화해와 통일 담론은 지극히 젠더화되었다.[28] 이는 (a) 가족이 상봉 이벤트 담론에서 중심이었음과 (b) 남한의 민족주의적 역사에서, 좌우 모두, 민족과 관련된 모든 주장에서 젠더를 상징적 기표로 사용했음을 고려할 때 놀랄 만한 일은 아니다.[29]

미디어들은 남성 가족은 종종 과거와 현재 모두 경계를 넘는 적극적 행위자로, 즉 역사적으로 활동적인 주체로 재현하였다. 그러나 여성들에게는 충실한 부인이거나 자애로운 어머니의 역할이 주어졌고, 스스로 통제하거나 영향력을 끼칠 수 없는 전쟁과 분단의 피해자로 재현되었다. 예를 들어, 대부분의 미디어는 '50년 수절'이라는 표현하에 50년 전 떠난 남편을 기다리며 재혼하지 않고 살아온 아내들의 이야기를 대대적으로 보도했다. 남편의 부재에 고통 받았던 이 아내들은 남편과의 상봉장면에서 "새 신부처럼 웃었다"고 표현되었다. 신문들은 또한 "재혼으로 인해 너무 미안해서" 상봉장에 나오지 않은 한 아내의 이야기를 전하며, 순결을 지키지 못한 아내를 상봉 실패의 원인으로 묘사하였다. 그러나 두 경우 모두 남편은 재혼한 상태였다. 현장에서 본 이 부부들 간 상봉은 어색한 분위기에서 이루어졌다.

어머니와 아들 간의 상봉은 상봉 이벤트 전체의 정점을 이루었다. 어머니-아들 상봉은 숫자상으로는 전체 상봉 중 적은 부분을 차지했

---

28 조은, 「침묵과 기억의 역사화—여성, 문화, 이데올로기」, 『창작과 비평』 29(2), 창작과비평사, 2001.

29 한국 민족주의와 젠더 관계에 대해서는 다음 글 참고. 위의 글; Sheilla Miyoshi Jager, op. cit.; Kim, Elaine H. · Chungmoo Choi(eds.), *Dangerous Women : Gender and Korean Nationalism*, London · New York : Routledge, 1998.

지만(200쌍 중 12쌍) 엄청난 미디어의 관심을 받았다. 어머니-아들 관계가 한국의 문화적 맥락에서 가장 쉽게 자연화되는 관계였기 때문에 새로운 민족주의를 동원하는 데 중요한 수단이 되었던 것이다. 많은 학자들이 주장했듯이, 한국 가족에 있어 어머니-아들 관계는 특별한 위치를 갖는다.[30] 남한의 가부장적, 부계적 가족 시스템 안에서 어머니는 집안의 후계자인 아들을 출산함으로써 자신의 위치를 공고히 하며 권력을 획득해 왔다. 또한 아버지-아들 관계가 보다 공식적이고 엄격한 데 반해, 어머니-아들 관계는 보다 다정하고 친밀하다.[31] 이러한 전통적인 어머니-아들 관계는 한국사회의 근대화와 더불어 지속적으로 변화해 왔지만 이데올로기로서는 여전히 힘을 가진다. 게다가 대부분이 60대 이상인 상봉가족 세대에게는 이러한 전통적 어머니-아들 관계가 단순한 이데올로기 이상이었다. 따라서 많은 이산가족들이 이러한 젠더 역할을 수행하였다.

이산가족 상봉 다음날, 대부분의 신문 1면은 어머니와 아들 간의 눈물어린 상봉 장면으로 뒤덮였다. 신문논설들은 분단을 종종 어머니의 고통으로, 화해 / 통일은 어머니의 한을 풀어주는 것으로 상징화하였다. 거의 대부분의 재현에서, 어머니는 장기간의 이산과 이데올로기적

---

30 한국 가족에서 어머니-아들 관계에 대해서는 다음 글 참고. Haejoang Cho, "Male Dominance and Mother Power : The Two Sides of Confucian Patriarchy in South Korea", Walter H. Slote(ed.), *The Psycho-Cultural Dynamics of the Confucian Family : Past and Present*, Seoul, South Korea : International Cultural Society of Korea, 1986; Haejoang Cho, "Living with Conflicting Subjectivities : Mother, Motherly Wife, and Sexy Woman in the Transition from Colonial- Modern to Post-Modern", L. Kendall(ed.), *Under Construction : The Gendering of Modernity, Class, and Consumption in the Republic of Korea*, Honolulu, HI : Hawaii University Press, 1999; Eunhee Kim Yi, "Mothers and Sons in Modern Korea", *Korea Journal*, 41(4), 2001.
31 Eunhee Kim Yi, ibid., pp.5~7.

대립을 극복하는 사랑을 가진 자연적 존재로 그려졌다. 어머니의 사랑에 관한 이야기가 온 신문을 채웠다. ―어떤 어머니는 혹시 돌아온 아들이 집을 찾지 못할까봐 50년이 지나도록 이사를 가지 않았다. 다른 어머니는 아들을 잃은 후 한 번도 사진을 찍지 않았다. 또 다른 어머니는 매일 절에 가서 아들의 안전을 위한 기도를 했다 등등. 이러한 이야기는 모두 시간을 정지시키고 어머니의 사랑과 헌신이 변하지 않았다는 지속성의 이미지를 제공했다.

이러한 방식으로, 모성은 '보호하는 어머니', '모성적 희생'의 이미지를 재생산하면서 이데올로기적 차이의 출구로, 그리고 통일 민족을 위한 근본적 힘으로 재현되었다. 가족을 위해서는 어떠한 장애도 극복할 수 있는 어머니의 힘은 이산가족상봉을 위해서 치명적 질병도 극복할 수 있었다는 이야기로 뒷받침되었다. 이산가족 상봉 소식이 알려졌을 때, 또는 상봉 현장에서, 여러 어머니들이 알츠하이머에서 잠시 회복되었다는 기사가 실렸다. 상봉장에 걸렸던 어머니와 아들의 상봉 이미지가 상봉행사 조직가의 임의적 선택이 아니었음을 알 수 있다. 단순한 명암처리용 검은 점들의 집합으로 생각했던 상봉이미지의 배경이, 이번 이산가족 상봉에 참가를 신청했던 7만여 명의 이산가족 이름이라는 것을 필자는 나중에서야 발견할 수 있었다.[32] 이 이미지는 정확히 상봉이 서울에서 어떻게 프레임되었는지를 알려준다.

비슷한 맥락에서, 진보적 여성 사회학자인 이효재는 민족화해의 힘

32　한국적십자의 자료에 따르면, 대부분의 신청자는 해방 후부터 휴전 전까지 남으로 내려온 실향민이었다. 7만 6,000명을 대상으로 한 컴퓨터 추첨으로 100명이 선택되어 북한을 방문할 수 있었다.

으로서 모성성을 회복해야 한다는 글을 신문에 기고했다. "어머니의 힘"이라는 제목하에 그녀는 다음과 같이 썼다.

> 50여 년의 긴 세월과 잔인한 역사의 장벽도 어머니의 사랑과 인간의 원초적 연대를 끊을 수 없었다. 남북 이산가족의 만남에서 펼쳐지는 가족 사랑의 인간드라마는 그러기에 우리를 울리며 하나되게 했다. 평등과 자유를 실현하려는 어떠한 국가 공동체나 유토피아도 이 원초적 인간연대를 억누르거나 그 욕구를 부인하는 것으로는 실현될 수 없음을 이번 만남은 웅변으로 전했다. (…중략…) 모성이야말로 가장 인간적이고 원초적인 인간 살림의 힘이며 생명이다. 모성은 가족을 살리며 민족을 하나되게 한다. 모성을 수동적이고 소극적이라 치부해서는 안 된다. 모자사랑, 가족사랑, 이웃사랑, 인간사랑으로 한반도에 진실로 새로운 시대를 열어가는 바탕으로 삼아야 한다.
>
> —『한겨레』, 2000.8.22.

이효재는 여성에게 새로운 시대를 열어갈 행위자성을 부여하기 위해 노력했지만, 이러한 행위자성을 모성적 정체성과 역할에 묶어 두었다. 그녀의 글은 필자에게, 김대중 대통령이 북한을 방문했을 때 수행원 중 딱 한 명만이 여성이었던 사실을 상기하게 했다. 많은 한국의 여성주의자들이 지적했듯이, 민족 담론 속에서 여성담론의 위치는 항상 가족과의 관련성 속에 있으며, 이는 민족 화해의 시대에도 지속되었다.[33]

---

[33] 조은, 앞의 글.

8. 월북자, 새로운 역사적 주체의 등장

— 민족 화해와 번영의 이름으로

주요한 변화를 가져오는 사건들은 우연적 요소로 인해 더 강력한 힘을 발휘하곤 한다.[34] 월북자와 그 가족이 한민족을 대변하는 새로운 역사적 행위자로 등장한 것은 상봉 이벤트 이전에 계획하거나 기대하지 않았던 우연적 상황 중 하나였다. 남한에서 이산가족의 카테고리에서 배제되었을 뿐만 아니라 적으로까지 간주되었던 월북자와 그 가족의 공식적 등장은 냉전 시대 특정한 방식으로 프레임된 이산가족 이슈와 남한사회의 문법에 균열이 생겼음을 의미한다. 오랫동안 월북자 가족은 빨갱이 가족으로 간주되어 침묵을 강요받았고 민족의 적으로 취급받았다.[35] 김대중 정부 들어 월북자 가족을 공식적으로 인정하기 시작했음에도, 이러한 변화가 광범위하게 알려지진 않았다. 예를 들어, 1999년 남한 정부가 설립한 이산가족정보센터는 이산가족에 월북자 가족이 포함됨을 공식적으로 인정하였지만 필자가 만난 대부분의 월북자 가족들은 그 사실을 모르고 있었다. 월북자 가족 문제에 대한 김대중 정부의 조심스런 접근은 보수진영으로부터의 반대와 비판에 대한 우려에서 비롯되었다. 이런 상황에서 남측에서 이산가족 상봉 신청을 한 월북자 가족은 극히 소수였다.

---

34 사건의 우연적 요소에 대해서는 다음의 글 참고. Das, op. cit.; Moore, Shally Falk, "Explaining the Present : Theoretical Dilemmas in Processual Ethnography", *American Ethnologist* 14(4), 1987; Sewell, op. cit.

35 관련 논의는 필자의 다음 글 참고. 이수정, 「국가 판타지와 가족의 굴레─월북자 가족의 남한 국민되기」, 『비교문화연구』16(1), 서울대 비교문화연구소, 2010.

그러나 이러한 상황은 2000년 여름에 극적으로 변화하였다. 수많은 월북자 가족들이 상봉 과정에서 공개적으로 드러났다. 이는 정부가 의도적으로 월북자와 그 가족에 주목해서가 아니라 북한 방문자들의 가족을 찾는 과정에서 우연히 나타난 효과였다.[36] 남북이 각각 200명씩의 상봉 신청자 리스트를 교환하고 가족들의 생존여부를 확인하는 과정에서 미디어에 이 리스트가 공개되었고 북에서 상봉을 신청한 200명 모두가 월북자임이 드러난 것이다.[37] 단 하루만에 157명의 월북자 가족들이 그 존재를 드러내었고 다음날은 거의 모든 가족이 나타났다. 월북자 가족 중 한 명은 필자에게 2000년 여름 한국사회의 가장 큰 변화를 상징하는 것이 그 많은 월북자 가족들이 주저하지 않고 자신의 정체성을 드러낸 것이라고 언급하였다. 그는 이러한 현상은 남한 사회의 민주화에서 비롯된 바 크지만 동시에 정상회담이 큰 기여를 하였다고 주장하였다. 그는 "대통령이 북한으로 가서 김정일을 만나지 않았으면, 월북자 가족들이 그렇게 공개적으로 자신의 정체성을 드러내지 않았을 거예요. 두 정상이 악수를 했기 때문에 우리가 나설 수 있었지요"라고 덧붙였다. 정상회담과 정상회담이 유발한 강력한 탈냉전 민족주의 정서가 월북자 가족들이 이산가족으로서 나설 수 있었던 맥락이

---

36 정부는 이산가족 명단을 교환할 때까지 월북자 신드롬을 예상하지 못했던 것으로 보인다. 이는 김대중 대통령이 정상회담 후 서울로 돌아와 회담의 성과를 설명할 때 이산가족 이슈를 실향민 문제로 설명한 데서도 알 수 있다. 『조선일보』는 김대중 대통령이 "어디까지나 실향민, 이산가족 문제가 첫째다. 오늘도 공항에 나오면서 이 문제에 대해서 논의했다"라고 얘기했다고 보도하였다. 『조선일보』, 2000.6.16.
37 남북은 이산가족 상봉일 한 달 전에야 각각 상봉 후보자 200명의 명단을 교환했고, 가족들의 생사여부를 확인한 후 100명씩의 최종 명단을 확정했다. 시일이 많지 않았고 가족의 생사여부를 빠른 시일 내에 확인해야 했기 때문에, 남한 정부는 후보자 200명의 명단을 언론에 공개했던 것이다.

었다는 것이다. 더 나아가, 그동안 침묵당한 채 숨어있었던 월북자 가족의 대대적 등장은 이산가족 상봉의 감정적 효과를 증폭시켰다.

남북한 각각 200명의 상봉 후보자 명단이 공개되었을 때부터, 월북자와 그 가족들은 남측 방문단으로 북을 방문한 실향민들보다 더 많은 미디어의 관심을 받았다. 새롭게 '이산가족' 범주에 포함된 것에 더해서, 몇 가지 특징적 경로로 월북자와 그 가족들의 이야기가 소개되었다. 첫째, 그들의 이야기는 과거 권위주의 정권의 잘못을 반성하고 비판하는 데 활용되었다. 보수적인 신문을 포함해서 다양한 언론이 남한에서 월북자 가족들이 겪었던 온갖 차별을 소개하였다. 예를 들어,『동아일보』는 형이 월북했기 때문에 공무원이 될 수 없었던 월북자 동생의 편지를 소개하였다.[38]『한겨레』또한 부모의 월북으로 인해 삶이 완전히 파괴된 월북자 가족과의 인터뷰 기사를 실었다. 신문에 따르면, 그는 24시간 감시에 시달렸고 따라서 일자리도 구하지 못했다. 그의 아들들도 군대에서 고초를 겪었으며, 다양한 차별을 경험하였다.[39] 둘째, 평양 방문단으로 선택된 남측 실향민들이 대체로 평범한 사람들이었던 반면, 평양에서 온 월북자 100명은 시인, 예술가, 과학자, 그리고 교수 등 유명인이었기 때문에 월북자들과 그 가족들은 상봉 전후해서 더 많은 미디어의 관심을 받았다. 남한 미디어는 이들의 북에서의 성취와 성공에 주목하였다. 남한이 상봉자를 7만 6,000명의 신청자 중 컴퓨터 추첨 형식을 빌려 '민주적으로' 선정한 반면 북한은 상봉자를 공산당에 대한 충성도에 기반해서 선정했다고 비판한『조선일보』조

---

38 『동아일보』, 2000.8.14.
39 『한겨레』, 2000.7.18.

차도 북에서 온 유명인 방문자들에게 보다 많은 신문지면을 할애했다.[40] 월북자와 그 가족들의 이야기가 더 인기가 있었기 때문이다. 이렇게 월북자 이야기가 붐을 이루는 가운데, 김대중 대통령은 월북자와 그 가족들의 상봉이 한반도의 화해를 촉진시킬 것이라고 언급하기도 하였다.

월북자와 그 가족들에 대한 불균형한 주목과 환호는 상봉이 이루어지면서 더 심해졌는데 미디어 접근성이 좋았기 때문이라는 또 다른 이유도 있었다. 월북자와 가족들의 상봉이 이루어진 서울이, 실향민과 가족들의 상봉이 이루어진 평양보다 취재진의 접근성이 훨씬 더 좋았던 것이다. 평양의 경우 20명의 남측 기자들이 제한된 상황에서 취재 활동을 할 수밖에 없었다. 게다가 기술적 문제가 겹쳐, 평양의 상봉 장면은 덜 다이내믹한 방식으로 약간씩 지체되어 방송되었다.

빠뜨릴 수 없는 또 하나의 이유는 정상회담에서 김정일의 경우와 같이, 무서운 '빨갱이' 이미지가 가족/민족의 새로운 자연화 담론 안에서 역설적인 방식으로 작동했기 때문이었다. 북한에서 잘 나가던 유명인인 이들 월북자들은 남한에서 오랫동안 '비인간적이고' '잔인하며' '악마와 같은' 존재로 그려진 '진짜 빨갱이'였다. 따라서 그들 또한 가족들을 그리워했고, 상봉장에서 울음을 터뜨렸다는 사실만으로도 그들은 극적으로 '인간화' '비정치화'되었다. 결국 그들 또한 눈물 많고 핏줄

---

40 1985년 남북한 사이의 이산가족 상봉 때는 남한도 북한처럼 임의적으로 상봉단을 선택하였고 따라서 부유하거나 유명한 사람이 선택되었다. 2000년 상봉의 경우, 남한 적십자사가 5명의 후보자를 정치적 고려에 의해 포함시키려고 시도했으나, 비판여론에 직면하여 포기할 수밖에 없었다. 1985년, 2000년 모두 남한의 상봉자 선정위원회에 관여했던 한 인사는 필자에게 이 변화가 남한의 민주화를 나타내는 증표라고 이야기하였다.

의 정을 아는 그런 '사람'으로 받아들여진 것이다.

특히 몇몇 월북자들이 생존한 어머니와 상봉하는 장면과 돌아가신 어머니를 그리워하는 장면에 대한 집중적 보도는 월북자 그룹 전체가 '인간성'을 획득하는 데 크게 기여했다. 위에서 언급한 것처럼 이벤트의 꽃이었던 어머니-아들 간의 상봉은 서울에서 월북자와 그 가족들에 의해서만 이루어졌다. 평양에서 어머니를 만난 실향민은 없었다. 어머니와의 상봉 장면에서 월북자들은 어머니의 한없는 사랑에 진심으로 호응하는 '효성스런 아들'로 그려졌다. 돌아가신 어머니를 기리는 월북자 시인의 시 두 편은 엄청난 인기를 끌기도 했다.

정치적 / 이념적 요소를 벗고 민족 / 가족 알레고리의 회복에 영향을 받아 월북자는 단지 인간적일 뿐만 아니라 재능 있고 성공적인 한민족의 대표적 일원이 되었다. 이러한 모든 현상은 몇 달 전만 해도 상상조차 할 수 없던 일이었다. 이런 방식으로, 월북자와 그 가족들은 남북을 아울러 민족화해와 번영을 상징하는 존재들로 떠올랐다. 반공주체로서 실향민만이 적절한 이산가족이자 민족적 주체이던 긴 이산가족 이슈의 역사를 고려할 때, 월북자와 그 가족들이 정당한 민족적 주체로 등장한 것은 2000년 여름 이산가족 상봉이 가져 온 큰 변화라고 할 수 있다.

9. 나가며

필자는 2000년 이산가족 상봉을 '연속성'과 '불연속성'이 공존하던 역사적 공간으로 소개하였다. 민족적 스펙터클로서 2000년 이산가족 상봉은 과거에 이산가족 이슈가 다루어지던 방식과는 급격한 차이를 보인다. 민족주의와 반공주의의 결합은 해체되었으며 월북자와 그 가족들이 적절한 민족주체로 등장하였다. 그러나 보다 자세히 관찰하면 가족 / 민족 알레고리를 통한 이산가족과 민족주의의 접합 및 그 과정에서 젠더의 작동 등 연속성도 발견할 수 있다. 많은 변화가 있었지만, 이산가족 이슈는 여전히 민족국가 건설이라는 민족주의적 프로젝트에 동원되고 있었다. 이렇듯, 모든 변화는 민족적 과거의 다양한 요소들을 재배열, 재접합, 그리고 탈구하는 일련의 과정을 포함한다.[41]

---

41 단절적 의미를 가진 transition이 아닌 재배열, 재접합, 그리고 탈구를 수반하는 transformation 으로 변화를 보는 관점에 대해서는 다음의 글 참고. Daphne Berdahl · Matti Bunzl · Martha Lampland(eds.), *Altering States : Ethnographies of Transition in Eastern Europe and the Former Soviet Union*, Ann Arbor, MI : The University of Michigan Press, 2000; David Stark, "Recombinant Property in East European Capitalism", Gernot Grabher · David Stark(eds.), *Restructuring Networks in Postsocialism : Legacies, Linkages and Localities*, London : Oxford University Press, 1997; William Kelleher, "Making Home in the Irish / British Borderlands : The Global and the Local in a Conflicted Social Space.", *Identities : Global Studies in Culture and Power* 7(2), 2000; William Kelleher, "Surveillance Techniques, Memory, and History in a Northern Ireland Town", *Foilsiú : An Interdisciplinary Journal of Irish Studies* 1(1), 2001.

참고문헌

『동아일보』, 『서울신문』, 『세계일보』, 『조선일보』, 『한겨레』, 『*Korea Herald*』

김민웅, 「고난의 시대에서 배반의 시대로―김영삼의 좌절과 그 출로, 그리고 우리의
　　　자화상」, 『레드 콤플렉스』, 삼인, 1997.

이수정, 「국가 판타지와 가족의 굴레―월북자 가족의 남한 국민되기」, 『비교문화연
　　　구』 16(1), 서울대 비교문화연구소, 2010.

이수정, 「탈냉전 민족 스펙터클―2000년 여름 남북 이산가족 상봉」, 『민족문화연구』
　　　59, 고려대 민족문화연구원, 2013.

조　은, 「침묵과 기억의 역사화―여성, 문화, 이데올로기」, 『창작과 비평』 29(2), 창작
　　　과비평사, 2001.

Cho, Haejoang, "Male Dominance and Mother Power : The Two Sides of Confucian
　　　Patriarchy in South Korea", Walter H. Slote(ed.), *The Psycho-Cultural Dynamics of the
　　　Confucian Family : Past and Present*, Seoul, South Korea : International Cultural Society
　　　of Korea, 1986.

　　　　　　　　, "Living with Conflicting Subjectivities : Mother, Motherly Wife, and Sexy
　　　Woman in the Transition from Colonial-Modern to Post-Modern", L. Kendall(ed.),
　　　*Under Construction : The Gendering of Modernity, Class, and Consumption in the Republic of
　　　Korea*, Honolulu, HI : Hawaii University Press, 1999.

Cho, Hee-Yeon, "The structure of the South Korean developmental regime and its transformation
　　　: Statist mobilization and authoritarian integration in the anticommunist regimentation",
　　　Inter-Asia Cultural Studies 1(3), 2000.

Kelleher, William, "Making Home in the Irish / British Borderlands : The Global and the Local
　　　in a Conflicted Social Space", *Identities : Global Studies in Culture and Power* 7(2), 2000.

　　　　　　　　, "Surveillance Techniques, Memory, and History in a Northern
　　　Ireland Town", *Foilsiú : An Interdisciplinary Journal of Irish Studies* 1(1), 2001.

Kim, Byung-Kook, "The Politics of Crisis and a Crisis of Politics : The Presidency of Kim
　　　Dae-Jung", *Korea Briefing 1997~1999*, 2000.

Kim, Nancy, "Creating a Space for Separated Families in North-South Korean Reconciliation" *Paper Presented at the Association for Asian Studies Conference*, Chicago, IL., 2001.

Moon, Chung-in, "Two Days on the Other Side", *Time*, 26 June 2000.

Moore, Shally Falk, "Explaining the Present : Theoretical Dilemmas in Processual Ethnography", *American Ethnologist* 14(4), 1987.

O'Neil, Andrew, "The 2000 inter-Korean Summit : The Road to Reconciliation?", *Australian Journal of International Affairs* 55(1), 2001.

Sewell, William H. Jr., "Three Temporalities : Toward an Eventful Sociology", Terence J. McDonald(ed.), *The Historic Turn in the Human Sciences*, Ann Arbor, MI : University of Michigan Press, 1996.

Stark, David, "Recombinant Property in East European Capitalism", Gernot Grabher · David Stark(eds.), *Restructuring Networks in Postsocialism : Legacies, Linkages and Localities*, London : Oxford University Press, 1997.

Yi, Eunhee Kim, "Mothers and Sons in Modern Korea", *Korea Journal* 41(4), 2001.

Anagnost, Ann, *National Past-Times : Narrative, Representation, and Power in Modern China*, Durham, NC · London : Duke University Press, 1997.

Berdahl, Daphne, Bunzl, Matti · Lampland, Martha(eds.), *Altering States : Ethnographies of Transition in Eastern Europe and the Former Soviet Union*, Ann Arbor, MI : The University of Michigan Press, 2000.

DaMatta, Roberto, J. Drury, Trans., *Carnivals, Rogues and Heroes : An Interpretation of the Brazilian Dilemma*, South Bend, IN : University of Notre Dame Press, 1990.

Das, Veena, *Critical Events : An Anthropological Perspective on Contemporary India*, Delhi, India : Oxford University Press, 1997.

Falassi, Alessandro, *Time Out of Time : Essays on the Festival*, Albuquerque, NM : University of New Mexico Press, 1967.

Gal, Susan, · Gail Kligman, *The Politics of Gender After Socialism : A Comparative-Historical Essay*, Princeton, NJ : Princeton University Press, 2000.

Grossberg, Lawrence, *We Gotta Get Out of This Place : Popular Conservatism and Postmodern Culture*, New York : Routledge, 1992.

Handelman, Don, *Models and Mirrors : Towards an Anthropology of Public Events*, Cambridge, England : Cambridge University Press, 1990.

Jager, Sheilla Miyoshi, *Narratives of Nation-Building in Korea : A Genealogy of Patriotism*, Armonk, NY : M.E. Sharpe, 2003.

Kim, Elaine H. · Chungmoo Choi(eds.), *Dangerous Women : Gender and Korean Nationalism*, London · New York : Routledge, 1998.

Lee, Soo-Jung, *Making and Unmaking the Korean National Division : Separated Families in the Cold War and Post-Cold War Eras*, Ph.D. Dissertation, University of Illinois at Urbana-Champaign, 2006.

Song, Jesook, *South Koreans in the Debt Crisis : The Creation of a Neoliberal Welfare Society*, Durham and London : Duke University Press, 2009.

Turner, Victor, *The Ritual process : Structure and anti-structure*, Chicago : Aldine Publishing Co., 1969.

Verdery, Katherine, *What Was Socialism, and What Comes Next?*, Princeton, NJ : Princeton University Press, 1996.

탈냉전시대 한국전쟁 영화와 '北'의 표상

박유희

1. 문제제기

이 글에서는 탈냉전시대에 제작되고 개봉된 한국전쟁 영화를 대상으로 그 영화들에 나타난 '북北'의 표상이 냉전시대와 달라지는 양상과 시기에 따라 변화하는 추이를 고찰하고 그 함의를 밝혀 향후 나아갈 바를 조망해보고자 한다. 여기에서 '한국전쟁 영화'란 한국전쟁 상황을 주요 제재나 배경으로 취하고 있는 영화를 일컬으며, '북'은 이른바 '북한'으로 통용되는 국가의 공간과 이념, 그리고 그 공간이나 이념에 속하는 사람을 포괄한다. 한국전쟁 영화에서 '공간으로서의 북한'은 재현되는 경우가 거의 없기 때문에 '북'의 표상은 대부분 인물을 통해 드러난다. 한국전쟁 상황에서 그 인물들은 인민군, 빨치산, 공산주의자 등으로 나타나며 국군과 대치하는 '적'이 된다. 따라서 탈냉전시대라 하더라도 그들은 남한영화에서 대부분 적대자로 설정된다. 그러나 남북

화해 분위기가 조성되고 공존을 향한 노력이 요청되는 시점에서 '북'이 냉전시대 영화에서처럼 '적'으로만 재현될 수는 없다. 그렇다면 탈냉전시대에 제작된 한국전쟁 영화에서 '북'은 어떻게 재현되고 있을까? 이 질문에 답하기 위해 본고에서는 한국영화에서 현저한 변화가 포착되는 1990년대부터 현재에 이르기까지, 냉전시대에는 '절대 악惡'이자 '원수'로 묘사되었던 인민군과 공산주의자의 표상이 어떻게 변화하는지 살핀다.

영화는 대중과의 접면이 큰 매체이기 때문에 시대에 대해 반영적 기능을 가지는 동시에 예시적 기능을 지니기도 한다. 영화와 시대의 상관관계를 논할 때 주목해야 하는 것이 영화에 드러나는 표상이다. 표상은 역사에 대한 기억이자 현실의 반영인 동시에 미래를 향한 상상이기도 하기 때문이다. 그런데 영화의 표상이 현재 시점에서 시대를 읽어낼 때 보다 의미 있을 수 있는 이유는 영화의 복합적이고 다중적인 성격에 있다. 영화는 예술적 상상력이 자본, 기술, 대중을 만나 충돌하고 길항하며 정향되는 과정 속에서 만들어진다. 따라서 영화는 본질적으로 한 작가에게 귀속되는 '작품'이기보다는 공동 창작된 '생산물'에 가까우며, 거기에서 드러나는 표상은 자본의 욕망, 대중의 기대, 그리고 때로는 국가 권력까지도 참여하여 구성된다.

특히 거대자본과 첨단기술이 투자되는 영화의 경우에 영화 생산을 구성하는 인자들의 조율 과정은 치열할 수밖에 없다. 그러한 영화에 드러나는 표상은 보이지 않는 격전을 통해 구성된 것이라고 해도 과언이 아니다. 한국에서 전쟁영화는 그러한 대표적인 장르이다. SF나 판타지가 발달하지 않은 한국영화산업에서 전쟁물은 제작비가 가장 많이·필요한 장르이다. 그래서 유사 할리우드를 지향하는 한국의 블록버스터 영화들은 대부분 전쟁물이다. 특히 〈신기전〉(김유진, 2008)이나 〈활〉(김한민, 2011)과 같이 과거의 역사를 배경으로 하지 않을 경우에 대다수의 전쟁물은 '한국전쟁'을 다루게 된다. 그런데 먼 과거 속의 전쟁과 달리 한국전쟁은 현재 우리의 상황과 직결되어 있다. 따라서 한국전쟁은 언제나 예민한 제재일 수밖에 없고, 여기에서 영화 생산 인자들의 격전은 더 치열할 수밖에 없다. 그리고 그것은 '적국'이자 '동족'인 '북'의 표상에서 가장 첨예하게 드러난다.

탈냉전시대 한국영화의 변화에 대해서는 2000년대 초반에 집중적인 논의가 이루어졌다. 그중에서 '북한', '빨치산', '간첩' 등을 통해 드러나는 '북'의 표상에 대해 직접적으로 논의한 경우는 변재란,[1] 백문임,[2] 최정윤,[3] 강성률,[4] 김지영[5] 등으로 많지 않은 편이다.[6] 기존 논의에서 가장 큰 비중을 차지하는 것은 '분단영화'라는 포괄적 개념을 통해, 〈남부군〉부터 〈태극기 휘날리며〉에 이르는 대작영화들과 간첩영화에 나타

---

[1] 변재란, 「남한영화에 나타난 북한에 대한 이해-〈쉬리〉, 〈간첩 리철진〉, 〈공동경비구역 JSA〉를 중심으로」, 『영화연구』16호, 한국영화학회, 2001.

[2] 백문임, 「'탈이념'의 정치학-〈쉬리〉, 〈간첩 리철진〉, 〈공동경비구역 JSA〉」, 연세대 미디어아트연구소 편, 『공동경비구역 JSA』, 삼인, 2002.

[3] 최정윤, 「대학생 영화 관객의 북한 이미지 형성에 관한 연구-〈공동경비구역 JSA〉, 〈태극기 휘날리며〉를 중심으로」, 고려대 석사논문, 2004.

[4] 강성률, 「〈피아골〉과 〈남부군〉-빨치산에 대한 극단적인 두 시선」, 『내일을 여는 역사』 26호, 내일을여는역사, 2006.

[5] 김지영, 「한국영화에 나타난 정보기관, 요원의 이미지 변화에 대한 연구-시나리오를 중심으로」, 중앙대 석사논문, 2011.

[6] 직접적으로 북의 표상에 대해 논하고 있는 것은 아니지만 한국전쟁과 분단 문제에 대해 다루고 있어서 이 주제와 연관성이 있는 연구로는 오윤호, 「한국영화와 내면화된 전쟁문화-〈실미도〉, 〈태극기 휘날리며〉를 중심으로」, 『역사와 문화』9호, 문화사학회, 2004; 정태수, 「모든 것에 우선한 자본의 패권적 가치와 남북분단에 대한 새로운 인식-1998년부터 2007년까지의 한국영화」, 『디지털영상학술지』, 한국디지털영상학회, 2009 등이 있다.

난 분단인식의 변화에 주목하는 것이다. '분단영화'라는 개념이 '분단을 소재로 한 영화' 혹은 '분단문제를 다루는 영화'로 그 외연이 넓은 만큼, 이러한 연구는 영화학을 비롯해 신문방송학, 사회학, 여성학 등 다양한 분야에서 이루어지며 다수의 학위논문으로도 제출되었다.[7]

그리고 금융자본주의의 영화적 경향을 대표한다고 볼 수 있는 '블록버스터'에 대한 비판적 담론 차원에서 한국영화의 새로운 흐름을 포착하는 비평작업이 주목할 만하다. 이러한 논의는 2000년 초반에 주로 이루어졌는데, 김소영이 기획한 『아틀란티스 혹은 아메리카―한국형 블록버스터』(현실문화연구, 2001)가 대표적이라 하겠다. 이 책은 '민족주의', '세계화'라는 키워드로, 새천년을 맞이하며 큰 화제를 뿌렸던 〈쉬리〉와 〈공동경비구역 JSA〉에 대한 분석을 내놓고 있다. 이후 〈공동경비구역 JSA〉에 대해서는 연세대 미디어아트연구소에서 기획한 동명의 단행본[8]에서 다각적인 접근이 이루어지기도 했다.

한편 탈북자의 급증과 함께 '탈북 문제'가 이슈로 떠오르면서 '탈북'에 관련된 다큐멘터리나 저예산 극영화가 다수 제작되자 최근에는 그

---

7 이러한 논문으로는 김보경, 「한국 분단영화에 나타난 분단의 의미 변화 연구―1990년대 후반 이후를 중심으로」, 한양대 석사논문, 2007; 김새로미, 「남북 화해협력시대 분단영화에 관한 연구―〈쉬리〉, 〈웰컴 투 동막골〉, 〈태풍〉을 중심으로」, 고려대 석사논문, 2007; 김수현, 「한국 분단영화의 이데올로기의 변천―〈쉬리〉 이후 한국 분단영화를 중심으로」, 서강대 석사논문, 2005; 김은주, 「〈쉬리〉 이후 등장한 분단영화의 장르 파생에 대한 산업적 요인 연구」, 동국대 석사논문, 2006; 김의수, 「한국 분단영화에 관한 연구― 분단영화의 장르적 정의와 진화과정을 중심으로」, 서강대 석사논문, 1999; 손은경, 「남북관계의 변화에 따른 분단영화의 지배적 재현 패러다임에 관한 연구」, 서울대 석사논문, 2006; 송재복, 「2000년대 한국 분단영화에 나타난 접경接境 공간 재현 연구―〈공동경비구역 JSA〉와 〈만남의 광장〉을 중심으로」, 홍익대 석사논문, 2010; 이소현, 「분단 서사와 민족주의―한국형 블록버스터의 여성 재현을 중심으로」, 『미디어, 젠더 & 문화』 21호, 한국여성커뮤니케이션학회, 2012 등이 있다.
8 연세대 미디어아트연구소 편, 앞의 책.

것에 대한 논의가 활발해지고 있다.[9] '탈북 문제'는 크게 '디아스포라'
와 '노동계급'의 관점에서 접근되고 있는데, 최근에는 탈북자를 자본주
의 노동시장에 던져진 비정규직 노동자로 바라보는 문제작들이 나오
면서 논의의 초점이 '노동 문제'로 옮아가고 있다.[10]

　이 글은 선행연구의 연장선상에서 시야를 확장하여 1990년대부터
현재까지를 아우르면서, 한국전쟁 영화를 전경에 두고 '북'의 표상 문
제를 조망함으로써 논의를 진전시켜보고자 한다. 최근 들어 '탈북'이
나 '간첩'에 대해서는 '탈경계'의 문제와 연관하여 비교적 활발한 논의
가 진행되고 있으나, 여전히 거대자본이 투여되고 있는 한국전쟁 영화
에 대해서는 2000년대 중반 이후 오히려 논의의 소강상태를 보이고 있
다. 이에 〈태극기 휘날리며〉 이후의 영화들을 분석하면서 그 맥락을
탐색해보고자 한다.

　이를 위해 우선 2절에서는 1990년대부터 현재에 이르는 탈냉전시대
한국영화의 변화를 '북'의 표상이 드러나는 영화를 중심으로 개괄한다.
이는 전쟁영화 속의 표상 변화를 다른 장르에 나타난 표상들과의 관계
속에서 조감하기 위한 것이다. 그리고 3절에서는 한국전쟁 60주년에
즈음하여 기획된 대작들, 〈포화 속으로〉(이재한, 2010), 〈고지전〉(장훈,

9　탈북을 다루고 있는 영화에 관한 주목할 만한 성과로는 오영숙, 「탈북의 영화적 표상과
　　공간 상상」, 『영화연구』 51호, 한국영화학회, 2012; 강성률, 「영화가 탈북자를 다루는 시
　　선들」, 『현대영화연구』 12호, 한양대 현대영화연구소, 2011 등이 있다.
10　이러한 논의의 중심에는 영화 〈무산일기〉(박정범, 2011)가 있다. 〈무산일기〉에 대한 논
　　문으로는 방유리나, 「영화 〈무산일기〉에 나타난 두 가지 시선과 그 서사적 의미」, 『통일
　　인문학논총』 52호, 건국대 통일인문학연구단, 2011; 오영숙, 위의 글; 김선아, 「탈 / 국가
　　의 영화적 공간-〈민족과 운명〉, 〈무산일기〉, 〈두만강〉을 중심으로」, 『현대영화연구』
　　14호, 한양대 현대영화연구소, 2012 등이 있다.

2011), 〈적과의 동침〉(박건용, 2011) 등을 중심으로 2000년대 들어 주목할 만한 변화를 보여주었던 한국전쟁 영화의 맥락에서 최근 영화에 나타난 '북'에 대한 표상과 그 함의를 살펴보겠다.

2. 탈냉전시대 한국영화의 변화

여기에서는 1990년부터 2012년에 이르기까지 '북'에 관련된 표상이 드러나는 영화를 개괄하면서 이전 시대와 달라지는 지점들을 짚어보겠다. 이 시기 영화는 1990년대 말을 변곡점으로 하여 크게 둘로 나뉜다. 1990년대에는 그동안 다루어지지 못했던 빨치산이나 좌익운동을 소재로 취하여 인민군 혹은 공산주의 그룹의 내부로 들어감으로써 그들도 우리와 같은 피해자임을 보여주는 영화들이 나온다. 2000년대에 가면 한국전쟁을 비롯해 간첩, 탈북, 이산가족 상봉 등 '북'에 관련된 다양한 제재가 새롭게 부상한다. 그것들은 재배치되는 장르의 관계망 안에서, 그리고 장르문법 자체의 개연성이 우위를 점하는 가운데 재현되며 그 표상이 다원화된다.

1) 인간으로서의 좌파, 피해자로서의 공감

한국영화사에서 탈냉전의 분위기를 대중에게 각인시킨 영화는 〈남부군〉(정지영, 1990)이었다. 〈남부군〉은 1988년에 출간되어 큰 반향을 일으켰던 이태의 빨치산 체험수기[11]를 원작으로 하여, 분단으로 인해 금기시되어왔던 좌익 내부의 이야기를 다룬다. 이러한 제재가 영화로 대중에게 공개된 것은 〈피아골〉(이강천, 1955) 이후 35년 만의 일이었다.[12]

문화계에서 냉전 이데올로기를 넘어서는 '코페르니쿠스적인 전환'은 장편소설과 수기에서부터 시작되었다. 1988년[13]부터 출판계에서는 이태의 『남부군』을 비롯하여 이영식의 『빨치산』, 주영복의 『내가 겪은 조선전쟁』, 김달수의 『태백산맥』과 같은 인민군 체험 수기와 조정래의 『태백산맥』, 이병주의 『지리산』, 김원일의 『겨울골짜기』, 이문열의 『영웅시대』등과 같은 장편소설이 베스트셀러가 된다.[14] 이는 모두 한국전쟁과 관련된 출판물로, 지배자의 논리에 의해 구축된 '반쪽 역사'에 대한 반성과 냉전 이데올로기를 넘어서는 역사적 조망에 대한 요청이 고조되는 가운데 일어난 현상이었다.[15] 이러한 변화의 연장선상에서 베스트셀러를 원작으로 하는 영화 제작이 활발해졌고, 그 첫 번째 작품이 〈남부군〉이었던 것이다.

---

11 「베스트셀러 새 版圖」, 『동아일보』, 1988.8.2; 「서점가 선풍적 베스트셀러 빨치산 체험수기 『남부군』」, 『한겨레』, 1988.8.18.

12 〈피아골〉에 대해서는 이순진, 「1950년대 공산주의자의 재현과 냉전의식」, 『매혹과 혼돈의 시대』, 도서출판소도, 2003, 150~160면; 졸고, 「1950년대 한국영화의 반공서사와 여성 표상」, 『여성문학연구』 21호, 한국여성문학학회, 2009.6, 144~148면 참조.

13 한국출판협동조합이 집계한 1988년도 '서적 공급 실적 베스트 10'을 보면 1위가 서정윤의 『홀로서기』, 2위가 이태의 『남부군』, 3위가 도종환의 『접시꽃 당신』, 4위가 조정래의 『태백산맥』으로 나와 있다. 좌익 경험에 관한 출판물 붐은 이때부터 시작되었다. 그리고 1988년은 홍명희, 이기영, 한설야, 박태원, 이태준 등 월북 작가의 작품이 해금되기 시작한 해이기도 하다. 그러면서 김학철의 『격정시대』, 김석범의 『화산도』도 출간되어 베스트셀러가 되었다. 『동아일보』, 1988.11.23.

14 「6·25 도서 새 지평 / 탈냉전 물결 타고 금기영역 해부」, 『경향신문』, 1992.6.24.

15 조정래는 1986년에 『태백산맥』 1부를 출간하면서 "잘못 알려진 역사는 문학을 통해 수정될 수 있다"는 소신을 피력한다. 『동아일보』, 1989.10.24; 『매일경제』, 1989.10.27.

그 이전까지 한국영화에서 한국전쟁을 묘사할 때 '북北'과 관련된 표상은 제한적인 것이었다. 대개 공간으로서의 북한은 압제와 중노동에 시달리는 지옥과 같은 곳으로 묘사되고, 그러한 북한 사회에 사는 인물은 지배층과 피지배층의 두 가지 유형으로 분류되었다. 지배층은 주로 공산당의 명령에 충실한 인민군 장교로 그려지고, 피지배층은 굶주림과 공포 속에 그 명령을 마지못해 따르는 힘없고 순박한 민중으로 묘사되었다. 전자가 젊고 건장한 남성의 표상을 지닌 데 반해 후자는 주로 여성이나 어린이, 노인으로 재현되었다. 그것이 극단적으로 드러난 것은 반공이념이 가장 교조화되었던 1970년대 후반의 반공교육용 애니메이션 〈똘이 장군〉이었다. 이 영화에서는 지배자가 심지어 돼지, 여우, 늑대와 같은 동물로 재현되었다. 이는 남한 대중이 '북'에 대해 가지는 지옥과 악마의 심상을 강화하고 공포심을 조장하는 데 큰 역할을 하였다.[16] 1960년대 후반부터 1980년대 중반까지의 반공포스터 관습에는 이러한 표상이 반영되어 있었다. 황석영의 방북기가 1993년에 출간되었을 때 그 제목 '사람이 살고 있었네'가 신선한 충격을 주었던 것은 그러한 북의 표상이 얼마나 강력하게 남한 사회를 지배하고 있었는지를 보여준다.

이러한 표상이 〈남부군〉을 시작으로 하여 〈그 섬에 가고 싶다〉(박광수, 1993), 〈태백산맥〉(임권택, 1994)으로 이어지는 일련의 영화 속에서 변

---

16 반공주의의 강화에 따른 이분법적인 도식은 1950년대에는 오히려 혼돈되고 모호한 양상을 보이다가 1960년대 중반 이후부터 공고해지며 1970년대에는 절정을 이룬다. 1950년대 '북'의 재현에 대해서는 이순진, 앞의 글, 129~171면, 1950년대부터 1970년대까지의 반공영화의 변화에 대해서는 조준형, 「한국 반공영화의 진화와 그 조건」, 『근대의 풍경』, 도서출판소도, 2001, 332~371면 참조.

화를 보이기 시작했다. 기본적으로 전쟁영화는 자본과 기술이 많이 필요한 대형 액션 장르에 속하기 때문에 1950~1960년대에도 공권력의 지원 없이는 제작되기 어려웠고, 1970년대에는 아예 국책영화로 제작되었다. 따라서 '반공이 국시'임이 강조되는 시대에 전쟁영화는 반공영화와 거의 동의어였다. 따라서 이 영화들에서는 공통적으로 남한은 '선善이고 피해자'이며 북은 '악惡이자 가해자'라는 이분법적 도식이 전제되어 있었다. 1970년대 후반부터 그 도식에 균열이 보이기 시작했지만, 그것은 전쟁과 이념으로 인한 개인의 피해에 한정될 뿐 인민군 내부나 좌익 조직 내부에 대한 탐구나 이해로 이어지지는 않았다. 그런데 1990년대에 나온 일련의 영화들에서는, 비록 중도적인 인물을 주인공으로 설정하여 이데올로기적 간섭을 최소화하면서 상호 연민을 통한 주정적 해결에 머물기는 하나, 좌익의 내부로 들어가 '그들'을 '우리'와 동일한 인간의 지평 위에서 이야기한다는 점에서 반공영화들과 달라진다.

〈남부군〉은 빨치산의 내부로 들어갔다는 점에서 이전의 영화와 궤를 달리하는 것이었다. 그러나 〈남부군〉에서는 이념 대립으로 인한 개인의 피해에 주목하여 결국 이념에 대한 환멸과 허무주의를 드러낸다. 이 영화는 인물 구성에서 〈피아골〉과 매우 유사한 양상을 보이고 있으며, 공산주의 이념을 순수한 청년이나 무지한 하층민을 현혹하는 실현 불가능한 이상으로 의미화하고 있다는 점에서도 〈피아골〉의 연장선상에 있다. 한국전쟁 직후 영화에 나타난 인식이 1990년 영화에 이르러서야 맞닿는다는 것은 북에 대한 재현이 얼마나 제한되어 있었는가를 방증한다.

이에 비해 〈그 섬에 가고 싶다〉는 인민군에게만 해당되는 줄 알았던 간악한 술수와 학살이 국군에 의해서도 자행되었음을 고발한다. 그리고 전쟁의 와중에 좌익과 우익으로 나타났던 대립은 서민 차원에서는 이념의 대립이라기보다는 사적인 차원의 반목이나 복수인 경우가 많았음을 이야기한다. 그리고 마지막에는 제의祭儀를 통해 상잔相殘의 상처에 대한 치유와 후손 간의 화해를 도모하며 좌우에 관계없이 피해자임을 강조한다.

좌우 혹은 남북이 모두 피해자라는 공감대를 확장하고자 한다는 점에서는 〈태백산맥〉도 유사하다. 그런데 〈태백산맥〉에서는 보다 긍정적인 시선으로 좌익 내부를 바라본다. 이로 인해 〈태백산맥〉은 제작부터 개봉까지 구설이 많았던 영화였다. 〈태백산맥〉의 영화화가 거론되면서 좌익 아버지를 둔 임권택 감독의 개인사가 화제가 되고, 원작의 이적성 여부가 다시 도마에 오른다.[17] 이승만 대통령 양자인 이인수와 '자유조국수호연맹'이라는 우익연합단체 주최로 〈태백산맥〉 영화화 저지를 위한 궐기가 일어나고,[18] 급기야 원작자인 조정래가 보안법 위반 혐의로 피소되기에 이른다.[19] 그러나 그럼에도 불구하고 『태백산맥』은 1억 원의 원작료를 받으며 "방화 억대 원작료 시대"[20]를 열

---

17 『태백산맥』의 이적성 논란은 세 번 일어난다. 첫 번째는 1986년에 1부가 출간되었을 때 일어났고, 두 번째는 1991년에 좌경 서적 출판에 대해 정부가 예민하게 경계하는 분위기 속에서 다시 문제가 되었다.(「태백산맥 이적성 검토」, 『한겨레』, 1991.4.11; 「소설 태백산맥 이적성 검토, 문단 출판계 거센 반발」, 『동아일보』, 1991.4.11; 「좌경 서적 6종, 위법 여부 심사」, 『한겨레』, 1991.4.11; 김하기, 「예술 공간에 쏘아대는 공안의 눈길」, 『한겨레』, 1991.8.4) 그리고 세 번째는 1994년에 영화 개봉을 앞두고 다시 논란이 일어난 것이다.
18 『한겨레』, 1994.5.5.
19 『한겨레』, 1994.8.8; 『경향신문』, 1994.8.8; 『동아일보』, 1994.8.8.
20 『동아일보』, 1991.11.23.

었고, "제작비 30억 규모의 사상 최대 영화"로 제작되었다.[21] 이는 이념 문제로 사회적 이슈가 된다는 것이 흥행 면에서는 호재로 작용한다는 것을 영화산업에서는 충분히 간파하고 본격적으로 활용하기 시작했다는 것을 말해준다. 요컨대 자본의 논리가 이념의 우위에 섰음을 단적으로 드러내는 것이었다.

따라서 이후에 전쟁이나 이념 대립을 통한 '북'의 표상이 드러나는 영화들은 '빨치산 영화' 혹은 '분단영화'와 같이 제재 차원의 분류를 내재화하고 오히려 미스터리, 스릴러, 코미디, 액션과 같은 영화장르를 전격적으로 내세우는 가운데 분화된다.[22] 이러한 변화가 뚜렷해지는 것은 새천년을 눈앞에 둔 시기부터이다.

2) 장르문법의 우위와 표상의 다원화

1990년대가 〈남부군〉으로 시작되었다면, 2000년대는 1998년부터 〈쉬리〉(강제규, 1999), 〈간첩 리철진〉(장진, 1999), 〈공동경비구역 JSA〉(박찬욱, 2000)가 연이어 제작·개봉되며 새로운 국면을 맞이한다. 우선 순수제작비 24억 원의 액션 대작으로 기획된 〈쉬리〉는 한국영화의 블록버스터 시대를 연 영화였다.[23] 이 영화에서는 냉전 이데올로기를 수용

---

21 이는 『하얀 전쟁』의 8,000만 원 원작료 기록을 경신한 것이었다. 『한겨레』, 1994.7.1.
22 주창규는 2000년대 멜로드라마를 분석하면서 "한국의 역사가 무의식적인 영역으로 침잠하고 있다"는 표현을 썼다.(주창규, 「한국영화의 힘! 멜로드라마적 상상력과 역사의 파토스」, 김소영 편, 『아틀란티스 혹은 아메리카―한국형 블록버스터』, 현실문화연구, 2001, 182면) 이는 장르를 전면화하면서 역사의식은 굴절되거나 파편화된 형태로 내재화되는 2000년대 영화 경향에 모두 적용될 수 있다고 판단된다.

하여 주인공과 적대자의 대립을 첨예하게 하면서, 동시에 그것을 남남북녀의 비극적인 혼사장애로 설정함으로써 남북 간 첩보전쟁과 비극적 멜로드라마를 교직시킨다. 이는 '분단'의 문제가 상업영화의 관계망 안에 보다 적극적으로 포섭되며 후경화되는 징후를 보여준다.

〈쉬리〉의 성공 이후 분단 문제를 다루는 장르영화들이 대거 제작된다. 그런데 흥미로운 것은 장르영화에서 요구되는 인과율과 개연성 안에서 분단 문제가 변형을 겪기 시작했다는 점이다. 냉전시대 반공주의에 충실한 영화들에서는 이념의 도식이 영화 서사 문법 위에 군림하기 때문에 장르의 발전이나 개연성 있는 전개를 방해한다.[24] 1970년대 반공영화들이 부자연스러운 것은 이 때문이다. 그래도 1970년대에는 영화의 완성도와 상관없이 반공영화라고 하면 국가 차원의 지원과 동원관람을 통해 대중과 만날 수 있는 기회가 있었다. 그러나 이제 그러한 장악은 불가능해졌고 대중의 선택과 취향은 다원화되었다. 영화산업에서 무엇보다 중요한 것은 대중의 기대에 부응하지 못하면 자본을 회

---

23 〈쉬리〉는 순수 제작비 24억 원, 홍보비 포함하면 27억 원의 거대자본으로 3,000여 명의 엑스트라를 동원하고, 컴퓨터그래픽과 미니어처를 이용한 대형 건물 폭파장면 등을 삽입하며 '유사 할리우드주의'를 표방한 한국의 대표적인 블록버스터로 탄생했다. 이 영화는 당시 최고의 흥행 기록을 가지고 있었던 〈타이타닉〉의 국내 흥행기록을 깨고 최다 관객동원 기록을 세우기도 했다. 〈쉬리〉의 성공 이후 한국영화산업이 블루오션으로 각광받고, 한국영화의 해외진출이 본격화되었으며, 제작비도 상향 조정되었다. 「블록버스터 표방한 대작 영화 제작 추세」, 『연합뉴스』, 1998.8.28; 「영화계로 금융·기업 자본 몰려」, 『연합뉴스』, 1999.3.15; 「〈쉬리〉〈타이타닉〉 제치고 흥행 1위」, 『연합뉴스』, 1999.4.9; 「〈쉬리〉일본 등 세계시장 향한 도약」, 『연합통신』, 1999.4.29.

24 인지상정 차원에서 서사적 개연성을 추구했던 〈7인의 여포로〉가 용공시비에 휘말려 전격 개작되는 수난을 겪은 것, 스릴러 장르를 통해 한국전쟁의 상처를 추적하는 형식을 취한 〈최후의 증인〉(이두용, 1980)이 모든 범죄를 간첩의 소행으로 돌리고 결국 그 서사적 무리를 견디지 못해 탐정 역할의 주인공이 자살을 하고 마는 파국은 반공주의와 장르 개연성과의 충돌을 보여주는 예들이다.

수할 수 있는 길이 없다는 것이다. 게다가 대중은 같은 장르는 보고 싶어 하지만 같은 영화는 보고 싶어 하지 않는다. 다시 말해 〈쉬리〉와 같이 박진감 넘치는 첩보액션 영화가 다시 만들어지는 것은 대중이 환영할 수 있으나 〈쉬리〉와 동일한 방식으로 멜로드라마와 분단문제를 접목시킨 영화라고 하면 진부하게 느낀다는 것이다. 따라서 장르영화의 문법을 준수하며 분단문제가 다루어질 때 지금까지 불가능했던 발화가 이루어지고 '북'에 대한 새로운 표상이 나타나는 것은 자연스러운 일이었다. 〈간첩 리철진〉이나 〈공동경비구역 JSA〉(이후 〈JSA〉)는 이러한 맥락에서 시의 적절하게 탄생한 영화들이었다.

〈간첩 리철진〉은 냉전시대에는 상상할 수 없었던 간첩 표상을 탄생시킨 코미디 영화였다.[25] "검은 얼굴에 등산복을 입고 새벽에 산에서 내려와 신발에는 흙이 묻어 있으며 담뱃값을 잘 모르고 말투가 이상한 사람"은 냉전시대에 국가 차원에서 조성한 간첩의 표상이었다. 전철이나 버스는 물론이고 동네 슈퍼마켓이나 전봇대에 붙어있는 "간첩신고는 113"이라는 문구 아래에는 위와 같은 특징이 간첩을 식별하는 요령으로 나열되어 있었다. 이러한 간첩의 이미지는 각종 반공영화나 반공드라마에서의 간첩의 모습, 예컨대 검은 선글라스를 쓰고 권총과 독침을 들고 다니며 부모와 형제를 알아보지 못하는 패륜아라는 인상과 겹쳐지며 국민의 공포심을 조장했다. 그런데 새천년을 앞둔 시점에 이러한 사나이가 화려한 자본주의의 도시 서울에 당도했을 때 그는 택시강도에게 공작금은 물론 간첩의 필수장비(무전기, 권총, 독침)까지 잃어버리

---

25 〈간첩 리철진〉이 보여준 표상의 새로움에 대해서는 연세대 미디어아트연구소 편, 앞의 책에 실린 백문임, 변재란의 글 참조.

고 남한에 오랫동안 체류한 고정간첩의 도움 없이는 아무것도 할 수 없는 무능한 인물이 된다. 이 영화에서는 간첩 표상을 둘러싼 이러한 역설을 포착하여 웃음의 거리를 확보하며 간첩 이야기를 풀어낸다. 이 영화의 성공 이후 간첩영화에 나오는 간첩들은 시대에 맞지 않게 진지하고 어리석거나, '간첩'이라는 무시무시한 단어에는 어울리지 않게 평범하고 서민적인 인물로 희화화되며, 이러한 모습이 일종의 관습이 되어 간다. 〈스파이 파파〉(한승룡, 2011)에서 반공의식이 투철한 딸에게 정체를 들키는 '어설픈 아빠 간첩'이나, 〈간첩〉(우민호, 2012)에서 비아그라를 불법으로 팔아 남한에 있는 아지트의 전세금을 올려주고 북에 있는 노모에게 생활비를 부치는 생활형 간첩은 모두 '리철진'의 동생들이다.

〈JSA〉는 작품의 완성도가 높았을 뿐만 아니라 여러 가지 면에서 이슈를 몰고 다니며 언론의 주목을 받았던 영화였다. 우선 2000년 남북정상회담과 6 · 15 남북공동선언으로 이어지는 남북 화해 분위기 속에서 "남북분단의 상징적 장소인 판문점을 소재로 한 영화"[26]로 화제가 되었다. 또한 '판문점 도끼 만행 사건'을 떠오르게 하는, '공동경비구역 남북한 병사의 총격 사건'을 미스터리 형식으로 풀면서 오히려 반목이 아닌 우정의 결과로 전도시킨 것은 결과적으로 대중의 기대를 충족시킨 것이었다. 1990년대 후반부터 한국영화 서사에서 위계와 계몽의 코드는 급격하게 깨어지기 시작했고, 2000년대에는 이미 '분단'이나 '간첩'과 같은 이념적 제재만으로 대중의 영화 관람을 유도할 수 없었다. 이때 〈JSA〉는 미스터리 장르 문법 안에 남북한 병사가 연루된 살인사건을

26　「'인터뷰' 박찬욱 감독, 이념보다 휴머니즘에 포커스」, 『동아일보』, 2000.6.8.

설정하고 '반전'을 이용해 냉전시대 반공영화의 관습을 뒤집음으로써 '남북화해'라는 시대적 요구와 장르영화에 대한 관객의 기대에 동시에 부응한다. 개봉 이전부터 이 영화에 쏟아졌던 대중의 관심[27]과 개봉 이후 영화에 대한 관객들의 호평과 사회집단 차원의 논란[28], 그리고 흥행 기록과 비평계의 관심은 그것을 잘 보여준다.[29]

이 세 영화의 성공 이후 2000년대에는 멜로드라마, 코미디, 미스터리, 전쟁 액션 등 여러 장르에서 남북문제를 다루게 되고, 그러면서 '북'의 표상도 이전 시대에 비해 다양해진다. 한편 저예산으로 제작되는 다큐멘터리나 작은 영화들에서 1990년대 중반 이후 사회적 이슈로 대두된 '탈북 문제'에 렌즈를 들이대면서 '북'과 관련된 새로운 표상이 가능해진다. 2000년대 '북'의 표상이 드러나는 영화는 제재에 따라 우선 '한국전쟁', '간첩', '탈북'으로 분류해볼 수 있다. 이러한 분류는 이해의 편의를 위해 중심 서사를 기준으로 한 것이며 각 분류군의 자질이 상호

---

27 2000년 9월 9일에 개봉했던 〈JSA〉는 서울 8개관 45개 스크린과 전국 11개관 125개 스크린을 확보해 한국영화사상 최대 상영관에서 동시 개봉되었고, 사전예매율도 〈타이타닉〉, 〈쉬리〉, 〈텔미썸딩〉, 〈글라디에이터〉 등 당시 최고 흥행작의 기록을 웃돌았다. 그리고 개봉하자마자 이 영화는 흥행 돌풍을 일으키기 시작한다. 「영화 〈공동경비구역 JSA〉 개봉 전부터 신기록」, 『한국경제』, 2000.9.8; 「영화 〈공동경비구역 JSA〉 하루 관객 최고 기록」, 『연합뉴스』, 2000.9.9; 「영화 〈공동경비구역 JSA〉 국내 영화흥행 신기록」, 『동아일보』, 2000.9.13; 「〈공동경비구역 JSA〉 개봉 2주 만에 200만 돌파」, 『한국일보』, 2000.9.23.

28 이 영화의 개봉 이후 '대인지뢰 제거를 위한 100만인 서명운동'이 일어났고, 'JSA 전우회'는 이 영화가 JSA부대를 사실과 다르게 묘사하여 진실을 왜곡하고 자신들의 명예를 훼손시켰다며 크게 항의해 논란이 되었다. 이 영화를 계기로 인터넷에서는 영화 펀드 바람이 불고 남북한 인터넷 영화제가 열리기도 했다. 또한 이 영화는 북한의 김정일 국방위원장에게 전달되어 화제가 되기도 했다. 영화와 문학의 역전 현상이 본격화된 것도 이때부터이다. 그 이전에는 문학이 먼저 화제가 되고 그 대중적 인지도에 기대어 영화가 제작되었는데, 〈공동경비구역 JSA〉의 경우에는 영화가 흥행하면서 원작소설인 『DMZ』가 주목을 받았고, 원작자인 박상연은 드라마와 시나리오 작가로 옮겨가게 된다.

29 〈공동경비구역 JSA〉는 동명의 단행본이 나왔을 정도로 비평계와 학계의 관심이 집중되었던 영화였다.

배타적인 것은 아니다. 영화들의 분류 영역은 서로 겹치는 경우도 있다. 특히 탈북과 간첩의 경우에는 서로 경계를 넘나드는 경우가 많다.

첫째, 한국전쟁을 다루고 있는 영화로는 〈흑수선〉(배창호, 2001), 〈태극기 휘날리며〉(강제규, 2004), 〈웰컴 투 동막골〉(박광현, 2005), 〈작은 연못〉(이상우, 2010), 〈포화 속으로〉(이재한, 2010), 〈적과의 동침〉(2011), 〈고지전〉(장혁, 2011) 등이 있으며, 〈공동경비구역 JSA〉(박찬욱, 2000)는 한국전쟁을 배경으로 하고 있지는 않지만 한국전쟁 이후 남북한 군인이 대치하고 있는 상황을 설정하고 있다는 점에서 한국전쟁 영화의 연장선상에 놓인다.

둘째, 간첩영화에는 〈쉬리〉(강제규, 1999), 〈간첩 리철진〉(장진, 1999), 〈이중간첩〉(김현정, 2003), 〈의형제〉(장훈, 2009), 〈스파이 파파〉(한승룡, 2011), 〈간첩〉(우민호, 2012) 등이 해당한다.

셋째, 탈북을 다룬 영화로는 〈태풍〉(곽경택, 2005), 〈국경의 남쪽〉(안판석, 2006), 〈크로싱〉(김태균, 2008), 〈두만강〉(장률, 2009), 〈무산일기〉(박정범, 2010), 〈댄스타운〉(전규환, 2010), 〈풍산개〉(전재홍, 2011), 〈줄탁동시〉(김경묵, 2012) 등이 있다.[30]

그리고 위의 분류군에 넣기는 애매하지만 현재 시점에서 남과 북이 만나는 돌발적 상황을 설정하고 있는 영화들이 있다. 〈남남북녀〉(정초신, 2003), 〈동해물과 백두산이〉(안진우, 2003), 〈간 큰 가족〉(조명남, 2005), 〈비단구두〉(여균동, 2006), 〈만남의 광장〉(김종진, 2007), 〈꿈은 이루어진다〉(계윤식, 2010) 등이 그것이다. 또한 〈량강도 아이들〉(김성훈·정성산,

---

30 탈북영화 목록에 대해서는 오영숙, 앞의 글, 185~212면 참고.

2011)은 탈북자 감독이 연출하여 화제가 되었던 영화로 〈크로싱〉과 함께 현재 북한의 공간적 표상이 드러나는 영화이다.[31]

위에 나열된 영화들만 보아도 2000년 이후에 남북의 만남을 보여주는 영화가 대거 제작되었다는 것을 쉽게 알 수 있다. 이 영화들에서 두드러지는 특징은 첫째, 영화에서 각종 경계가 모호해지고 있다는 점이다. 냉전시대 영화에서는 결코 애매할 수 없었던 '귀순'과 '잠입'의 구분, '국민'과 '간첩'의 분별 등이 어려워지면서 아군과 적군, 선과 악의 경계도 모호해지고 있다. 특히 탈냉전시대에 들어서 '탈북'이 영화에서 남북관계를 형상화하는 데 주요한 사건으로 대두하면서 냉전시대의 이분법적 구분을 지우는 경향이 강하다. 간첩이 북을 배신하고 망명하면 탈북이 되는 것이고, 탈북자가 간첩 노릇을 하면 이중간첩이 되는 것이기 때문이다. 〈이중간첩〉, 〈의형제〉, 〈간첩〉 등은 모두 이러한 사례를 보여주며, 최근 영화로 올수록 경계가 모호해지는 경향은 일반화되고 있는 추세이다.

둘째, 코미디 요소가 강해졌다는 점이다. 우선 '간첩 영화'나 남북의 우연한 만남을 설정하고 있는 영화들은 대부분 코미디 장르에 속한다. 위 영화들 중 남북의 만남을 그린 영화는 모두 코미디이고, 간첩영화

---

31 〈크로싱〉은 기근과 가난에 사실적으로 접근함으로써 〈똘이 장군〉에 나오는 '북'의 모습을 환기시키는 데 반해, 〈량강도 아이들〉은 코미디와 환상적인 요소를 동원하여 '북'이라는 공간에서 1950~1960년대 남한을 떠오르게 한다. 이는 〈검정 고무신〉(송정률, 1999)과 같은 애니메이션이 1960~1970년대 남한 사회에 대해 향수 코드로 접근하듯이, 북을 현재 우리와 비교할 수 없는 '과거형'으로 바라보고 있음을 보여준다. 이러한 태도는 〈간첩 리철진〉이나 〈JSA〉에서도 나타났던 것이다. '탈이념'을 가장하고 있는 영화들이 내장하고 있는 이러한 태도에 대해서는 백문임이 2000년을 전후로 한 영화를 대상으로 지적한 바 있기도 하다. 백문임, 앞의 글, 106~129면 참조.

중에서는 〈쉬리〉와 〈이중간첩〉만이 예외이다. 한편, 남북이 대치하는 상황을 피할 수 없기 때문에 웃음의 역할에 한계가 있는 전쟁영화에서도 코미디의 속성이 강하게 드러난다. 〈웰컴 투 동막골〉은 대표적이며 〈적과의 동침〉은 결국 한계를 노정하기는 하지만 영화의 중반까지는 코미디 속성이 꽤 강하게 작동한다. 또한 미스터리 장르에 속하는 〈JSA〉에서도 웃음의 자질이 남북 병사가 만날 때 형성될 수밖에 없는 긴장을 이완시키고 우정을 자연스럽게 보여주는 데 중요하게 활용된 바 있다. '웃음'은 기존의 경직된 것에 치명적이지 않은 형태로 타격을 가하며, 이는 대상과의 거리와 대상에 대한 우위를 전제로 한다. 그래서 '웃음'은 극단적인 충돌에 완충 작용을 하고 문제의 심각성을 완화시키기 때문에 웃음을 통할 때 발언의 수위가 상향 조정될 수 있다. 따라서 1980년대까지 두려움의 대상이었던 '간첩'이나 '남북의 만남'을 남한영화에서 코미디로 즐길 수 있게 되었다는 것은 '남'의 '북'에 대한 심리적 우위와 여유를 반영하는 동시에, 웃음을 방패로 하여 보다 자유로운 표현이 추구되고 있음을 시사한다.

3. '적'으로서의 '북', 그 표상의 맥락과 의미

이 장에서는 2000년대에 나온 한국전쟁 영화를 중심으로 '적'으로서의 '북'에 대한 표상을 살펴 '북'에 대한 영화적 재현의 현주소를 짚어보고 그것이 탈냉전시대 표상으로서 가지는 의미를 살펴보겠다. 이때 2010년대 영화에서 감지되는 변화에 주목하겠다. 한국전쟁 60주년을

계기로 나온 〈포화 속으로〉(2010), 〈적과의 동침〉(2011), 〈고지전〉(2011)
등이 그 대상이 된다.

1) 블록버스터로서의 한국전쟁

2000년대 한국전쟁 영화는 대부분 블록버스터의 성격을 지닌다.[32]
〈쉬리〉로 시작된 블록버스터 붐은 "순제작비 147억 원, 2만 4,000명의 엑
스트라, 군복 1만 9,000벌, 군화 1,000여 켤레, 6톤 폭약, 1,000정이 넘는
무기 제작, 200여 구의 주검, 200여 명의 스태프"[33]가 투입되며 한국영화
사상 최고의 물량을 기록했던 〈태극기 휘날리며〉에서 정점을 보인다.
그리고 이듬해에 제작된 〈웰컴 투 동막골〉은 〈태극기 휘날리며〉에 미
치지는 못하지만, 세계 최초 모바일 영화 펀드를 조성하여 80억 원의
제작비를 들였고 CG에서는 오히려 〈태극기 휘날리며〉보다 2배 이상
많은 영화였다.[34] 이러한 흐름은 한국전쟁 60주년이 되는 2010년까지
이어져 이해에는 대규모 전쟁물이 한꺼번에 영화와 드라마로 기획·
제작된다.[35]

---

32 김소영에 의하면 블록버스터는 국가 단위에서 더 이상 관리되지 않는 글로벌 사회로의
   전환에서 추동되는 영화적 현상이다. 블록버스터에 대해서는 김소영 편, 앞의 책에 실린
   김소영, 크리스 베리의 글; 연세대 미디어아트연구소 편, 앞의 책에 실린 권은선, 김경현
   의 글; 김경욱, 『블록버스터의 환상, 한국영화의 나르시시즘』, 책세상, 2002 등 참조.
33 「필름도 흐느낀 잔혹극의 탄생」, 『한겨레 21』(http://www.hani.co.kr), 2004. 2. 12.
34 KTF "영화도 보고 한국영화 투자도 하세요", 『연합뉴스』, 2005. 3. 10; 「웰컴 투 동막골
   CG작업 〈태극기 휘날리며〉 두 배」, 『중앙일보』, 2005. 3. 22.
35 영화로는 〈포화 속으로〉가 대표적이다. 드라마로는 〈로드 넘버 원〉(MBC 수목), 〈전
   우〉(KBS 주말)가 있다. 〈전우〉는 20부작인데 회당 4억 원씩 총 80억 원의 제작비를 투여

그 대표적인 영화인 〈포화 속으로〉는 "113억의 제작비, 〈태극기 휘날리며〉의 3배가 넘는 1,400컷의 방대한 분량의 CG 사용과 할리우드 전쟁영화에 버금가는 시각효과와 영상미"[36]로 언론의 주목을 받는다. 그리고 한편으로는 1970년대 국책영화를 방불케 할 정도로 정부의 지원을 받는다. 국방부는 "공익영화가 아닌 상업영화에 대한 협조와지원은 불가능하다"는 원칙[37]을 깨고, 한국전쟁 당시의 모습을 생생하게 담을 수 있도록, 탱크 4대를 비롯한 군무기를 제공했다.[38] 개봉 전에는 "6·25 참전국 관계자들과 외신기자들을 위한 특별시사회"[39]가 개최되었고, 개봉 이후에는 청와대에서 공식 상영회를 가졌으며,[40] 6·25 휴전일 기념으로 미국에서도 '특별 북미 시사회'[41]를 진행했다. 전쟁영화로는 이례적으로 12세 관람등급이 확정되었고,[42] '천안함 사태'와 맞물려 젊은 세대들을 위한 반공교육영화에 가깝게 선전되었다. 영상물등급위원회는 〈포화 속으로〉의 12세 관람 등급 결정 사유에 대해 "한국

한 대작이었다.

36 「〈포화 속으로〉 CG, 할리우드에 버금가는 시각효과 눈길」, 『매일경제』, 2010.7.13.

37 〈JSA〉는 경기도 양수리 서울종합촬영소에 지은 판문점 오픈세트를 활용해 대부분의 촬영을 마쳤지만, 캠프 보니파스와 통일대교의 외경은 세트로 제작하기에 어려워 국방부와 군사정전위에 공문을 보내 촬영협조를 지속적으로 요청한 바 있었다. 그러나 허구의 상황을 담아 그린 영화제작에 국방부에서 어떤 명분으로 도와줄 수 없다는 말만 되풀이해서 들었다. 「〈공동경비구역 JSA〉 군당국 협조 못 얻어」, 『연합통신』, 2000.6.22.

38 「〈포화 속으로〉 차승원, 때 아닌 국방부 항의 받은 까닭은?」, 『스포츠조선』, 2012.11.12.

39 「〈포화 속으로〉 외신기자 시사 개최」, 『매일경제』, 2010.6.15.

40 「〈포화 속으로〉 탑 열연에 영부인 김윤옥 여사도 눈물」, 『스포츠조선』, 2010.7.10; 「〈포화 속으로〉 청와대 공식 상영회 열려 / 김윤옥 여사 '눈물 극찬'」, 『뉴스엔』, 2010.7.10; 「영화 〈포화 속으로〉 청와대 공식 상영회 개최」, 『한국경제』, 2010.7.11; 「〈포화 속으로〉 청와대 상영회서 2시간 박수갈채」, 『매일경제』, 2010.7.12.

41 「〈포화 속으로〉 북미 특별시사회」, 『세계일보』, 2010.7.30.

42 「동해 논란 〈포화 속으로〉 12세 관람가 확정」, 『서울신문』, 2010.6.1; 「〈포화 속으로〉 12세 이상 관람가 등급 확정」, 『한국경제』, 2010.6.1; 「〈포화 속으로〉 전쟁영화로는 이례적으로 12세 관람가 확정」, 『매일경제』, 2010.6.1.

전쟁의 실화를 바탕으로 하고 있고, 조국을 지키기 위한 학도병들의 애국심과 희생정신을 느낄 수 있기 때문"이라고 밝혔다.[43] 2000년 〈JSA〉가 당초 "판문점에서 남북군인들이 친밀한 관계를 맺는 내용이 청소년들의 가치관 형성에 해로울 수 있다는 이유"로 18세 등급을 받았다가, 영화계 안팎에서 비난 여론이 들끓자 15세 등급으로 조정되었던 일[44]을 상기하면 파격적인 등급 결정이라고 할 만하다.[45] 극장 상영이 끝난 이후에도 이 영화에 대한 암묵적 지원은 계속되었다. "한·러 수교 20주년 기념"으로 이 영화가 상영되었고,[46] 연출을 맡은 이재한 감독은 공로를 인정받아 '올해의 최우수 예술가'로 선정되었다.[47] 또한 KBS 현충일 특선영화[48]로 방영되는 것은 물론, 설날과 3·1절 특선영화[49]로 편성되었고, 심지어 크리스마스 특선영화로도 공중파를 탔다.[50]

화려한 CG와 스펙터클로 무장한 이 영화는 서사구조상으로는 1970년대 반공영화의 문법을 충실하게 따른다. 잔인한 괴뢰군이 쳐들어와 조국을 짓밟는데 그것을 막아낼 국군 병력은 모자란 위기상황에서 학생들이 "펜을 버리고 전선으로" 나가 나라를 위해 장렬하게 죽는다는

---

43 「〈포화 속으로〉, 〈태극기 휘날리며〉 이어 국민영화 될까?」, 『아시아경제』, 2010.6.9.

44 「영화〈JSA〉등급 재조정 / 15세 관람가로 하향」, 『한국경제』, 2000.8.30.

45 이 영화는 폭력성 차원에서도, 15세 등급을 받았던 〈태극기 휘날리며〉보다 결코 덜하지 않다. 이러한 파격적 지원에 대해서는 2008년 8월 청와대 기획관리 비서관실에서 작성됐다는 '문화권력 균형화 전략 보고서'가 단서를 제공한다. 이 문건에는 〈괴물〉, 〈공동경비구역 JSA〉, 〈효자동 이발사〉 등이 좌경화된 영화로 분류되어있다는 폭로가 있었다. 「박정희 영화가 보고 싶은 진짜 이유」, 『오마이뉴스』, 2012.7.28.

46 『마이데일리』, 2010.11.1.

47 『문화저널 21』, 2010.12.19.

48 「61주년 6·25 특선영화 KBS 2TV 〈포화 속으로〉 편성」, 『한국경제』, 2011.6.25.

49 「삼일절 유일한 특선영화는 〈포화 속으로〉」, 『매일경제』, 2011.3.2.

50 「6·25 특선영화 〈포화 속으로〉, 크리스마스-3·1절-설에도 방영됐다?」, 『TV리포트』, 2011.6.25.

것이다. 여기에서 '북한 / 괴뢰 / 공산당'은 강하고 사악한 적으로 표상된다. 그러나 학생들이 왜 그 적과 싸우다 죽어야하는지는 설명되지 않는다. "너희들의 조국이다. 반드시 지켜낼 거라 믿는다"는 강석대 대위(김승우 분)의 당부가 전부이다. 남한 정부를 조국으로 전제하며 '조국'이기 때문에 지켜야 하고 '조국'을 지키기 위해서는 죽을 수도 있어야 한다는 당위는 1970~1980년대 반공영화에서 통용되었던 관습이다.

〈포화 속으로〉의 마지막 부분에서는 이 영화의 내용이 사실임을 확인하는 자막[51]이 올라가고 생존자들의 회고가 이어진다. 이는 사극에서의 권위적인 내레이션과 같은 역할을 하여 영화에 사실의 무게를 더하고 비장감을 유발한다. 또한 〈디 워〉(심형래, 2007)에서 마지막에 심형래의 인터뷰와 '아리랑'을 삽입했던 것과 같은 애국주의 전략의 소산이다.[52] 이 영화는 개봉 첫 주 박스오피스 1위를 차지하였고, 결국 300만 관객을 동원하여 손익분기점을 넘겼다. 그렇다면 이 영화의 애국주의 전략이 유효했다고 볼 수 있을까?

정부 차원의 지원과 홍보는 이 영화의 관객 동원에 분명히 일조한 바가 있을 것이다. 그러나 그것이 결정적이었다고는 보기 힘들다. 1970년대처럼 강제로 학생동원을 할 수도 없는 상황에서 300만은 정부의 지원만으로는 불가능한 숫자이기 때문이다. 네티즌의 평점과 리뷰는 이러한 의문을 푸는 데 유용한 정보를 제공한다. 이 영화는 네이

---

51 자막의 내용은 다음과 같다. "이 영화는 1950년 8월11일 포항여중에서 있었던 육군 3사단 소속 학도의용군 71명의 실화를 바탕으로 재구성되었다. 포항여중 전투에서 71명의 학도병들은 인민군의 남침을 11시간동안 지연시켰으며 국군과 연합군의 반격에 크게 기여하였다."
52 〈디 워〉에 대해서는 졸고, 「〈디 워〉 논란과 영화비평의 존재방식」, 『문학과 사회』 20권 4호, 문학과지성사, 2007, 290~304면 참조.

버 전문가 평점이 3.75였던 데 비해 네이버 네티즌 평점은 8.22, 다음 전문가 평점은 3.4, 네티즌 평점은 6.7, 그리고 맥스무비 관람 후 평점은 8.07을 기록했다.[53] 전반적으로 전문가에 비해 관객의 반응은 양호했다고 볼 수 있다. 평가에 참여한 네티즌은 십 대가 40% 이상을 차지한다. 이 영화에 대해서는 평가가 매우 극단적이었는데, 긍정적인 평가를 요약하면, "① 이야기는 진부했지만 영상과 액션이 좋았다. ② 아이돌스타 최승현(탑)의 연기가 기대 이상이었다. ③ 희생이 감동적이었고 실화라서 더 슬펐다" 정도이다.[54] 이를 통해 젊은 배우들이 등장하는 액션 장면과 스펙터클, 그리고 감정에 호소하는 애국주의가 나름대로 관객의 공감을 일구어냈음을 알 수 있다. 그리고 이 영화를 선호한 관객들은 분단 문제를 다룬 이념적인 영화라기보다는 "아이돌스타가 나오는 슬픈 액션영화"로 소비했음을 짐작할 수 있다. 이에 반해 부정적인 평가는 주로 분단 인식의 문제에 주목하고 있는데,[55] 전문가 평점이 낮은 것도 그러한 시각에서 비롯된 것이다. 그런데 전문가 평점이 낮은 것에 대해서 십 대들은 오히려 반감을 드러내면서 평점을 높게 주는 경우도 많아서 전문가의 혹평이 네티즌 평점을 상대적으로 올리는 데 일조한 것으로 보인다.[56]

---

[53] http://movie.naver.com; http://movie.daum.net; http://www.maxmovie.com

[54] http://movie.naver.com

[55] 부정적인 평가는 "① 냉전시대 반공영화의 진부한 플롯을 지닌 정훈교육 영화다. ② 너무 겉멋에만 치중하여 역사의 아픔을 다루지 못했다. ③ 아이돌스타에 의존한 엉성하고 안이한 영화다"로 요약할 수 있다.

[56] 2000년대 대중의 동향에서 즉자적인 반동反動 심리는 매우 중요한 요소이다. 특히 십 대들이 많이 참여하는 인터넷에서는 이러한 심리로 인해 전체적인 분위기까지 좌우되는 경우가 있다.

요컨대 이제 영화에 대해서는 계몽적인 태도로 접근할 수 없다. 다시 말해 국책으로 좌지우지할 수도 없고 비평가의 전문적인 평가가 관객에게 소구되지도 않는다. 〈포화 속으로〉와 같은 영화가 제작될 수 있었던 것은 정권의 성향과 분명히 연관되어 있는 것이지만, 그렇다고 해서 그 영화가 정책의 의도대로 관객에게 수용되는 것도 아니다. 자본의 논리와 장르적 관계망 안에서 유통되고 소비되며 최후의 심판관이 관객이 되는 경향은 더 강화되고 있다. 그래서 정책적으로 의도한 영화라 하더라도 거기에는 관객의 기대가 반영될 수밖에 없고, 이 지점에서 의외성과 함께 거역할 수 없는 시대의 흐름이 드러나기도 한다. 〈포화 속으로〉가 300만을 동원했다는 것은 현재 우리 사회가 그만큼의 보수성을 함유하고 있거나, 분단이나 역사 인식에 대한 관심이 적다는 것을 암시한다. 또한 〈포화 속으로〉가 관습적인 반공영화의 서사를 가지고 있음에도 불구하고 아이돌스타를 활용하여 자본을 회수하는 것은 물론, 반공영화 관습으로는 간악한 적敵에 해당하는 인민군 대장에 최고의 개런티를 받는 스타(차승원)를 기용한 것은 자본의 논리가 모든 가치에 우선하며 경계를 넘나드는 신자유주의시대의 영화임을 새삼 입증한다.[57]

57　실제로 연출자는 "북한을 대표하는 인물이자 절대적 권력을 상징하는 캐릭터"가 지나치게 멋있어서 촬영에 고민이 많았다고 토로한다. 비정상적 각도와 측면 컷이 많은 것은 차승원을 악역으로 보이게 하기 위한 궁여지책이었다. 그럼에도 불구하고 스타 카리스마는 약화되지 않았다. 「'쿠키人터뷰' 300만 앞둔 〈포화 속으로〉 / 차승원 정면 컷 거의 없는 이유」, 『국민일보』, 2010.7.5.

2) 이분법의 균열과 매혹적인 악당들

기본적으로 '북'은 공간적으로는 '적의 세력에 의해 지배된 땅'이고 그 지배 이념에 동조하는 인물은 '우리 / 민족 / 남한 / 국군 / 자본주의' 의 적대자이다. 따라서 한국전쟁 영화에서 '좌파'가 주인공이 된다는 것은 전향을 전제로 한 것이었다. 1990년대에도 이것은 마찬가지였다. 전쟁과 이념에 환멸을 느끼고 전향하는 인물(안성기 분)이기에 〈남부 군〉의 주인공이 될 수 있었다. 또한 〈태백산맥〉에서 염상진(김명곤 분) 을 제치고 중도파 김범우(안성기 분)가 극의 중심에 놓일 수밖에 없었던 것도 이 때문이다.[58] 하지만 이러한 영화를 통해서 좌파는 적어도 '이 해할 수 있는 인간'의 위상을 갖게 되었다. 〈피아골〉(1956)은 공산주의 자가 인간적인 고민을 한다는 이유로 용공 시비에 휘말렸고, 〈7인의 여포로〉(1965)에서는 중공군에게 겁탈당할 위기에 놓인 국군 간호장교 들을 인민군 장교가 구해준다는 설정 때문에 감독이 용공 혐의로 구속 되었던 것을 상기하면 격세지감을 느낄 만한 일이다.

그리고 이제 2000년대 한국전쟁 영화에서는 '북'를 표상하는 인물들 이 '우리'와 '적'의 경계를 넘나든다. 〈JSA〉에서 국군 수혁(이병헌 분)을 지켜주기 위해 '김일성 장군 만세'를 외치는 인민군 오경필(송강호 분), 〈태극기 휘날리며〉에서 동생 때문에 국군 영웅이 되었다가 다시 인민 군 전사가 되는 진태(장동건 분) 〈웰컴 투 동막골〉에서 국군과 싸워야

---

58 이 영화들에서 모든 주인공을 국민배우 안성기가 맡았다는 것도 생각해볼 만하다. 안성 기는 〈그 섬에 가고 싶다〉에서도 중도적인 주인공 역할을 했다. 이 영화들에서 안성기는 완벽한 인격을 지닌 중도적인 관찰자로서의 역할을 하는데 이 영화들을 계기로 그는 이 의를 제기할 수 없는 국민배우로서의 자리를 굳힌다.

하는 인민군이지만 동막골을 폭격하는 공동의 적 앞에서 국군과 연합하는 리수화(정재영 분)가 모두 그러한 경우이다.[59]

여기에서 그 경계의 의미를 짚어보기 위해 잠시 냉전시대 '적'의 유형을 살펴보자면, 그것은 '공감할 수 있는 적'과 '공감할 수 없는 적'으로 나뉜다. '공감'은 관객과의 심리적 거리의 문제이다. 또한 이는 '용서받을 수 있느냐 없느냐' 여부와도 연관된다. '공감할 수 있는 적'은 드물게 목숨을 건지는 경우가 있었으나 '공감할 수 없는 적'은 살아남을 수 없었다. '공감할 수 있는 적'은 가족이나 사랑 때문에 북의 편에 선 경우나 공산주의에 환멸을 느끼고 전향하는 경우이다. 〈남과 북〉(김기덕, 1965)의 장일구(신영균 분)[60]나 〈군번 없는 용사〉(이만희, 1966)의 영훈(신성일 분),[61] 공산주의자를 연인으로 두었기 때문에 간첩 노릇을 하는 여간첩들 — 김수임, 이난희, 배태옥 등 — 이 이 유형에 해당한다. 그러나 그들도 동기야 어찌되었든 결과적으로 북을 이롭게 한 '적'이기 때문에 용서받지 못하고, 대부분 마지막에 죽음으로 속죄하게 된다.

'공감할 수 없는 적'은 북의 이념을 체화한 확고하고 맹렬한 인간형

---

59 〈JSA〉의 오경필은 이러한 표상의 맏형 격이라고 할 수 있는데, 이에 대해서는 흥미로운 논점들이 제기된 바 있다. 예컨대 권은선은 오경필을 "남한의 역사가 기입된 주체이자 현재 신식민국가 남한에서 요청된다고 암시되는 반성적인 탈식민적 민족주체"로 본다. (권은선, 「그날 밤 JSA에서 무슨 일이 있었나?」, 김소영 편, 앞의 책, 129면) 한편 백문임은 〈JSA〉가 "북한 군인들을 살아있는 '인간'으로 형상화함으로써 그러한 반공주의적 표상을 해체하는 데에 성공한 역작"임에도 불구하고, "이때 '인간'은 북한의 실체라기보다는 '남한의 군인'의 거울쌍에 불과"하며 "재코드화된 남한 군인식의 인간'이라고 그 한계를 비판한다. 백문임, 앞의 글, 127~128면.
60 그는 북에서 소작민의 아들로 태어나 사랑을 위해 인민군이 되었다가 약혼녀(엄앵란 분)를 찾아 귀순한다.
61 그는 인민군 영웅으로 반공 유격대장인 형 영호(신영균 분)와 대립한다. 결국 그는 당에 충성하기 위해 아버지(최남현 분)를 죽이고 형이 몸담고 있는 구월산 유격대를 돕는 것으로 속죄하다 어머니(황정순 분) 앞에서 죽어간다.

이다. 이러한 캐릭터들은 주로 '북'의 지도층에 해당하는 지식인이나 인민군 장교로 재현되며 '절대 악'으로 표상되었다. 〈자유전선〉(김홍, 1955)에서 월북했다가 공산주의자가 되어 내려와 가족을 저버리고 친구를 처형하는 창환(조항 분), 〈증언〉(임권택, 1973)에서 포로들을 놓아주고 뒤에서 발포 명령을 내리는 간악한 인민군장교는 모두 공산주의 이념에 동화된 인물들이다. 여기에서 공산주의 이념은 가족애와 민족주의의 대립항이 되고, 공산주의와 민족주의를 구분 짓는 결정적 자질은 '전통적 윤리'가 된다. 공산주의자는 부모를 알아보지 못하고 어른을 존경하지 않으며 배신을 밥 먹듯이 하는, 요컨대 삼강오륜을 지키지 않는 패륜아들이다.

　탈냉전시대 영화에도 이러한 인물들은 있다. 〈태극기 휘날리며〉에서 살인에 광분하는 인민군 대좌(최민식 분)[62]나 〈적과의 동침〉에서 마을 주민들을 몰살시키라고 명령하는 무자비한 연대장(전노민 분), 〈포화 속으로〉에서 학도병을 고문하는 보위부장(라경덕 분) 등은 그러한 경우에 해당한다. 그런데 그들은 대개 단역에 불과하며 개인적인 감정과 이념적 당위 사이에서 머뭇거리는 주인공을 압박하는 역할을 한다. 그렇다면 〈포화 속으로〉의 박무랑(차승원 분)과 〈고지전〉의 현정윤(류승룡 분)과 같이 영화에서 안타고니스트에 해당하는 인물들은 어떠한가? 그들도 북에 충성하는 철두철미한 인간이라는 점에서는 '공감할 수 없는 적'의 연장선상에 있다. 그러나 그들에게서도 이전과는 다른 넘나듦이 발견된다. 앞서 언급한 세 영화 — 〈JSA〉, 〈태극기 휘날리며〉, 〈웰컴 투

---

[62]　〈쉬리〉에서 박무영(최민식 분)도 이러한 캐릭터에 속한다. 최민식이 같은 감독(강제규) 영화에서 동궤의 인물을 맡은 셈이다.

동막골〉— 의 인물들이 프로타고니스트의 위상을 가지고 있었던 데 반해 박무랑과 현정윤은 안타고니스트의 역할을 하고 있기 때문에 새로운 적의 표상으로 주목할 필요가 있다.

우선 그들은 냉전시대의 매력 없는 패륜아들과는 달리 카리스마 넘치는 전사로 그려진다. 심지어 〈포화 속으로〉는 박무랑의 인민군복 패션 때문에 "차승원이 입은 인민복과 카리스마가 너무 압도적인 것이 아니냐?"는 국방부의 항의를 받기도 했다.[63] 냉전시대 인민군 재현의 불문율을 상기하면 이 부분이야말로 2000년대의 변화를 잘 보여주는 지점이라고 할 수 있다. 〈7인의 여포로〉에서는 인민군복이 국군 군복보다 더 깔끔하고 멋있다는 이유로 검열에서 문제가 되었고, 1970∼1980년대 반공영화에서는 국군이 인민군에 비해 허름한 복장 상태를 보여서는 안 되었기 때문이다.[64]

그들의 카리스마는 외양에만 있지 않다. 그들은 북의 이념을 투철하게 신봉하는 전쟁영웅들이다. 〈고지전〉에서 한국전쟁 초기에 포로가 된 남한 학도병들에게 현정윤이 하는 훈계 — "너들이 와 전쟁에서 지는 줄 아네? (…중략…) 기건 와 싸우는지를 모르기 때문이야" — 는 그의 자존감에서 비롯된 것이었다. 그는 자신이 있었기에 "이 전쟁 일주일이면 끝난다"고 장담하며 포로들을 놓아줄 수 있었다. 그러나 마지막에 자신이 놓아주었던 학도병 중 하나인 강은표(신하균 분)와 재회한 현 소좌는 전쟁 초기의 현정윤이 아니다. 얼굴에 새겨진 깊은 흉터는

---

63 「〈포화 속으로〉 차승원, 때 아닌 국방부 항의 받은 까닭은?」, 『스포츠조선』, 2012. 11. 12.
64 1970년대에는 전쟁영화가 아닌 다른 극영화에서도 국군이 흐트러진 군복 차림을 보이는 컷은 허용되지 않았다.

그가 지쳤음을 상징적으로 드러낸다. 그는 싸우는 이유를 묻는 은표에게 "내레 확실히 알고 있었어 ……. 긴데 너무 오래돼서 잊어버렸어"라고 토로하며 죽어간다. 너무 오래 끈 전쟁 때문에 그가 신념을 잊은 것인지 아예 잃은 것인지는 분명하지 않다. 그러나 그는 끝까지 싸우다 북의 전사로서 파국을 맞이한다. 그의 파국은 '용서받을 수 없는 적'의 필연적 종말이지만, 그의 카리스마는 그를 비극적 인물로 각인시킨다. 인물이 매혹적일수록, 그가 금기를 범하며 비참과 광기에 차서 파국으로 치달을 때 그 비극성은 극대화되기 때문이다.

〈포화 속으로〉의 박무랑도 전사라는 면에서는 현정윤과 유사한 인물이다. 그는 국군이 두려워하는 '766돌격부대'의 대대장이다. 그는 한국전쟁의 선봉대로 순식간에 낙동강까지 치고 내려가지만 포항이 전략적 요충지라고 판단하여 낙동강 전선으로 가지 않고 포항으로 향한다. 그는 자신감에 찬 전쟁영웅이기에 자신의 판단과 신념에 의심 없이 행동한다. 그곳에서 그는 총을 처음 잡아보는 71명의 학도병들과 부딪치게 된다. 그는 처음에 큰형처럼 혹은 아버지처럼 학도병들을 대한다. 포로로 잡혀 고문당하는 학도병을 풀어주고, 단신으로 학도병 진지에 들어가 학도병들에게 이승만 정부의 총알받이가 되지 말고 시간을 줄 테니 도망치라고 권고한다.

그가 이와 같이 행동할 수 있는 이유는 가족사진을 보는 짧은 숏을 통해 제시된다. 가족사진 속에는 어린 남학생이 박무랑 옆에 서 있다. 그런데 그다음 숏에서 박무랑은 "남조선 인민을 해방하라"라는 문구와 김일성 사진을 바라본다. 이는 그가 가족애를 아는 인물임을 보여주며 이념과 가족애 사이에서 서있음을 드러낸다. 그가 학도병들에게 도망

칠 시간을 주는 것은 자신의 가족과 학도병들을 유비적으로 인지한 데
서 온 머뭇거림의 결과이다. 보위부장교가 그의 머뭇거림을 비판하자
"군인이라면 벌써 죽였소"라고 대답하는 것은 그것을 입증한다. 그러
나 학도병들이 끝까지 저항하자 그는 "동무는 남조선에서 태어났고 난
북조선에서 태어난 것을⋯⋯ 고생 수태 했소"라는 말과 함께 학도병
을 쏜다. 그러고 나서 그는 강석대 대위(김승우 분)의 손에 최후를 맞이
한다. 여기에서 아군과 적군의 구분이 이념뿐 아니라 혈연적 친소관계
의 의미로까지 확장되고 있음이 드러난다. 인민군 박무랑이 의사擬似
형 내지 아버지라면 국군 강석대는 실질적 부형父兄에 해당한다. 그래
서 학도병의 보복에 해당하는 박무랑에 대한 응징은 강석대에 의해 이
루어지는 것이다.

그런데 박무랑의 머뭇거림은 현 소좌의 관용과 더불어 냉전시대의
'공감할 수 없는 적'에게서는 볼 수 없었던 것이다. 그들은 끝까지 북의
전사로 죽어가지만, 그러한 태도를 보임으로써 관객과의 거리가 가까
워진다. 이로 인해 그들은 '공감할 수 없는 적'의 유형에 속하지만 '공감
할 수 있는 적'의 속성을 드러낸다. 그러면 이념을 지키는 인물에 대한
영화적 수용의 폭이 그만큼 넓어졌다고 볼 수 있는 것일까? 이에 대해
서는 그렇다고만은 할 수 없다. 그들이 카리스마와 인간애를 가지고
있음으로 해서 적대자임에도 불구하고 매혹과 공감을 유발하기는 하
나, 그들은 철저하게 고립되어 죽어간다. 아무리 인간적이라 하더라도
이념을 포기하지 않는 혁명전사는 살아남을 수 없다.[65]

---

65 〈쉬리〉의 테러리스트 '박무영(최민식 분)'과 〈의형제〉의 킬러 '그림자(전국환 분)'는 현
　재 북의 지배층에 대해 불만을 품고 애초의 이념을 고수하는 인물들이다. 박무영이 굶주

3) 자기반영적 답보와 즉자적 개인

한국전쟁 영화의 관습은 2000년대 들어서 흥행작이 나올 때마다 깨져나갔다. 우선 〈JSA〉에서는 남북한 병사가 서로 대치하는 상황에서 우정을 나누는 아이러니한 상황을 설정하여 이분법적인 대립에 균열을 만든 바 있다. 적이 친구가 되고, 나아가 형제와 같은 사이가 될 수 있는 상황은 국가 차원의 대립에 대한 재고를 촉구했고, 그러면서도 문득 문득 수면 위로 떠오르는 무의식적인 적대감과 그로 인한 비극은 분단이 얼마나 뿌리 깊게 개인을 지배해왔는지를 아프게 드러내었다.

이에 비해 〈태극기 휘날리며〉는 냉전시대 전쟁영화 관습을 수용하고 있는 영화였다. 인민군이 인격이 삭제된 무리로 그려지고 국군 병영 내부가 이야기의 중심을 이루는 것은 1960년대 전쟁영화의 관습이다. 또한 형제애나 사랑을 이념의 우위에 두고 강조하는 것은 냉전시대 반공영화의 관습이기도 하다. 〈남과 북〉(김기덕, 1965)의 장일구 소좌(신영균 분)가 인민군임에도 불구하고 긍정적으로 그려질 수 있었던 것은 사랑을 위해 인민군이 되었고 다시 사랑을 찾아 미친 듯이 귀순하는, 모든 것에 사랑이 우선하는 인물이었기 때문이다. 〈태극기 휘날리며〉에서는 그 개인감정을 극대화하여 전선戰線을 무의미하게 만드는 파토스로 작동시키고, 그러한 파토스를 스펙터클이 걸맞게 지지해주었다는 데 새로움이 있었다. 이로 인해, 〈쉬리〉에서 분단이 멜로드

림과 매춘에 시달리는 인민의 아들딸들을 걱정하며 죽어가는 모습이나 그림자가 전향한 김정일의 조카와 대학교수를 암살하는 장면은 고립된 전사의 극단적인 표상을 보여주며, 그들을 고립시키는 핵심 인자가 현실과 타협하지 않는 '이념'임을 말해준다.

라마의 강력한 혼사장애로 작동했던 것처럼, 〈태극기 휘날리며〉에서도 한국전쟁은 개인의 자유를 침해하는 박진감 넘치는 장치가 되고 개인의 운명을 보다 극적으로 만드는 핍진성 있는 배경이 된다.

〈웰컴 투 동막골〉은 애니메이션과 같은 판타지 형식을 바탕으로 총구의 방향을 반대로 돌림으로써 이전 한국전쟁 영화에 나타난 '적'으로서의 '북'의 표상을 깨뜨린 영화였다. 이 영화는 이념을 포기하지 않은 인민군이 주인공으로 설정되었다는 점에서 주목할 만한 영화이기도 하다. 인민군 장교 리수화(정재영 분)는 큰형 같은 포용력과 결단력으로 인민군 소년병 택기(류덕환 분)뿐 아니라 트라우마를 지닌 국군 탈영병 표현철(신하균 분)까지 감싸 안으며 동막골의 공동체적인 삶에 동화되어간다. 주목할 점은 이러한 식으로 형제애를 증명하는 리수화가 끝까지 그의 이념을 포기하는 표지가 없다는 점이다. 이념을 지키면서도 전통적 미덕을 지닌 인민군 주인공으로 등장함으로써 영화에는 새로운 적이 필요하게 된다. 이 영화에서 그것은 미군으로 설정된다. 리수화와 표현철로 구성된 남북한 연합군이 미군 폭격기를 향해 총을 쏘는 마지막 장면은 한국전쟁 영화사로 볼 때 파격적인 장면이었다. 한국전쟁 영화로서는 처음 시도되었던 판타지 형식이 영화에 참신함을 부여하고 그러한 파격을 완화하는 가운데 이 영화는 당시 '미순·효순 양 사건'으로 고조되던 '반미 정서'와 맞물리며 관객의 공감을 일구어냈다. 이 영화의 흥행과 마지막 장면에 대한 관객의 지지는 당시의 분위기를 말해준다.

이 영화 이후의 전쟁영화들에서 눈에 띄는 혁신은 이루어지지 않았다. 〈적과의 동침〉은 표피적인 설정이나 장르 면에서는 〈웰컴 투 동막골〉을 따르고 있으나 〈남과 북〉과 같은 분단 멜로드라마의 서사를 반복함으로써 실패했다. 〈고지전〉은 휴전협정 조인 시각과 실제 종전 시각이 달랐다는 사실에 발상을 두고 기본적으로 〈JSA〉의 구조 위에 〈라이언 일병 구하기〉, 〈풀 메탈 자켓〉 등과 같은 전쟁 걸작의 명장면을 차용한 자기반영적인 영화였다. 그리고 〈포화 속으로〉는 냉전시대 반공영화의 서사 관습을 다시 불러들인 영화였다. 요컨대 전반적으로 한국전쟁 영화는 답보상태 혹은 퇴행기에 있다고 말할 수 있다. 왜 그런 것일까?

우선 분단 문제가 대중의 관심을 받지 못하는 상태에서 한국전쟁 영화는 장르영화로 소비되는 경향이 강화될 수밖에 없다. 앞서 살펴보았던 〈포화 속으로〉의 박무랑이나 〈고지전〉의 차태경(김옥빈 분)과 현 소좌(류승룡 분)의 캐릭터는 한국전쟁 영화의 인민군 표상으로서 의미를 가지지만, 오히려 그것이 지니는 역사적·정치적 함의보다는 '매혹적인 안타고니스트'로서의 기능적 측면이 강화되는 것이다.

〈고지전〉에서 차태경은 현 소좌가 아끼는 부하이자 현 소좌의 명령에 절대적으로 따르는 충직한 인민군 전사로 묘사되지만, 그녀가 어떤 인간인지는 전혀 드러나지 않는다. '인민군 전사'가 아닌 그녀의 이미지는 오히려 강은표의 시선으로 구축되며 그에게 정신적 외상을 입히는 결정적 계기로 기능한다. 강은표는 인민군과 공유하는 벙커에서 차태경의 사진을 보고 인민군의 여동생이라 여기며 순수하고 아름다운 처녀로 가슴에 품는다. 그의 이러한 오해 내지 감상은 그녀가 '2초'라 불리는 무서운 저격수라는 사실을 안 순간에 그녀를 죽이지 못하는 결과를 낳는다. 그리고 이로 인해 은표의 친구 김수혁(고수 분)이 태경의 총에 희생당하고 마는 것이다. 최소한의 인간적 유대도 총구 앞에서는 용납되지 않는 상황, 그러한 상황에 대한 은표의 뼈저린 자각과 열패감은 그가 태경의 눈을 피하면서 그녀를 칼로 찔러 죽이는 것으로 표현된다.

이와 같이 인물의 내면이 드러나지 않는 상태로 매혹적이지만 위험한 타자로 재현되는 차태경은 필름느와르의 '팜므파탈'과 상통한다. 이는 박무랑이나 현 소좌도 마찬가지이다. 박무랑은 할리우드 블록버스터에서 쉽게 만날 수 있는, 동조할 수는 없지만 매력적인 악당의 맥락에 놓일 수 있는 인물이다. 현 소좌는 박무랑이나 차태경에 비해 고뇌가 있어 보이지만 끝까지 타협하거나 포기하지 않은 채 싸우다 흉터만 남은 전사의 모습으로 죽어가는 점이, 욕망을 쫓다 허무하게 최후를 맞이하는 갱스터 '스카페이스'를 닮아있다.[66] 한국전쟁 영화들이 진지하거나 정치적인 영화로 받아들여지지 않으면서 이러한 장르적 속성에 의지한 생산과 소비는 강화되고 있는 추세이다.

그러나 영화의 자기반영적 구성과 자본과 기술이 투여된 스펙터클만으로는 새로운 영화가 나올 수 없다. 기술과 스펙터클도 새로운 문제의식과 내용을 통해 창조되고 혁신될 수 있는 것이다. 그리고 혁신을 위해서는 현재의 한계를 짚어보는 일이 선행되어야 할 것이다. 1990년대부터 지금까지 나온 이른바 탈냉전시대의 한국전쟁 영화들이 냉전시대의 이분법적인 경계에 균열을 내고 그것을 넘나들기도 하면서 표현의 영역을 확장하고 수위를 높여왔던 것은 사실이다. 그런데 그것은 동포애나 피해의식과 같은 감정적 차원에 호소하는 것이었다.

---

66 '흉터'의 의미에 대해서는 졸고, 「한국형 전쟁영화―흉터로 남은 사내들」, 『영화평론』 24호, 한국영화평론가협회, 2011, 50~68면 참조.

이러한 경향은 2000년대 이후에는 개인의 감정을 최우선시하는 양상으로 나타난다. 〈태극기 휘날리며〉가 대표적인 예에 해당한다. 이 영화에서 진태를 움직이는 원리는 동생 진석(원빈 분)을 살려야 한다는 일념이다. 그에게 진석과 가족이외에는 아무것도 고려 대상이 되지 않는다. 이념이나 애국심은 물론이고 의리도 중요하지 않다. 동생이 죽었다는 이유로 그는 방금 전까지 함께 싸우던 전우들에게 총을 들이댈 수 있는 것이다.

〈태극기 휘날리며〉류의 즉자적인 태도는 최근에 나온 영화들에서도 잘 드러난다. 예컨대, 〈적과의 동침〉이나 〈포화 속으로〉에서는 인물이 행동하고 변하는 이유가 모두 사적인 감정에 기인한다. 〈적과의 동침〉에서 정웅은 설희(정려원 분)를 지켜주기 위해 당의 명령을 따르지 않는다. 이 영화에서는 정웅 이외의 인민군을 무자비한 집단으로 재현하여 그의 행동에 정당성을 부여하면서, 그가 공산주의자가 되고 인민군 장교가 되어 내려온 것은 오직 설희를 위한 것으로 맥락화된다.

〈포화 속으로〉는 냉전시대의 애국주의를 보여주기 때문에 〈태극기 휘날리며〉나 〈적과의 동침〉과는 다른 것처럼 보일 수 있다. 〈태극기 휘날리며〉에서는 주인공이 동생을 위해 남북을 넘나드는데, 이 영화에서는 형이 오히려 부상당한 동생을 쏘아 죽이는 것도 그러한 판단에 힘을 실어준다. 그러나 이 영화에서 학도병들을 싸우다 죽게 만드는 것은 개인적인 영역의 죄의식이나 충동이다. 오장범(최승현 분)은 눈앞에서 강석대의 부하가 죽어가는 것을 구하지 못했기 때문에 강석대 대위의 명령을 거역하지 못한다. 불량소년 갑주(권상우 분)는 부모가 좌익에게 죽은 데다 오장범 같은 모범생에게 지기 싫기 때문에 무모해진다. 갑주의 부하들은 갑주와 행동을 같이 하게 되고 중학생 소년은 형을 따라 학도병이 된다. 나머지 학생들은 강석대의 한 마디에 학도병이 된다. 이러한 양상은 박무랑에게서도 나타난다. 그가 단신으로 학도병 진지에 들어가는 것은 만용이다. 학도병들에게 기회를 주는 것은 가족애적인 감상에서 비롯된다. 그러나, 아니 그렇기 때문에 학도병이 끝까지 저항하자 그는 돌변한다. 주요 인물들이 충동적 감정으로 즉자적으로 행동하면서 서사는 매우 편의적이 되는 것이다.

이와 같이 즉자적 개인에 의해 서사가 추동되는 경향이 강화되면서 전체적인 서사 논리보다는 국면이 유발하는 감정의 핍진성이 중요해진다. 이에 따라 주제나 인식 차원의 문제는 주변화 내지 후경화되며 대자적인 차원의 돌파와 개척이 힘들어지게 된다.

4. '우리' 속 '이념'이라는 타자

지금까지 탈냉전시대에 제작되고 개봉된 한국전쟁 영화를 대상으로 그 영화들에 나타난 '북北'의 표상이 냉전시대와 달라지는 양상과 시기에 따라 변화하는 추이를 고찰하였다.

탈냉전시대가 시작되는 1990년부터 2012년에 이르기까지 '북'에 관련된 표상이 드러나는 영화는 1990년대 말을 변곡점으로 하여 크게 둘로 나뉜다. 1990년대에는 그동안 다루어지지 못했던 빨치산이나 좌익운동을 소재로 취하여 인민군 혹은 공산주의 그룹의 내부로 들어감으로써 그들도 우리와 같은 피해자임을 보여주는 영화들이 나온다. 2000

년대에 들어서면 한국전쟁을 비롯해 간첩, 탈북, 이산가족 상봉 등 '북'에 관련된 제재가 다양해지며 관습적인 이분법을 넘어서는 혁신도 이루어진다. 그런데 2000년대 중반을 넘어서며 눈에 띄는 관습의 혁신이 이루어지지 않고 있다. 전반적으로 한국전쟁 영화는 기술과 스펙터클 면에서 발전했음에도 불구하고 내용 면에서는 답보상태 혹은 퇴행을 보인다고 말할 수 있다. 어떤 문제가 있는 것일까?

1990년대부터 2000년대 중반까지 나온 이른바 탈냉전시대의 한국전쟁 영화들은 냉전시대의 이분법적인 경계에 균열을 내고 그것을 넘나들기도 하면서 표현의 영역을 확장하고 수위를 높여왔다. 이로 인해 '짐승'이었던 '북'의 얼굴은 비로소 '사람'이 될 수 있었다. 그러나 그들이 그 이상으로 나아가지 못한 채 고립되거나 죽어간다면 '북'을 '사람'으로 만든 원리부터 검토할 필요가 있을 것이다.

'북'을 기존의 이분법적인 '적대자'에서 벗어나 '우리'와의 경계를 모호하게 만든 힘은 동포애나 동병상련과 같은 감정이었다. 그런데 그것은 '우리'를 전제로 한 것이기에 본질적으로 양면성을 지닐 수밖에 없다. '우리' 안에 포섭될 때에는 온정이 흘러넘치지만 그 '우리'를 벗어날 때에는 다시 적이 되는 것이다. 따라서 적이 될 수 있는 엄연한 현실을 배제한 '우리'의 공간은 언제나 환상적인 속성을 지니게 된다. 권은선은 〈JSA〉를 통해 '문지방적 공간'의 가능성을 논하며 이를 적실하게 지적하고 있다.

반드시 통일을 이루어야 할 '단일민족'이라는 오래된 민족적 판타지를 위해서 가동되는 이러한 동화적 공간은 역으로 경계의 구속력과 권위를 질문하고 교란시키는 문지방적 공간의 역동적 협상의 힘을 무기력하게 만들며 그것을 일순 허구로 전락시킨다.[67]

권은선의 지적은 〈JSA〉를 비롯해 〈웰컴 투 동막골〉, 최근의 〈고지전〉에 이르기까지 이분법적 경계를 벗어나 남북이 공존하는 '문지방적 공간'이 모두 동화적 세계나 노스탤지어의 형상을 띠는 이유를 잘 설명해준다.

게다가 감정 자체는 경계가 없으며 논리에 종속되지 않는다. 개인의 감정은 적을 인간적으로 보이게 할 수 있고 이념과 경계를 무화시킬 수 있으며, 모든 가치에 우선할 수도 있다. 그렇기 때문에 감정은 반목, 분열, 기존질서를 해체하는 한편, 경계 공간을 지탱하고 작동시키는 힘이 될 수 있다. 그러나 기억해야 할 것은 그 반대의 경우도 가능하다는 것이다. 대표적인 예로 반공주의 또한 감정 차원에서 작동한다. 반공의 원칙은 무조건 공산주의에 반대한다는 것이기 때문에 논리가 성립되지 않는 것이다. 그래서 공산주의에 반대하는 '우리'를 전제로 하는 감정으로 추동된다.

한국전쟁기 반공소설인 박영준의 「암야」는 그 극단적인 예를 보여준다. 이 소설에서는 국군 대위인 주인공이 개인의 정보다는 충성심이 우선해야 한다는 명분으로 인민군 동생을 사살한다. 그리고 이러한 비극은 "인간성을 무시하는 공산주의의 잔인한 선물"[68]이라며 모든 책임을 공산주의로 돌린다. 여기에서 개인감정보다 국가가 우선한다는 명

---

67 권은선, 앞의 글, 120면.
68 박영준, 「암야」, 『전선문학』 1, 1952.4, 27면.

분으로 동생을 죽이는 것은 인간의 관계를 대자적으로 인식하지 못한 채 공산주의에 대한 증오와 집착에 휘말린 것이다. 동생을 죽인 책임을 공산주의에 돌리는 것은 그러한 행동에 대한 합리화가 얼마나 궤변으로 흐르고 있는가를 보여준다.

그런데 이는 〈태극기 휘날리며〉에서 오직 동생밖에 안 보이는 진태의 행동이나 〈포화 속으로〉에서 '조국'이라는 이름 하나에 매달려 무조건 싸우다 죽는 학도병들을 떠오르게 한다. 〈태극기 휘날리며〉 이후에는 개인의 감정을 최우선시하는 경향이 극대화되어왔는데, 오히려 개인감정이 국가와 이념에 우선할 수 없다는 것을 보여주는 반공주의 소설을 통해 이 영화들을 연상하게 되는 것은 아이러니하다. 그러나 이는 감정이 지닌 양면성에서 비롯되는 현상이다. 개인감정의 파토스는 기성의 경직된 질서를 깨뜨릴 때는 긍정적으로 작동할 때가 있다. 〈태극기 휘날리며〉가 보여주었던 경계를 무시로 넘나드는 파토스는 그런 것이었다. 그런데 모든 것이 개인감정 차원의 문제로 전유될 때 사회와 역사에 대한 대자적 인식은 실종되고 만다. 이는 감정이 그만큼 위험할 수도 있음을 시사한다. 2000년대 중반 이후부터 최근에 이르는 한국전쟁 영화에서 개인감정이 과잉되며 영화는 자기반영적 답보 내지 퇴행을 보이고 있는 것은 그 위험성을 현상하는 것이다.

요컨대, 우정, 형제애, 민족애와 같은 '우리를 전제로 한 감정'에 의존하여 문제들을 봉합하여 온 것은 남북문제를 다루는 영화들의 뿌리 깊은 관습이다. 냉전시대에 '공감할 수 있는 적'은 이러한 관습을 보여주고 있었고, 탈냉전시대에 이르러 '우리'가 재배치되며 그 이전에 포용할 수 없었던 적에게까지 '공감'이 적용되어 '북'의 표상이 다양화되어

온 것이다. 그런데 감정이 행동을 지배할 때 냉철한 판단과 합리적 소통은 설 자리를 잃는다. 게다가 그 감정이 '우리'를 전제로 움직일 때 '우리 아닌 것'으로 배제되는 '낯섦'이나 '다름'이 언제나 남게 된다. 한국전쟁 영화에서 계속 결락되고 배제되고 있는 것, '우리' 안에 엄연히 있음에도 불구하고 인정될 수 없는 것은 '이념'이다. 그래서 기존의 구분을 해체하는 경계 공간이 생성되어도 그 곳에서 이념 문제는 여전히 타자로 남아있다. 한국전쟁 영화에서 끝까지 이념을 고수하는 인물들이 매혹적인 악당으로 공감을 불러일으킴에도 불구하고 결국 고립된 전사로 죽어갈 수밖에 없는 것은 그러한 한계를 보여주고 있는 것이다.

이러한 한계가 극복되지 못하고 있는 것에는 여러 이유가 있을 것이다.

첫째, 현실적으로 굳건히 실재하고 있는 분단 현실은 모든 이유에 우선하는 근본적인 한계이다. 그 실제가 어떠하든 남과 북이 자본주의와 공산주의를 표방하며 반목하고 있는 한 '이념' 문제는 한국영화에서 본격적으로 다루어지기 힘들 수 있다. 게다가 '북'의 표상을 다루는 것은 정치적으로 민감한 주제이기 때문에 현실에서의 경색된 남북관계는 영화에 영향을 미칠 수밖에 없다. 최근 정치적 국면과 한국전쟁 영화의 현상은 그 상관관계를 시사한다.

그러나 정치적인 상황에만 이유를 돌리기에는 영화 생산에 관여하는 동력들이 다양하다. 그중에서 핵심을 이루는 것은 자본과 관객일 것이다. 기본적으로 대부분의 한국전쟁 영화는 자본이 많이 필요한 만큼 대중의 기대지평에 민감할 수밖에 없다. 따라서 한국전쟁 영화는 그것이 흥행하든 못하든 간에 대중에 대한 영화의 기대와 영화에 대한 대중의 기대를 반영하는 텍스트가 된다. 이러한 맥락에서 〈태극기 휘날리며> 이후 한국전쟁 영화에 나타나는 즉자성은 관객에게 소구되는 즉자성과 연관을 지니고, 나아가 현재 우리 사회의 즉자성과 연루되어 있음을 부정할 수 없다.

물론 이러한 즉자성은 최근의 문제만은 아니다. 그것은 감성적 공감을 유난히 선호하는 관객의 취향, 그에 따라 합리적 개연성보다 심리적 리얼리티를 우선시하게 된 한국영화의 경향에 뿌리를 두고 있다. 그러나 최근의 동향에는 분명히 우려할 만하게 과잉되는 점이 있다. 이것이 현하 한국 사회의 천박한 개인주의와 그에 수반되는 보수화를 반영하고 있는 것인지, 전근대적 가치관과 근대의 트라우마가 착종되어 있는 한국 사회가 후기 자본주의의 질곡을 목도하며 새로운 패러다임으로 전환되는 데 겪을 수밖에 없는 과도적인 현상인지는 좀더 두고 볼 일이다.

그렇다면 이 시점에서 한국영화에 부여된 소임은 무엇일까? 자본의 투자 대비 회수를 의식하는 한, 대작영화는 다양한 가능성을 모색하기 힘들다. 이러한 상황에서 최근 '탈북'을 다루고 있는 다큐멘터리나 저예산 영화들이 보여준 성취는 반가운 일이 아닐 수 없다. 그러나 그렇다고 해서 지금과 같은 승자독식의 영화 유통 구조 속에서 저예산 영화만 바라보는 것은 무책임하고 안이한 일이다. 반복하기에도 민망하고 진부하게 들릴 이야기지만 영화산업의 상생구조에 대한 합의와 실천, 그리고 관객과 소통하면서도 혁신을 포기하지 않는 재능의 발굴과 노력이 절실하다. 이때 한국전쟁 영화에서 언제나 결락되고 배제되어 온 '이념' 문제에 대한 치열한 천착은 새로운 제재가 될 수 있고, 과제가 되어야 한다고 믿는다.

참고문헌

강성률, 「영화로 보는 우리 역사 5 / 〈웰컴 투 동막골〉과 한국전쟁—민족의 이상향과 과도한 민족주의의 함정」, 『내일을 여는 역사』 22호, 내일을여는역사, 2005.

_____, 「〈피아골〉과 〈남부군〉—빨치산에 대한 극단적인 두 시선」, 『내일을 여는 역사』 26호, 내일을여는역사, 2006.

_____, 「영화가 탈북자를 다루는 시선들」, 『현대영화연구』 12호, 한양대 현대영화연구소, 2011.

김경욱, 「〈의형제〉의 환상, 〈경계도시 2〉의 실재, 어느 쪽이 우리를 즐겁게 하는가?」, 『영상예술연구』 17호, 영상예술학회, 2010.

권은선, 「그날 밤 JSA에선 무슨 일이 있었나?」, 김소영 편, 『아틀란티스 혹은 아메리카』, 현실문화연구, 2001.

김보경, 「한국분단영화에 나타난 분단의 의미 변화 연구—1990년대 후반 이후를 중심으로」, 한양대 석사논문, 2007.

김봉석, 「김봉석의 영화읽기—〈이중간첩〉」, 『민족21』 24호, 민족21, 2003.

김새로미, 「남북 화해협력시대 분단영화에 관한 연구—〈쉬리〉, 〈웰컴 투 동막골〉, 〈태풍〉을 중심으로」, 고려대 석사논문, 2007.

김수현, 「한국분단영화의 이데올로기의 변천—〈쉬리〉 이후 한국분단영화를 중심으로」, 서강대 석사논문, 2005.

김선아, 「한국영화의 시간, 공간, 육체의 문화정치학—코리안 뉴웨이브와 한국형 블록버스터를 중심으로」, 『한국영화학회 학술발표대회 논문집』, 한국영화학회, 2005.

_____, 「탈/국가의 영화적 공간—〈민족과 운명〉, 〈무산일기〉, 〈두만강〉을 중심으로」, 『현대영화연구』 14호, 한양대 현대영화연구소, 2012.

김은주, 「〈쉬리〉 이후 등장한 분단영화의 장르 파생에 대한 산업적 요인 연구」, 동국대 석사논문, 2006.

김의수, 「한국 분단영화에 관한 연구—분단영화의 장르적 정의와 진화과정을 중심으로」, 서강대 석사논문, 1999.

김지영, 「한국영화에 나타난 정보기관, 요원의 이미지 변화에 대한 연구—시나리오를 중심으로」, 중앙대 석사논문, 2011.

문선영, 「한국전쟁과 애도의 수사학—〈작은 연못〉을 중심으로」, 『영화』 3권 2호, 부산대 영화연구소, 2010.

방유리나, 「영화 〈무산일기〉에 나타난 두 가지 시선과 그 서사적 의미」, 『통일인문학논총』 52호, 건국대 통일인문학연구단, 2011.

박유희, 「1950년대 남북한 소설 연구―응전의 논리와 전흔 치유 방식에 대한 문학사회학적 일고찰」, 『어문학』 제90집, 한국어문학회, 2005.

_____, 「1950년대 한국영화의 반공서사와 여성 표상」, 『여성문학연구』 21호, 한국여성문학학회, 2009.

_____, 「한국형 전쟁영화―흉터로 남은 사내들」, 『영화평론』 24호, 한국영화평론가협회, 2011.

변재란, 「남한영화에 나타난 북한에 대한 이해―〈쉬리〉, 〈간첩 리철진〉, 〈공동경비구역 JSA〉를 중심으로」, 『영화연구』 16호, 한국영화학회, 2001.

백문임, 「'탈이념'의 정치학―〈쉬리〉, 〈간첩 리철진〉, 〈공동경비구역 JSA〉」, 연세대미디어아트연구소 편, 『공동경비구역 JSA』, 삼인, 2002.

서유석, 「영화리뷰 / 〈적과의 동침〉―한국전쟁과 매기의 추억」, 『통일한국』 334호, 평화문제연구소, 2011.

_____, 「영화리뷰 / 〈고지전〉―한국전쟁의 중심 '애록고지' 그 곳에서는」, 『통일한국』 333호, 평화문제연구소, 2011.

서인숙, 「한국형 블록버스터의 혼성성과 비극성에 대한 탈식민적 고찰」, 『한국콘텐츠학회논문지』 8권 11호, 한국콘텐츠학회, 2008.

_____, 「한국형 블록버스터에서 분단의 재현방식―한恨과 신파의 귀환」, 『문학과영상』 12권 4호, 문학과영상학회, 2011.

손은경, 「남북관계의 변화에 따른 분단영화의 지배적 재현 패러다임에 관한 연구」, 서울대 석사논문, 2006.

송재복, 「2000년대 한국 분단영화에 나타난 접경接境 공간 재현 연구―〈공동경비구역 JSA〉와 〈만남의 광장〉을 중심으로」, 홍익대 석사논문, 2010.

오영숙, 「탈북의 영화적 표상과 공간 상상」, 『영화연구』 51호, 한국영화학회, 2012.

오윤호, 「한국영화와 내면화된 전쟁문화―〈실미도〉, 〈태극기 휘날리며〉를 중심으로」, 『역사와 문화』 9호, 문화사학회, 2004.

육상효, 「침묵과 부재―장률 영화 속의 디아스포라」, 『한국콘텐츠학회논문지』 9권 11호, 한국콘텐츠학회, 2009.

이선아, 「빨치산 영화, 지워진 역사의 불완전한 복원 시도」, 『내일을 여는 역사』, 내일을여는역사, 2009.

이소현, 「분단 서사와 민족주의-한국형 블록버스터의 여성 재현을 중심으로」, 『미디어, 젠더 & 문화』 21호, 한국여성커뮤니케이션학회, 2012.

이순진, 「1950년대 공산주의자의 재현과 냉전의식」, 『매혹과 혼돈의 시대』, 도서출판소도, 2003.

이영민, 「관객기록 기록 경신하는 반한·반미 영화들-6·25는 동족상잔-兩非論에서 공산 빨치산 찬양까지 …… 영화 〈남부군〉」, 『한국논단』, 한국논단, 2004.

정영권, 「한국 반공영화의 제도화 연구-1949~1968 전쟁영화와의 접합과정을 중심으로」, 동국대 박사논문, 2010.

정태수, 「모든 것에 우선한 자본의 패권적 가치와 남북분단에 대한 새로운 인식-1998년부터 2007년까지의 한국영화」, 『디지털영상학술지』, 한국디지털영상학회, 2009.

조준형, 「한국 반공영화의 진화와 그 조건」, 『근대의 풍경』, 도서출판소도, 2001.

최정윤, 「대학생 영화 관객의 북한 이미지 형성에 관한 연구-〈공동경비구역 JSA〉, 〈태극기 휘날리며〉를 중심으로」, 고려대 석사논문, 2004.

한국논단 특별취재반, 「빨치산 영웅화 고집하는 예술인들」, 『한국논단』, 한국논단, 1994.

김경욱, 『블록버스터의 환상, 한국영화의 나르시시즘』, 책세상, 2002.

김소영 외, 『아틀란티스 혹은 아메리카』, 현실문화연구, 2001.

김연철, 『냉전의 추억』, 후마니타스, 2009.

연세대 미디어아트연구소 편, 『공동경비구역 JSA』, 삼인, 2002.

한국전쟁연구회, 『탈냉전시대 한국전쟁의 재조명』, 백산서당, 2000.

http://www.kofic.or.kr

http://www.koreafilm.or.kr

http://movie.daum.net

http://www.maxmovie.com

http://movie.naver.com

민족어의 통합 통일과 『겨레말큰사전』의 편찬

홍종선

1. 들어가며

우리나라가 남과 북으로 나뉘어 거의 70년을 지내면서, 통일을 위해 양측은 꾸준히 노력해 왔지만 통일 문제를 실질보다 명분에 너무 집착하거나 정치적으로 이용하는 경우도 많았다. 명분 적은 실질이 그만큼 가치와 효과를 담보하기가 대체로 쉽지는 않겠지만, 하나의 민족이 통일된 나라를 이루려는 열망이 순수하고 절실하다면 대외적인 정당성에 큰 훼손을 주지 않는 범위에선 얼마든지 실질 위주의 사업을 시행해 나가도 좋을 것이다. 허구와 같은 명분에 힘을 더하기 위하여 조금이라도 관련이 있는 모든 것들을 실질 내용과 무관하게 전체 속에 함께 함몰시키는 무단적인 정책을 양측은 너무나 지속적으로 반복해 왔다.

그동안 뼈아픈 경험과 성찰을 통해 그나마 거둔 수확이 종착 지향적인 '통일'에만 매달리기보다는 '통합'의 가치를 인식한 것이라면, 오늘날 이를 좀더 성숙하게 발전시키면서, 통일 정책을 개인이나 집단의 이익 수단화하는 무리들과, 비문화적이고 비사회적인 인식을 보이는 정부 정책 등에 자각을 일깨워 나가야 할 시점에 놓여 있다고 하겠다. 더구나 정치적인 문제가 아닌 사회 문화적인 과제라면 양측 모두 특히 순수하고 진정성 있는 민족의 통일화 진행 과정으로 어려운 문제들을 풀어 나가야 할 것이다.

남과 북의 우리말(이후부터 '한국어'로 통칭함)은 서로 단절된 채 수십 년을 지내온 것만으로도 분단의 상처가 운명처럼 자국을 드러낼 수밖에 없는데, 이념과 체제의 이질화로 인해 서로 다른 방향의 고삐에 매여 끌려 다니는 신세를 면치 못하고 있다. 이렇듯 지내온 남과 북의 한국어를 양측이 다함께 싸안기 위한 노력이 그동안 전혀 없지는 않았으나, 대부분 열의에 비해 실제적인 성과를 제대로 내지 못하였다. 절대적인 역학의 자기장 속에서 미약한 인력引力의 물체들은 무력감을 느끼기에만 충분하였던 것이다.

최근 들어 한국어의 통일 미래를 지향하는 매우 획기적인 사건이 뒤늦게나마 나타났으니『겨레말큰사전』의 남북 공동 편찬 사업이다. 분단 60년 만에 남과 북의 진정한 통일 의지를 증명하듯 양측 정부 당국의 묵인 지원과 뜻있는 사회 인사들의 지지를 받으며 출범한 이 사업도, 그러나 역시 커다란 자기장의 영향 아래에서 무단적인 제약을 그대로 받으며 힘겹게 진행되고 있다. 일그러져 있는 우리의 자화상이다.

우리는 이 시대의 한국어를 책임지고 후세에게 물려주어야 한다. 이 과정에서 우리가 해낸 그 어떤 노력들이 보람 있고 자랑스러웠다고 스스로 자부할 수 있도록 고민하고 실천해야 한다. 그것이 한국어가 세계의 사회 문화에서 한 자리를 차지하여 충실한 기여를 할 수 있는 하나의 민족어로 계속 발전해 가는 길이라고 할 것이다. 오늘날 남북 분단의 현실에서 그리고 통일 조국을 눈앞에 둔 시점에서 『겨레말큰사전』의 편찬은 우리의 의지와 열성을 보이는 대표적인 실천이라고 생각된다. 이 글에서는 분단 이후의 한국어 실태와 한국어의 통합 통일을 위한 문제, 그리고 그 실천 가운데 하나로 『겨레말큰사전』의 남북 공동 편찬에 관하여 고찰하고, 민족어로서 한국어의 발전을 위한 과제와 전망을 논의하기로 한다.

2. 분단 한국어에서 통합 통일 한국어로

'분단 한국어'는 오늘날 우리말의 실태이고, '통합 통일 한국어'는 앞으로 지향하는 우리말의 미래이다. 분단 한국어는 과거에서 이어지는 현재이고, 통합 한국어는 현재에서 출발하는 미래이다. 이제 남북의 한국어를 통합하는 작업을 진정한 마음으로 시작해야 한다. 국토와 정치가 통일되면 언어는 자동적으로 통일되는 것으로 생각하는 사람들도 많다. 그러나 이렇게 준비 없이 물리적으로 통합될 때 겪게 되는 사회적 문화적 어려움과 손실은 엄청나고 장기적일 것이다. 따라서 정치적 통일을 가급적 원만하게 이루기 위해서는 늦었지만 지금부터라도 각 부문에서 통합 통일을 위한 준비를 해야 하며, 이들을 효율적으로 해 내기 위해 언어의 통합 작업은 그 무엇보다도 앞서는 항목이 될 것이다. 인간의 정신과 정서는 언어에 의해 절대적으로 형성된다는 점에서, 우리 민족이 통일 작업을 하기 위해서는 하나 된 우리말이 꼭 있어야 한다. 또한 통일된 우리말로써 우리 민족의 진정한 통일이 완수되는 것이다.

우리말은 19세기 말부터 시작된 현대 한국어에 들어와, 외래 문물의 홍수와 더불어 밀려오는 외국어를 정신없이 수용하다가 일제시기를 당해 국어로서의 지위가 없어지는 시련을 겪었고, 1945년 광복을 맞았지만 곧바로 남북 분단에 놓이었다. 격변과 시련의 우리 민족의 현대사를 고스란히 안으며 오늘에 이른 것이다. 우리의 말과 글은 15세기 훈민정음을 창제한 시기 외에는 본격적으로 연구되거나 따뜻한 보살핌을 받아본 적이 별로 없이 언중들에게만 내맡겨진 채 조선 시대 말에 이르렀다. 그나마 다행인 것은, 근대 개화기에 싹트기 시작한 우리말 연구가 계속 꽃을 피워, 일제 시기에는 최초로 훌륭한 우리말 규범인 '한글 마춤법'(1933년)을 만들어 시행하는 경험을 10여 년 하였다는 점이다. 이는 광복 이후 남과 북으로 나뉘어 수십 년을 지내왔지만 우리말을 통합 통일할 당위성과 기준을 마련하는 데에 더없이 소중한 근거가 되는 것이다.

현재 남과 북의 언중들이 만나 의사를 소통하는 데에는 크게 어려움이 없다. 물론 일부 어휘나 표현에 차이가 있고 말소리의 운율이 다름을 느끼지만, 일상적인 대화나 전문적인 내용을 갖는 토론 그 어느 경우에서도 큰 불편 없이 말을 주고받을 수 있다. 남쪽 안에서도 각 지역마다 사투리가 있듯이 남과 북 사이에는 원래부터 서로 다른 사투리를 가지고 있었다. 분단 이후에 상호 교류가 없이 세월이 지나면서 자연스레 조금 더 달라지기는 하였지만, 문제는 그 가운데에서도 특히 언어 정책 등으로 인해 인위적으로 변화된 말들이다. 그 가운데에는 언어 형태와 의미 그리고 발음에서도 이념이나 정치적적인 요소가 배어 들어 있기도 하다. 남과 북은 기본적으로 이념과 체제를 달리하는 사회이므로 그에 따라 언어관이나 언어 정책이 달라, 말을 새롭게 만들고 다듬을 때에 여러 면에서 차이를 가질 수밖에 없다.[1] 다행히 그러한 말들은 대개 기본적인 어휘들이 아니어서 상호 대화에 큰 지장을 줄 정도는 아닌 것이다.

그러나 언어는 지역과 시대를 달리하면서 지속적으로 변화한다. 이때 이웃하는 지역이나 시대에 단절이 심할수록 그 변화로 인한 차이는 커진다. 아직은 언어 소통에서 문제가 크지 않다고 하여도 시간이 지날수록, 서로 왕래가 적을수록 남과 북 사이의 언어에 괴리가 커지는 것은 당연하다. 따라서 빠른 시일 안에 정치 사회적으로 통일이 이루어져야 하겠지만, 그 이전이라도 서로 왕래를 빈번하고 폭넓게 하며 언어의 통합 통일에 노력해야 할 것이다. 현재 남과 북의 우리말에서 나타나는 커다란 차이는 대략 아래와 같다. (1)~(3)의 표현은 북쪽의 우리말이며, 참고로 남쪽의 우리말을 괄호 안에 넣기도 하였다.

---

1 남에선 '언어'가 표현과 이해의 수단이라고 생각하지만, 북에서는 '언어는 프롤레타리아 혁명을 완수하는 가장 힘 있는 도구'로 본다. 언어 정책도, 남에서는 학술 단체나 학자들의 견해에 따라 다양한 정책이 제시되며 정부의 정책 방향도 조금씩 바뀌지만, 북에선 김일성 교시와 그를 이은 김정일의 언어 이론에 따라 일관되게 추진된다. 특히 '주체 언어관'은 언어에 있어 '자주성'과 '창조성'을 살리자는 입장으로, 민족어 안에 들어와 있는 사대주의적 요소를 철저히 척결하여 언어의 자주성을 살리며 인민 대중의 창조적 지혜를 발휘하여 민족어를 혁명의 요구에 알맞게 발전시켜 나가자고 주장한다. 이는 북한의 언어 정책에 반영되어 남북의 언어 차이를 가속화하였다.

(1) 음운 :

ㄱ. ㅣ모음 동화 : 지팽이(지팡이), 기여가다(기어가다), 되여(되어)

ㄴ. 두음법칙 : 로동(노동), 녀자(여자), 례의(예의)

ㄷ. 억양 :

남 : 억양이 낮고 변화가 많지 않음

북 : 악센트나 억양의 변화가 심하고 리듬의 단위가 짧으며 한 문장 내
에 리듬 수가 많다. 구어의 어조는 웅변조, 선동조이며 고음 악센트가
많이 출현한다.

(2) 형태, 표기 :

ㄱ. 복수 '-들' : 위대한 성과들을 이룩했고

ㄴ. -을데 대하여, -을데 대신에, -탕을 치다 : 민족어를 발전시킬 데 대하
여, 집에 돌아갈 대신에, 돌탕을 치다, 날탕을 치다

ㄷ. 사이ㅅ 표기 : 기발(깃발), 사이길(사잇길), 새길(샛길), 시내물(시냇
물), 하루강아지(하룻강아지)

(3) 어휘 :

ㄱ. 새로운 말 : 밥공장, 인민배우, 속도전, 가정혁명화(가정을 혁명가 집단
으로 만듦)

ㄴ. 어휘 형태는 같으나 의미가 다른 것 : 동무, 인민, 아가씨, 어버이, 교시,
궁전

ㄷ. 상징어 : 왈랑절랑 방울소리, 아글타글 애를 쓴다, 속이 바질바질 탄다

ㄹ. 외래어 : 꼼무나(공동 집단), 그루빠(그룹), 제마(주제), 깜빠니아(집중

사업)

ㅁ. 말다듬기 어휘 : 거르개(여과기), 다락논(계단식논), 다리매(각선미),
　따라난병(합병증), 물렁감(연시), 얼럭밥(잡곡밥) 바삭과자(비스킷), 손
　기척(노크)

이 외에도 띄어쓰기와 문장부호 사용에서도 약간의 차이가 있다. 북
은 남에 비해 문장에서 띄어쓰기가 적은 편이다. (1)~(3)에서 보듯이
남과 북의 언어에 나타나는 차이에는 원래부터 있던 방언적인 것 외에
도 언어 정책으로 인한 것들도 상당수 있고, 그것은 대개 억양과 어휘
에서 많이 나타나 있다. 북에서는 특히 말을 할 때에 발화 목적에 따라
억양을 다양화함으로써 효과를 높이 달성할 수 있다고 보아 적극적으
로 의도된 억양을 사용토록 하고 있다. 또한 남이나 북 모두 사회 변화
에 따르는 새로운 말이 생겨나고 순화어 / 말다듬기 정책을 각자 펴고
있어 어휘에 차이가 많이 생겼다. 위에서 (1ㄱ, 1ㄴ)과 (2ㄱ, 2ㄴ) 그리
고 (3ㄷ)은 남과 북의 지역이 다른 데에서 비롯한 방언적 차이이지만,
(1ㄷ)과 (2ㄷ) 그리고 (3ㄱ, 3ㄹ, 3ㅁ)은 대부분 언어 규범이나 정책이
서로 다른 데에서 온 차이이다. (1ㄱ)과 (3ㄱ, 3ㄴ)에는 사회 체제나 이
념적 요소가 가미된 말들도 많다. 언어 규범과 정책에 의해 생긴 차이
는 남과 북에서 모두 기인하는데, 앞으로 이러한 거리가 가능한 한 더
벌어지지 않도록 양측이 다 관심을 갖고 소통해야 할 것이다.

광복 직후부터 오랜 기간 동안 남과 북의 언중들은 거의 서로 돈절
한 채 살고 있지만 양측의 국어학자와 문인 및 한국어 전산 연구자들
은 우리말의 이질화를 막기 위해 힘껏 연구를 하고 상호 만남을 적극

시도해 왔다. 비록 그러한 열의들이 대부분 현실적인 실현으로 이어지지는 못하였지만 매우 가치 있는 발자취를 간간이 보이기도 하였다.

1980년대 후반부터 본격화한 남쪽에서의 북한어 연구는 1990년대에 들어 더욱 활발하여 2000년대까지 폭넓고 깊이 있는 연구 성과를 보였다. 초반에는 주로 북한어와 남한어의 차이 그리고 북에서 이루어진 우리말 연구 내용들에 관하여 고찰이 이루어졌고, 후반에 들어서는 통일을 전후하는 우리말의 남북 비교와 통일 방안 등에도 많은 관심을 가졌다. 이와 같은 북한어 관련 연구는, 남쪽에서 이루어진 북한 지역에 대한 다른 어떤 분야의 연구보다도 탐구 내용이 풍부하다는 평가를 받을 만하다. 다만 북쪽에서 이루어진 남한 지역의 언어나 통일 민족어 등에 대한 연구는 현재 충분히 알려져 있지는 못하지만, 이 부문에 관해서 연구가 남쪽과 같이 많이 진척되고 있지는 못한 듯하다.

남북어에 대한 연구 외에도 우리말과 관련하여 남북 회의가 몇 차례 어렵게 이루어졌다. 홍윤표(2005)에서 소개한 회의들을 다음면의 〈표 1〉로 간략히 정리한다.

주로 1990년대에 남과 북 그리고 중국의 한국어 관련 학자들이 중국에서 만나 한국어 어문 규범의 통일 문제, 정보화 시대에 요구되는 한국어의 표준화 문제, 방언 조사, 어문 자료 교환 문제 등이 논의되었음을 알 수 있다. 이러한 교류를 통하여 우리말의 민족어 의식을 공감하고 민족어의 발전을 위한 진지한 의지를 서로 확인하며 신뢰를 가질 수 있었고, 양측의 현실 기반이나 견해에 차이가 적지 않음에 비해 상당한 합의 내용을 갖기도 하였다. 그러나 힘들게 도달한 합의 사항이 현실에서 실제로 실현되는 일은 그리 많지 못하였다.

〈표 1〉 언어 관련 남북 회의

회의명	기간 (횟수)	주관 기관 및 참석자	회의 내용	회의 장소
코리안 컴퓨터 처리 국제학술대회	1994 ~2001 (4회)	남 : 국어정보학회, 북 : 과학기술총연맹 중국 : 연변전자정보센터, 조선어정보학회	남과 북의 컴퓨터와 연관된 언어학적 문제들 해결(자모순, 글자판, 우리글의 명칭을 '정음자'로)	중국 연길시
남북 언어 동질성 회복을 위한 국제학술회의	2001 ~2004 (3회)	남 : 국립국어연구원 북 : 사회과학원 언어학연구소	남북 방언 조사 방안 코퍼스 구축의 표준화	중국 북경시
정보화 시대에 따르는 민족어의 통일적 발전과 언어정보 산업표준에 관한 학술모임	2002 (1회)	남 : 남북언어정보산업 표준위원회, 기술표준원 언어정보표준기술연구회 북 : 사회과학원 언어학연구소 중국 : 중국조선어학회, 중국조선어신식학회	국어정보처리에서 남과 북이 선결해야 할 표준화 문제 등	중국 북경시
코리안 어문규범과 관련한 국제학술회의	1995 ~1996 (2회)	남 : 국립국어 연구원장(안병희) 북 : 사회과학원 언어학연구소장(최정후)	우리말과 글에 대한 규범화 문제에 대해 원론적 합의	중국 연변

　　그나마 1990년대 후반 이후에는 언어 관련 남북 회의가 잘 이루어지지 못하였다. 우선 남과 북의 언어 관련 학자들이 함께 회의를 갖는 것 자체가 쉽지 않았고, 양측의 언어 생활 현실이나 언어 이론이 그 나름대로 확실한 체계를 가지고 있어서 양측이 만족할 만한 합의를 이끌어 내기가 어려웠으며, 기껏 합의를 하여도 양측의 현실에서 잘 지켜지지 않는 경우가 많아,[2] 이러한 남북 회의의 성과나 의의에 한계가 있었던

2　예를 들어, '코리안 어문규범과 관련한 국제학술회의'(1995~1996)에서 남과 북의 어문 관련 정부 책임자가 '남과 북이 어문규범을 고칠 때에는 지금보다 더 차이가 나지 않도록 하며, 또한 그 모임을 정례화한다'는 합의를 하였으나, 오래지 않아 남과 북 모두 어문 규범을 독자적으로 고쳤다.

것이다. 그러나 2004년부터 시작된 남북 공동 사전편찬 논의는 실질적인 진전을 보여『겨레말큰사전』이라는 사업을 진행토록 하였다.

3.『겨레말큰사전』의 남북 공동 편찬

『겨레말큰사전』의 편찬은 '겨레말큰사전남북공동편찬사업회법'에 의거하여 2005년부터 2013년까지 9년간 약 250억 원의 정부 예산을 들여 진행하는 한시적인 사업으로 시작되었다.[3] 그러나 지난 2010년 천안함 사건 이후 취해진 정부의 5·24 대북제재 조치로 남북공동회의가 중단돼 전체 편찬 일정에 차질이 생겨 사업회법의 유효 기한인 2014년 4월까지 사전을 편찬하기가 어려워졌다. 그러나 2019년 4월까지 5년 연장하는 개정 법률안이 2013년 6월 25일 국회 본회의를 통과함으로써(재석의원 235명 중 찬성 234명, 기권 1명)『겨레말큰사전』을 끝까지 편찬할 수 있는 계기가 마련되었다. 먼저 이 사업의 발단과 진행 과정을 간략히 소개하고, 이 사전의 편찬 방식과 내용 및 이 사전 편찬의 의의를 살피기로 한다.

---

3 편찬 사업의 시작은 2005년이지만 사업회법이 추후에 제정되어(2007년 4월 2일 국회 통과, 4월 27일 공포), 법 적용 기간은 2007년 4월 27일부터 2014년 4월 26일까지 7년간이다.

1)『겨레말큰사전』편찬 사업의 진행

2005년 2월 20일 금강산에서 남과 북의 사전 편찬 사업 관계자들이 모여 '『겨레말큰사전』남북공동편찬위원회 결성식'을 하고, 이어 남과 북에서 각각 10명의 편찬위원으로 구성된 제1차 남북공동편찬위원회를 개최하였다. 이 위원회는『우리말큰사전』을 남북 공동으로 편찬하기 위해 이루어진 양측의 비정부 기구이다. 미래지향적으로 우리 민족어를 담을 통일 한국어 대사전 편찬 사업이 민간 주도 형태로 시작된 것이다. 각 지방의 지역어, 20세기 이후의 문헌어, 해외의 우리말까지 망라해 30만 개의 올림말을 수록하는 이 통합 사전 편찬은 남북 분단으로 60여 년간 단절된 우리말의 통일을 준비하기 위한 민족적 역사적 사업이라 할 것이다.

『겨레말큰사전』편찬 사업의 단초는 10여 년 더 올라간다. 1989년 3월 25일 평양을 방문한 문익환 목사는 김일성 주석에게 '통일국어대사전'을 남북이 공동으로 편찬할 것을 제안하여 즉석에서 북측의 동의를 받았다고 한다. 이어 2003년 8월 문성근 사단법인 '통일맞이' 이사가 평양을 방문하여 북의 안경호(6·15 공동위원회 북측준비위원장)에게 사전 편찬 사업을 다시 제안하였고, 2004년 1월 18일 문익환 목사 10주기 추모 행사에 참가한 북 대표단을 통해 박용길(문익환 목사의 부인) 장로가 친서로 '통일국어대사전' 편찬을 요청하여 사업 승인을 받았다. 2004년 4월 5일 남의 '통일맞이'와 북의 '민족화해협의회'가 중국 연길에서 가진 '통일토론회'에서 사전 편찬 의향서를 체결하면서 사전의 명칭을 '겨레말큰사전'으로 결정하였다. 2004년 10월에 남측의 '통일맞이'는 통일부로부터 '남북사회문화협력사업(자)' 승인을 받아 2004년 12월 13일 금강산에서 편찬위원회 실무 접촉을 통해 합의서와 부속합의서를 체결하였다. 이러한 과정을 거쳐 2005년 출범한 『겨레말큰사전』 편찬 사업의 남측은 2006년 1월 '겨레말큰사전남북공동사업회'(이사장 고은태)를 설립하여, 곧바로 사업 주체를 (사)통일맞이에서 사업회로 업무 이관하였다. 2007년 4월에 '겨레말큰사전 남북공동편찬사업회법'이 국회에서 통과(장영달 의원 발의, 248인 중 찬성 231, 반대 9, 기권 8) 공포되면서 이 사업회는 정식으로 법적인 기구(특수 법인)가 되어, 오늘날까지 사전 편찬 작업을 진행하고 있다.[4]

'겨레말큰사전 남측편찬사업회'에는 현재 사업의 주요 의결 기구로 사전 및 남북 사업 관련 인사 10명으로 구성된 이사회가 있고, 이사장과 10명의 편찬위원(3명의 형태 표기위원[5] 포함)으로 이루어진 편찬위원회가 심의 의결기구로 있다. 회의 등을 통하여 수시로 사전 편찬과 관련하여 의견을 제시하는 자문위원회는 현재 학계와 언론계의 전문가 11명으로 구성되어 있으며, 사전 편찬 사업을 물심으로 돕는 후원회도 있다.

이 사업을 위해 상근하는 인원은 2013년 9월 현재 26명으로, 사전의 올림말 선정, 집필 등 실제 작업을 하는 편찬실과 이를 행정적으로 지원하는 사무처가 있는데, 편찬실은 '올림말부, 집필부, 새 어휘부'의 3

---

4 이 사업회는 정부의 재정 지원을 받는 법률 기관이지만 비정부 기구 형태를 갖는다. 만약 남과 북 모두 정부 기관이라면 어문 규범이나 기타 진행 과정에서 있게 될 문제들의 합의에 어려움이 더 많을 것이다. 북측의 사업 주체는 '민족화해협의회'이며, 주관은 사회과학원 언어학연구소(소장 문영호)이다.

5 남과 북의 어문 규범이 다른 사항에 대하여 사전 편찬을 위한 통일 논의를 하기 위하여 2005년 11월 '단일어문규범작성위원회'를 두었는데, 1911년부터 명칭을 '형태표기위원회'로 바꾸었다.

개 부로 나뉘어 20여 명의 연구원이 근무하고 있다. 특히 작업량의 대다수를 차지하는 집필부에는 뜻풀이의 1차 집필을 담당하는 비상근 편수원들과 집필 내용 전반을 검토 결정하는 상근 연구원들이 있다.[6]

남과 북의 편찬위원회는 2005년부터 1년에 네 차례씩 만나는 공동회의에서 사전 편찬 내용을 논의하여, 16차 공동회의까지 사전의 '편찬요강'과 '세부집필요강'을 합의하고, 17차 공동회의에서부터는 공동 집필회의를 함께 하는 등 비교적 순조롭게 계획에 따라 편찬 사업을 추진해 왔다. 공동집필회의에서는 남과 북에서 각각 집필하고 상대측에서 검토한 사전의 원고를 놓고 양측에서 서로 차이를 보이는 내용들을 실제 집필자들이 논의하여 남북 합의안을 만들었다.

그러나 남북 공동회의는 2009년 12월 제20차 회의(공동집필회의 4차례 포함)를 끝으로 중단되었다. 2010년 3월 천안함 사건 등으로 경색이 계속된 남북 관계는 비정치적으로 진행되는 순수한 우리말 사전 편찬 사업에도 영향을 주어, 이후 오늘날까지 남북 공동회의가 한 차례도 열리지 못하고 있다. 이러한 사태는 사전 편찬의 전체 진행 과정에 많은 지장을 주고 있다. 2005년 양측이 합의하였던 연도별 사전 편찬 사업 추진 계획을 다음면의 〈표 2〉를 통해 확인할 수 있다.

『겨레말큰사전』의 편찬 과정은 다른 사전에서의 편찬 방식과 다소 다르다. 남측과 북측이 공동으로 만드는 사전이므로 어느 한쪽의 방식이나 견해만으로 진행할 수 없기 때문이다. 그동안 남북공동회의는 전

6　'『겨레말큰사전』 북측편찬위원회'에도 10명의 편찬위원이 있어, 북측의 사전 편찬을 주도하며 남측 편찬위원들과 공동회의를 한다. 이들은 대부분 사회과학원 소속이지만 이 위원회도 비정부 기관 성격의 별개 기구로 만들어진 것이다. 또한 북측의 사전 편찬원들은 현장어휘조사분과를 포함하여 80명 남짓한데, 대체로 사회과학원 소속이다.

〈표 2〉 연도별 사업 추진 일정

구분	2006	2007	2008	2009	2010	2011	2012	2013
올림말	1차선별		2차선별		관리 (올림말 심사, 목록 정비, 어휘 평정 등)			
새어휘	조사 및 집필					집필 및 관리		
집필	'종합집필요강' 합의 및 시범 집필			본 집필 및 관리				
프로그램 개발	사전 편찬 관련 각종 프로그램 개발							
형태표기 단일화	자모 명칭, 자모순, 두음법칙, 사이시옷, 띄어쓰기 등 형태표기 단일화 작업							
교열·출판								교열·출판

체 회의 후에 5개의 분과(올림말, 새 어휘, 정보화, 집필, 단일어문규범)로 나뉘어 구체적인 사항을 협의 결정을 해 왔다. 견해가 서로 다를 때에는 토론 등을 통하여 가능한 합의점을 찾아야 하는데, 합의를 위한 공동 회의를 하지 못하면 이전까지 독자적으로 진행해 간 내용이 나중에 전면적으로 바뀌어져 시간 소요가 크게 더 생길 수 있다. 원래의 계획대로라면 위의 〈표 2〉대로 2013년 말까지 사전의 집필, 편집, 교열, 출판을 마무리하여야 하지만,[7] 2010년 이후 남북공동회의를 하지 못하여 편찬 일정을 몇 년 더 연장해야 할 형편에 놓였는데 다행히 2013년 6월 개정 법률안이 국회를 통과하여 2019년 4월까지 사업을 연장할 수 있게 되었다.

남북공동회의를 하지 못하는 기간 동안에도 지금까지 계속 남측은

---

7 이 계획은 처음부터 문제점이 있는 것으로 보인다. 남과 북이 분담 집필, 검토한 후 회의에서 합의하는 과정을 고려한다면 애초에 편찬 기간을 2013년까지로 잡은 것은, 남북공동회의 중단 등과 같은 장애 요인이 없다고 하더라도 너무 짧아 무리였다. 예를 들어 교열, 교정 기간도 1년으로 책정하였으나 최소한 2년 이상이 되어야 할 것이다.

독자적으로 사전 편찬 작업을 지속하고 있다. 사전의 외형 구축이 어느 정도 진척됨에 따라 사전 편찬실 구성을, 집필을 주축으로 '집필부, 올림말부, 새 어휘부'로 재편하여, 올림말 정리, 새 어휘의 조사와 집필, 남측 집필 항목의 집필, 집필 원고 교열, 계열 어휘 정리, 코퍼스 구축, 지역어와 문헌어 및 해외어의 조사, 교열 지침 작성 등을 해 오고 있다. 2012년 12월 말 현재 사전 편찬 사업의 진척은 목표 대비 65%를 달성한 상태이다. 개정 사업회법에 따라 남측 편찬위원회에서는 〈표 3〉과 같이 새로운 연도별 사전 편찬 일정을 잠정적으로 세웠다. 이는 이후 북측 편찬위원회와 합의하여 최종 결정될 예정이다.

〈표 3〉 연도별 사전 편찬 일정

구분	2013	2014	2015	2016	2017	2018	2019
올림말	올림말 목록 최종 합의 및 관리						
집필	남북 1차 합의 원고 작성						
프로그램 개발	사전 편찬 관련 각종 프로그램 개발 / 집필 원고 DB 관리						
형태 표기 단일화	자모순, 두음법칙, 사이시옷, 띄어쓰기 등 형태 표기 단일화 작업						
교열 · 교정						교열 · 교정	
출판							출판

2) 『겨레말큰사전』의 편찬 방식과 내용

올림말의 범위는 20세기 초부터 오늘날까지 사용되었거나 사용되고 있는 우리말로, 표준어와 문화어 외에 새 어휘를 다량 수용하기로 하였다. 1차적인 작업으로 남측에선 『표준 국어대사전』을, 북측에선 『조선말 대사전』을 대상으로 하여 전체 총 80만여 개 올림말 가운데 등재 후보 어휘를 선별하고, 선별된 올림말은 상대방 측에서 검토한 후 함께 만나 등재 여부를 협의하여 1차로 28만 5,000여 개를 선정하였다.[8] 여기에 새 어휘 10만여 개를 포함하면 올림말 수는 30만 개가 훨씬 넘을 것이다. 새 어휘는 문예 작품 등 여러 간행물에 나타나는 문헌어, 남과 북의 각 지역에 있는 지역어(방언), 각 사업장이나 생활 현장에서 찾을 수 있는 현장어, 해외에서 사용되고 있는 우리말을 조사하여 이 가운데 미등재어를 채집한다.[9] 새로 발굴한 '새 어휘'들을 올림말로 등재할 것인가 여부 결정도 각 어휘마다 상대방 측과 검토 합의하는 과정을 겪는다.

사전 집필은, 남과 북의 편찬위원들이 올림말의 속구조 및 집필 방식을 합의하여 만든 '집필요강'에 따라 이루어진다. 뜻풀이의 집필은 전체 올림말을 자모항 별로 나누어, 남측에서 'ㄱ, ㅁ, ㅇ, ㅈ, ㅊ' 항을, 북측에서 'ㄴ, ㄷ, ㄹ, ㅂ, ㅅ, ㅋ, ㅌ, ㅍ, ㅎ, ㄲ~ㅉ' 항을 순차적으로 집필하는 방식으로 반씩 분담하였다. 그러나 뜻풀이 등에서 일관성과 체계성이 특히 요구되는 항목들은 어느 한쪽에서 맡아, 언어학 용어와 문법 형태 그리고 붙임은 남측이, 의성의태어와 갈래말은 북측이 전담 집필하기로 하였다. 모든 집필 원고는 상대방에 넘겨져 검토되고, 검토본은 다시 집필 측으로 와서 재검토 과정을 가지며, 의견이 다른 부

---

8 남측에서는 이들 어휘를 추후에 21~23만 개로 조정토록 합의할 예정이다.
9 여기서 '미등재어'란, 『표준 국어대사전』과 『조선말 대사전』 어디에도 올림말로 수록되지 않은 말을 말한다.

분은 이후에 남북 공동회의에서 함께 만나 논의하여 합의안을 결정하는 절차를 갖는다. '각자 집필 – 각자 검토 – 각자 재검토 – 직접 면담 합의'라는 과정을 겪어, 하나의 올림말이 완성되기 위해서 집필 원고가 양측을 거듭 오가는 번거롭고 어려운 과정을 감수하는 것이다. 4분 기별 1만 8,000개, 연별 7만 6,000개의 올림말을 집필하고 교차 검토하기로 하였으나, 검토 첫 해인 2009년도는 초기라서 이에 훨씬 미치지 못하였다.

집필할 때에는 위의 두 사전에 있는 뜻풀이를 기반으로 하되 어느 한쪽의 내용에 치우치지 않도록 하며, 새로운 내용을 적절하게 보완한다. 전체 35만 개가량의 올림말을 대상으로 2007년 시작한 뜻풀이 집필은, 2009년의 네 차례 집필 검토 회의에서 약 6만 개를 검토하여 그 가운데 약 4만 개의 양측 합의를 보았다. 그러나 2010년 이후 3년 여 동안 남과 북은 공동회의를 못하고, 집필 검토 원고도 오고가지 못하고 있다. 그동안 남측의 경우 분담한 올림말 12만 여 개에 대해 2011년 말까지 독자적인 집필만을 1차 완성해 놓고 현재는 계속 새 어휘들을 발굴하여 집필하고 있다. 집필 내용에 대한 양측의 합의가 끝나면 사전 편집을 하고, 이어 교열과 교정 과정을 거쳐 사전으로서 출판을 할 예정이다.

사전의 편찬 과정이나 결과물 정리에는 전산화를 통해 효율성을 높이고 있다. 2012년 말 현재 원시 코퍼스로 약 2억 어절의 '겨레말 말뭉치'[10]를 구축하였는데, 코퍼스의 분량은 계속 확대해 갈 것이다. 이는

---

10 '겨레말 말뭉치'는 20세기 초기 이후 오늘날까지의 우리말 언어를 모은 것으로, 여기에는 남과 북의 언어는 물론 중국, 러시아, 일본, 중앙아시아 등 해외에서 나온 각종 우리말 문

용법과 용례를 찾는 데에 요긴하며, 새 어휘 추출의 근거가 되고 있다. 사전의 집필은 2009년에 완성한 원고 집필 프로그램(사전 집필기)을 사용하여 전산 파일로 정리되어 각종 검색이나 통계 및 체계화 등을 전산 처리하고 있다. 북측은 문서 편집 프로그램이 남측과 달라 북측의 집필 원고를 남측 집필기에서 다시 전산화해야 하는데, 이것도 적은 작업량이 아니다. 이 밖에도 이 사전 편찬 과정에서 요구되는 다양한 전산 프로그램을 개발하고, 우리말 자료의 처리와 보존을 전산화하는 등의 편찬 관련 자료를 정보화하고 있다. 사전의 간행은 1차적으로는 종이 사전 형태를 계획하지만, 이후에 이를 전자 사전으로도 출간할 수 있도록, 또한 확대 보완을 효율적으로 할 수 있도록 중간 산출물들은 여러 면을 고려하면서 전산 처리를 하고 있다.

남과 북이 함께 사전 편찬 작업을 하기 위해선 양측이 모두 인정하여 따르는 언어 규범이 있어야 할 것이다. 현재 남과 북에서는 문법 체계나 표현 형태에 차이가 적잖이 있으므로 이를 조정할 기구가 필요하다고 보아 '형태표기위원회'(초기엔 '단일어문규범작성위원회')를 두었다. 이 위원회에서는 그동안 이 사전에서만 적용될 언어 규범과 표기 형태들을 호혜적으로 합의해 왔다. 2009년 12월까지 양측이 만나 합의한 항목은 형태 표기 464개, 외래어 표기 771개에 이른다. 합의 결과 남측 안대로 결정된 항목이 북측의 안보다 다소 많은데, 아직 해결되지 않은 내용도 많이 있어 앞으로 계속하여 합의 논의를 해 가야 한다. 현재 자모 배열순, 띄어쓰기, 외래어 표기, 형태 표기, 된소리 표기, ㅣ 모음 동화

헌들의 언어 자료가 포함되어 있다.

형태 표기, 문장 부호, 문법 용어 등에서는 상당 부분 합의를 보았지만, 두음법칙의 표기, 사이시옷 표기, 문법 형태 목록, 인용례 출전과 작가 명기 여부 등 합의하기가 쉽지 않은 문제들도 남아 있다.[11] 이 가운데 두음법칙의 적용 여부는 가장 첨예하게 대립되는 문제이다. 학문적으로는 서로를 충분히 이해하지만, 결정 결과가 일반 언중들에게 주는 상징적, 정서적 의미가 무척 두드러진다는 점에서 조심스러운 면이 있다.

3) 『겨레말큰사전』 편찬 사업의 의의

『겨레말큰사전』은 아직 편찬 중이어서 앞으로 사전의 내용이나 형식 등 그 특징에 다소 변화가 올 가능성이 있고 그에 따라 편찬의 결과도 달라질 수도 있을 것이다. 그러나 그 기본 구성이나 내용상 성격은 이제 대체로 확정적이라고 생각되므로 사업이 잘 마무리될 것을 기대하며 이 사전 편찬의 의의를 들어 본다. 『겨레말큰사전』 편찬의 의미는 다만 또 하나의 우리말 사전을 만드는 것에 그치지 않는다. 이 사전이 가지게 될 실질적인 효용성과 더불어 그 상징적인 의미와 부수적인 효과에 더욱 주목할 수도 있다. 이 모두가 이 사전의 편찬이 갖는 의의가 될 것이다.

『겨레말큰사전』 편찬의 의의로 첫째, 남북 분단 이후 최초로 남과

---

11 형태표기위원회에서 합의한 언어 규범이나 표기 방식 등은 오직 이 사전의 표기에만 적용될 뿐 남과 북의 일반 언중들 언어생활에는 전혀 구속력을 갖지 아니하는 것으로 처음부터 못을 박았다. 남과 북의 일상 언어생활에 영향을 준다면 양측 모두 부담이 커져서 이 사전 작업에서의 형태 표기 규범을 합의하기가 그만큼 더 어려워질 것이다.

북이 함께 우리말 사전을 편찬한다는 점을 들 수 있다. 남북의 국어학자와 사전 편찬자가 전면적으로 공동 작업을 하고, 양측의 언어가 동등한 자격으로 다루어지는 사전을 만드는 것이다. 분단 이후 남과 북의 연구자들이 만나 우리말을 놓고 이처럼 적극적으로 함께 작업을 한적이 없었다. 남과 북은 각자 분단 지역 안에서 분단어만을 대상으로사전을 만들어 왔을 뿐이다. 이전에 남에서는 『표준국어대사전』에서북쪽의 어휘 7만 개를 올림말에 넣기도 하였지만 용법이나 용례를 제대로 갖추지 못한 소극적인 수용이었고, 북에서는 남쪽의 언어를 일부라도 반영한 사전이 전혀 없었다. 이처럼 분단 이후 60년 동안 단절되었던 남과 북의 우리말 그리고 국어학, 사전편찬 등에 이제 새로운 왕래와 통합 논의의 시대를 열어 가고 있는 것이라 하겠다. 예를 들어, 남쪽의 '낙지'가 북쪽에선 '오징어'이며 남쪽의 '오징어'는 북쪽의 '낙지'에해당하는데, 이러한 양측의 의미가 그대로 하나의 사전에 다 나타나서, 우리말의 전체를 통합하여 내보이는 것이다.

둘째, 남북어 모두에서 사회 체제와 정치 이념이 배제된 순수 언어사전을 갖게 된다. 이 사전에서는 남북의 이질적인 사회 정치 이념이나 체제성을 드러내는 말은 올림말, 풀이말, 용례, 참고어 등 그 어디에서도 삼간다. 이것이 남쪽에서는 큰 의미를 가지지 않을 수도 있지만,북쪽에서 이제까지 나온 사전에서는 모두 이데올로기나 정책적인 요소가 많이 들어있음을 생각할 때 이는 매우 커다란 차별성을 가지는것이다. 이 사전에서는 백과사전적인 성격도 가급적 배제하려 하므로,여러 면에서 순수한 언어 사전의 성격을 다분히 가질 것으로 예상된다. 아래의 (4)번 '어버이'의 뜻풀이에서 보듯이, 『조선말대사전』의 ②

번 풀이말은 이러한 이유로『겨레말큰사전』에선 제외된다.

(4)

ㄱ.『표준국어대사전』

어버이 [명] 아버지와 어머니를 아울러 이르는 말.

ㄴ.『조선말대사전』

어버이 [명] ①《아버지와 어머니》를 아울러 이르는 말.

②《인민대중에게 가장 고귀한 정치적 생명을 안겨주시고 친부모도 미
치지 못할 뜨거운 사랑과 두터운 배려를 베풀어주시는 분》을 끝없이 흠
모하는 마음으로 친근하게 높이여 이르는 말.

ㄷ.『겨레말큰사전』

어버이 [명] 아버지와 어머니를 아울러 이르는 말.

이러한 원칙이 적용되다 보니 남쪽이나 북쪽에서 실제로 사용되고
있는 말이 올림말에서 제외되는 문제점도 없지 않다. 예를 들어 남쪽
의 '반공, 대남공작' 등이나, 북쪽의 '인민배우, 어버이수령' 등은 올림
말에 넣지 않는데, 언어 현실에서 사용되고 있는 말들을 모두 올림말
로 넣는다는 사전 편찬의 원칙에서 볼 때 이는 다소 문제가 된다고도
할 수 있지만 남북의 정치 사회적 환경에서 볼 때 이러한 원칙을 수긍
할 수도 있을 것이다.

셋째, 남북 언어의 통합 통일을 위한 토대를 마련하는 일이다. 사전
편찬을 위해 통일 언어규범을 합의하고 어휘들을 검토 정리하는 것은
곧 우리말의 남북통일을 향하는 발걸음의 시작이라고 할 것이다. 이

때 형태 표기는 가급적 통일하려 하지만 어휘는 남과 북의 독자성을 충분히 인정하여 대체로 복수를 수용하는 통합 방식을 택함으로써 우리말의 풍부한 외연을 갖추고자 한다. 예를 들어, 'ㅣ'모음 아래에서 순행동화를 인정하지 않아 '기어가다'(남)와 '기여가다'(북) 가운데 '기어가다' 형으로 통일하기로 합의하였지만, '뺨'(남)과 '뺨'(북), 그리고 '가위바위보'(남)와 '가위주먹'(북)은 모두 인정하였다. 이는 앞으로 남북어 통합 통일 정책을 세울 때에 하나의 실증적인 근거를 마련하는 것이며, 이를 통해 남북 언어의 동질성을 더욱 확대해 나갈 수 있을 것이다.

넷째, 남북 및 해외 동포들이 실제 사용하고 있는 우리말을 집대성한다. 기존 사전에 있지만 현실성이 극히 적은 어휘들은 제외하되, 20세기 이후 실제로 사용되었거나 현재 사용하고 있는 어휘들을 각종 문헌과 생활 현장 그리고 남북 각 지역과 해외에서 찾아 10만여 개에 이르는 '새 어휘'를 사전에 올린다. 뿐만 아니라 각 지역 등에서 달라지거나 새로 생긴 뜻도 모두 포함하며, 남북 및 해외에서 사용된 용례를 광범위하게 수집하여 제시한다. 이로써 우리 민족이 사용하는 우리말의 총화를 실현하며 남과 북 그리고 해외에서 함께 볼 사전을 만드는 것이다. 아래의 (5)~(7)은 『겨레말큰사전』에서 집필한 예이다.

(5) 단종 [단 : 종] (斷種) [명] ①《생물》 생식능력을 없애어 생식이나 번식을 못하게 하는 것, 또는 그런 일. ~. ②씨를 없애버리는 것. ~. ③(어떤 제품을) 더 이상 생산하지 않음을 남에서 이르는 말. ‖ 자동차 (단종). (단종이) 된 제품.

(6) 연대표 [년대표, 연대표] (年代表) [명] ① 역사상의 일정한 사실들을 연

대의 차례로 적어 만든 표. ㅣ지구의를 아무리 들여다보아도 세계를 알

수 없고, {연대표를} 아무리 외워보아도 역사를 알 수 없다고, 나는 썼

다.《박범신 : 흰 소가 끄는 수레》[같은말] 년표#연표. ② 기계제품에서,

언제 만들었으며 언제까지 담보한다는 것을 써 붙이는 표를 북에서 이

르는 말.

(7) 양지바르다 [양지발라, 양지바르니] (陽地一) [형] (땅이) 볕을 잘 받는

자리에 있다. ㅣ{양지바른} 산기슭에는 노란 새싹들이 바늘끝 같은 머

리를 내밀었다.(《빛나는 길》) / {양지바른} 창문가엔 국화며 미인초, 그

리고 선인장 같은 화분통들이 댕그랗게 놓여져있었고 …… .《김엽 외 :

밀림의 딸》/ 쌍분이 사이좋게 자리한 반달 모양의 음택은 남향으로

{양지발랐고} 주위의 둔덕에는 소나무와 잡목들이 우거져 푸근했다.

《윤영수 : 착한 사람 문성현》

위에서 (5) '단종'의 ③번 뜻은 남에서만, (6) '연대표'의 ② 번 뜻은 북

에서만 쓰이고 있다. (7) '양지바르다'의 용례에서 '빛나는 길'은 북측,

'밀림의 딸'은 중국, '착한 사람 문성현'은 남측의 문헌이다. 이처럼 남

과 북 그리고 해외에서 사용하고 있는 우리말을 두루 조사하여 싣고

있다.[12]

다섯째, 남북통일을 위한 사회 문화적 기반을 쌓는다. 언어는 사회

문화의 기층을 이루는 근원적 요소이다. 남북통일은 국토나 정치의 통

---

12 예문 (7)에 있는 용례의 출전 표시에서 보듯이, 중국과 남쪽의 출전 표시에서는 저자를
보이지만 북쪽의 출전 표시에는 저자가 나와 있지 않다. 출전 정보를 남과 북이 똑같이
보이는 문제는 이처럼 아직 해결되지 않은 상태이다.

일을 넘어서 정신적, 정서적 통일을 이룰 때에 갈등과 마찰을 크게 줄일 수 있으며, 그래야만 비로소 진정한 통일이 이루어진다고 할 것이다. 남북 언어의 통합 통일을 지향하는 이 사전의 편찬은, 통일로 가는 사회 문화의 토대를 쌓는 주요한 사업이므로 정치적 통일 이후가 아닌 이전부터 이루어져서, 남과 북의 언중들이 통일 지전부터 상대방의 우리말을 이해토록 함으로써 양측에 정서나 사회 문화면에서 부담을 덜고 통일을 앞당기는 역할을 하게 해야 할 것이다. 또한 통일 이후에도 이 사전은 계속 보완되어 민족어의 통일과 완전한 남북통일에 기여해야 할 것이다.

여섯째, 지속적인 인적, 학술적 교류를 통하여 남북 간에 상호 신뢰성을 증대하고 서로의 학술 발전에 직접적인 도움을 주고 있다. 지난 5년간 비정치적으로 남과 북이 만나 언어 문제를 논의하면서 상호 간에 깊은 믿음과 이해의 폭을 공유하게 됨은 물론 학문적으로도 여러 면에서 소통할 수 있었다. 서로 다른 사회 체제와 정치 이념을 가지고 있는 현재의 남과 북에서 당장 해결하기 어려운 이념적 대립이 아닌 순수한 민족어 문제를 함께 고민하는 이와 같은 만남을 통해 얻는 서로의 신뢰가 앞으로 더욱 지속된다면, 여러 부문의 학술적 발전은 물론 사회 전반으로 남북 간의 이해와 교류가 확대되는 데에 크게 기여할 수 있을 것이다.

4. 나가며

남과 북의 학자들이 공동으로 우리말 사전을 만들고, 그 사전이 남북 언어 모두를 동등하게 담으며 해외의 우리말까지 수용하는 사전이라면, 그 결과가 어떻게 나오든 우선 의미가 있다고 말할 수 있다. 그러나 남과 북에서 큰 관심을 가지고 많은 노력과 비용을 들여서 만들어지는 이 사전이 내용면에서도 매우 충실하여, 남북 모두에서 통일을 전후하여 널리 읽고 언어와 사회 문화 전반에 상호 이해를 높일 수 있으며, 앞으로 민족어의 발전에 기여를 크게 하도록 하여야 한다. 이를 위하여 사전 편찬자는 물론 우리말을 사용하는 모든 언중들이 함께 애정 어린 관심을 가지고 좋은 사전이 되도록 힘을 보내야 할 것이다.

20세기 들어서며 시작된 현대 한국어는 그 초기부터 오늘에 이르기까지 격변과 수난을 연속적으로 받으며 지내왔다. 특히 후반에 들어 남북으로 양분된 채 서로 다른 이념과 체제 속에서 각자의 길을 지내다 보니, 오늘날 하나의 한국어 안에서 적지 않은 차이를 보이고 있다. 이제 하나의 민족어로서 한국어가 동질성에 더 이상 훼손이 없이 발전해 나갈 길을 찾아야 한다. 그것은 우리가 통일 조국을 이루려는 가장 커다란 근거를 잃지 않는 길이기도 하다.

홍윤표[13]는 우리말과 글을 발전시키기 위해 남과 북이 해야 할 학술적 교류 방안으로, '① (가칭) 민족어 발전을 위한 남북 공동위원회 구성, ② 자료 교류, ③ 방언 조사, ④ 지명 조사, ⑤ 정보 교류를 위한 각종 형식의 표준화, ⑥ 공동 조사 및 연구, ⑦ 민족어 사전 편찬'을 들었다. 모두 꼭 필요한 일들이다. 이들 7가지 가운데 '민족어 사전 편찬'은 현재 『겨레말큰사전』 편찬으로 실행되고 있다. 다른 학술 교류는 '민

---

13 홍윤표, 「민족어 발전을 위한 남과 북의 학술적 교류 성과와 과제」, 『국제고려학회 서울지회 논문집』 5권, 국제고려학회 서울지회, 2005.

족어 발전을 위한 남북 공동위원회'와 같은 민간 학술 교류 단체를 구성하여 이곳에서 추진해 나갈 수 있을 것이다. 이곳에서는 이들 외에 우리말의 문법 연구를 공동으로 진행하면서 문법 용어와 체계, 언어 규범 등의 남북 합의점을 찾고 이를 실행토록 추진하며, 우리말을 공동으로 조사하며 새로운 말의 수용 등에 대해서도 함께 논의해 나가야 할 것이다. 이 모든 학술 교류들은, 정치와 국토의 통일만을 기대하면서 그 뒤로 미룰 것이 아니라, 남북으로 나뉘어져 있는 오늘날 현실 속에서도 시급히 해 나가야 할 과제이다. 오히려 이와 같은 일을 충실하게 해나가는 것이 정치와 국토의 통일을 앞당기는 데에 많은 기여를 할 것이다. 정치나 국토의 통일은 어느 한 순간에 이루어질 수 있다. 그러나 정신과 정서의 바탕을 이루는 언어 문화적 통일은 오랜 숙성과 적응의 과정을 거쳐 이해와 화합을 이루게 된다. 이런 점에서 언어 문화적 통합 통일 노력은 일찍부터 시작해야 하고 통일 이후에도 계속되어야 한다.

민족어를 발전시키고 언어 문화적인 통합 통일을 이루기 위해선 학술 활동의 활발한 교류뿐만 아니라 일반 언중들의 역할이 더 크게 요구된다. 남과 북의 언중들이 상대 지역의 언어에 대해 잘 알고 우호적인 태도를 가져야 한다. 이를 위해선 남북 모두 초, 중, 고 정규 학교 과정에서 상대 지역의 한국어에 대해 익히는 과정을 설정하고, 각종 방송 신문 등 매체에서도 상대 지역 한국어를 소개하는 프로그램을 적극적으로 운영해야 한다. 정부는 수뇌회담 등 고위급 회담에서 양측이 모두 이를 제도화할 수 있도록 장치를 마련할 필요가 있다. 이것은 통일 이전부터 시행하여야 통일 이후에 오는 혼란과 위화감을 줄일 수 있다. 자신들이 사용하는 언어에만 애착과 우월감을 갖는 편협함을 없애고 상대방 언어와 함께 공존하려는 통합 의지를 가져야 한다.

　그 첫 번째 사업으로 『겨레말큰사전』 편찬을 들 수 있다. 남과 북이 함께 『겨레말큰사전』을 만드는 일은, 단순한 어휘의 통합과 집대성을 넘어 민족문화 공동체의 폭과 깊이를 확장하고 진정한 통일을 준비하는 것이다. 사전은 그 언어가 가지고 있는 언어적 문화의 총화로, 역사적으로 세계 여러 나라에서도 언어 문화의 발전에는 훌륭한 사전의 기반이 있었다.

　현재 『겨레말큰사전』의 편찬에 관하여 국어학계와 국민들의 일부에서는 우려하거나 부정적으로 보는 시선도 있다. 남과 북의 언어에 규범이 다른데 과연 그것의 합의가 모두 이루어질 수 있을 것인가? 설사 이루어진다고 하여도 남과 북의 규범이 일부씩 섞인 형태가 될 터인데, 그렇다면 남과 북 어디에서도 제대로 인정받지 못하고 외면을 당할 것이 아닌가? 사실상 이 사전을 만들고 있는 편찬자들도 대개 이러한 걱정에서 완전히 자유롭지는 못하다. 그러나 이러한 어려움이 있다고, 현재도 늦은 감이 있는, 꼭 해야 할 이 일을 더 이상 늦출 수는 없다고 본다. 실제로 이 사업의 초창기에는 남과 북이 애초에 공동으로 사전편찬 일을 해나갈 수 있을지를 부정적으로 보는 시각도 적지 않았으나, 다행히 여기까지는 큰 문제없이 진행해 왔고 남과 북의 편찬자들 사이에 깊은 신뢰와 공감대가 쌓였다. 이 사업이 잘 이루어지리라 믿지만, 설혹 마지막까지에서도 부족함이나 문제점이 있다면 제2차 편찬을 계획하여 이를 극복하고 보완해 나가는 방안도 생각할 수 있을 것이다. 더불어, 이 사업의 관계자나 기관에서는 이 사업의 의의와 현실성 등을 일반 국민에게 잘 알려서 폭넓은 이해를 구해야 한다. 그리고 외부 요인으로 인한 3년 이상의 진행상 손실을 줄이기 위해서 앞으로 좀 더 효율적이고 집중적인 편찬 사업 진행 방안을 계속 찾아야 할 것이다. 가령 개성이나 금강산 등에서 상당한 기간씩 함께 거주하며 집필과 공동회의를 하는 시간을 이전보다 훨씬 더 많이 갖는 것을 고려해 볼 수 있다.

한국어는 최근 수십 년 동안 남북 분단으로 인해 지금은 민족어로서 불행한 환경 속에 있지만, 통일 조국을 맞으면 그동안 남과 북에서 각자 변화해 온 한국어를 오히려 더욱 다양하고 풍성한 민족어로 발전시킬 수도 있을 것이다. 그것은 남과 북의 한국어를 무리하게 단시일 안에 통일하는 것이 아니라, 상호 이해와 애정을 가진 통합을 통해 시간의 흐름에 따라 자연스럽게 통일 모습을 가지게 될 때 이루어질 것이다.

참고문헌

김재용, 「『겨레말 큰사전』을 통해 본 남북 문화 교류의 새로운 지평」, 『역사비평』 88, 역사문제연구소, 2009.

김하수, 「체제 통합과 언어 문제」, 『체제 통합과 언어 문제 국제 학술 대회』, 국립국어원, 2011.

정동규, 「독일 분단사에 나타난 민족어의 갈등」, 『인문언어』 7, 국제언어인문학회, 2005.

조남호, 「남한에서의 남북 언어 통합을 위한 그동안의 성과」, 『체제 통합과 언어 문제 국제 학술 대회』, 국립국어원, 2011.

차재은, 「남북언어 통합방안 연구의 현황」, 『2009년 남북 언어 학술대회 논문집』, 국립국어원, 2009.

한용운, 「남과 북의 언어 통일을 지향하는 사전 편찬 방안」, 『국학연구』 10, 한국국학진흥원, 2007.

홍윤표, 「민족어 발전을 위한 남과 북의 학술적 교류 성과와 과제」, 『국제고려학회 서울지회 논문집』 5권, 국제고려학회 서울지회, 2005.

_____, 「『겨레말 큰사전』의 편찬 방향」, 『한국사전학』 9, 한국사전학회, 2007.

홍종선, 「『겨레말 큰사전』의 성격과 과제」, 『한글』 295, 한글학회, 2012.

_____, 「민족어의 통합 통일과 『겨레말큰사전』 공동 편찬」, 『민주화·탈냉전 시대, 평화와 통일의 사건사』(경남대 극동문제연구소·고려대 민족문화연구원 공동 학술대회 발표집), 2012.

김민수, 『민족어의 장래』, 일조각, 1995.

리기원, 『조선말사전편찬론연구』(조선어학전서 16), 사회과학출판사, 2005.

정순기·리기원, 『사전편찬리론연구』, 사회과학출판사, 1984.

조재수, 『남북한말 비교 사전』, 한겨레출판, 2007.

홍종선·최호철, 『남북 언어 통일 방안 연구』, 문화관광부, 1998.

北京語言大學 臺北中華語文研究所(施光亨 외 主編), 『兩岸現代漢語常用詞典』, 北京 : 北京語言大學出版社, 2003.

◎초출일람

반동의 추억 - 김일성 사망과 조문정국
　「반동의 추억-김일성 사망과 조문정국」,『민족문화연구』 59호, 고려대 민족문화
　연구원, 2013.5.31.

서울의 환호, 평양의 좌절과 대응 - 서울올림픽과 남북관계
　「서울의 환호, 평양의 좌절과 대처-서울올림픽과 남북관계」,『동서연구』 25권 3호,
　연세대학교 동서문화연구원, 2013.

북핵문제와 남북관계, 갈등과 협력의 이중주 - 앙상블을 위하여
　「북핵문제와 남북관계, 갈등과 협력의 이중주」,『민족문화연구』 59호, 고려대 민족
　문화연구원, 2013.5.31.

북한 대기근의 역사적 기원 - 일제시기 함경도 지역을 중심으로
　「북한 대기근의 역사적 기원-일제시기 함경도 지역을 중심으로」,『민족문화연구』
　59호, 고려대 민족문화연구원, 2013.5.31.

강제된 속전속결의 북한 3대 세습
　「속도전식 김정은 권력승계」,『정책연구』 178호, 국가안보전략연구소, 2013.12.

1980년대 정주영의 탈이념적 남북경제협력과 북방경제권 구상
　「1980년대 정주영의 탈이념적 남북경제협력과 북방경제권 구상」,『민족문화연구』
　59호, 고려대 민족문화연구원, 2013.5.31.

우보천리의 첫걸음이 남북을 변화시키다 - 정주영의 소떼 방북과 남북 사회의 변화
　「우보천리의 첫걸음이 남북을 변화시키다-정주영의 소떼 방북과 남북 사회의 변
　화」,『민족문화연구』 59호, 고려대 민족문화연구원, 2013.5.31.

남북정상회담과 남북관계 – 소중한 '추억'과 잊혀진 '기억'

「남북정상회담과 남북관계-소중한 '추억'과 잊혀진 '기억'」, 『민족문화연구』 59호, 고려대 민족문화연구원, 2013.5.31.

대북지원의 정치경제와 인도주의의 딜레마

「대북지원의 정치경제와 인도주의의 딜레마」, 『민족문화연구』 59호, 고려대 민족문화연구원, 2013.5.31.

탈냉전 민족 스펙터클 – 2000년 여름 남북 이산가족 상봉

「탈냉전 민족 스펙터클-2000년 여름 남북 이산가족 상봉」, 『민족문화연구』 59호, 고려대 민족문화연구원, 2013.5.31.

탈냉전시대 한국전쟁 영화와 '北'의 표상

「고립된 전사, 경계의 타자-탈냉전 시대 한국전쟁영화에 나타난 '北'의 표상」, 『민족문화연구』 58호, 고려대 민족문화연구원, 2013.2.28.

민족어의 통합 통일과 『겨레말큰사전』의 편찬

「민족어의 통합 통일과 『겨레말큰사전』 남북 공동 편찬」, 『민족문화연구』 59호, 고려대 민족문화연구원, 2013.5.31.

◎필자 소개

김갑식 金甲植, Kim, Kap-Sik

국회입법조사처 조사관이다. 주요 논저로는 『2000년대 대북정책 평가와 정책대안－동시병행 선순환모델의 원칙과 과제』(2012), 「김정은 정권의 출범과 정치적 과제」(2012), 「시나리오 기법에 기초한 북한의 변화와 한국의 전략」(2012) 등이 있다.

김근식 金根植, Kim, Keun-Sik

경남대학교 정치외교학과 교수이다. 주요 논저로는 『대북포용정책의 진화를 위하여』(2011), 「김정은 시대 북한의 대외전략 변화와 대남정책－'선택적 병행' 전략을 중심으로」(2013) 등이 있다.

김진환 金鑲煥, Kim, Jin-Hwan

건국대학교 통일인문학연구단 HK연구교수이다. 주요 저서로는 『북한위기론－신화와 냉소를 넘어』(2010), 『동북아시아 열국지 1－북·미 핵공방의 기원과 전개』(2012), 『동북아시아 열국지 2－팍스 아메리카나의 뒤안길』(2013) 등이 있다.

박유희 朴有禧, Park, Yu-Hee

고려대학교 민족문화연구원 HK연구교수이다. 주요 논저로는 『디지털 시대의 서사와 매체』(2005), 『서사의 숲에서 한국영화를 바라보다』(2008), 「문예영화와 검열」(2010), 「스펙터클과 독재」(2011), 「박정희 정권기 영화 검열과 감성 재현의 역학」(2012) 등이 있다.

신종대 辛鐘大, Shin, Jong-Dae

북한대학원대학교 교수이다. 주요 논저로는 『박정희시대 한미관계』(2009, 공저), 「5·16 쿠데타에 대한 북한의 인식과 대응」(2010), 「유신체제 수립을 보는 북한과 미국의 시각과 대응」(2012), 「김대중, 노무현 정부의 대북정책과 국내정치 – 문제는 '밖'이 아니라 '안'이다」(2013) 등이 있다.

양무진 梁茂進, Yang, Moo-Jin

북한대학원대학교 교수이다. 주요 논저로는 「제2차 북핵문제와 미북 간 대
응전략」(2007), 『북한의 대남협상형태 분석』(2008), 「갈등과 협력의 남북관
계」(2011), 「선전선동 사례연구 – 나치독일, 중국, 북한」(2011) 등이 있다.

양문수 梁文秀, Yang, Moon-Soo

북한대학원대학교 교수이다. 주요 논저로는 『북한경제의 시장화 – 양태, 성
격, 메커니즘, 함의』(2010), 「한반도 평화 회복을 위한 국가전략 – 개성공단
사업을 중심으로」(2013) 등이 있다.

예대열 芮大烈, Yea, Dae-Yeol

고려대학교 한국사학과 박사과정을 수료했다. 주요 논문으로는 「미국 역사
학계의 북한사 인식 비판 – 찰스 암스트롱을 중심으로」(2009), 「『세기와 더불
어』에 서술된 북한 민족해방운동사 인식의 변화상과 함의」(2010) 등이 있다.

이수정 李水晶, Lee, Soo-Jung

북한대학원대학교 교수이다. 주요 논저로는 「6 · 25 전쟁과 기억의 정치」(2011),
「Education for Young North Korean Migrants : South Koreans' Ambivalent "Others"
and Challenges of Belonging」(2011), 『인류학 민족지 연구, 어떻게 할 것인
가』(2012, 공저) 등이 있다.

정병욱 鄭昞旭, Jung, Byung-Wook

고려대학교 민족문화연구원 HK교수이다. 주요 논저로는 『한국근대금융연
구』(2004), 『日本の朝鮮植民地支配と植民地的近代』(2012, 공저), 『식민지 불
온열전』(2013), 「조선식산은행 일본인 행원의 식민지 기억」(2013) 등이 있다.

정태헌 鄭泰憲, Jung, Tae-Hern

고려대학교 한국사학과 교수이다. 주요 저서로는 『한국의 식민지적 근대 성
찰』(2007), 『20세기 한국경제사』(2011), 『일제 시대 문화유산을 찾아서』(2012,

공저), 『한반도 통일론의 재구상』(2012, 공편), 『역사를 바꾸는 역사정책』(2013, 공저) 등이 있다.

조대엽 趙大燁, Cho, Dae-Yop

고려대학교 사회학과 교수이다. 주요 논저로는 『한국의 사회운동과 NGO』(2007), 『한반도 통일론의 재구상』(2012, 공편), 「현대성의 전환과 사회구성적 공공성의 재구성」(2012), 「공공성의 사회적 구성과 공공성 프레임의 역사적 유형」(2013, 공저) 등이 있다.

홍성태 洪性泰, Hong, Sung-Tai

고려대학교 사회학과 박사과정을 수료했다. 주요 논문으로는 「리더십의 사회학−리더십, 권력, 사회적 관계」(2011), 「공론장, 의사소통, 토의정치−공공성의 사회적 구성과 정치과정의 동학」(2012), 「사회운동과 리더십−운동 리더십의 이론화를 위한 시론적 모델」(2012), 「공공성의 사회적 구성과 공공성 프레임의 역사적 유형」(2013, 공저) 등이 있다.

홍종선 洪宗善, Hong, Jong-Seon

고려대학교 국어국문학과 교수이다. 주요 논저로는 『국어 체언화 구문의 연구』(1990), 「국어 시제 형태소 체계와 그 기능 변이」(2008), 「국어사전의 성과와 과제」(2010) 등이 있다.